● 北方工业大学 2021 年校级教材
● 本书系“北方工业大学 2021 年教师教材出版基金”资助出版、
“2021 年北方工业大学教育教学改革项目”支持

Business
Management Decision

企业管理决策

吴 丹 主编

河海大学出版社
HOHAI UNIVERSITY PRESS
·南京·

内容提要

本书在同类教材编写基础上，从“企业战略管理”课程内容体系入手，围绕企业战略管理、技术创新管理、投资管理、项目管理、生产设备管理、价值管理等课程内容，深入探索“企业战略管理”课程的课程思政教学内容体系，重点结合社会经济发展领域的典型企业案例开展“企业战略管理”课程内容体系的相关理论、方法与案例研究。本书既包含传统企业管理决策科学的经典内容，也吸收了具有时代特色的战略管理课程思政知识体系，并力求使两者相互融合。

本书适合高等院校经济管理类专业学生学习，也可作为企业管理人员及经济管理类专业教师的参考用书。

图书在版编目(CIP)数据

企业管理决策 / 吴丹主编. -- 南京 ：河海大学出版社，2021.11

ISBN 978-7-5630-7200-2

Ⅰ. ①企… Ⅱ. ①吴… Ⅲ. ①企业管理 Ⅳ. ①F272

中国版本图书馆 CIP 数据核字(2021)第 192427 号

书　　名 企业管理决策
书　　号 ISBN 978-7-5630-7200-2
责任编辑 成　微
特约校对 徐梅芝　成　黎
装帧设计 徐娟娟
出版发行 河海大学出版社
地　　址 南京市西康路 1 号(邮编:210098)
电　　话 (025)83737852(总编室)　(025)83722833(营销部)
经　　销 江苏省新华发行集团有限公司
排　　版 南京布克文化发展有限公司
印　　刷 广东虎彩云印刷有限公司
开　　本 787 毫米×1092 毫米　1/16
印　　张 28.75
字　　数 700 千字
版　　次 2021 年 11 月第 1 版
印　　次 2021 年 11 月第 1 次印刷
定　　价 98.00 元

前言

美国著名管理学家、决策学派代表人物、诺贝尔奖获得者赫伯特·西蒙(Herbert A. Simon)教授提出了"管理就是决策"的重要论断,强调了决策在企业管理活动中的重要地位。企业管理决策的理论和方法已成为现代企业管理活动中提高企业管理质量和增强企业管理绩效的重要手段。掌握企业管理活动中的相关的决策理论和方法是企业管理人员必备的技能,而高等学校的本科生和研究生学习和掌握企业管理决策知识,可以为从事企业管理决策工作打下坚实基础。

目前,国内已有的"企业战略管理"课程教材的教学内容体系主要从公司层和经营层两个层次,围绕企业战略环境分析、企业文化、战略选择、战略实施、战略控制等内容开展教学。本书编者通过多年课程教研发现,此类教材存在两个问题:一是尚未形成较为成熟的"企业战略管理"课程的课程思政教学内容体系;二是较少围绕企业技术创新管理、投资管理、项目管理、生产运作管理、价值管理等职能层的内容开展教学。

为此,本书在同类教材编写基础上,从"企业战略管理"课程内容体系入手,围绕企业战略管理、技术创新管理、投资管理、项目管理、生产设备管理、价值管理等课程内容,深入探索"企业战略管理"课程的课程思政教学内容体系,重点开展"企业战略管理"课程内容体系的相关理论、方法与案例研究。本书内容主要包括企业战略管理决策、企业目标管理决策、企业技术创新管理决策、企业投资管理决策、企业项目管理决策、企业生产设备管理决策和企业价值管理决策等 7 大部分,重点阐述企业战略管理的总体框架思路、方法和案例,企业战略目标实现、技术创新管理、投资管理、项目管理、生产设备管理、价值管理的理论、方法和案例。

本书编写的主要特点是:对企业管理实践活动中的案例进行定性分析与定量研究,把企业管理决策的基本理论和方法、概念讲解与案例分析相结合,力求使学生学会对企业战略管理、企业目标管理、企业技术创新管理、企业投资管理、企业项目管理、企业生产设备管理和企业价值管理等企业管理实践问题进行识别、分析、判断和决策,掌握企业管理决策问题的概念、思路和实践应用。通过全面学习企业管理决策的相关知识,让学生建立系统的企业管理决策整体性知识体系和管理决策思维方式,培养学生企业管理决策的理论性、实践性和综合性能力，强化学生的社会责任感，为今后进一步的专业学习和实践工作奠定基础。

本书是编者结合多年的教学经验和教材编写经历，深入了解工商管理专业学生的特点和需求编写而成。本书的逻辑内涵和内容安排衔接紧密、文字精练、理论精确、方法描述清晰、模型构建严谨、深入浅出、通俗易懂。本书是编者多年来从事多门课程教学的知识凝练与融合，在出版之际又进行了深入修改，融入了编者近年在企业管理决策领域的研究成果，其内容更具新意和实用性。通过学习，学生课掌握企业管理活动的决策理论方法和实践应用，提高对于企业管理实践问题的识别、分析、判断和决策能力。

企业管理决策的相关知识现已成为现代企业管理人员、工程技术人员重要的知识储备。“企业管理决策”不仅是高等院校工商管理专业开设的重要课程，也应成为高等院校的公共选修课程。它对于完善高等院校学生的知识体系、提升学生的专业技能，具有非常重要的推动作用。

本书在编写过程中，参考引用了国内外众多专家和学者的大量著作，吸取了国内外最新的企业管理决策理论与研究成果，在此向这些专家和学者们表示深切的敬意和谢意！

编者

2021 年 5 月

目录

下篇 企业战略管理实施篇

0 导论

【学习要求与目标】

1. 理解企业管理决策的概念；
2. 掌握企业管理决策的特点与类型；
3. 了解企业管理决策的程序和任务；
4. 掌握企业管理决策的主要内容；
5. 了解企业管理决策的主要方法。

党的十八大以来，以习近平同志为核心的党中央高瞻远瞩、统揽全局，注重运用战略思维治国理政，从确立战略愿景到构建战略布局，从筹划战略决策到实施战略部署，形成了科学系统的战略管理决策思想。对于企业来说，以企业高层管理者为核心的管理层同样需要具备科学的战略管理决策思想。企业管理是通过计划、组织、领导、协调、控制等环节，对企业管理实践活动的人力、物力、财力等资源进行充分协调利用，以期高效率地达成企业战略目标的决策过程。企业管理决策是企业管理者将要见之于客观实践的主观能力，是企业管理者通过辨析企业内外部环境，识别企业面临的主要问题，并找到解决问题的具体实施方案的过程。

0.1 企业管理决策的概念

0.1.1 决策的定义

1978年，诺贝尔经济学奖获得者赫伯特·西蒙(Herbert A. Simon)提出了“管理就是决策”的重要论断。决策贯穿于企业管理的始终，任何一项企业管理活动的开展都离不开决策。决策是企业管理者为达到企业预期目标，对若干备选的行动方案进行抉择，并最终确定企业实施方案的过程。决策是企业管理实践活动的核心内容，它贯穿于整个企业管理实践过程。企业管理决策不仅包含计划，而且包括整个管理过程，按照赫伯特·西蒙的观点，决策甚至就是管理本身。

决策理论已经形成了以西蒙为代表人物的决策理论学派。理论界关于决策的几种代表性观点及其代表性人物主要包括：

代表性观点及人物一：哈罗德·孔茨认为决策是根据给定的前提条件鉴别各种备选方

案，并按照既定目标对备选方案进行评估，最终选定一个方案的过程。

代表性观点及人物二：斯蒂芬·P.罗宾斯认为决策是识别问题、确定决策标准、给标准分配权重、拟订方案、分析方案、选择方案、实施方案、评价决策效果的过程。

代表性观点及人物三：美国学者弗鲁姆在“管理决策新探”中提出了决策有效性的4个标准，包括在多大程度上实现目标（质量或合理性）、在多大程度上被下属接受并付诸实施（可接受性）、所花费的时间（时效性）、所需投入在经济上是否合理（经济性）。

根据以上观点，决策的定义可以从5个方面来理解：

第一，目标性。决策必须有明确的目标，不仅有长期性和战略性目标，也有短期性和战术性目标；不仅有单一性目标，也有多重性目标。

第二，可行性。决策受到许多条件约束，必须对各种有利因素和不利因素、主观因素和客观因素等进行全面系统分析，把市场需求和企业能力（人力、财力、物力、技术、信息等）、企业利益和社会效益进行很好地有机结合。

第三，经济性。决策必须通过合理地使用企业有限的资源投入，获取最大的经济产出。企业的一切经营活动，要以提高企业经济效益为落脚点。

第四，满意性。决策必须能够达到一定的战略目标，企业管理者在制定决策时，要确定一套决策标准，这些决策标准的最低限度应当是令人满意的。

第五，应变性。决策决定了企业未来的发展，带有风险性和不确定性，必须评估各种备选方案的风险程度以及可接受的风险限度，并充分考虑应变措施，使决策具有一定的弹性。

0.1.2 企业管理决策的定义

企业管理决策活动既不是偶然孤立地为了解决单个企业管理问题而进行的活动，也不是仅限于从几个可供选择的方案（即备选方案）中选定一个最优方案的简单行动。实质上，企业管理决策是一个复杂的全过程决策，并且贯穿于企业的战略管理、目标管理、技术创新管理、投资管理、项目管理、生产设备管理、价值管理等管理过程中。企业管理决策是为了实现企业的战略目标，通过战略分析与技术经济分析，对未来一定时期内企业管理活动的方向、内容及方式方法所进行优化的过程。

关于企业管理决策的定义，可分解为3个要点：“优化”、“战略分析与技术经济分析”和“战略目标”。这3个要点具体可表述为：

第一，“优化”是企业管理决策的目的或任务，是建立、发展与完善企业管理活动过程的总体目标。“优化”是指确定企业管理活动的最满意方案，也是企业管理决策的最重要根据。因此，企业管理决策的全部内容应重点围绕实现这一总体目标需要而发展。

第二，“战略分析与技术经济分析”是达到“优化”目的的基本手段，是企业管理决策的主体内容。其中，① 战略分析主要是指对企业管理活动所面临的外部环境与主要竞争对手进行综合分析，并通过企业的价值链分析，明确企业的资源与核心竞争力，为制定企业战略目标、开展企业管理活动提供有力的依据；② 技术分析主要是指对企业管理活动的技术政策、技术措施、技术方案等有关技术内容，通过分析、计算、比较与评价，看其对满足战略目标要求的可靠性程度；③ 经济分析是就企业管理活动技术上认为已经可行的方案，再从经济上分析所需费用与其效益的合理性程度。

第三,“战略目标”重点指“已经明确了的企业现实需求的近期或远期的总体发展战略目标”,是企业根据市场预期的需求而对企业管理活动所涉及的产品开发方向、建设规模、生产建设速度、产量、质量等标准已经明确了的要求。在进行战略分析与技术经济分析的基础上,最终通过经济效果这一指标反映备选方案优劣的总体情况。

0.2　企业管理决策的特点与类型

0.2.1　企业管理决策的特点

企业管理决策是决策者对重大企业管理活动所做的抉择活动,虽然充满着企业管理者特定的主观愿望,但是在企业管理实践的基础上可达到主观与客观的统一。由于企业管理活动受到客观条件和客观规律性的制约,因此企业管理决策具有客观性基础。只有当企业管理活动符合客观性的要求,企业管理活动的决策方案才能在反映企业管理决策事物的客观规律性基础上,取得决策成效。综合来看,企业管理决策包括六大显著特点:综合性、应用性、系统性、风险性、比较性、定量性。具体可表述为:

(1) 综合性

企业管理活动不仅要论证企业管理决策时面临的外部环境、内部资源和核心竞争力,分析企业管理决策时的关键战略因素,也要分析企业管理决策时技术和经济的影响因素;不仅要分析企业管理决策时宏观的政治环境、经济环境、社会文化环境和技术环境,也要分析企业管理决策时有关宏观和微观的经济效益、社会效益、技术效益以及生态环境效益等各个方面,因此,企业管理决策本身就是综合性研究。

(2) 应用性

企业管理活动主要是为了解决企业的战略管理、目标管理、技术创新管理、投资管理、项目管理、生产设备管理、价值管理等一系列管理问题,是实践性很强的管理决策活动。企业管理活动的战略分析与技术经济分析具有时间性、空间性,由于时间与条件不同,企业制定的近期或远期的总体发展战略目标会存在明显差异,且采用同一技术时往往会产生不同的经济效果。企业管理决策研究如何通过战略分析与技术经济分析,在有限条件下选择最满意方案,获得最佳的经济效果,以便更好地为企业经济发展服务。企业管理活动的战略分析与技术经济分析的方案来源于企业实践,是企业管理决策亟待解决的实际问题。企业管理决策过程的战略分析与技术经济分析所需的各种数据和资料也来源于实践,其研究成果也都应用于实践。

(3) 系统性

企业管理活动所关注的战略问题与技术经济问题受到社会、经济、资源等客观条件和自然环境等影响因素的制约,必须对各个影响因素进行系统性研究。例如,企业项目管理活动必须依据企业战略目标进行原材料采购、工厂选址、经济成本估算、社会环境评价等一系列问题的可行性研究。因此,企业管理决策的任何一个战略问题与技术经济问题必须置于一个系统中,运用系统理论、系统思想和系统方法,对其进行战略分析与技术经济分析,详细考察和全面分析系统各个部分之间的关系及影响因素,才能得出科学合理的结论。因此，系统分析是企业管理决策的突出特点。

（4）风险性

企业管理决策对一切企业管理活动的优化过程都必须充分考虑未来的发展趋势，进行预测与评价。由于很多数据要依靠预测得到，因此，就不可避免地产生风险。每一项未来因素的产生与发展，都可能对有关的备选方案决策产生重大影响。为了提高决策的精确性和科学化水平，企业管理决策的战略分析与技术经济分析必须对备选方案进行风险分析。

（5）比较性

企业管理决策的基本任务是通过正确地反映企业备选方案对达到预定企业战略目标的可靠性程度以及预期产生的经济效果，通过对企业备选方案的综合评价，达到最终选优的目的。"优化"实际上是针对企业管理活动，把实现同一战略目标的几个不同的方案、技术措施，从技术的可行性与经济的合理性方面进行比较，最终选择一个备选方案为特定评价体系中的最满意方案，这一结果具有相对性、局限性与转移性。因此，对企业管理活动的任何一个备选方案都要进行战略分析、技术比较、经济评价，通过比较、分析、评价来选择经济效益最好的方案。

（6）定量性

企业管理决策是定性分析与定量分析相结合、以定量分析为主的决策过程，即决策结果主要以定量形式表示出来。因此，企业管理决策过程中，运用现代管理方法，采用数学方法和数学模型，将战略目标进行指标化，将定性指标进行定量化，通过定性与定量相结合，综合判断备选方案优劣，得出比较科学的结论。对于数据量大、模型复杂的企业管理决策活动，还需采用电子计算机进行模拟和计算。

0.2.2 企业管理决策的类型

1. 广义的企业管理决策

企业管理决策从广义上来看，其类型主要可分为以下 7 种：一是按照决策的思维特点，可将决策分为经验决策与科学决策；二是按照决策的作用范围，可将决策分为战略决策、战术决策和业务决策；三是按照决策的主体，可将决策分为个人决策与集体决策；四是按照决策的时间节点，可将决策分为初始决策和追踪决策；五是按照决策的性质，可将决策分为程序化决策与非程序化决策；六是按照决策问题的可控程度，可将决策分为确定型决策、风险型决策与不确定型决策；七是按照管理的职能划分，可将决策分为人事决策、财务决策、研究与开发决策、生产决策、营销决策。具体可表述为：

（1）经验决策与科学决策

经验决策是根据以往同类决策所积累下来的经验，对企业管理活动进行的决策，其特点是具有重复性和表面性。

科学决策是依据理性所设定的程序而制定的决策。其特点是以科学理论为基础，运用科学的思维方法，严格遵循科学的论证程序。

（2）战略决策、战术决策与业务决策

战略决策是为了企业全局长远的发展所进行的大政方针决策，包括企业的战略目标、经营方向、发展规模与速度、厂址选择等。这类决策需要更多地考虑企业面临的外部环境，力求企业内部资源与外部环境实现动态平衡。战略决策主要是为了适应外部环境变化所采取的决策，其特点表现为：一般是关系企业全局的重大问题；实施时间较长、对企业起着长远指导作用；风险性较大，由企业最高层管理者负责制定。

战术决策是企业为了实现战略目标而做出的带有局部性的具体决策，其主要内容为企业内部人力、财力、物力等资源的分配、协调和控制等。战术决策直接关系着为实现战略决策所需要的资源的合理高效利用。这类决策对企业的经济效益产生直接影响，但决策的影响时间和企业管理者所承担的责任都比战略决策小些。

业务决策是企业为了解决企业日常工作和业务活动中的问题所做出的决策，它是针对短期目标，考虑当前条件而做出的决定。因此，业务决策大部分属于影响范围较小的常规性、技术性的决策，直接关系到企业的生产经营绩效和工作效率。

(3) 个人决策与集体决策

个人决策是指企业决策机构的主要领导成员通过个人决定的方式，按照个人的判断力、知识、经验和意志所做出的决策。个人决策一般用于企业日常工作中程序化的决策和企业管理者职责范围内事情的决策。个人参与企业活动的过程实质上是一个不断地做出决定或制定决策的过程。

集体决策是根据决策者人数划分出的一种决策类型，制定决策的主体是专家组成的集体。由于个人在集体中所处的地位不同，集体决策又可分为 3 种决策形式：第一，专家集体提出各种决策方案，由企业管理者个人在各种方案中抉择一种。这种情况下，具有决策权的个人只是提出需要决策的问题，由专家组成的集体进行研究，制定可供选择的方案，并明确方案的优劣，供决策者选择。第二，专家集体做出决策，由企业管理者个人批准付诸实施。这种情况下，专家们不仅要提出各种方案，而且要进行集体评价，选择其中一种，由企业管理者个人根据其掌握的全局情况，决定专家集体所提出的方案是否实施和何时实施。第三，专家集体掌握决策全过程的权力，个人只是作为决策群体中的一员而发挥作用，在形成决策和批准实施决策时，个人并没有特殊权力，只能起到执行集体决策的作用。

(4) 初始决策与追踪决策

初始决策是零起点决策，是在企业有关活动尚未进行、环境未受到影响的情况下进行的决策。

追踪决策是指随着企业决策实施，企业生存与发展环境发生变化的情况下所进行的决策，是非零起点决策。

(5) 程序化决策与非程序化决策

程序化决策，也称为结构化决策，是指决策可以程序化到呈现出重复和例行的状态，由于这类问题经常反复出现，其特点和规律性易于掌握，因而能制定一套处理这些决策的固定程序。

非程序化决策，也称为无结构化决策，是指企业管理过程受大量随机因素的影响，具有不寻常影响的程度，很少重复出现，决策没有固定的程序，只能根据外在环境变化加以及时处理。对这类决策，企业管理决策者往往没有固定的模式、规则和经验可循，完全靠决策者的洞察力、判断力、知识和信念来解决。

(6) 确定型决策、风险型决策与不确定型决策

确定型决策是指企业对未来的认识比较充分，了解未来可能呈现某种状况，能够比较准确地估计未来的发展状况，从而可以比较有把握地比较、预测各方案在未来实施所带来的效果，并据此做出确定性的选择。

风险型决策是指企业对未来有一定的认识，但又不能完全确定某种状况是否会发生，只能估算该种状况发生的概率，并据此做出选择。风险型决策具有4个条件：一是有一个明确的决策目标；二是有两个或两个以上的可行方案；三是存在两个或两个以上的自然状态，且各种自然状态发生的概率可知；四是每种方案在不同自然状态下的结果可知。

不确定型决策是指企业在各种自然状态发生的概率无法预测的条件下，依据经验判断并有限地结合定量分析方法所做出的决策。

(7) 人事、财务、研发、生产与营销决策

人事决策主要包括企业管理人员和一般人员的招聘和挑选、工作任务的分配、培训、绩效考核和薪资报酬的确定等。

财务决策主要包括资金的筹集和使用、目标成本、目标利润和利润分配等。

研究与开发决策主要包括确定研究与开发的方向、研究与开发的集中和分散程度、研究开发资金的投入、研发的组织等。

生产决策贯穿于企业生产的全过程，它包括生产计划、生产组织、生产指挥与调度、生产控制，甚至还包括环境保护、能源节约等。

营销决策是指对产品的定位、营销计划的制定、价格的制定、产品的包装、广告等所做出的决策。

2. 狭义的企业管理决策

狭义的企业管理决策，主要是围绕企业战略管理、技术创新管理、投资管理、项目管理、生产设备管理、价值管理等管理职能进行分类，其类型主要可分为7大类：企业战略管理决策、企业目标管理决策、企业技术管理决策、企业投资管理决策、企业项目管理决策、企业生产设备管理决策、企业价值管理决策。具体可表述为：

(1) 企业战略管理决策

企业管理活动过程中，企业战略管理决策重点阐述企业战略管理的总体框架思路、方法和案例，主要围绕战略环境分析(包括宏观环境、产业环境、内部环境和综合环境分析)、战略制定与选择(包括企业文化建设与战略目标制定、总体战略和竞争战略选择)、战略实施与战略控制(战略实施、战略控制与评价)等内容展开决策。

(2) 企业目标管理决策

企业管理活动过程中，企业目标管理决策重点阐述企业战略目标实现的理论、方法和案例，主要围绕企业多目标管理、企业交互式目标管理、企业多层递阶目标管理等内容展开决策。

(3) 企业技术创新管理决策

企业管理活动过程中，企业技术创新管理决策重点阐述企业技术创新管理的理论、方法和案例，主要围绕企业技术预测(包括直观型预测、探索型预测、规范型预测、反馈型预测)、企业技术评价(包括实现预定目标评价、危害性影响评价、综合评价)、企业技术创新(包括技术创新能力的构成要素、演变阶段、指标)等内容展开决策。

(4) 企业投资管理决策

企业管理活动过程中，企业投资管理决策重点阐述企业投资管理的理论、方法和案例，主要围绕企业投资静动态评价(包括静态评价、动态评价)、投资方案决策(包括独立型方案决策、互斥型方案决策)、企业投资风险决策(包括盈亏平衡分析、敏感性分析、概率分析)等内容展开决策。

(5) 企业项目管理决策

企业管理活动过程中，企业项目管理决策重点阐述企业项目管理的理论、方法和案例，主要围绕企业项目管理的可行性研究(包括可行性研究的内容、阶段划分、步骤及程序)、企业项目管理的基础评价(包括财务评价、国民经济评价)、项目管理的综合评价等内容展开决策。

(6) 企业生产设备管理决策

企业管理活动过程中，企业生产设备管理决策重点阐述企业生产设备管理的理论、方法和案例，主要围绕企业生产设备的磨损与折旧、企业生产设备的更新(包括原型生产设备、新型生产设备的更新)、企业生产设备管理综合评价等内容展开决策。

(7) 企业价值管理决策

企业管理活动过程中，企业价值管理决策重点阐述企业价值管理的理论、方法和案例，主要围绕企业价值工程的原理(包括价值工程的作用、特点、工作程序)、企业价值工程的方法(包括对象选择和情报收集、功能分析、方案创造与实施)、企业价值管理的方法(包括系统分析、寿命周期、成本分析、方案创造和经济评价、方案实施的价值管理、价值管理的组织)等内容展开决策。

0.3 企业管理决策的程序和任务

0.3.1 企业管理决策的程序与性质

1. 企业管理决策的程序

为了保证企业管理决策的正确性和可靠性，必须尽量地使企业管理决策程序化。企业管理决策的程序具体可表述为：

(1) 市场调查分析，搜集有关信息

调查市场情况，分析市场形势，搜集有关信息，找出制定战略目标和进行决策的依据，这是进行企业管理决策的必要条件，也是首要条件。市场调查分析包括产品销量，消费者偏好，企业竞争对手的规模、资本、技术力量等内容。因此，市场调查分析应尽可能全面，以搜集到尽可能多、尽可能详细的信息，才能对市场形势分析透彻，从而找到制定战略目标和进行决策的依据，为做出正确的决策奠定坚实基础。

(2) 系统分析，确定战略目标

系统分析过程，必须坚持系统化原则，保证要素完备、层次清晰、结构周密、功效最优。对企业管理问题进行系统分析时，必须分清问题的性质、范围及程度等，然后确定战略目标和进行决策。因为有了战略目标，才能拟订各种实现战略目标的方案，并根据战略目标所确定的决策标准，仔细衡量，从中选择出最满意的方案，做出决策。战略目标是在一定环境和条件的战略分析下，通过合理预测确立的目标。一方面，战略目标应具体明确，时间、地点和数量都要准确地确定，同时必须考虑需利用的资源与可利用的资源。另一方面，战略目标要切合实际，同时多目标应有主次之分。

(3) 制定行动方案，应对市场形势

在有明确的企业战略目标之后，针对企业面临的市场形势，制订可能的行动方案。企业管理活动过程中，解决某一个问题的途径不止一条，但不是每一种方案都是最优的。因此，在决策确定之前，必须把所有可能的行动方案全部列出来，以便进行方案择优。

(4) 确定满意方案，付诸实施

方案的选择正确与否关系到企业的前途和命运，正确的决策能使企业兴旺发达，提高企业在同行中的地位；反之，把错误的行动方案付诸实施，企业则可能面临资源损耗甚至倒闭的危险。因此，应在各种可能解决问题的行动方案中进行择优，确定最满意的方案并实施。择优方案时，一是综合各指标，防止片面化；二是准确权衡利弊，正确选择；三是不强求最优，最满意即可。

(5) 评价实施方案，决策优化

对付诸实施的决策方案的执行情况做出分析与评价，形成优化后的新决策。这是一个决策的反馈阶段。决策方案在付诸实施之后，企业要组织专门的调查小组检查方案的执行情况，以便随时反映方案的好坏优劣，并根据企业内外部环境，对方案及时地加以调整、改进和完善，最终达到决策的优化。

由此可见，企业管理决策的确是一个程序化的过程，只有让企业管理决策程序化，才能使企业管理决策科学化。

2. 企业管理决策的性质

企业管理决策就是研究、分析构成企业决策事物的各个组成部分相互影响、相互制约的关系，强调企业管理决策要在对企业决策事物各组成部分特定分析的基础上，全面观察问题，从中找出它们之间的内在联系和规律，达到科学决策。企业管理决策过程中，一般包括战略目标确定、信息资料收集、备选方案制定、最满意方案选择、决策方案实施、方案评价及反馈等不同阶段。企业管理决策的性质具体可表述为：

第一，企业管理活动的战略目标要明确，具有可操作性。企业管理决策过程中，战略目标具有鲜明的特征，易于为人所理解和接受。同时，战略目标也要进一步细化和分解，便于企业各个层级进行操作和执行。

第二，企业管理活动的信息资料要真实可靠、系统全面。企业管理决策的基本依据是相关的信息资料。在进行企业管理决策前，决策者既要掌握企业相关的信息资料，又要借鉴其他企业的相关资料；既要有客观数据资料，又要有文字资料。企业管理活动中，只有充分地获取信息资料，才能做出正确的决策结论。

第三，企业管理活动的决策方案考虑要周全，最满意方案应实用可行。企业管理决策过程中，要进行科学的预测或可行性分析，制定多种可行的备选方案；要认真比对未来可能的多种变化，从多种可行方案中选取最满意方案，确保决策方案实用可行。

第四，企业管理活动的决策方案实施要有序，进度要合理。企业管理决策过程中，要时刻注意决策方案实施过程中的动态变化情况，适时做出正确判断，调整进度，确保决策方案的有序推进和顺利完成。

第五，企业管理活动的决策方案评价要恰当，信息反馈要及时。企业管理决策过程中，首先，要采取定性分析与定量分析相结合的方式，进行企业管理活动的事前、事中和事后的评价；其次，要借助不断发展的数学、统计学、运筹学、控制及决策分析技术等数量分析理论以及不断更新的计算机及网络技术，进行相应阶段的模拟仿真分析；然后，要完善企业管理活动各阶段的信息反馈制度，对决策方案及时做出调整或修正。

0.3.2 企业管理决策的任务与原则

1. 企业管理决策的任务

企业管理活动以提高企业经济效益为前提，将速度与效益相统一，将规模与质量相统一，将质量与品质相统一，为企业管理决策提供依据。企业要为社会创造更多的物质财富，加强战略分析与技术经济分析是重要的有效措施之一。企业管理决策所承担的主要任务是为企业管理活动提供具体优化方案。

提高企业经济效益是企业的战略目标之一，而企业管理活动的可行性研究结果往往对企业能否获得较好的经济效益起着决定性作用。企业管理活动必须通过战略分析与技术经济分析，以保证决策方案在技术上的可行性与经济上的合理性，从而使决策方案实施后获得较好的经济效益。否则，盲目决策必然造成企业大量的资金损耗与资源浪费。因此，对一切企业管理活动在决策之前，必须进行战略分析与技术经济分析，从而为最终决策提供具体的优化方案，这已成为企业管理决策的重要任务。

2. 企业管理决策的原则

在企业管理决策的过程中，科学决策是一个识别问题、分析问题、解决问题的完整的动态过程，只有遵循科学的决策程序，才能做出正确的决策，避免决策失误。科学的决策过程是由基层一线的调研人、真正意义上的执行代表、相关专家、权威人士、企业决策层与实际工作者互动的过程。在这个过程中，参与决策的主体与客体以大局为重，相互配合，形成了一个科学决策的过程。

企业管理决策过程中，应当遵循 7 大原则：

第一，目标性原则。只有明确了企业战略目标，才能避免决策的失误。企业战略目标是企业决策的出发点和归宿，企业战略目标必须明确、合理，要在需要与可能的基础上，分清必须达到的战略目标和期望达到的战略目标。任何团队决策都必须先确定企业战略目标。企业战略目标是企业在未来特定时限内完成任务程度的指向和标志。

第二，指导性原则。在企业管理活动中，决策一经做出，就必须付诸实施，对整个管理活动、企业内的每一位员工都具有鲜明的指导作用，指导每个部门或每一位员工的行为方向。而不付诸实践、没有指导意义的决策就失去了决策的实际意义。

第三，程序性原则。在企业管理活动中，企业决策不是简单拍板，随意决策；更不是头脑发热，独断专行。而是在正确的理论指导下，根据企业的特性建立科学的决策程序，充分依靠领导班子、广大员工的集体智慧，正确运用决策技术和方法来选择行动方案。

第四，择优性原则。在企业管理活动中，应当通过多个备选方案的对比，寻求能获取最大效益的行动方案,择优是决策的核心。择优的前提是企业决策者对环境和条件的变化能够准确地预测,计算每个备选方案的执行结果。

第五,创造性原则。在企业管理活动中,决策总是针对需要解决的问题和需要完成的任务而做出选择,运用逻辑思维、形象思维、直觉思维等多种思维进行创造性的劳动。

第六,满意性原则。在企业管理活动中,决策要求决策者了解与团队活动有关的全部信息,要求决策者能正确地辨识全部信息的有效性,充分了解其价值,并能据此制定行动方案。然而,决策是面向未来的,不可避免地包含不确定性,且很难识别出所有可能实现战略目标的备选方案。同时由于信息、时间和其他因素局限也使管理者难以做到最佳抉择。因此,采纳令人最满意的行动方案就可以。

第七,过程性原则。在企业管理活动中,决策是一个过程,从发现问题到制定和实施解决问题的方案的完整过程。决策是为达到一定目标,从两个或多个可行方案中选择一个合理方案的分析判断和抉择的过程。决策过程包含 7 个步骤:① 发现并界定问题;② 确定战略目标;③ 拟定备选方案;④ 选择方案;⑤ 执行方案;⑥ 检查评价和反馈处理;⑦ 建立反馈制度:跟进和后续行动。

0.4 企业管理决策的主要内容

企业管理决策过程中,涉及企业战略管理决策、企业目标管理决策、企业技术创新管理决策、企业投资管理决策、企业项目管理决策、企业生产设备管理决策以及企业价值管理决策等主要内容。为此,将企业管理决策的主要内容划分为“上篇 企业战略管理决策篇”和“下篇 企业战略管理实施篇”两大篇章,具体可表述为:

上篇:企业战略管理决策篇。包括第 1 章,企业战略管理概述;第 2 章,企业外部环境分析;第 3 章,企业内部环境分析;第 4 章,企业文化建设与战略目标;第 5 章,企业总体战略选择;第 6 章,企业竞争战略选择;第 7 章;企业战略的实施与执行;第 8 章,企业战略的控制与评价。

第 1 章,企业战略管理概述。包括企业战略的概念及特征、战略管理的层次及作用、战略管理过程、战略管理理论的演进、战略管理理论的代表性学派、战略管理工具。第 2 章,企业外部环境分析。包括企业外部环境概述、宏观环境分析、产业环境分析、产业内战略集团分析、竞争对手分析。第 3 章,企业内部环境分析。包括企业资源分析、企业价值链分析、企业能力分析、企业竞争优势分析、企业战略因素综合分析方法。第 4 章,企业文化建设与战略目标,包括企业文化建设概述、企业愿景与使命、企业战略领导者、企业战略目标。第 5 章,企业总体战略选择。包括企业总体战略选择概述、稳定发展战略、快速发展战略、防御战略、战略组合与战略选择方法。第 6 章,企业竞争战略选择。包括企业竞争战略概述、基本竞争战略选择、产业结构与竞争战略、战略评价与选择方法。第 7 章,企业战略的实施与执行。包括企业战略实施的概念、企业战略实施的原则与任务、战略实施与战略计划、战略实施与组织结构、战略实施与资源配置。第 8 章,企业战略的控制与评价。包括战略控制的概念、战略控制的作用与性质、战略控制的类型、战略控制的过程、战略绩效评价的原则与方法。

下篇:企业战略管理实施篇。包括第 9 章,企业目标管理决策;第 10 章,企业技术创新管理决策;第 11 章,企业投资管理决策;第 12 章,企业项目管理决策;第 13 章,企业生产设备管理决策;第 14 章,企业价值管理决策。

第 9 章,企业目标管理决策。包括企业目标管理决策概述、企业多目标管理决策、企业交互式目标管理决策、企业多层递阶目标管理决策。第 10 章,企业技术创新管理决策。包括企业技术创新管理决策概述、企业技术预测、企业技术评价、企业技术创新。第 11 章,企业投资管理决策。包括企业投资管理决策概述、企业投资静动态评价、企业投资方案决策、企业投资风险决策。第 12 章,企业项目管理决策。包括企业项目管理决策概述、企业项目管理的可行性研究、企业项目管理评价。第 13 章,企业生产设备管理决策。包括企业生产设备管理决策概述、企业生产设备的磨损与折旧、企业生产设备的更新、企业生产设备管理综合评价。第 14 章,企业价值管理决策。包括企业价值管理决策概述、企业价值工程的原理、企业价值工程的方法、企业价值管理的方法。

【思考题】

1. 什么是企业管理决策?
2. 企业管理决策的特点有哪些?
3. 企业管理决策的程序有哪些?
4. 企业管理决策的任务和原则有哪些?
5. 企业管理决策的主要内容有哪些?
6. 企业管理决策的主要方法有哪些?

上篇
企业战略管理决策篇

1 企业战略管理概述

【学习要求与目标】

1. 理解企业战略的概念和特征。
2. 掌握企业战略管理的层次、本质和作用。
3. 重点掌握企业战略管理过程。
4. 了解企业战略管理理论的演进及代表性学派。
5. 了解企业战略管理工具。

2020年11月1日出版的第21期《求是》杂志发表了习近平总书记的《国家中长期经济社会发展战略若干重大问题》一文，文章着重从发展战略角度指出六个问题：第一，坚定实施扩大内需战略。牢牢把握扩大内需这一战略基点，使生产、分配、流通、消费各环节更多依托国内市场实现良性循环，构建以国内大循环为主体、国内国际双循环相互促进的新发展格局。第二，优化和稳定产业链、供应链。在关系国家安全的领域和节点构建自主可控、安全可靠的国内生产供应体系。第三，完善城市化战略。把人民生命安全和身体健康作为城市发展的基础目标，更好地推进以人为核心的城镇化，使城市更健康、更安全、更宜居，成为人民群众高品质生活的空间。第四，调整优化科技投入和产出结构。优化科技资源布局，提升科技创新能力，走出一条符合我国国情的科技研发道路。第五，实现人与自然和谐共生。深化对人与自然生命共同体的规律性认识，站在人与自然和谐共生的高度来谋划经济社会发展。第六，加强公共卫生体系建设。从顶层设计上提高公共卫生体系在国家治理体系中的地位。这是国家领导人对国家中长期经济社会发展战略的深刻认识，是国家领导人对国家的对外与对内发展战略进行的总体战略构思和重大的、全局性的规划。对企业来说，企业管理者必须从企业资源条件、外部环境等方面深刻认识企情，从全局角度把握企业总体发展战略方向、客观辩证地思考企业战略问题，进行企业战略管理决策。

【先导案例】

诺基亚从坐视群雄到陷入退市困境[1]

1865年，一个叫弗雷德里克·艾德斯坦的工程师在芬兰北部的一条河边建立了一家木浆工厂，与河流的名字一致，工厂取名“诺基亚”。随着工业化浪潮在欧洲兴起，纸板消费量

① 资料来源：根据电玩巴士、人民网资料改编。http://nokia.tgbus.com/article/news/201011/20101103091448.shtmlhttp://mobile.people.com.cn/GB/16407981.html。

骤增，诺基亚工厂因此一炮打响。工厂周围逐渐形成工业区，后来这个工业区也被命名为诺基亚。20世纪20年代，诺基亚木浆厂并购了在其旁边经营的成立于1898年的芬兰橡胶加工厂，橡胶厂的皮靴、轮胎、工业用橡胶制品、雨衣、地毯、球类及橡胶玩具等产品开始用诺基亚的品牌来命名。1967年之前，诺基亚一直稳稳地走着。1967年，诺基亚购买了芬兰电缆厂的大部分股份，诺基亚木浆厂、芬兰橡胶厂、芬兰电缆厂三大工厂联合为诺基亚集团。这是诺基亚成形的时期。

到20世纪60年代，诺基亚才开始涉足电子领域。芬兰电缆厂1960年就成立了电子部，1962年开始研究无线电传输问题，到1967年诺基亚集团成立时，电子部已发展成为雇佣460人、所创净销售额占整个集团净销售额3%的大部门。这为诺基亚之后的通信之路奠定了良好的基础。

1992年以前，诺基亚的产品线很长，除移动通信产品之外，还生产电视机、电脑、电线，甚至胶鞋。1992年，约玛-奥利拉(Jorma Ollila)就任诺基亚公司CEO，他决定专注于当时最前沿、最活跃、最代表发展方向的移动通信领域。在他的领导下，诺基亚的市场份额及营收快速增长，在1998年超过摩托罗拉，一跃成为世界第一的移动电话制造商，并成为世界最富品牌价值的公司之一，2000年成为欧洲市值最高的公司。为了培育这个当时并不赚钱的主业，诺基亚舍弃了包括那些还能赢利的项目：先后卖掉了电线、电脑、电视机等所有不相干的产品项目，当时其电视机已做到欧洲第二的规模。

而自从进入移动通信领域后，该公司就像坐上火箭般向上蹿升，每年的发展速度高于50%。仅用了6年的时间，诺基亚就由一个差一点儿被卖掉的地区性公司，一跃变为大型跨国公司。2008年，诺基亚手机的全球市场占有率达到36%，坐视群雄。

从1996年到2011年第一季度，它一直稳坐全球手机市场份额头把交椅。而正是这家百年老店，2011年第二季度的市场份额已滑落至22.8%，在智能手机市场它已经被三星电子和苹果超越，沦为全球第三大智能手机制造商。2011年11月诺基亚宣布2012年从德国法兰克福证券交易所退市。此前，它已经陆续从伦敦、巴黎、斯德哥尔摩证交所退市。在《华尔街日报》评选出的2012年即将消失的品牌中，这个曾经稳坐全球头把交椅的通信业巨头，稳居第一。

早在5年前，诺基亚与西门子的联姻，已经让投资者们大跌眼镜。联姻之前，西门子已基本在移动市场“自然死亡”，舆论普遍认为，两家联姻，是西门子攀龙附凤。2011年7月，诺西(诺基亚西门子网络公司，Nokia Siemens Networks)收购摩托罗拉移动公司后，宣布全球计划裁员约1 500人。4个月后，诺西宣布全球裁员17 000人。很多人认为，这个是导致诺基亚从德国退市的直接原因。

为了挽救糟糕的市场业绩，诺基亚2011年11月推出了最新的WP7手机Lumia 710和Lumia 800。但是对于两部并没有突破性创新的机型，想要从如日中天的Android和iOS手中拿下可观的市场份额不是一件易事。Lumia系列虽然搭载了最新的WP7芒果系统并具备优秀的工业设计机身，但是其高居不下的价格再加上缓慢的出货量，都已经严重地影响到其市场表现。另外，移动生态系统经济效益进一步递增，Android和iOS的市场份额和价值已经在不断攀升，相比于还处在蜗牛般发展阶段的Windows系统，想要重新赢得消费者的信任，相信都需要一段漫长的时间。

2012年第一季度财报数据显示,诺基亚一季度净营收为73.54亿欧元,同比下滑29%,净亏损9.29亿欧元,这是诺基亚自2011年以来连续四季度财报出现亏损。从财报分析来看,诺基亚的智能手机战略转型并没有效果,智能手机的亏损更加严重。中国市场销售额骤降70%。这些都让人感到,诺基亚积重难返,危机重重。

【讨论问题】

通过对诺基亚发展历史的了解,阐述战略管理的含义和意义?

分析诺基亚在企业战略制定和实施过程中可能出现问题的原因。

【要点提示】

企业发展战略是否正确,直接决定着企业的兴衰成败。战略管理的重要意义在于对外部环境做出充分准备,并能够明确企业的发展方向,及时做出战略调整,在此过程中企业的领导者即战略领袖也发挥着重要的作用,他们制定战略并指导战略实施。

此案例中,诺基亚经历了147年的发展历史,从一个木浆厂到手机巨头,再到今天面临的重大困境,每一步的发展都说明企业战略方向的制定和执行在其中起到重要的作用,同时案例也反映出企业战略在制定的过程中必须随时关注市场环境和自身条件,只有做到知己知彼,才能百战不殆。2011年诺基亚面临的困境显示出诺基亚并没有很好地应对来自苹果和三星等竞争对手的威胁,未能正确地分析Android、iOS和Windows系统的未来价值。

1.1 企业战略的概念及特征

1.1.1 战略的概念

"战略"(strategy)一词起初为军事术语,出自古希腊语"strategos",意为将军或领袖,引申出"strategia",意为战役或将道。"战略"又称韬略,指将军指挥作战的艺术。毛泽东同志曾指出:"战略问题是研究战争全局的规律性的东西。"《中国大百科全书·军事卷》将战略定义为"指导战争全局的方略"。《韦氏新国际英语大词典》(第三版)定义战略一词为"军事指挥官克敌制胜的科学与艺术"。《简明大不列颠百科全书》则称战略是"在战争中利用军事手段达到战争目的的科学和艺术"。《辞海》对战略的定义为"筹划和指导战争及非战争军事行动全局的方略,是国家战略的组成部分,国家军事政策的集中体现,是一切军事活动的主要依据"。

战略学科史上两个著名的人物,哈佛大学商学院教授波特和加拿大著名管理学家明茨伯格,都曾给战略下过定义。波特出版的《竞争战略》《竞争优势》《国家竞争优势》三本书被学界誉为"战略三部曲",基本上可称之为全球战略学科的通用教材。波特认为"战略是企业为之奋斗的一些终点与企业为达到它们而寻求的途径的结合物"。波特对战略的定义可界定为"战略=目标设定+路径选择",即回答"我们要去哪儿?我们怎么去?"的问题。

著名管理学家明茨伯格(Mintzberg)曾出版了一本深受各界欢迎的著作《战略历程》,明茨伯格将战略界定为"一系列或整套的决策或行动方式"。明茨伯格提出了战略的"5P"概念。他将战略归纳为五个定义,从五个不同角度进行了阐述:

(1)战略是计划(Plan)。战略是一种有意识的有预计的行动程序,一种处理某种状况的指导纲领。

(2) 战略是计谋(Ploy)。这是指在特定的环境下,企业将战略作为威胁和攻击竞争对手的一种具体手段。

(3) 战略是模式(Pattern)。这种定义将战略体现为一系列的行为,即为实现战略目标进行竞争而实行的重要决策、采取的途径和行动、资源分配的一种模式。

(4) 战略是一种定位(Position)。从战略的内容来看,战略是帮助企业在环境中或市场中找到一处合适位置,是为适应内外环境的变化进行的合理定位。

(5) 战略是一种观念(Perspective)。这种定义强调所有的战略都是一种抽象的概念,它普遍存在于企业全体成员的头脑之中,体现了企业所共有的世界观和市场观,反映了企业对外界环境的一种独特看法。

著名管理学家德鲁克认为,战略是决定组织将要干什么以及如何干的问题。著名管理学家钱德勒(Chandler)认为战略是决定企业的基本长期目标以及为实现这些目标采取的行动和分配资源。另一位著名管理学家安索夫(H. I. Ansoff)认为战略是企业为了适应外部环境,对目前所从事的和将来要从事的经营活动而进行的决策,即战略是一条贯穿于企业活动与产品或市场之间的"连线",其涉及以下五个战略构成要素:①企业的使命与目标;②(产品与市场)经营范围;③增长向量;④竞争优势;⑤协同作用。

从上述定义,我们可以看出,企业战略是指企业对自己所处的经营环境以及对企业自身经营条件总体分析判断基础上的系统谋划,是一套整体的决策体系,是企业日常经营活动的总纲领,是企业在竞争形势下的定位和再定位,是企业进行资源配置、有所为有所不为的主要依据,是号召企业员工朝着既定目标共同前进的精神支柱。

总体来看,战略不仅是事先设计的预谋性战略,也是根据环境变化的反应性战略。具体来说,战略在实施前需要进行规划,具体实施过程中需要根据环境变化及时应对。战略=预谋性战略+反应性战略。

专栏 1.1　战略引导故事

从前,有一个农夫生有三个儿子,他们分别去开垦一片荒地。大儿子想着,种稻子最好,因为稻子是生活必需品,就算不能都卖出去,起码一家人吃的东西有了。二儿子想种鲜花,他想,城里的人喜欢鲜花,我把鲜花种好然后拿到城里去卖,一定可以赚大钱。最后一个儿子,倒没有匆忙做出决定,他观察了周围的地形,发现这块地离水源很远,然后又查了气象局的长期天气预报,知道当年雨水会很少,于是他就琢磨着,要种抗旱的作物,最后决定种土豆。三个兄弟都信心满满地开始了工作,一年过后却有着不同的效果。大儿子种水稻需要水,可是连续干旱,水源又远,结果收成很不好。二儿子的鲜花的确很多人都需要,开始火了一阵,可是自从临近城里的花圃开始营运后,二儿子的地较远,运输成本大,慢慢的他的鲜花也就无人问津了。于是两个儿子担心,看来今年冬天要断粮了。好在这时候,三儿子的土豆大丰收了,土豆抗旱,虽然没有赚到钱,但是一家人冬天的口粮总算有了着落。

这个故事非常有意思,农夫的大儿子知道他们家最急需的东西就是冬天的口粮,可是却忘记了水稻是不适合在远离水源的地方生长的,所以失败了。而二儿子呢,虽然看到了市场强烈的需求，但是没有看到市场的变化，结果连过冬的口粮也没有着落。三儿子比较聪明，他明白自己的需求，就是他们家冬天要吃饭，又想到了自己的土地水源不足，还看了长期的天气预测，发现当年是一个旱年，于是种上了最适合的作物，最终满足了一家人最重要的需求。

【思考】

这个故事对你有何启示?

1.1.2 战略的特征

企业战略的特征表现在六个方面，见图1-1。

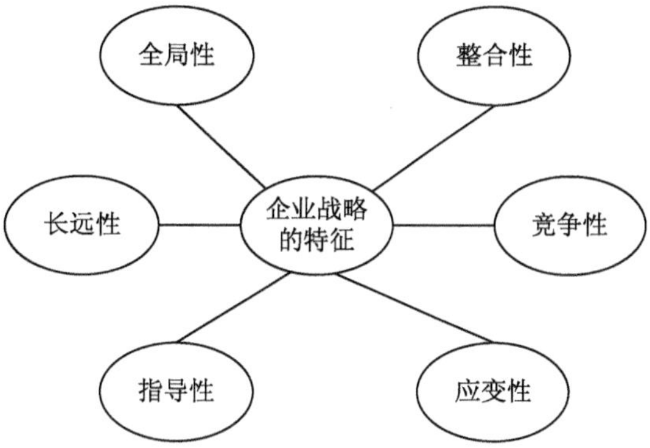

图1-1 企业战略的特征

1. 全局性

企业战略是以企业总体为研究对象，根据企业持续发展的全局需要而制定的。企业战略必须考虑事关企业发展全局性的多种因素，包括企业战略必须顺应有关地区、国家的政治、经济、技术、社会的发展趋势，同时必须顺应行业的技术、经济、业务模式的发展趋势。

2. 长远性

企业战略重点关注的是企业未来相对较长时期内的总体发展问题，追求短期发展与长期发展的协调统一，着眼于长期发展。

3. 指导性

企业战略规定了企业在一定时期内的基本发展目标，以及实现这些目标的基本途径，并且指导和激励企业全体员工努力工作。

4. 应变性

企业战略解决的不是某个具体运营单位的日常问题，而是在多变的环境中可能影响全局的复杂问题，它必须具有根据组织外部环境和内部条件的变化适时地加以调整，以适应变化的特性；同时，利用可能发生的变化，利用新的发展机会，制定新的战略。

5. 竞争性

企业战略与军事战略一样，其目的通常是克敌制胜，赢得竞争的胜利。竞争性是企业战略的本质特性之一。但是，竞争只是手段，企业的最终目的是发展，发展过程中不排斥与竞争对手的合作。

6. 整合性

企业战略必须与战术、策略、方法、手段相结合。一个好的企业战略如果缺乏实施的力量和技巧，也不会取得好的发展。

1.1.3 战略与规划、计划的区别

广义来讲，战略、规划、计划都是对未来的筹划，也可通称“计划”，国外往往采用广义的

计划概念，通常按时间区分，可分为短期计划（1年以下）、中期计划（2～4年）和长期计划（5年以上）。狭义来讲，战略、规划、计划既有联系，又有区别。战略是规划和计划的灵魂，规划和计划必须体现既定的战略。因此，战略是规划的基础，规划又是计划的基础，应当先有战略，再有规划，再制定计划，使其成为可以部署、可以检查的具体行动方案。从这个意义上讲，规划和计划又是战略的继续、深入和细化。

从实施的范围看，企业战略是全面的，而企业规划和计划可以是全面的，也可以是局部的；从实施的时间看，企业战略是长期的，而企业规划一般是中期的，也可以是长期的，企业计划则是短期的；从实施的内容看，企业战略是原则性的，而企业规划是轮廓性的或为粗线条的，企业计划则是细线条的；从实施的方法来看，企业战略以定性为主，而企业规划是定性与定量并重，企业计划则是以定量为主。

此外，企业战略不同于战术、策略，它们之间既有密切联系，又有明显区别。战略与战术主要表现为全局与局部的关系。战略是指企业为达到战略目标及达到目标的途径和手段的总体谋划，而战术是指为达到阶段性或局部性战略目标所采取的具体行动。战略与策略主要是目的与手段的关系，亦即先有战略，后有策略，策略必须服从和服务于战略。

1.2 战略管理的层次及作用

1.2.1 战略管理的概念

“战略管理”这一概念最早由安索夫（H. I. Ansoff）提出。1972年安索夫发表了“战略管理概念”（The Concept of Strategic Management）一文，正式提出了“战略管理”（strategic management）的概念。他也因对战略管理的开创性研究，成为管理学科的一代宗师，被誉为战略管理的“鼻祖”。

迄今，许多战略管理学者与企业家对什么是战略管理提出了不同的见解，以下是具有代表性的几种观点：

（1）企业战略管理是决定企业长期表现的一系列重大管理决策和行动，包括战略的分析、制定、选择、实施、控制和评价。

（2）企业战略管理是企业制定长期战略和贯彻这种战略的活动。

（3）企业战略管理是企业在处理自身与环境关系过程中实现其宗旨的管理过程。

从以上观点可看出，企业战略管理可以理解为两种情形：第一种情形指对企业的战略性管理，运用战略对整个企业进行管理，管理的客体是企业，即如何使企业持续地建立竞争优势，满足利益相关者群体的各种需求，实现持续发展。第二种情形指对企业战略的管理，管理的客体是战略，指对企业战略的制定、选择、实施、控制和评价进行的管理，是对企业战略本身的管理。从目前已有的各种战略管理著作所包含的内容来看，这两种情形融为一体、兼而有之。

企业战略管理是决定企业长期经营绩效的管理决策和行动过程。企业战略管理强调的是行动和过程，它由分析形势和环境、选择战略方案、执行战略方案、反馈和控制等几个相互连接及环环相扣的过程组成。企业战略管理涉及企业内外部环境因素及其分析、企业战略目标及其确定、企业为达到战略目标而采取的发展途径、企业实施战略所形成的策略方法体系等多种要素的管理。

专栏 1.2 谁需要“战略管理”

战略管理问题的主体是不论大小、类别，不分地区、国界的。今天，“战略”一词已被人们广泛地运用于经济、政治、外交、军事、文化、教育、科技、环境保护等各个领域，涉及国家、地区、部门、企业、事业单位、社会团体等各类组织。战略观念、战略分析、战略选择、战略决策、战略实施等战略管理概念已成为我国各级政府官员、各类企事业单位主管以及专家学者最为关注的问题。然而，并不是所有的人都认识到战略对一个企业长远发展的重要意义。有人认为：“我们从来没有制定过什么战略，企业不是照样发展吗?”也有人只是在企业面临困境时才关注起战略问题。不同的企业有不同的战略，即使是企业战略也会因企业内部条件和外部环境的不同而各不相同，但是战略管理的基本原理是相同的。所以，不管战略管理问题的主体是大是小，是政府部门还是企业，是中国还是外国，是大企业还是小企业，都会有一个类似的战略管理的逻辑体系，并在这个体系中进行战略思维管理。

1.2.2 战略管理的层次

战略管理主要包括三个层次：公司层战略管理、业务层战略管理和职能层战略管理。

1. 公司层战略管理

公司层战略管理主要关注两个问题：第一，企业进入什么业务领域；第二，如何管理多个业务单元来为企业创造价值。具体概括为：

(1) 解决应该进入什么样的业务领域、各个业务之间应该形成怎样的关系。

(2) 确定要采取的合适的战略行动，以提高企业的长期竞争地位和各项业务的综合盈利能力。

(3) 解决跨业务的战略协同效应的问题，将协同效应转化成竞争优势。

(4) 确定企业资源配置的优先序位，以便将企业的资源投向最有吸引力的业务单元。

2. 业务层战略管理

业务层战略管理，亦称为经营层战略管理，是指针对特定经营业务的竞争战略的管理，它所涉及的问题是如何在特定的经营业务领域有序地展开竞争。对于有多个经营业务板块的企业来说，单个经营业务板块的战略就是竞争战略。

根据波特的竞争理论，业务层战略有三种基本模式：

(1) 成本领先战略。成本领先战略是指企业通过扩大规模、控制成本，在研究开发、生产、销售、服务和广告等环节最大限度地降低成本，成为行业中的成本领先者的一种战略。

(2) 差异化战略。差异化战略是指企业向市场提供与众不同的产品或服务，用以满足客户的不同需求，从而形成竞争优势的一种战略。

(3) 集中化战略。集中化战略是指企业把经营战略的重点放在一个特定的目标市场上，为特定的地区或特定的消费群体提供特殊的产品或服务的一种战略。

3. 职能层战略管理

职能层战略管理是指对企业内特定的职能活动或业务领域所制定的战略进行管理，包括生产运作战略、市场营销战略、新产品研发战略、人力资源战略、财务战略等的管理。

如果说公司层战略和业务层战略是强调“做正确的事”(Do the right things),那么,职能层战略则是强调“把事情做好”(Do the things right)。

战略管理层次的特点,见表 1-1。

表 1-1 战略管理层次的特点

特点	公司层战略	业务层战略	职能层战略
(1) 类型	概念性的	混合的	操作性的
(2) 定义	非具体的	混合的	具体的
(3) 可度量性	价值判断	半定量化	定量化
(4) 频度	周期的或突发的	周期的或突发的	周期的
(5) 可调整性	低	中等	高
(6) 与当前活动的关系	革新的	混合的	补充性的
(7) 风险性	高	中等	低
(8) 预期收益	大	中等	小
(9) 成本	大	中等	小
(10) 时间	长期	中期	短期
(11) 灵活性	大	中等	小
(12) 资源充沛度	部分供给	部分供给	全部供给
(13) 协调性	大	中等	小

1.2.3 战略管理的作用

企业战略管理的作用是由其本质特征决定的。企业战略管理作为一种企业管理方式或思想,其主要作用表现在以下四个方面:①谋划企业整体的发展;②筹划企业的长远发展,对企业战略远景有清晰的认识;③指导企业的发展方向,集中战略上的重要方面;④提高企业的应变能力,深化对迅速变化的环境的理解程度,加强组织的凝聚力和战斗力。

企业战略管理的实践表明,战略管理使得企业能够认清形势、扬长避短、把握机会、主动出击。战略管理不仅是系统的、合乎逻辑和理性的战略决策,更重要的是一个企业上下参与并持续沟通的过程。企业战略管理的过程是企业对自身资源条件以及所处的外部经营环境进行清醒认识的过程,它可以使企业更主动地适应和改变环境、把握企业的未来,而不是被动地对外部环境变化做出反应。

1.3 战略管理过程

企业战略管理过程必须立足国家发展战略进行思考。国家发展战略是国家领导人对国家的对外与对内发展战略进行的总体战略构思和重大的、带全局性的规划,着眼世界形势,立足中国国情,找出内外不同领域之间的逻辑关系,制定出国家发展的总体战略。在建设中国特色的社会主义现代化国家进程中，国家领导人形成了独特的战略分析框架思维：战略判断——战略理念方针——战略目标——战略步骤——战略布局——战略重点和任务。

战略判断是国家领导人根据国内外形势的变化，对国家所处的历史发展阶段和主要特征、时代主题做出新的分析，是国家发展战略构想与设计的关键。战略理念方针是国家领导人在战略判断基础上，对不同时期国家发展理念和发展思路的凝练概括。战略目标是国家发展战略构想与设计的核心部分，是国家领导人对我国国民经济和社会发展的方向做出的准确判断、科学预见、周密谋划和正确决策。战略步骤是国家领导人为实现战略目标而采取的有计划的行动方案。战略布局是国家领导人对战略目标的进一步明确，是战略步骤实施过程中解决如何实现战略目标做出的战略部署。战略重点和任务是国家领导人为实现战略目标，按照战略布局确定的“具体抓手”，既有战略性任务，又有战术性任务①。

企业战略管理的过程是企业对自身资源条件以及所处经营环境进行清醒认识的过程，它可以使企业更主动地适应和改变环境、把握自己的未来，而不是被动地对环境变化做出反应。企业战略管理过程主要包括战略分析、制定、选择、实施、控制和评价等不同阶段，见图 1-2。

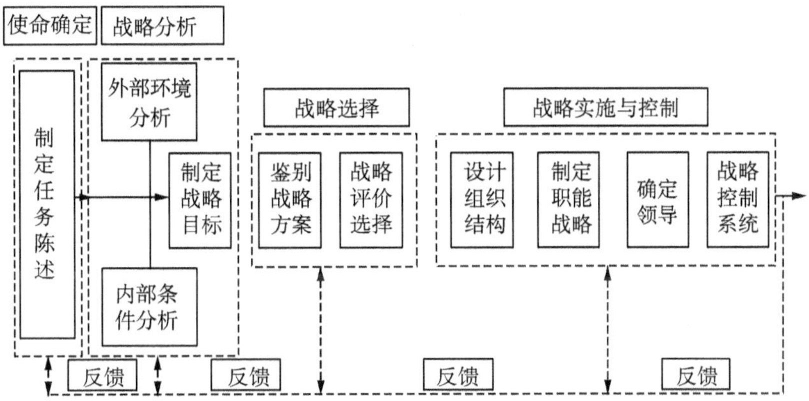

图 1-2 战略管理过程

1. 战略分析

战略分析的目的是综合评价和分析影响企业目前和今后发展的关键因素，并确定在战略选择步骤中的具体影响因素。就企业组织来讲，它包括如下两方面内容：

第一，构建企业文化，确立企业愿景、使命和战略目标，它们是确立战略的依据。企业战略管理的首要任务就是对企业现行战略宗旨、目标和任务进行准确识别。

(1) 确定企业的使命和愿景。企业的使命和愿景规定了企业的性质和任务，说明了企业存在和发展的理由，它既与企业当前的环境紧密相连，又具有一定的现实超脱性。

(2) 确定企业的战略目标。企业战略目标是企业对未来所要达到的目标和任务的规

① 吴丹，胡鞍钢，鄢一龙. 国家发展五年规划的战略分析与实践认识——以“十二五”规划为例[J]. 清华大学学报(哲学社会科学版)，2016，31(01)：27-39+189.

定，是所要计划活动的最终结果，也就是回答“我到哪里去”的问题。

第二，进行企业外部环境分析和内部环境分析，找到能够对企业未来发展起决定性作用的关键环境要素，包括企业外部环境要素和内部环境要素。

(1) 外部环境分析。包括企业宏观环境分析和产业环境分析。宏观环境分析是为了预测宏观环境因素的变化，获得分析行业和企业的背景知识。产业环境分析主要是分析行业竞争结构以及竞争对手的实力、战略和行为模式。外部环境分析就是要回答“我在哪里”这个核心问题，其最终目的是发现企业面临的机会和威胁。通过洞察企业外部环境因素及其变化趋势，企业要善于识别这些环境因素给企业带来的机会，洞察环境因素变化带来的潜在威胁。

(2) 内部环境分析。内部环境分析，亦称为内部条件分析。主要是了解企业的资源、能力和核心竞争力；分析企业的价值链和价值活动，确认企业的地位和实力，找出企业的竞争优势。内部环境分析就是要回答“我是谁”这个基本问题，其最终目的是识别企业内部存在的优势和劣势。通过分析企业的产业价值链，检查企业的基本价值活动、辅助价值活动，以及各种活动之间的连接状况，辨明企业的核心能力等关键资源，企业才能判明自身的基本素质和优劣势，才能做到自己的能力与战略机会的匹配。

2. 战略制定与选择

战略制定与选择的目的是将企业的外部机会和威胁与内部的优势和劣势相匹配，制定出适合企业的各层次的战略类型和内容，形成适合企业最新发展的战略方案。战略制定阶段包括确定企业的愿景和使命、明确企业要达到的战略目标、制定企业战略方案等。企业战略方案是企业实现战略目标的具体而详细的方法、手段和路径，包括企业的战略方针、战略路径、战略重点、战略阶段、企业政策等方面。

(1) 确定企业的愿景与使命

企业的愿景和使命规定了企业的性质和任务，说明了企业存在和发展的理由，它既与企业当前的环境紧密相连，又具有一定的现实超脱性。愿景是企业对于自身想要实现目标的具体规划，是企业的长远目标，是企业员工共同描绘的一幅美好图景。使命是企业组织存在的宗旨、目的，告诉人们企业对社会的贡献。

(2) 确定企业的战略目标

战略目标是企业对未来所要达到的目标和任务的规定，是所有计划活动的最终结果，也就是回答“我要到哪里去”的问题。

企业外部环境分析、内部环境分析、愿景和使命的确定是企业战略目标确定的前提和基础。但是，与企业使命和愿景不同，战略目标必须落脚到一系列具体的、操作性较强的量化指标体系，这些指标体系就像航海中的罗盘一样，始终指引轮船沿着既定的航线到达目的地。

(3) 确定企业的战略方案

企业战略方案是企业实现战略目标的具体而详细的方法、手段和路径，包括企业的战略方针、战略路径、战略重点、战略阶段、企业政策等方面。当企业在某种情况下，存在多种可行性方案时，需要从多个可选方案中做出最终的决策，这就是战略选择和决策过程。在这个战略选择和决策过程中，需要遵循一定的程序和方法，仔细识别问题，抛开非关键要素，抓住问题的关键，制定标准，做出决策。一般来讲，战略制定与选择包括三个步骤：步骤1，制定备选方案；步骤2，评估备选方案；步骤3，选择最终方案。

企业战略方案制定与选择后，还要确定企业各个经营业务单元的战略，以及各个职能部门的战略，使之成为一个相互支持、相互依存的战略体系。

3. 战略实施

战略实施是将企业战略方案付诸实施的过程。战略实施阶段需要将企业战略与企业组织结构、企业文化相匹配，在合理配置资源的基础上，发挥高层管理者的领导、沟通能力，协调各部门的关系，动员全体员工投入到战略实施过程中，以保证战略目标的实现。

企业战略实施的好坏将直接影响其整个战略执行成功与否。企业战略的实施往往要涉及企业上下所有的部门和职能领域，以及每一个员工。战略实施一般由中层和基层管理者来领导和施行，高层管理者主要负责战略决策，并对战略执行情况进行督查。对一个企业而言：高层管理者必须具有“事业心”；而中层管理者应具有“进取心”；基层管理者则应具有“责任心”。企业上下只有具备了“三心”，才能在未来把企业打造成为企业“明星”。

4. 战略控制

企业战略的实施过程中难免会出现偏差或遇到突发事件，如果不及时发现并进行战略调整，减小偏差，对企业可能会造成重大的影响。战略控制就是将企业战略实施过程中反馈回来的成效结果与战略目标进行比较，评估两者的偏差度，并采取相应的纠正措施，以确保战略目标的完成。

战略控制是企业高层战略活动的控制，它不同于中下层（业务层和职能层）的控制。但为了实现有效的控制，高层管理者需从中下层的员工中获取准确、无偏差的信息，而这往往是难以做到的。因此，在战略执行上，企业要加强沟通，加大执行的力度。

企业战略管理的过程是一个不断循环往复、不断完善、不断优化、不断创新的过程，是一个永无止境的螺旋上升过程。一个战略阶段的完成不是企业战略管理过程的结束，而是新一轮战略过程的开始，每一个循环代表了企业新的发展阶段。

最后需要强调的是，图1-2表示的战略管理过程的各个步骤是一个相互联系、相互反馈、相互学习的系统。它反映了战略管理过程的整体性、动态性和柔性，体现了时代变化特征对企业战略管理的要求。

1.4 战略管理理论的演进

1. 20世纪60年代以前的战略管理理论

20世纪初期，亨利·法约尔（Henri Fayol）将企业经营活动划分为技术、商业、财务、安全、会计和管理六大类，并对企业内部的管理活动进行整合，提出了管理具有计划、组织、指挥、协调和控制五项职能，且强调计划是企业管理的首要职能。以上战略思想被哈佛大学的迈克尔·波特（Michael E. Porter）教授称为企业战略的第一种观点。

1938年，巴纳德（Barnard）在《经理人员的职能》一书中，首次将组织理论从管理理论和战略理论中分离出来，认为管理工作应注重组织的效能，强调组织与环境相适应。这种组织与环境相匹配的思想奠定了现代战略分析方法的基础，被波特称为企业战略的第二种观点。

这一时期没有形成系统的战略管理理论，但已有了战略管理思想的萌芽。这一时期理论的主要特征及贡献为：首次在企业管理引入战略思想，开创战略研究的先河。

2. 20世纪60年代的战略规划理论

1962年，著名管理学家钱德勒对70多家大型公司（通用汽车公司、杜邦化学公司等）的发展历史进行了研究，出版了《战略与结构：美国工业企业历史的若干篇章》一书。该书分析了环境、战略和结构三者之间的关系：企业战略应适应环境变化，而组织结构则应适应企业战略的要求，并随战略变化而变化。

1965年，哈佛大学的安德鲁斯（Andrews）接受了钱德勒的战略思想，与哈佛其他学者合作出版了《商业政策：原理与案例》一书，与克里斯滕森（Christensen）教授使用单向法形成了战略规划的基本理论体系。该体系将战略划分为四个构成要素：①市场机会（企业可能做什么，might do）；②企业实力（企业能够做什么，could do）；③个人激情（企业想做什么，want to do）；④社会责任（企业应该做什么，should do）。其中，市场机会和社会责任是外部环境因素，企业实力与个人激情则是企业内部因素。该观点主张企业应通过更好地配置资源，形成独特的能力，以获取竞争优势，波特称其为企业战略的第三种观点。

1965年，美国学者安索夫出版了《公司战略》一书，首次提出了"企业战略"这一概念：一个组织打算如何去实现其目标和使命，包括各种方案的拟定和评价，以及最终将要实施的方案。该观点提出战略的四个构成要素：产品与市场范围、增长向量、竞争优势、协同效应。根据产品特点和顾客类型进行不同组合，将多元化分为：横向多元化、纵向多元化、同心多元化和不相关多元化。

这一时期理论的主要特征及贡献为：初步形成了企业战略管理研究的理论框架，战略研究主要集中在战略的概念与构成要素等理论问题上。战略必须使企业的内部条件与外部环境相适应，战略规划的制定包括有关信息的收集与分析，战略制定、评估、选择与实施等程序。

3. 20世纪70年代的环境适应理论

环境适应理论强调战略的动态变化。1973年的石油危机使得企业经营环境变幻莫测，这种环境的不确定性，动摇了战略规划的垄断地位。环境的不确定性成为20世纪70年代战略管理研究的主要内容，以环境变化分析为中心的战略理论占据主导地位。

1971年，安德鲁斯在其著作《公司战略概念》中提出：战略的形成过程实际上是把企业内部条件与企业外部环境进行匹配的过程，这种匹配能够使企业的优势和劣势与企业外部机会和威胁相协调。并提出了著名的战略制定模型：SWOT分析模型。模型充分体现了组织内外部关系对制定战略的重要性。

1979年，安德鲁斯出版了《战略管理》一书，区分了战略的制定与实施。认为战略的制定是"分析性的"，由企业高层管理者负责；而战略的实施是"管理性的"，由企业中层与基层管理者负责。此外，林德布罗姆的"摸着石头过河"、奎因的"逻辑渐进主义"、明茨伯格和沃特斯的"应急战略"都把战略视为意外的产物，认为战略是对环境变化的应急对策。

这一时期的战略管理思想强调企业战略与环境相适应的重要性，注重对环境、市场的分析，把企业的经营活动看作统一在战略指导下的相互关联的整体，构建了战略分析框架，为以后的理论研究奠定了基础。这一时期理论的主要特征及贡献为：研究的核心问题是战略管理，战略管理由理论研究开始走向实际应用研究。

4. 20 世纪 80 年代的产业组织理论

1980 年，迈克尔·波特出版的《竞争战略》一书中指出：企业在考虑竞争战略时必须将企业与所处的环境相联系，而行业是企业经营的最直接的环境；每个行业的结构又决定了企业的竞争范围，从而决定了企业的潜在利润水平。为此，迈克尔·波特提出了著名的用于产业竞争环境和产业结构分析的“五力模型”以及“三种通用战略”（成本领先战略、差异化战略和集中化战略）。

1985 年，迈克尔·波特出版了《竞争优势》一书，运用价值链的概念来系统识别和分析企业竞争优势的来源，使战略研究进入一个全新的领域。

这一时期理论的主要特征及贡献为：注重产业组织研究。产业组织理论以竞争优势为中心，将战略制定和战略实施有机地结合在一起，五力模型和价值链理论为企业战略管理的研究提供了新的分析方法。

5. 20 世纪 90 年代的资源基础论与核心能力理论

1984 年，沃纳菲尔特在《战略管理杂志》上发表了《企业的资源基础论》，意味着资源论的诞生。1990 年，普拉哈拉德和哈默在《哈佛商业评论》上发表了《公司的核心能力》，掀起了核心能力研究的高潮，标志着企业战略管理研究进入了一个新的阶段。1991 年，巴尼在《管理学杂志》上发表了《企业资源和持续竞争优势》，指出企业具有持续竞争能力的条件是其资源具有价值性、稀缺性、不可模仿性和不可替代性。

这一时期理论的主要特征及贡献为：着重研究企业内部的资源、能力和知识对竞争优势的影响。注重如何运用企业内部的独特资源与能力来获取竞争优势，构造“能力——战略——绩效”的基本理论。

6. 21 世纪初的战略管理理论

1996 年，詹姆斯·穆尔出版了《竞争的衰亡》一书，首次提出了“商业生态系统”的概念，指出商业生态系统作为经济联合体，包括供应商、主要生产者、竞争者和其他风险承担者，从现代生态学的角度透视了整个商业活动，构建了基于共同进化模式的企业战略全新设计思路。同年，纳尔巴夫和布兰登伯格在合著的《合作竞争》一书中，提出了实现双赢的合作竞争的新理念。1998 年，迈克尔·波特在著作《产业集群与竞争》一书中阐述了企业集群对维持企业竞争优势的重要性。

这一时期理论的主要特征及贡献为：对基于能力的战略和战略联盟的研究成为主流。对外注重构建企业集群的整体优势，以维持和发挥企业自身的竞争优势；对内注重寻求动态战略，以适应环境的变化。

1.5 战略管理理论的代表性学派

作为研究企业全局性经营规律的科学，战略管理自20世纪60年代产生以来，各种理论精彩纷呈。亨利·明茨伯格对20世纪90年代以前的战略管理理论进行了归纳，认为有十种观点影响深远，被称为战略管理理论的十大代表性学派(简称“十大流派”)。

1. 设计学派

设计学派起源于20世纪60年代，该学派的代表人物是肯尼斯·安德鲁斯(哈佛)、弗雷德·钱德勒(麻省理工)。设计学派认为，战略是一个主观的概念化过程。战略制定是企业高层在比较机会和威胁、优势和劣势的过程中形成的，企业通过战略设计以求得内部资源和能力与外部环境的匹配。

设计学派代表了有关战略形成过程的最有影响力的观点，设计学派战略制定的模型着重强调内部条件和外部环境的匹配，将战略管理分为战略制定、战略评估、战略实施几个部分。设计学派提出的基本模型为SWOT分析模型，一方面强调对外部环境的评价，明确企业外部的机会和威胁；另一方面强调对内部条件的评价，揭示企业内部的组织优势和劣势。设计学派的基本观点：“战略形成应该是一个有意识的、深思熟虑的思维过程。进行控制并保持清醒是首席执行官的责任，CEO就是战略家。战略应当是个性化设计的最佳成果之一，应保持明确与简单。当战略形成一个完整的观念时，设计过程才算结束。只有战略完全制定好后才可以贯彻”。

2. 计划学派

计划学派与设计学派起源于同一时期，该学派的代表人物是伊格尔·安索夫。计划学派的基本特征为规范化。计划学派认为，设计学派分析问题的方法过于主观，战略应该是一个规范的、深思熟虑的计划过程，战略应该注重步骤和命令式的控制，强调规划、预算、日程安排和远景方案。计划学派的基本观点：“战略产生于一个受控的、有意识的正式规划过程，该过程被分解成清晰的步骤，每一步骤都应采用分析技术进行分析。CEO负责战略全过程。战略应当明确，以便于制定明确目标、预算、程序用以贯彻”。

计划学派提出了战略规划的基本模式：目标确定阶段、外部审查阶段、内部审查阶段、战略评价阶段、战略运用阶段。计划学派与各类组织进行正式的管理教育、培训、宏观控制的目标一致，但实践中存在着制定与执行、思考与行动、动脑与动手的分离。

3. 定位学派

定位学派起源于20世纪80年代，该学派的代表人物是迈克尔·波特。定位学派认为，战略形成过程要靠系统分析和深思熟虑，企业内部的分析师和外部的咨询顾问是战略的主要制定者。定位学派的主要观点：“战略是一个在产业中进行定位分析的过程。战略是通过对产业态势的正式分析，并对企业所处行业的研究，来确定出企业自身的定位的”。

定位学派提供了一系列有效的分析工具，包括波特五力模型、战略集团、价值链分析模型。定位学派明确了战略制定的优先顺序，使企业可以在行业的范围内系统考察面临的机会威胁，选择恰当战略。但其局限性是忽视了企业内部资源、能力与核心能力的重要性，只注重竞争，忽视了可能的合作，对环境成熟、稳定的要求较高。

4. 企业家学派

企业家学派的代表人物是约瑟夫·熊彼特、科尔等。企业家学派认为，企业战略是靠企业家个人素质来预见企业未来的发展，并通过他的价值观、权力和意志来约束企业的发展，战略是一个企业家对企业未来图景的洞察过程。企业家学派的主要观点："战略不是精心设计和内容完整的长期计划，而是企业家对未来发展的看法。具有战略洞察力的企业家是企业成功的关键。战略是存在于企业领导人头脑中的关于企业长期发展的意识，是对未来的认识。战略制定过程带有不完全自觉的特性，需要依靠领导人的经验和直觉"。

企业家学派的核心概念是远见，是对战略的心理描述，一种灵感，常表现为一种映像而非详细的计划，在总体思路与方向上是深思熟虑的，在具体细节上是随机应变的。企业家学派认为，战略是企业领导人心中的观念，更是一种特殊的、长期的方向感，是对组织未来的远见。战略形成最好不要成为一个完全有意识的思维过程。企业领导人要一心一意发展远见，且远见应该是动态变化的。有远见的企业领导人是企业的战略财富。

5. 认知(识)学派

认知(识)学派的代表人物为赫伯特·西蒙。认知(识)学派认为，战略制定不仅是一个理性思维的过程，而且也包括一定的非理性思维，并且非理性思维更加重要。认知(识)学派的主要观点："战略形成过程是战略家心里的认知过程。战略是人们处理环境信息方式的一种体现"。

认知(识)学派认为环境复杂，人的信息处理能力十分有限，因而决策制定就很难非常理性。真正与战略形成有关的心理过程往往表现为直觉，隐藏在人的潜意识中，因而战略既是理性分析的结果，也往往是非理性思维的因素。战略家的思想观念对战略具有重要的作用，要求战略家具有想象力、创造性和艺术家的气质，特别是具有敏锐的洞察力。

6. 学习学派

学习学派的代表人物是奎因、圣吉。学习学派的主要观点："①自然选择观点，企业所处环境不可预测，在环境变化中，企业应进行应急反应，仅靠计划是不够的。②逻辑渐进观点，环境复杂，企业无法制定可行性方案，高层管理人员确定战略目标后，应不断调整其核心业务实现目标。③想象观点，仅凭理性分析方法往往无法应对企业内外环境变化，高层管理人员决策时应凭借直觉和想象，尤其是环境巨变时想象更为重要"。

学习学派认为战略形成是一个学习和应急的过程。组织环境具有复杂与难以预料的特征，经常伴随着对战略必不可少的知识的传播，同时排斥有意识的控制。战略管理要求不断学习，这一过程中战略制定与实施的界限开始模糊。领导者虽是主要学习者，但集体学习更为重要。领导者的作用不再是深思熟虑的战略家，而是要去管理战略学习的过程。

7. 权力学派

权力学派的代表人物是普费提、萨克西兰。权力学派认为，战略形成不仅受经济因素影响，也受政治因素影响。战略是一个协商的过程或权势作用的过程，包括组织内部各种矛盾着的部门和互为外部环境的组织之间的协商。企业内外部存在着各种正式和非正式的利益团体，他们会利用各自的权力对企业战略施加影响。

权力学派的主要观点："①微观权力观，企业的战略制定是一种实质性的政治运动，是企业内部各种正式、非正式利益团体运用权力、施加影响、讨价还价、直接对抗，最后在各种权力间达成一致的过程。②宏观权力观，反映企业与环境之间的依赖关系。战略制定时要充分考虑合作者、竞争者、顾客、股东、社会等各利益相关者的利益，使企业与环境相协调"。战略联盟、合资、网络组织、企业社会责任等理念或实践均与权力学派有关。

8. 文化学派

文化学派认为，企业文化及其背后的价值观念对于战略的形成具有重要的作用。文化学派的主要观点："战略形成是社会交互过程，建立在组织成员的共同信念和理解的基础之上。个人通过文化适应过程或社会化过程来获得这些信念，这一过程是潜移默化的而非通过语言文字来获得。组织成员只能部分地描述巩固他们文化的信念，而对文化来源或解释可能是模糊的"。

文化学派认为战略制定过程是集体行为过程，建立在组织成员共有的信仰与价值观之上。战略应采用观念而非立场的形式，以组织成员的意愿为基础。观念植根于集体意向中，并在组织模式中反映出来，受到保护并用作优势。文化学派不鼓励观念改变，反对战略变革。由于存在共同价值观，组织内的协调与控制是规范的。

9. 环境学派

环境学派认为，环境对于企业战略具有重要的影响，企业应该积极地理解并适应环境，战略的形成是一个被动的反应过程。环境学派的主要观点："环境作为一种综合力量，是战略形成过程的中心角色。组织必须适应环境，否则会被淘汰。领导变成被动因素，负责了解环境并保证与之适应"。环境学派认为组织群集在原来所处的独特的生态学意义的活动范围中，直至资源稀少、条件恶化，最终组织消灭。环境和领导以及组织一起被列为战略形成过程中的三个中心力量，并且领导和组织从属于外部环境，环境居于支配地位。

10. 结构学派

结构学派的代表人物是钱德勒、明茨伯格、米勒等。结构学派的主要观点："组织是一种结构，在一定时期采用特殊结构形式，与特殊内容匹配，实施特殊行为，形成特殊战略。如果某种因素变化或不连续，结构就会打破，向另一结构转变。这一交替随时间推移形成规律，如企业的生命周期"。

结构学派认为战略管理的关键是维持稳定，或适应性变化。战略制定既可以是概念的设计或正规计划，也可以是系统分析或领导远见，也可以是共同学习或竞争性的权力，不同学派就代表了一种特别的结构。

综上所述，十大流派对战略的认识过程可表述为：

a. 设计学派将战略形成看作一个概念作用的过程（资源和能力匹配的过程）；

b. 计划学派将战略形成看作一个正式的过程（严谨的程序化过程）；

c. 定位学派将战略形成看作一个分析的过程（选择可行性方案的过程）；

d. 企业家学派将战略形成看作一个预测的过程（领导人能力体现的过程）；

e. 认知(识)学派将战略形成看作一个心理的过程(对行业知识和经验的升华过程);
f. 学习学派将战略形成看作一个应急的过程(利用学习适应环境变化的过程);
g. 权力学派将战略形成看作一个协商的过程(组织内部权力制衡的过程);
h. 文化学派将战略形成看作一个集体思维的过程(集体思维的过程);
i. 环境学派将战略形成看作一个反映的过程(组织被动适应环境的过程);
j. 结构学派将战略形成看作一个变革的过程(管理组织变革的过程)。

专栏 1.3 田忌赛马的战略意义

公元前四世纪的中国处在诸侯割据的状态,历史上称为"战国时期"。当时,在魏国做官的孙膑,因为受到同僚庞涓的迫害,被齐国使臣救出后,到达齐国国都。齐国使臣将他引荐给齐国的大将军田忌,田忌向孙膑请教兵法,孙膑讲了三天三夜,田忌特别佩服,将孙膑待为贵宾,孙膑对田忌也很感激,经常为他献计献策。赛马是当时最受齐国贵族欢迎的娱乐项目。上至国王,下到大臣,常常以赛马取乐,并以重金赌输赢。田忌多次与齐王及其他大臣赌输赢,屡赌屡输。一天他赛马又输了,回家后闷闷不乐。孙膑安慰他说:"下次有机会带我到马场看看,也许我能帮你。"当又一次赛马时,孙膑随田忌来到赛马场,满朝文武官员和城里的平民也都来看热闹。孙膑了解到,大家的马按奔跑的速度分为上中下三等,等次不同装饰不同,各家的马依等次比赛,比赛为三赛二胜制。孙膑仔细观察后发现,田忌的马和其他人的马相差并不远,只是策略运用不当,以致失败。孙膑告诉田忌:"大将军,请放心,我有办法让你获胜。"田忌听后非常高兴,随即以千金作赌注约请齐王与他赛马。齐王在赛马中从没输过,所以欣然答应了田忌的邀请。比赛前田忌按照孙膑的主意,用上等马鞍将下等马装饰起来,冒充上等马,与齐王的上等马比赛。比赛开始,只见齐王的好马飞快地冲在前面,而田忌的马远远落在后面,国王得意地开怀大笑。第二场比赛,还是按照孙膑的安排,田忌用自己的上等马与齐王的中等马比赛,在一片喝彩中,只见田忌的马竟然冲到齐王的马前面,赢了第二场。关键的第三场,田忌的中等马和齐王的下等马比赛,田忌的马又一次冲到国王的马前面,结果二比一,田忌赢了齐王。

【思考】

田忌赛马的故事说明了什么?该案例给我们带来了哪些战略启示?

【解析】

田忌赛马的故事告诉我们:在竞争中,为了达到目标需要在知己知彼的基础上有事先的谋划,对资源进行有效的组合,采取正确的策略和手段。看似很简单的一个故事,却体现出战略的三个核心要素,第一是明确目标,在田忌赛马的故事中它表现为比赛规则。第二是明确自己所具有的资源,并知己知彼,这里体现在田忌和齐王所拥有的马的现实实力。第三是确定制胜的手段,这里体现在具体的资源组合和比赛策略上。

这里需要强调两点:一是不要认为战略仅仅是在战略分析的基础上明确目标,通常在目标、资源确定的情况下,手段在竞争中同样非常重要,因此,战略是目标、资源和手段的结合,战略的概念就是确定合理目标、配置资源和选择手段以实现竞争胜利的过程。二是在战略中,往往需要扬长避短,发挥优势,且需要从长远性、全局性的角度去思考,为了全局利益必要时应牺牲局部利益。

1.6 战略管理工具

建立在一定理论基础上供人们用来解决战略管理问题的格式化方式，就是战略管理工具。每个战略管理工具都有名称、理论基础、构成、应用方式、应用范围、局限性等内容。战略管理的每个部分都由这些战略管理工具支撑起来。

1.6.1 外部环境分析工具

战略管理理论中的外部环境分析就是试图描述一个能找到大势的逻辑框架，将复杂的外部环境抽象化、简单化、程序化。外部环境分析主要通过一些战略管理工具进行。外部环境由宏观、产业、竞争三个层次构成，每个层次的环境都要用到相对应的战略分析工具。外部环境分析工具主要包括宏观环境分析工具、产业环境分析工具、竞争环境分析工具。需要注意的是，每个战略管理工具只适合针对某个层次的环境进行分析，不可将环境层次与其对应的工具匹配错误。

1. 宏观环境分析工具

宏观环境分析工具主要从企业的外部政治、经济、社会、科技以及生态环境等方面进行宏观环境分析，如PEST分析模型、外部因素评价矩阵等。PEST分析模型是宏观分析的框架模型。它从政治、经济、社会、技术四个方面对宏观环境进行分析，目的是帮助企业找到影响企业所关注目标的最关键的宏观环境影响因素，发现宏观环境变化带来的机会与威胁。

2. 产业环境分析工具

产业环境分析工具主要用于进行企业所处产业方面的分析，如产业生命周期、波特五力模型、关键成功因素。根据产业生命周期将产业分为导入、成长、发展、成熟、衰退五个阶段，目的是通过认清产业周期变化来分析产业的前景。波特五力模型将产业所受的环境压力分为五个力，目的是借助五个作用力来分析产业竞争强度。产业竞争强度越大，产业进入吸引力越小。关键成功因素主要是分析在行业内要经营成功必须具备的条件，即成功的必要条件。

3. 竞争环境分析工具

竞争环境分析分为两个层次：一是竞争环境的结构分析，二是竞争对手行为分析。竞争环境分析工具包括战略组群分析模型、竞争对手分析模型。战略组群分析模型将产业中众多企业分为一个个战略组群，目的是通过对竞争群体结构的分析来找到战略组群之间的移动障碍及产业中存在的机会。竞争对手分析模型主要用于进行企业所在行业的竞争者及市场结构等方面的分析，帮助企业找到影响企业所关注目标的最关键的因素。

1.6.2 内部环境分析工具

内部环境分析工具主要涉及三个方面的工具或理论：一是波特价值链模型及价值链系统；二是对标分析；三是资源能力分析。

1. 价值链模型及价值链系统

价值链模型主要是厘清企业运作机理，为内部环境分析提供基础。价值链模型将企业各种活动分为主价值链与辅助价值链，目的是展示企业的基本活动及运作机理，为内部分析找到优势、劣势提供基础。价值链系统将企业与上、下游的连接关系清晰展示处理，有利于找到企业与上、下游的链条中存在的问题。该系统也可以用在外部分析中，以找到价值链系统中的机会与威胁。

2. 对标分析

对标分析确切地说是一种思想或方法。它的目的是通过找到标杆来与企业进行对比，以便发现企业的优势、劣势。其中涉及对标对象的选择以及对标的具体方法等内容。

3. 资源能力分析

资源能力分析的目的是对企业的资源与能力进行分析。资源分为有形资源、无形资源。能力分为研发、生产、营销、财务、组织管理能力等。实际应用中，人们只用其思想，所分析的资源与能力会结合企业实际进行确定，主要强调企业应该辨识核心竞争力。

1.6.3 综合分析工具

综合分析工具主要是将外部环境和内部条件因素整合在一起，以及把战略规划和资本预算紧密结合起来进行战略管理，如 SWOT 分析模型、波士顿矩阵及通用矩阵、平衡计分卡等。

1. SWOT 分析模型

SWOT 分析通过对企业内外部环境各方面内容进行综合和概括，进而分析组织的优势和劣势、面临的机会和威胁，以帮助企业把资源配置在最有利的位置。

2. 波士顿矩阵及通用矩阵

波士顿矩阵及通用矩阵，主要分析多业务的经营情况。波士顿矩阵是多元化业务的分析工具。它按照相对市场占有率与市场增长率两个维度、高低两个等级建立由四个象限组成的矩阵，将企业的多个业务分成明星、问题、现金牛、瘦狗等四类，以便针对不同类业务制定不同的战略目标。通用矩阵与波士顿矩阵类似，只是按照竞争地位与产业吸引力两个维度、三个等级（高、中、低）建立由九个象限组成的矩阵。

3. 平衡计分卡

平衡计分卡主要用于从财务角度、顾客角度、内部经营流程、学习和成长方面考察企业绩效，帮助企业找到运营过程中影响企业所关注目标实现的问题。

1.6.4 辅助分析工具

1. 层次分析法

层次分析法主要用于将复杂问题分解成各个组成因素，然后将这些因素按照支配关系进行分组，形成按层级递阶的层次结构。最后，通过两两比较的方式，确定层次中各因素的相对重要性的总排序。

2. 主成分分析法

主成分分析法是将影响战略决策的多个变量通过线性变换，选出较少个数重要变量的一种多元统计分析方法。

3. 数据包络分析法

数据包络分析法主要使用DEA模型及其扩展模型，比较战略决策单元之间的相对效率，对战略决策单元做出评价。一个战略决策单元可以是学校、医院，也可以是银行或企业。

专栏1.4 战略工具相关常识的总结

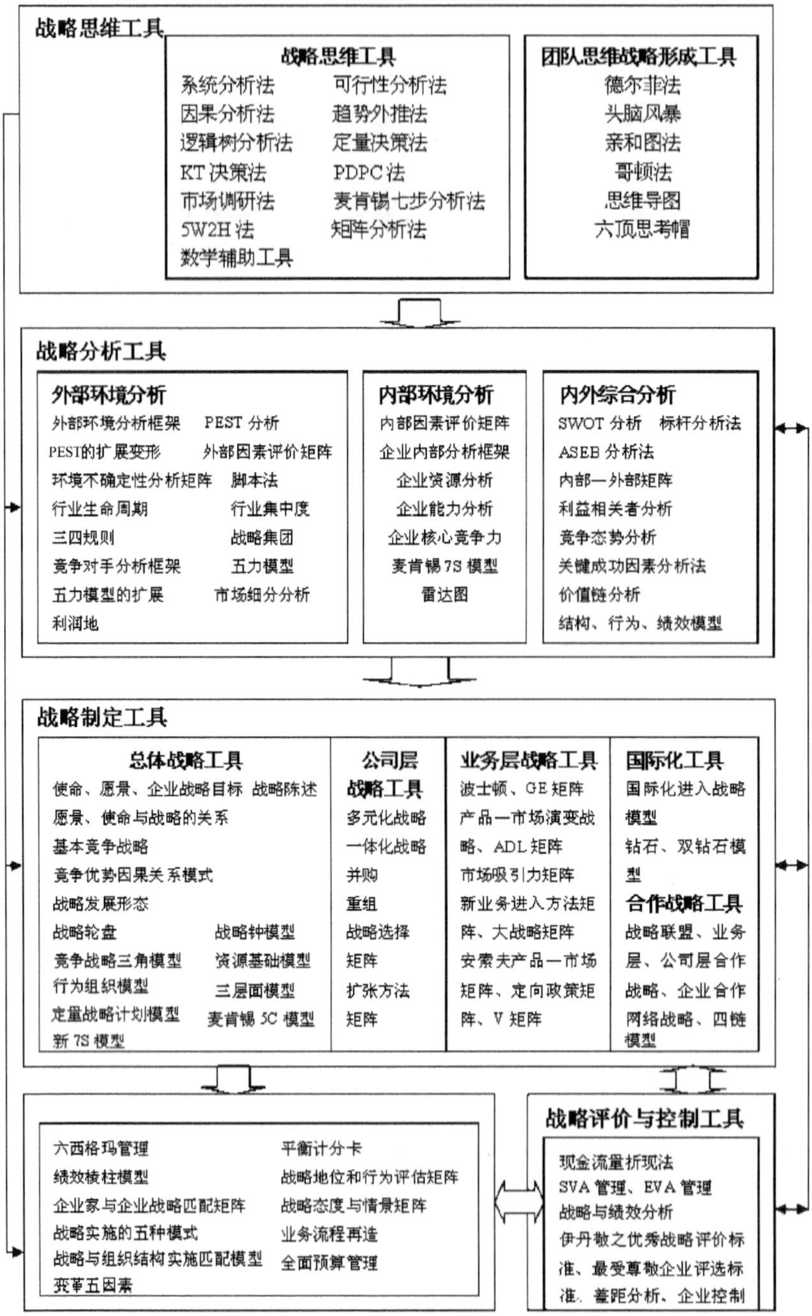

战略工具总图

战略管理工具对企业员工来，似乎是个非常神秘的词汇。通常，企业部分员工会用理工思维的严谨来论证战略管理工具的重要性，企业部分员工会以道家文化的哲理来阐述战略管理思想的重要性。总体来说，战略管理工具是常识的总结，也是对前人违背常识所犯错误的总结。

【本章小结】

企业战略是企业根据其外部环境及企业内部资源和能力状况，为求得企业生存和长期稳定的发展，为不断地获得新的竞争优势，对企业发展的战略目标、达成战略目标的途径和手段的总体谋划。企业战略管理有助于企业对战略远景有清晰的认识，使企业能集中于战略上的重要方面，提高对瞬息万变的环境的理解程度。战略具有全局性和复杂性、系统性和层次性、竞争性和合作性、稳定性和动态性等特征。

企业战略管理的理论知识点可概括为：

① 拨云驱雾直面真谛——战略管理理论；

② 万丈高楼始于基础——战略管理概念；

③ 明察秋毫慧眼识英——战略内外部环境分析；

④ 高瞻远瞩运筹帷幄——企业总体战略选择；

⑤ 华山论剑优胜劣汰——竞争战略选择；

⑥ 行胜于言持续改进——战略实施评价控制。

企业战略管理是一个动态过程，一般包括战略环境分析与判断、企业文化构建与战略目标确定、战略制定与选择、战略实施与执行、战略控制与评价五个方面，五个方面形成一个完整的、相互联系的动态过程，而每一个过程又包括许多具体步骤。

展望未来，企业战略环境出现了许多新变化，带来了很多挑战，包括科技创新与互联网＋兴起、经济全球化加速、生态环境治理等问题。全球化、互联网＋、知识经济是我们所处时代的最重要的特征，这需要企业具备面向未来的战略观，强调能力和核心竞争力，强调组织学习和知识创新，强调控制产业标准和影响竞争规则，强调企业社会责任等。

【思考题】

1. 如何理解企业战略？它有什么特征？
2. 企业战略的构成要素包括哪些？
3. 企业存在什么样的战略管理层次？
4. 战略管理的本质是什么？
5. 战略管理过程包括哪几个阶段？
6. 请简述战略管理的十大代表性学派。
7. 如何理解面向未来的战略观？

【拓展阅读】

◇ 阅读推荐

(美)亨利·明茨伯格.战略历程:纵览战略管理学派[M].刘瑞红,徐佳宾,郭武文,译.北京:机械工业出版社,2001.

◇ 推荐理由

企业战略管理理论有十大流派,它们是:设计学派、计划学派、定位学派、企业家学派、认知(识)学派、学习学派、权力学派、文化学派、环境学派和结构学派。这十大流派分别从不同的角度或层次分析反映了战略形成的客观规律,它们互相补充,共同构成了完整的战略管理理论体系。阅读材料详细阐述了企业战略管理的十大流派,对企业战略管理理论的梳理做出了巨大贡献。

【实践项目】

调查你所在地的一家特定企业的战略制定(规划)的组织部门,了解该企业战略管理工作的基本层次和基本程序是什么,并撰写一份调查报告。

2 企业外部环境分析

【学习要求与目标】

1. 理解企业外部环境的基本类型。
2. 掌握企业外部环境因素。
3. 重点掌握企业宏观环境因素及分析工具。
4. 重点掌握企业产业环境因素及分析工具。
5. 重点掌握企业竞争对手分析模型。

企业战略分析中，外部环境是影响企业生存和发展的各种客观因素与力量的总和。企业战略必须与企业所处的外部环境相匹配，特别是企业要充分利用外部环境中已经存在或可预见的机会，尽量减少外部环境对企业构成的威胁或潜在的威胁。企业外部环境包括宏观环境、产业环境、竞争环境三个层次。

【先导案例】

福特汽车公司的外部环境分析①

一、行业竞争主要力量

竞争对手、新加入者的威胁，供应商和购买商的讨价还价能力及替代品的威胁等这些影响行业竞争的主要力量，迫使企业必须争取有利位置。

1. 竞争对手的威胁

下列几家公司构成了行业的主要竞争对手：三家主要的美国大公司——福特(Ford)、通用汽车公司(GM)、克莱斯勒公司(Chrysler)和三家主要的日本公司——本田(Honda)、丰田(Toyota)、日产(Nissan)。20世纪80年代末，几个汽车公司的销售额见表2-1。

表2-1 几大汽车公司的销售额

公司/财政年度末	汽车销售额(百万美元)
通用/1988.12	110 228.5
福特/1988.12	82 193

① 根据百度文库资料改编。http://wenku.baidu.com/view/0492fbeb81c758f5f61f674c.html。

续表

公司/财政年度末	汽车销售额(百万美元)
克莱斯勒/1988.12	30 650
丰田/1988.6	39 080
日产/1989.3	29 717
本田/1989.3	18 527

(1) 在20世纪80年代后期和90年代初期,汽车工业增长较为缓慢,人们采用折扣和其他的优惠政策以刺激消费增长。

(2) 日本公司以更加质优价廉的产品吸引了许多美国顾客。

(3) 与美国三大汽车公司相比较而言,日本的汽车公司使用了高技术从而控制了成本。然而,美国三大汽车公司却在生产系统的现代化方面进行了大量投资,并与外国公司合作以使公司变得更有效率。例如,福特与马自达合资生产Probe;克莱斯勒与法国雷诺公司合资生产微型车;克莱斯勒与现代公司将生产一种新型的中型车。

(4) 美国公司正采取措施收购以国外为基地的小公司,以使产品线更加多样化,并且利用小公司的独立精神和创造力。

(5) 日本公司正在大量投资美国工厂以避开进口限制;欧洲的公司也在做类似的事情,以避开在1992年欧共体形成一个真正的共同市场后那些新的严厉的贸易制度的限制。

2. 新加入者的威胁

(1) 此时,规模经济限制了任何主要竞争者加入汽车工业。

(2) 汽车生产的资金要求极大地增长,使得新进入市场的可能性越来越小。机器人和其他自动化技术的发展有望控制成本。然而,开发和实施这些自动化技术需要巨大的先期项目成本、研究和开发成本以及高精尖的技术人才。

(3) 政府对尾气排放及油耗的政策将进一步限制新加入者进入市场的威胁。1990年美国车的平均经济油耗为27.5英里/加仑(1英里/加仑≈0.35 km/L)。

3. 供应商的讨价还价能力

单一供货来源和制造系统中用户与供应商的合作关系保持着增强趋势。

(1) 日本、美国和欧洲主要的汽车零部件供应商纷纷开始在其他国家建厂。

(2) 与供应商订立长期合同变得越来越普遍。

(3) 通用汽车公司和它的两个主要的资本设备供应商签订了无限期的长期协议。

(4) 克莱斯勒公司和几家主要的工具生产公司已经订立了五年的合同。

4. 客户的讨价还价能力

下列趋势要归因于激烈的竞争、滞销和随之而来的较高存货水平。

(1) 为了吸引客户,各厂商竞相降价并给予折扣。

(2) 客户在相当程度上可以对售价、担保及其他服务项目进行讨价还价。

(3) 公司管理者逐渐采用服务等级来衡量销售绩效,这些等级常常用来决定经销授权的机会、获得广告基金和其他经济优惠的标准。

5. 替代产品或服务的威胁

(1) 主要的大公司不能像小的专业汽车公司那样提供一个合适的细分市场。

(2) 大城市居民面对日益增长的购车、保险、停车和维修费用等，纷纷转向使用公共交通工具。

近十年来汽车工业竞争越来越激烈，日本公司打入美国市场促使美国三大汽车公司重新评价他们的营销策略，以及在行业中的地位。结果，美国和日本公司都努力使得自身在工艺上更具竞争力，这种竞争力将使产品低成本、高质量。美国三大公司与主要外国竞争者在以物美价廉的产品争夺市场份额的竞争中将继续使消费者受益。

二、竞争反应总况

表 2-2 汇总了福特、通用、克莱斯勒、丰田、本田和日产等六大汽车公司的竞争反应情况。

表 2-2　六大汽车制造商的竞争反应总览

公司	过去和现在的目标	目前的战略	对当前地位的满意程度	可能的变动或战略改变
福特	继续改进产品以满足客户需要，给股东以合理的回报	保留汽车生产为主营业务，并在电子、玻璃、自动化替换部件、空间技术、卫星通信、国防、土地开发、设备租赁、汽车出租及金融服务方面进行多样化	在以美国为基地的汽车制造商中汽车海外销量第一，同时关注由于日本车继续增加占有市场份额而使福特的市场份额降低	(1) 通过提高质量和价值以及与海外公司形成伙伴关系(如与马自达及尼桑的合资企业)来寻求增长； (2) 引进"责任中心制"(例如在全球基础上通过公司最佳分配任务的活动来开发专用车辆的生产线或部件)
通用	提供消费者认为超值的产品和服务，雇员和企业合作者共享成果，股东会获得持续的超值回报	(1) 生产各种顾客需要的高质量、高价值的产品； (2) 在相关行业中保持重要力量的地位，如机器人、数据处理、通信、计算机控制设计及处理等； (3) 以具有 21 世纪的创造性、革新性的高技术含量的企业形象扩展自己的能力； (4) 对市场反应的敏捷性和灵活性	满意于现有市场份额并与预测相一致；具有最大的销售量	(1) 使生产的产品要在质量上、性能上、款式上、安全性与价值方面创造行业标准； (2) 把旧的、低效的生产设施换成新的、现代化的工厂或设备； (3) 为达到更高水平的生产率和提高对市场反应的灵活性，要开发出新的生产系统，包括加强与雇员良好的伙伴关系和更大程度的管理参与； (4) 大大降低成本，包括确定最具竞争力的零部件来源，放弃那些阻碍目标实现的纵向一体化战略
克莱斯勒	生产与销售高价值、同级别中质量最高的产品，而且要安全可靠，以出众的设计和性能而出名	(1) 建立更广泛的小汽车、卡车的生产线； (2) 广泛的质量保证，达到质量标准； (3) 在新产品、设施、最好的生产工艺上投资	满意。虽然有改进的余地，但达到了它的三个目标，并且在美国汽车零售业中销售增长率最高——市场份额增长 0.5%	先进的生产工艺、职员的再培训，保持质量提高、价格下降

续表

公司	过去和现在的目标	目前的战略	对当前地位的满意程度	可能的变动或战略改变
丰田	在世界上的任何地方达到高质量，而制造成本是任何一家厂商中最具竞争力的	看板系统：防止生产过量及存货过量的设计 自动化：自动缺陷预防系统，准时化生产	对行业中的地位不满意，计划提高综合地位(例如市场份额和销售量)	把豪华轿车推向国际市场的战略变化，在欧洲建厂，以低成本、高质量的产品打入欧洲市场；灵活的工作安排，精益存货，最少的缺陷
本田	通过使全世界消费者满意，以及以合理的价格提供最高效率产品的方式，保持国际视野	集体责任感代替个人责任感；海外建厂；国际化和当地社会关系	满意，但想进一步在国内外提高市场份额及盈利水平	海外建厂：寻找新的消费市场和需求；建设附属公司生产大部分的机械零部件
日产	提高生产效率、质量和销售量，达到与美国通用汽车并驾齐驱的标准，实施国际化战略	在生产、价格、促销、货物配送地点上竞争	满意，在世界汽车销售量下降之时能以10%的速度增长；尽管卡车市场并不如意，但还是收回了1986—1988 年失去的市场份额	开发生产与本田、丰田以及其他日本厂商不同的产品，同时为主要的客户提供基本运输；与其他汽车公司合资经营

三、环境监测与预测

1. 经济环境

影响汽车工业和福特汽车公司成长的几个经济因素有利率、汽车价格的上涨、美元的价值和美国总体的经济大环境。

为了预测经济的变化，福特公司的经济学家和其他的经济分析人士分析了许多经济变量或“主要的指标”，其中一些指标包括批发和消费价格指数、耐用品订货量、消费者负债量、GNP 增长、利率。通常以这些变量在复杂的经济预测模型中作因变量来模拟经济以及准确地预测经济趋势。

福特公司主要的几个经济学家预测 1990 年经济以 1.5%的速度缓慢增长，头半年的状况是通货膨胀和失业率上升，利率下降，美元相对疲软。从长期看，汽油价格预计将持续上涨，生产费用将用于保证安全性、控制污染和油耗上。

在北美装配的日本轿车的数量将很快达到每年 200 万辆，将会出现供大于求，这可能威胁美国汽车市场的价格结构并且给美国市场上各商家的收益带来负面影响。

尽管多数经济学家认为美国经济将有下降的趋势，但对经济的衰退前景以及何时可能发生衰退意见不一。美国商业部预言新车的销售量在 1990 年将下降 1.3%，但此后将逐年增长，直到 1994 年。

2. 政治环境

对汽车制造商们来说，20 世纪 90 年代标志着一个日益增加的政府管制制度和环境上压力的新纪元，这促使他们提高燃料效率、安全标准和污染控制水平。净化空气的要求、全球变暖及新油耗标准的出台都将给福特公司的新产品计划蒙上阴影。一些分析家预言，到2000年油耗标准将达到40～50英里/加仑。

然而，全球还将会有更大的变化发生，如人们所期望的1992年欧洲经济统一、东欧剧变、苏联经济的发展及中国市场经济的巨大潜力。

在欧洲和澳大利亚，福特公司有着巨大的市场潜力，销售网遍布两大陆，并且在英国、德国、比利时和西班牙都有组装厂。为准备在欧洲1992年以后的发展，公司在90年代初收购了英国的美洲豹股份有限公司，并有意在瑞典的Saab汽车公司中获得一部分股份。

福特公司还拥有日本马自达汽车公司25%的股份。随着汽车工业变成真正的国际行业，福特公司还将在国外寻求合资伙伴。

东欧政治上的变化可能打开了一个巨大的、未开发的汽车市场，劳动力市场也很有利，贸易、投资和销售的机会将会改进。然而仍有极少一部分人认为事情不会发展那么快，因为政治局势还不稳定，而且基础设施不完善和缺少硬通货也是问题。但美国、欧洲和日本的公司已在筹划和东欧及苏联的官员谈判，意图分享市场份额。

在当时的中国，汽车工业发展的前景不是很明朗，这种情况下福特公司在中国并未采取任何明显的行动。通用汽车公司放弃了其在中国与富士汽车公司建立合资企业的计划。多数分析家始终认为中国市场中很多行业是有利可图的，但由于当时的中国经济还不够发达，所以汽车工业的获利可能会更慢些。

3. 社会环境

20世纪90年代的社会和经济趋势研究表明，汽车工业总会有大量的购买者，他们有购买的倾向，并有购买新车的财力，其中三种人群对汽车工业来说具有特殊的意义，他们分别是人口快速增长时期出生的人群、妇女和老人。

第一类群体会有更多的自由收入来购买汽车，而且有相当一部分人会购买豪华车或跑车。他们和老人对娱乐型车的需求也将有所增加，而对货车和微型货车的需求有所减少，因为他们的家庭已经成熟。然而，第一类群体中的蓝领阶层细分市场更喜爱美国车和国产的微型货车。

将有越来越多的妇女购买新车，并有望在汽车市场上表现出与男人相同的购买力。20世纪90年代汽车市场的成功在于向这类妇女做广告。

最后一个显著的群体是55岁以上的老年人，他们构成了新车消费者的25%，并且这个比例还将升高。老年购买者倾向于驾驶的安全和方便，包括警告欲睡司机的电子系统、不刺眼的表盘和简化的电子控制设备。

4. 技术环境

20世纪90年代预测，未来的汽车将变得更加容易操作，并装有智能系统：快速敏捷的计算机会使发动机和传送系统的运转更加高效；电子悬浮系统、雷达障碍扫描系统会帮助司机避免车祸；导向系统在荧屏上显示各种可选择的路线，以帮助司机避免交通堵塞；自动变色玻璃和红外系统可提高夜间的可视度；刹车防抱死系统、安全气囊和牵引控制将会标准化（目前都已实现）。

塑料的使用将会增加，因为其重量轻，相对钢材价格便宜，并且不会腐蚀。通过运用计算机来设计模型和样车，将会成为趋势。

在生产中，机器人技术的使用将会更加广泛。90 年代的汽车生产商将会开发出使用替代燃料的汽车。

四、福特汽车公司的 SWOT 矩阵分析

在福特公司的外部环境分析的基础上，可以得出以下的 SWOT 矩阵分析：

1. 优势

(1) 福特是世界上第二大小汽车和卡车的生产商。

(2) 1988 年，福特公司收益达到历史最高水平(53 亿美元，即每股 10.96 美元)，也是所有汽车公司中最高的。

(3) 福特的大规模生产能力使其达到了规模经济。

(4) 福特公司的业务组合平衡得很好，其金融服务及产品生产的多样化能使其承受汽车销售的任何下降趋势。

(5) 福特公司实施纵向一体化战略，集团中如福特玻璃公司生产了福特在北美的小汽车和卡车所用的全部玻璃，福特信贷公司在 1988 年为 160 万辆车提供资金并为分销商和大众消费者提供信贷。

(6) 福特公司成功地与外国公司合资经营使产品多样化，更新了技术并提高了产品质量。

(7) 通过与马自达和日产公司的合作，福特公司降低了成本并提高了质量。

(8) 多数福特公司的产品设计与生产都借助了计算机辅助设计(CAD)和计算机辅助制造(CAM)。

2. 劣势

(1) 与日本竞争者相比，福特公司更多地把收益花费在了养老金、补偿救济金等方面。

(2) 福特并没有在生产中全部采用机器人和其他的高精尖技术。

(3) 福特不得不出口产品以达到政府的规定，技术上还没有能达到每加仑 27.5 英里的燃油效率标准。法律上，汽车的国产化率低于 75%被认为是进口产品。

3. 机会

(1) 在日本有一生产厂。

(2) 在汽车的生产和分销方面有降低成本的办法，称为阿尔发工程。

(3) 为符合净化空气的提议而生产替代燃料的汽车。

(4) 在重新建立的产品质量方面获益，“质量第一”。

(5) 借助技术和整体的努力而使合资企业达到质量最佳。

(6) 欧洲经济统一使全球市场潜力增大。

4. 威胁

(1) 进口车占有了很大的市场份额。

(2) 汽车行业销售缓慢。

(3) 日元与美元的汇率。

(4) 日本的厂商打入豪华车市场。

(5) 日益增加的政府限制。

(6) 美国经济的下滑或可能的衰退。

【分析问题】

1. 福特公司的现状及应采取的战略?

2. 对 PEST 分析的体会与认识如何?

3. 对 Five—forces 的认识,你认为该如何应用?

4. 你能否用 PEST 和 Five forces 两种技术分析其他行业企业的状况? 建立 EFE 矩阵。

【分析思路提示】

通过案例资料中对福特公司外部环境所做的 PEST 分析、五力模型分析和 SWOT 分析,总结出福特公司所面临的关键外部要素,并分析关键要素的影响程度,建立 EFE 矩阵。

2.1 企业外部环境概述

2.1.1 企业外部环境的概念

任何企业都是在一定环境中从事活动的,环境因素及其变化必然会影响企业组织活动的方向、内容以及方式的选择。所有间接或直接影响企业经营的外部因素,构成企业的外部环境。企业战略好坏很大程度上取决于企业的战略决策者对企业外部环境的评价是否准确、完整和透彻。

企业与外部环境的相互作用关系表现在三个方面:①企业与外部环境相互依存。企业作为社会的经济细胞,它的生存与发展有赖于社会的各个方面,如人力资源状况、原材料供应、融资成本、政府政策等。企业必然与外部环境产生各种交换关系,因此企业经营活动受到各种各样外部环境因素的影响。②外部环境是企业生存和发展的土壤。外部环境为企业的生存经营活动提供了必要的条件,同时也对其生产经营活动起着制约作用。③外部环境为企业创造机遇与挑战。外部环境为企业的生存和发展提供新的机会,同时外部环境可能对企业生存造成威胁。

确认企业外部环境因素时应注意三个问题:①关联性。外部环境分析必须找出与企业的经营活动有明显相关的关联因素。②关键性。外部环境分析的重点是确定对企业经营活动有着重要影响的关键因素。③可分析性。对外部环境分析时,针对关联因素或关键因素,必须有合理合法取得相关信息的渠道。

2.1.2 企业外部环境分析思路

企业的外部环境分析可分为四个环节:一是产业外部环境分析,即宏观环境或一般环境分析;二是产业环境分析或者行业环境分析;三是竞争对手分析;四是战略集团分析。企业外部环境分析思路,见图 2-1。

2.2 宏观环境分析

企业宏观环境又称一般环境,是指影响企业发展的各种宏观力量。对企业宏观环境进

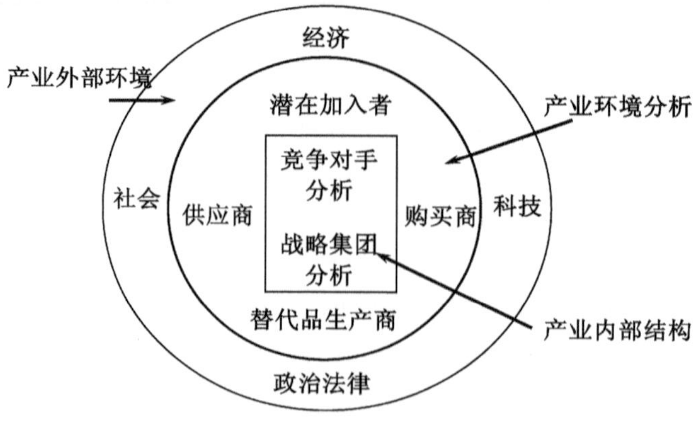

图 2-1 企业外部环境分析思路

行分析时，不同企业根据自身特点和经营需要，分析的具体内容会有差异，但一般都对政治法律、经济、社会文化和技术这四大类影响企业的主要外部环境因素进行分析。简言之，企业宏观环境分析称为 PEST 分析。其中，P：政治法律环境（Political）分析；E：经济环境（Economic）分析；S：社会文化环境（Social&Cultural）分析；T：技术环境（Technological）分析。

2.2.1 政治法律环境分析

政治法律环境包括一个国家的社会制度、政治体制、政治性团体、政治事件、法律法规、政府的方针与政策等。不同的国家有着不同的政治法律环境，不同的社会制度对企业经营活动有着不同的限制和要求。同一个国家在不同时期由于政府的方针政策不同，对企业经营活动的影响也是不断变化的。通过政治法律环境分析，企业可以明确其所在的国家和政府目前禁止企业做什么、允许企业做什么、鼓励企业做什么。重要的政治法律变量包括：执政党的性质、政治体制、经济体制、政府的管制、税法的改变、环境保护法、产业政策、投资政策、政府补贴水平、反垄断法规、民众参与政治行为等。

专栏 2.1 商务部宣布可口可乐收购汇源案未通过审查

中新网 2009 年 3 月 18 日电（记者翁阳）

中国商务部 18 日正式宣布，根据中国反垄断法禁止可口可乐收购汇源。据悉，这是反垄断法自去年 8 月 1 日实施以来首个未获通过的案例。

2008 年 9 月 18 日，商务部收到关于可口可乐公司收购中国汇源公司的经营者集中反垄断申报材料。经申报方补充，申报材料达到了《反垄断法》第二十三条规定的要求，11 月 20 日商务部对此项集中予以立案审查，12 月 20 日决定在初步审查基础上实施进一步审查。

商务部依据《反垄断法》的相关规定，从市场份额及市场控制力、市场集中度、集中对市场进入和技术进步的影响、集中对消费者和其他有关经营者的影响及品牌对果汁饮料市场竞争产生的影响等几个方面对此项集中进行了审查。审查工作严格遵循相关法律法规的规定。审查过程中，充分听取了有关方面的意见。

经审查，商务部认定：此项集中将对竞争产生不利影响。集中完成后可口可乐公司可能利用其在碳酸软饮料市场的支配地位，搭售、捆绑销售果汁饮料，或者设定其他排他性的交易条件，集中限制果汁饮料市场竞争，导致消费者被迫接受更高价格、更少种类的产品；同时，由于既有品牌对市场进入的限制作用，潜在竞争难以消除该等限制竞争效果；此外，集中还挤压了国内中小型果汁企业生存空间，给中国果汁饮料市场竞争格局造成不良影响。

为了减少集中对竞争产生的不利影响，商务部与可口可乐公司就附加限制性条件进行了商谈，要求申报方提出可行的解决方案。可口可乐公司对商务部提出的问题表述了自己的意见，提出初步解决方案及其修改方案。经过评估，商务部认为修改方案仍不能有效减少此项集中对竞争产生的不利影响。据此，根据《反垄断法》第二十八条，商务部做出禁止此项集中的决定。

反垄断审查的目的是保护市场公平竞争，维护消费者利益和社会公共利益。

自2008年8月1日《反垄断法》实施以来，商务部收到40起经营者集中申报，依照法律规定立案审查了29起，已审结24起，其中无条件批准23起，对于1起具有排除、限制竞争效果的集中，商务部与申报方进行商谈，申报方提出了减少排除限制竞争的解决方案并作出承诺，商务部附加了减少集中对竞争不利影响的限制性条件批准了该集中。

从全球政治大环境来看，一球多制、多元共存、世界多极化继续成为国际政治格局发展的基本方向。国际权力呈分散化态势，世界多极化特征明显。非西方力量在世界事务中影响力上升。经济全球化、政治多极化、模式多样化、文化多元化是世界的基本面貌。各种社会制度和发展模式相互依存、调整变革、竞相发展将成为国际政治发展的基本趋势。全球经济一体化对中国经济的影响越来越大，但出于各国国内政治利益的考虑，各种贸易壁垒将长期存在。纵观企业面对的国内外形势，和平、发展、合作、共赢已经成为当今时代的潮流。经济全球化趋势深入发展。这些有利于企业集中精力加快发展经济，更好地利用国内国外两个市场、两种资源。我国现在仍处于并将长期处于社会主义初级阶段，城乡协调发展、区域协调发展需要进一步加强；自主创新能力有待提升，经济结构布局和绿色经济增长方式亟需进一步优化，制约经济社会发展的体制机制问题还比较多。

2.2.2 经济环境分析

经济环境指构成企业生存和发展的社会经济状况及国家的经济政策，包括社会经济结构、产业布局、经济体制、经济发展水平、经济政策等。经济环境主要包括宏观和微观两个方面的内容。宏观经济环境主要指一个国家的人口数量及其增长趋势，国民收入、国民生产总值及其变化情况，这些指标能够反映国民经济发展水平和发展速度。微观经济环境主要指企业所在地区的消费者收入水平、消费者偏好、储蓄情况、就业程度等因素。这些因素直接决定着企业目前及未来的市场大小。重要的经济环境因素主要包括：GDP及其增长率、税率、居民可支配收入水平、居民消费（储蓄）倾向、通货膨胀率、规模经济水平、政府预算赤字、就业率与失业率、劳动生产率水平、汇率、证券市场状况、不同地区和消费群体间的收入差别、价格波动、货币与财政政策等。

专栏 2.2　利率调整对企业经营环境的影响

表 2-3 和表 2-4 分别给出了我国 1991 年至 2012 年金融机构人民币存款和贷款基准利率的调整情况。

表 2-3　1991 年至 2012 年我国人民币存款基准利率调整情况表　　单位：%

调整时间	活期存款	定期存款					
		三个月	半年	一年	二年	三年	五年
1990.04.15	2.88	6.30	7.74	10.08	10.98	11.88	13.68
1990.08.21	2.16	4.32	6.48	8.64	9.36	10.08	11.52
1991.04.21	1.80	3.24	5.40	7.56	7.92	8.28	9.00
1993.05.15	2.16	4.86	7.20	9.18	9.90	10.80	12.06
1993.07.11	3.15	6.66	9.00	10.98	11.70	12.24	13.86
1996.05.01	2.97	4.86	7.20	9.18	9.90	10.80	12.06
1996.08.23	1.98	3.33	5.40	7.47	7.92	8.28	9.00
1997.10.23	1.71	2.88	4.14	5.67	5.94	6.21	6.66
1998.03.25	1.71	2.88	4.14	5.22	5.58	6.21	6.66
1998.07.01	1.44	2.79	3.96	4.77	4.86	4.95	5.22
1998.12.07	1.44	2.79	3.33	3.78	3.96	4.14	4.50
1999.06.10	0.99	1.98	2.16	2.25	2.43	2.70	2.88
2002.02.21	0.72	1.71	1.89	1.98	2.25	2.52	2.79
2004.10.29	0.72	1.71	2.07	2.25	2.70	3.24	3.60
2006.08.19	0.72	1.80	2.25	2.52	3.06	3.69	4.14
2007.03.18	0.72	1.98	2.43	2.79	3.33	3.96	4.41
2007.05.19	0.72	2.07	2.61	3.06	3.69	4.41	4.95
2007.07.21	0.81	2.34	2.88	3.33	3.96	4.68	5.22
2007.08.22	0.81	2.61	3.15	3.60	4.23	4.95	5.49
2007.09.15	0.81	2.88	3.42	3.87	4.50	5.22	5.76
2007.12.21	0.72	3.33	3.78	4.14	4.68	5.40	5.85
2008.10.09	0.72	3.15	3.51	3.87	4.41	5.13	5.58
2008.10.30	0.72	2.88	3.24	3.60	4.14	4.77	5.13
2008.11.27	0.36	1.98	2.25	2.52	3.06	3.60	3.87
2008.12.23	0.36	1.71	1.98	2.25	2.79	3.33	3.60
2010.10.20	0.36	1.91	2.20	2.50	3.25	3.85	4.20
2010.12.26	0.36	2.25	2.50	2.75	3.55	4.15	4.55
2011.02.09	0.40	2.60	2.80	3.00	3.90	4.50	5.00

续表

调整时间	活期存款	定期存款					
		三个月	半年	一年	二年	三年	五年
2011.04.06	0.50	2.85	3.05	3.25	4.15	4.75	5.25
2011.07.07	0.50	3.10	3.30	3.50	4.40	5.00	5.50
2012.06.08	0.40	2.85	3.05	3.25	4.10	4.65	5.10
2012.07.05	0.35	2.60	2.80	3.00	3.75	4.25	4.75

表 2-4 1991 年至 2012 年我国人民币贷款基准利率调整情况表 单位:%

调整时间	六个月以内（含六个月）	六个月至一年（含一年）	一至三年（含三年）	三至五年（含五年）	五年以上
1991.04.21	8.10	8.64	9.00	9.54	9.72
1993.05.15	8.82	9.36	10.80	12.06	12.24
1993.07.11	9.00	10.98	12.24	13.86	14.04
1995.01.01	9.00	10.98	12.96	14.58	14.76
1995.07.01	10.08	12.06	13.50	15.12	15.30
1996.05.01	9.72	10.98	13.14	14.94	15.12
1996.08.23	9.18	10.08	10.98	11.70	12.42
1997.10.23	7.65	8.64	9.36	9.90	10.53
1998.03.25	7.02	7.92	9.00	9.72	10.35
1998.07.01	6.57	6.93	7.11	7.65	8.01
1998.12.07	6.12	6.39	6.66	7.20	7.56
1999.06.10	5.58	5.85	5.94	6.03	6.21
2002.02.21	5.04	5.31	5.49	5.58	5.76
2004.10.29	5.22	5.58	5.76	5.85	6.12
2006.04.28	5.40	5.85	6.03	6.12	6.39
2006.08.19	5.58	6.12	6.30	6.48	6.84
2007.03.18	5.67	6.39	6.57	6.75	7.11
2007.05.19	5.85	6.57	6.75	6.93	7.20
2007.07.21	6.03	6.84	7.02	7.20	7.38
2007.08.22	6.21	7.02	7.20	7.38	7.56
2007.09.15	6.48	7.29	7.47	7.65	7.83
2007.12.21	6.57	7.47	7.56	7.74	7.83
2008.09.16	6.21	7.20	7.29	7.56	7.74

续表

调整时间	六个月以内（含六个月）	六个月至一年（含一年）	一至三年（含三年）	三至五年（含五年）	五年以上
2008.10.09	6.12	6.93	7.02	7.29	7.47
2008.10.30	6.03	6.66	6.75	7.02	7.20
2008.11.27	5.04	5.58	5.67	5.94	6.12
2008.12.23	4.86	5.31	5.40	5.76	5.94
2010.10.20	5.10	5.56	5.60	5.96	6.14
2010.12.26	5.35	5.81	5.85	6.22	6.40
2011.02.09	5.60	6.06	6.10	6.45	6.60
2011.04.06	5.85	6.31	6.40	6.65	6.80
2011.07.07	6.10	6.56	6.65	6.90	7.05
2012.06.08	5.85	6.31	6.40	6.65	6.80
2012.07.05	5.60	6.00	6.15	6.40	6.55

【思考】

根据我国历年经济环境的变化，分析利率如何影响企业的经营环境。

【解析】

1992 年邓小平视察南方的时候，我国经济可谓是处处都热，开发区热，房地产热，股票热，只要有一个机会，都是赚钱的机会。大家都没有意识到经济泡沫问题，以为经济本来就是这样，就是那么好，但实际危机已经存在。

1993 年 7 月，中央发现问题太多了，经济控制不住了，银行在出问题，股市在出问题，许多地方都在出问题。

与此同时，朱镕基出任总理兼中央银行行长后，就开始大刀阔斧地控制信贷，利率不断调高，经过三年的治理，到 1996 年，中央宣布经济实现了软着陆。

从 1996 年到 2003 年连续 8 年降息，财政也在加大投入，政府以赤字形式发放国债，为的是盘活经济，让经济回升。这段时期中国的股市得到发展，债券也开始火爆，内需得到增加。

但是能不能一直降息呢，如果长期降息，而美联储在加息，会出现资金外流的问题和套利现象。譬如：800 元钱，利率 2%，存一年变为 816 元；在汇率不变的情况下，存为美元，利率为 5%，存一年后兑换为人民币为 840 元，这就是所谓的套利现象。如果这种情况不及时处理，会影响我国银行业的发展。

2003 年过后，我国经济逐渐转热，股价迅速攀升，2007 年表现特别异常，房市股市价格飞涨，2007 年政府连续 6 次加息。2008 年，政府又要救房市，救经济，连续 4 次减息。2008 年政府实施 4 万亿经济刺激计划，造成我们后来面对的通货膨胀，CPI 指数不断攀升。2010 至 2011 年，又连续加息，抑制通胀。

综上可见，利率的调整，一方面会影响消费者的消费倾向，从而影响内需；另一方面会影响企业贷款和投资环境。对于靠高额贷款生存的行业，贷款利率的变化会对其利润影响非常大,譬如:房地产,民航、高速公路等。

各企业都或多或少地受到经济环境的影响,因此经济因素在企业战略分析中非常重要。通常人们首先关注利率和汇率。汇率会对贸易依存度较高的行业产生较大的影响,通常汇率上调,人民币升值,会引起进口增加、出口减少、国内消费需求也相应减小。我国出口份额较大的行业如纺织、机械、电子、化工等受到人民币升值的不利影响较为明显。

2021 年全国“两会”政府工作报告重点审议了国民经济和社会发展“十四五”规划,明确提出着力提升发展质量效益,保持经济持续健康发展。主要内容包括:第一,国内生产总值年均增长保持在合理区间,各年度视情提出经济增长预期目标;第二,全员劳动生产率增长高于国内生产总值增长;第三,城镇调查失业率控制在 5.5%以内;第四,物价水平保持总体平稳;第五,实现更高质量、更有效率、更加公平、更可持续、更为安全的发展。

与以往的国民经济和社会发展五年规划一样,“经济发展”类指标排在首位。此次“经济发展”指标中没有设定五年 GDP 年均增速预期性指标,而是强调“保持在合理区间、各年度视情提出”。凸显更加重视经济发展的质量和效益,同时也体现了应对外部环境不稳定性、不确定性增加的考量。“经济发展”设定了两个预期性指标:全员劳动生产率增长高于 GDP 增长、2025 年常住人口城镇化率提高到 65%,折射出未来发展潜力所在。

2.2.3 社会文化环境分析

社会文化环境包括一个国家或地区的人口数量、结构及地理分布、教育文化水平、宗教信仰和风俗习惯、价值观念、就业预期、行为规范、生活方式、文化传统、劳动者素质、审美观点等。其中,人口因素是一个极为重要的因素。人口数量影响着个人或家庭消费品的市场规模,人口的地理分布决定了消费者的地区分布,人口的年龄分布决定了以某年龄层为对象的产品的市场规模;此外,教育文化水平会影响居民的需求层次;宗教信仰和风俗习惯会禁止或抵制某些活动的进行;价值观念会影响居民对组织目标、组织活动的认可与否;审美观点会影响人们对组织活动内容、活动方式以及活动成果的态度。

社会文化环境还包括一个重要因素,即企业所处地理位置的自然资源与生态环境状况,包括土地、森林、河流、海洋、生物、矿产、能源、水源等自然资源以及环境保护、生态平衡等方面的发展变化。重要的社会文化因素包括:城镇和农村的人口变化,生活方式,购买习惯,地区性趣味和偏好评价,公众道德观念,社会责任,妇女生育率,人口出生、死亡率,人口预期寿命,人均可支配收入,收入差距,对政府的信任度和态度,平均教育状况,储蓄和投资倾向等状况,环境污染控制,能源节约,环保投入与支持力度等。

专栏 2.3 老龄化现象对各行业的影响

根据联合国有关规定,一个国家 65 岁以上的老年人在总人口中所占比例超过 7%,或 60 岁以上的人口超过 10%,便被称为“老年型”国家。当前在全世界 190 多个国家和地区中,约有 60 个已进入“老年型”社会。据估算,今后 50 年间,老年人数大概会翻两番,从 6 亿人增加到将近 20 亿人。

今天,每十个人中就有一个花甲老人。到 2025 年,全世界的老年人口将达到 11.21 亿。到 2050 年,60 岁以上的老年人口总数将近 20 亿,占总人口的 20%,并将超过 14 岁以下儿童人口的总数。百岁老人将从2002年的约21万增长到320万。

到2050年，非洲老年人口将从4 200万上升到2.05亿；亚洲从3.38亿增加到12.27亿；欧洲从1.48亿增加到2.21亿；美洲从9 600万增加到3亿。目前全球人口老龄化最严重的国家是意大利，其老年人口占总人口的25%。

《社会养老服务体系建设规划(2011—2015年)》指出，人口老龄化是我国面临的严峻挑战，自1999年中国步入老龄化社会以来，中国人口老龄化加速发展，老年人口基数大、增长快并日益呈现高龄化、空巢化趋势。目前，我国城乡失能和半失能老年人约3 300万，占老年人口总数的19%。

2007年底，我国60岁以上老年人口已达1.53亿，占人口总数的11.6%，中国正式步入老龄社会。2020年，我国老年人口达2.64亿，占总人口的18.7%，且80岁以上的高龄老人3 580万人，占比13.56%。庞大的老年人群必将对我国社会、经济等产生重大影响。

由此可见，人口老龄化问题已经成为我国当代社会无法逃避也不能逃避的严峻挑战，更是势必会影响到我国近几十年发展的严重问题之一。

【思考】

人口老龄化现象会对哪些行业产生影响?

【解析】

人口老龄化现象会让年轻一代纳税人感到不安，谁将支付这些人的社会保障和医疗费用? 但人口老龄化现象对如下行业却是一个好消息，如：餐饮、航空、旅游、保健品、制药及丧葬服务等。

不同的社会因素会对不同行业产生影响，需要针对具体的行业分析社会因素的变化带来的是机会还是威胁，并制定相应的应对措施。

人口因素是一个极为重要的因素。人口数量制约着个人或家庭消费品的市场规模。人口的地理分布决定了消费者的地区分布。人口的年龄分布决定了以某年龄层为对象的产品的市场规模。我国《社会养老服务体系建设规划(2011—2015年)》指出，人口老龄化是我国面临的严峻挑战，自1999年中国步入老龄化社会以来，中国人口老龄化加速发展，老年人口基数大、增长快并日益呈现高龄化、空巢化趋势。

联合国关于老龄化的划分标准：第一，轻度老龄化社会。当一个国家60岁以上人口占总人口比重超过10%、或65岁以上人口比重超过7%。第二，中度老龄化社会。60岁以上人口占总人口比重超过20%、或65岁以上人口比重超过14%。第三，重度老龄化社会。60岁以上人口占总人口比重超过30%、或65岁以上人口比重超过21%。按照该标准，国家发展“十三五”规划制定时期，我国60岁以上人口比重达到15%，轻度老龄化社会已经到来。2021年5月11日，人口普查数据发布，我国60岁以上人口占总人口比重为18.7%，仍处于轻度老龄化阶段。

为积极应对人口老龄化问题，国家发展“十四五”规划第四十五章提出了实施积极应对人口老龄化国家战略。明确制定人口长期发展战略，优化生育政策，以“一老一小”为重点完善人口服务体系，促进人口长期均衡发展。主要内容包括三部分：

第一，推动实现适度生育水平。增强生育政策包容性，推动生育政策与经济社会政策配套衔接，减轻家庭生育、养育、教育负担，释放生育政策潜力。完善幼儿养育、青少年发展、老人赡养、病残照料等政策和产假制度，探索实施父母育儿假。改善优生优育全程服务，加强孕前孕产期健康服务，提高出生人口质量。建立健全计划生育特殊困难家庭全方位帮扶保障制度。改革完善人口统计和监测体系，密切监测生育形势。深化人口发展战略研究，健全人口与发展综合决策机制。

第二，健全婴幼儿发展政策。发展普惠托育服务体系，健全支持婴幼儿照护服务和早期发展的政策体系。加强对家庭照护和社区服务的支持指导，增强家庭科学育儿能力。严格落实城镇小区配套园政策，积极发展多种形式的婴幼儿照护服务机构，鼓励有条件的用人单位提供婴幼儿照护服务，支持企事业单位和社会组织等社会力量提供普惠托育服务，鼓励幼儿园发展托幼一体化服务。推进婴幼儿照护服务专业化、规范化发展，提高保育保教质量和水平。

第三，完善养老服务体系。推动养老事业和养老产业协同发展，健全基本养老服务体系，大力发展普惠型养老服务，支持家庭承担养老功能，构建居家社区机构相协调、医养康养相结合的养老服务体系。完善社区居家养老服务网络，推进公共设施适老化改造，推动专业机构服务向社区延伸，整合利用存量资源发展社区嵌入式养老。强化对失能、部分失能特困老年人的兜底保障，积极发展农村互助幸福院等互助性养老。深化公办养老机构改革，提升服务能力和水平，完善公建民营管理机制，支持培训疗养资源转型发展养老，加强对护理型民办养老机构的政策扶持，开展普惠养老城企联动专项行动。加强老年健康服务，深入推进医养康养结合。加大养老护理型人才培养力度，扩大养老机构护理型床位供给，养老机构护理型床位占比提高到55%，更好满足高龄失能失智老年人护理服务需求。逐步提升老年人福利水平，完善经济困难高龄失能老年人补贴制度和特殊困难失能留守老年人探访关爱制度。健全养老服务综合监管制度。构建养老、孝老、敬老的社会环境，强化老年人权益保障。综合考虑人均预期寿命提高、人口老龄化趋势加快、受教育年限增加、劳动力结构变化等因素，按照小步调整、弹性实施、分类推进、统筹兼顾等原则，逐步延迟法定退休年龄，促进人力资源充分利用。发展银发经济，开发适老化技术和产品，培育智慧养老等新业态。

2.2.4 技术环境分析

技术环境是指与企业生产经营活动相关的科学技术要素的总和，包括产业技术进步，企业相关的新技术、新工艺、新材料的发明情况、应用程度和发展趋势，还包括社会的科技体制、科技政策和科技水平。重要的技术环境因素包括：国际对科技开发的投资和支持重点、该领域技术发展动态和研究开发费用总额、技术创新速度、新技术的影响、技术转移和技术商品化速度、产品寿命周期、专利及其保护情况等。

世界经济面临越来越严重的能源短缺和资源稀缺问题，科学技术往往成为决定人类命运和社会进步的关键所在。同时，科学技术水平及其产业化程度也是衡量一个国家和地区综合实力和发展水平的重要标志。技术的发明和进步不但影响行业的生存和发展，而且也关系大多数企业的生死存亡。对于一个企业来讲，当然要关注所在行业的技术发展动态、竞争对手技术动向等。对中国企业而言，其在技术的开发利用方面存在两个不足：一是总体投入不足，二是技术转化为生产力的效率还比较低。企业技术投入和研发是一个战略问题，是企业最主要的职能之一，它在一定程度上决定着企业的战略方向和盈利能力。

专栏 2.4　IBM 公司的多次转型

IBM 公司最初是一个制表机公司，第一代电脑出来后，它面临丧失制表业务的重大危机，于是成功地转型为计算机企业。到 20 世纪 70 年代末，个人电脑开始流行，IBM 落后于苹果公司，就确定 PC 标准。经过几年，别的 PC 厂商崛起，IBM 又失去了优势，它又用 5～6 年时间先于其他企业转型为服务型企业，在 21 世纪初的经济寒冬中一枝独秀。

【思考】

IBM 的转型给企业带来什么启示?

【解析】

对于 IBM 这样的技术型公司而言，技术环境要素的分析格外重要。

我们可以根据环境变化的速度和环境的复杂程度，把产业分为四类：

① 低动态性，低复杂性：如食品，饮料，保健品等行业。

② 高动态性，低复杂性：唱片公司，玩具、时装公司等。

③ 低动态性，高复杂性：医院，大学，汽车，保险公司等。

④ 高动态性，高复杂性：电子、软件、高新技术行业等。

类似于 IBM 的高新技术企业面临的环境是高动态、高复杂性的，随着时间的推移，关键性技术会发生快速变化，这要求企业在技术方面持续投入，且定期分析未来技术发展趋势，适应技术环境的变化。

2021 年全国“两会”政府工作报告重点审议了国民经济和社会发展“十四五”规划，明确提出坚持创新驱动发展，加快发展现代产业体系。坚持创新在我国现代化建设全局中的核心地位，把科技自立自强作为国家发展的战略支撑。主要内容包括：完善国家创新体系，加快构建以国家实验室为引领的战略科技力量，打好关键核心技术攻坚战，制定实施基础研究十年行动方案，提升企业技术创新能力，激发人才创新活力，完善科技创新体制机制，全社会研发经费投入年均增长 7%以上、力争投入强度高于“十三五”时期实际。“创新驱动”类各项指标全面升级。如 2025 年数字经济核心产业增加值占 GDP 比重提高到 10%；全社会研发经费投入年均增长 7%以上、力争投入强度高于“十三五”时期实际；每万人口高价值发明专利拥有量达 12 件。与“十三五”规划纲要相比，“科技进步贡献率”“互联网普及率”没有设立在主要指标中，体现出指标调整的与时俱进。

此外，明确提出推动绿色发展，促进人与自然和谐共生。主要内容包括：第一，坚持绿水青山就是金山银山理念，加强山水林田湖草系统治理，加快推进重要生态屏障建设，构建以国家公园为主体的自然保护地体系，森林覆盖率达到 24.1%；第二，持续改善环境质量，基本消除重污染天气和稳步解决城市、农村黑臭水体。落实 2030 年应对气候变化国家自主贡献目标；第三，加快发展方式绿色转型，协同推进经济高质量发展和生态环境高水平保护，单位国内生产总值能耗和二氧化碳排放分别降低 13.5%、18%。“绿色生态”类取代国家发展“十三五”规划纲要中的“资源环境”类，此类指标全部为约束性指标，指标数由原来 10 项减到 5 项。约束性指标是政府对人民的承诺，是在预期性基础上进一步强化政府责任的指标。“耕地保有量”“新增建设用地规模”“万元 GDP 用水量下降”“非化石能源占一次能源消费比重”“主要污染物排放总量减少”等指标不再出现在主要指标中。

2.2.5 外部因素评价矩阵

“外部因素评价矩阵”(External Factor Evaluation Matrix),简称为 EFE 矩阵。它是一种对外部环境进行分析的工具,其做法是从机会和威胁两个方面找出影响企业未来发展的关键因素,根据各个因素影响程度的大小确定加权分数,再按企业对各关键因素的有效反应程度对各关键因素进行评分,最后确定企业的总加权分数。

利用这个矩阵,可帮助战略决策者在制定战略的过程中,归纳和评价经济、社会、政治法律、技术和竞争等方面的信息。建立该模型主要包括以下几个步骤:

步骤 1,列出在外部分析过程中确认的外部因素。因素总数为 10～20 个。因素包括影响企业和其所在行业的各种机会与威胁。首先列举机会,然后列举威胁。

步骤 2,给每个因素(即每个机会、威胁)确定一个权数。权数应在 0.0(不重要)到 1.0(很重要)之间。每一个因素的权数说明这个因素在行业中对企业成功的重要性,各个因素权数总和应该等于 1。

步骤 3,按照企业现行战略对各关键因素的有效反应程度给各关键因素进行评分,范围为 1～4 分,“4”代表最好,“3”代表超过平均水平,“2”代表等于平均水平,“1”则代表最差。评分反映了企业战略的有效性,因此它是以企业为基准的,而步骤(2)中的权重则是以行业为基准的。需要注意的是,威胁和机会都可以被评为 1 分、2 分、3 分和 4 分。

步骤 4,将每一因素的权数和分数相乘得到该因素的加权分数。

步骤 5,将所有因素的加权分数加起来,其总和就是一个企业环境评价的总加权分数。

无论 EFE 矩阵所包含的关键机会与威胁数量多少,一个企业所能得到的总加权分数最高为 4.0,最低为 1.0。因此,平均总加权分数为 2.5。总加权分数为 4.0 反映了企业在整个产业中对现有机会与威胁做出了最出色的反应,说明企业的战略有效地利用了现有的机会并将外部威胁的潜在不利影响降至最小;而总加权分数为 1.0 则说明企业的战略不能利用外部机会或回避外部威胁,企业应对外部环境的能力比较弱。

2.3 产业环境分析

宏观环境因素对于企业的影响主要是通过对产业结构的影响和作用体现出来。对于一个特定的企业来说,它总是存在于某一产业(行业)环境之内,这个产业环境直接地影响企业的生产经营活动。这一类外部环境是产业环境,它是企业微观的外部环境。

2.3.1 产业环境总体分析

不同的产业之间在其特征和结构方面有着很大的差别,所以产业环境分析往往首先应从整体上把握产业中最主要的经济特性。各个产业之间在以下一些因素上往往存在很大的差异:

(1) 市场规模。

(2) 市场增长率。

(3) 市场竞争的地理区域。

(4) 竞争厂商的数量及其相对规模。

(5) 购买者的数量及其相对规模。

(6) 前向一体化及后向一体化的普遍程度。

(7) 产品生产工艺革新和所推出的新产品及其技术变革的速度。

(8) 竞争对手的产品服务是标准化的还是差别化的?

(9) 规模经济和经验曲线效应的程度如何?

(10) 生产能力利用率高低。

(11) 必要的资源以及进入和退出的难度。

(12) 行业的整体盈利水平如何?

2.3.2 产业环境中的竞争状况分析

美国战略管理学家迈克尔·波特(M. E. Porter)指出,在一个产业里,存在着五种基本竞争力量:潜在进入者、行业内竞争者、替代者、供应商、购买商。产业环境中的竞争状况分析一般采用波特五力模型(亦称为"波特竞争力模型"),见图 2-2。

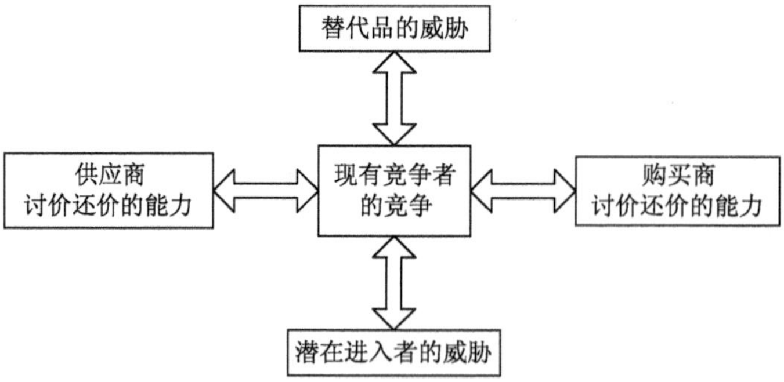

图 2-2 波特五力模型

图 2-2 中,潜在进入者是指产业外随时可能进入某行业的成为竞争者的企业。现有企业间的竞争是指产业内各个企业之间的竞争关系和程度。替代产品是指那些与本企业产品具有相同功能或类似功能的产品。供应商是指企业从事生产经营活动所需要的各种资源、配件等的供应单位。购买商是指具有产品需求的顾客、用户。

在一个产业里,这五种基本竞争力量的状况及其综合强度,引发产业内的经济结构的变化,从而决定着产业内部竞争的激烈程度,决定着产业中获得利润的最终潜力。

1. 潜在进入者分析

决定潜在进入者的竞争力强度的关键结构变量包括规模经济、产品差异性、资本需求、可用的分销渠道、绝对的成本优势。

(1) 规模经济。规模经济迫使新加入者必须以大的生产规模进入,并冒着现有企业强烈反击的风险;或者以小的规模进入,但要长期忍受产品成本高的劣势。这两种情况都会使进入者却步不前。

(2) 产品差异性。产品差异性凸显了原有企业所具有的商标信誉和用户的忠诚性等。它所形成的进入障碍,使新加入者要用很大代价来树立自己的信誉和克服现有用户对原有产品的忠诚。

(3) 资本需求。资本需求所形成的进入障碍,反映了在这种特定市场经营的企业,不仅需要大量资金,而且风险大,进入者要在握有大量资金、冒很大风险的情况下才敢进入。

(4) 可用的分销渠道。特定市场的正常销售渠道,已经为原有企业服务。新加入者要进入该渠道,必须通过让价、合作广告和津贴等办法,来使原销售渠道接受自己的产品。这样就形成了进入障碍。

(5) 绝对的成本优势。绝对的成本优势是指购买者变换现有的供应者所需支付的一次性成本,远远高于不变换现有供应者的成本。成本优势越高,新进入者的威胁越弱。

2. 现有企业间的竞争分析

决定现有企业间的竞争力强度的关键结构变量包括集中程度、竞争对手的多样性、产品差异性、过剩生产能力和成本状况、退出壁垒。

(1) 集中程度。在特定市场处于快速增长时,由于各企业可在与特定市场保持一致的情况下,充分发挥各自握有的资金和资源的作用来发展自己,因而竞争比较缓和。特定市场处于缓慢增长时,有限的发展势必使各企业为了寻求自己的出路,把力量放在争夺现有市场的占有率上,从而使现有竞争者的竞争激化。

(2) 竞争对手的多样性。当一个特定市场的企业为数众多时,必然会有一定数量的企业为了占有更大的市场份额和取得更高的利润,而突破特定市场的一致行动的限制,进行独立行动,采取打击、排斥其他企业的竞争手段。这势必在现有竞争者之间形成激烈的抗衡。

(3) 产品差异性。一个特定市场的产品若差异性高,购买者必然是按照对某些特定销售者的偏好和忠诚性来购买,生产企业间的竞争就会缓和。反之,产品统一性高,购买者所选择的是价格和服务,就会使生产者在价格和服务上展开竞争,使现有竞争者之间的抗衡激化。同样,转换成本低时,购买者选择自由,也会产生相同的作用。

(4) 成本状况、过剩生产能力。当一个特定市场固定成本较高时,企业为降低单位产品的固定成本,势必采用增加产量的措施。企业的这种发展趋势,会使生产能力过剩,而且还会导致价格大战,从而使现有竞争者的竞争激化。

(5) 退出壁垒。退出障碍是指经营困难的企业在退出特定市场时所遇到的困难。这是由以下原因造成的:专业化的固定资产其清算价值低或转换成本高;退出的费用高;战略关系密切;感情上的障碍;政府和社会的限制。当退出障碍高时,经营不好的企业只得继续经营下去,使现有竞争者的竞争激化。

3. 替代产品分析

决定替代产品的竞争力强度的关键结构变量包括买方对替代品的偏好、替代品的相对价格、替代品的性能。

替代是否发生取决于对顾客来说是否经济,如果一种产品带给顾客的转换诱惑超过顾客的转换成本,那么它就可以替代另一产品,转换诱惑的大小取决于替代品与当前使用产品的相对价值/价格比(relative value/price,RVP)。所谓产品的价值/价格比,是指产品提供给用户的价值与用户为它支付的价格之比。而相对价值/价格比,是指替代品价值/价格比与现有产品价值/价格比的比值。

一般来说,替代品及现有产品的价格是比较容易确定的,而估算替代品及现有产品的价值是比较困难的。替代品与现有产品的相对价值取决于这样几个方面：替代品能向用户提供的价值差异性的大小，用户能否感知替代品的价值差异，替代品使用频率是否比现有产品使用频率低等。

替代是否发生还与顾客的转换成本有关系，顾客转换成本越高，替代发生的可能性就越小。转换成本包括：顾客需要搜集替代品的信息、检验替代品是否达到使用者所要求的功能性能及外观等标准，需要重新设计生产活动、使用替代品的培训和学习成本，使用替代品的失败风险，购买替代品配套的软件和零部件等等成本。

顾客使用替代品的欲望也是替代能否实现的关键之一。顾客的替代欲望在不同环境和不同行业有所不同，相同环境和行业中，对于不同年龄、背景、文化的顾客，替代欲望也有很大差异。

4. 供应商分析

决定供应商的竞争力强度的关键结构变量包括供应商投入的产品差别性、供应商和企业在产业里的转换成本、供应商的集中程度、供应商投入产品的替代品的存在、批量大小对供应商的重要性、产业里企业前向一体化的威胁与后向一体化威胁的比较。

在下列情况下，供应商有较强的讨价还价能力：

(1) 供应行业由几家企业控制，其集中化程度高于购买商行业的集中程度。这样，供应商能够在价格、质量的条件上对购买商施加相当大的影响。

(2) 供应商无须与替代产品进行竞争。

(3) 对供应商来说，所供应的行业无关紧要。

(4) 对购买商来说，供应商的产品是很重要的生产投入要素。

(5) 供应商们的产品是有差别的，并且使购买者承担很高的转换成本。

(6) 供应商对买主行业来说构成很大的前向一体化威胁。

5. 购买商分析

决定购买商的竞争力强度的关键结构变量包括价格敏感性和议价能力两方面，价格敏感性体现在相对总成本的产品成本、产品差异性、买方之间的竞争；议价能力体现在相对于生产商来说买方的规模和集中程度、买方的转换成本、买方的信息、买方的向后集成能力。

作为购买商，必然希望所购产业的产品物美价廉，服务周到，且从产业现有企业之间的竞争中获利。在下列情况下，购买商们有较强的讨价还价能力：

(1) 购买商们相对集中并且大量购买。

(2) 购买的产品占购买商全部费用或全部购买量中很大的比重。

(3) 从该行业购买的产品属标准化或无差别的产品。

(4) 购买商的行业转换成本低。

(5) 购买商的利润低。

(6) 购买商们有采用后向一体化策略对销售者构成威胁的倾向，他们宁愿自己生产而不去购买。

(7) 销售者的产品对购买商的产品质量或服务无关紧要。

(8) 购买商掌握供应商的充分信息。

2.3.3 产业环境竞争分析的操作方法

产业环境竞争分析时，需要建立包含五种竞争力量的统计表格（表 2-5 至表 2-9）。表格的左边是五种竞争力量及其各自所包括的若干内容的陈述。右边是对这些陈述的态度，管理人员可以根据自己的态度进行打分。坚决同意打 1 分，一般同意打 2 分，不同意也不反对打 3 分，一般反对打 4 分，坚决反对打 5 分。

表 2-5 潜在进入者

各种竞争力量	坚决同意	一般同意	不同意也不反对	一般反对	坚决反对
① 进入这个行业的成本很高	1	2	3	4	5
② 我们的产品有很大的差异性	1	2	3	4	5
③ 需要大量资本才能进入这个行业	1	2	3	4	5
④ 顾客更换供应商的成本高	1	2	3	4	5
⑤ 取得销售渠道十分困难	1	2	3	4	5
⑥ 很难得到政府批准经营与我们同样的产品	1	2	3	4	5
⑦ 进入这个行业对本企业的威胁性不大	1	2	3	4	5
分数＝(各项得分之和/所回答的项数)×(第 7 项的得分)					

表 2-6 现有竞争者

各种竞争力量	坚决同意	一般同意	不同意也不反对	一般反对	坚决反对
① 本行业中有许多竞争者	1	2	3	4	5
② 本行业中所有竞争者几乎一样	1	2	3	4	5
③ 产品市场增长缓慢	1	2	3	4	5
④ 本行业的固定成本很高	1	2	3	4	5
⑤ 我们的顾客转换供应商十分容易	1	2	3	4	5
⑥ 在现有生产能力上再增加十分困难	1	2	3	4	5
⑦ 本行业没有两个企业是一样的	1	2	3	4	5
⑧ 本行业中大部分企业要么成功，要么垮台	1	2	3	4	5
⑨ 本行业中大多数企业准备留在本行业	1	2	3	4	5
⑩ 其他行业干什么对本企业并无多大的影响	1	2	3	4	5
分数＝(各项得分之和/所回答的项数)×(第 4 项的得分)					

表 2-7　替代产品

各种竞争力量	坚决同意	一般同意	不同意也不反对	一般反对	坚决反对
① 与我们产品用途相近似的产品很多	1	2	3	4	5
② 其他产品有和我们产品相同的功能和较低的成本	1	2	3	4	5
③ 生产和我们产品功能相同产品的企业在其他市场有很大利润	1	2	3	4	5
④ 我们非常关心与我们产品功能相同的其他种类的产品	1	2	3	4	5
分数=(各项得分之和/所回答的项数)×(第 4 项的得分)					

表 2-8　购买商

各种竞争力量	坚决同意	一般同意	不同意也不反对	一般反对	坚决反对
① 少量顾客购买本企业的大部分产品	1	2	3	4	5
② 我们的产品占了顾客采购量的大部分	1	2	3	4	5
③ 本行业大部分企业提供标准化类似的产品	1	2	3	4	5
④ 顾客转换供应商十分容易	1	2	3	4	5
⑤ 顾客产品的利润率很低	1	2	3	4	5
⑥ 我们的一些大顾客可以买下本企业	1	2	3	4	5
⑦ 本企业产品对顾客产品质量贡献很小	1	2	3	4	5
⑧ 我们的顾客了解我们的企业以及企业可以赢利多少	1	2	3	4	5
⑨ 诚实地说，顾客对本企业的供应商影响很小	1	2	3	4	5
分数=(各项得分之和/所回答的项数)×(第 5～9 项的得分均值)					

表 2-9　供应商

各种竞争力量	坚决同意	一般同意	不同意也不反对	一般反对	坚决反对
① 本企业需要的重要原材料有许多可供选择的供应商	1	2	3	4	5
② 本企业需要的重要原材料有许多替代品	1	2	3	4	5
③ 在我们需要最多的原材料方面，我们企业是供应商的主要客户	1	2	3	4	5
④ 没有一个供应商对本企业是关键性的	1	2	3	4	5
⑤ 我们可以很容易地变换大多数的原材料供应商	1	2	3	4	5
⑥ 相对于我们的企业来说，没有一家供应商是很大的	1	2	3	4	5
⑦ 供应商是我们经营中的重要部分	1	2	3	4	5
分数=(各项得分之和/所回答的项数)×(第 5～7 项的得分均值)					

2.3.4 企业间竞争的竞争态势矩阵

竞争态势矩阵(Competitve Profile Matrix,CPM)用于确认企业的主要竞争者及相对于该企业的战略地位,以及这些主要竞争者的特定优势与弱点。

CPM与EFE中的权重和总加权分数含义相同。但是EFE与CPM之间存在一些重要区别:

首先,CPM矩阵中的关键因素更为笼统,它们不包括具体的或实际的数据,而且可能集中于内部问题;

其次,CPM矩阵中的因素不像EFE矩阵中的那样被分为机会与威胁两类;

最后,CPM矩阵中竞争企业的评分和总加权分数可以与被分析企业的相应指标相比较,这一比较分析可提供重要的内部战略信息。

以雅芳与欧莱雅、宝洁之间的竞争态势矩阵为例,如表2-10所示。

表2-10 雅芳与欧莱雅、宝洁之间的竞争态势矩阵

行业关键战略因素	权重	本企业(雅芳)		竞争者1(欧莱雅)		竞争者2(宝洁)	
		评分	加权分数	评分	加权分数	评分	加权分数
① 广告	0.20	1	0.20	4	0.80	3	0.60
② 全球竞争(扩张)	0.20	4	0.80	2	0.40	2	0.40
③ 财务状况	0.15	4	0.60	3	0.45	3	0.45
④ 价格竞争力	0.10	3	0.30	3	0.30	4	0.40
⑤ 用户忠诚度	0.10	4	0.40	4	0.40	2	0.20
⑥ 市场份额	0.05	1	0.05	4	0.20	3	0.15
⑦ 管理	0.10	4	0.40	3	0.30	3	0.30
⑧ 产品质量	0.10	4	0.40	4	0.40	3	0.30
总计	1.00	—	3.15	—	3.25	—	2.80

除表2-10中的8项关键因素之外,产品品种、销售、配送效率、专利、设施布局、生产能力及效率、经验、劳资关系、技术优势以及电子商务技能等也可以列为关键因素。

需要说明的是,不能仅仅因为在竞争态势矩阵中一家企业评分比另一家企业高,便认为这家企业就比那家企业强。数字反映了企业的相对优势,但表面现象往往给人们带来错觉。数字不能说明一切,分析的目的不是得到一个好看的数字,而是对信息进行有实际意义的分析与评价,以便帮助进行决策。

2.4 产业内战略集团分析

产业内战略集团分析,是按照产业内各企业战略地位的差异,把企业划分成不同的战略群体,并分析各群体间的相互关系以及群体内企业间的关系,从而进一步认识产业及其竞争的状况。

一个产业内的企业,在战略上会有许多共同点,但也会有许多不同点。战略的不同主要表现在以下四个方面：

(1) 纵向一体化程度不同。有的企业自己生产原材料和零部件，有的则完全从外部采购；有的企业有自己的销售渠道和网点，有的则全靠批发商和零售商。

(2) 专业化程度不同。有的企业只经营某一种产品和服务项目，有的则提供多品种、多规格的产品和服务，有的甚至是跨行业经营。

(3) 研究开发重点不同。有的企业注重争取开发新产品的领导地位，不断投放新产品。有的企业把研发重点放在生产技术上，力争在质量和成本上取得优势。

(4) 营销重点不同。有的企业重视维持高价产品，有的企业则采取低价策略展开竞争；有的企业特别重视对最终用户的推销活动，有的企业主要以为销售者提供服务来巩固和扩大疏通渠道。

战略集团，是指一个产业内执行同样或类似战略，并具有类似战略特征的一组企业。在同一战略群体内，企业在生产规模和市场占有率等方面可能有所不同，但它们的性质相同，处于相同的竞争地位，因而对环境变化的反应会有所相同。这种特征可以用战略集团图勾画出来，作为产业内部竞争分析的一种工具，见图 2-3。

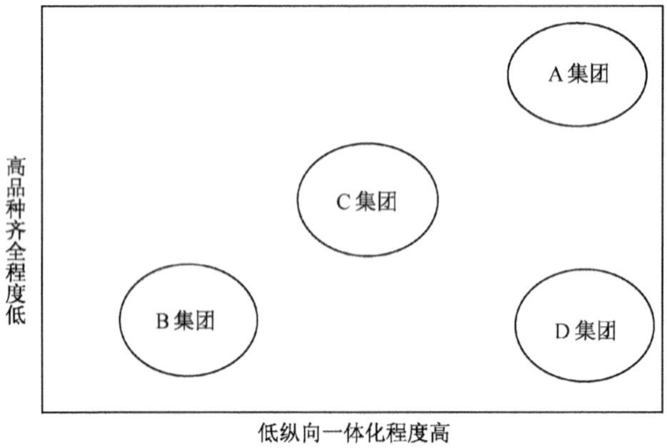

图 2-3　产业战略集团图

图中描述了一个产业内形成的四种战略集团，不同的战略集团代表了不同类型的战略取向。其中：

A 集团的特征：丰富的产品品种，高度纵向一体化，成本低，中等质量。

B 集团的特征：简单的产品品种，低纵向一体化，高成本，高质量，高技术水平。

C 集团的特征：品种齐全程度和纵向一体化程度都是中等，中等价格，质量低，服务质量高。

D 集团的特征：简单的产品品种，成本低，价格低，服务水平低。

战略集团之间竞争强度的决定因素包括战略集团间的市场相互牵连程度、战略集团数量以及它们的相对规模、战略集团建立的产品差别化、各集团战略的差异。

2.5 竞争对手分析

竞争对手分析是对现有竞争者、潜在竞争者、正在和有可能进行市场整合的企业进行分析。其中潜在竞争者包括不在本产业但不费力气便可以克服障碍进入的企业、进入本产业可以产生明显协同效应的企业、其战略的延伸必将导致加入本产业竞争的企业、可能前向一体化和后向一体化的客商和供应商。

2.5.1 竞争对手分析框架

企业竞争对手是企业经营行为最直接的影响者，竞争对手分析框架见图 2-4。

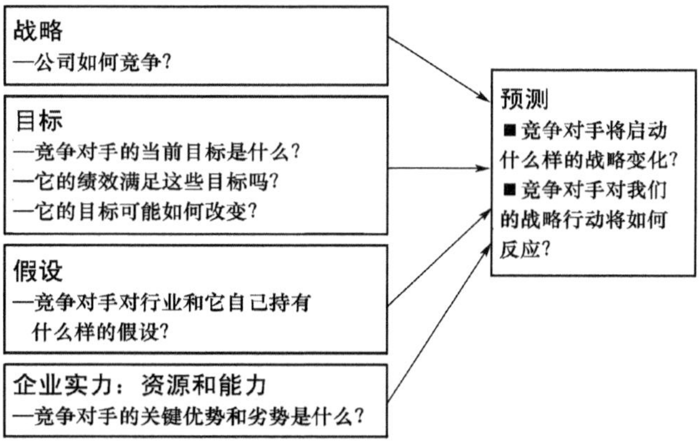

图 2-4 竞争对手分析框架

波特在 1980 年出版的《竞争战略》一书中提出了竞争对手分析模型，从企业的现行战略、未来目标、竞争实力和自我假设四个方面分析竞争对手的行为和反应模式，见图 2-5。

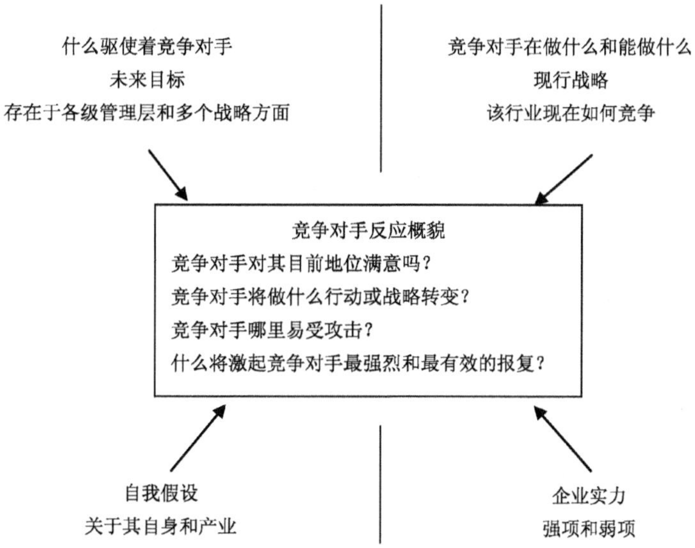

图 2-5 竞争对手分析模型

一般地，我们需要对竞争对手的市场状况、财务状况、产能状况、创新能力和企业领导人等相关内容进行分析：

（1）竞争对手的市场状况分析。确定竞争对手的市场地位（市场占有率），明确竞争对手是市场的领导者、跟随者还是参与者，明确哪个市场区域或是哪种产品最具有竞争力。

（2）竞争对手的财务状况分析。包括竞争对手的盈利能力分析、成长性分析、负债情况分析以及成本分析。其中，盈利能力分析通常采用的指标是利润率；成长性分析主要考察其产销量增长率、利润增长率，利润增长率快于产销量增长率，说明企业有较好的成长性。

（3）竞争对手的创新能力分析。学习和创新是企业竞争力的主要来源。

（4）竞争对手的生产能力分析。企业发挥生产能力的程度，企业的产能利用率高，则单位产品的固定成本相对就低。

（5）竞争对手的领导者分析。企业领导者的风格往往决定了一个企业的文化和核心价值观，是企业成功的关键因素之一。

专栏 2.5　可口可乐图谋中国果汁业霸主地位

多元化扩张！这显然是可口可乐在中国市场的战略。

这一全球饮料大佬似乎并不满足在碳酸饮料的王者地位，“绿茶、牛奶果粒、果汁”、乳品饮料领域等不含汽的饮料如今已成为可口可乐捞金的新领域。

2001 年，统一鲜橙多 PET 装饮料入市，随后各种果汁饮料品牌层出不穷，统一凭借“鲜橙多”连续多年占据低浓度果汁饮料市场第一位。2004 年，可口可乐的美汁源果粒橙产品首度在中国市场推出后，上市第一年便取得瞩目成绩，其后产品销量每年都实现双位数增长。据数据显示，美汁源果粒橙从 2007 年开始跃居中国低浓度果汁市场占有率首位，并在 2008 年成为中国果汁市场排名第一的品牌。2008 年，美汁源果粒橙的销量超过 10 亿瓶。

据 AC 尼尔森数据显示，2007 年 12 月到 2009 年 3 月，统一在低浓度果汁市场份额从 22.9%降到 18.4%。同期，“美汁源”的市场份额却一路上升，从 24.5%上升到 29.4%。虽然收购失败，但中国庞大的果汁市场似乎是可口可乐难以拒绝的。自可口可乐在中国营运以来，一直以可口可乐、雪碧及芬达等碳酸饮料（含汽饮料）品牌而知名。过去几年，可口可乐推出了一系列非碳酸饮料，包括果粒橙及原叶茶饮料，标志着这家饮料巨头的战略扩张方向。

2.5.2　竞争对手分析步骤

通过高度关注竞争对手的动态，采取相应的战略、策略和战术行动，可以确保企业在市场竞争中保持优势或处于主动地位。那么，分析竞争对手应该如何进行，需要获取哪些方面的信息呢？菲利普·科特勒博士将对竞争对手的分析总结为六个主要步骤，见图 2-6。

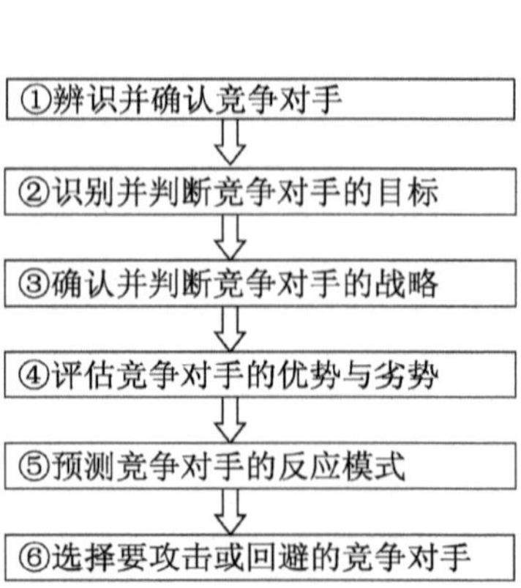

图 2-6　竞争对手分析的基本步骤

（1）确定谁是企业的竞争对手。为了不遗漏每一个可能对企业构成威胁的竞争对手，该企业可将制造相同产品或同类产品的企业都视为竞争对手。但是，竞争对手也有区别，实力相当、产品线类似、战略目标趋同的竞争对手往往是威胁最大的对手。

（2）探究竞争对手的目标。比如竞争对手的细分市场在哪里？竞争对手的经验目标是什么？此外，还必须考虑竞争对手在利润目标以外的目标，以及竞争对手的目标组合，并注意竞争对手攻击不同产品/市场细分区域的目标。

（3）确定竞争对手的战略。一个企业的战略与其他企业的战略越相似，他们之间的竞争就越激烈。在多数行业里，竞争对手可以分成几个追求不同战略的群体。战略性群体就是在某一行业里采取相同或类似战略的一类企业。确认竞争对手所属的战略群体将影响企业的某些重要认识和决策。

（4）确认竞争对手的优势和劣势。这就需要通过各种手段收集竞争对手的现状和历史资料，也可以进行顾客价值分析来获取这方面的信息。

（5）确定竞争对手的反应模式。了解竞争对手的目标、战略和优劣势，都是为了解释其可能的竞争行动及其对产品营销、市场定位及兼并收购等战略的反应，也就是确定竞争对手的反应模式。此外，竞争对手特殊的经验哲学、内部文化和领导者的信念也会影响其反应模式。

（6）选择要攻击或回避的竞争对手。结合企业自身的发展战略目标和竞争对手采取的战略，确定合理的市场竞争战略，有效回避竞争对手的攻击。

企业要做好竞争对手分析，除了掌握以上常用的分析方法以外，还要注意以下几个方面的问题：

1. 建立竞争情报系统，做好数据的搜集工作

要对竞争对手进行分析，必须以竞争情报系统和竞争对手数据库为基础。竞争情报系统包括竞争情报工作的组织保障、人员配备以及相应的应用软件系统等。只有建立了竞争情报系统，才会将竞争对手的监测和分析变成一项日常的工作，才可能及时掌握竞争对手的动态，为企业决策及时提供足够的信息。同时，竞争对手数据库的建设也非常重要。现代企业决策都强调科学性，更强调基于事实和数据的决策。只有建立了完善的竞争对手数据库，才可以更好地对竞争对手分类分析，更好地做关于竞争对手的定量分析，更好地提供现状数据和预测数据以辅助决策。一般而言，可以将竞争对手的竞争类型归类，见表2-11。

表2-11　竞争对手类型表

竞争类型	常用的竞争方式
价格竞争型	主要以低价和高价两种形式竞争。前者目的是以低价吸引更多的客户，通过逐步渗透抢占市场；后者是希望以高的价格和差异化产品，提高产品的奢侈品特性，迅速赚取垄断利润。
技术领先型	通过改善产品质量和提高产品性能，以技术领先达到优化产品的目的，形成产品的差异，造成买方的偏好转移，进而提高获利能力。
规模效益型	通过大规模生产降低产品成本，从而大规模覆盖市场，以规模效益取胜。
生产要素型	通过生产要素市场的垄断购买或竞争购买进行对抗。要素的垄断购买是为了降低成本，制造进入壁垒；要素的竞争购买是为了造成对手的成本抬高。在资金筹措渠道与对手争夺，并且通过良好的资本运营增强企业活力。

续表

竞争类型	常用的竞争方式
管理优化型	通过改善管理模式，优化生产经营，提高企业整体实力。
品牌形象型	以良好的企业形象、信誉与对手相区别，树立品牌，吸引客户，包括以广告等方式进行的形象塑造，通过优质的售前、售中和售后服务吸引买方，进而抢夺市场。

2. 建立符合行业特点的竞争对手分析模型

不同的行业有不同的特点，比如有的行业关注投资回报率，有的行业更关注市场占有率。同时行业所处的阶段不同，关注的焦点也会不一样。所以，企业有必要建立符合自身行业特点的竞争对手分析模型。

3. 加强竞争对手分析的针对性

竞争对手的分析，每一项都应该有其针对性。有的企业在对竞争对手进行分析的时候，往往把所掌握的竞争对手的信息都罗列出来，缺乏解决问题的针对性。因此，这里特别强调对竞争对手分析的主要目的是什么。按照企业战略管理的观点，对竞争对手进行分析是为了找出本企业与竞争对手相比存在的优势和劣势，以及竞争对手给本企业带来的机遇和威胁，从而为企业制定战略提供依据。所有对于竞争对手的分析也要有一个遴选的过程，要善于剔除无用的信息，避免工作的盲目性和无效率性。

专栏 2.6　宝洁公司尿布的问题何在

美国宝洁公司是世界上最大的日用消费品公司之一，全球拥有的雇员近 10 万，在 80 多个国家设有工厂及分公司，所经营的 300 多个品牌的产品畅销 160 多个国家和地区，其中包括洗发、护发、护肤用品、化妆品、婴儿护理产品、妇女卫生用品、医药、食品、饮料、织物、家居护理及个人清洁用品等等。

其中，保洁公司生产的婴儿尿布堪称历史悠久，很多美国人都是屁股上包着宝洁生产的尿布长大的。20 世纪 80 年代，宝洁公司决定把婴儿尿布引出国界，打入香港和德国市场。在一般情况下，公司每进入一个市场都要经过“实地试营销”以发现存在的问题。但这一次宝洁公司认为，不管是香港的婴儿也好，德国的婴儿也好，都是婴儿，都需要尿布，不会有什么问题，因此将在美国销售多年的尿布直接打入香港和德国市场。

然而问题恰恰出来了，保洁公司的尿布在香港和德国市场均出现了滞销的现象。经调查发现，香港的消费者反映，宝洁公司的尿布太厚，而德国的消费者却反映，宝洁公司的尿布太薄！同样的尿布，怎么能一个说太厚一个说太薄呢？

再经过仔细调查发现，尽管香港婴儿和德国婴儿尿量大体相同，但问题不是出在婴儿身上，而是出在婴儿母亲身上。原来香港的母亲把婴儿的舒适度当作头等大事，孩子一尿就换尿布，而宝洁公司的尿布一次可以兜好几泡尿，自然就显得太厚。相反，德国的母亲比较制度化，早上给孩子换一次尿布，到晚上再换一次，这中间孩子要尿好多次，宝洁公司的尿布又兜不了那么多，自然就显得太薄了。

【思考】

该案例给企业战略分析工作带来了什么启示？

【解析】

企业战略分析中,外部环境分析是至关重要的。外部环境分析包括多个方面,未做到详尽的外部环境分析,就难以制定出正确的、可执行性强的战略方案。

此案例反映出,同类商品在不同的国度、不同的市场环境下,可能会存在不同的需求特征。企业是在市场中生存的,不同的市场环境会产生不同的经营效果。因此,在进入一个新市场前,一定要对市场环境做深入的调查研究,根据不同的市场特点采取不同的竞争策略,才能在激烈的商战中立于不败之地。

2.6 案例分析

华为技术有限公司是一家生产销售通信设备的民营通信科技公司,总部位于中国广东省深圳市龙岗区坂田华为基地。其产品主要涉及通信网络中的交换网络、传输网络、无线及有线固定接入网络和数据通信网络及无线终端产品,为世界各地通信运营商及专业网络拥有者提供硬件设备、软件、服务和解决方案。经过30余年的快速发展,华为从初始资本只有21 000元人民币,发展成为年销售规模超过2 880亿元人民币的世界500强公司。如今,其电信网络设备、IT设备和解决方案以及智能终端已应用于全球170多个国家和地区。目前,华为约有19.7万多名员工,华为的产品和解决方案已经服务全球运营商50强中的45家及全球30多亿人口。

华为坚持聚焦战略,对电信基础网络、云数据中心和智能终端等领域持续进行研发投入,以客户需求和前沿技术驱动的创新,使公司始终处于行业前沿,引领行业的发展。其将销售收入的10%以上投入研发,在近17万华为人中,超过45%的员工从事创新、研究与开发。华为在170多个标准组织和开源组织中担任核心职位,华为公司一直致力于企业创新研发,已累计获得专利授权38 825件。2015年,华为成为全球领先的ICT解决方案供应商。2016年8月,全国工商联发布“2016中国民营企业500强”榜单,华为以3 950.09亿元的年营业收入成为500强榜首,同期在“2016中国企业500强”中排名第27位。

2.6.1 华为PEST分析

1. 政治法律环境分析

① 政府政策支撑。华为公司于1987年成立,正巧赶上改革开放的浪潮,因此企业初期发展得到了较大的发展优势,并积极响应“走出去”战略,拓展海外市场。十七大以来,推动科学发展、强调社会和谐成为国家发展的主旋律。中国政府越来越重视发展、扶持民营经济,鼓励大胆创新,提高经济附加值,为移动互联网的发展壮大提供了政策支持。此外,国家发展规划中互联网建设、政府信息化的大力投入、农村教育投入的增加以及全面的医疗信息化升级,成为网络市场需求的主要推动力。

② 电信设备产业加速发展。目前,世界信息经济和互联网产业的迅猛发展,为通信设备制造业提供了难得的发展机遇和巨大的发展空间,使其成为目前发展速度最快的行业之一。同时,国内政治环境稳定,国家大力扶持电信产业的发展,电信终端也得以飞速发展。电信设备产业在政府的支持下经历了数字交换机阶段、GSM阶段、3G和4G阶段,并进入

5G 阶段，实现蛙跳式追赶，为中国企业进入电信市场打开了大门。

③ 法律保护意识。我国已于 2008 年 8 月 1 日起正式施行《中华人民共和国反垄断法》，这表明了我国加大对垄断和不正当竞争等破坏市场竞争行为的监管力度，其必将对企业的市场行为产生重要影响。华为公司对内部法律资源进行了整合，专门成立了一个由华为的所有法律成员组成的法律部，加强了华为的法律意识。另外，华为公司还有其专门的《华为基本法》，这充分体现了在市场经济条件下，华为超强的法律意识，不仅是对华为内部员工，而且涉及华为外部竞争对手之间的争端。此外，华为受国外法律政策的限制和一定的技术壁垒，如 2012 年美国对华为开展了关于其国家通信安全的调查。2019 年美国将华为列入其实体清单，限制美国公司向华为供货，限制华为终端的上游芯片供应商。

2. 经济环境分析

① 经济全球化。全球经济一体化对中国经济的影响越来越大，世界信息经济和互联网产业的迅猛发展，为通信设备制造业提供了难得的发展机遇和巨大的发展空间，使其成为目前发展速度最快的行业之一。经济全球化趋势仍将深入发展，这有利于企业更好地利用国内国外两个市场、两种资源，集中精力加快发展经济。

② 社会主义市场经济体制不断完善。随着改革开放的深入贯彻，社会主义市场经济体制逐步发展完善，政府对其职能也在进行改革。首先，实行政企分开，充分给予企业经营自主权，在市场上营造了一个公平竞争的发展环境。其次，按照精简、统一、效能的原则，对政府机构进行改革。政府简政放权，减少审批环节，给企业发展提供了较大自由，华为在自由竞争的市场体制下加上政府的简政放权条件下，获得巨大的发展优势。

③ 市场需求扩大。目前，我国国民经济发展迅速，居民的可支配收入不断增加，社会购买力不断增强，使得人们对于手机等通信工具的需求也成倍增长。我国的通信业从二十年前制约国民经济发展的瓶颈成长为国民经济先导和支柱性产业之一。目前，我国电话用户、网络规模、互联网用户均位居世界第一。

2007 年，中国互联网用户超过美国，成为世界网民数第一大国，2011 年 12 月达到 5.13 亿，其中手机网民规模为 3.56 亿，均居世界第一位。2010—2014 年，中国互联网上网人数从 4.57 亿人上升至 6.59 亿人，其中手机上网人数达到 5.57 亿人，宽带用户超过 7.8 亿户，成为世界最大的通信技术和互联网市场。2016 年，我国互联网上网人数已达到 7.31 亿人，其中手机上网人数 6.95 亿人，互联网普及率达到 53.2%，其中农村地区互联网普及率达到 33.1%；固定互联网宽带接入用户 29 721 万户，其中固定互联网光纤宽带接入用户 22 766 万户；移动宽带用户 94 075 万户。2020 年，我国全国电话用户总数 177 598 万户，其中移动电话用户 159 407 万户。移动电话普及率为 113.9 部/百人。固定互联网宽带接入用户 48 355 万户，其中固定互联网光纤宽带接入用户 45 414 万户。移动互联网用户接入流量 1 656 亿 GB。互联网上网人数 9.89 亿人，其中手机上网人数 9.86 亿人，互联网普及率为 70.4%，其中农村地区互联网普及率为 55.9%。

中国是拥有 14 亿人口的发展中国家，随着居民生活收入水平的提高和智能手机的开发，人们对于手机的功能需求也倾向于智能化，这为华为智能机的发展奠定了一个良好基础。

3. 社会文化环境分析

① 生活消费必需品。随着人们用于娱乐消费的可支配收入比重不断提高，电子通信产

品和旅游消费在人们生活中所占的比重也在不断提高。同时,国内教育事业快速发展,文盲比例逐年下降,随着我国互联网技术的进步和电子商务的飞速发展,智能手机日渐成为人们生活中必不可少的工具,人们对智能手机的使用越来越普及,越来越多追求个性的90后迅速成为手机市场主导,手机消费群体持续扩大,人们追求更加时尚、简约实用、性价比高的手机。

② 社会价值取向。国内教育事业发展快速,国民受教育程度普遍上升,文盲比例逐年下降,对智能手机性能的要求也越来越高。人们的购买越来越理性化,越来越注重其环保、高效,喜欢性价比高的产品,重视品牌和产品质量已成为人们的消费理念,人们对售后服务的要求越来越高。华为的中低端产品市场广阔,以家庭为单位的消费品需求数量增加。

4. 技术环境分析

随着科学技术的发展,信息技术使信息传递更快、更便捷,促进了全球经济协调机制的形成。世界经济总量的增长,大多是由科技进步推动的。随着商业竞争的加剧,企业产品创新速度的快慢和科技含量的大小决定了企业的盛衰成败。科学、技术、生产之间以及各门科学和各项技术之间的关系更加紧密,科技成果转化为生产力的速度空前加快,极大地提高了劳动生产率,促进了世界经济的发展。20世纪70年代初,在西方发达国家,科技进步对经济增长的贡献为50%,而现在已经达到了80%。

狭义的通信技术发展与18世纪以来的电磁通信技术发展是同步的、互相促进的。从架空明线、同轴电缆到光导纤维,从步进制、纵横制到数字程控交换机,从固定电话、卫星通信到移动电话,信息通信技术的每一次重大进步,都给电信业的发展注入了新的活力。特别是信息技术革命以来,微电子技术、计算机技术、光纤技术、因特网等相关技术的快速发展,极大地增强了电信网的综合通信能力,推动了社会通信服务水平的提高。

以世界上第一台电子计算机"埃尼阿克(ENIAC)"诞生为标志,信息技术革命拉开序幕。从20世纪中叶开始,信息技术不断取得革命性的进步,大批重大科技成果转化为商用,极大地推动了社会生产力的发展,电信业也在信息技术革命的浪潮中不断发展。在基础技术领域,电子技术、微电子技术突飞猛进。1947年晶体管被发明,1958年诞生了世界上第一块半导体集成电路。晶体管和集成电路的发明,为电子设备的进一步小型化、轻量化和节能化打下了坚实的基础。随着集成电路的加速发展,芯片的运算能力及性能价格比呈几何级数增加,功能也日益强大,从而带动计算机技术达到了前所未有的水平。卫星通信技术高速发展也是一个重要方面。1965年,第一颗地球同步通信卫星发射成功,全球数亿人同时观看一场奥运会比赛从此成为可能,开辟了卫星通信的新纪元。此后,卫星通信的技术手段迅速提高,成为现代通信的重要手段之一。程控交换机的出现是电话交换技术的一个重大突破。与传统机电式交换机相比,程控交换机的工作效率提高了上万倍,而体积一般只有机电式交换机的十分之一,20世纪80年代以来,程控交换机已成为世界各国电信网中交换设备的主要产品。

通信业是最古老的产业之一,曾经长期相对稳定。在新技术革命的推动下,在全球网络化发展和信息高速公路建设浪潮推动下,通信业得到飞速发展,高新技术层出不穷,竞争也空前激烈。美国英特尔公司副总裁摩尔提出了一个描述集成电路发展速度的所谓"摩尔定律",即集成电路芯片的集成度每12～18个月就翻一番,这一趋势至今仍在延续。集成电路的广泛应用，为通信设备的微型化、智能化、自动化和数字化打下了坚实的基础。目前，通信技术正在向着融合、宽带、高速的方向发展。

目前，代表性的通信技术主要有：

① 光纤通信。光纤通信就是利用光波作为载波，以光纤作为媒介传播信息的通信方式，其特点是传输量大、速度快、损耗低、体积小、重量轻以及抗干扰、抗辐射性强。“信息高速公路”实际上就是建设高速传播的光纤网络，即光纤通信技术的运用和发展。数字通信在微波时代早已有之，但过去长期流行的是 PDH 系统即准同步系列。自 20 世纪 70 年代末光纤数字通信技术进入电话网以后，1985 年美国贝尔实验室首先提出同步光纤的构想即 SONET，光缆被引入电信网络的各条中继线，光纤迅速取代了铜线。从 20 世纪 70 年代末到 21 世纪初，光纤通信的通信容量已提高了数百倍，最高比特率由 500 Mb/s 提高到了 10 Gb/s。

② 数据通信。从 20 世纪 50 年代开始，随着计算机远程信息处理应用的发展，数据通信应运而生。所谓数据通信，是按照一定通信协议利用通信传输技术在两个功能单元之间传递数据信息。数据通信与电话通信的最大区别在于数据通信是计算机和计算机之间的通信。早期的数据通信是在模拟网环境中进行的，所以它只能以直达线路方式向用户提供异步低速永久性连接电路的数据通信业务。20 世纪 70 年代末，随着大规模集成电路技术、计算机软件技术的迅速发展，数据通信设备的智能化程度大大提高，同时光纤传输技术的应用普及也为提供高速率、高质量的传输环境提供了可靠的保证。电视、视频点播、电子数据交换、可视图文、智能用户电话等业务日见普及，而这些业务都与数据通信有密切的联系。

③ 移动通信。移动通信泛指移动用户与固定用户之间或移动用户相互间的通信，如采用寻呼机和移动电话通信，广义上则包括一切无线电通信、个人通信及卫星移动通信。移动通信业务是全球通信发展最快的一个门类。20 世纪 90 年代初，欧美等国和日本指定了数字蜂窝标准，着手实行移动通信由模拟向数字过渡，世界上出现了研究个人通信网（PCN）的浪潮，无线革命已经展开。个人通信或者说通信个人化是人们早就梦想实现的一种理想通信方式，最终实现 3 个 W，即任何人（Whoever）、在任何地方（Wherever）、在任何时间（Whenever）都能进行通信。

④ 智能网（IN）技术。智能网是计算机与通信相结合的产物。它是将网络的业务功能、网络管理功能和信令转换功能独立出来，与交换部分和传输部分分离。智能网技术是各国通信业致力发展的热点技术之一，20 世纪 90 年代以来它已成为世界电信网的发展趋势。近年来，全球的智能网业务得到异常迅速的发展。推动智能网发展的因素主要有：第一，电信市场的竞争日益激烈，网络运营者需要更快地推出新业务和提高性能，减少提供新业务对交换设备生产厂家的依赖，更加经济有效地利用网络；第二，新型技术的飞速发展，特别是计算机技术在通信中的应用使智能网的结构得以实现。智能网的最大优势就是新业务能力，依靠计算机和数据库中的应用软件，就可以开发新业务，增加新功能，而不必大量更换硬件设备。这正顺应了当前技术变化快，通信企业难以随时更换设备的需要。

从全球通信技术发展趋势来看，各类通信方式形成了相互渗透、相对竞争的态势，同时，随着信息技术的不断迅猛发展，数据化、宽带化、光纤化和无线化已经成为通信网络技术的主流发展趋势。

① 信息化。信息化的趋势保证“华为”的发展具有广阔的市场前景。随着社会经济发展,信息化已经渗透到社会生活的各个角落。电信设备行业通过提供迅速、快捷的通信工具,成为经济和社会信息化的重要推动力量。高效而经济地获取并使用信息成为几乎所有行业的重要竞争优势来源。作为移动设备供应商的“华为”顺势而为,获得了广阔市场前景,这一前景还在不断扩大。

② 技术成熟。随着科技进步,液晶电容和电阻屏屏幕制造相关技术逐渐成熟,带来了可视角度和显示像素的视觉体验极佳的手机屏幕,使得手机支持众多的游戏和应用,给消费者带来了很多乐趣与方便。华为全面启动 5G 技术研发,首次建成了一个全世界超大规模的室外 5G 网络实验场。

华为 EFE 矩阵分析见表 2-12。

表 2-12 华为 EFE 矩阵分析

关键外部因素		权重	评分	加权分数
机会	1. 国家政府的政策支持,积极开拓海外市场,获得了政府出口信贷资金的支持	0.04	4	0.16
	2. 中国加入 WTO 后进出口的限制越来越少	0.04	3	0.12
	3. 低成本路线(成本领先战略)	0.07	3	0.21
	4. 立足中国用户(本土化的服务)	0.07	4	0.28
	5. 通信业的快速发展,市场容量增长,消费品需求量增加	0.04	2	0.08
	6. 居民的可支配收入水平持续稳定并以较高速度增长	0.03	2	0.06
	7. 自主研发了全球尖端核心技术	0.15	4	0.60
	8. 全面启动 5G 技术研发	0.10	4	0.40
威胁	1. 各国为促进本国经济发展采取各种严格的保护措施(华为受美国市场国家安全干扰)	0.10	2	0.20
	2. 科学技术企业竞争很激烈	0.05	3	0.15
	3. 自主研发技术成本非常高,市场竞争优势技术投资的风险大	0.04	2	0.08
	4. 高端智能手机,被苹果和三星电子两家所垄断	0.09	2	0.18
	5. 全球电信为利用中国低成本的工程和制造能力,正把更多业务活动转移到中国	0.03	2	0.06
	6. 消费者购买产品越来越理性化,对产品的要求越来越高	0.04	2	0.08
	7. 世界技术发展速度非常快,产品价格不断走低,产品生命周期变短	0.04	3	0.12
	8. 品牌形象树立不足,顾客忠诚度不够	0.07	2	0.14
总分		1.00	/	2.92

华为 EFE 矩阵的总平均分为 2.92 分,高于平均分 2.5 分,说明华为能够对外部的机会和威胁做出反应,可以通过适当的方式去利用有利的机会和避开不利的威胁。

2.6.2 华为五力模型分析

1. 行业现有竞争者分析

智能手机市场发展迅猛，旗舰机不断出现，智能手机更新速度非常快，各手机厂商都试图降低手机产品成本、提升服务质量，并争取扩大与其他品牌的差别。在智能手机行业，三星、苹果、华为等手机厂商之间的竞争异常激烈，大多数品牌在手机产品差异化方面都有所侧重，不断完善手机产品质量、功能，购买者具有相当的品牌支持度。而且智能手机一般价格偏高，用户转换成本高。

手机行业现有竞争者分析见表 2-13。

表 2-13 手机行业现有竞争者分析

高端市场竞争对手	苹果 三星	二者依然占据大半江山。 苹果公司从未涉及低端。 尽管三星 Note7 出现爆炸召回丑闻，但实力依然不可小觑。 总体来说和华为大部分目标客户并不重合，华为一直在试图提升自己的品牌形象，跃向高端市场。
中低端市场竞争对手	“中华酷联”	中兴、华为、酷派、联想四家的手机产品、目标客户和业务模式高度一致，存在着激烈的竞争。
	小米 OPPO VIVO 格力 ……	智能手机市场十分广阔、潜力巨大、十分诱人。 电讯行业总体生产规模和能力大幅提高，改变了供求原有状态，使原有的竞争压力加大。

就竞争对手小米手机而言，小米手机的市场定位是“为发烧而生”和市场价格定位。

① “为发烧而生”。小米手机是小米公司研发的一款高性能手机，主要针对手机发烧友，采用线上销售模式。它在年龄层次上更适合年轻消费者购买和认同，在性别上男女都适合。因为它的系统是开放的，方便手机发烧友刷系统，而发烧友往往是一群年轻的群体。小米官网会定期推出新系统，方便用户刷系统。

② 市场价格定位。当前手机行业中，苹果、三星手机相对价格过高，而小米手机的横空出世打破了这一格局，以不满 2 000 元人民币的低价格，让收入较低的消费者群体都能接受。在手机销售过程中，销售渠道占据了大量的销售成本。想大幅度降低成本，减少销售渠道是最好的办法。小米采用线上销售模式，这一点无疑让消费者买到小米手机的价格比其他手机要便宜不止一半。2017 年后，小米升级商业模式，把纯线上销售模式升级到线上下融合的“新零售”模式。

华为对于竞争对手小米的反应如何？

第一，针对小米的客户群体的单一性，华为凭借强大的渠道销售，多年的积累及优于小米的议价能力，拓宽整体覆盖面，高中低档的手机均有在售。

第二，针对小米强大的电商模式，华为也做了自己的电商，渠道营销仍然是它的主要销售方式，渠道营销涉及面更广。

第三，针对小米的用户忠诚度，华为加强宣传力度，合理利用网络媒体的力量，提升企业的品牌知名度。

2012 年起，智能折叠屏手机开始问世。手机行业掀起智能折叠屏手机的技术革新。① 2012 年，京瓷发布 KS8000，该手机采用两块独立的 TFTLCD 屏幕，每一块的分辨率都是 800×480，可以在单屏模式、平板模式、多任务模式之间切换。② 2017 年 10 月，中兴发布了中兴 Axon M 折叠双屏幕智能手机，屏幕是由两块屏幕拼接而成的，因此在展开状态下的屏幕画面完整性方面稍显不足。③ 2018 年 10 月，柔宇科技发布了全球首款真正的折叠屏手机 FlexPai，可在 0°到 180°区间内任意角度弯折，可承受 20 万次自由弯曲、折叠、卷曲，外加采用了多轴联动精密铰链的外折式屏幕设计，确保手机屏幕弯折的稳定性、可靠性。④ 2019 年，三星、华为等企业陆续布局折叠屏手机市场，推出折叠屏手机，拉开折叠屏手机时代的序幕。三星发布 Galaxy Fold，华为发布 Mate X。⑤ 2020 年，华为发布 Mate Xs，三星发布 Galaxy Z Flip、W21 等一系列手机。从 DSCC 前瞻产业研究院的调研结果来看，2020 年三星智能折叠屏手机占据了 88%的折叠屏手机市场份额，成为智能折叠屏手机企业的"领头羊"。

2. 潜在进入者分析

① 客串做硬件的互联网企业：如谷歌、百度、360 等都曾推出过自己的定制智能手机，但由于种种原因都不是很成功。

② 国内中低端手机市场：中兴、华为、酷派、联想，"中华酷联"四大巨头。

③ 颠覆原有模式的手机厂商：如小米、OPPO、VIVO 等，它们运用吸引眼球的营销策略，对于特定的消费者具有一定的吸引力。

面对潜在进入者的挑战和威胁，华为如何应战？

第一，就电信产品市场而言，华为公司进入该市场较早，因此建立了较强的市场知名度，提高了顾客对华为品牌的忠诚度。

第二，电信产品市场需要大量的投资和成熟的分销渠道，华为在这两方面也取得了一定的优势。

第三，华为经过多年的大力发展，企业规模不断壮大，可以通过规模经济或多元化经营，使企业的生产成本得以分摊，取得规模经济效应。

第四，华为在"经验曲线"的基础上建立了成功的战略：生产经验的不断积累，使得"经验曲线"让华为降低成本，提高利润。相对竞争者而言，华为取得了一定的竞争优势。

3. 替代品分析

随着智能手机行业的迅猛发展，华为手机的替代品也在不断地发展。华为存在的替代威胁是一些可以改善现有产品品质和具有较高性价比的产品，特别是该替代品是由盈利很高的产业生产，将更具有竞争力。

华为手机作为国产手机，相对来说，小米、魅族等品牌手机可以当作其替代品，就与其竞争不断的小米手机来说，华为手机的替代威胁也是较大的。此外，还包括具有通信模块的平板电脑以及智能模式可穿戴设备。因此，华为应该加大产品研发力度，提高产品技术含量，使产品更具竞争性。

4. 供应商的议价能力

智能手机的供应商可以理解为包括手机的代工商、设计公司和操作系统厂商、芯片和处理器供应商、手机行业外壳、按键电声产品供应商等。供应商对华为而言具有很强的价格谈判能力。

① 提供通信设备部件的供应商：如核心部件芯片、触摸屏和 LCD 等供应商所在行业都是典型的寡头垄断市场，核心技术掌握在外资公司手中。

② 劳动力的供应：劳动力作为一种特殊供应商对企业盈利和成本控制也具有举足轻重的作用。事实表明，高技术人才、管理人才和营销人才是企业发展过程中短缺的几类人才。

5. 购买者的议价能力

华为手机的直接购买者大致分为两类：电信运营商和单个消费者，主要客户依然是电信运营商。

① 电信运营商：不是最终的消费者，但会通过话费补贴等营销方式将手机推送给其客户。电信运营商市场是典型的寡头垄断市场，其订货量巨大，具有极强的议价能力。因此运营商在与华为的业务中显然处于强势地位，经常在价格、付款方式及其货期等方面施加压力。

② 单个消费者：虽然华为树立了较好的品牌形象，但大多数消费者认为华为仍然是中低端的品牌。很多消费者购买华为产品的原因是价格适中。而消费者可供选择的其他品牌还很多。

此外，华为在进行产品研发设计、产品宣传、营销策划时都必须慎重考虑与顾客有关的各类因素。顾客对手机的期望，不仅仅局限在基本功能，而是更加注重视频等个人信息存储管理、应用程序以及基于无线数据通信等功能。

【本章小结】

确定企业的发展战略，首先要对企业的外部环境进行扫描分析。任何企业都是在一定的环境下生存和发展的，环境的变化给企业的生存和发展或带来了机遇，或带来了威胁。因此，企业战略管理的基础是要对企业宏观环境、产业环境和竞争对手进行分析。

企业宏观环境是指对企业的生存和发展具有战略性影响的环境因素。企业宏观环境要素包括政治法律环境、经济环境、社会文化环境、技术环境等，对以上环境要素的分析方法简称“PEST”分析法。

产业环境属于企业外部环境的中观环境，产业环境分析的内容是分析本行业中企业竞争格局以及本行业和其他行业的关系。行业的结构及其竞争性决定了行业的竞争态势和企业可能的战略。产业环境分析经典的工具是波特的“五力模型”，即对潜在进入者、替代品、供应方、购买方及竞争对手进行分析，简称“五力模型”分析法。

竞争对手是企业经营最直接的影响因素，所以要从具体企业的角度，对竞争对手的市场状况、财务状况、产能状况、创新能力和企业领导者等相关内容进行分析。

【思考题】

1. 外部环境分析可以分为哪几个层面？

2. 产业的5种竞争力量是如何影响产业吸引力的?

3. 运用波特的五力模型分析某一具体产业的竞争结构和格局。

4. 运用战略群组分析国内手机业的竞争格局。

5. 调查了解某一企业及其主要竞争对手,运用波特的竞争对手分析模型进行分析,并借助CPM进行总体评价。

6. 运用EFE矩阵对某一企业的外部环境进行评价分析。

【拓展阅读】

◇ 阅读推荐

(韩)W·钱·金,(美)勒妮·莫博涅. 蓝海战略:超越产业竞争开创全新市场[M]. 吉宓,译. 北京:商务印书馆,2005.

◇ 推荐理由

蓝海战略是开创无人争抢的市场空间,超越竞争的思想范围,开创新的市场需求,经由价值创新来获得新的空间。而红海战略是指在现有的市场空间中形成价格竞争,他们是在争取效率,然而增加了销售成本或是减少了利润。阅读材料先后获得了"《华尔街日报》畅销书"、"全美畅销书"和"全球畅销书"等称号,已经被译成了24种语言,打破了版权出售记录。阅读材料将给你来带全新的战略管理思维,告诉你企业如何超越竞争,启动和保持获利性增长。

【实践项目】

调查你所在地的一家特定企业,及时收集和准确把握企业的外部环境信息,如国家经济发展战略、国民经济和社会发展的长远规划和年度计划,产业发展和调整政策、国家科技发展政策,宏观调控政策,顾客、竞争对手、供应厂家以及潜在的竞争者的情况等,并撰写调查分析报告。

1. 针对特定企业,应用PEST分析工具,从政治法律环境、经济环境、社会文化环境、技术环境等方面,撰写一份特定企业的宏观环境分析报告。

2. 针对特定企业,应用波特五力模型分析工具,从供应商、购买者、现有竞争者、潜在进入者、替代品等方面,撰写一份特定企业的产业环境分析报告。

3. 列出特定企业当前面临的外部机会和威胁,应用外部因素评价矩阵,对特定企业的外部机会和威胁两方面的因素进行评价。

4. 列出特定企业和竞争对手的关键成功因素,应用竞争态势评价矩阵,对特定企业和竞争对手的关键成功因素进行评价。

3 企业内部环境分析

【学习要求与目标】

1. 掌握企业资源类型。
2. 重点掌握企业价值链分析的基本原理。
3. 理解企业核心能力的概念和特征、企业核心能力的成因。
4. 重点掌握企业内部环境因素及分析工具。
5. 重点掌握SWOT分析方法、波士顿矩阵分析法。

《孙子兵法》云:"知彼知己者,百战不殆;不知彼而知己,一胜一负;不知彼,不知己,每战必殆。"企业战略分析中,外部环境分析属于"知彼",企业对自己内部条件的分析属于"知己"。企业内部环境分析涉及的影响因素较多,除了要考虑战略层面的问题,也要考虑经验层面、战术层面的问题。为了准确确定企业当前面临的战略问题,企业战略决策者必须对企业进行系统而全面的深入分析,时刻考虑企业的优势和劣势。

【先导案例】

青岛海尔集团"OEC管理"①

一、青岛海尔集团"OEC管理"破译

1995年3月15日。一位文质彬彬的中年男子从容不迫地走上中央党校的讲台,就企业管理发表精彩演说。在座的60位学员身份非同小可,他们都是"国有企业改革"专题研究班的省部级头头脑脑。这位身上散发着儒雅气息的中年男子身份也很特别。他并非党校教师,而是一名企业家——青岛海尔集团总裁张瑞敏。

台上旁征博引、滔滔不绝;台下兴趣盎然,意犹未尽。精彩的演讲把一个陌生的词汇——"OEC管理"变成了大家津津乐道的话题。

来到青岛我们发现,11年前,海尔还只是一个濒于倒闭、亏损达147万元的集体小厂,11年后的今天,海尔已成为在国内外市场上有相当知名度的大型企业集团。1994年实现销售收入25亿元,利润达2亿元。发生这一奇迹的奥妙是什么?海尔人自豪地说:OEC科学的管理体系是推动企业振兴的有力武器。

那么这个为海尔引以为骄傲和自豪的OEC又是怎么样的一种管理方式呢?

走进海尔生产车间,随处可见一块60 cm见方的图案。红线白芯正中印着一对特

---

① 资料来源:根据侍强等的"青岛海尔集团'OEC管理'破译"(《工人日报》,1995年)改编。

别引人注目的大脚印。陪同采访的工会副主席王培华告诉记者:这就是海尔现场管理非常有名的“6S 大脚印”。站在绿色大脚印上,迎面映入眼帘的是高悬着的大牌子,上面赫然写着“整理、整顿、清扫、清洁、素养、安全”12 个大字。据介绍,由于这 6 个词语外文都是以 S 开头,因此简称“6S”。“6S 脚印”构成海尔 OEC 管理不可或缺的环节。每天上班前,班长总要站在此处讲评昨日“6S”工作和当日要求,并将昨日“6S”较差员工请到脚印上检讨自己的工作,以求当日改进。每日下班后,班长都要站在绿色大脚印上,总结当日“6S”及其他工作指标完成情况。“6S 大脚印”在此就具有了特别意义,它通过规定的形式使上下岗职工进行自我审视、自我提示。从而把管理由“强制”引向了“自主”。

“绿色工位认证”是海尔现场管理的另一大特色。在车间里,每个班组的工序都挂着另一块赫然醒目的牌子,上写着班组每个员工的名字,名字底下分别贴着一些绿色或黄色的圆标签,这是海尔实行“绿色工位认证”的动态显示,绿色说明该工位处于正常状态。黄色说明该工位工作有偏差,需要尽快纠偏。“绿色工位认证”不仅起到激励作用,还使车间主任和职能管理人员对各工位工作状态一目了然。现在,这块标牌已成了车间和班组管理的“路标”。

现代企业经营的实施最终将落实于基层和现场,因此现场便成了企业一切活动的落脚点。然而,如何将全公司的总目标分解落实到具体的现场中,这就不只是一种理念,更是一门艺术。

海尔的车间里有个明显特点:标语口号少,各种牌牌单子多。记者采访中时常不经意地在电梯、窗玻璃、消防器及每台设备上看到张贴着的牌牌。上面清晰地写着事情的编号、责任人的编号和检查人的编号。《海尔报》总编苏芳雯女士介绍说:这是 OEC 管理三个基本框架之一的目标计划系统在生产现场的具体体现。在海尔大到一台设备,小到一块玻璃,都明确规定主管人、责任者、审核者。每个车间都设有“车间日清栏”,每天的质量、劳动纪律、工艺、文明生产、设备物耗的情况在栏内一览无遗。

据悉,日本一家著名公司的代表来大陆寻找合作伙伴,遍访了很多企业,均感犹豫不决。最终来到了海尔。参观时趁人不备,摸了一下背人处的模具,竟然一尘不染。正是这一摸,促使他最后下了决心,与海尔签订了合作合同。

让我们还是回到最初的问题。OEC 是什么? 不是概念,不是本本,是活生生人的活动。它既是解读海尔经营活动这本天书的密码,也是打开现代化管理大门的钥匙。

现场和人的活动是生动和形象的,而支撑这一生动有序局面的是一整套科学严密的管理体系。这种管理体系用海尔人自己的话说叫“日清日高管理法”,或者称为“OEC”,而外界干脆称之为“海尔模式”。

“OEC”是“Overall Every Control and Clear”这几个英文字母的缩写,其含义为全方位地对每天每人、每件事进行清理、控制,做到“日事日毕、日清日高”。用张瑞敏的话说,就是“企业每天所有的事都有人管,做到总账不漏项,事事有人管,人人都管事,管事凭效果,管人凭考核”。

对于企业的行为,海尔人是这样理解的:企业在市场经济中所处的位置就如同斜坡上的一个球体，其远大的目标是要创出国际名牌，要想巩固自己所处的位置不下滑，就要有充分的止动力。而止动力就要靠严格的管理来保证，否则有了好的机制，有了好的设备同样会滑下来。正是基于这样的认识，11 年来海尔人一直为寻求止动力苦苦探索。

1989 年 10 月底，在按惯例进行月度指标考核时，公司发现吸附车间当月物耗大且废品率高。在追究责任的过程中，唯一的操作工摆出了诸如水温、水压不正常及材料不好等种种理由，由于对每一天的运作状况没有记录凭据，因而，不仅找不到责任人，而且所涉及的人个个理直气壮。待到下一个月底考核时，浪费继续严重，情形依然如故。

在严峻的现实面前，张瑞敏提出不要到月底“算总账”，而要在每天下班前，由企管办带领各部门负责人都来到该车间，大家一起搞现场清理。三个月后，各项物耗指标明显降了下来，产品质量也大大提高了，而作为 OEC 雏形的“全方位优化”管理思想也从现场管理中产生了。1990 年上半年，这种管理方式在全厂各车间推广，到 1992 年初，“日清”已从管理思想变为操作体系。

在海尔采访的几天中，我们听到最频繁的一个词是“日清”，无论是介绍情况的科室管理人员，还是接受采访的工人，都把“日清”挂在嘴上。在车间，我们见到每个工人都拥有一份名叫“三 E”的卡。“三 E”即每人、每天、每个要素三个英文单词的缩写，此卡是将每个员工每天工作的产量、质量、物耗、工艺操作、安全、文明生产及劳动纪律七个要素，通过换算价值化，使工人每天的工作报酬做到了日清。令我们感兴趣的是，此卡由职工自己计算日薪，自己填写，班长每日检查确认。这样，每个人每天的工作有了一个明确的结果，月底发工资时，以往那种因考核随意性引发的不满情绪不见了。

海尔 11 年发展过程，可以说每前进一步都与其管理水平的提高分不开。海尔对以前的管理方式进行总结后得出这样一个结论：仅仅对事后结果进行奖罚与纠偏无法保证企业在生存竞争中处于永远向上的优势，必须使企业的每位员工都对每天的工作目标、绩效及出现的问题和原因、责任十分清楚，企业则以自我纠偏为主、监督考核为辅来实施控制目标的实现和发展。“日清”制度的产生就源于海尔人这样的管理理念。深刻的理念似乎难以理解，而将其指导实践却是形象而又生动的。

在车间，记者发现人手一册的除“三 E”卡外，还有《质量价值责任券手册》。这是海尔把以往生产过程中出现过的所有问题，整理分析后汇编而成的。它针对每一个缺陷，明确规定了自检、互检、专检三个环节所应负的责任价值，质检员检查发现缺陷后，当场撕价值券，由责任人签收，对操作工互检发现的缺陷，经质检员确认后，当场予以奖励，同时对漏检操作工和质检员进行罚款，价值券上详细记录该缺陷操作工工号和漏检质检员检验章。通过实行价值券，上下工序建立起了严格的质量监督机制，每到午餐时间，每个人都要到下一道工序去看看，是否有自己干的活不合格，因为他们心中想的是“下道工序就是用户”。

海尔的管理是严格的，而这种严格约束对每一个人来讲都是平等的。管理人员与普通员工一样，既是管理的主体，又是管理的客体，不按时保质完成计划目标同样会受到处罚。在海尔，我们发现任何一件事情，任何一样物品，都处于有序的管理控制状态。企业内的所有人员，上至总裁，下到每一个员工都十分清楚自己每天应该干什么，干多少，按什么目标干，要获得什么样的结果。哪怕是唯一的一个修剪花草的花匠，其工作的每一个环节都要“日清”，都不允许当日的事当日不完成的现象发生。从上到下，从生产到管理，尽管工作性质不同，控制的方式不一，但每一个环节都让人感到“日清”管理透着新鲜和活力。

职工的积极性是企业活力的源泉，要充分发挥职工的积极性、主动性和创造性，离不开对职工真诚的理解、尊重和爱护。采访中的所见所闻，使我们深深感到“职工是企业的主人”在海尔不光是一句口号。

关于职工，张瑞敏是这样理解的：“人人是人才。”他说：“作为一个领导者，你可以不知道下属的短处，但不能不知道他的长处，要用人之长，并给他们创造发挥才能的条件，即所谓你能翻多大的跟斗，我就给你搭多大的舞台。”工人们说：能被理解、被尊重、被需要的感觉能产生一种神奇力量，它能激发我们释放出自己的潜能。这样上下两者结合，怎能不增强职工的参与意识而形成合力？在海尔我们发现，这种理解和尊重有一套完整的激励机制来保障。以工人名字命名工人的发明创造和技术革新，这是海尔对职工主人翁地位及职工在企业的重大作用的确认和尊重，工人们说，这种尊重是奖金代替不了的。

在海尔，几乎听不到职工对大环境的抱怨，人们看到的和听到的，多是他们乐观和主动进取的姿态。我们把这样的工作环境概括为“有条不紊，波澜不惊”，而海尔人称之为“氛围”。在海尔，我们看到了中国的现代企业管理，也看到了民族工业的曙光。

二、斜坡球体论——海尔的管理理念

张瑞敏“吾日三省吾身”，悟出了企业好比斜坡上的圆球，由于处在市场竞争的环境下，企业环境、企业职工内部的影响形成的制约力有使企业球体向下滚动的本性。企业球体向上移动，需要两个力，支撑力保证它不向下滑；企业的基础工业，好比是拉动力，使企业慢慢地向上移动，这好比是企业的创新能力，这两个力缺一不可。

斜坡球体定律，被海尔企业的管理者们称为“海尔发展定律”，它也是企业发展的一般规律。“斜坡球体定律”的公式是：$A=(F_{动}-F_{阻})/M$，即企业发展的加速度，与企业发展动力之和与阻力之和的差值成正比，与企业的规模成反比，其中 A 代表企业发展的加速度，$F_{动}$ 代表企业发展的动力之和。$F_{动1}$、$F_{动2}$、$F_{动3}$是海尔企业发展的三个动力要素。这三个要素分别是：$F_{动1}$＝基础管理的止退力；$F_{动2}$＝优质产品、优质服务、科技发展的提升力；$F_{动3}$＝创国际名牌市场占有率扩大的推动力。$F_{阻力}$代表影响企业发展的阻力之和（$F_{阻1}+F_{阻2}$），$F_{阻1}$、$F_{阻2}$是海尔企业发展的阻力两要素。$F_{阻1}$＝来自企业内部的自身惰性下滑力；$F_{阻力2}$＝来自企业外部竞争对手的压力。M 代表企业的品质，品质＝规模。日事日毕日清日结，日结日高是从素有日本“家电王国”之称的松下电器日事日毕日清日结的经营管理中吸取的营养，从而解决基础管理的问题，使 $F_{动1}>F_{阻1}$；日清日高解决速度的问题，使 $F_{动2}+F_{动3}>F_{阻2}$。影响企业发展的三种力量含义分别是：

1. 拉动力

是促进企业成长的力量，包括创新能力和开发能力的增强，技术的提高，人才的涌现，工人素质的提高，管理能力的增强，职工收入的提高，销售收入的提高，利润成倍地增加，市场占有率的扩大，市场销路的扩大，顾客满意的程度和企业知名度的提高等。这中间最关键的三个：一是基础管理的止退力；二是优质服务，科技发展的提升力；三是创新能力，而创新是企业不断进步的动力。

2. 制约力

是限制和阻碍企业发展的力量，包括市场竞争者过多，老员工自满情绪的滋长，惰性的增加，设备老化，知识落伍，创新精神减弱，管理结构复杂，对市场变化反应迟钝。基础管理减弱，工人素质下降，工人离厂率增高，企业领导威信降低——这些因素会促使企业缓慢地死亡。以上所说，主要还是职工惰性和自满情绪增长，尤其是在企业规模的增大并有一定成功后，企业的敌人是自己，最大的敌人是传统的思维。

3. 支撑力

是支援企业正常运行的力量和防止企业下滑的力量。一些基础性的管理必须要科学化、规范化、制度化、标准化，企业的运行便可走向正轨。多年的经验使海尔企业总结出OEC管理的核心。

日清控制体系也就是斜坡上球体的支撑力，OEC深层含义有三：(1)管理是企业的主要条件，没有管理，企业就会下坡，走向死亡，更不会成功。(2)管理要常抓，坚持不懈。管理工作是一项非常艰苦而又细致的工作，只有深入细致地反复抓，抓反复，才能不滑坡，上档次。(3)管理是动态，没有止境，企业向前发展壮大，需要企业根据自己内部的情况，建立目标，进行调整；根据内外部条件不断的变化进行调整，优化组合，而不能形成条文，一成不变。海尔的口号是"练为战，不为看，一切服从于效果"。

【分析题】

海尔经过几十年的发展已经形成独特的文化和自己的核心能力，请用战略环境分析方法搭建分析框架，对海尔成功的内部环境因素进行分析。

【分析思路提示】

任何一个企业的发展离不开正确的战略方向的选择、制定和实施，企业在不断的发展过程中也在不断地积累资源和能力，这些资源和能力又成为企业继续发展的动力。分析者可将功能分析法、价值链分析法与核心资源与能力分析法相结合，总结出海尔的IFE矩阵。

3.1 企业资源分析

3.1.1 企业资源的概念

企业资源是指企业在向社会提供产品或服务的过程中所拥有、控制或可以利用的、能够帮助实现企业经营目标的各种生产要素的集合。

企业资源的界定可以分为广义和狭义两类。广义的界定把能力也纳入资源的范畴，这里的能力是指资源组合的能力，包括管理、创新、风险承担以及应用分析等方面。狭义的界定是把资源和能力分开。基于狭义的范畴，把资源定义为：企业资源是指企业可以全部或者部分利用的、能为企业创造价值的一切生产要素的集合。

企业资源分析是从企业全局来把握企业资源在数量、质量、结构、分配和组合等方面的情况，它形成企业的经营结构，也是企业综合实力的物质基础。企业资源的现状和变化趋势是制定总体战略和进行经营领域选择最基本的依据。

3.1.2 企业资源分类

企业资源主要分为三类：

(1) 按是否容易辨识和评估来划分，可分为有形资源和无形资源。有形资源是指能够看得见的并且可以量化的资产。有形资源容易被识别，而且也容易算出其价值，如机器、设备、房屋、资产等。主要包括财务资源、实体资源、人力资源、组织资源等。无形资源是指组织成长过程中积累的、不能被竞争对手了解和模仿的资产。主要包括：技术资源、商誉等。见表 3-1。

表 3-1 企业有形资源和无形资源

<table>
<tr><th colspan="2">资源</th><th>主要的评估内容</th></tr>
<tr><td rowspan="4">有形资源</td><td>财务资源</td><td>资产负债率、资金周转率、可支配现金总量、信用等级</td></tr>
<tr><td>实体资源</td><td>固定资产现值、设备寿命、先进程度、企业规模、固定资产多用途</td></tr>
<tr><td>人力资源</td><td>员工知识结构、受教育水平、平均技术等级、专业资格、培训情况、工资水平、与产业平均水平比较</td></tr>
<tr><td>组织资源</td><td>企业的组织结构以及正式的计划、控制、协调机制</td></tr>
<tr><td rowspan="2">无形资源</td><td>技术资源</td><td>专利数量和重要性、从独占性自身产权所得收益，全体员工中研究开发人才的比重、创新能力</td></tr>
<tr><td>商誉</td><td>品牌知名度，品牌重构率，企业形象，产品认同度，供应商，分销商认同的有效率，支持性双赢关系</td></tr>
</table>

相对于有形资源，企业的成功更多地取决于知识产权、商誉、创新能力等无形资源。无形资源更具潜力。由于无形资源更难被竞争对手了解、购买、模仿或替代，企业更愿意将其作为企业能力和核心竞争力的基础。因此，无形资源越来越成为企业竞争不可或缺的战略性资源。

(2) 按维持竞争优势可持续性的不同来划分，可分为长周期资源、标准周期资源、短周期资源。其中，长周期资源（可持续化高，难以模仿）包括专利、品牌，为企业发展形成强有力的保护屏障；标准周期资源是企业进行大规模标准化生产、达到有效生产过程的资源；短周期资源（可持续化低，容易模仿）是容易被模仿的技术，具有一定的市场知名度。

真正帮助企业在长期水平上建立起竞争优势的资源，往往是标准周期和长周期资源。其中无形资源扮演着重要的角色。从战略角度讲，企业必须注重发展标准周期资源和长周期资源，保持长期战略竞争能力。

(3) 按暂时性或可否及时调整来划分，可分为流量资源和存量资源。其中，流量资源是暂时的、可以及时调整的资源；存量资源是经过漫长时间积累形成的资源，是通过内部开发获得的、无法从市场上购买的战略资源。存量资源的差异构成战略不对称，随着时间的延伸，许多流量资源会逐渐演变成企业宝贵的存量资源。

3.1.3 企业资源的分析过程

企业的成功源于对资源的成功开发和利用，因此，必须做好企业资源分析工作。企业资源分析可按以下四个步骤进行：①分析现有资源；②分析资源的利用情况；③分析资源的应变力；④进行资源的平衡分析。

1. 分析现有资源

确定企业目前拥有的资源量和可能获得的资源量。资源清单包括有形资源和无形资源的内容：管理者和管理组织资源、企业员工资源、市场和营销资源、财务资源、生产资源、设备和设施资源、组织资源、企业形象资源。

进行上述资源分析时，不仅要分析企业目前已经占有的资源（现有资源），还要对经过努力可能获得的资源（潜在资源）进行分析。

2. 分析资源的利用情况

分析资源利用情况，原则上通过产出与资源投入的比率（投入产出比）进行。运用比较法，将本企业资源的实际利用情况分别与企业计划中制定的目标、企业历史最好水平、企业所在产业的平均水平以及最好水平，以及竞争对手的情况进行比较。具体可采用一些财务指标。另外，不同职能活动采用其他一些指标，如营销活动效率分析采用销售额与销售费用、广告费用的比率；生产活动分析采用产出数量与废次品的比率等。

3. 分析资源的应变力

资源应变力分析的目的是确定一旦战略环境发生变化，企业资源对变化的适应程度。对处于多变环境的企业来说，更需做好资源的应变力分析，作为建立高度适应环境变化的资源基础的出发点。分析重点应放在那些对环境变化特别敏感的资源上。

4. 进行资源的平衡分析

进行资源平衡分析主要应做好四个方面：

（1）业务平衡分析。分析企业各项业务的经营现状、发展趋势，确定企业在各项业务上的资源分配是否合理。

（2）现金平衡分析。分析企业是否拥有必要的现金储备，或拥有应付战略期内现金需要的资本金来源。

（3）高级管理者资源平衡分析。分析高级管理者资源数量与质量、管理风格、管理模式等，战略制定、实施所需人力资源的适应程度。

（4）战略平衡分析。确定企业资源是否符合战略目标的要求。

通过上述四个步骤进行企业资源分析，关键是确定企业的资源强势和弱势。资源强势，主要指企业所特有的能提高企业竞争力的资源，往往表现在：重要的专门技能；宝贵的有形资产、人力资源、组织资源；宝贵的无形资源、技术资源。资源强势是形成企业核心竞争能力的重要基础。

3.1.4 企业技术资源分析

企业技术资源分析包括技术人才、产品和技术装备与工艺水平，以及生产率的分析。其中：①技术人才分析，主要是分析企业所拥有的技术人才的数量及其水平，技术人才水平的高低，最终体现在企业的产品开发能力、产品制造能力与水平上。②技术装备与工艺水平分析，反映企业使用技术装备的先进程度、工作效率和生产率水平，它最终体现在产品质量、成本和劳动生产率的高低上。

1. 企业生产率水平分析

企业生产率水平分析的主要方法是经验效益法（或称经验曲线法和学习曲线法），经验效益法的核心思想是随着经验的增加，单位产品（服务）成本下降。具体体现在三个方面：

(1) 每次完成同一性质的任务后，下一次完成该性质任务或生产单位产品所需要的时间将减少。

(2) 单位产品的生产时间将呈递减的速率下降。

(3) 单位产品生产时间的减少将遵循一个可预测的模式。

经验效益曲线见图 3-1。

图 3-1 中，经验效益曲线的数学公式为：

$$C_n = C_q \times (n/q)^{-b}$$

式中：C_n 为第 n 个产品的单位成本，C_q 为第 q 个产品的单位成本，n 为现时的经验，q 为以前某时的经验，b 为常数。

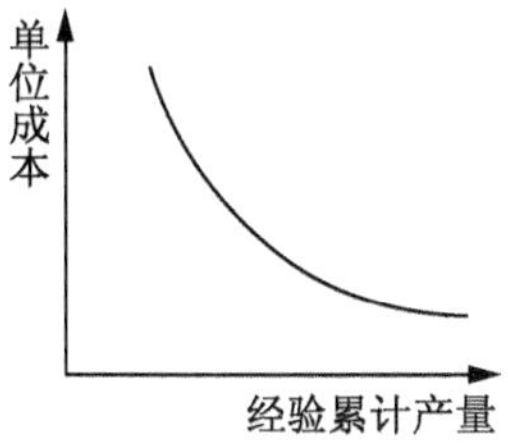

图 3-1　经验效益曲线

经验效益主要取决于六个方面：①劳动效率的提高；②劳动分工与重新设计；③新的生产工艺；④生产设备效率的提高；⑤产品标准化和产品的重新设计；⑥有效地利用资源。

经验效益的战略意义：经验效益所提示的规律是，随着经验的增加，单位产品成本降低。因此，对于处于有经验效益产业中的企业来说，追求以经验效益为基础的成本领先战略是一条可取的竞争战略。一方面，较低的产品成本使企业获得高于产业平均水平的收益；另一方面，在价格竞争中，企业可降低产品价格，掌握竞争中的主动权。最终，巩固或改善企业的战略地位。见图 3-2。

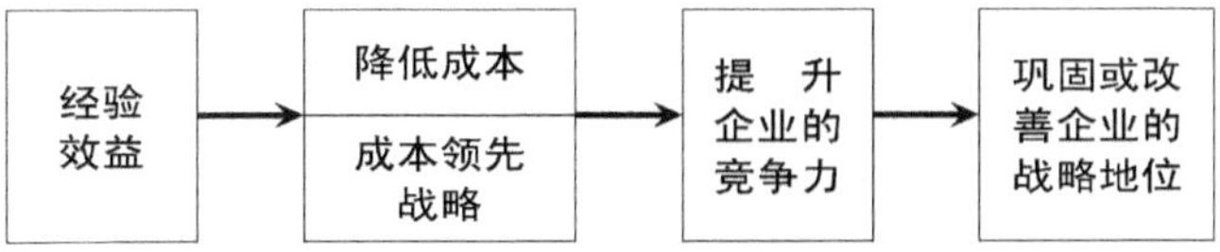

图 3-2　经验效益的战略意义

2. 技术优势分析

(1) 技术潜力分析

针对企业技术潜力分析时，反映技术潜在优势的指标主要包括：研发投入强度；研发投入人员数；技术装备的先进水平；设备新度；设备更新率；设备的技术状况。

(2) 现实技术优势分析

针对企业现实技术优势分析时，反映技术潜在优势的指标主要包括：新产品产值率；新产品开发指数；新产品品种开发率；专利数量及实现程度。

3.2 企业价值链分析

3.2.1 企业价值链概念

价值链分析法是由美国哈佛商学院教授迈克尔·波特总结提炼出来的,是一种寻求确定企业竞争优势的有效工具。他认为,可以将各种原始资源增值转化为最终产品,并使顾客认知其价值的企业活动视为价值链活动。一个企业的生产经营活动可分解为若干自成一体但在战略上相互关联的活动。企业的价值活动之间的相互联系、相互作用的关系,构成了一个企业特有的价值链。每一项价值活动都是构建企业竞争优势的基石。企业价值链分析的目的是使人们知道一个企业的竞争优势源自何方。对企业资源及其是否有优势的分析,就在于找到竞争差异性是如何通过价值链实现的。

3.2.2 企业价值活动分析

企业内外价值增加的活动分为基本活动和支持性活动。见图 3-3。

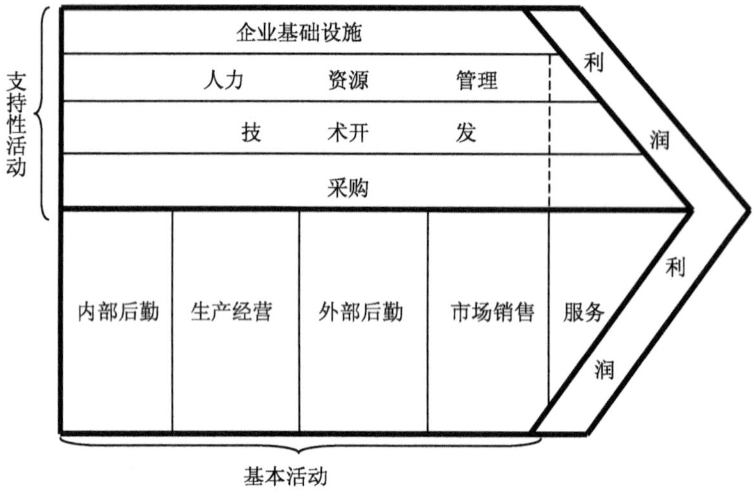

图 3-3 企业价值链活动

1. 基本活动分析

基本活动包括进料后勤、生产作业、发货后勤、销售或市场营销、售后服务。

(1) 进料后勤。如原材料进厂处理、库存管理、存货控制等。

(2) 生产作业。如物资转换为最终产品所必要的加工、包装、装配等。

(3) 发货后勤。如最终产品的仓储、安排送货日期和调配送货车辆等。

(4) 销售或市场营销。如选择销售渠道、企业广告和促销活动、处理好与经销商的关系等。

(5) 售后服务。包括安装、修理、培训和调试。

2. 支持性活动分析

支持性活动包括采购、技术开发、人力资源管理、企业基础设施。

（1）采购。采购的物资包括生产过程中要消耗的材料（如原材料以及固定资产——机器、实验设备、办公室设备）。

（2）技术开发。如改良设备、基础研究和产品设计以及服务等。

（3）人力资源管理。包括设计所有员工的招聘、聘用、培训、职业发展以及工资薪酬等行为。

（4）企业基础设施。包括总体管理、计划、财务、会计、法律支持等行为。

在不同的企业参与的价值活动中，并不是每个环节都可创造价值，实际上只有某些特定的价值活动才真正创造价值，这些活动就是价值链上的"战略环节"。

3.2.3 企业价值活动类型

企业价值活动类型包括直接活动、间接活动、质量保证活动。

（1）直接活动。这是指直接创造竞争价值的活动，如零部件的加工、产品设计、装配、广告等活动。

（2）间接活动。这是指作用在直接活动之上、使之继续进行的活动。如维修、销售管理、研究开发管理等活动。

（3）质量保证活动。这是指确保其他活动质量的活动。如监督指导、测试、检验、调试等活动。

价值链是分析一个企业竞争优势的基本概念。价值链活动有着完全不同的经济效果，对竞争优势的确立起着不同的作用，应该加以区分并权衡取舍，以确定核心和非核心活动。

3.2.4 企业价值链间的联系

价值链不是一些独立活动的集合，而是相互依存的活动构成的一个系统。在这个系统中，各项活动之间存在着一定的联系，这些联系体现在某一价值活动进行的方式与成本之间的关系上，或者与另一活动之间的关系上。

企业价值活动间的内在联系所形成的竞争优势有两种形式——最优化与协调。企业价值链间的联系，见图 3-4。

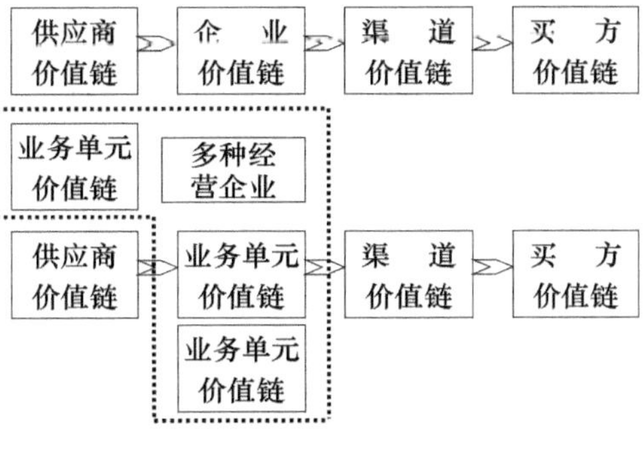

图 3-4 价值链间的联系

3.3 企业能力分析

3.3.1 企业一般能力分析

企业能力是企业对各种资源进行有效的整合，以发挥最大潜在价值的技能。企业可持续竞争优势是将具有战略价值的资源和能力进行整合、升华而形成的核心竞争力所产生的。企业的竞争优势源于企业的核心竞争力，核心竞争力又源于企业能力，而企业能力源于企业资源。

在识别、判定一个企业的核心竞争力之前，首先要弄清一个企业的一般能力状况。对企业基本能力的分析，可从企业生产经营的各项功能的角度分别进行，主要包括财务能力分析、营销能力分析、生产管理能力分析、组织效能分析、企业文化分析。

1. 财务能力分析

要分析、判断一个企业的经营能力，首先必须分析企业的财务状况，因为企业的财务报表和资料记录了企业经营的整个过程和绩效水平。分析企业财务状况广泛使用的方法是企业财务比率分析。

企业财务比率分析的指标体系主要由五大类指标构成，即收益性、安全性、流动性、成长性和生产性指标（见表 3-2）。其中，收益性指标用来观察企业一定时期内的收益及获利能力；安全性指标用来观察企业一定时期内的偿债能力；流动性指标用来观察企业一定时期内的资金周转状况；成长性指标用来观察企业一定时期内的经营能力的发展变化趋势；生产性指标用来判断企业在一定时期内生产经营能力、生产经营水平和生产成果分配等。

表 3-2 企业财务比率分析的指标体系

收益性指标	安全性指标	流动性指标	成长性指标	生产性指标
资产报酬率	流动比率	存货周转率	销售收入增长率	人均销售收入
所有者权益报酬率	速动比率	应收账款周转率	税前利润增长率	人均净利润
每股利润	资产负债率	流动资产周转率	固定资产增长率	人均资产总额
股利发放率	所有者（股东）权益比率	固定资产周转率	人员增长率	人均工资
市盈率	利息保障倍数	总资产周转率	产品成本降低率	
销售利税率				
销售毛利率				
销售净利率				
成本费用利润率				

表 3-2 中，一般而言，流动比率以 2：1 较为合适，速动比率以 1：1 较为合适。所有者（股东）权益比率与资产负债率之和为 1，所有者（股东）权益比率越大，财务风险就越小。利息保障倍数的比率若低于 1，则企业无法偿付贷款利息，该比率越高，说明按时按量支付利息就越有保障。

财务能力分析结果可用雷达图的形式表示出来，见图 3-5。

图 3-5 中，雷达图清楚、直观地反映了企业财务及经营管理的优势和劣势。最小圆代表同行业平均水平的1/2或最低水平。中间圆代表同行业平均水平，又称标准线。最大圆代表同行业先进水平或平均水平的1.5 倍。

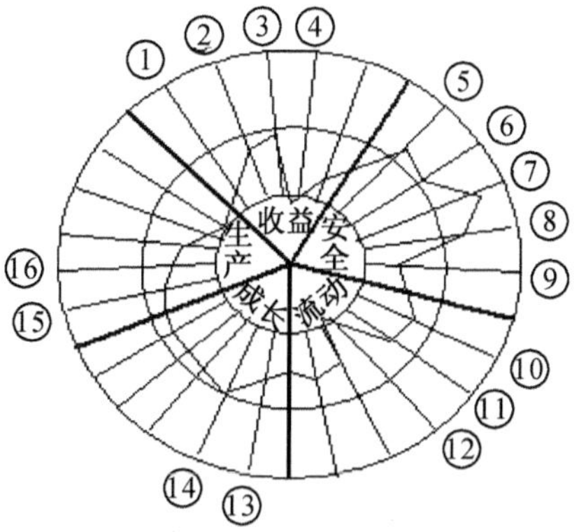

收益性：①资产报酬率；②所有者权益报酬率；③销售利润率；④成本费用率。

安全性：⑤流动比率；⑥速动比率；⑦资产负债率；⑧所有者权益比率；⑨利息保障倍数。

流动性：⑩总资产财转率；⑪应收账款周转率；⑫存货周转率。

成长性：⑬销售收入增长率；⑭产值增长率

生产性：⑮人均利润；⑯人均销售收入。

图 3-5 财务能力分析结果的雷达图

2. 营销能力分析

营销能力分析通常从五个方面来进行：市场环境分析、产品竞争能力分析、销售活动能力分析、新产品开发能力分析、市场决策能力分析。其中：

(1) 市场环境分析主要涉及行业动向(销售趋势、产品普及率、竞争关系、技术发展趋势)、消费者行为(销售对象、购买动机、购买过程)、企业形象(知名度、消费者意见、中间商意见)。

(2) 产品竞争能力分析主要涉及产品的市场地位(市场占有率、市场覆盖率)、收益性、成长性(销售增长率、市场扩大率)、竞争性(产品强度)、结构性(产品构成)。

(3) 销售活动能力分析主要涉及企业的销售组织、销售绩效、销售渠道、促销活动、销售计划。

(4) 新产品开发能力分析主要涉及新产品开发计划、开发组织、开发过程、开发效果。

(5) 市场决策能力分析主要涉及企业的经营方针、经营计划、决策过程、信息系统。

针对企业营销能力进行分析时，应针对产品竞争能力、销售活动能力、新产品开发能力、市场决策能力进行分析，见图 3-6。

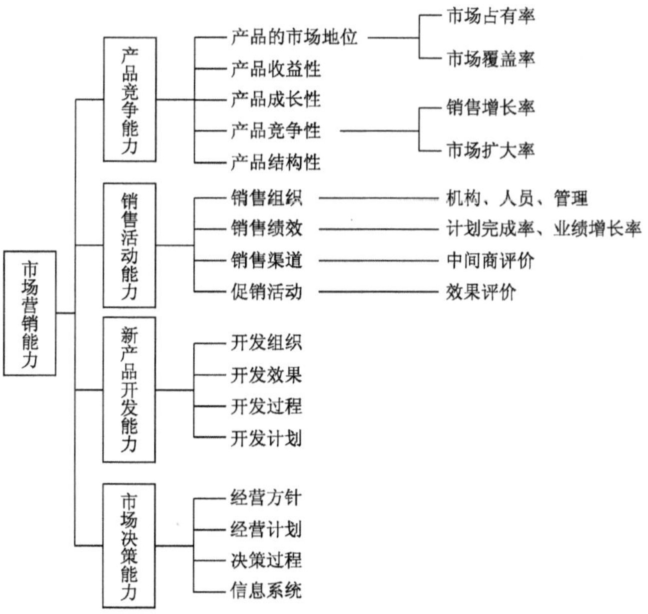

图 3-6 市场营销能力分析

图 3-6 中，产品竞争能力是指企业面对市场以产品的研发、生产、经营和服务为中心，即以产品为核心与竞争对手对抗性较量的能力。通过对产品的市场地位、收益性、成长性和竞争性等方面的分析和评价，可判断产品所具有的市场竞争力。

(1) 分析产品的市场地位。不仅要定性地分析该产品的知名度，更重要的是定量评价市场占有率和市场覆盖率。计算市场占有率和市场覆盖率的公式如下：

市场占有率＝本企业产品销售量/市场上同类产品销售量

市场覆盖率＝本企业产品的投入地区数/全市场应销售地区数

(2) 分析产品的收益性。主要是对各种产品的销售收入、利润贡献和成本进行分析比较，从而发现高收益产品，调整或淘汰问题产品。

(3) 分析产品的成长性。把产品近几年的销售指标进行纵向比较，通常着重分析其销售增长率和市场扩大率。计算年度销售增长率和市场扩大率的公式如下：

销售增长率＝(某年度销售量－上年度销售量)/上年度销售量

市场扩大率＝(某年度市场占有率－上年度市场占有率)/上年度市场占有率

(4) 分析产品的竞争性。分析和评价相对于其他产品来说在质量、外观、包装、商标、价格及服务等方面所具有的优越性。通常采用的方法是加权评分法。其分析评价步骤是：选择几个竞争产品，组成有一定代表性的评比人员，确定评比项目，规定各项目的评分标准，绘制评分表，评比人员独立公正地逐项打分填入表格，最后根据评分结果研究本企业产品的竞争性。

(5) 产品结构分析。产品结构是指某一企业的产品数量(同一行业内)的多少和产品多元化(跨行业多种经营)程度。企业向市场提供的全部产品在类别、品种、规格、型号、版本等方面的形态称为产品组合，也称之为产品结构。企业现有产品的结构状况一般可用波士顿矩阵进行分析。判断产品结构合理性的原则包括四个：符合国家宏观经济政策；适应市场及用户的要求(只有了解市场需求信息，才能为企业产品结构调整制定出正确的方向与策略)；良好的经济效益(研究和调整企业产品结构的最终目标是使企业的综合效益达到最大)；自我调整机制(企业应及时汇总供应、生产和销售各个方面的情况，适时进行产品结构调整，使企业的产品结构有良好的弹性，保证企业产品结构能经常处于较合理的状态)。

3. 生产管理能力分析

生产管理能力分析从五个方面展开：生产过程分析、生产能力分析、库存分析、劳动力分析、质量分析。其中：

(1) 生产过程分析包括技术选择、设施选择与布局、工艺流程分析、生产控制和运输等分析。

(2) 生产能力分析包括产量预测、设施和设备计划、生产计划等分析。

(3) 库存分析包括订货的品种、时间、数量以及物料搬运等分析。

(4) 劳动力分析包括绩效测定、丰富工作内容、工作标准等。

(5) 质量分析包括质量控制、检验、保证和成本控制。

4. 组织效能分析

企业组织效能分析是企业内部条件分析的基本环节和主要内容之一。因为企业的一切活动都是组织活动，组织是进行有效管理的手段。企业作为一个组织其最重要的是组织成员的团结协作，这是组织的力量所在。分析企业组织的情况，改善组织工作，建立合理的组织结构，对企业管理而言是治本之举，分析企业组织效能才能发现组织结构中的缺点或弱点，进而进行组织变革，提高企业管理组织的效率。

进行组织效能分析时可以从六个角度进行，即

(1) 从分析组织任务分解入手，对组织任务分解的合理性做出判断。

(2) 从分析岗位责任制、职责权限对等性入手发现改善的机会。

(3) 从分析管理体制入手，对企业集权与分权的有效性进行分析。

(4) 从分析组织结构入手，确定是否适应未来战略方向。

(5) 从分析管理层次和管理幅度入手，发现新增或合并管理职能部门的可能性。

(6) 从分析人员入手，根据组织任务分解、职位标准和职务手册等对企业所有现职管理者承担现职工作的能力和职业前景进行分析判断，看现职管理者的胜任程度和职位标准等是否应当修正。

5. 企业文化分析

对企业文化进行分析应注意把握五个方面的内容，即

(1) 企业文化现状分析。

(2) 企业文化建设过程分析。

(3) 企业文化特色分析。

(4) 企业文化与战略目标、战略和内外环境的一致性分析。

(5) 企业文化形成机制分析。

通过以上分析，得出企业能力强项和弱项是什么，从而对是否继续执行现行战略，或变革战略做出重大决策。

专栏 3.1　如何识别资源的价值

一家餐饮管理有限公司，分析了现有的连锁餐厅具有如下一些资源：

有充足的车位，在餐厅周围提供了进出的标志；地板设计独特，吧台、餐桌布局和餐厅的整体装潢体现了轻松活跃的现代化气息；各种餐具尽可能地融入了欢迎问候语；提供免费饮料；菜单制作精美，图片式展现各种菜品；在餐厅内提供了可视查询系统，可查询排队等候的情况；为排队等候的顾客提供了多种消遣方式，如扑克、五子棋、瓜子、糖果、游戏、餐厅的宣传资料等；厨房亦有查询系统，了解各订单等候的时间；提高服务标准，所有的服务人员均受到正规培训，且通过合理的考核机制确保服务人员的服务质量和态度；餐桌设置了用于客户反馈的便签，顾客可随时写下自己的建议和抱怨。

【思考】

根据以上资料，分析该餐饮公司具有的核心资源和核心能力，及其所执行的战略。

【解析】

对以上资源进行整理，可将核心资源、能力和执行的战略总结如图 3-7 所示。

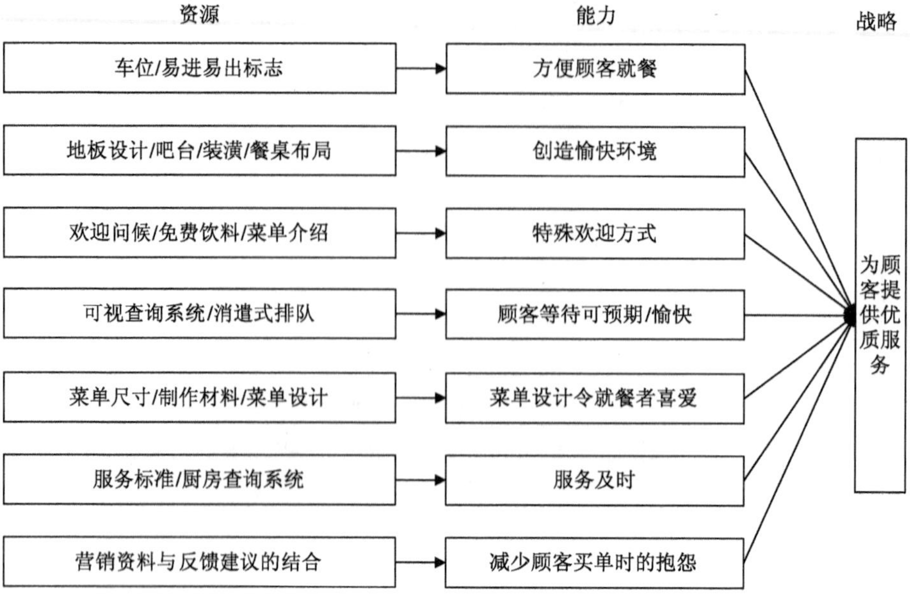

图 3-7　该餐厅拥有的核心资源和核心能力

3.3.2　企业核心能力分析

企业具备一般能力，是其在行业中获取利润以求得生存的最基本的条件。而企业的核心能力是其获取持久竞争力的源泉。

1. 核心能力的概念

核心能力，一般又称为核心竞争力。1990 年，两位管理学家哈默尔(G. Hamel)和普拉哈拉德(C. K. Prahalad)在《哈佛商业评论》发表的《企业核心能力》一文中定义："核心能力是组织中的积累性学识，特别是关于如何协调不同生产技能和有机结合多种技术流派的学识。"企业核心能力是企业的整体资源，它涉及企业的技术、人才、管理、文化和凝聚力等各方面，是企业各部门和全体员工的共同行为。除此之外，美国麦肯锡咨询公司对核心能力的定义为："企业核心能力是某一组织内部一系列互补的技能和知识的组合，它具有使一项或者多项关键业务达到行业一流水平的能力。"几十年来，核心能力理论引起越来越多的学者和企业家的重视，它也成为分析企业内部条件的关键理论工具之一。

2. 核心能力的特征

企业核心能力体现了三大特征：价值特征、资产特征、知识特征。

(1) 价值特征。主要表现在三个方面：①为企业创造企业价值、降低成本，显著提高企业的运营效率。②实现顾客看重的价值。③对企业保持竞争优势具有特殊的贡献。

(2) 资产特征。作为企业的专门资产，具有历史依存性，是企业积累性学习的结果。对潜在进入者构成一种进入壁垒，以保护垄断利润的获得。对企业本身构成一种退出壁垒，产生一种推动作用，激励企业员工为共同的目标而努力。

(3) 知识特征。关于如何协调企业各种资源用途的知识形式，以隐性知识为主。

3. 核心能力成因分析

在外部环境因素的作用之下发挥内部因素的整合协调作用，才能实现核心能力的形成效能，形成企业自身的核心能力。

决定和影响企业核心能力形成的主要内部因素有：资源与能力、创新、人力资本、管理机制和企业文化。

外部环境因素主要分为产业环境因素与宏观环境因素两种。其中，产业环境因素是指与产品所处产业直接相关的因素，主要包括企业间的竞争、产品间的竞争、消费者需求；宏观环境因素是对企业核心能力的形成产生间接影响的因素，主要包括政策法律环境、经济环境、社会文化环境、自然环境。

专栏 3.2　著名企业的核心能力

企业名称	核心能力	最终产品
Honda	发动机关键技术	汽车、摩托
3M	黏性材料技术	告示贴、录像带、投影仪、磁带
Sony	机械电子器件及其微小化技术	袖珍录音、录像设备、小型电视
Canon	光学和图像技术	复印机、照相机
IBM	计算机领域核心技术人才	计算机、IT 用户最终解决方案、软件
青岛海尔	质量控制水平、真诚服务能力	家电、数字设备
华为科技	产品集成创新、企业文化	数字通信关键设备
清华同方	资本、知识、产业嫁接能力	电脑、民用核技术、新能源新材料

4. 核心能力的判断标准

判别一个企业是否有核心能力，有以下四项基本标准：

(1) 增值性和效益性。企业核心能力要在为客户创造价值的过程中做出显著贡献。不能产生效益、不能为客户创造价值的能力不算核心能力。

(2) 领先性和独特性。企业核心能力要在企业中的某种技术或者管理方面处于领先地位。不能领先、或者说不具备优势的就不是企业的核心能力。同时，企业核心能力是很独特的，应该是难以被竞争对手模仿的。凡是能够很容易被竞争对手模仿的都不能称之为核心能力。

(3) 延展性及多样性。企业核心能力是企业的主导力量，它不是局限于企业某一产品和服务，而是能够普惠于企业的若干领域，能够最大限度实现范围经济效应。如果企业这项能力不能使得企业衍生出若干新产品和新服务，则不能称之为核心能力。

(4) 协调性和整合性。企业核心能力是协调不同生产技能领域及有机结合多种技术的积累性学识，它更多地表现为企业的整体素质，而不仅仅是指企业某一两项诀窍或者生产技能。

企业凡是具备以上四项基本标准，就说明企业具有核心能力。凡是不具备以上四项基本标准，说明企业没有核心能力，或者说企业核心能力不完整，还需要加以不断培育。

除此之外，企业核心能力还具有相对性、动态性和不可交易性。其中，所谓相对性，是指核心能力是相对于竞争对手而言的，具有地区相对性的核心能力也可以称之为核心能力；所谓动态性，是指核心能力也有生命周期，随着时间变化、环境条件的改变，核心能力要不断推陈出新，要防止核心能力刚性；所谓不可交易性，是指核心能力只能通过企业自身长时间的培养，不可能轻易从市场上买到，轻易通过市场交易方式获得的能力不能称之为核心能力。

企业内部条件分析的重要任务之一就是辨识和评价企业的核心能力，了解企业在核心能力产生、培育、应用方面还存在哪些缺陷，应当如何加以改进。

3.4 企业竞争优势分析

3.4.1 竞争优势的构成与分类

迈克尔·波特教授在其《竞争优势》中认为：竞争优势来源于企业在设计、生产、营销诸多环节中若干相分离的活动，企业正是通过比其竞争对手更出色地开展这些重要的战略活动来赢得竞争优势的。

企业的竞争优势可分为四类：①以显露程度为标志，分为现有优势和潜在优势；②以对比差距大小为标志，可分为相对优势和绝对优势；③以优势内容为标志，可分为数量优势与质量优势；④以优势的覆盖范围为标志，可分为局部优势和整体优势。企业的竞争优势体现在企业拥有的优势地位和优势实力等方面。其中，企业拥有的优势地位主要表现为优越的地理位置、优越的产业地位、优越的政策地位。企业拥有的优势实力主要表现为资源的积蓄状况、资源的组合状况、资源的运用状况。

3.4.2 竞争优势的来源

企业竞争优势有三个主要来源：

1. 价值活动本身

价值活动本身是构筑竞争优势的基石。企业从事的各种不同价值活动，虽然对于企业的成功都是必不可少的，但是确认哪些活动支持企业的竞争地位很重要。对一个企业而言，在关键价值活动的基础上建立和强化这种优势可以帮助企业获得成功。另一方面，由于价值活动已列在企业的价值链中，只要同其他企业对比，就不难发现自身竞争优势之所在。

2. 价值链内部联系

价值链并不是一些独立活动的综合，而是相互依存的活动构成的一个系统。价值活动是由价值链的内部联系联结起来的，基本活动之间、不同辅助活动之间、基本活动与辅助活动之间都存在着联系，竞争优势往往来源于这些联系。如成本高昂的产品设计、严格的材料规格或严密的工艺检查，都会大大减少服务成本的支撑，而使总成本下降。

3. 价值链的外部联系

联系不仅存在于企业价值链内部，而且存在于企业价值链与供应商、渠道价值链和买方价值链之间。供应商、渠道和买方的各种活动进行的方式会影响企业活动的成本或收益，反之亦然。供应商为企业提供某种产品或服务，销售渠道具有企业产品流通的价值链，企业生产的产品就是买方价值链的外购投入，因此，企业的各项价值活动和它们与企业的价值链间的各种联系都会增强企业的竞争优势。

企业应对价值链的内部联系和外部联系给予高度的关注。对这些联系进行规划，既可以提供独特的成本优势，又可以基于这些联系将企业的产品或服务与其他企业区分开来，即可以实现差异化。而竞争者常常会仿效企业的某项活动或某个行为，但却很难抄袭到价值链之间的这些联系。

3.4.3 竞争优势形成的形式与基本思路

1. 竞争优势形成的形式

一般来说，企业价值链活动间的内在联系形成的竞争优势有两种形式，即最优化决策与协调决策。

(1) 最优化决策。企业为实现其总体目标，往往在各价值活动间的联系上进行最优化的决策，以获取竞争优势。例如，企业为了获得低成本优势，既可以降低人工成本，又可以降低机器成本，还可以选择成本高昂的产品设计、严格的材料规格或严密的工艺检查，以减少服务成本。

(2) 协调决策。在协调方面，企业通过协调各活动之间的联系，来增加产品的差异性或降低成本。例如，企业要按时发货，则需要协调企业内部的生产加工、成品储运和收货服务之间的联系。与此同时，企业管理者应该认识到，价值活动的联系不仅仅存在于企业内部，而且存在于企业与企业之间。其中最典型的是纵向的联系，即企业价值链与供应商和销售渠道价值链之间的联系，这往往影响企业活动的成本与效益，反之亦然。

2. 竞争优势形成的基本思路

竞争优势形成的基本思路是指找到恰当的途径，并在可接受的代价之下，获得比竞争对手更强大的，而且带根本性的竞争优势。其基本思路见图 3-8。

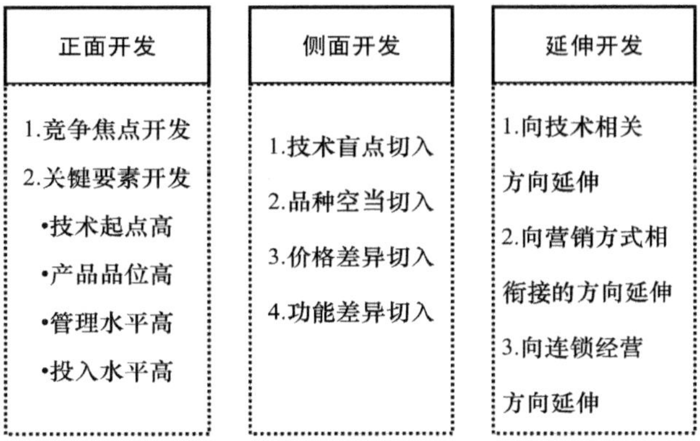

图 3-8 竞争优势形成的基本思路

专栏 3.3　苹果公司的不断创新

苹果公司(Apple)是最早涉足个人电脑领域的厂商之一，它所生产的苹果一代、二代电脑曾经流行于诸多国家的大中学校园。它是第一个开发出图形界面操作系统的公司。公司的创始人团队有着超群的创造及研发能力，这正是它们曾经辉煌的原因。然而，由于内部纷争，公司曾经陷入低谷，计算机市场占有率大幅下滑到 5%，而苹果操作系统也逐渐远离大众的视野。

20 世纪 90 年代中后期，苹果开始重振雄风，先是打出口号"Think differently"以吸引那些喜欢标新立异的顾客，紧接着以令人炫目的速度推出设计新颖的个人电脑。现在最让人欣赏的苹果产品莫过于他的 iPod 音乐播放机，苹果在 21 世纪初开发出相关产品，同时利用对 MP3 播放系统的深刻了解，开发出了全系列播放机产品。苹果在 iPod 之后推出的 iPhone 和 iPod 同样令人惊叹。它们以独树一帜的时尚设计和高贵的品质征服了无数客户的心，全球销量以千万计。但是，苹果并没有停止创新，它已经把创新当做公司必不可少的运营实践而融入企业的基因中了。

苹果的四大创新主要包括：理念创新、商业模式创新、产品创新、文化创新。

(1)理念创新

设计理念：设计出色的产品来改变世界，把握简约的原则，主动地创造需求。

营销理念：苹果出售的不只是产品，还是一种理念、一种品牌、一种服务、一种时尚和一种身份。苹果公司要求店内的服务人员只解答用户的"疑难杂症"，不做促销，也不能靠卖产品挣佣金。

(2)商业模式创新

客户价值：提供超出同业的最新技术，将先进的技术、合适的成本和出众的营销技巧相结合。

关键流程：公司制度、企业文化、研发管理。

盈利模式：出售硬件设备，广告盈利，出售音乐和应用软件，闭环盈利模式。

关键资源：设计和研发人员。

(3)产品创新

海盗精神：与众不同。

产品工艺：制造最完美的产品，简洁美观的外形、色彩运用、新型材料。

市场需求导向：产品研发由技术导向转向消费导向。

技术应用：硬件、软件、网络、内容以及服务的整合成功。

在苹果公司内部，一个新的创意从萌芽到运用通常要经过一个"10 到 3 到 1"的过程。工程师在考虑解决一个问题的方法时，首先要拿出 10 个可能的解决方案，在此阶段，毫无限制地激发创意。紧接着由专家团队从 10 个可行性方案中选出 3 个较为优秀的，再从中挑选出 1 个作为最后的实施方案。这一过程保证了不同观点的产生，又兼具了实施的可行性，使产品不断优化。除此之外，公司内的研发团队每周都会有两次会议。第一次会议是头脑风暴会议，每个人都可以尽情地发表自己的想法，无论职位高低。力求通过高效的交流，思想的碰撞激发创意，追求创意也追求数量。第二次会议是成果和创意筛选会议，这次会议与第一次完全相反，设计师和工程师在这次会议上必须明确每一件事情，需要对前面疯狂想法的可行性和进展做出描述，保持理性的想法。

(4) 文化创新

创立"I"语言：苹果公司列"I"产品的相继成功，使I语言应运而生。I语言代表的是一种简洁但不简单的态度，也同时是尊贵用户和有品位的代名词。I语言反映出苹果公司严谨、追求完美、极致的创作理念，同时也催生出"乔帮主"等一系列大众对乔布斯的尊称，使追求I系列的产品成为一种潮流。

产品发布仪式：每一款苹果的新产品都会有一场特殊的发布会，通常，没有豪华的会场，没有隆重出席的嘉宾，但是独特的发布会仍是IT行业的朝拜圣地，因为发布会总是会给人带来惊叹，更加突出了产品才是发布会的主角。加上会后的亲身体验专区，消费者会和新产品零距离接触，这都是苹果的独创。

新的营销模式：新产品的营销模式，也是苹果创新文化的独创。饥饿营销就是苹果的首创。之前的生产厂商，都会在新产品上市前备好库存，趁着上市之初大捞一笔。但苹果却反其道而行，使得新产品深入人心时却一机难求。加上缩短了产品生命周期，在新产品上架时，即使有利润低的旧产品下架。消费者在猎奇心理的促使下，对苹果产品一直处于不断地追逐状态。此外，感官体验场所营销模式也是苹果的另一杀手锏。宽敞简洁的卖场内，消费者以体验产品为主，如果有需要，服务人员会及时进行帮助。舒适的体验环境使消费者与电子消费品近距离接触，由此也使消费者产生"情感的经济"。

追逐风险：乔布斯曾说过，"只有疯子才能改变世界"。很难有公司不顾市场反应而专注于自己的创造，早期的苹果公司也曾由于过于激进而吃亏。但是正是因为有了高风险，才有可能获得高回报。同时面对竞争对手，苹果从来不曾回避，谈到与微软的合作，乔布斯认为这是一个机会，"无法打败对手，那就让他变成合作者"。苹果自信于自己独到的眼光，永远处于行业创新的领导者而非追逐者。正是对风险的追逐，才使苹果成功地用"iPod+iTunes"的模式统治电子消费品，并在品牌建立的过程中逐步收回所流失的PC市场。

3.4.4 内部因素评价矩阵

对企业内部环境分析进行总结的步骤是建立内部因素评价矩阵(Internal Factor Evaluation Matrix)，简称IFE矩阵。

内部因素评价矩阵法，是一种对内部因素进行分析的工具，其做法是从优势和劣势两个方面找出影响企业未来发展的关键因素，根据各个因素影响程度的大小确定加权分数，再按企业对各关键因素的有效反应程度对各关键因素进行评分，最后确定企业的总加权分数。

利用这个矩阵，可以帮助企业经营决策者对企业内部各个职能领域的主要优势与劣势进行全面综合的评价。

内部因素评价矩阵分析包括以下几个步骤：

(1) 列出在内部环境分析过程中确认的关键因素。因素总数在10～20个之间。因素包括优势和劣势两个方面。首先列举优势，然后列举劣势。要尽量具体，可能时要采用百分比、比率和对比数字。

(2) 以产业为基准，赋予每个因素以权重，其数值由0.0(不重要)到1.0(非常重要)。

无论关键因素是内部优势还是劣势，对企业绩效有较大影响的因素都应当得到较高的权重。所有因素的权重总和必须等于1。

(3) 为各关键因素进行评分，范围为1～4分，“4”代表重要优势，“3”代表次要优势，“2”代表次要劣势，而“1”则代表重要劣势。评分以企业为基准，而权重则以产业为基准。

(4) 用每个因素的权重乘以它的评分，即得到每个因素的加权分数。

(5) 将所有因素的加权分数相加，以得到企业的总加权分数。

无论IFE矩阵包含多少关键因素，一个企业所能得到的总加权分数最高为4.0，最低为1.0。平均总加权分数为2.5。总加权分数大大低于2.5的企业，其内部状况处于劣势；而分数大大高于2.5的企业，其内部状况则处于优势。当某种因素既是优势又构成劣势时，则在关键因素中出现两次。

3.5 企业战略因素综合分析方法

3.5.1 SWOT分析

SWOT分析又称战略态势分析法，是企业内部情况分析最常用的一种方法，其思想最早是由安索夫于1956年提出来的，后来经过发展而成为一个用于战略分析的经典实用方法。为了综合分析企业内外环境因素对企业战略的影响，达到内外环境的协调和最佳配合，企业通常根据企业拥有的资源和能力，从优势(Strengths)、劣势(Weaknesses)、机会(Opportunities)、威胁(Threats)四个方面进行分析，简称SWOT分析。SWOT分析思路，见图3-9。

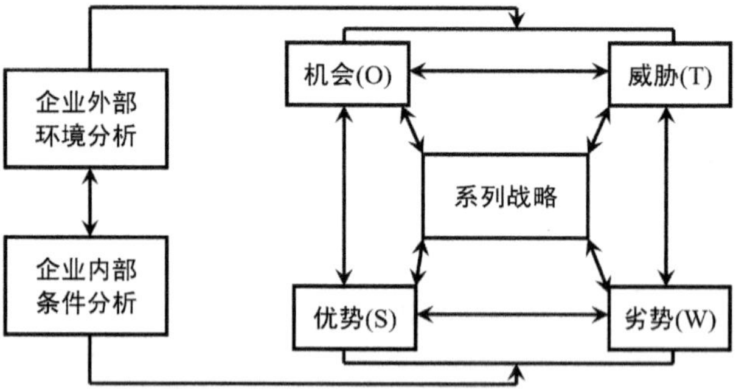

图3-9　SWOT分析思路

图3-8中，SWOT分析的主要内容为：

1. 分析环境因素

运用各种调查研究方法，分析出企业所处的各种环境因素，包括外部环境因素和内部环境因素。其中外部环境因素包括机会因素和威胁因素，即外部环境中对企业发展有直接影响的有利因素和不利因素，属于客观因素；内部环境因素包括优势因素和劣势因素，它们是企业自身存在的积极因素和消极因素，属于主观因素。在调查分析这些因素时，不仅要考虑到历史与现状，更要考虑未来与发展。

优势:组织的内部因素,具体包括有利的竞争态势、充足的资金来源、利好的企业形式、技术力量、规模经济、产品质量、市场份额和广告攻势等。

劣势:组织的内部因素,比如设备老化、管理混乱、缺少关键技术、研究开发落后、资金短缺、经营不善和产品积压等。

机会:组织的外部因素,例如出现了新市场、用户提出新需求、产业政策支持或竞争对手失误等。

威胁:组织的外部因素,比如出现新的竞争对手、替代产品增多、市场紧缩、行业政策不利的变化、经济衰退、客户偏好改变和不利的突发事件等。

SWOT 分析方法的优点在于考虑问题全面,它是一种系统思维,而且可以把对问题的"诊断"和"开处方"紧密结合在一起,条理清楚,知行一体。

根据图 3-9 中的 SWOT 分析思路,SWOT 分析必须充分考虑以下几方面的问题:企业目前的地位是否巩固?如果企业按照现行战略或稍加调整,今后是否会保持或改善或恶化企业的地位?企业相对于关键竞争对手而言,在其重要的竞争变量及产业的关键要素方面地位如何?企业最终能获得的真正竞争优势有哪些?企业在应付产业的竞争压力及竞争对手的预期攻势的防卫能力如何?

2. 构造 SWOT 矩阵

将调查得出的各种因素根据轻重缓急或影响程度等进行排序,构造 SWOT 矩阵(见图 3-10)。在此过程中,将那些对企业发展有直接的、重要的、大量的、迫切的或久远的影响因素优先排列出来,而将那些间接地、次要的、少许的、不紧要的或短暂的影响因素排列在后面。

	优势-S 1. 2. 列出优势 3.	劣势-W 1. 2. 列出劣势 3.
机会-O 1. 2. 列出机会 3.	SO战略 1. 2. 发挥优势,利用机会 3.	WO战略 1. 2. 利用机会,克服劣势 3.
威胁-T 1. 2. 列出威胁 3.	ST战略 1. 2. 利用优势,回避威胁 3.	WT战略 1. 2. 减小劣势,回避威胁 3.

图 3-10 SWOT 矩阵

SWOT 方法为企业提供了四种可供选择的战略,即 SO 战略、WO 战略、ST 战略、WT 战略。

(1) SO 战略:是利用企业内部优势去抓住外部机会的战略。

(2) WO 战略:是利用外部机会来改进内部劣势的战略。

(3) ST 战略:利用企业优势去避免或减少外在威胁的战略。

(4) WT 战略:是直接克服内部劣势和避免外部威胁的战略。

四种可供选择的战略中,SO 战略属于快速发展战略,WT 战略是防御性战略。

3. 制定行动计划

在完成环境因素分析和SWOT矩阵的构造后，便可以制定出相应的行动计划。制定计划的基本思路是：发挥优势因素，克服劣势因素，利用机会因素，化解威胁因素。运用系统分析的综合分析方法，将排列与考虑的各种环境因素相互匹配起来加以组合，得出一系列企业未来发展的可选择战略对策。

根据SWOT分析的主要内容，SWOT分析评价的具体步骤为：

(1) 根据产业分析，竞争对手的SWOT分析所得出的结论，列出决定企业成败的关键战略要素与企业的主要竞争对手；

(2) 根据企业本身及主要竞争对手在每个关键战略要素上所具有的竞争力的强弱情况进行评分；

(3) 将本企业自身与主要竞争对手在每个战略要素上的得分加总，然后比较总得分值的大小，排出本企业与竞争对手在竞争力量总体水平上的相对强弱顺序。

SWOT分析是战略分析与战略选择的连接桥梁，是对企业外部环境与内部条件分析的一种有效的工具。它将外部分析与内部分析得出的若干结论置于图3-10的模型之中，实现了外部与内部的匹配。并将匹配结果与常见的战略选择方式联系在一起，形成备选战略。通过这种分析，既可以了解企业总体优势与劣势，也可以了解企业面临的机会与威胁，从而为制定企业战略提供系统的科学依据。当然，SWOT分析的正确使用来源于渊博的知识、丰富的经验、充分的信息、战略思维和商业直觉，是一个非常综合性的系统思维过程。

3.5.2 波士顿矩阵分析

波士顿矩阵是美国波士顿咨询公司(Boston Consulting Group，BCG)在20世纪60年代为一家纸业公司提供咨询服务时提出的一种投资组合分析方法(见图3-11)。

图3-11中，纵坐标为需求增长率，表示该业务的销售量或销售额的年增长率，用数字0%～20%表示，并认为市场增长率超过10%就是高速增长。横坐标为相对市场占有率，表示该业务相对于最大竞争对手的市场份额，用于衡量企业在相关市场上的实力，用数字0.1(该企业销售量是最大竞争对手销售量的10%)至10(该企业销售量是最大竞争对手销售量的10倍)表示，并以相对市场份额1.0为分界线。要注意的是，这些数字范围在运用中应根据实际情况的不同进行修改。

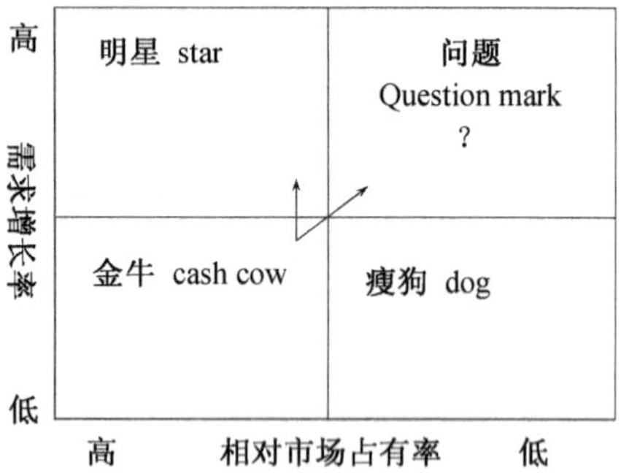

图3-11 波士顿矩阵分析思路

根据有关业务或产品的市场增长率和相对市场占有率，波士顿矩阵把企业全部的经营业务定位在4个区域中。

(1) 明星业务区。企业通常能回收大量资金，但同时又要为迅速增长的市场保持优势而投入大量的资金，两者相抵，企业资金净收入并不多。

(2) 问题业务区。是有待开发的机会，它们由于市场迅速增长而具有吸引力，但企业并没有在这个市场上占有适当的地位。企业需要做出决策，在其中选择一部分业务使其能成功地提高到行业的领先地位，但这要求投入大量资金。

(3) 金牛业务区。是企业资金的主要来源，它们能回收的资金大于再投资的需要。在企业能够集中调度资金的前提下，能提供投资于其他业务的资金。

(4) 瘦狗业务区。既没有吸引力，又处于软弱地位，可能会回收少量投资仅维持其经营的开支。应该逐步回收，慢慢退出。

通过波士顿矩阵分析，企业的管理层能迅速看到企业每项业务在整个业务组合中的位置，以便制定出整个企业未来发展的动态战略。一般来说企业可以采取 4 种不同的战略。

(1) 发展战略。目的是扩大产品的市场份额(适用于问题类业务和明星类业务)。

(2) 维持战略。目的是保持产品的市场份额(适用于金牛类业务)。

(3) 收获战略。目的是增加短期现金收入，不考虑长期影响(适用于金牛类、问题类和瘦狗类业务)。

(4) 放弃战略。目的是出售或清理某些业务，把资源转移到更有潜力的领域(适用于瘦狗类和问题类业务)。

波士顿矩阵提高了企业经营管理者的分析和战略决策能力，帮助他们以前瞻性的眼光看问题，更深刻地理解企业各项业务活动的联系，加强业务单元和企业管理人员之间的沟通，及时调整企业的业务投资组合，收获或放弃萎缩业务，加强在更有发展前景的业务中的投资。

尽管使用波士顿矩阵有很多好处，但是它也存在很大的局限性，主要包括：

(1) 由于评分等级过于宽泛，可能会造成两项或多项不同的业务位于一个象限中。

(2) 由于评分等级带有折中性，很多业务位于矩阵的中间区域，难以确定使用何种战略。

(3) 仅仅假设企业的业务发展依靠的是内部融资，而没有考虑外部融资。举债等筹措资金的方式并不在波士顿矩阵的考虑之中。

(4) 波士顿矩阵还假设这些业务是独立的，但是许多企业的业务是紧密联系在一起的。比如，如果金牛类业务和瘦狗类业务是互补的业务组合，如果放弃瘦狗类业务，那么金牛类业务也会受到影响。

(5) 这种方法难以同时顾及两项或多项业务的平衡。因此在使用这种方法时要尽量占有更多资料，审慎分析，避免因方法的缺陷造成决策的失误。

(6) 波士顿矩阵强调市场占有率，其背后假设是“成本领先战略”。当企业在各项业务上都准备采用(或正在实施)成本领先战略时，可以考虑采用波士顿矩阵，但是如果企业准备在某些业务上采用差异化战略，那么就不能采用波士顿矩阵了。

3.6 案例分析

3.6.1 华为资源分析

1. 有形资源

(1) 财务资源

2013 年，华为研发费用支出为 306.72 亿元，占销售收入的 12.8%。2014 年，华为投入研发的经费为 408 亿元(相当于 65 亿美元)，占销售收入的 14.2%。2015 年，华为研发投入增至596亿元，占销售收入的15.1%。近年来，华为持续投入技术创新与研究。iiMedia Research（艾媒咨询）数据显示，2016年、2017年华为研发投入分别增至764亿元、897亿元，2018年华为研发资金投入首次超过千亿元，达到1 015亿元。2014—2018年华为研发投入每年增速在10%以上。2019年，华为研发投入达到1 317亿元，占全年销售收入的15.3%，同比增长29.7%。2020年，华为研发投入高达1 418.93亿元，同比增长7.8%。同年，华为全球销售收入8 914亿元，研发投入占销售收入的比重增至15.9%。

华为历年销售收入情况见表3-3。

表3-3 华为历年销售收入情况

年份	销售收入（亿元人民币）	增长率（%）	海外市场收入占比（%）	营业利润率（%）	净利润（亿元人民币）
2011	2 039	10.10	67.99	9.10	116
2012	2 202	7.99	66.00	9.40	156.2
2013	2 390	8.50	64.85	12.20	210
2014	2 882	20.00	62.22	11.90	278.66
2015	3 950	37.00	57.55	11.60	369.1
2016	5 212.74	32.00	52	9.1	370.52
2017	6 036.21	16.00	50	9.3	474.55
2018	7 212.02	19.5	49	10.2	593.45
2019	8 588.33	19.1	41	9.1	626.56
2020	8 914	3.8	34.4	8.1	646

资料来源：华为年报，https://www.huawei.com/cn/annual-report。

2019年7月22日，美国《财富》杂志发布了世界500强名单，华为排名第61位。华为2019年年度报告显示，华为净利润达627亿元，同比增长5.6%，经营活动现金流914亿元，同比增长22.4%。受海外销售收入下降的影响，华为净利润增速下滑。但是，运营商、消费者和企业三大业务板块均实现正向增长。a.在运营商业务领域，华为引领5G商用进程，与全球运营商一起设立了5G联合创新中心，持续推动5G商用和应用创新；推出RuralStar系列解决方案，有效解决了偏远、边际覆盖难题，累计为超过50个国家和地区的4 000多万偏远区域人口提供了移动互联网服务，实现销售收入2 967亿元人民币，占比34.5%，同比增长3.8%。b.在消费者业务方面，受益于5G网络建设的开展，保持了稳健增长势头，消费者业务手机销量持续增长、渠道下沉，以及企业业务抓住数字化与智能化转型机遇、提升场景化的解决方案能力。2019年华为智能手机出货量超过2.4亿台，位列全球第二，其中5G手机出货量超过690万台。PC、平板、智能穿戴、智慧屏等以消费者为中心的全场景智慧生态布局进一步完善，实现销售收入4 673亿元人民币，占比54.4%，同比增长34%。其中，PC出货量同比增长200%，智能穿戴业务出货量同比增长170%。c.企业业务稳步增长。据统计，全球已有700多个城市、世界500强企业中的228家选择华为作为其数字化转型的伙伴；华为首次发布了计算产业战略，致力于成为智能世界的“黑土地”，推出全球最快昇腾

910 AI 处理器及 AI 训练集群 Atlas 900，实现销售收入 897 亿元人民币，占比 10.4%，同比增长 8.6%，增长放缓。

分区域看，中国市场收入 5 067 亿元，占比达 59%，同比增长 36.2%；欧洲中东非洲收入 2 060 亿元，同比增长 0.7%；亚太地区收入 705 亿元，同比减少 13.9%；美洲收入 525 亿元，同比增长 9.6%。除中国市场之外，华为全球最大的市场在欧洲。年报显示，2019 年欧洲、中东、非洲市场总收入同比 2018 年增长仅 0.7%，几乎停滞不前。甚至在亚太地区，出现了同比下滑 13.9%的情况。亚太地区负增长主要是由于"一些国家运营商市场投资周期波动、消费者业务不能使用 GMS(谷歌移动服务)生态"。

2020 年 8 月 10 日，美国《财富》杂志公布世界 500 强榜(企业名单)，华为排在第 49 位，为 2020 中国民营企业 500 强第一名。2020 年 11 月 17 日，华为投资控股有限公司整体出售荣耀业务资产。对于交割后的荣耀，华为不占有任何股份，也不参与经营管理与决策。华为 2020 年年度报告显示，华为约有 19.7 万员工，达到历史新高；业务遍及 170 多个国家和地区，服务全球 30 多亿人口。华为坚持对 5G、云、人工智能及智能终端等面向未来的研究创新，及保障业务连续性等方面持续投入。华为研发费用支出为人民币 1 418.93 亿元，约占全年收入的 15.9%，增长 7.78%，并超过阿里、腾讯、百度、京东等公司在 2020 年研发投入的总和。华为 2020 年年度收入按区域细分，中国市场 2020 年收入 780 亿元，同比增长 15.4%，占到了全部年度收入的 65.6%，海外市场均有不同程度的下降。10 年来，收入增幅最低；10 年来，现金与短期投资首次负增长；7 年来，经营活动现金流最低。华为历年资产负债表见表 3-4。

2020 年，华为业绩增长速度放缓，但基本实现了经营预期，其中销售收入 8 914 亿元，同比增长 3.8%，净利润 646 亿元，同比增长 3.2%。华为坚持以创新的 ICT 技术持续为客户创造价值，助力全球科技抗疫、经济发展和社会进步，改善经营质量，2020 年全年经营业绩基本达到预期。华为轮值董事长胡厚崑提出，将继续与客户及伙伴开放合作，推动社会、经济与环境的可持续发展。通过聚焦 ICT 基础设施，华为能够扮演好社会数字化转型的使能者的角色。

华为 2020 年年报中公布了按业务划分的运营商、消费者和企业三大业务的相关财务数据。2020 年，运营商业务基本上保持稳定，收入 3 026 亿元，同比增长 0.2%，占比达到了 34%；企业业务的收入增速达到 23%，达到 1 003 亿元，占比达到了 11.3%；消费者业务中，手机之外其他的可穿戴、平板、PC、大屏等设备，收入增长了 65%，2020 年度整体收入 4 829 亿元，同比增长 3.3%，占比达到了 54.2%。

2020 年疫情期间，在运营商业务领域，华为助力全球 170 多个国家和地区的 1 500 张运营商网络稳定运行，满足人们在社交隔离期间在线办公、在线教育和在线购买生活物资的需求。华为携手运营商，一起打造最佳体验网络，并联合运营商在煤矿、钢铁、港口、制造等 20 多个行业展开超过 3 000 个 5G 创新项目实践。

华为企业业务加强打造场景化创新方案、构建共生共创共享的数字生态，与客户、伙伴共创行业新价值。疫情期间，华为通过云 AI 辅助诊断等方案为多个国家及地区提供技术与经验，共克时艰。华为联合伙伴向超过 5 000 万的学生提供基于华为云的中小学教育云平台服务，助力远程教育。

表 3-4 华为历年资产负债表

年份	2016 年	2015 年	2014 年	2013 年	2012 年	2011 年	2020 年		2019 年		2018 年	2017 年
币种单位	百万元人民币						百万元美元	百万元人民币	百万元美元	百万元人民币	百万元人民币	
销售收入	521 574	395 009	288 197	239 025	220 198	203 929	136 717	891 368	122 972	858 833	721 202	603 621
营业利润	47 515	45 786	34 205	29 128	20 658	18 796	11 120	72 501	11 145	77 835	73 287	56 384
营业利润率	9.1%	11.60%	11.90%	12.20%	9.40%	9.20%	8.1%	8.1%	9.1 %	9.1%	10.2%	9.3%
净利润	37 052	36 910	27 866	21 003	15 624	11 655	9 916	64 649	8 971	62 656	59 345	47 455
经营活动现金流	49 218	49 315	41 755	22 554	24 969	17 826	5 402	35 218	13 085	91 384	74 659	96 336
现金与短期投资	145 653	125 208	106 036	81 944	71 649	62 342	54 812	357 366	53 127	371 040	265 857	199 943
运营资本	116 231	89 019	78 566	75 180	63 837	56 996	45 870	299 062	36 890	257 638	170 864	118 503
总资产	443.634	372 155	309 773	244 091	223 348	193 849	134 491	876 854	122 947	858 661	665 792	505 225
总借款	44 799	28 986	28 108	23 033	20 754	20 327	21 751	141 811	16 060	112 162	69 941	39 925
所有者权益	140 133	119 069	99 985	86 266	75 024	66 228	50 678	330 408	42 316	295 537	233 065	175 616
资产负债率	68.4%	68.00%	67.70%	64.70%	66.40%	65.80%	62.3%	62.3%	65.6%	65.6%	65.0%	65.2%

资料来源：华为年报，https://www.huawei.com/cn/annual-report。

消费者业务不断坚持“1+8+N”全场景智慧生活战略，以 HarmonyOS 和 HMS 生态为核心驱动及服务能力，围绕以智慧办公、运动健康、智能家居、智慧出行和影音娱乐为主的五大生活场景，为消费者打造全场景智慧生活体验。

华为云业务收入被计入企业业务营收中，2020 年，华为云增速达 168%，增速最快。疫情加速了企业数字化进程，企业上云的积极性空前高涨，华为云在国内公有云市场的增速很快，已经位列市场第二（见图 3-12）。

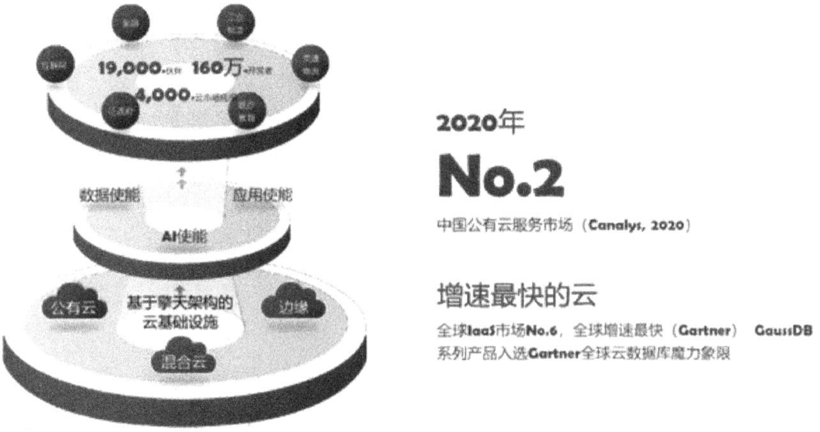

图 3-12　2020 年华为云业务收入

资料来源：华为年报，https://www.huawei.com/cn/annual-report。

华为云已上线 220 多个云服务、210 多个解决方案，在全球累计获得 80 多个权威安全认证，发展 19 000 多个合作伙伴，汇聚 160 万开发者，云市场上架应用 4 000 多个。

按区域划分，2020 年，中国区营收已经占到了整个集团营收的 65%以上，2020 年中国市场的收入是 5 849 亿元人民币，增长了 15%；EMEA（欧洲、非洲、中东）地区的收入为 1 808亿元，同比下降了 12.2%；亚太地区收入 643.69 亿元，同比下滑 8.7%；美洲地区收入 396.38亿元，同比下滑 24.5%。

此外，2020 年，华为现金流为 2 156 亿元，负债率为 62.3%（见图 3-13）。

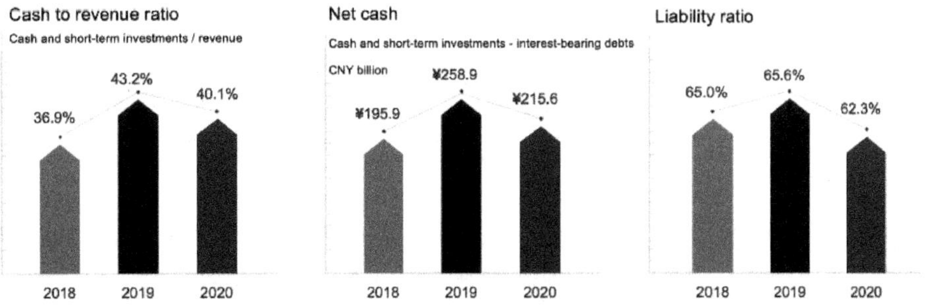

图 3-13　2018—2020 年华为资本结构变化

资料来源：华为年报，https://www.huawei.com/cn/annual-report。

（2）实体资源

1996年，华为与长江实业旗下的和记电讯合作，提供以窄带交换机为核心的“商业网”产品。华为的C&C08机打入香港市话网，开通了许多内地未开的业务，使华为大型交换机进军港澳台及国际电信市场迈出了第一步。

华为抓住中俄达成的战略协作伙伴这一国际关系变化中隐藏的商机，加快与俄罗斯的合作。1996年，华为开始进入独联体市场。历时三年的时间，华为在莫斯科与西伯利亚首府诺沃西比尔斯克之间铺设了3 000多km的光纤电缆。

从1998年开始，华为就把触角探向世界的核心市场——欧美。虽然第一单合同额只有38美元，但到2001年，华为与俄罗斯国家电信部门签署了上千万美元的GSM设备供应合同。2002年底，华为又取得了3 797 km的超长距离国家光传输干线的订单。到2003年，华为在独联体国家的销售额超过3亿美元，位居独联体市场国际大型设备供应商的前列。欧洲市场已然成为华为业务开展的重地，其多项创新业务首单落地欧洲，比如第一个分布式基站，第一个2G、3G合并基站商用地点在德国；同时，华为的全球能力中心、财务中心以及风险控制中心都设在了欧洲；从销售收入贡献来看，欧洲市场更是举足轻重。

1999年，华为在印度班加罗尔设立研发中心。该研发中心分别于2001年和2003年获得CMM4级认证，CMM5级认证。成为中国移动全国CAMEL Phase II智能网的主要供应商，该网络是当时世界上最大和最先进的智能网络。1999年到2000年的两年时间里，华为先后拿下了越南、老挝、柬埔寨和泰国的GSM市场。随后，华为又把优势逐渐扩大到中东地区和非洲市场。

进入21世纪后，华为设立海外分支机构、吸引人才的力度进一步增大：设置在德国慕尼黑的研究所已拥有将近400名专家，研发团队本地化率近80%。

从2001年开始，华为加快了国际化研发布局的推进速度。美国是CDMA、数据通信和云计算的发源地，华为便在硅谷和达拉斯设立了两个研究所。欧洲是3G的发源地，爱立信是3G技术的领导者，为此华为在瑞典斯德哥尔摩设立了3G技术研究所。俄罗斯在无线射频领域居于世界领先地位，华为便在莫斯科建立了以射频技术开发为重点的研究所。

华为在德国、瑞典、美国、印度、俄罗斯、日本、加拿大、土耳其以及中国的深圳、上海、北京、南京、西安、成都、杭州、重庆、武汉等地设立了16个研究所。2015年，从事研究与开发的人员约79 000名，占公司总人数的45%。

“2012实验室”的主要研究方向有新一代通信、云计算、音频视频分析、数据挖掘、机器学习等，主要面向的是未来5～10年的发展方向。“2012实验室”旗下有很多以世界知名科学家或数学家命名的神秘实验室，包括香农实验室、高斯实验室、谢尔德实验室、欧拉实验室、图灵实验室等。

华为“诺亚方舟实验室”主要围绕人工智能展开研究，设立于香港科学园，实验室主任由香港当地大学教授出任，并聘用了全球各地区科研人员从事基础研究工作。

2014年2月27日，在西班牙巴塞罗那举行的2014年世界移动通信大会上，华为与欧盟及产业界各方共同推动5GPPP Association（5G公私合作联盟）正式成立。

2015年1月20日，华为在西安宣布网络功能虚拟化开放实验室（NFV Open Lab）正式建成，首期投资超500万美元。

截至2015年12月31日，华为加入了300多个标准组织/产业联盟/开源社区，担任超过280个重要职位，在IEEE-SA、ETSI、WFA、TMF、OpenStack、Linaro、OASIS和CCSA等组织担任董事会成员。2014年提交标准提案超过4 800篇，2015年提交提案超过5 400篇，累计提交提案43 000余篇。

2016年5月，新设立迪拜研究中心（满足中东和北非地区业务的需要）。2016年6月14日，华为宣布法国数学研究所成立。旨在挖掘法国基础数学资源，致力于通信物理层、网络层、分布式并行计算、数据压缩存储等基础算法研究，长期聚焦5G等战略项目和短期产品，完成分布式算法全局架构设计等。华为还在巴黎建立了数学、美学、家庭终端和无线标准4个研发中心。成立当天，华为常务董事徐文伟说到，华为已经走入“无人区”，没有引路者，也没有跟随者，而且未来还有很多不确定性。

（3）人力资源

华为在全球设立了36个培训中心，为当地培养技术人员，并大力推行员工的本地化。

第一，各类人员结构。华为现有员工中技术研究及开发人员占40%，市场营销和服务人员占35%，生产人员占12%，管理人员占10%，这种人员结构反映了华为公司的经营战略，反映了异常激烈的市场竞争。

第二，人员工龄结构。华为员工中，工作5年以上的占12%，工作4～5年的占23.5%，2～3年的占38%，1～2年的占18%，1年以下的占8.5%，这种工龄结构说明华为的职工流动性很大，对企业会有不利影响，流动性大并不是不好，只是如果能保持职工的稳定性可能会更好，当然这与华为公司的高速发展战略和近年的人员招聘策略有关。

第三，人员文化程度结构。华为员工中，博士占0.8%，硕士占41%，本科占46.5%，大专或以下占12%，这说明与一般企业相比，华为的员工平均学历较高，这是由高科技企业的特点决定的，也是华为发展的基石。

第四，人员职称结构。华为员工中，具有高级职称的占4%，中级职称的占31.5%，初级职称的占60%，没有职称的占9%，高学历低职称的员工在华为占很大比例。

2. 无形资源

华为是全球领先的信息与通信技术（ICT）解决方案供应商，专注于ICT领域，坚持稳健经营、持续创新、开放合作，在电信运营商、企业、终端和云计算等领域构筑了端到端的解决方案优势，为运营商客户、企业客户和消费者提供有竞争力的ICT解决方案、产品和服务，并致力于实现未来信息社会、构建更美好的全连接世界。2017年6月6日，“2017年BrandZ最具价值全球品牌100强”公布，华为名列第49位。2018年2月，沃达丰和华为完成首次5G通话测试。2018年“中国500最具价值品牌”中华为居第6位。12月18日，“2018世界品牌500强”揭晓，华为排名第58位。2019年8月9日，华为正式发布鸿蒙系统；12月15日，华为获得了首批“2019中国品牌强国盛典年度荣耀品牌”的殊荣。

华为的知识产权部早在1995年就创立。从专利申请量来看，自2000年开始，华为国内专利申请量以每年翻倍的速度增长。华为历年专利申请情况，见表3-5。

表 3-5 华为历年专利申请情况

年份	累计申请专利数	累计中国专利申请数	PCT 数	获得专利授权数
2010	49 040	31 869	8 892	17 765
2011	57 972	36 344	10 650	23 522(九成为发明型专利)
2012	68 895	41 948	12 453	30 240
2013	77 514	44 168	14 555	36 511
2014	72 636	48 719	—	38 825
2015	83 163	52 550	—	50 377

2016 年,国际专利、商标和工业品外观设计申请连续第 7 年保持增长,创下新的纪录。其中,中国的国际专利申请量增长了 44.7%,中兴通信股份有限公司和华为技术公司分列国际专利申请人第一位和第二位。2019 年,联合国下属的世界知识产权组织(WIPO)公布了在 PCT(Patent Cooperation Treaty,专利合作条约)框架下,2018 年的全球专利申请数量分布及增长概况。2018 年,WIPO 的专利申请总量达到了 25.3 万个,创历史新高,同比增长 3.9%。亚洲国家申请数量首次过半,中国独领亚洲经济体风骚,华为位居世界第一,专利申请数量创新高。根据世界知识产权组织(WPIO)公布的数据,2019 年中国通过专利合作条约(PCT)体系申请了 58 990 件专利,首次超过美国(57 840 件),成为世界第一。中国华为以 4 411 件专利申请量遥遥领先,连续三年世界第一,之后是日本三菱电子、韩国三星电子、美国高通、中国 OPPO、中国京东方、瑞典爱立信、中国平安科技、德国博世、韩国 LG 电子。2020 年,尽管全球遭受新冠肺炎冲击,但 PCT 申请量仍增长至 27.59 万件,创下历史新高。2020 年华为凭借 5 464 件 PCT 申请量,夺得全球冠军。这已经是华为连续第 4 次获得此殊荣。

从发明专利授权量看,2019 年,我国发明专利授权量排名前 3 位的国内(不含港澳台)企业依次为:华为技术有限公司(4 510 件)、中国石油化工股份有限公司(2 883 件)、OPPO 广东移动通信有限公司(2 614 件)。截至 2020 年 12 月 31 日,根据全球专利数据库发布的报告显示,全球排名前 20 的企业专利权中,我国的华为、OPPO 和中石化占据了前三名,专利授权分别为 6 393 件、3 580 件和 2 921 件。华为国际媒体事务总裁郭福林对英国《金融时报》表示,到 2020 年底,公司拥有超过 10 万项有效专利,高于 2019 年底的 8.5 万多项有效专利,这是公司有史以来最大的年度增长。

3.6.2 华为竞争力分析

华为的"狼性"文化强调团结、奉献、学习、创新、获益与公平,更强调积极进取,以绩效为导向。华为有着一套独特的人力资源管理方法,包括新员工培训、员工考核方法、批评与自我批评等等,为华为保持其"狼性文化""奉献精神"提供了保证。

华为有一套完善的客户参观流程,把竞争对手做广告的费用拿来请客户和供应商参观华为的产业园区,有针对性地聚焦客户,提升华为形象,增强客户选择华为的信心。

先进的生产工艺体系缩短了产品的生产周期,提高了生产效率和生产质量。完整的供应商认证流程保证了产品和工程实施的质量，赢得快速、高质量、低成本的比较竞争优势。

(1) 研究开发能力

华为持续提升围绕客户需求进行创新的能力，长期坚持不低于销售收入10%的研发投入，对新技术、新领域进行持续不断地研究和跟踪。目前，华为在FMC、IMS、WiMAX、IPTV等新技术和新应用领域都已经成功推出了解决方案。华为主动应对未来网络融合和业务转型的趋势，从业务与应用层、核心层、承载层、接入层到终端，提供全网端到端的解决方案，全面构筑面向未来网络融合的独特优势。

(2) 生产运作能力

华为拥有通信设备制造业界最为全面的产品线，能提供业界最完整的端到端的解决方案和"一站式"服务。华为的产品与解决方案已经应用于全球众多国家和地区，国际市场成为华为销售额的主要来源。华为已成长为一个全球化公司，在海外设立多个地区部和分支机构，使得华为可以更加贴近客户，倾听客户需求并快速响应。

华为采用国际化的全球同步研发体系，聚集全球的技术、经验和人才来进行产品研究开发，使华为的产品一上市，技术就与全球同步。

华为在海外设立多个区域培训中心，为当地培养技术人员，并大力推行员工的本地化。全球范围内的本地化经营，不仅加深了华为对当地市场的了解，也为所在国家和地区的社会经济发展做出了贡献。

华为聘请德国FhG帮助进行生产工艺体系的设计(包括立体仓库、自动仓库和整个生产线的布局)，从而减少了物料移动，缩短了生产周期，提高了生产效率和生产质量。

(3) 市场营销能力

华为与众多世界领先的运营商建立了长期、稳固的伙伴关系。固定网络、IP网络和电信增值业务等产品领域均表现出良好的增长态势，市场份额稳步提升。

在发达地区市场，华为产品与解决方案广泛应用于英国、法国、德国、西班牙和荷兰等欧洲国家，并在日本和美国市场相继取得新的规模突破。

作为全球新兴市场的TOP3设备供应商，华为在新兴市场的份额稳步提升。

作为全球移动网络建设的主要供应商之一，移动产品在公司的产品销售组合中仍然占有首要比重。

(4) 人力资源管理能力

华为实行员工持股制度，其股权分配强调持续性贡献，主张向核心层和中间层倾斜。华为的基本做法是将价值评价结果转化为奖金，再将奖金转化为股权，然后利用这种剩余索取权分享公司利润。

在工资方面，通常以任职资格为职能工资制度提供依据。任职资格是指承担职务的资格与能力，内容包括基本素质、专业技能、个人品质等。

(5) 组织管理能力

华为强化营销体系对客户需求理解、战略方向把握和业务规划的决策支撑能力。将原来相互隔离的各个系统打通，整合了原来各个不同领域，将原来固网产品线、数通产品线、无线产品线、业务软件产品线、核心网产品线整合在以下4大体系下：销售和服务体系、战略和营销体系、产品和解决方案体系、运作和支撑体系。通过自上而下管理层控制、强大的企业文化渗透、遍布全球的 IT 系统来保证战略的实施。

华为 IFE 矩阵分析见表 3-6。

表 3-6　华为 IFE 矩阵分析

关键内部因素		权重	评分	加权分数
优势	1. 经营模式:坚持以客户为中心;坚持长期投入,战略长远	0.11	4	0.44
	2. 采用成本领先战略(低成本研发优势,低成本的智力型人力资源)	0.10	4	0.40
	3. 销售收入增速迅猛,领先行业发展(猛涨 40%)	0.13	3	0.39
	4. 重视研发实力,满足客户各类需求	0.14	4	0.56
	5. 员工持股,股权激励制度	0.09	3	0.27
	6. 优良的企业文化:“狼性文化”	0.05	3	0.15
劣势	1. 华为各领域创新研发的投入比重持续加大	0.06	1	0.06
	2. 华为没有充足经验和能力处理好企业市场	0.08	1	0.08
	3. 员工高效率、高压力、“床垫文化”	0.05	2	0.10
	4. 宣传不足,手机市场口碑和份额并不高	0.1	1	0.10
	5. 财力相对比薄弱	0.06	2	0.12
	6. 领导个人色彩浓烈	0.03	2	0.06
总分		1.00	/	2.73

华为 IFE 矩阵的总平均分为 2.73 分,高于平均分 2.5 分,说明华为的内部状况处于强势。

3.6.3　华为 SWOT 分析

华为 SWOT 分析见表 3-7。

表 3-7　华为 SWOT 分析

S 优势	W 劣势	O 机会	T 威胁
① 业务排名 ② 技术实力 ③ 管理模式 ④ 优质服务 ⑤ 成本优势	① 领导个人色彩浓烈 ② 财力相对薄弱 ③ 宣传公关不足 ④ 严酷的企业文化 ⑤ 大企业病	① 互联网创新 ② 国家战略支撑 ③ 全球化趋势	① 行业竞争激烈 ② 新贸易壁垒 ③ 个人崇拜主义 ④ 信息与技术安全

1. 优势

① 业务排名。华为是全球领先的信息与通信解决方案供应商,华为已经超过爱立信成为全球通信产业龙头。2020 年,华为联合移远通信、长虹控股、中国移动通信集团终端有限公司、北京智芯微电子科技技术有限公司推出了 5G 工业模组、5G+8K 媒体模组、5G 电力模组等行业类模组。

② 技术实力。华为长期坚持不低于销售收入 10%的研发投入;在新技术和新应用领域,都已成功推出了解决方案;在全球设立了多个研究所,全球研发人占公司总人数的

45%；连续数年成为中国申请专利最多的企业，居全球首位；华为是“全球少数能提供下一代交换系统的厂家”。

③ 管理模式。形成了“狼性文化”“军事化管理”等一系列新的管理思想；成立了“华为基本法”；建立了员工持股制度，近99%的股票归员工所有，任正非本人所持有股票只占1%左右。不断学习欧美先进的管理思想和模式，并使之本土化。越来越科学化和民主化的管理变革是华为发展的强大推动力。

④ 优质服务。对于国内，华为立足中国用户，做本土化的服务；对于国际业务，营销及服务网络遍及全球，能够用客户提供快速、优质的服务；华为的服务在业界有良好的口碑，所以客户具有较强的黏性。

⑤ 成本优势。第一，原材料成本：华为通过与上游原材料供应商之间的长期良好合作，以及国内资源价格较之于国际普遍偏低，使华为在原材料上所花费的成本相对较低。在华为每年销售上千万台设备形成的规模经济效应下，华为的物料成本降到了3%，优势明显。第二，人力成本：聘用大量研发人员成为竞争的关键。一个研发人员的工资是欧洲的三分之一到四分之一，而法定工作时间是欧洲工程师的1.5倍，同时中国人勤奋，还经常加班加点。而研发成本的80%以上是人力资源成本，所以，华为投入1块钱研发，相当于欧洲公司投入10块钱，也即是华为的研发成本是欧洲公司的十分之一。此外，华为在国内的交易/交付成本相对较低，质量成本与国外相比很低，效率高低则不是最敏感因素，很多可以通过人际关系因素来弥补。

2. 劣势

① 领导个人色彩浓烈。中国民营企业的通病，华为的管理思想，仍然基于任正非对中国传统文化的解读而来，很杂，很泛。

② 财力相对薄弱。由于不是上市公司，华为不能在资本市场上融资，也不需要社会公示，一定程度上造成了华为的不透明，对华为进军和拓展国际市场形成了一定的障碍。

③ 宣传公关不足。国内很多人都知道华为，主要是由于“这是一家高薪企业”，但是具体是销售什么产品的，大多数人并不清楚。宣传的不足不利于企业形象的树立以及知名度的持久传播。对于企业的负面新闻，以及广大媒体及公众的批评、质疑之声，华为采取了沉默处理的方法，严重影响了华为的企业形象。

④ 严酷的企业文化。“狼性文化”越来越凸显其明显的缺陷，违背现代企业管理中人性化管理的需求。

⑤ 大企业病。机构臃肿，流程缓慢，内部政治。

3. 机会

① 互联网创新。随着互联网+时代的到来，以宽带、云计算、大数据、物联网为代表的ICT技术正成为各个行业加速转型的引擎；个人消费需求进入SNS+时代；2021年全国“两会”政府工作报告重点审议了国民经济和社会发展“十四五”规划，明确提出坚持创新驱动发展，加快发展现代产业体系，2025年数字经济核心产业增加值占GDP比重提高到10%。数字化将深入到人们生活中的各个场景，在教育、医疗、旅游等行业，越来越多的远程数字化体验将代替现有模式“ICT基础设施已经由过去的支撑系统向驱动价值创造的生产系统转变，成为继土地、劳动力、资本之后新的生产要素”。

② 国家战略支撑。战略性新兴产业成为政府重点发展的领域给华为的持续发展、业务拓展以及产业升级提供了重大的政策支持。

③ 全球化趋势。全球化趋势加强，华为利用自身资源和能力积极开展跨国并购，进一步提升竞争力和扩大竞争优势。

4. 威胁

① 行业竞争激烈。同跨国公司的竞争越来越激烈，与爱立信、思科等企业相比，华为在人力资源、设计、部署网络等方面处于劣势。

② 新贸易壁垒。由于近几年来欧美市场持续爆发经济危机，为保护本国的经济，多数欧美国家都会以知识产权、贸易保护和“国家安全”为借口，对华为等大型跨国公司进行各类调查和打压。

③ 个人崇拜主义。华为内部个人崇拜主义严重，领导层的变动无疑会影响到华为公司的长期战略计划。

④ 信息与技术安全。自 20 世纪 90 年代起，华为就检测出美国方面有人在监视华为，但华为并不知道这是来自美国政府的监控。华为的信息与技术安全问题正经受着来自美国国家安全局的考验。

基于 SWOT 分析，华为的四大行动策略见表 3-8。

表 3-8　基于 SWOT 分析的华为四大行动策略

	O 机会	T 威胁
S 优势	a. 成为世界级通信制造企业，利用全球电信业的快速发展和国内的成本优势，以成为世界级的通信制造企业为目标。 b. 创新并推出更多拥有自主知识产权的技术和设备。拥有自己的核心优势技术和领先于市场普遍应用的设备是每家通信企业必需的追求。拥有更多的自主知识产权，就意味着在以后的竞争中占据更大的市场份额和利润，这也是企业的根本目的。 c. 实现在全球范围内资源的最佳整合和配置的一家大企业，特别是一家国际化企业，拥有比小企业多得多的人力和财力优势，把这些优势运用起来为壮大发展服务，不造成冗员与铺张浪费，走向全球化。	a. 提高设备技术含量和服务水平。 b. 加强与政府相关部门合作，充分利用政治带动经济。 c. 用技术、专利等知识产权进行跨国合作。
W 劣势	a. 将人员向有潜力的市场调配。 b. 培养客户和市场，努力培养优秀的销售管理人员。 d. 采用有效的方式培养海外销售渠道。 e. 充分利用全球市场的发展势头，利用自己先进的技术走出去。	a. 裁除不合适的员工。 b. 多组织与国外相关机构的沟通交流、会展、政府经贸合作，以提高品牌的知名度。 c. 合作生产、合作经营，通过参股等，参与国外企业经营，双方共同生产产品。 d. 对资本要进入国家的法律、体制等进行研究，审慎分析投资前景以及合作伙伴的情况。

【本章小结】

企业内部环境是相对于外部环境而言的独立概念，企业的资源、能力和竞争优势决定了企业的实力，决定了企业战略的分析、制定、实施和完善。

企业的资源是能够给企业带来竞争优势的任何要素，是企业参与市场竞争的必备条件，包括有形资产、无形资产和人力资源。

企业能力是指企业协调资源并发挥其生产与竞争作用的能力。企业核心能力帮助企业比竞争对手做得更加出色，竞争优势保持得更加长久，拥有长期的战略领先地位。

对企业内部条件分析的方法主要有价值链分析法、IFE 矩阵法等，对企业内部条件分析的内容包括对企业的产品、人力资源和组织效能的分析以及其他资源和条件的分析。

【思考题】

1. 对于企业长远发展来说，企业内部资源和能力与外部环境相比，你认为谁更重要？
2. 企业资源、能力与竞争优势三者关系如何？请作示意图分析。
3. 价值链分析的目的是什么？针对一个熟悉的企业进行价值链分析。
4. 什么是核心竞争力？企业应如何培育和发展其核心竞争力？
5. 分别用 IFE 矩阵和 SWOT 法分析一个企业实例。

【拓展阅读】

◇ 阅读推荐

(美)克里斯・安德森. 长尾理论 2.0[M]. 乔江涛，石晓燕，译. 北京：中信出版社，2009.

◇ 推荐理由

长尾理论是网络时代兴起的一种新理论，在管理畅销书《CEO 必读 12 篇》中，长尾理论被注解为由于成本和效率的因素，当商品储存流通展示的场地和渠道足够宽广，商品生产成本急剧下降以至于个人都可以进行生产，并且商品的销售成本急剧降低时，几乎任何以前看似需求极低的产品，只要有卖，都会有人买。这些需求和销量不高的产品所占据的共同市场份额，可以和主流产品的市场份额相比，甚至更大。长尾理论无疑是当代商务人士最为关注的焦点之一。不论是关于长尾理论的溢美还是论战，都代表了其受关注的程度。

【实践项目】

调查你所在地的一家特定企业，及时收集和准确把握企业的内部环境信息，如企业资源、能力、核心竞争力、价值链等，并撰写调查分析报告。

1. 针对特定企业，从企业资源、能力等方面，进行企业的内部环境分析。

2. 识别特定企业的核心竞争力，看其拥有何种优势和劣势。

3. 应用内部因素评价矩阵，对特定企业的内部优势和劣势两方面的因素进行评价。

4. 应用 SWOT 分析工具，对特定企业的优势、劣势、机会、威胁进行综合评价。

5. 应用价值链分析工具，对特定企业的价值创造活动进行评价，并分析企业价值链间的联系。

4 企业文化建设与战略目标

【学习要求与目标】

1. 了解企业使命和愿景的基本内涵。
2. 掌握企业使命和愿景的区别。
3. 重点掌握企业文化建设的主要内容。
4. 理解企业战略目标的概念、特征与作用。
5. 重点掌握企业战略目标的过程、制定程序和制定方法。

企业战略管理过程中,要先对企业的内外部环境进行分析,明确了企业面临的机会与威胁、优势与劣势后,企业便应该制定企业战略目标。而战略目标又与企业文化、企业愿景与使命紧密联系。

【先导案例】

海底捞的企业文化

海底捞是四川一家经营餐饮的火锅店,现已有33家分店,覆盖北京、上海、天津、西安、郑州等各大城市。其经营理念是:服务至上,顾客至上。经营口号:好火锅自己会说话。

十几年前,海底捞的老总张勇还是一个摆地摊卖麻辣烫的小贩,如今的张勇已在全国6个省市开了30多家店,成了拥有6 000多名员工的董事长。在过去几年里,海底捞已经成为餐饮界的一大焦点,吸引了众多媒体的关注。

海底捞成功的经验,归结于企业文化,海底捞的企业文化可以从以下几方面说起:

1. 海底捞的战略指导思想

对人性的直觉理解;对农民工群体的直觉理解;对餐厅服务员工作的直觉理解;对成千上万不同顾客的直觉理解。

2. 海底捞的顾客服务理念的落实

海底捞在顾客就餐前的服务特色:首先,当您来到海底捞的门前的时候,发现有专门的泊车服务生,无车型歧视;周一到周五中午,免费擦车。其次,您走进海底捞的餐厅的时候,如果此时人很多,发现其提供免费的瓜子、茶水、水果,点心及免费的报纸、杂志,扑克、跳棋、军棋。还提供擦鞋、美甲服务,有儿童专区,专人陪玩等。

海底捞之候餐服务特色:候餐服务多样化,一切都是免费的,留住客户脚步;候餐服务娱乐化,轻松消解顾客等座时的烦躁心理;候餐服务人性化,男女通杀、老少皆宜,谁都不走;预留足够候餐空间,望京店候餐面积甚至占到1/10;抓住每个上门客户;门庭若市人气十足。

海底捞之就餐中的服务特色：给每个人送上围裙；给有手机的人，送上小塑料袋套上手机以防进水；给长头发的女士，提供橡皮筋和小发夹；给戴眼镜的朋友，送来擦镜布；微笑的服务员，近在身边（每桌都至少有一个服务员）；服务员定时为顾客送毛巾（四次）、续饮料；服务员可以帮忙下菜、捞菜、剥虾皮；服务员熟悉二次客户的名字，甚至记得一些人的生日、结婚纪念日；现场有抻面表演，一根宽宽的面条在空中挥舞成各种漂亮的弧线；洗手间专人伺服（水龙头、洗手液、毛/纸巾），提供美发护肤用品；餐厅设置"电话亭"，就餐客人可以在里面享受免费电话。

3. 海底捞对待员工的理念

海底捞文化的逻辑链是：把员工当成家里人——员工把公司当成家——员工用心服务——客户满意。

海底捞崇尚的理念：用双手改变命运，用成功证明价值，靠奋斗走向卓越；尊重、希望，公平、忠诚，激情、竞争。

海底捞提供差异化、人性化管理。

海底捞对员工及子女提供的福利：①员工食宿步行距离不超过 20 分钟，正式小区或公寓中的两、三居室，不能是地下室；②配备电视机、洗衣机、空调、电脑、网络；安排阿姨负责保洁；③经理小孩 3 岁以下随本人生活的，每月提供 300 元补助。④店长小孩每年 120 000 元教育津贴。店长以上干部，公司帮助联系其子女入学并代交入学赞助费。⑤简阳有海底捞私立的寄宿制学校，员工子女均可免费上学，只需要交书本费。

海底捞对员工父母的福利：给每个店长的父母发工资，每月 200、400、600、800 不等，子女做得越好他们父母拿的工资会越多，优秀员工的一部分奖金，由公司直接寄给父母。

差异：与其他餐饮企业相比，海底捞的福利待遇辐射范围更广，不仅做到了让员工感动，同时也做到了让员工的家长感动并以此来激励员工上进。

海底捞对待员工的目标：这里就是我的家——为员工创造一个比家还温暖的地方。在海底捞的每个员工心里，都有一个温馨的家。这个家不是他们自己的家，而是遍布全国多个城市的"海底捞火锅"这个家。因为在这里，他们感受到了家的温暖；在这里，他们体验到了自己被老板和同事当作家人的感觉。他们在心里接受并喜欢上了这个特殊的"家"。

海底捞认为当一个员工把企业当成自己的家的时候，那么实际上已经让他在不知不觉中完成了身份的转变。此时的他已经不再把自己仅仅看成是企业的一个打工者，而是这个家的主人。作为一家之主，他自然想要让这个家更好一些，让这个家不断富裕起来，让家里的每个成员日子能过得一天比一天好。那么，消费者在他们眼中就成了改变自己生活的最大帮助者，无疑就成了到这个家里做客的客人。

4. 海底捞的员工授权制度

一线员工可以享有打折、换菜甚至免单权（有员工签字的名片即可兑现），只要事后口头说明即可。

老板每月只开一次总经理办公会，副总审批权 200 万，大区总审批权 100 万，店长审批权 30 万。

客人从进店到离店都是在和普通员工打交道，如果有不满还要找经理解决，那只会把客人往外推，放权给一线才有可能最大限度地消除客户不满。

授权给一线员工，员工会有主人翁意识，也有了管理者心态，这样也避免了层级之间传递消息的麻烦，能够最短时间内解决客人的问题。

海底捞对员工放权是基于信任，一旦员工滥用则会被开除。员工都很珍惜公司的信任，也很自觉运用自己的权力。

你对我信任，我为你奉献——大胆授权，充分信任。海底捞的老板张勇对下属的授权可谓是“大胆”的。在海底捞，副总、财务总监和大区经理有100万元以下开支的签字权，大宗采购部长、工程部长和小区经理有30万元的审批权，店长则有3万元以下的签字权。而对于海底捞的一线员工来说，他们也同样有着比同行大得多的权力，那就是免单权，他们只要认为有必要，就可以给顾客免费送一些菜，甚至有权免掉一餐的费用。要知道，海底捞员工的这些权力在其他餐厅，起码要经理才会拥有。

5. 创新制度

企业是大家的，每个人都有责任去把这个家经营得更好。要让这个家一直好下去，那就需要不断创新，不断发展。

为鼓励员工创新，海底捞专门成立创新委员会。委员会成员由大区总经理组成，员工的创意被收集上来之后，上报给委员会，委员会再进行筛选，将员工创新的成熟想法在全国分店加以推广，并且还发放奖金，这不仅能实现员工自身的价值，也是对他们的尊重。

【分析题】

1. 海底捞的企业文化给我们带来哪些启发?
2. 试分析企业文化与战略实施之间的关系。

【要点提示】

1. 海底捞本着以人为本的理念，从顾客需求和员工需求出发，将企业的利益与利益相关者的需求相结合，塑造企业文化，制定经营战略，其企业文化与经营战略的匹配，是其获得成功的关键。

2. 企业文化与企业战略的实施密切相关，相辅相成。组织文化能够有力地促进战略的实施，又通过战略实施得到强化和发展；战略与组织文化相悖，企业将面临战略实施失败的风险。海底捞的经营战略实施的一个重要环节就是企业文化的塑造，通过企业文化的贯彻实施促使整体经营战略实施的成功。

4.1 企业文化建设概述

4.1.1 企业文化的概念

企业文化是企业长期生产、经营、建设、发展过程中所形成的管理思想、管理方式、管理理论、群体意识以及与之相适应的思维方式和行为规范的总称。它体现为企业价值观、经营理念和行为规范，渗透于企业的各个领域。其核心内容是企业价值观、企业精神、企业经营理念的培育及企业员工思想道德风貌的重塑与提高。优秀的企业文化能够突出企业的特色，形成企业成员共同的价值观念，而且企业文化具有鲜明的个性，有利于企业制定出与众不同的、克敌制胜的战略。

4.1.2 企业文化建设的作用

企业文化建设的作用主要体现在四个方面：

(1) 为企业营造内部和谐环境，树立外部良好形象；

(2) 强化企业内部凝聚力，化解或缓和内部矛盾；

(3) 内构核心竞争力，外御竞争对手冲击；

(4) 为企业发展战略目标的实现铺路架桥。

4.1.3 企业文化建设的主要内容

企业文化是企业长期生产、经营、建设、发展过程中所形成的战略理念方针、管理思想、群体意识以及与之相适应的思维方式和行为规范的总称。企业文化体现为企业的战略理念方针、价值观、经营理念和行为规范。其核心内容是企业的战略理念方针、价值观、企业精神、企业经营理念的培育，企业员工思想道德风貌的重塑与提高。

企业战略理念方针必须立足国家发展战略理念方针进行思考。战略理念方针是国家领导人在战略判断基础上，实事求是分析世情、国情和国家发展面临的机遇和挑战后，确定的治国理政思想和战略路线。战略理念方针的制定，反映了国家领导人通过实践，不断调整治国理政思想，探索与国情条件相适应的中国特色的社会主义现代化道路。

毛泽东同志在《关于领导方法的若干问题》中，为国家发展的战略方针提供了重要指导，就是明确战略目标，统筹战略全局，有计划、有步骤、分阶段地推进建设，逐个击破。① 邓小平同志在中共十一届五中全会第三次会议讲话中指出，“搞四个现代化最主要的是搞经济建设，发展国民经济，发展社会生产力”。② 1987 年 10 月，党的十三大系统阐述了关于社会主义初级阶段的理论及党在社会主义初级阶段的基本路线，概括为“一个中心，两个基本点”③的战略方针。

1992 年，在巴西里约热内卢召开的联合国环境与发展大会提出可持续发展的战略思想。受到大会精神的影响，1995 年 9 月，中共十四届五中全会闭幕时，江泽民同志在发表题为《正确处理社会主义现代化建设中的若干重大关系》的讲话中，将可持续发展战略确立为国家现代化的核心战略。④ 2003 年 8 月 28 日至 9 月 1 日，胡锦涛同志在江西考察工作时，首次提到了“科学发展观”的概念⑤。党的十六届三中全会明确提出了“科学发展观”概念，并对科学发展观的内涵作了具体而明晰的规定，特别是将科学发展观作为我们党的指导思想和战略理念方针。

---

① 中共中央文献编辑委员会. 毛泽东选集：第 3 卷[M]. 北京：人民出版社，1991.

② 中共中央文献编辑委员会. 邓小平文选：第 2 卷[M]. 北京：人民出版社，1994.

③ “一个中心”就是“以经济建设为中心”，“两个基本点”就是“坚持四项基本原则，坚持改革开放”。

④ 中共中央文献编辑委员会. 江泽民文选：第 1 卷[M]. 北京：人民出版社，2010.

⑤ 胡锦涛. 胡锦涛在江西考察工作时的讲话[N]. 人民日报，2003-9-3.

中共十八届五中全会强调，破解发展难题，厚植发展优势，必须牢固树立并切实贯彻五大发展理念（创新、协调、绿色、开放、共享发展理念）。习近平总书记对发展做出了深入思考：“发展必须是遵循经济规律的科学发展，必须是遵循自然规律的可持续发展，必须是遵循社会规律的包容性发展。”①为适应国家发展战略需要，习近平总书记先后提出了创新驱动发展战略、区域协调发展战略、生态文明建设思想、人类命运共同体理念、推动开放合作的中国方案，明确了新时代国家发展的战略理念方针②。

中国特色的社会主义文化建设是对国家物质文明、精神文明的集中体现，中国特色的社会主义现代化发展道路充分体现了文化自信。因此，企业文化体系构建必须与中国特色的社会主义文化建设相融合，如社会主义核心价值观体现了国家、社会和公民三个层面的价值观，企业文化体系构建应构筑在社会主义核心价值观基础上，全面阐述企业文化体系。

企业文化体系构成分为三个层次：物质文化层，制度、行为文化层，精神文化层，见图 4-1。

图 4-1 中，企业文化建设主要涉及三个方面：

(1) 物质文化建设（亦称“表层文化”建设）。物质文化建设包括生产资料文化、产品文化、环境文化，如：品牌、包装、厂容厂貌等。

(2) 制度、行为文化建设（亦称“中层文化”建设）。制度、行为文化建设主要是对企业的人、财、物、事的各种动的和静的状态都有明确的标准和规定，如：行为、公关、服务等。

(3) 精神文化建设（亦称“深层文化”建设）。精神文化建设包括企业愿景与使命，战略领袖（领导者）特质、素质与能力，变革观念、竞争观念、效益观念、市场观念、服务观念、价值观念、道德观念、战略观念，还有民主意识、思维方式、经营管理思想，具体表现在工作态度、行为取向和生活方式方面。

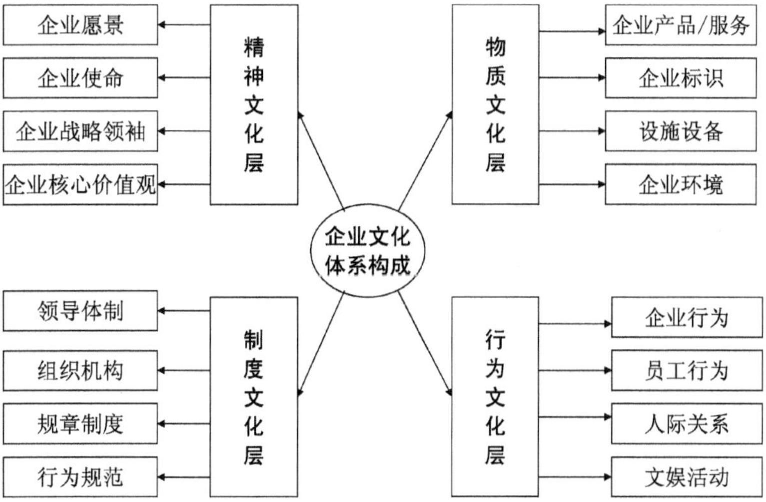

图 4-1　企业文化体系构成

① 中共中央党校（国家行政学院）. 习近平新时代中国特色社会主义思想基本问题[M]. 北京：中共中央党校出版社，2020. 习近平. 习近平谈治国理政：第三卷[M]. 北京：外文出版社，2020.

② 习近平. 习近平谈治国理政：第三卷[M]. 北京：外文出版社，2020.

4.1.4 企业文化建设的主要目标

企业文化建设的主要目的是以人为本，打造精神文化；内外并举，打造物质文化；目标激励，打造制度文化；整合塑造，打造行为文化。具体可细分为三个目标：确定MI(理念识别)、确立VI(视觉识别)、确立BI(行为识别)。

1. 确定MI(理念识别)

(1) 确定全体职工的价值观。企业价值观是企业文化的核心，决定企业的命脉，关系企业的兴衰。企业的最终目标是服务社会，实现社会价值最大化。

(2) 确立企业精神。培育有个性的企业精神是加强企业文化建设的核心。企业精神是指：企业广大职工在长期的生产经营活动中逐步形成的，由企业的传统、经历、文化和企业领导人的管理哲学共同孕育的，并经过有意识的概括、总结、提炼而得到确立的思想成果和精神力量，必须是集中体现一个企业独特的、具有鲜明的经营思想和个性风格，反映企业的信念和追求，并由企业倡导的一种精神。培养企业精神，要遵循时代性、先进性、激励性、效益性等原则，不仅要反映企业本质特征，而且要反映出行业的特点和本单位特色，体现出企业的经营理念。

(3) 确立符合集团实际的企业宗旨是企业生存发展的主要目的和根本追求，它是以企业发展的目标和发展方向来反映企业价值观。企业道德是在企业生产经营实践的基础上，基于对社会和对人生的理解做出的评判事物的伦理准则。企业作风是企业全体干部职工在思想上、工作上和生活上表现出来的态度、行为，体现企业整体素质和对外形象。

2. 确立VI(视觉识别)

统一标识、服装、产品品牌、包装等，实施配套管理。在企业发展中还要以务实的态度不断完善企业视觉识别各要素，做到改进—否定—再改进—再确定。视觉识别要素包含企业标识、旗帜、广告语、服装、信笺、徽章、印刷品统一模式等等。确立VI，以此规范员工行为礼仪和精神风貌，在社会上建立起企业的高度信任感和良好信誉。

3. 确立BI(行为识别)

行为识别主要体现在两个方面：一方面是企业内部对职工的宣传、教育、培训；另一方面是对外经营、社会责任等内容。行为识别就是通过组织开展一系列活动，将企业确立的经营理念融入企业的实践中，指导企业和职工行为。

4.2 企业愿景与使命

每一个企业都应该在创立之初确定自己所要承担的使命及未来的发展目标。著名管理学家德鲁克认为，企业只有具备了明确的使命和目的，才可能制定明确和现实的企业目标。学者凯恩指出，企业愿景能集聚资源、指挥行动、激励员工，进而推动企业取得出色的业绩，战略家的职责就是明确和设计清晰的愿景。企业愿景、使命和目标为战略分析、战略制定、战略选择、战略实施和战略控制提供了依据，它们是制定企业战略方案的前提，也是企业战略管理实践的指南。企业愿景和使命是企业经营理念的最高层次，是企业战略管理的制高点。

4.2.1 企业愿景

企业愿景必须立足国家愿景进行思考。习近平总书记2012年11月29日带领中共中央政治局常委到国家博物馆看“复兴之路”展览，并提出实现中华民族伟大复兴的“中国梦”。中国梦作为近代以来我们最伟大的梦想，本质上是国家愿景的重要内容，对实现中华民族伟大复兴起到重要的激励和引导作用。习近平总书记结合中华民族五千多年的文明发展历程，特别是近代以来一百六十多年的历史，强调：“中国梦是历史的、现实的，也是未来的”，“实现中华民族伟大复兴的中国梦，是近代以来中华民族的夙愿”，中国梦“既深深体现了今天中国人的理想，也深深反映了我们先人们不懈追求进步的光荣传统”。这些论述贯通历史、现实和未来，深刻揭示了中国梦的历史传承和文化底蕴。在新的历史时期，中国梦的本质是国家富强、民族振兴、人民幸福。

习近平总书记强调：“中国梦归根到底是人民的梦”，“中国共产党在中国执政，要带领人民把国家建设得更好，让人民生活得更好”，“人民对美好生活的向往，就是我们的奋斗目标”。中国梦昭示着国家富强、民族振兴、人民幸福的美好前景，反映了新一代共产党人的责任担当，为坚持和发展中国特色社会主义注入新的内涵和时代精神，深刻揭示了中国梦的丰富内涵、内在逻辑和价值追求。“中国梦”的整体表述生动形象地表达了当代全体中国人民的共同理想追求，是一种形象的表达，是一个最大公约数、能够为群众易于接受的表述，具备了典型的、优秀的、愿景的表述特征。

专栏4.1　国家发展2035年远景目标“基本实现社会主义现代化”

国家发展2035年远景目标“基本实现社会主义现代化”是中国开启全面建设社会主义现代化国家新征程的宏伟蓝图，是全国各族人民共同的行动纲领。这一目标主要包括九个方面：

1. 我国经济实力、科技实力、综合国力将大幅跃升，经济总量和城乡居民人均收入将再迈上新的大台阶，关键核心技术实现重大突破，进入创新型国家前列。

2. 基本实现新型工业化、信息化、城镇化、农业现代化，建成现代化经济体系。

3. 基本实现国家治理体系和治理能力现代化，人民平等参与、平等发展权利得到充分保障，基本建成法治国家、法治政府、法治社会。

4. 建成文化强国、教育强国、人才强国、体育强国、健康中国，国民素质和社会文明程度达到新高度，国家文化软实力显著增强。

5. 广泛形成绿色生产生活方式，碳排放达峰后稳中有降，生态环境根本好转，美丽中国建设目标基本实现。

6. 形成对外开放新格局，参与国际经济合作和竞争新优势明显增强。

7. 人均国内生产总值达到中等发达国家水平，中等收入群体显著扩大，基本公共服务实现均等化，城乡区域发展差距和居民生活水平差距显著缩小。

8. 平安中国建设达到更高水平，基本实现国防和军队现代化。

9. 人民生活更加美好，人的全面发展、全体人民共同富裕取得更为明显的实质性进展。

1. 企业愿景的概念

愿景（Vision）的概念表述有广义与狭义之分，广义的愿景概念包括使命，狭义的愿景概念不包括使命。愿景主要包含两层内容：一是“愿望”，指有待实现的意愿；二是“景象”，指具体生动的图景。

愿景是企业根据目前所处的状况确立的未来发展目标而描绘的理想蓝图，是描绘企业期望发展成为什么样子的未来图景。在企业中，重要的不是员工的个人愿景，而是组织的共同愿景。它是被企业成员普遍接受和认同的组织的长远景象和目标，是人们共同描绘的一幅美好图画。

企业愿景反映了企业的价值观，是一个企业的管理者用来统一组织成员思想和行动的宣言，亦是管理者回答“我们代表什么？”“我们希望成为什么样的组织？”的承诺。

愿景通常是企业发展的阶段性目标，当企业进入新的发展阶段时，就需要设计新的愿景。

专栏 4.2　著名企业愿景集锦

麦当劳愿景：成为世界上服务最快、最好的餐厅。

万科愿景：成为中国房地产行业领跑者。

迪士尼公司愿景：成为全球的超级娱乐公司。

麦肯锡公司愿景：帮助杰出的公司和政府更为成功。

福特汽车创立时企业愿景：让每一个美国人都能拥有汽车。

索尼公司愿景：为包括我们的股东、顾客、员工，乃至商业伙伴在内的所有人提供创造和实现他们美好梦想的机会。

苹果电脑公司愿景：让每人拥有一台计算机。

通用机器(GE)愿景：使世界更光明。

2. 企业愿景的功能、特点和确立

(1) 企业愿景的功能

首先，明确企业发展方向，指导企业战略决策。

其次，协调相关利益者关系，指引企业应对危机。企业与利益相关者之间是一种互动共生的关系。企业制定愿景时，必须考虑利益相关者的类型、利益诉求以及相应的策略。例如，一家化工企业如果只是以盈利为目的而没有将环保责任融入愿景，必将遭到环保组织、当地社区甚至消费者的抵制。

最后，凝聚人心并给以人们希望，激励人们高效地开展工作。

(2) 企业愿景的特点

有效的愿景都至少具备以下特点：

第一，可想象性。对未来的活动或未来的组织做出描述，传达了关于未来景象的图画。

第二，鼓舞人心。以顾客、股东和员工等企业利益相关者的长期利益为诉求。清楚地说明符合大多数利益相关者诉求的各种机遇。

第三，可行性。是现实可行的、现实可达到的目标。

第四，聚集性。既表达清楚，中心突出，足以激励人们采取行动，同时又很灵活，为人们留有创新的空间，对战略决策制定过程起指导作用。

第五，可沟通性。易于沟通。可在几分钟之内得到很好的解释。

(3) 企业愿景的确立

企业在制定愿景时，一定要做好充分的部署和安排。具体来说可按以下步骤进行：

步骤1，高调宣传。重点宣传制定企业愿景的重要意义。

步骤2，召开会议。通过头脑风暴法取得初步的意向。

步骤3，分类筛选。收集初步意向后，进行分类筛选，形成初步结论。

步骤4，反复修改。愿景设计经历曲折过程，必须进行反复修改。

步骤5，最终定稿。愿景设计过程的最后，形成一个上下都认同的企业愿景。

专栏4.3　有效的愿景宣言

公司	愿　　景
微软	(a) 确保全世界的人们和企业实现全部潜能。 (b) 每张桌子上的个人计算机都运行微软的软件。
雅芳公司	成为一家最了解女性需要，为全球女性提供一流的产品和服务，并满足她们自我成就感的公司。
万科公司	成为中国房地产行业的领跑者。
华为公司	丰富人们的沟通和生活，成为世界级的领先的电讯设备提供商。
英特尔公司	成为全球计算机行业最重要的供应商。
联想集团	未来的联想应该是高科技的联想、服务的联想、国际化的联想。

4.2.2　企业使命

企业使命必须立足国家使命进行思考。习近平总书记指出，中国共产党人的初心和使命，就是为中国人民谋幸福，为中华民族谋复兴。为推翻压在中国人民头上的帝国主义、封建主义、官僚资本主义三座大山，实现民族独立、人民解放、国家统一、社会稳定，中国共产党团结带领人民找到了一条农村包围城市、武装夺取政权的正确革命道路，完成了新民主主义革命，建立了中华人民共和国，实现了中国从几千年封建专制政治向人民民主的伟大飞跃。新中国成立后，中国共产党团结带领人民完成社会主义革命，确立社会主义基本制度，推进社会主义建设，完成了中华民族有史以来最为广泛而深刻的社会变革，为当代中国一切发展进步奠定了根本政治前提和制度基础，实现了中华民族由近代不断衰落到根本扭转命运、持续走向繁荣富强的伟大飞跃。改革开放以来，中国共产党团结带领人民进行改革开放新的伟大革命，破除阻碍国家和民族发展的一切思想和体制障碍，开辟了中国特色社会主义道路，使中国大踏步赶上时代。

1. 企业使命的概念

企业使命是指企业生存和发展过程中对国民经济和社会发展所应承担的角色和责任。它明确了企业的基本性质与存在的理由，说明企业的宗旨、经营哲学、信念、原则，根据企业服务的对象——顾客的性质，提出自身的长期发展规划，从而为企业制定战略目标提供依据。

企业愿景是其使命的基础，企业使命比企业愿景更加具体地表明了企业的性质和发展方向。企业使命就是对企业根本性质、存在理由和存在价值的一种规定，它说明了本企业经营的哲学理念、宗旨和信念与一般的企业不同。

2. 企业使命的主要内容

企业使命一般包括企业经营哲学和企业宗旨两方面内容。

(1) 企业经营哲学(核心价值观)

一般来说，企业使命往往体现了企业的经营哲学。企业经营哲学是指一个企业为其经营活动方式所确立的价值观、态度、信念和行为准则，是企业在社会活动及经营过程中起何种作用或如何起这种作用的一个抽象反映。企业经营哲学的主要内容通常由企业经营活动中的指导思想基本观点和行为准则构成。实践表明，一个企业要取得真正的成功，单靠资金、技术、产品还不够，还必须有一套明确的统一的指导思想和价值观念。企业经营哲学的核心是“企业为什么而存在”，即解决企业存在价值的问题。

任何一个组织要想生存，首先必须拥有一条完整的经营哲学，作为一切政策和行动的最高标准。换言之，组织的成功从根源上说是和它的基本经营哲学有关的。经营哲学的重要性远远超过技术、资源、组织结构和环境因素等。

经营哲学一旦形成，就会对企业的各项活动发挥指导作用。正确的经验哲学能够引导企业的经营走向成功，使资金、技术、人员、设备等真正发挥出应有效力；而错误的或模糊不清的经营哲学，会使企业在激烈的市场竞争中无法立足或摇摆不定。

(2) 企业宗旨(核心目的)

企业宗旨是指企业现在和将来应从事什么样的事业活动，以及应成为什么性质的企业或组织类型。

企业宗旨的确定：①谁是顾客？②顾客分布于何处？③顾客购买什么？④顾客为何来购买？⑤顾客的价值观是什么(即顾客购买商品时他或她期望得到什么)？⑥如何去接近顾客？

专栏 4.4 著名企业使命

万科使命：建筑无限生活，创造健康丰盛的人生。

(1) 客户是我们永远的伙伴。

(2) 人才是万科的资本。

(3) “阳光照亮的体制”。

(4) 持续的增长和领跑。

麦肯锡公司使命：

(1) 为高层管理综合研究和解决管理上的问题和机遇。

(2) 对高层主管所面临的各种抉择方案提供全面的建议。

(3) 预测今后发展中可能出现的新问题和各种机会，制定及时且务实的对策。

联想电脑公司使命：为客户利益而努力创新。

(1) 成就客户——致力于客户的满意与成功。

(2) 创业创新——追求速度和效率，专注于对客户和公司有影响的创新。

(3) 精准求实——基于事实的决策与业务管理。

(4) 诚信正直——建立信任与负责任的人际关系。

华为公司使命：聚焦客户关注的挑战和压力，提供有竞争力的通信解决方案和服务，持续为客户创造最大价值。

(1) 创造世界最优秀、最具创新性的产品。

(2) 像对待技术创新一样致力于成本创新。

(3) 让更多的人获得更新、更好的技术。

(4) 最低的总体拥有成本(TCO)，更高的工作效率。

迪士尼公司使命：

(1) 使人们过得快活。

(2) 极为注重一致性和细节刻画。

(3) 通过创造性、梦幻和大胆的想象不断取得进步。

(4) 严格控制、努力保持迪士尼"魔力"的形象。

百度公司使命：

百度，全球最大的中文搜索引擎、最大的中文网站。"让人们最便捷地获取信息，找到所求"。

3. 企业使命的作用

企业使命的作用体现在五个方面：

(1) 明确企业核心业务(经营领域)与发展方向

企业要成为什么？企业的经营业务是什么？企业的经营业务应该是什么？

(2) 协调企业各种利益相关者的分歧

企业股东关心投资回报；企业员工关心福利待遇和发展前途；公众关心企业的社会责任；政府关心税收与公平竞争；地方社团关心安全生产与稳定就业。

(3) 帮助企业树立用户导向思想

企业经营的出发点是确认用户的需要。例如，美国电话电报公司的企业使命不是电话而是通信；环球电影制片公司强调的是娱乐而不是电影。

(4) 表明企业的社会责任

社会问题迫使战略制定者不仅要考虑企业对股东的责任，而且要考虑企业对用户、环境、社区等所负有的责任。

(5) 为战略和目标实现打下基础

企业持续发展的关键是有一个全体员工共同高攀的战略旗帜——企业使命。

4. 确定企业使命时应考虑的因素

(1) 企业发展历史；

(2) 企业领导者的个人偏好；

(3) 企业资源和管理能力；

(4) 企业外部环境变化；

(5) 其他与企业利益相关者的要求和期望。

专栏 4.5　可口可乐公司的使命①

可口可乐公司在创建的头100年中，始终全力关注两件事：保护公司获得专利的糖浆配方秘密，密集营销。对秘方保密使公司连带着对其他经营方面也采取了保密的态度。到1978年，公司已经在135个国家开展业务，拥有近40 000名员工和80 000名股东，但公司对企业使命和长期目标的陈述仍旧是非常简短和直接的。1978年的公司文件对业务做了一个简短的说明，在其后的一份文件中，增加了一些非常笼统的目标，由此构成了当时的公司使命："可口可乐公司是全球最大的生产和销售软饮料浓缩液和糖浆的企业。公司生产的可口可乐自1886年起在美国销售以来，至今已在135个以上的国家销售，并成为这些国家中软饮料产品的领先者。公司的食品分部负责生产和销售Minute Maid牌和Snow Crop牌冰冻浓缩柠檬汁，公司还用Taylor的商标生产和销售无泡酒和汽酒。有一个子公司设计和制造水处理系统，还有一个子公司制造和销售塑料薄膜产品。公司的目标是继续加强财务上的发展趋势。"

虽然可口可乐公司在20世纪80年代中期开始进入影视娱乐业，但其1986年的使命仍保持了简短和保密的特点："可口可乐公司是全球软饮料业的领导者，也是全球影视娱乐业的制造和分销者，美国橘子汁和果汁产品的领先者。公司管理部门的基本目标是要提高股东的价值。为了实现这一目标，公司及其子公司制定了全面的业务战略，包括：增加产量和盈利；在高回报领域投资，实现长期现金流量最大；撤出低回报资产；维持恰当的财务政策等。公司在软饮料业、娱乐业、食品业三个市场上经营，这三个业务领域都是客户导向的，并能提供诱人的利润率。在每一业务领域，公司都集中于最大限度地提高销售量，进行有效的资产管理，提高分销系统的利用率。公司软饮料业务部的主要目标是使公司销售量的增长快于产业的增长水平；娱乐业务部的关键目标是利用影片和电视分销系统，增加影视娱乐产品的收藏量；食品业务部执行的是产品细分和包装细分战略，其目标是为现有的分销渠道增加新产品，从而提高销售量。"

到20世纪80年代末，可口可乐公司经受了一些困难的考验。公司在20世纪最后10年中也取得了不少成功。"新可乐"受到消费者空前未有的抵制，娱乐业务部卖给了索尼，挣了一大笔。新领导Roberto Goizueta领导风格的一大反映是公司的使命和努力方向更加公开。20世纪90年代初，Goizueta以小册子方式公开了公司使命，这一小册子的标题是"迈向2000年的业务系统：可口可乐在90年代的使命"。主要内容如下：

我们的机会：公司独特的机会是为干渴的世界和所有的朋友带来清凉，为股东创造价值。我们的业务系统是唯一能在全球范围内利用这一机会的生产和销售系统。我们一定要使这一机会得以实现。

我们的目标：以可口可乐为核心，公司、专卖店，以及其他合作伙伴将利用全球最卓越的品牌和服务系统为客户和消费者提供满意和价值。我们的品牌资产将因此而能在全球范围内得到提升，股东财富也能增加。公司在90年代的目标是：扩展全球业务系统，使欣赏我们品牌和产品的消费者人数越来越多。

---

① 资料来源：根据上海财经大学国际工商管理学院网站资料改编。http://gsgl.shufe.edu.cn/strategy/show.asp? id=447。

我们遇到的挑战：90 年代对我们的业务来说是一个充满矛盾的时期，现有的分销系统要进一步统一，同时还要建立新的分销系统；客户要求有更多的选择，但又要求在最低成本的同时获得个性化的服务和个性化的促销方式；发达国家的消费者年龄在增长，它们对企业的影响将不再表现在人数上，不那么发达国家的消费者人数则增长很快，这些年轻人市场的活力将取决于当地的就业和经济发展形势。为此，我们需要更有效地使用我们的品牌、系统、资本及人员等基本资源。其中，人员是最重要的。人们可能会认为，这些资源已经存在，只要将它们投入使用来实现目标就可以了。这就大错特错了。90 年代的挑战不在于使用这些资源，而在于扩展这些资源，适应它们，用创新的方式使用它们，创造出可口可乐系统和全球消费者之间的崭新的关系。

我们的资源：

1. 品牌。信息业日益全球化意味着我们可以通过全球品牌来形成广告效应和树立各种公共形象。这将有助于维持我们“首席品牌广告”的地位。但是，必须时刻牢记，是我们遍布于全球的专卖店网络在宣传和推广我们的品牌。为了更恰当地利用我们的品牌，必须认识到我们和我们的专卖店共处于服务客户的业务之中，满足他们现实的和期望的需要。有关产品营销的操作性决策，在符合全球战略和具备灵活性的前提下，应尽量接近消费者和客户，这也就是全球性着眼和当地化实施。为此，需要掌握每一位客户、每一个渠道，或每一个消费者群的知识，才能制定出能满足他们特定要求和价值的计划。可口可乐公司卖的不是大众化商品，我们也不会去卖大众化商品，我们不会自己去贬低与客户和消费者的关系。不管是哪种形式的可口可乐，传统的、无糖的、无咖啡因的、果味的、淡味的，等等，都是全球承认和尊敬的品牌。过去是这样，永远是这样！品牌是我们清凉系统的核心。雪碧和芬达也是全球性品牌，它们在我们的品牌战略中必须发挥作用。我们还将继续不断地开发新品牌。

2. 系统。在组织结构上和决策上接近消费者，是 90 年代全球化和分散化市场的要求。从结构上讲，要使组织更加扁平。职能性活动必须围绕那些关注于市场机会的业务单位建立，而公司层应成为行动者，不再是批评家或鼓气家。我们的专卖店也应理解这一新任务。只有在必要和能实现目标的情况下，我们才会提高可口可乐生产和销售网络上的资产参与程度，专卖系统参与程度的提高可能会要求对生产和销售能力进行更大的投资，以便于以最低的成本来满足客户的服务要求。这将保证整个系统的竞争优势。为了抓住新的销售机会和新市场，特别是美国以外的市场，需要建立全新的分销系统。与我们的专卖店或供应商建立各类形式的合资企业，将有利于我们的资本直接建立新企业，从而接近消费者。是否能成功地管理这些扁平的、市场导向的结构，在很大程度上将取决于我们的信息系统。为了实现目标，包括将组织连接在一起的流程、报告、采购和沟通在内的信息系统，必须领导市场开发，而不是只追踪市场开发。有效和及时的信息对有效和及时的资源分配是极为重要的。我们的业务是多地区性业务，从亚洲的软饮料新市场到北美的成熟市场，业务发展状态的变化很大。我们在 103 年的经营历史中，一直经历着业务的进化和业务周期性。过去，业务周期一般为 10 年，而在未来，这一周期将大大缩短。到 2000 年，我们在发展中国家的业务系统的功能将与那些在目前成熟市场上的相同。在那些缺乏硬通货和存在政治障碍的地方，我们会在接近客户上遇到障碍，所以，必须建立新的战略联盟，强化克服这些障碍的能力。

3. 资本。强化接近客户的业务系统不仅需要对新资产投资,还要求改善对现有资产的管理。现有资产是实现目标的潜在资源。这些资产既包括实物性资产,还包括产权所有的地位、财务能力、信息系统和创造性管理业务关系的能力等在内的非实物性资产。资本管理不再仅仅是一个使回报率高于资本成本的过程,它更是一个创造性地发现对资本的更有效的利用和资产的新用途的过程,是利用和整合现有的资产,实现公司的目标并创造出新的战略联盟的过程。我们的组织在有效分配资源和利用财力建立价值上积累了丰富的经验,还将继续下去。随着在管理更大财务杠杆上的经验的积累,我们将定期评估更高的财务杠杆上限,首先是那些在业务系统或战略联盟上的投资,然后是我们的股份。

4. 人员。长期以来,可口可乐公司始终拥有一支全球性的管理骨干队伍。为了抓住90年代全球软饮料市场的机会,我们不仅需要有力的品牌、系统和基础结构,还需要能直面21世纪的有力的人员。我们要发现那些能利用事实和知识进行创造的人员,能为客户的业务创造价值的人员。在每一个人在同一时刻能拥有同样的信息的时代,优势将来自于那些能迅速、有效、有盈利地运用信息的人员。这是一些拥有"战略家头脑"的人。他们能利用一般性知识创造出竞争优势。很少有人生来就具备这样的能力,但这种能力是可以开发的,是值得奖赏的。我们必须招收并培养更多的人来满足业务的需要。在20世纪90年代,多种语言和跨文化能力将成为"国际性人才"的标准。我们应该继续完善报酬体系,以反映企业文化,奖励增加价值的业绩。人员开发的责任不可能授权给人力资源领域的那些培训人员、学术指导人员,或专家们。这些人员是有作用的,但不能全靠他们。开发公司最优秀人员是各层主管的责任。这要求每一位主管将教育和开发人员作为自己的首要责任。我们要求由最优秀的主管来招收和培训最优秀的人员。随着这些最优秀人员的成长,他们将成为下一代主管,具备开发新人员的能力和责任。我们的优势将永远持续下去。这一过程将使我们能意识到今天成功的不足之处。我们必须继续取得在承担风险和灵活决策方面的智慧。公司决不容忍自满和停滞不前。

对我们的奖励:满足上述挑战,在迅速变化的环境中获得发展的成就是巨大的。它表现为:

① 消费者满意。他们会一再地接受我们的品牌,获得所需要的清凉。

② 客户能获利。他们依靠我们全球品牌和服务获取利润。

③ 我们为业务所在地做出了经济贡献,成为受欢迎的客人。

④ 业务伙伴获得成功。

⑤ 通过可口可乐系统的力量使股东建立起价值观。

共享的远景:可口可乐系统确实是一个特殊的系统。经过成百万人历时103年的奋斗,创造出了自有商业史以来最出色的商标业绩和经济价值。然而,任何已取得的优势都是脆弱的。迈向2000年的历程要求我们的商标、系统、资本和人员能继续发展并进行调整,以适应我们的目标,实现我们的机会。迈向2000年,这是我们将为之做出贡献的诱人目标,也是我们集合在一起共同奋斗的目标。

以上是20世纪70年代到90年代之间,可口可乐公司在使命描述上的变化,反映了公司对可口可乐业务的专注,也反映了从简短和神秘向更加重视价值、优先活动、"可口可乐系统"上的转变。关于20世纪90年代的使命陈述很长。但Goizueta认为，对公司使命及有关内涵的详细和完整的描述，将有利于像可口可乐公司这样一个拥有全球职工和"合作伙伴"，从事多种经营的企业集中关注于下一世纪获得全球成功的一些关键因素。明确和详细地陈述有关可口可乐系统是什么和将成为什么，能为未来决策和行动，及掌握成功的机会提供框架。

【讨论问题】

1. 可口可乐公司20世纪90年代的使命显然不符合短小精悍的要求，而且很难被记住。试试看你用多长时间才能基本上重述这一描述。你认为Goizueta设计这样一个描述的出发点是什么?

2. 重新为20世纪90年代的可口可乐公司设计一个更容易被记住的使命。

3. 为你自己所在的学校设计一个使命文件。

【要点提示】

企业使命是企业存在的理由，应反映所有者和其他利益相关者的价值观和期望，并回答"企业为什么存在"这一问题。

5. 确定企业使命遵循的原则

企业使命在内容、形式等方面对于不同的企业都会各不相同，因此企业使命的确定没有一个统一模式，但通常可遵循两个基本原则：

(1) 确定好企业的主要经营领域

① 用市场导向观点确定企业经营领域。企业经营必须被看成是一个顾客满足的过程而不是一个产品生产的过程。产品的生命周期是短暂的，而顾客需求和顾客群则是永恒的。

专栏 4.6　企业经营领域

企业经营领域是指企业展开经营活动的产业范围和所采用的经营方式的组合。

1. 确定企业经营领域应从三个方面来考虑

(1) 企业从事何种产品(服务)的生产(顾客的需要是什么)。

(2) 面向哪些主要市场(所要服务的顾客群)。

(3) 采用何种技术(用于满足这些需求的技术)。

2. 确定企业经营领域应当注意的问题

(1) 要用市场导向观念来确定企业的经营领域。

(2) 从顾客和市场的需要出发确定经营领域。

第一，明确企业是干什么的：①谁是企业的顾客？②顾客在哪里？③顾客买什么？

第二，明确企业应该是干什么的：①需求变化及科学技术的迅猛发展为企业提供了哪些新的经营领域。②社会、经济等方面的改革为企业提供了哪些新的经营领域。③企业应当淘汰哪些没有前途的经营领域。

(3) 要在产业内的纵向分工中选择经营领域。

(4) 要找最能发挥本企业特点的有利的经营领域。

企业在确定经营领域时应该从产品导向转向市场导向，见表4-1。

表 4-1　产品导向和市场导向两种不同的经营领域定义的比较

企业	产品导向经营领域定义	市场导向经营领域定义
化妆品公司	我们生产化妆品	我们帮助您塑造美丽和希望
复印机公司	我们生产复印机	我们帮助改进办公效率
化肥厂	我们出售化肥	我们帮助提高农业生产力
石油公司	我们出售石油	我们提供能源
电影厂	我们生产影片	我们经营娱乐
空调器厂	我们生产空调器	我们为家庭及工作地点提供舒适的气候

②找出最能体现企业特点的经营领域。企业经营者在选择经营领域时可能会出现两种倾向：一是企业经营者习惯于从企业原有产品及原来的经营领域来考察市场及环境，二是企业经营者高估自己的实力。为避免上述两种倾向，企业经营者应从企业的资源条件和能力出发，紧密结合自己的竞争优势及核心能力来选择经营领域。

(2) 注重企业所承担的社会责任

企业作为社会的重要而有影响力的成员，有责任与义务来帮助保持和改进社会的各种福利。企业与社会的相互作用，可以表现在政治、经济、社会文化环境、技术等方面，企业必须考虑社会责任问题。从企业盈利的角度来看，承担社会责任短期内对企业盈利没有好处，但从长期来说，其有助于推进和完善社区建设，为企业建立良好的企业形象，提高企业的知名度，从而帮助企业赢得消费者和政府的好感，为企业的长期发展创造一个良好的外部环境。

6. 企业使命优劣判定

根据美国管理学者金尼斯(M. C. Ginnis)的研究，一个好的企业使命应该是：

(1) 明确企业自下而上的目的；

(2) 既宽泛以允许企业创造性的发展，同时，对企业的一些冒险行动有所限制；

(3) 使本企业区别于其他同类企业；

(4) 作为评价企业现在和未来的活力的框架；

(5) 清楚明白、易于为整个企业所理解和为公众所接受。

7. 企业愿景与企业使命的关系

从广义上看，企业愿景和企业使命其内涵是相通的，所以，现实中经常被混用。但从狭义上看，企业愿景侧重于从企业自身的角度出发，描绘的是企业未来希望达到的一种境界，而企业使命则更侧重于从企业所从事的经营活动内容和性质的角度出发，所关注的是企业经营的总方向和总目的，以及如何满足顾客需求的总体原则和经营思想。

专栏 4.7　沃尔玛的愿景使命

沃尔玛(Wal-Mart)的使命是“永远低价”(always low prices)。

所有的企业活动都是围绕这一使命展开。

在确定了这一使命之后，沃尔玛在各个阶段都制定了愿景。

(1) 10 年内成为阿肯色州收益最高的企业之一(1945 年);

(2) 2000 年,将店铺数扩增至两倍,每平方英尺的销售额增长 60%(1990 年);

(3) 4 年内成为 10 亿美元企业(1997 年)。

4.3 企业战略领导者

4.3.1 企业战略领导者的特质

企业战略领导者应具备的特质可归纳为七个方面:

(1) 强烈的追求成功的愿望。成功的战略领导者往往表现出高度的工作积极性,拥有较高的成就渴望。他们进取心强,精力充沛,不断地努力提高自己,对自己所从事的活动坚持不懈,并有高度的主动精神。这一点对战略领导者最为重要,如果没有强烈追求成功的愿望,很难成为成功的战略领导者。

(2) 领导愿望。战略领导者通常具有强烈的权力欲望,喜欢领导别人,而不是被别人所领导。强烈的权力欲望驱使他们试图去影响别人,并在领导过程中获得满足和利益。

(3) 正直与诚实。战略领导者必须言行一致,诚实可信,这样才能与下属之间建立起相互信任的关系。

(4) 坚定自信。战略领导者需要有高度的自信,自信能让他们克服困难,在不确定的情况下惯于做出决策,并能逐渐将自信传给别人。

(5) 智慧。这里的智慧不仅包括战略领导者的智商,还包括他们的情商。智商方面,战略领导者必须有足够的才智来搜集、整理和解释大量的信息,并能确立目标、解决问题和做出正确决策。情商包括他们的人际沟通能力和处理复杂问题的能力。

(6) 情绪的成熟性。战略领导者在对待突发事物时,能够保持情绪的稳定,冷静的思考,做出理智的判断。缺乏情绪成熟性的领导容易做出错误的判断,而难以成为成功的战略领导者。

(7) 专业知识。一个有效的战略领导者应当对其企业、行业、工作相关的知识和技术等问题有清楚的了解,同时要掌握管理技能,广博的知识能使他们做出富有远见的决策,并能理解这种决策的意义。

4.3.2 企业战略领导者的素质与能力

1. 思维意识

(1) 思维的开放性

所谓开放性思维,是指突破传统思维定式和狭隘眼界,多视角、全方位看问题的思维;它与把事物彼此割裂开来、孤立起来、封闭起来,使思维具有保守性、被动性和消极性的形而上学思维是根本对立的。开放性思维本质上具有反教条和实事求是的特征。具备了开放性的思维方式,就能够不断地有所发现、有所发明、有所创造、有所前进。创造性应当是人类思维的本性,是人类思维得以发展和进化的内在活力和内在根据。

对于战略领导者,跨出固式思维,用开放性思维解决问题非常重要。这与一般的日常管理者不同,由于日常管理是一些结构性、程序化的问题,这些问题经常发生,解决方法也基本固定，我们可以理解为相对静态的环境，此时，越有经验的人，处理问题的能力越强，因此一个人的经验、经历和年龄变得非常有价值。

(2) 思维的权变性

思维的权变性，是指能够根据特定环境寻找特定的方法。具有思维权变性的人，能够根据环境、能力、事件、时间、地点、人的不同而采取不同的方法，做到灵活变通。战略性问题不像乘法口诀那样，并没有固定的方法方式可以套用，而是要根据所针对的特定问题、特定场合来选择恰当的办法。众多成功的战略领导者的成功之路并不相同，他们解决问题的方法也各有特色，但他们都具有权变性的思维意识。

(3) 角色定位

战略领导者不仅能够对自己进行很好的角色定位，知道自己处于什么角色、应当做什么事，还要能对企业进行角色定位，知道企业所处的行业地位、企业的优势和劣势在哪里。当然一个人可能处于不同的成长阶段，也可能在组织中处于不同的级别，不论在什么时候我们都需要找对自己的角色，否则自己的努力反而会带来负面效果。正如华为总裁任正非所说的，企业员工如果提出小的、可操作性、切合工作实际的建议，我会给予采纳和表扬；而对于只会抱怨、提出大的改动方针的人，我不会理睬。因为这建议既不具有可行性，也不是一个普通员工应当承担的角色任务。

2. 素质与能力

(1) 前瞻意识与洞察能力

该能力要求战略领导者能够通过直觉、悟性、远见发现机会。具有此种能力的领导者，首先需要有明确的目标，并能根据外部环境的变化，自主地、适宜地利用本企业的条件确定可能完成的任务或提出新的目标。其次要具有强的开拓精神，敢于创新和实践。第三，要具有较强的分析决策能力，准确地判断外部环境中出现的机遇。

(2) 风险意识与决断能力

该能力要求战略领导者能够承担中度风险，果断、执着、耐心地把握机会。决断能力离不开果断性和坚定性。果断性是领导很重要的意志素质，在复杂和困难的条件下，经常要求领导者做出及时的和独立的决定并执行这一决定。果断性和坚定性紧密相关，坚定性表现在克服困难实现目标，并且准备承担风险。但战略领导者绝不是风险偏好者，他能够正确的评估风险和控制风险，具有良好的风险意识。

专栏 4.8　飞镖实验

在离飞镖距离不同的位置向靶子投掷飞镖，并按距离的远近给予不同的奖励，但如果投不中则要付出一定代价，距离近的命中率自然比较大，但是获得的收益最小，相反，距离远的命中率比较低，但所获收益较大，如果仅凭直觉来选择，你会选择站在哪个位置呢：最近的？最远的？中间的？

【思考】

你愿意选择哪一种风险度来承担呢？

【评析】

不同的人会选择不同的风险，选择距离最近的人属于风险规避者，这种人做事比较踏实,可以信赖,但是可能失去某些机会。选择距离最远的人的收益在很大程度上是由运气决定的,属于风险偏好者,这种人的优点是敢作敢为,缺点是事业可能出现大的起伏和波动。选择中间位置的人是追求成功和与众不同的人,是经努力将风险控制在最小使收益最大的人,属于中度风险偏好者,这种人的特点是渴望得到反馈和认可。

风险规避者和风险偏好者应向中间靠拢一些,因为未来的环境是动态的环境。

(3) 领导意识与驾驭能力

该能力要求战略领导者能够通过自信、人际技能、应变、掌控局面、追求成功等控制和利用机会。领导意识和驾驭能力是战略领导者综合素质的集中体现,他不仅要求战略领导者有着较为全面的知识、领导才能和灵活的处理人际关系的能力,而且需要具备坚韧不拔的顽强精神,克服长期困难的意志,沉着冷静的自制力,强的纪律性和自信心。这些能够帮助领导者不畏困难和危险,在高度紧张时善于控制自己的感情,当企业生产经营受到挫折时,沉着冷静,相信个人和集体的力量,准确地利用时间和空间,积极克服一切困难。

(4) 道德力量与感召能力

道德力量和感召能力体现一个人的品德、修养和激情。通常越要做大事、做长久之事,道德越重要。现代企业处于法制化、制度化的社会大环境之下运行。每一个企业都是社会经济的一个细胞。全社会经济的良性运行,有赖于每一个企业的守法经营。近年,也确有一些企业管理者为了一点眼前利益,置社会道德、商业道德和法制于不顾。制假、售假,破坏环境,商业诈骗,虚假广告,偷税漏税等行为是与企业领导者应具备的素质不相容的。这样的企业不可能做大、做强,也不可能长久生存。相反,逐渐强大和发展迅猛的企业,一般都相当注重树立良好的企业形象,企业领导者往往也是遵守社会道德、规范的楷模。当然,道德素质不仅体现在社会责任、对社会公众的诚实守信等方面,而且也体现在企业领导者对企业的忠诚和对企业员工的负责和关心上。

4.4 企业战略目标

企业战略目标的制定必须立足国家发展战略目标进行思考。国家发展战略目标充分体现了国家发展的战略性和前瞻性,体现了人民的根本利益和长远利益。中国特色社会主义现代化道路的最终目标是把我国建设成为富强、民主、文明、和谐、美丽的社会主义现代化强国。以毛泽东同志为核心的党中央开创了中国特色的社会主义建设事业,提出了"四个现代化"的宏伟目标,即"建设超强大的现代化的工业、现代化的农业、现代化的交通运输业和现代化的国防"。① 以邓小平同志为核心的党中央创新性地提出了"小康社会"的战略目标②。

党的十六大报告中提出了全面建设小康社会的奋斗目标,并从经济、政治、社会、文化等方面勾画了宏伟蓝图。③ 党的十八大报告提出,要在十六大、十七大确立的全面建设小康

① 中共中央文献编辑委员会. 周恩来选集:下卷[M]. 北京:人民出版社,1984.
② 中共中央文献编辑委员会. 邓小平文选:第2卷[M]. 北京:人民出版社,1994.
③ 中共中央文献研究室. 十六大以来重要文献选编(上)[M]. 北京:中央文献出版社,2005.

社会目标的基础上努力实现新的要求：一是经济更富强，经济持续健康发展，转变经济发展方式取得重大进展，实现国内生产总值和城乡居民人均收入比 2010 年翻一番，人民生活水平全面提高；二是政治更民主，人民民主不断扩大；三是文化更繁荣，文化软实力显著增强；四是社会更和谐，资源节约型、环境友好型社会建设取得重大进展①。

党的十八大报告提出了“两个一百年”奋斗目标②，发出了向实现“两个一百年”奋斗目标进军的时代号召。党的十八大以来，以习近平同志为核心的党中央坚持以人民为中心的发展思想，进一步明确了实现“两个一百年”奋斗目标的战略部署，擘画了由第一个百年目标向第二个百年目标迈进的宏伟蓝图。

国家发展战略目标是以人民为中心制定的战略目标，是为提高人民生活水平做出的庄严承诺。国家发展战略目标不仅包括远景目标，也包括五年规划目标。其中，“十四五”规划提出了经济发展、创新驱动发展、民生福祉、绿色生态和安全保障五大战略目标。“十四五”规划进一步明确了“十四五”时期我国国民经济和社会发展的方向，是对国家经济发展、技术创新、民生建设、环境保护和安全保障战略目标的统筹体现。企业战略目标的制定需要与国家发展战略目标相衔接，充分体现企业利益相关者的利益诉求。

专栏 4.9 “十四五”规划五大目标

1. 经济发展战略目标：着力提升发展质量效益，保持经济持续健康发展

(1) 经济运行保持在合理区间，各年度视情况提出经济增长预期目标。

(2) 全员劳动生产率增长高于国内生产总值增长。

(3) 城镇调查失业率控制在 5.5%以内。

(4) 物价水平保持总体平稳。

(5) 实现更高质量、更有效率、更加公平、更可持续、更为安全的发展。

2. 创新驱动发展战略目标：坚持创新驱动发展，加快发展现代产业体系

(1) 坚持创新在我国现代化建设全局中的核心地位，把科技自立自强作为国家发展的战略支撑。

(2) 完善国家创新体系，加快构建以国家实验室为引领的战略科技力量，打好关键核心技术攻坚战，制定实施基础研究十年行动方案，提升企业技术创新能力，激发人才创新活力，完善科技创新体制机制，全社会研发经费投入年均增长 7%以上、力争投入强度高于“十三五”时期实际。

3. 民生福祉战略目标：持续增进民生福祉，扎实推动共同富裕

(1) 着力提高低收入群体收入，扩大中等收入群体，居民人均可支配收入增长与国内生产总值增长基本同步。

(2) 实施就业优先战略，扩大就业容量。

(3) 建设高质量教育体系，深化教育改革，实施教育提质扩容工程，劳动年龄人口平均

---

① 胡锦涛. 坚定不移沿着中国特色社会主义道路前进 为全面建成小康社会而奋斗——在中国共产党第十八次全国代表大会上的报告[J]. 求是，2012(22)：3-25.

② 即：到中国共产党成立 100 周年(2021 年)时全面建成小康社会；到新中国成立 100 周年(2049 年)时建成富强、民主、文明、和谐的社会主义现代化国家。

受教育年限提高到11.3年。

(4) 全面推进健康中国建设，构建强大公共卫生体系，广泛开展全民健身运动，人均预期寿命再提高1岁。

(5) 健全多层次社会保障体系，基本养老保险参保率提高到95%，优化社会救助和慈善制度。

4. 绿色生态战略目标：推动绿色发展，促进人与自然和谐共生

(1) 坚持“绿水青山就是金山银山”理念，加强山水林田湖草系统治理，加快推进重要生态屏障建设，构建以国家公园为主体的自然保护地体系，森林覆盖率达到24.1%。

(2) 持续改善环境质量，基本消除重污染天气和城市黑臭水体。落实2030年应对气候变化国家自主贡献目标。

(3) 加快发展方式绿色转型，协同推进经济高质量发展和生态环境高水平保护，单位国内生产总值能耗和二氧化碳排放分别降低13.5%、18%。

5. 安全保障战略目标：统筹发展和安全，建设更高水平的平安中国

(1) 坚持总体国家安全观，加强国家安全体系和能力建设。

(2) 强化国家经济安全保障，实施粮食、能源资源、金融安全战略，粮食综合生产能力保持在1.3万亿斤(1斤＝500g)以上，提高能源综合生产能力。

4.4.1 战略目标的概念

企业战略目标(Objectives)，是指企业根据内外部条件、愿景和使命，设定的在一定时期内预期要达到的成果。企业战略目标是对企业经营领域的活动预期取得主要成果的期望。

企业战略目标也有广义与狭义之分。广义的战略目标包括愿景、使命和目标，即愿景、使命和目标都属于战略目标范畴，可以统称为企业的目标或战略目标。狭义的战略目标不包括愿景和使命。但狭义的战略目标又可分为经济性目标和非经济性目标，非经济性目标往往也称战略目标。一方面，有关企业生存的各个部门都需要有目标，从不同侧面反映企业的自我定位和发展方向；另一方面，目标还取决于各个企业的不同战略。因此，企业的战略目标是多元化的。

专栏4.10 耐克公司的战略目标

(1) 保持和提高在美国最佳运动品牌的地位。

(2) 在日益增长的健身市场上建立强有力的格局。

(3) 开发满足妇女需求产品。

(4) 探索为满足美国成年人需求的产品市场。

(5) 指导与管理公司中继续发展的国际经营。

(6) 通过合理的库存和12种“金子”的产品，增加毛利。

企业战略目标是企业愿景和企业使命的具体化和明确化，通过将愿景转化为可以计量或测量的具体明确的成果或绩效指标，可以引导、跟踪和衡量企业具体的经营管理活动，最终使战略愿景得以实现。

4.4.2 战略目标的特征与作用

1. 战略目标的特征

战略目标与企业其他目标相比较，有以下特征：

(1) 宏观性。它是对企业全局的一种总体设想，它所规定的是整体发展的根本方向。

(2) 长期性。它是着眼于未来和长远的，是关于未来的一种设想。它所提出的一种长期任务，要经过企业全体员工相当长时间的努力才能够实现。

(3) 相对稳定性。它是总方向、总任务，是相对不变的。但并不排斥根据客观需要和情况的变化而对它做必要的修正。

(4) 全面性。它是一种整体性要求。它是对现实利益与长远利益、局部利益与整体利益的综合反映。

(5) 可分性。它作为一种总目标、总任务和总要求，可以分解成某些具体目标、具体任务和具体要求。在空间上，把总目标分解成多个方面的具体目标和具体任务。在时间上，把长期目标分解成多个阶段的具体目标和具体任务。

(6) 可接受性。企业战略的实施和评价主要是通过企业内部人员和外部公众来实现的，因此战略目标必须被他们理解并符合他们的利益。

(7) 可检验性。目标的定量化是使目标具有可检验性的最有效的方法。但时间跨度越长、战略层次越高的目标越具有模糊性。

(8) 激励性。企业目标应充分体现企业员工的共同利益，使战略目标和个人目标很好地结合在一起，激发企业员工的工作热情和奉献精神。

2. 战略目标的作用

战略目标是企业在一定的时期内，为实现其使命所要达到的预期结果。战略目标是企业战略的核心，它明确了企业的努力方向，体现了企业的具体期望，表达了企业的行动纲领。具体来说，制定企业战略目标，具有以下重要作用：

(1) 战略目标是企业制定战略的基本依据和出发点。战略目标能够实现企业外部环境、内部条件和企业目标三者之间的动态平衡，使企业获得长期、稳定和协调的发展。

(2) 战略目标能够使企业使命具体化和数量化。企业使命是比较抽象的东西，如果不落实为具体的定量化的目标，就有可能落空。有了战略目标，可以把企业各个单位、部门、各项生产经营活动有机地结成一个整体，发挥企业的整体功能，提高经营管理的效率。

(3) 战略目标是企业战略控制与评价的标准。战略方案是实现战略目标的手段，有了战略目标，就为评价和优选战略方案提供了标准，同时，也为战略方案的实施结果提供了考核的意见，从而大大促进了企业战略的实施。

(4) 战略目标能够有效激励企业各级管理者和广大员工。战略目标描绘了企业发展的愿景，对各级管理者和广大员工具有很大的激励作用，有利于更好地发挥全体员工的积极性、主动性和创造性。

专栏 4.11 著名公司的战略目标

波音公司：尽我们所能来获得高利润，保障股东的年平均收益率为20%。

3M 公司：每股平均收益年增长率 10%或 10%以上，至少有 30%的销售额来自最近 4 年的销售产品。

通用电气公司：使公司进入的每一项业务占有第一或第二的市场份额，成为全球最有竞争力的公司。

4.4.3 战略目标的构成

1. 战略目标的内容

确切地讲，企业战略目标实际上是一个目标体系，由众多的子目标和各种类型的目标组成。战略目标体系的建立是将企业的愿景和使命转化成具体的业绩目标。企业直接以实现这些既定的业绩为目标采取适当的行动。

著名管理学家德鲁克在《管理实践》一书中指出，每个企业都需要制定目标，并提出 8 个关键领域的目标，形成一定的目标体系，其内容包括：

(1) 市场地位方面的目标。企业希望达到的市场占有率或在竞争中达到的市场地位。

(2) 技术改进和发展方面的目标。对改进和发展新产品，提供新型服务内容的认识和措施。

(3) 生产力方面的目标。提高原材料利用率、最大限度地提高产品的数量和质量。

(4) 物资和财力资源方面的目标。获得物质和财力资源的渠道及其有效利用。

(5) 利润方面的目标。用一个或几个经济目标表明希望达到的利润率。

(6) 人力资源方面的目标。人力资源的获得、培训和发展，管理人员的培养及发挥个人才能。

(7) 员工积极性发挥方面的目标。对员工激励、报酬等方面采取的措施。

(8) 社会责任方面的目标。对公众利益、环境保护等方面采取的措施。

综上所述，可以认为企业的战略目标一般包括以下内容：

(1) 盈利能力：用利润、投资收益率、每股平均收益、销售利润率等来表示。例如，5 年内税后投资收益率增加到 15%。

(2) 市场：用市场占有率、销售额或销售量来表示。例如，4 年内微波炉的销售量增加到 100 万台/年。

(3) 生产率：用投入产出比率或单位产品成本来表示。例如，4 年内每个工人的日产量提高 10%。

(4) 产品：用产品线或产品的销售额和盈利能力、开放新产品的完成期来表示。例如，5 年后淘汰利润率最低的产品。

(5) 资金：用资本构成、新增普通股、现金流量、流动资本、回收期来表示。例如，5 年内流动资金增加到 100 万元。

(6) 生产：用工作面积、固定费用或生产量来表示。例如，5 年内分厂的生产产量提高 300%。

(7) 研究与开发：用花费的货币量或完成的项目来表示。例如，8 年中陆续投资 1 亿元开发一种新型的重型汽车。

(8) 组织：用将实行的变革或将承担的项目来表示。例如，4 年内建立一种分权制的组织机构。

(9) 人力资源：用缺勤率、迟到率、人员流动率、培训人数或将实施的培训计划数来表示。例如，5 年内以每人不超过 8 000 元的费用对 200 个员工实行 40 小时的培训计划。

(10) 社会责任：用活动的类型、服务天数或财政资助来表示。例如，5 年内对希望工程的捐助增加 200 万元。

2. 战略目标构成的原则

企业在制定战略目标的过程中，主要遵循以下原则：

(1) 关键性原则。突出有关企业经营成败的全局性问题和关键性问题。

(2) 平衡性原则。不同利益相关者之间的平衡；长期利益与短期利益之间的平衡；总体战略目标与职能战略目标之间的平衡。

(3) 权变性原则。考虑多种方案以供选择。让企业做好充分准备，增强应变能力。

(4) 定性定量相结合原则。既有定量的指标，也有定性的指标。

3. 战略目标的分类

企业战略目标主要分为两大类：

第一类，用来满足企业生存发展需要的目标项目，这些目标项目又可分为业绩目标和能力目标两部分。业绩目标主要包括收益性、成长性和安全性等三类定量目标。能力目标主要包括界定企业综合能力、研究开发能力、生产制造能力、市场营销能力、人事组织能力和财务管理能力等一些定性指标和定量指标。

第二类，用来满足与企业有利益关系的各个社会群体要求的目标。与企业有利益关系的社会群体主要有顾客、企业职工、股东、所在社区以及其他社会群体。

企业战略目标的分类，见表 4-2。

表 4-2　企业战略目标的分类

分类	目标项目	目标项目构成	作用
业绩目标	收益性	资本利用率、销售利润率、资本周转率	反映企业的经营成果
	成长性	销售成长率、市场占有率、利润额增长率	
	稳定性	自有资本比率、附加价值增长率、盈亏平衡点	
能力目标	综合	战略决策能力、集团组织力、企业文化、品牌商标	该模板项目是以充实和强化企业发展所需资源能力而确定的，指标指明了企业能力强化的方向
	研究开发	新产品比率、技术创新能力、专利数量	
	市场制造	生产能力、质量水平、合同执行率、成本降低率	
	市场营销	营销能力、市场开发能力、服务水平	
	人事组织	职员安定率、职务安排合理性、直接间接人员比率	
社会贡献目标	顾客	提高产品质量、降低产品价格、改善服务水平	为满足企业内、外环境主体利益和要求而确定的目标项目，反映了企业对组织成员和外部社会应尽的社会责任
	股东	分红率、股票价格、股票收益性	
	职工	工资水平、职工福利、能力开发、士气	
	社区	公害防治程度、利益返还率、就业机会、企业形象	

4.4.4 战略目标的制定程序

企业战略目标是选择战略方案的依据，战略方案是实现战略目标的手段。为使战略目标与战略方案有机结合，企业制定战略目标必须遵循以下程序：

1. 调查研究

在制定企业战略目标之前，必须进行调查研究工作。把机会与威胁、自身与竞争对手、企业与环境、现在与未来加以对比，理清楚它们之间的关系，才能为确定战略目标奠定比较可靠的基础。

调查研究一定要全面，但又要突出重点。为确定战略目标而进行的调查研究是不同于其他类型的调查研究的，它的侧重点是企业与外部环境的关系及对未来的研究和预测。除对企业自身的历史与现状进行阐述外，最关键的还是确定对企业未来具有决定意义的外部环境的信息。

2. 拟定目标

有了细致周密的调查研究，便可以着手拟定战略目标。拟定战略目标包括拟定目标方向和拟定目标水平。首先在既定的经营领域内，依据对外部环境、市场需求和内部条件的综合考虑，确定目标方向，通过对企业现有核心能力的全面衡量，对确定的战略方向所要达到的水平也作出相应的规定，这便形成了可供战略决策选择的目标方案。在拟定战略目标的过程中，企业要注意充分发挥参谋、智囊专家的作用。要根据实际需要，尽可能多地提出一些目标方案，以便对比选优。

3. 评价论证

战略目标拟定出来之后，就要组织多方面的专家和有关人员对提出的目标方案进行评价和论证，最终做出选择。拟定目标的评价论证过程，也是目标方案的完善过程。要通过评价论证，找出目标方案的不足，并想方设法使之完善。如果通过评价论证发现拟定的目标完全不正确或根本无法实现，就要重新拟定目标，然后再重新评价论证。

4. 目标决断

在决断选定目标时，要注意从以下三方面权衡各个目标方案：①目标方向的正确程度；②可实现的程度；③期望收益的大小。对这三个方面要综合考虑。目标决断，还必须掌握好决断时间。因为战略决策不同于战术决策。战术目标决策常常时间比较紧迫，回旋余地很小，而战略目标决策的时间压力相对不大。在决策时间问题上，要防止在机会和困难都还没理清楚之前就轻率决策。

从调查研究、拟定目标、评价论证到目标决断，确定战略目标这四个步骤是紧密结合在一起的，后一步的工作要依赖于前一步的工作。在进行后一步的工作时，如果发现前一步工作的不足，或遇到了新情况，就需要回过头去，重新进行前一步或前几步的工作。

结合企业战略管理的层次，企业战略目标的确定过程，见图 4-2。

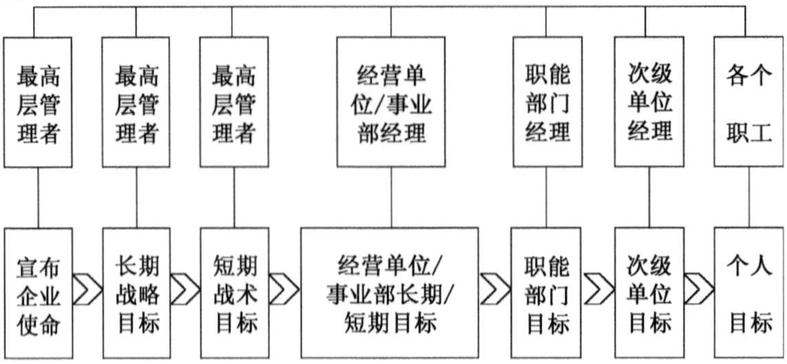

图4-2　企业战略目标的确定过程

4.4.5　战略目标的制定方法

制定战略目标的定量方法主要包括：盈亏平衡分析法、时间序列分析法、回归分析法、决策矩阵法、决策树法、博弈论法、模型模拟法等。

1. 盈亏平衡分析法

盈亏平衡分析法，是企业制定战略目标常用的一种有效方法，是根据产品的销售量、成本和利润三者之间的关系，分析各种方案对企业盈亏的影响，并从中选择出最佳的战略目标。

2. 时间序列分析法

时间序列分析法，是把过去和未来的某一目标值都看成是一个时间函数，这一序列是由相互配对的两个数列构成的，一个是反映时间顺序变化的数列，另一个是反映各个时间目标值的数列。时间序列分析法的主要目的是在环境较为稳定的情况下，根据过去的经营活动过程，评价当前的经营状况，预测未来的情况，从而制定战略目标。这一方法一般应用于环境较为稳定时对未来的预测。

3. 回归分析法

回归分析法，是研究变量之间存在的确定性的数量关系。这一方法是确定企业战略目标变量和企业内外部环境因素各变量之间的关系常用的一种有效方法，能够分析各种环境因素对企业战略的影响。这一方法根据产品的销售量、成本和利润三者之间的关系，分析销售量对成本、利润的影响，并从中选择出最佳的销售量目标。

4. 决策矩阵法

决策矩阵法，是以矩阵为基础，分别计算出各备选方案在不同条件下可能的结果，然后按客观概率的大小，计算出各备选方案的期望值，进行比较，从中选择优化的战略目标。

5. 决策树法

决策树法是一种图解方式，对分析复杂的问题更为适用。决策树能清楚、形象地表明各备选方案可能发生的事件和带来的结果，使人们易于领会作出决策的推理过程。如果问题极为复杂，还可借助于计算机进行运算。决策树分析不仅能帮助人们进行有条理的思考，而且有助于开展集体讨论，统一认识。

6. 博弈论法

博弈论是运筹学的一个分支，是采用数学方法来研究有利害冲突的双方，在竞争性的环境中如何找出并制定战胜自己对手的最优策略等问题(例如：美国的可口可乐公司想通过改变原来的饮料包装来提高饮料的销售价格，它就必须了解百事可乐等其他竞争对手是否也会采取相应的竞争战略)。

7. 模拟模型法

模拟模型法就是模仿某一客观现象，根据现状变化，建立一个抽象模型，并对模型进行分析、实验，以观察客观现象运动、变化的规律，从而找出错综复杂问题的解决方案，制定合适的战略目标。具体步骤为：

步骤1：根据现状变化，建立模型，描绘事件运行的逻辑步骤；

步骤2：把这些逻辑模型输入计算机，编成计算机模拟程序；

步骤3：输入不同的数据，进行设计和实验，在模拟客观现实问题的各方案中选出较优的战略方案和目标。

专栏4.12　战略任务陈述的九要素

(1) 用户

我们坚信，我们要对其负重要责任的，是医生、护士、患者、母亲和所有其他使用和享受我们的产品与服务的人。(强生公司)

(2) 产品或服务

我们的业务是：寻找和开采石油、天然气、液体天然气，以这些为原料为社会生产高质量的产品，并以合理的价格向消费大众销售这些产品和提供相应的可靠服务。(美孚石油公司)

(3) 市场

我们将竭尽全力实现康宁玻璃制造公司(Corning)的全面成功，使它成为全球市场上的竞争者。(康宁玻璃制造公司)

(4) 技术

我们经营于应用微电子和计算机产业，两个主要业务领域为计算机硬件和计算机升级服务，具体服务范围为计算、信息、教育和金融。(美国控制数据公司，Control Data Corporation)

(5) 对生存、增长和盈利的关切

通过收集、评价、生产和营销有价值的信息而满足全球需求，同时使我们的用户、雇员、作者、投资人及整个社会受益。(麦格劳-希尔出版公司，McGraw-Hill)

(6) 观念

我们坚信，人的发展是最有价值的文明目标，而独立自主则是促进人们能力增长的最首要条件。(太阳公司，Sun Company)

(7) 自我认知

通过释放全体雇员的能量和利用他们的建设和创造能力，在未来的竞争中实现飞跃。(克朗·泽勒巴克公司，Crown Iellerbach)

(8) 对公众形象的关切

为增强社会经济力量做出贡献。在我们从事业务活动的所有国家及在地方、州和全国范围内都作为一个优秀的公司公民而发挥作用。(辉瑞公司,Public Service Electric and Gas Company)

(9) 关心雇员

与本地区其他就业机会所能提供的报酬相比,本公司雇员的工资和奖金要有竞争力,并且要与他们为公司的高效经营所做出的贡献相符合。(电力天然气公共服务公司,Public Service Electric and Gas Company)

4.5 案例分析

4.5.1 华为企业文化建设

"华为基本法"历时两年,八易其稿,终于在1998年3月完成。全文共6章103条,长达16 000多字,包括华为的核心价值观和一般的管理政策,规定了华为的基本组织目标和管理原则,是所有制度的起源。第一章阐述了企业宗旨,其他部分是制度体系设计的一些具体指导原则,如基本经营政策、组织政策、人力资源政策、控制政策等。

1. 物质文化

① 企业标识。华为新的企业标识在保持原有标识蓬勃向上、积极进取的基础上,更加聚焦、创新、稳健、和谐,充分体现了华为将继续保持积极进取的精神,通过持续的创新,支持客户实现网络转型并不断推出有竞争力的业务。华为的企业标识,见图4-3。

图4-3 华为的企业标识

② 设备设施。华为在中国、德国、瑞典、美国、印度、俄罗斯、日本、加拿大、土耳其等地设立了16个研究所。

③ 企业环境。华为具有严苛的企业控制环境。

④ 企业服务。华为以"服务"作为企业建设的宗旨之一,把客户作为企业生存的唯一理由,将客户需求层层分解融入员工的客户服务意识和工作中。

2. 制度、行为文化

① 严格的绩效考核制度和强有力的激励制度。其中,第一,直接激励。员工持股计划;"1+1+1"的激励机制;国内少有的高工资制度;双通道管理的晋升机制。第二,间接激励。精神激励;员工福利;特殊员工管理流程;健康体检与疾病预防;提供持续的开发培训。

② 行为文化。第一,积极进取精神。第二,敏锐的市场嗅觉。第三,快速的反应。

3. 精神文化

① 愿景。丰富人们的沟通和生活。

② 使命。聚焦客户关注的挑战和压力,提供有竞争力的通信与信息解决方案和服务,持续为客户创造最大价值。

③ 核心理念。第一,聚焦:新标识更加聚焦底部的核心,体现出华为坚持以客户需求为导向,持续为客户创造长期价值的核心理念;第二,创新:新标识灵动活泼,更加具有时代感,表明华为将继续以积极进取的心态,持续围绕客户需求进行创新,为客户提供有竞争力

的产品与解决方案，共同面对未来的机遇与挑战；第三，稳健：新标识饱满大方，表达了华为将更稳健地发展，更加国际化、职业化；第四，和谐：新标识在保持整体对称的同时，加入了光影元素，显得更为和谐，表明华为将坚持开放合作，构建和谐商业环境，实现自身的健康成长。

④ 核心价值观。在媒体宣传中，外界总认为华为的企业文化就是总裁任正非的众多管理思想，例如"狼性文化""军事化管理"等企业管理文化，集中体现在"华为基本法"中。实际上，在全球化运营的发展时期，华为真正的企业文化在于其核心价值观，华为 2012 年总结出"以客户为中心，以奋斗者为本"的企业文化。而其主流文化的形成，也有许多长期相传的支流文化，有趣、容易记忆、容易相传（见图 4-4）。

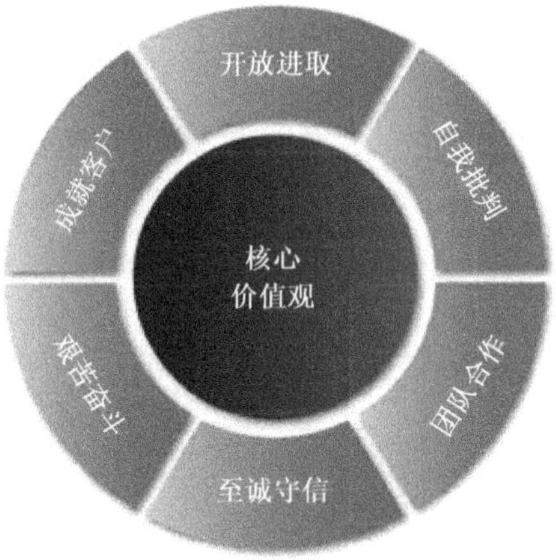

图 4-4 华为的核心价值观

第一，成就客户：为客户服务是华为存在的唯一理由，客户需求是华为发展的原动力。第二，艰苦奋斗：华为没有任何稀缺的资源可依赖，唯有艰苦奋斗才能赢得客户的尊重和信赖；坚持奋斗者为本，使奋斗者获得合理的回报。第三，自我批判：只有坚持自我批判，才能倾听、扬弃和持续超越，才能更容易尊重他人和与他人合作，实现客户、公司、团队和个人的共同发展。第四，开放进取：积极进取，勇于开拓，坚持开放与创新。第五，至诚守信：诚信是华为最重要的无形资产，华为坚持以诚信赢得客户。第六，团队合作：胜则举杯相庆，败则拼死相救。

4.5.2 华为战略目标

1. 财务目标

① 注重销售收入与利润的均衡发展。

② 建立与业务基本适应的财经服务与监控体系，实施统一财务管理制度、流程、编码，实施统一监控。

③ 实现公司全球化的财务监控和管理，国际化战略能为华为的发展拓宽视野，提供发展的动力。

2. 非财务目标

① 客户需求方面。第一，客户服务是华为存在的唯一理由。第二，客户需求是华为发

展的原动力。第三，组织、流程、制度及企业文化建设、人力资源和干部管理等要基于客户需求为导向。

② 市场方面。第一，质量好、服务好、运作成本低，提升客户效力和盈利能力。第二，提高市场占有率，优先满足客户需求。第三，实施全球化经营的战略，加强全球范围内的本地化经营。

③ 生产技术方面。第一，反对盲目创新，注重市场需求，顺应客户需求。第二，注重标准和专利进行投入，掌握未来技术的制高点。第三，对新技术、新领域进行持续不断地研究和跟踪，注意行业中的“黑天鹅”。第三，质量控制和生产工艺。第四，减少物料移动，缩短生产周期，提高生产效率和生产质量。

④ 管理体系方面。第一，持续管理变革，实现高效的流程化运作，确保端到端的优质交付。第二，持续建设柔性的供应链能力，赢得快速、高质量、低成本供货保障的比较竞争优势。第三，与友商共同发展，共同创造良好的生存空间，共享价值链的利益。

⑤ 人事组织方面。第一，提高职务安排的合理性。第二，注意员工的高强度工作，适当缓解员工压力。第三，培养员工的素质、价值观念。

【本章小结】

每个企业从其创始之初就会明确自己在社会生产和生活中的角色，即明确自己的使命。只有明确企业使命，才能制定明确的企业愿景和企业战略目标。

企业使命是企业存在的目的、性质、任务及其应当承担的社会责任，包括经营哲学和企业宗旨。不同类型的使命表述，可以归纳为客户、产品或服务、市场区域、技术水平、增长与盈利、经营理念、人力资源和社会责任等几个方面。

企业愿景是对企业前景和发展方向一个高度概括的描述，这种描述在情感上能够激起企业员工的热情。愿景是组织的领导用以统一组织成员思想和行动的有力武器。企业愿景由核心理念和对未来的展望两部分组成。

战略目标是企业为完成其使命所要达到的预期结果，是企业经营战略的核心。它反映了企业的经营思想，表达了企业的期望，指明了企业努力的方向。

【思考题】

1. 企业愿景的功能和特点是什么？

2. 企业使命有何作用？确定企业使命应考虑哪些因素？

3. 请选择一家企业，对其企业使命和企业愿景进行分析，并对其与业务经营的关系进行进一步分析。

4. 收集整理 10 家企业的企业使命和企业愿景的表述，看看发现了什么？

5. 何谓企业战略目标？战略目标制定应遵循哪些原则和方法？

【拓展阅读】

◇ 阅读推荐

(美)弗雷德·卢森斯,(美)乔纳森 P·多. 国际企业管理:文化、战略与行为[M]. 赵曙明,程德俊,译. 北京:机械工业出版社,2009.

◇ 推荐理由

阅读材料主要围绕国际企业环境、跨文化、国际管理战略以及跨国组织行为和人力资源管理展开,对国际企业管理的各个组织层面进行了深入的分析。详细描述了文化的内涵与维度、跨文化管理、组织文化与多样性和跨文化沟通等内容,对组织行为和人力资源管理进行了综合而深刻的阐述,主要涉及跨文化激励、跨文化领导、驻外人员的甄选和召回、跨文化人力资源开发以及劳资关系。阅读材料紧随国际企业管理实践的发展趋势。

【实践项目】

调查你所在地的一家特定企业,为企业制定愿景和使命,并撰写分析报告。

1. 确定企业的经营宗旨,描述企业的经营目的、经营哲学、经营愿景等。
2. 确定企业愿景、使命与核心价值观。
3. 确定企业文化建设构成体系。
4. 提炼企业发展的战略目标。

5 企业总体战略选择

【学习要求与目标】

1. 掌握企业总体战略的类型。
2. 了解稳定发展战略的概念和特征。
3. 重点掌握快速发展战略的类型及实施方式。
4. 了解防御战略的概念、特点及类型。
5. 重点掌握战略组合与战略选择方法。

企业经营的成败，除了内部资源、外部环境等客观因素的影响外，能否审时度势地做出正确的战略选择并行之有效地执行，显得十分重要。企业总体战略选择主要是决定企业应该选择哪些经营业务，进入哪一行业或领域，解决企业如何发展的问题。

【先导案例】

三九企业集团的多元化经营[①]

一、背景介绍

1985年8月7日，深圳城郊的笔架山上，赵新先带领6名医院员工、8个聘用的工人，受命创办南方药厂。短短三年时间，到1988年底，南方药厂产值就达到18亿元，实现利税4亿元，其在中药开发和市场运作上的能力，在国内已经无人可以撼动，在整个20世纪80年代，这是最成功的市场化企业之一。

1991年10月，解放军总后勤部买下南方药厂，更名为三九集团。自1991年进行第一次扩张开始，三九集团不断收购，覆盖旅游、农业、汽车、食品、酒业、房地产等多个行业，三九集团搭建了一个多元化的成长平台。2000年4月，三九集团的旗舰公司"三九医药"在深圳证券上市，三九集团开始进入资本市场，进行第二次扩张。同年，三九医药也进驻互联网——开通999健康网。

自2001年8月28日三九集团遭到证监会的公开谴责后，开始第三次扩张——回归专业化的狂想。三九集团从生产制造向营销、商业服务方向转型，在国际和国内两大战线实施："麦当劳计划"和"沃尔玛战略"。三九集团的第二大"专业化工程"是收购海南中医院、在深圳建立健康城。但两次大的专业化工程都是开篇宏伟、中盘紊乱、结局不堪，此次的专业化回归是一次缺乏深思熟虑的赌博。

---

① 资料来源：根据百度文库资料改编。

二、三九集团多元化的发展历程

南方药厂归属解放军总后勤部之后，总后勤部先后三次将71家军队企业划归三九集团管理，这些企业分属旅游、农业、汽车、食品、酒业、房地产等多个行业，均与医药无关。总后勤部规定了三九集团的发展方向是成为跨行业、多功能、外向型发展的企业集团，这段时间的多元化经营实质上是行政命令的结果，三九集团没有自主选择的权利。用赵新先的话来说就是“我们的多元化经营是被迫的，不是自愿的”。其多元化的发展历程分为三个阶段：

第一阶段：多元化探索(1989—1994年)

1989年，当时的中药产品的科技含量和投资办厂的成本不高，中药行业的进入壁垒很低。为了规避风险，当时的南方制药厂决定发展多种经营，既要以一业为主，也要有“东边不亮西方亮”的准备，因此决定走出药品的范围，实施多元化经营。管理者认为多元化的经营既可以有效的分散经营风险，三九的品牌、管理机制和销售等无形核心竞争能力又可以通过输出得到最大限度的发挥，同时，企业通过涉足各个产业能够最快地获得最新发展信息，在最短的时间内能够发现和介入新的经济增长点。其先后进入了包装印刷业、西药行业、房地产及汽车贸易市场、酒店业等。

——进入包装印刷业。这种垂直多元化经营既稳定了药品包装的供货渠道，保证了质量的稳定性，同时由于在深圳高档次的印刷厂的缺乏，建立印刷厂也可以满足周边地区的客户对高质量印刷的需求。正是基于以上的考虑，南方制药厂投资500万人民币，香港越秀公司投资100万美元，合资筹建了九星印刷厂。到1996年为止其社会定单总量已占其产品总量的67%，利润2000万元。

——进入西药行业。1980年到1994年，西药的生产量以每年16%的速度增长，而中药的生产量每年的增长速度是10%，西药的总产值占到了药品行业总产值的79%。西药巨大的市场容量和发展速度使三九集团投资兴建了深圳九新药业有限公司。1997年，公司的销售额达到了2.3亿元，上缴利税3780万元。

——一进入房地产及汽车贸易市场。邓小平南方谈话后，房地产开发和汽车贸易变得风风火火。南方药厂将后勤部改为房地产部，后又注册了三九物业公司、三九房地产开发公司和三家以汽车贸易为主的汽车公司。

——进入酒店业。两年内三九集团在各地建立连锁酒店达到18家，采取相同的品牌和经营模式经营。

第二阶段：多元化快速发展(1994—1997年)

1994年在“三九胃泰”被国家列为自费药后，药厂的生存出现危机，也直接威胁到集团的生存，因为三九集团90%的利润来自南方制药厂。三九集团制定了把单纯的产业型企业发展成为多种产业并举的综合性产业，把一个核心企业发展成两个核心企业，把单纯的产业型企业发展成为产业与金融相组合的高级组合型企业的新的集团发展战略。把南方制药厂和三九汽车工业作为核心企业，把利润在1亿元以上的3～5个企业作为支柱企业，并发展利润在5000万元以上的骨干企业5～8个。这期间，运用资本运营手段进入了汽车、农业、大食品、旅游业。到1997年6月，共兼并企业41家，集团总资产也达到97亿元。

在这段快速发展过程中，多元化经营中的一些问题也暴露了出来：

(1) 由于国民经济的不景气，酒店业的客源锐减，同时租赁费用过高，管理水平也未能跟上酒店的扩张速度，所以只能在无钱可赚或亏损的情况下运营。

(2) 1995年国家实行适度从紧的货币政策，宏观经济发展放慢，直接导致三九的房地产项目陷入困境。同时，汽车市场开始降温，价格逐步回落，三九汽车公司的业务也转向低潮。赵新先认为造成三九房地产现状的原因除了对国民经济的发展把握不准之外，项目投资的随意化和法律纠纷也是主要的原因。

(3) 农业公司由于扩张过快，兼并的程序和手续不完备，导致对被兼并企业缺乏实际控制能力，导致有的企业最终退出了三九集团。

(4) 地方政府和企业联手弄虚作假，把企业的高额负债隐藏起来，以达到被兼并的目的。

数据统计显示，三九集团在多元化快速发展的阶段，在医药行业内的并购成功率高达70%，而在非医药行业则大半以失败告终。扩张之初，企业负债率为19%，到1998年时，负债率已经高达80%。在本阶段，三九看上去变得兵多将广，势力遍及全国，但却缺乏整合的并购战略，三九的资本和品牌影响力持续被消耗。

第三阶段：多元化调整(1998至今)

面对在多元化发展中出现的问题，有人提出：多元化经营使集团本来就无固定来源的有限资金被迫分散使用，降低了资金的使用效率；三九集团给人的形象是医药行业，在其他领域发展不一定能充分发挥作用，甚至有品牌稀释的风险；同时，集团的有关领导对非药业行业的陌生，增加了经营中的不确定性；另外，国内的人口平均医药消费量较发达国家有十倍以上的差距，这说明医药行业本身仍然有很大的发展潜力，花很大力气在不熟悉的领域进行探索，不如集中力量做好自己的主业。

最终，三九集团及时调整了战略思路，从以资产扩张为重点向以效益扩张为重点转变，重新调整了多元化方向。集团的工作重点调整为大力发展主营业务，原则上停止了非药业企业的兼并。集团先后撤消了三九旅游公司、三九农业公司和三九汽车公司。其产业发展战略也调整为以医药为核心，包括保健品、大食品、医疗器械、文化等产业在内的生命健康产业。从此，三九集团走上了良性的发展轨道。

三、三九集团多元化发展的成功经验

1. 盘活大量国有资产

三九集团成功收购四川雅安药厂、江西瑞金药厂等一批国有企业，从而迅速地走上持续、快速、健康发展之路，成为当地的明星企业和利税大户。三九集团成功地实施低成本扩张的发展战略，盘活了大量的国有资产，使自己快速壮大起来。

2. 提升品牌文化

三九集团采用“承债式”“控股式”“托管式”三种方式收购企业，实施多元化发展的战略。通过大规模多元化发展战略，在国内树立起三九的品牌。当时国内三九品牌响彻天下，作为中国最大的制药企业，三九卓越的企业形象和丰富的企业内涵在当时的中

国企业界享有极高的声誉。"999"品牌，更是闻名遐迩，家喻户晓。1999 年，"999"商标被国家工商行政管理局正式认定为"中国驰名商标"；2001 年，中国最有价值的品牌评选揭晓，"999"品牌以 81.16 亿元的品牌价值遥居制药业之首；同年，"999"被评为"中国最高认知率商标"；2002 年 4 月，"999"商标荣获"2001 年中国十大公众喜爱商标"。通过多元化发展，集团巩固并提升三九的品牌文化。

3. 增强企业实力

三九在多元化扩张过程中，虽然最终还是回归主业，但是从其发展历程来看，三九集团的多元化战略在当时的阶段是正确的。正是采取多元化发展，才促使三九集团资产重组，降低单一业务风险、回避业务萎缩和获得整体规模优势，其发展速度、国内知名度在国内已无人可以撼动。通过多元化发展，三九品牌知名度提升，企业实力增强。

四、三九集团多元化发展的失败教训

1. 多元化发展需事先进行充分的环境分析

在从事新的业务之前，一定要对新业务进行内外部环境分析，特别要注意国家的产业政策、宏观经济环境、竞争态势和未来业务前景分析，决策要慎重。多元化发展应该有"先做实，再做大"的思想。否则，盲目进行多元化扩张，而资金、技术和管理等方面跟不上的话，新业务反而会成为企业的包袱，甚至会产生多米诺骨牌的连锁反应而危急企业的生存。本案例中，正是由于在 1992 年到 1994 年期间在酒店业和旅游业上的盲目扩张，导致了当国民经济下滑时，酒店业的入不敷出，反而危及到三九集团的利益。

2. 选择多元化经营时应该首要考虑相关多元化

多元化成长、经营要具备四个条件：资金、人才、技术和管理。一般而言，对于实力一般的中小企业来说，除非现有产品市场已经饱和，需求下降，或竞争对手太强而难以维持销量，否则不应盲目进行多元化。再深思熟虑后，进行多元化发展时，也应该首要考虑相关多元化，这样做有利于原有业务核心能力的传递并充分利用协同作用，因此成功的机会也大。三九集团正是在生命健康产业和印刷业取得了成功，而在房地产、汽车、酒店业等领域遭遇了失败。

3. 多元化经营应充分利用现有业务的核心能力

三九集团长期以来在中药行业形成的品牌优势、销售优势和管理机制优势是整合新业务的基础。因此三九集团应该充分利用其自身的优势发展新业务，而不应盲目进入与医药完全无关的陌生领域，这样其原有的业务核心能力都无从发挥，影响其综合实力。

【分析题】

结合三九集团多元化的历程，寻找另一个企业实例，对比剖析实施多元化战略应当考虑哪些问题，若遇到多元化经营的问题时，应如何做出战略调整。

【分析思路提示】

多元化经营战略是很多企业在经营的过程中采取的一种战略，然而多元化战略的实施对企业具备的条件和能力有较高的要求，企业在实施多元化战略过程中也有很多注意的问题，否则必将影响自己的主营业务，甚至导致企业经营的失败。企业只有在把握环境变化的基础上，充分整合现有资源，在提高企业核心竞争力的前提下实施多元化经营，才可能获得成功。此案例中,三九集团根据对市场环境的分析选择采取多元化经营战略的方式进行经营,而经过几年的扩张,企业在多元化经营过程中遇到了很多问题,企业通过战略调整,转变经营方向,逐渐度过难关。

5.1 企业总体战略选择概述

5.1.1 企业总体战略的概念与类型

1. 企业总体战略的概念

企业总体战略,即企业总体的、最高层次的战略。它是企业最高层指导企业在今后一定时期总体发展的战略行动纲领,是制定企业各个经营领域战略和各职能战略的依据。企业总体战略重点解决两个关键问题:一是从全局出发,根据外部环境的变化以及企业内部条件状况,选择企业所经营的业务领域和范围。二是在确定所从事的业务后,要在战略业务单元之间进行资源分配,以实现企业整体的战略意图和战略目标。

2. 企业总体战略的类型

企业总体战略可分为三种类型:

(1) 稳定发展战略,企业目前的经营方向、市场地位和战略目标都大致保持不变,且稳定增长的战略。

(2) 快速发展战略,企业通过内部发展、并购、合资经营或战略联盟等方式扩大产销规模,提高市场地位的战略。

(3) 防御战略,企业的资源总是有限的,它可能在必要时退出某些业务,也有可能因环境的变化迫使企业收缩目前的经营活动或实施企业清算。

5.1.2 企业总体战略选择的原则

1. 择优原则

企业战略决策的基本属性之一就是战略选择性。如果只有一个企业战略方案,就不能进行战略选择,也就不能作出战略决策。因此,应在智囊专家们对多种企业战略方案进行评价的基础上,对多种可行的战略方案作出决策,选择最优的企业战略方案。

2. 民主协商原则

企业战略方案选择的专家会议一般由企业战略决策者主持,应让各战略方案的制定者进行充分的表述,创造宽松的气氛。要特别重视反面意见,使与会者畅所欲言,激起思想的共振。最高决策者切不可急于发表倾向性意见,要从全局利益出发,广泛听取意见,坚持公平立场,作出最终决断。

3. 综合平衡原则

企业战略方案的决策原则之三是代价、效益和风险综合平衡的原则。在企业战略方案选择的过程中,战略决策者主要考虑三个因素,即战略方案要付出的代价、所能取得的效益及实施方案的风险程度。理想的战略方案应当是代价最小、效益最高、风险度最小。当然,在实际中,由于环境条件的错综复杂,不可能三者都能处于理想的状况,更何况这三个因素往往相互制约。因此，对代价、效益、风险三者进行平衡，在多次比较中选取最适宜的战略方案或以其中一个因素为主，兼顾其他两个因素等选择最优方案。

5.2 稳定发展战略

5.2.1 稳定发展战略的概念

稳定发展战略是企业在战略规划期内，受经营环境和内部条件的限制，资源分配和经营状况基本保持在目前状态和水平上的战略。稳定发展战略本质上是在过去经营状况基础上的稳定发展。企业目前的经营方向、业务领域、市场规模、竞争地位以及生产规模都大体不变，继续保持向同类消费者提供同样的产品和服务，保持市场份额。从企业经营风险的角度来说，稳定发展战略的风险相对较小，对于那些曾经成功地在一个行业中经营或在一个变化不大的环境中活动的企业来说，采取这一战略不失为较好的选择。

稳定发展战略的特点主要表现在三个方面：①企业对于过去取得的经营业绩比较满意，决定继续追求与过去相同或相似的战略目标；②企业所期望的今后每年取得的成就，按大体相近的比率增长(稳定增长，而非大规模的、迅速的增长)；③企业继续用与过去基本相同的产品或劳务为它的顾客服务(企业的产品创新较少)。

5.2.2 稳定发展战略的特征

1. 稳定发展战略的优缺点

(1) 稳定发展战略的优点

稳定发展战略的着眼点在于企业内部的经营机制，强调保存实力，休养生息，积蓄力量，等待时机。实施稳定发展战略，企业经营风险较小，避免因改变战略而改变资源分配的困难，并保证企业用人有一个较好的休整期，有利于企业平衡发展。

(2) 稳定发展战略的缺点

实施稳定发展战略，企业发展缓慢，眼光向内，不利于企业的生存。同时，企业更注重短期效果而忽略长期利益，影响企业长期发展。

2. 稳定发展战略的适用条件

稳定发展战略的实施通常在以下情况下比较适用：

(1) 市场要求的产品(或劳务)在品种上比较单一或变化不大，而需求量又相当大；

(2) 影响该种市场变化的外部环境变化不大，市场需求稳步上升；

(3) 企业本身已具有较强的实力，在较长时期的市场竞争中已取得优势。

5.3 快速发展战略

5.3.1 快速发展战略的概念

快速发展战略的核心就是企业快速发展。凡是能实现企业规模扩大、经营领域扩张、产品品种增加、经营利润增长、经营网点增加的战略，都属于快速发展战略。

成功的企业都会在特定的时期实施快速发展战略，实现企业迅速发展，从小变大，由弱变强。快速发展战略的特点主要表现在四个方面：①扩大规模；②创造需求；③改善企业绩效；④采用非价格手段参与竞争。

5.3.2 快速发展战略的类型

快速发展战略主要涉及三种类型：集中生产单一产品或服务的战略、一体化战略、多样化战略。

1. 集中生产单一产品或服务的战略

（1）集中生产单一产品或服务的战略概念

集中生产单一产品或服务的战略是指企业将所有资源和能力集中从事某一核心产品或服务，通过核心产品或服务的发展，建立起竞争优势和市场地位的战略。由于企业将资源和能力集中于一种产品或服务，因此，有可能在生产技术、产品开发、市场知名度、对用户要求的敏感性和满足程度以及对市场的了解和营销、服务等涉及企业价值活动的诸多方面做得更好，在行业中或市场上建立起较强的竞争力和成本领先或差异化优势。同时，管理人员在对业务、技术、市场、管理诸方面也会有更深的了解和更丰富的经验，这一切都有利于企业形成较强的核心能力和持续的竞争优势，并提高企业的盈利能力，从而将某种产品或服务做精、做大、做强，使企业占据行业的领先地位，成为某一产品市场上的“专业化巨人”。

（2）集中生产单一产品或服务的战略优势

集中生产单一产品或服务的战略因其具有的“专业化”特点，有利于企业实现规模经济效益，获得较高的经营业绩。集中生产单一产品或服务的战略体现了两大优势：①企业方向明确；②经营资源集中，即经营资源集中于单一业务，能够建立起企业的竞争实力，实现规模经济。

（3）集中生产单一产品或服务的战略要素

集中生产单一产品或服务的战略包括三个关键要素：①必须具有准确的定位。企业进入的领域规模要足够大，市场前景比较广阔，企业在这个领域的发展有足够的施展空间，且必须具有长远的生存价值和发展途径。②必须对产品、技术等进行持续性创新。企业要有独创性的核心技术，拥有足够强大的研发体系，根据客户的不同需求进行产品实时更新，不断完善产品的服务能力。③必须是行业的专家，决策者必须站在创新的最前沿。企业的自身体系必须具备一套完善的现代化管理体系，自身必须具备与国际化竞争的条件。

（4）集中生产单一产品或服务的战略风险

集中生产单一产品或服务的战略能使企业获得快速发展，但由于产品市场范围所限，其发展总有尽头，加之企业将全部资源投入到单一行业、集中在单一市场上从事经营，使得竞争范围变窄，犹如“将所有鸡蛋放在一个篮子里”。因此，当市场变得饱和或缺乏吸引力或因技术、新产品出现使购买者偏好发生快速转移导致其产品或服务需求下降、行业发生萎缩时，采取这一战略的企业容易受到较大打击。因此，集中生产单一产品或服务的战略面临五大风险：①该种产品市场衰退，市场需求下降；②顾客偏好不稳定性的增加；③竞争的激烈程度和复杂性在增强；④技术变革，技术在进步；⑤政府的政策在变化。

2. 一体化战略

1）一体化战略的概念

一体化战略又称企业整合战略，是指企业充分结合已有的产品、技术、市场的优势，利用社会化生产链中的直接关系来扩大经营范围和经营规模，在供产、产销等方面实行纵向或横向联合的战略。一体化战略是企业在其产品价值链上不断向深度和广度发展，以扩大经营规模、提高收入水平和利润水平，使企业得到发展壮大的一种战略。

2）一体化战略的类型

一体化战略按照发展方向的不同分为：纵向一体化和横向一体化。其中，

纵向一体化也称为垂直一体化，是指生产或经营过程相互衔接、紧密联系的企业之间实现一体化。纵向一体化包括前向一体化和后向一体化。其中，前向一体化主要是指企业与用户企业之间的联合，如纺织印染厂与服装加工厂联合。后向一体化主要是指企业与供应企业之间的联合，如汽车制造厂与橡胶厂联合。

横向一体化也称为水平一体化，是指与处于相同行业、生产同类产品或工艺相近的企业实现联合。

以生产企业为例，纵向一体化、横向一体化的关系，见图 5-1。

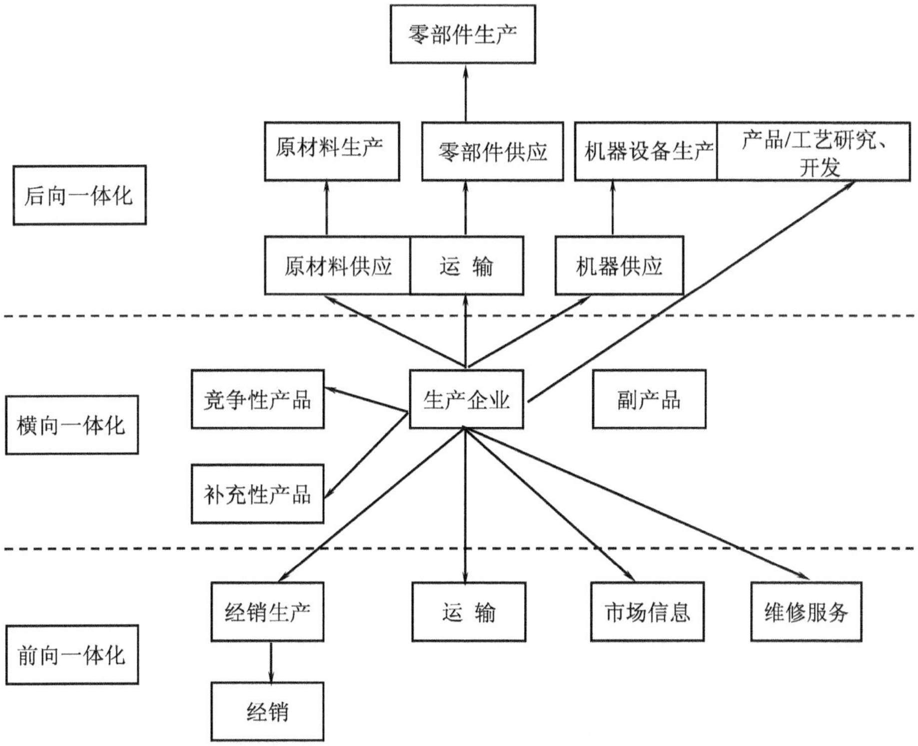

图 5-1　生产企业的纵向一体化（前向一体化和后向一体化）、横向一体化

（1）纵向一体化战略

通常，一体化战略包括纵向一体化（纵向整合）战略、横向一体化（横向整合）战略。其

中前向一体化和后向一体化合起来叫作纵向一体化战略。

纵向一体化战略的实施存在三大局限性：①管理复杂性增加，可能会导致管理的效率下降和管理费用的增加；②风险集中，灵活性下降；③退出困难。因此，为保障纵向一体化战略的成功实施，必须做好以下四点：①最大限度地掌握市场变化的规律；②要处理好产品的标准化与多样化的关系；③对巨额投资的一体化项目要特别慎重；④适度开展多样化业务，分散风险，适度互补。

专栏 5.1　产品的标准化与多样化

一、产品标准化的主要理由

第一，生产的经济性。企业可以同时在不同的目标市场上销售同一产品，进而能够提高产品的生产规模，降低单位产品的生产成本。

第二，产品开发的经济性。企业向所有目标市场提供相同的产品，可以减少单位产品的开发费用。

第三，市场营销的经济性。企业产品的标准化为产品销售和促销的标准化提供了前提，从而有利于降低单位产品的销售成本。

第四，企业产品的形象。在许多目标市场上进行标准化产品的生产和销售，有利于创造世界名牌，并使顾客对企业及其产品留下深刻印象。

第五，国际消费者的需要。跨越国界的外交官、科技人员、商人和旅游者等不论走到哪里，都希望能买到他们喜爱的名牌产品。企业产品标准化可以使他们在不同国家的市场上识别和购买喜爱的产品，同时也能增加企业盈利的机会。

二、产品多样化的主要理由

第一，产品的使用条件不同。各国的自然环境和基础设施不同，这就要求企业按照目标市场的条件，改进产品的使用性能。

第二，居民收入水平不同。不同国家居民的收入水平不同，甚至有较大的差别，企业应使产品的重量、档次和包装多样化，以适应不同国家居民的购买能力。

第三，消费者的嗜好不同。在目标市场上，消费者因文化背景、经济条件和年龄等方面的差异而有不同的嗜好。企业要投其所好，增加产品的花色和品种。

第四，政府的政策法规不同。各国政府出于意识形态、社会文化和经济等方面的原因，往往对产品的种类、性能和包装实行不同的限制。这样，企业的产品就必须因国而异。

第五，海外投资的目的不同。企业在某些国家投资是为了占领当地的市场。因此，只有使企业产品地方化，企业海外投资的目的才能达到。

(2) 横向一体化战略

横向一体化战略的实施可通过契约式联合、合并同行业企业等形式实现。见图 5-2。

3) 实施一体化战略的目的

一体化战略的实施，可实现与企业业务的输入端或输出端的企业联合，与相同业务(或互补业务)的企业联合，从而达到降低交易费用及其他成本、实现经济化的目的。见图 5-3。

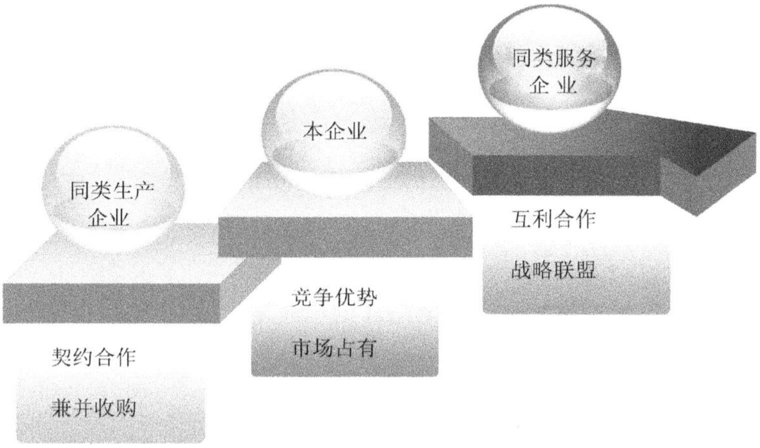

图 5-2 横向一体化战略

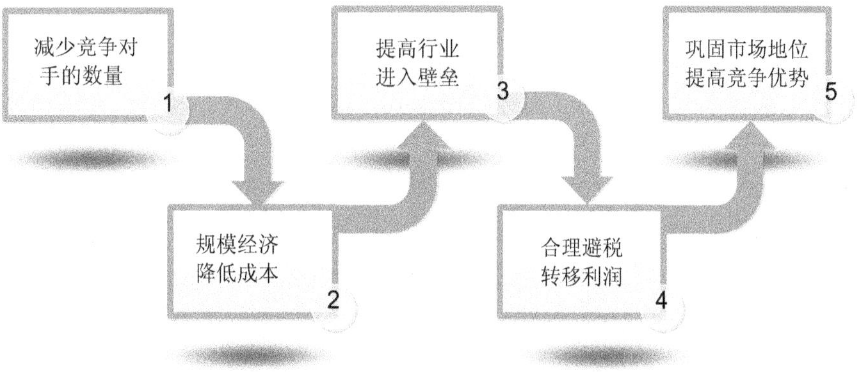

图 5-3 一体化战略实施的目的

3. 多样化战略

多样化战略，又称为多元化或多角化发展战略，是指企业为了更多地占领市场或开拓市场，或者避免经营单一带来的风险，而选择进入新领域的战略。多样化战略通常被认为是保障现代企业投资回报率的有效方法。

1）多样化战略的特征

多样化战略的特点是企业经营业务已经超出一个行业的范围，在多个行业中谋取企业的发展。多样化战略的优势体现在：

第一，通过整合现有资源，调整业务方向，企业可寻求新的发展空间和利润增长点；

第二，保障企业资源共享；

第三，能使企业生命周期与产品生命周期分开。

专栏 5.2 宝洁公司的资源共享

宝洁公司生产一次性尿布和纸巾——能够吸水而不破碎的纸产品。因为两种产品都需要同样的属性——吸水性，宝洁公司能够在两个业务之间分摊生产吸水纸产品方面的研发成本。同样，两种产品都卖给同样的客户组（超市），它可能使用同一销售队伍来出售两种产品。相反，仅仅生产纸巾或仅仅生产一次性尿布的竞争对手就无法达到同样的节约，不得不在研发和维持销售队伍两方面投入按比例来说较多的资金。最后的结果是，在其他条件相同的情况下，宝洁公司的开支较低，获得的投资回报率高于缺乏共享资源能力的企业。

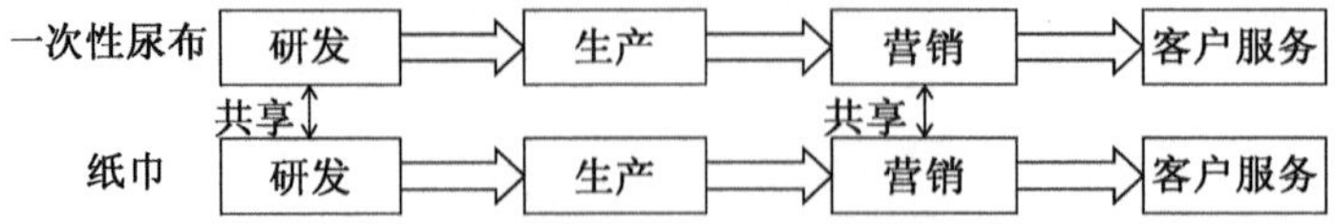

(1) 企业生命周期

伊查克·爱迪思提出的企业生命周期模型及其特征变化、存在的问题，见图 5-4。

伊查克·爱迪思提出的企业在发展的不同阶段将表现出不同的目标追求，见图 5-5。

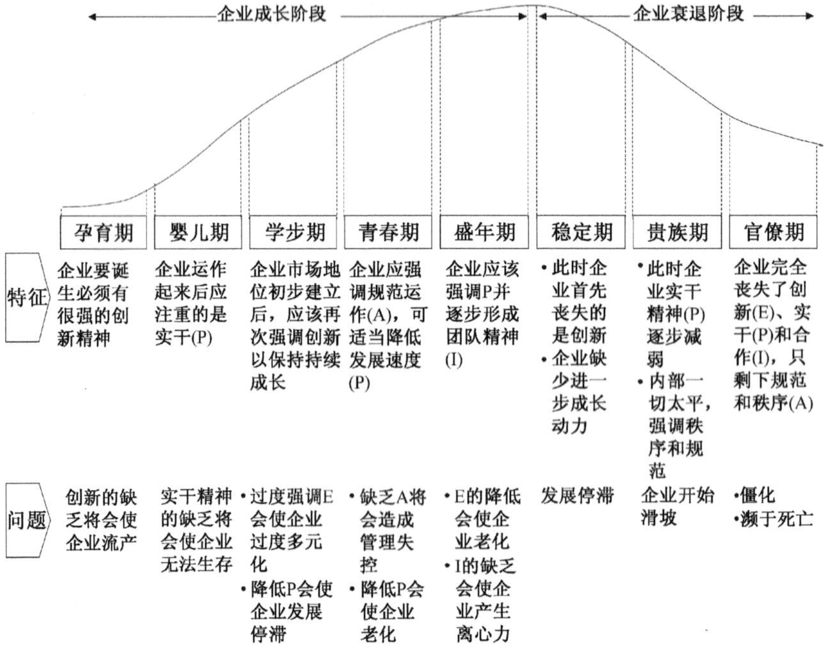

图 5-4　企业生命周期模型

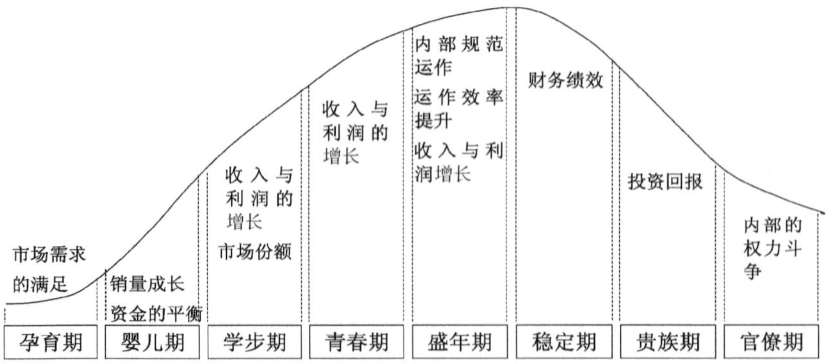

图 5-5　企业发展不同阶段的目标追求

(2) 产品生命周期

产品生命周期(Product Life Cycle,简称 PLC)是指一种产品从研发到推广、应用、普及和衰退的过程。是否投资一个产品项目,首先应分析产品的市场发展前景,分析产品所属的行业是处于上升、稳定,还是衰退时期。虽然每个产业的发展不一样,但是每个产品的生命周期理论上都是相同的,所以从产品生命周期模型能观察、分析行业成长性,从而把握产业的战略特征,选择合适的企业战略。产品生命周期模型,见图 5-6。

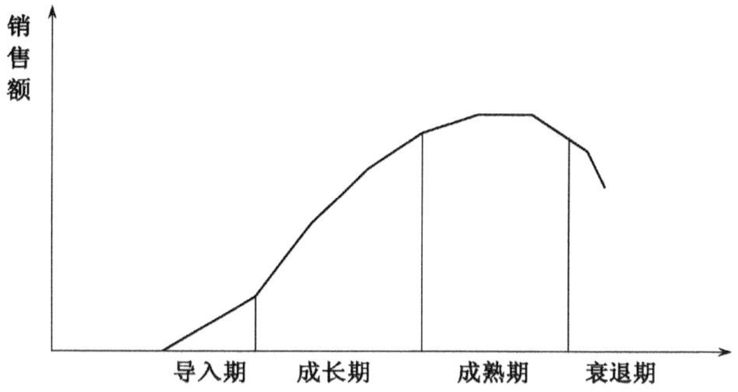

图 5-6 产品生命周期模型

第一阶段——导入期。产品开始逐步被市场所认同和接受,行业开始形成并初具规模,这是产品生命周期的幼年时期。在此阶段,行业内企业很少,市场需求低,产品质量不稳定,批量不大,成本高,发展速度慢。对企业来说,在该阶段需要付出极大的代价来培育市场,完善产品,随着企业的发展和行业的发展,企业可能会在行业中树立先入优势。

第二阶段——成长期。产品市场需求急剧膨胀,行业内的企业数量迅速增加,行业在经济结构中的地位得到提高,产品质量提高,成本下降。对企业来说,此时是进入该行业的理想时机。

第三阶段——成熟期。产品定型,技术成熟,成本下降,利润水平高。但是随之而来的是由于需求逐渐满足,行业增长速度减慢,行业内企业之间竞争日趋激烈。这个时期,企业进入门槛很高,除非有强大的资金和技术实力,一般难以取得成功。

第四阶段——衰退期。由于技术进步或需求变化,可替代的新产品出现,原有产品的市场迅速萎缩,同时,由于技术的成熟,各企业所提供的产品无差异,质量差别小,行业进入了衰退期。此时,行业内的一些企业开始转移生产领域,并逐步退出该领域。对企业来说,此时不宜进入该行业。

产品生命周期各阶段的特点,见表 5-1。

表 5-1 产品生命周期各阶段的特点

阶段因素	导入期	成长期	成熟期	衰退期
市场容量	小	逐步扩大	逐渐饱和	迅速下降
生产规模	小	逐步提高,生产能力不足	大规模生产,生产能力剩余	生产能力严重过剩,规模缩小,产品定制
生产成本	高	逐步降低	最低	提高
市场价格	高	不断降低	由竞争策略而定	
产品质量	技术不稳定 技术相互竞争 质量低	技术趋于稳定 标准化 质量改进	技术稳定 标准化 质量稳定	便利品

续表

阶段因素	导入期	成长期	成熟期	衰退期
市场竞争	少数企业	企业数量增加	企业众多,竞争激烈	企业逐步退出
消费者认知	认知度低、面向高收入人群	逐步提高 向大众扩散	全面认同 产品替代	逐渐放弃 新产品替代

企业可以向具有更优经济特征的产业转移,以改善企业的整体盈利能力和灵活性。

专栏 5.3 四通公司多样化战略

四通集团曾经是中国最著名的民营科技企业之一。早在 20 世纪 80 年代,四通曾经与联想、方正并列,号称中关村的三驾马车之一。1984 年 5 月,在中关村,几名自主创业的科技人员创办了北京市四通新兴产业开发公司,主要致力于办公自动化产品的开发经营。创业当年,公司对 M2024 打印机进行二次开发并投放市场,获得巨大成功,实现销售收入 900 万元;次年又完成 M1570 彩色打印机的二次开发并迅速占领市场,效益显著。1986 年,北京四通集团公司成立,注册资金 1 亿元。同年,集团公司研制开发出第一代 MS 系列文字处理机——MS-2400,并投放市场。四通文字处理机取得了巨大的成功,销售最好时可达每年 5 万台,在国内的市场占有率达到 85%以上。之后,四通以 MS 系列文字处理机的销售为契机,开始建立遍及中国各地的营销服务网。在拳头产品支持下,20 世纪 80 年代,四通以每年 300%的增长率高速发展。

1993 年,四通整合旗下若干电子类企业,组成"四通电子"在香港联交所上市,成为第一家在香港上市的民营 IT 公司。同期,四通制定了"与巨人同行"的战略方针,与一大批著名跨国公司合资兴建大型生产基地,包括与日本松下电工合资的中国最大的照明电器公司,与日本三菱电机合资的大规模集成电路公司,与美国 TRW 合资的大型系统集成公司,等等。

20 世纪 90 年代的中后期,四通开始进行多元化拓展,很快从初期的单一品种经营,转向开发生产打印机、收款机等多种产品。进而,四通大举进入资本运作市场,进行了很多战略性的投资项目,涉及 IT、媒体、金融、房地产、生物制药等诸多领域,实行经营、产业、金融相互促进的发展模式。1997 年,四通年销售额达到 66 亿元,净资产升至 18 亿元,成为中国最大的民营企业。

经过近 20 年的发展和十几年的多元化尝试,四通的产品和服务包括 4 个部分:电子产品及分销(网卡、全双工交换机、票据打印机、打印服务器产品、路由器产品)、信息技术

服务(解决方案、地理信息、工商社保软件)、房地产(秦皇岛碧海蓝天度假村)、生物制药(天天维通维生素 C 泡腾片)。至 2003 年,公司共拥有 58 家独资、合资联营企业,4 个海外分支机构,职工 3 700 多人。

90 年代的后期起,四通进入了缓慢发展、停滞甚至倒退的时期。有人把四通的衰落归咎于盲目多元化,也有人将其归咎于四通多年里一直为解决产权问题而耗尽了内力,还有人将其归咎于企业领导人的领导不力,以及没有培养一个积极进取的企业文化。

作为四通掌舵人的段永基则认为产品没有找对路。2003 年,四通把目光转向了医药和

保健品行业。

经过 20 年的探索与轮回，四通已经与“IT”的头衔渐行渐远。四通找对路了吗？

2）多样化业务组合分析法

企业战略管理实践中，可采用行业吸引力评价法和行业竞争力评价法，评价多样化业务组合。具体步骤为：

第一，选出一套行业吸引力/行业竞争力度量标准。

第二，给每个标准设定一个权数，权数反映了该标准对行业吸引力或前景/行业竞争力的重要程度。每个权数分布在 0～1 之间，但各标准的权数总和为 1。

第三，按每个标准给每行业打分，打分使用 4 分制，1 分表示吸引力/竞争力很低或没有，2 分表示吸引力/竞争力较低，3 分表示吸引力/竞争力较高，4 分表示吸引力/竞争力很高。将每行业在每个标准上的评估值与该标准的权数相乘，得到的是加权的行业吸引力/行业竞争力评估值。

第四，所有标准的加权评估值合计便是该行业长期吸引力/竞争力大小的度量。

专栏 5.4　某行业吸引力/竞争力评估

某行业吸引力评估

行业吸引力度量标准	权数	评估值	加权的行业吸引力评估值
市场规模和增长率	0.15	2	0.30
竞争强度	0.30	4	1.20
显现的行业机会和威胁	0.05	1	0.05
资源需求	0.10	3	0.30
与公司其他业务的战略匹配	0.15	2	0.30
社会、政治、法规和环境因素	0.05	3	0.15
行业获利能力	0.10	2	0.20
风险程度	0.10	3	0.30
合　计	1.00		2.80

某行业竞争力评估

行业竞争力度量标准	权数	评估值	加权的行业竞争力评估值
相对市场份额	0.20	3	0.60
相对竞争对手的成本	0.25	4	1.00
在关键产品属性与对手匹敌或击败对手的能力	0.10	1	0.10
与供应商/购买者的讨价还价能力	0.10	3	0.30

续表

行业竞争力度量标准	权数	评估值	加权的行业竞争力评估值
技术和革新能力	0.05	2	0.10
资源与行业关键成功因素的匹敌状况	0.15	4	0.60
品牌信誉/形象	0.05	2	0.10
相对竞争对手的获利能力	0.10	2	0.20
合　计	1.00		3.00

5.3.3 快速发展战略的实施方式

1. 企业内部发展

1）企业内部发展的概念

企业内部发展，是指企业依靠自身的人力、物力和财力实现企业的快速发展。企业通过采用有效的市场营销、研究开发、技术改造、经营多样化等策略，使企业获得生产的发展、销售的发展、利润的发展和资源的发展，从而扩展经营规模，达到经营事业不断发展壮大的目标。

2）企业内部发展的优缺点

（1）企业内部发展的优点

企业内部发展的优点表现在四个方面：①风险相对较小；②资源共享性强；③积累学习能力；④鼓励内部企业家精神。

（2）企业内部发展的缺点

企业内部发展的缺点为：在企业缺乏内部发展所需要的资源时，内部发展是一个很缓慢的过程。在这个过程中，可能会错失市场机会。

2. 企业并购

1）企业并购的概念

并购的内涵非常广泛，一般是兼并和收购的合称。其中，①兼并是指两家或者更多的独立企业或公司合并成一家企业，通常由一家占优势的企业吸收另一家（或者多家）企业。②合并是指两个或两个以上的企业合并成为一个新的企业，合并完成后，多个法人变成一个法人。③收购是指一家企业用现金或者有价证券购买另一家企业的股票或者资产，以获得对该企业的全部资产或者某项资产的所有权或控制权。

2）并购的动因

第一，扩大生产经营规模，降低成本（形成规模效应）。

第二，提高市场份额，提升行业战略地位（生产力提高、销售网络完善）。

第三，取得充足廉价的生产原料和劳动力，增强企业的竞争力（成为原料的主要客户，降低劳动力成本）。

第四，提高企业的知名度，以获取超额利润（提高品牌知名度，提高产品附加值）。

第五，通过并购取得各类资源（人力、管理、技术、销售等资源）。

第六，实施多元化战略，分散投资风险（扩充经营范围）。

3）并购的类型

（1）横向并购。横向并购是指生产相同或类似产品的企业之间的并购，例如一家生产汽车的企业并购另一家生产汽车的企业。横向并购的最大优势是减少竞争，扩大市场份额，获得“1＋1＞2”的效果，但是会受到反垄断法的限制。

（2）纵向并购。纵向并购是指处在产业链上下游的企业之间的并购，例如一家钢铁企业并购一家生产铁矿石的企业。企业之间是供应商和需求商之间的关系。基本特征是纵向一体化。

（3）混合并购。混合并购是指发生在不同行业企业之间的并购。基本目的是分散风险，寻求范围经济。混合并购是多样化的一个重要方法。

3. 战略联盟

1）战略联盟的概念

战略联盟是指两个或两个以上有共同战略利益和相应经营实力的企业（或特定事业、职能部门），为达到拥有市场、共同使用资源等战略目标，通过各种协议、契约而结成的优势互补、风险共担的一种松散的合作模式。战略联盟可以使来自不同国家的企业共同分担风险、共享资源、获取知识、进入新市场。因此，战略联盟成为新兴国际市场的常用方式。

2）战略联盟的优势

战略联盟的优势主要表现在五个方面：①获得规模经济，降低风险和交易费用；②低成本进入新市场，促进大市场营销；③避免“过度竞争”；④克服“大企业病”，对资源配置机制进行战略性革新，实现资源互补；⑤提升企业竞争力，强化竞争实力。

3）战略联盟的形式

（1）合资企业战略联盟

共同出资、共担风险、共享收益而形成企业，合作各方将各自的优势资源投入到合资企业中。通过合资形成战略联盟，我国企业可利用发达国家企业的先进技术、知名品牌、管理模式等方面的优势，加快发展速度，提高自身的市场竞争力。

（2）研究开发战略联盟

为了某种新产品或新技术，合作各方签订研究开发协议，加快开发速度，各方共担开发费用，降低各方开发费用与风险。

（3）联合生产战略联盟

一方有知名品牌但生产力不足，另一方有剩余生产能力，另一生产方可以为对方定牌生产。例如奇瑞与克莱斯勒就代工生产小型车达成协议，奇瑞负责汽车生产，然后冠之以克莱斯勒品牌，在世界各地销售。

（4）联合销售战略联盟

通过签订协议，共同销售某一种或多种产品，合作双方在销售之外的各个领域保持独立。例如德国雷诺公司与美国汽车公司达成协议，雷诺通过美国汽车公司1700多个经销商网点在全美销售其汽车。

（5）相互持股战略联盟

合作各方为加强相互联系而持有对方一定数量的股份。

（6）定点生产（Original Equipment Manufacture，OEM）

首先，对于委托企业来说，这种联盟可以达到以下效果：①在资源有限的情况下，迅速扩大企业的规模；②在较短的时间内，提高品牌的知名度，占领更加广阔的市场；③使企业从以往繁琐的内部管理事物中解脱出来，更加专注于产品的设计与市场的开拓，形成产品的良性快速的繁衍；④控制销售渠道；⑤不必承担设备折旧、自建工厂和生产管理的风险，还可随时根据市场变化灵活地按需下单。由此可促进成品业务形成新的经营优势，培养和壮大企业内在的扩张力，提高经营能力和管理水平，从而走向更高层次的资本运营。

其次，对于受委托方来说，这种联盟可以达到以下效果：①按订单生产加工，产品销路有保障，市场风险小；②企业财务压力小，业绩成长较易；③可借机提高产品设计的制造水平，同时，弥补生产能力的过剩。

OEM 的适用条件：①劳动成本低廉、生产技术熟练性强的企业（受托方）；②拥有产品设计开发及市场营销优势的企业（委托方）。同时，这种合作应防止：①受委托方过分依赖的心理，防范“渠道断绝”的风险；②委托方在选择受委托方时要考虑产品质量的保证和树立良好的品牌形象等问题。

4）战略联盟成功的关键问题

战略联盟的成功取决于五个关键问题：①选好合适的联盟伙伴；②有明确的战略目标；③建立良好的合资企业关系；④联盟各方要保持必要的弹性；⑤坚持竞争中的合作。

专栏 5.5　携手并进的雷诺-日产

雷诺-日产联盟是一个独一无二的集团，它以交叉持股的方式凝聚了两家世界级大公司。雷诺和日产结盟于1999年3月27日。1999年5月28日，雷诺按照每股400日元的价格，以54亿美元收购日产汽车36.8%的股权，成为该公司的大股东，组建了雷诺-日产联盟。该收购之前，雷诺也是一个中等大小的欧洲区域性公司，而日产汽车在全世界17个国家有21个制造中心，年产总量约240万辆汽车，在全世界191个国家和地区销售汽车，是一个不折不扣的行业“大象”。

雷诺-日产有限公司（Renault-Nissan BV）设立于2002年3月28日，在以路易·施韦泽（Louis Schweitzer）为总裁，八位成员组成的管理委员会的领导下，专门负责联盟的战略性管理。雷诺-日产有限公司（Renault-Nissan BV）是制定联盟战略和指导双方合作的真正的决策机构。在每月一次的会议上，管理委员会对双方的中长期计划及共同合作计划做出决定，并监督计划的执行情况。

雷诺-日产联盟的战略目标

它们联盟的目的是：通过和谐的发展策略、共同的目标和原则、业绩驱动的协同效应以及最佳管理实践的分享，来创造最优良的业绩。它们尊重并强化各自的文化和品牌。

❖ 雷诺-日产联盟的原则

联盟建立在相互信任和尊重的基础之上，其组织是透明的。联盟保证：

（1）决策机制明确，为集团快速反应、责任分配和优秀业绩提供保障。效率最大化，主要通过双方优势互补、共同机构的协同效应、横向小组及平台和配件共享来实现。

（2）联盟吸引和留住了最优秀的人才，为他们提供了最佳的工作条件和具有挑战性的工作内容。联盟造就工作人员既有企业意识又有面向世界的开放精神。联盟给双方的股东带来了丰厚的收益并建立了公司治理的原则。联盟也为可持续发展添砖加瓦。

❖ 雷诺-日产联盟的目标

联盟确立并实施了持续赢利增长的发展战略。联盟要达到三个目标:

(1) 在每一个区域和每一个细分市场上,在产品与服务的质量和价值方面,联盟要成为世界各地顾客心目中最受欢迎的三大品牌之一。

(2) 联盟双方各自要在专项领域占有领先地位,从而使其在关键技术掌控方面跻身世界三大汽车制造集团之列。

(3) 通过高营业利润和持续增长,使联盟主营业务业绩名列全球汽车生产集团前三位。

雷诺-日产联盟的战略整合

第一步:搭建战略领导平台。

雷诺-日产联盟成立了一个全球联盟委员会,作为整个组织的战略领导平台。全球联盟委员会每个月召开一次会议,是雷诺-日产联盟的管理主体,它决定联盟采用的战略,指导各运作小组的工作,委员会由雷诺公司的总裁和日产公司的总裁共同主持。

第二步:将战略分解成具体任务。

雷诺-日产联盟组建了包含150名员工的12个跨公司工作小组,其中产品规划小组由日产和雷诺共同领导,其他工作小组则是小组负责人来自其中一方,而助理来自另外一方。另外,联盟还成立了功能性任务小组,为跨公司工作小组提供日常的协助,尤其是在信息系统,工程标准,质量以及财政、法律事务等方面。这些小组为公司营运活动提出具体的运作设想,上报全球联盟委员会并最终实施运作。

第三步:设立专门部门进行战略协调工作。

雷诺-日产联盟设立了专门的联盟协调部,为跨公司工作小组和功能性任务小组提供工作支持,它在巴黎和东京分别设有办公室。

经过上述步骤,雷诺-日产联盟形成了明晰的战略思路,并且在市场上取得了不俗的业绩,此前岌岌可危的日产汽车也走出了亏损的阴霾。

雷诺-日产联盟取得的成绩

雷诺-日产联盟协议签署五年后,联盟取得了有目共睹的成功:

2003年,雷诺日产集团在全球的销售总量达到5 357 315辆,其中西欧2 296 123辆,北美洲864 015辆,日本827 368辆。在拉丁美洲的销量达到394 635辆(墨西哥232 329辆)。在中东和非洲的销量为827 368辆。联盟占有9.3%的国际市场份额,跻身于全球第五大汽车制造集团。

2004年,雷诺-日产联盟的销量达5 785 231台,比2003年增长8.0%。日产和雷诺的销量分别为3 295 830台和2 489 401台。雷诺-日产联盟的全球市场份额为9.6%(雷诺集团为4.1%,日产为5.5%),在销量上成为全球第四大汽车制造商。联盟继续从双方互补性中受益。

【思考】

1. 为什么雷诺-日产的战略联盟能取得较好的效果?
2. 基于案例,结合实际分析企业形成战略联盟的动因有哪些?

【解析】

雷诺-日产的战略联盟之所以能够获得较好的效果，首先在于二者明确战略联盟的目标，并进行了战略的整合，使这个貌似松散的联盟模式在实际上联系得非常紧密，保证了双方的合作能够站在同一个平台上进行，大大提高了公司运作的效率。

从案例中可以看出，二者在生产、市场、采购、信息服务、物流等各个环节为双方创造了共同的利益。通过共享产品设计和生产平台，降低生产成本；通过共享市场形成市场的优劣势互补，加强全球销售力量；通过联合采购，提升采购质量，降低采购成本，并协调全球供应商关系；通过信息共享，加深交流，促进各方面的积极合作；通过推行共同的零配件供应系统、整车运输系统及物流策略，降低物流成本。

5.4 防御战略

5.4.1 防御战略的概念与特点

1. 防御战略的概念

防御战略是指企业根据市场环境变化，从目前的战略经营领域收缩和撤退，且偏离战略起点较大的一种经营战略。防御战略的根本目的是积蓄力量，等待时机，抓住有利机会，重新组合资源，进入新的经营领域，谋求企业的长远发展。因此，防御战略是一种以退为进的战略。

2. 防御战略的特点

防御战略的特点表现为：①对企业现有的产品/市场领域实行收缩、调整和撤退，削减某些产品的市场规模，放弃某些产品系列，甚至完全退出目前的经营领域。②逐步缩小企业的产销规模，降低市场占有率，同时降低某些经济效益指标。③目标重点是改善企业的现金流量，争取较大收益。在资源的运用上，严格控制和尽量削减各项费用支出，只投入最低限度经营资源。防御战略实施的基本目的是使自己摆脱困境，渡过危机，保存实力。

5.4.2 防御战略的类型

1. 企业重组战略

1）企业重组的含义

企业重组是指对企业现有的资源进行重新组合。企业重组可以分为四种类型：①资产重组；②债务重组；③业务重组；④人员重组。

2）企业重组的动因

企业重组的动因表现在四个方面：①信息技术的影响；②减少企业经营范围；③确保企业主业活动；④管理战略的变革。

3）企业重组战略的实施步骤

第一，调整或重新划分战略业务，明确战略业务结构；

第二，重新评价现阶段各项战略业务（见图 5-7），检查企业当前的业务组合，重新确立核心业务和核心能力，建立企业新的竞争优势。

第三，根据重新确立的核心业务和核心能力，确定战略业务重组的方向。

实行企业重组战略一般要经过三个阶段：

(1) 压缩。压缩企业的经营规模和经营范围。

(2) 强化。首先是采取各种措施稳定企业局面，稳定骨干职工队伍，对企业的现状和前景进行全面认真的分析和寻找各种求生的办法。

(3) 重建。重新调整组织机构，重新配备人员，重新制定激励措施，重新振作职工队伍，理顺内部关系。

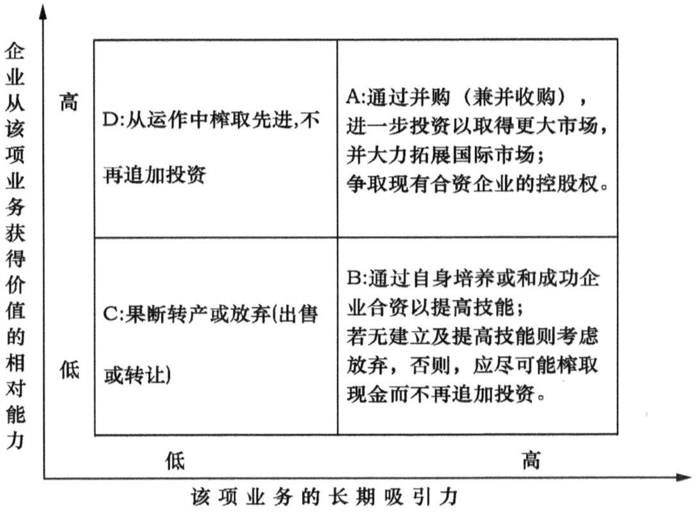

图 5-7　重新评价战略业务

专栏 5.6　惠普退出亚太数码市场

2005 年 7 月 29 日，惠普宣布将终止与苹果达成的销售协议，不再贴牌销售 iPod 播放器，但会继续在惠普的台式机和笔记本产品中捆绑苹果 iTunes 音乐播放工具软件。

惠普表示，转售 iPod 不符合惠普当前的数字媒体战略，因此 9 月底前将全面停止转售。继放弃 iPod 之后，惠普 8 月 2 日又发表声明，宣布退出亚太地区数码相机市场，而将集中投资家庭照片打印领域。

惠普表示，退出亚太地区数码相机市场，是为了更有效地将投资集中到能带来高回报的业务领域。

惠普停止转售 iPod 和退出亚太地区数码相机市场，实际上是以退为进。惠普中国新闻发言人表示，亚太市场数码相机产品竞争激烈，日韩厂商实力较强，惠普判断未来亚太区市场的竞争优势和业务状况并不理想，于是主动选择退出。

惠普将把更多精力集中到打印机、PC、服务器等优势业务上。当时，惠普预计到 2008 年，以数字形式拍摄的图片增长到每年 2 360 亿张，而这些图片中有 56%是在家打印的。惠普认为，家庭照片打印市场将会有较高的利润回报，并将不断加大投入。惠普打印机业务的利润占其总利润近三分之一，如果惠普能够在这一领域更进一步，其业绩将会有很大的提升。

【思考】

1. 惠普退出亚太数码市场属于哪种战略?

2. 惠普为何会采取此种战略?

【解析】

在此案例中惠普采取的是撤退战略。在商业竞争中,“撤退战略”属于企业总体战略中防御战略的一种,是指企业从发展潜力小或无发展前途的行业退出市场的一种战略。

案例中惠普退出亚太地区数码相机市场,是为了更有效地将投资集中到能带来高回报的业务领域。

战略是一种艺术,这种艺术体现在平衡,而平衡又需要学会舍弃。在很多情况下,人们会认为撤退战略是一种不得已而为之的战略,但实际上在恰当的时候终止发展潜力小或无发展前途的战略经营领域,集中资源投资到更具吸引力的战略经营领域对企业未来发展会更好。

2. 撤退战略

1)抽资转向战略

抽资转向战略是指企业在现有的经营领域不能维持原有的产销规模和市场占有率,而不得不采取缩小产销规模和市场占有率,或者企业有新的更好的发展机遇,对原有的业务领域进行压缩投资、控制成本,以改善现金流为其他业务领域提供资金的战略方案。

抽资转向战略的配合措施为:调整企业组织;降低成本和投资;加速回收企业资产。

抽资转向战略要实现经营重点转移,有时会涉及基本宗旨的变化,导致经营方向的大转变,例如:由制造单一采掘煤矿的设备转为生产煤矿成套设备;有时则是向具有不同技术的新产品转变,例如:从生产传统照相机转向数码照相机。

2)放弃战略

放弃战略是指企业卖掉其下属的某个战略经营单元,或将企业的某个部门转让、出售或停止经营。这个部门可以是一个子公司、一条生产线或者一个事业部。放弃战略通常是企业在采取抽资转向战略无效果后而采取的战略。

3)清算战略

清算战略是指企业受到全面威胁、濒于破产时,通过将企业的资产转让、出卖或者停止全部经营业务来结束企业的生命。清算战略通常只有在其他战略全部失效时才采用。

5.5 战略组合与战略选择方法

战略组合,就是将企业制定的相关战略配合起来使用,使几种战略形成一个有机的整体。包括顺序性战略组合和同时性战略组合。其中,顺序性战略组合是指一个企业根据生存与发展的需要,先后采用不同的战略方案,从而形成自身的混合型战略方案,因而这是一种在时间上的战略组合。同时性战略组合是指不同类型的战略被同时在不同战略业务单位执行而组合在一起的混合型战略。在企业具有多种不同经营业务或多个事业部的情况下,通常采用同时性组合的战略组合方式。

5.5.1　战略制定与选择的方法

1. 战略制定的方法

企业战略制定的方法，见图5-8。

1）自上而下的方法

(1) 优点：企业的高层管理人员能够牢牢地把握住整个企业的经营方向，并能对下属各部门的各项行动实施有效的控制。

(2) 缺点：这一方法要求企业的高层管理人员制定战略时必须经过深思熟虑，战略方案务必完善，并且还要对下属各部门提供详尽的指导。同时，这一方法亦束缚了各部门的手脚，难以充分发挥中下层管理人员的积极性和创造性。

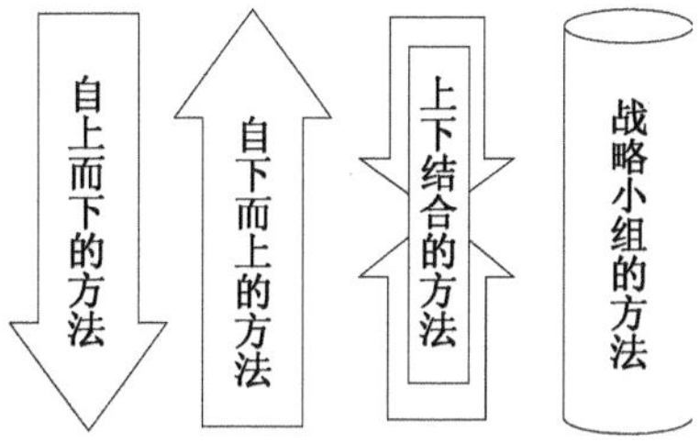

图5-8　企业战略制定的方法

2）自下而上的方法

(1) 优点：能充分发挥各个部门和各级管理人员的积极性和创造性，集思广益。同时，由于制定出的战略方案有着广泛的群众基础，在战略的实施过程中也容易贯彻和落实。

(2) 不足之处：各部门的战略方案较难协调，影响了企业整个战略计划的系统性和完整性。

3）上下结合的方法

这种方法是在战略的制定过程中，企业最高管理层和下属各部门的管理人员共同参与，通过上下各级管理人员的沟通和磋商，制定出适宜的战略。这种方法可以产生较好的协调效果，制定出的战略更具有操作性。

4）战略小组的方法

这种方法是指企业的负责人与其他的高层管理人员组成一个战略制定小组，共同处理企业所面临的问题，在战略制定小组中，一般是由总经理任组长，而其他的人员构成则有很大的灵活性，由小组的工作内容而定，通常是吸收与所要解决问题关系最密切的人员参加。这种战略制定方法的目的性强，效率高，特别适宜制定如产品开发战略，市场营销战略等特殊战略和处理紧急事件。

2. 战略选择的原则与程序

企业战略的选择是企业的一项重大决策，是企业决策者根据企业战略分析的结论，制定出适合企业长期发展的战略方案，并对制定的几种战略方案进行比较和优选，在可选方案中挑选一个最满意的选择方案。企业战略的制定与选择需要考虑企业未来将面临的多种可能局面。很多情况下，被选择的最满意的方案往往会因受到企业实际情况的限制，或因企业存在种种困难而不得不放弃，次优方案此时可能成为目前的最佳方案予以实施。

1）战略选择的原则

(1) 目标性原则。目标要明确具体，不能含糊不清或抽象空洞。否则，企业的战略就不能起到应有的指导作用。

(2) 获利性原则，选用能以最小投入获得最大产出或以最低成本获得最大收益的方案。

(3) 可行性原则。即能够为内部各部门和外部环境所允许，并能顺利地实施。

(4) 社会责任性原则。企业的存在与发展离不开社会的支持和制约,应该把企业利益与社会利益统一起来。

2) 战略选择的程序

企业战略选择的程序,见图 5-9。

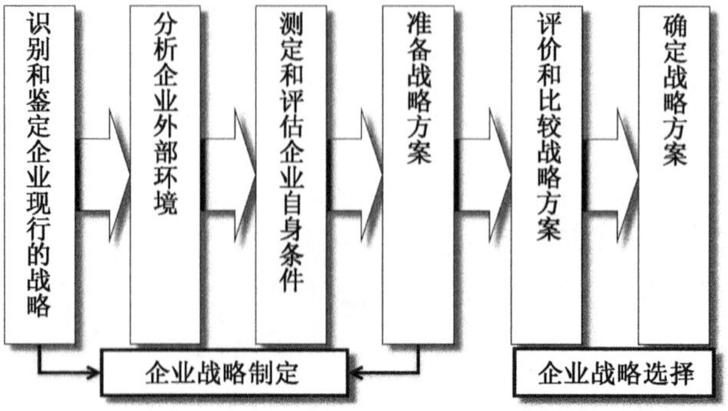

图 5-9　战略选择的程序

企业选择的战略如果要求进行大规模的组织结构调整和大量资源的重新整合与配置,那么它便不是一个理想的选择。

3. 战略选择的评价标准

企业战略选择时包括三大评价标准:适用性、可行性、可接受性。

(1) 适用性。所谓适用性是这样一种评估标准,它用来评估所提出的战略对组织所处的环境的适应程度以及与其自身资源的匹配性,还有它能否保持或加强组织的竞争地位。换句话说,一个适用的战略应该保持组织目标、资源条件与外部环境的一致性,这种一致性是选择战略时首先要考虑的。

(2) 可行性。所谓可行性是指组织有能力成功地实施既定的战略。换句话说,一个可行的战略应该是组织依靠当前拥有的资源和能力就可顺利实施且能达到既定要求的战略。

(3) 可接受性。战略选择的第三个标准是可接受性,这种可接受性与人们的期望密切相关,因此,它带有更多的主观性。一些人认为"可接受"的战略对另外一些可能就是不可接受的,尤其是在两者的期望相矛盾的情况下。因此,在很多情况下企业所选定的某种战略方案,实际上是不同利益集团讨价还价和折中的产物。

4. 战略选择的影响因素

企业战略选择会对企业的未来产生重大的影响,因而这一决策必须非常慎重。在实际工作中,会有一些因素对战略选择决策产生影响,这些因素在不同的企业或不同的环境中所起的作用是不同的。企业战略选择的影响因素主要有以下几方面:

1) 原有战略

对大多数企业来说,过去的战略常常被当成战略选择过程的起点。在开始进行战略选择时,首先要回顾企业过去制定的战略。因为过去战略的效果对现行的战略选择有极大的影响。现在的战略决策往往也是过去战略的缔造者,由于他们对过去战略投入了大量的时间、资源和精力,会自然地倾向于选择与过去战略相似的战略或对其加以改进。这种选择与过去战略相似的战略或沿袭过去战略的倾向已渗透到企业组织之中。研究表明，在计划过程中，低层管理人员认为，战略的选择应与现行战略相一致，因为这种战略更易被人接受，推行起来阻力较小。

2）外部环境

在战略选择时，企业必须要面向供应商、顾客、政府、竞争者及其联盟者等外部环境因素，这些环境因素从外部制约着企业的战略选择。如果企业高度依赖于其中一个或多个因素，其最终选择的战略方案就不能不迁就这些因素。企业对外部环境的依赖程度越大，其战略选择的范围和灵活性就越小。

3）管理者对风险的态度

企业管理者对风险的态度可分为承担风险或回避风险。风险承担者一般采取进攻性的战略，会在被迫对环境的变化作出反应之前就作出主动的反应；风险回避者一般采取防御性战略，只有环境迫使其作出反应的时候才不得不这样做。

4）企业文化

任何企业都存在着或强或弱的文化。企业文化和战略的选择是一个动态并衡、相互影响的过程。企业在选择战略时不可避免地受到企业文化的影响。企业未来战略的选择只有充分考虑到与目前的企业文化和未来预期的企业文化相互包容和相互促进的情况下才能被成功实施。另一方面，企业中总存在者一些非正式的组织。由于种种缘由，某些组织成员会支持某些战略，反对另一些战略，这些成员的看法有时甚至能够影响战略的选择。

5）竞争者的反应

在战略的选择中，还必须预测竞争对手对本企业各种战略方案的反应。在寡头垄断的市场结构中，或者市场上存在着一个极为强大的竞争者时，竞争者的反应对战略选择的影响更为重要。

6）时间因素

时间限制不仅减少了能够考虑的战略方案数量，而且也限制了获取可以用于评价战略方案的信息。研究表明，在时间的压力下，企业倾向于把否定的因素看得比肯定的因素更重要，因而往往作出更加具有防御性的策略。另一方面，战略规划的时间跨度长短，也是战略规划和选择的着眼点。战略规划期长，则外界环境的预测相对复杂，因而在战略选择时不确定性因素更多，这会使得战略方案的决策复杂性大大增加。

5.5.2　战略环境与企业实力评价方法

战略环境与企业实力评价方法（简称 SPACE 矩阵，见图 5-10），主要是通过分析外部环境及企业内部条件，确定企业应该采用的战略组合的方法。战略环境与企业实力评价方法是在 SWOT 分析法的基础上，通过确定两组具体反映企业内外部变化的量化指标，更加准确地进行战略的选择和定位。该方法克服了 SWOT 分析法方向单一的不足，但由于它有多种可能组合，因此增加了分析的复杂程度。

SPACE 矩阵有四个象限，分别表示企业采取的进取、保守、防御和竞争四种战略模式。两个数轴分别代表了企业的两个内部因素——财务实力和竞争实力，两个外部因素——环境状况和产业吸引力。

图 5-10 中，SPACE 矩阵的四个变量的各类因素，见表 5-2。

SPACE 矩阵建立坐标图的具体步骤为：

（1）对财务实力和产业吸引力两个变量中的各种因素进行 1～6 的 6 级评分；对竞争实力和环境状况两个变量中的各种因素进行－1～－6 的 6 级评分。

（2）计算四个变量的平均分数。

（3）在坐标轴上分别标出财务实力、产业吸引力、竞争实力、环境状况四个变量的平均分数。

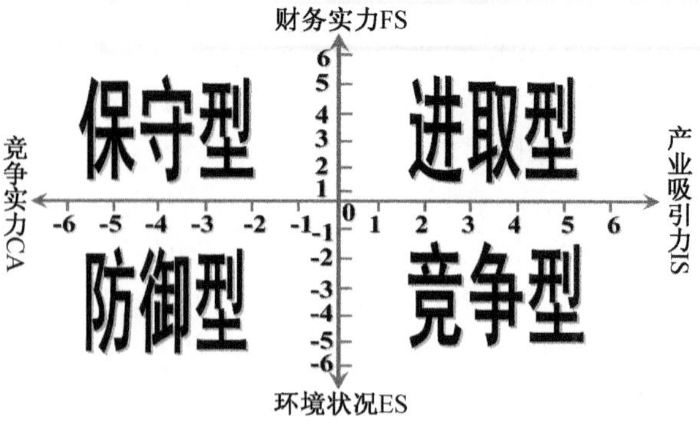

图 5-10 SPACE 矩阵

（4）将 X 轴上的分数相加，并根据结果标出 X 轴上的一点；将 Y 轴上的分数相加，并根据结果在 Y 轴上标出另一点。

（5）在象限中标出 X 和 Y 值的交点 (X,Y)。

（6）从坐标原点通过 X 和 Y 值的交点画一条直线。这条直线表明，根据对企业的四个变量的综合评价，企业应在积极、竞争、保守、防御等四种战略中找出对企业最为合适的战略。

表 5-2 SPACE 矩阵的四个变量的各类因素

财务实力(FS)	竞争实力(CA)	环境状况(ES)	产业吸引力(IS)
投资收益	市场份额	技术变化	增长潜力
财务杠杆比例	产品质量	通货膨胀率	盈利潜力
偿债能力	产品生命周期	需求变化性	财务稳定性
流动资金	用户忠诚度	竞争产品的价格范围	资源利用
现金流动	竞争能力利用率	市场进入壁垒	资本密集性
退出市场的方便性	专利技术知识	竞争压力	进入市场的便利性
业务风险	对供应商和经销商的控制	价格需求弹性	生产效率和生产能力利用率

SPACE 矩阵的坐标图，见图 5-11。

图 5-11 中，当企业战略评价的结果位于竞争象限时，该企业内部的财务、竞争力等劣势相当明显，但从事的产业是个朝阳产业，具有蓬勃发展的势头，外部环境的不稳定性也为该企业积极参与竞争提供了条件。

当企业战略评价的结果位于防御象限时，意味着该企业应该集中精力克服内部弱点并回避外部产业萎缩的威胁，通常防御战略的体现有紧缩、剥离、跟随、清算和集中化经营等。

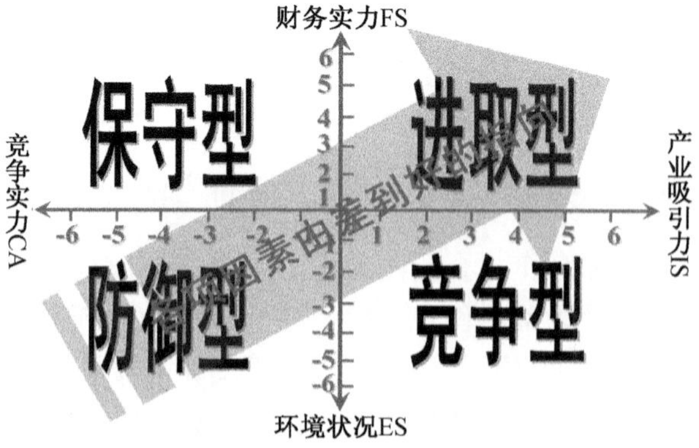

图 5-11 SPACE 矩阵的坐标图

企业战略评价的结果位于保守象限时，该企业的外部环境稳定性较好，但产业的发展前景不是太乐观，该企业具有财务优势，目前的市场地位比较牢靠。因此，该企业应该固守基本竞争优势、不要过分冒险，在战略选择上多为市场渗透、市场开发和产品开发等。

SPACE 矩阵中各象限的战略选择，见图 5-12。

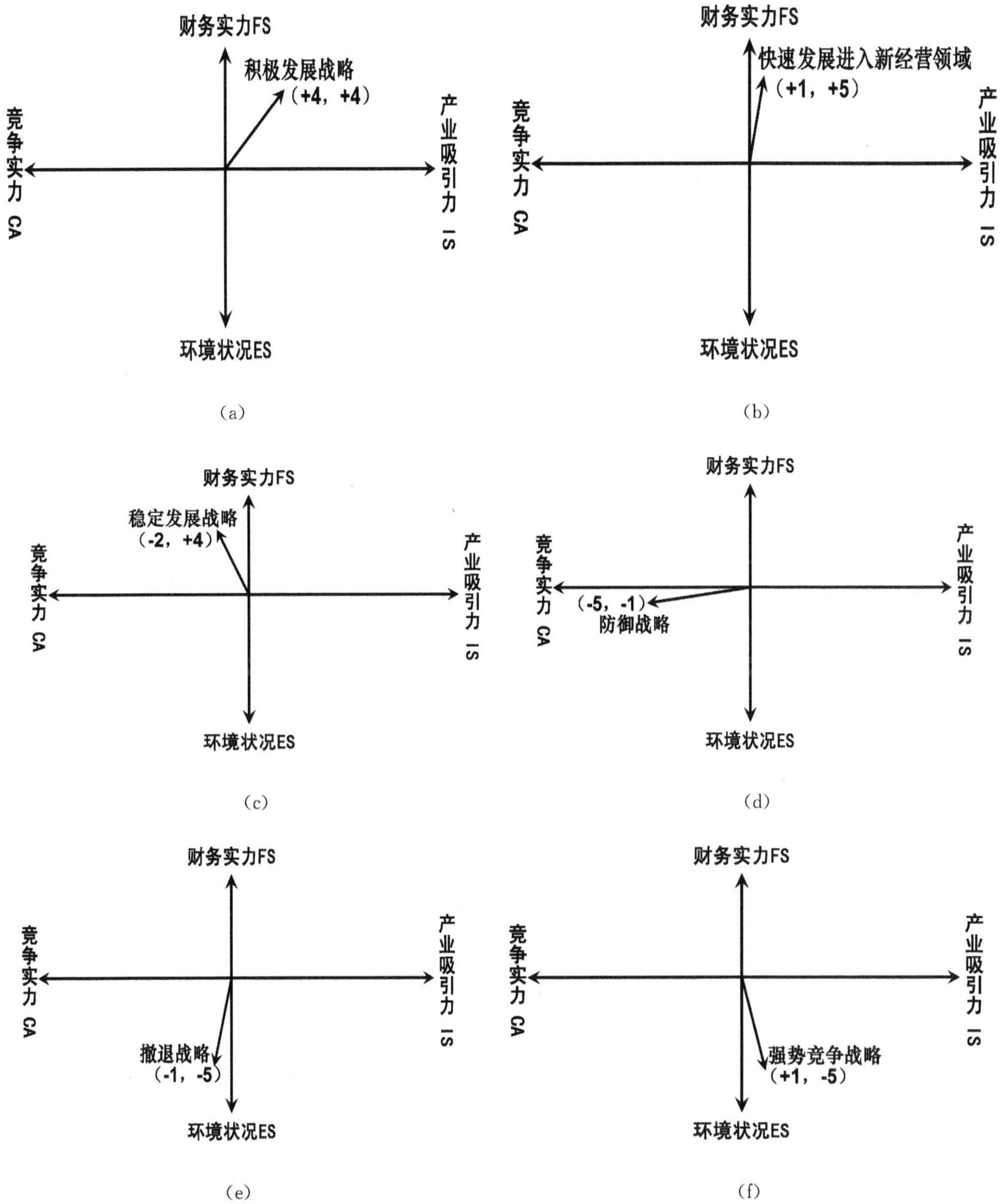

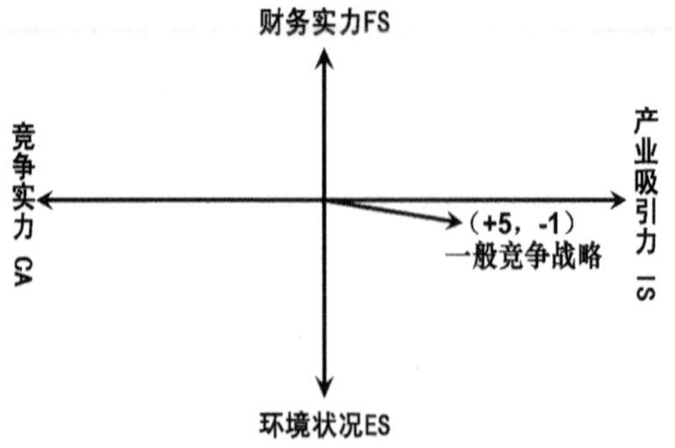

(g)

图 5-12　SPACE 矩阵中各象限的战略选择

5.5.3　大战略矩阵

大战略矩阵(Grand Strategy Matrix)是由市场增长率和企业竞争地位两个坐标所组成的一种模型,它是在市场增长率和企业竞争地位不同组合情况下,指导企业进行战略选择的一种指导性模型,由汤普森(A. A. Thompson. Jr.)与斯特里克兰(A. J. Strickland)根据波士顿矩阵修改而成。

大战略矩阵是一种常用的制定备选战略工具。它的优点是可以将各种企业的战略地位都置于大战略矩阵的四个战略象限中,并加以分析和选择。企业的各分部也可按此方式被定位。大战略矩阵基于两个评价数值:横轴代表竞争地位的强弱,纵轴代表市场增长程度。位于同一象限的企业可以采取很多战略,图 5-13 列举了适用于不同象限的多种战略选择,其中各战略是按其相对吸引力的大小而分列于各象限中的。

市场增长迅速	
象限 Ⅱ 1. 市场开发 2. 市场渗透 3. 产品开发 4. 横向一体化 5. 剥离 6. 结业清算	象限 Ⅰ 1. 市场开发 2. 市场渗透 3. 产品开发 4. 前向一体化 5. 后向一体化 6. 横向一体化 7. 集中多元化经营 强竞争地位
弱竞争地位 象限 Ⅲ 1. 收缩 2. 集中化多元经营 3. 横向多元经营 4. 混合式多元经营 5. 剥离 6. 结业清算	象限 Ⅳ 1. 集中化多元经营 2. 横向多元经营 3. 混合式多元经营 4. 合资经营
市场增长缓慢	

图 5-13　大战略矩阵

运用大战略矩阵对企业的分析：

（1）企业处于第Ⅰ象限时，行业的市场增长非常迅速，竞争力也很强。此时企业更适合采用加强型的战略，如市场开发、市场渗透和产品开发等战略；如果企业的资源没有被充分利用，则可考虑进行后向、前向和横向一体化；如果企业的产品过于单一，也可以考虑采取集中多元化战略。

（2）企业处于第Ⅱ象限时，表明目前的市场增长迅速，但企业处于比较劣势的竞争地位，如果企业选择继续加强此业务的经营，则可以采取加强型的战略，如开发市场、市场渗透和产品开发；如果企业选择放弃此项业务，则可采取剥离和结业清算的战略。

（3）企业处于第Ⅲ象限时，则表明企业在增长缓慢的产业竞争中处于不利的竞争地位，企业必须脱离此项业务以避免损失的进一步恶化，可考虑的战略有收缩战略、集中多元化战略、横向多元化战略、剥离和结业清算战略。

（4）企业处于第Ⅳ象限时，则表明企业处于强势竞争地位，但主业所处的行业增长缓慢，企业可考虑采取集中多元化战略、横向多元化战略、混合式多元化战略和合资战略等。

【本章小结】

确定企业的经营范围，建立良好的业务组合是企业总体战略的核心内容之一。如果一家企业进入多个业务领域进行经营，则意味着其采取了多样化战略。多样化战略通过拓展业务领域谋求企业发展，同时达到规避风险的作用。企业采取多样化战略经营的原因非常复杂，可以归纳为外部环境驱动和内部条件的达成。多样化对于企业的成长各有利弊，如果企业过度多样化将使经营陷入危机。集中生产单一产品或服务的战略从本质上讲是回归主业，充分发挥企业的核心能力。

一体化战略是企业的一种成长战略，它分为纵向一体化和横向一体化。企业沿产业链上下游布局称为纵向一体化，它又分向产业链上游发展的后向一体化和向产业链下游发展的前向一体化。纵向一体化具有有利于经济性的实现、便于控制协调等优点，但同时也存在增加商业风险、代价昂贵等缺点。横向一体化是指企业在同业中扩大规模。横向一体化具有实现规模经济、减少竞争对手、巩固市场等优点，也存在增加管理成本、质量难以控制和存在法律限制等缺点。

并购是企业成长发展的一种重要方式，它通过获得被收购企业的全部或部分产权来控制、影响被收购企业，为达成本企业的战略目标服务。并购的动因主要表现为扩大规模获得规模效应，扩大市场份额，提高市场地位，获得廉价生产原料和劳动力，获得品牌、技术、管理、网络、人才等资源，实施多样化战略，降低风险等。

企业战略联盟已成为企业重要的战略手段。企业通过合作，分担风险，共享收益来实现共赢的局面。战略联盟的优势表现为降低新市场的进入门槛，分担研发等成本，降低风险，获取互补型资源以增强竞争力，有助于企业建立行业技术标准。实施战略联盟的关键环节包括：合作伙伴的选择、联盟的组织结构以及对战略联盟的有效管理。

【思考题】

1. 请分析业务组合对于企业长远发展的战略意义。
2. 比较多样化战略和集中生产单一产品或服务的战略差异,说明其不同的适用范围。
3. 请简要分析一体化战略与多样化战略的异同,并通过实例加以说明。
4. 请简要分析纵向一体化战略和横向一体化战略的优缺点,并通过实例加以说明。
5. 请简要分析前向一体化战略和后向一体化战略的优缺点,并通过实例加以说明。
6. 请简要说明并购对于企业成长的意义。
7. 企业战略联盟的实质是什么?

【拓展阅读】

◇ 阅读推荐

(美)阿尔·里斯,(美)杰克·特劳特. 22 条商规[M]. 王方华,陈洁,译. 上海:上海人民出版社,2003.

◇ 推荐理由

阅读材料是美国著名作家阿尔·里斯先生和杰克·特劳特 20 多年经验集成之作。提到的营销定律并不随时代和环境的变迁而改变。战术或许一直在变,但是好的战略从未改变,在 20 世纪 70 年代、80 年代和 90 年代都奏效的战略,在 21 世纪的今天也同样奏效。正如中国古代哲学家老子所言,"独立而不改,周行而不殆"。

【实践项目】

调查你所在地的一家特定企业,分析企业现阶段采用的总体战略,并撰写分析报告。

1. 确定企业战略制定的主要方式。
2. 结合大战略矩阵,对企业总体战略进行分析。确定企业总体战略采用的是稳定发展战略,还是快速发展战略,或者防御战略?
3. 企业如果采用的是稳定发展战略,确定采用该战略的具体战略特征表现。
4. 企业如果采用的是快速发展战略,确定采用该战略的具体战略类型和实施方式。
5. 企业如果采用的是防御战略,确定企业采用该战略的具体原因。

6 企业竞争战略选择

【学习要求与目标】

1. 理解竞争战略所要解决的中心问题。
2. 重点掌握基本竞争战略的类型。
3. 掌握基本竞争战略的选择方法。
4. 理解企业在产业不同发展阶段采取的竞争战略方法。
5. 重点掌握战略评价与选择方法。

对企业业务所在行业进行分析的重要作用之一在于明确企业在行业中所处的地位,竞争位置会决定企业的获利能力高低。即使在产业结构不佳、平均获利水平差的产业中,竞争位置较好的企业,仍能获得较高的投资回报。为了使企业的业务在行业中赢得良好的竞争优势,美国著名战略管理学家迈克尔·波特教授提出了可供企业经营业务选择的三种竞争战略:成本领先战略、差异化战略和集中化战略。企业可以通过根据不同的战略定位来选择这三种竞争战略,以提升业务在各行业的竞争优势。

【先导案例】

智能物流引领的成本领先战略

美国沃尔玛连锁店公司是美国最大的也是世界上最大的连锁零售商。1962 年沃尔玛的创始人山姆·沃尔顿在美国阿肯色州的罗杰成立了第一家沃尔玛门店,1990 年沃尔玛成为全美第一大零售企业。经过五十多年的发展,沃尔玛已经成为世界最大的私人雇主和连锁零售商,多次荣登《财富》杂志世界 500 强榜首及当选最具价值品牌。

沃尔玛致力通过实体零售店、在线电子商店以及移动设备移动端等不同平台不同方式来帮助世界各地的人们随时随地节省开支,并生活得更好。每周,超过 2.6 亿名顾客和会员光顾沃尔玛在 28 个国家拥有的超过 63 个品牌下的约 11 500 家分店以及遍布 11 个国家的电子商务网站。沃尔玛在 2016 财政年度(2015 年 2 月 1 日至 2016 年 1 月 31 日)的营业收入达到近 4 821 亿美元,全球员工总数约 230 万名。一直以来,沃尔玛坚持创新思维和服务领导力,一直在零售业界担任领军者的角色;更重要的是,沃尔玛始终履行"为顾客省钱,从而让他们生活得更好"的这一企业重要使命。"永远低价"是沃尔玛提出的响亮口号,但如何做到"永远低价"呢?

一、智能物流技术和物流管理

(1) 使用计算机管理提高效率

传统的物流公司的货物进入仓库,都是由人工进行登记点数,由于人工记数的原因,还会出现错记、少记等问题。当要出货的时候要花费一定的时间去寻找这些货物的位置以及库存情况,有时候还找不到货物在哪里,而沃尔玛的配送中心对商品都使用条码进行标记,便于电脑进行查找这是哪种货物,当商品储存进入配送中心的时候,计算机都会把它们存储的位置和数据一一记录下来,各门店要货的时候,计算机和激光扫描器就查找出这些货物的具体位置以及库存情况,再打印出印有商品代号的标签,最后贴在商品上,这样就可以节省大量的人工和降低出错率,提高了物流效率。

"计算机管理使许多商品在配送中心停留的时间总计不超过 48 小时,沃尔玛可保证各分店货架平均每周补货两次,而其他同业商店只能平均每两周补货一次。快速的送货,使沃尔玛各分店即使只维持极少存货也能保持正常销售,从而大大节省了存贮空间和存货费用。据美国经济学家斯通博士计算,沃尔玛物流成本只占销售额的 1.3%"。沃尔玛 5 300 多家门店的 POS 机,当扫描完一件商品时,他就可以通过计算机把该商品的信息传到该门店的信息管理系统,各供应商和制造商也可以通过通信网络和信息共享系统获得该商品的信息以便他们制定采购计划、生产计划、补货计划,数据也会立即传至位于美国本顿维尔的沃尔玛总部的计算机中心。使用实时链接的信息共享系统,为沃尔玛带来的效益是显而易见的,它的管理费用比竞争对手低 7%,物流费用节约了 30%,存货期由 6 周降至 6 小时,加快了货物的周转速度,获得了更多的流动资金。在零售业客户关系管理上,沃尔玛每周都对顾客的期望和反映进行调查,管理人员根据电脑信息系统进行信息的调查,并通过直接调查收集到的顾客期望及时更新商品的组合及组织采购,改进商品陈列的摆放,营造舒适的购物环境,使顾客在沃尔玛不但买到称心意的产品,而且得到满意的全方位购物享受。

(2) 电话、网络、EDI 等信息技术提高供应链管理的效率

"现代信息技术是沃尔玛供应链管理成功的保证,物流系统的整合是沃尔玛供应链管理成功的内部优势"。例如,沃尔玛能通过电话、网络及分销渠道,在第一时间知道客户的真实需求,使供应商做出快速有效的反应,大大缩短了沃尔玛的供应链,提高了供应链管理的效率,加快了沃尔玛的商流、物流、信息流、资金流的进程,使得沃尔玛几乎能把握每一个销售机会,从而也提高了沃尔玛信息技术的投资回报率;在 20 世纪 80 年代末的时候,沃尔玛还利用 EDI 与供应商建立自动订货系统,它通过网络系统向供应商提供商业文件、发出采购指令、获取收据和装运清单等,供应商也可以及时准确地了解到其产品的销售情况,提高供应链管理的效率,而当时其他的零售企业大部分都是通过电话或发邮件进行订货采购,效率慢、成本高,不利于与供应商信息的沟通,很难实现双赢,这样也不利于双方建立长期合作的关系。从中国来看,沃尔玛在中国销售的产品中本地产品达到 95%以上,与近 2 万家供应商建立了合作关系。沃尔玛一贯视供应商为合作伙伴,与供应商共同发展。

2008 年,在由上海商情—供应商满意度测评办公室发布的《2008 供应商满意度调

查报告》中，沃尔玛问鼎多项满意度最高指标，连续第五年被供应商选为“综合满意度最高的连锁卖场”。信息技术在沃尔玛供应链管理中发挥了举足轻重的作用，它让沃尔玛获得了比其他零售的企业更多的机会，使供应商与沃尔玛之间随时保持着信息的沟通，实现双赢，建立更长久的合作关系。

(3) 数据仓库技术聚集资源

数据仓库是来自多个源的数据的存储库，它可通过 Internet 将不同的数据库连接起来并将数据全部或部分复制到一个数据存储中心。“沃尔玛的物流高效率正是因为他们运用了最先进的数据挖掘技术，利用数据挖掘技术沃尔玛对商品进行市场分组分析，即分析顾客最有希望一起购买哪些商品”。其中就有他们利用数据仓库分析发现了尿布和啤酒的关联，因为美国太太们都会叮嘱她们的丈夫下班后为孩子买尿布，而他们买尿布的时候又会买自己爱喝的啤酒。

沃尔玛利用数据仓库技术发现商品之间的关联后就把他们摆放在一起，这为他们带来了利润的增长点。数据仓库技术为沃尔玛分析出最好的陈列方式、了解顾客在其门店的购买习惯，还有未被发现的商业价值，进而时刻把握住利润，通过全球、全集团、全方位、全过程、全天候的自动数据采集技术，还可改变传统的依靠假设和推断来确定订货的方式。沃尔玛的缔造者 SAMWALTOM 在他的自传《MADE IN AMERICAN: MY STORY》一书中写道，“我能顷刻之间把信息取出来，而且是所有的数据，我能拿出我想要的任何东西，并确切地讲出我们卖了多少。”采用数据仓库技术，可以充分利用企业内部已有的海量数据资源，从中挖掘出有价值的知识和规则来支持企业决策，将客观翔实的经验数据与决策者自身的宝贵经验有效地结合起来，提高企业的市场竞争力。

(4) 正在推广的 RFID 带来了显著的效益

“在沃尔玛成就‘零售帝国’的道路上，先进的信息系统做出了巨大的贡献，而这其中，RFID 的身影显得分外醒目”。Sanford C. Bernstein 公司零售业分析师估计，通过采用 RFID 技术，沃尔玛每年可节省约 83.55 亿美元。沃尔玛商场采用 RFID 技术支持的电子产品编码(EPC)与没有采用这种技术的普通商场相比，脱销率降低了 16%。相同的货物脱销，有 EPC 的货物补充的速度比用条形码的快三倍。同样重要的是，沃尔玛人工订货减少了，加快了资金的流通速度，全球减少了 80%的库存，货物流动周期比以前快了 3 倍，流动库存率提高了 20%，提高了物流和配送效率，减少了雇佣员工，降低了劳动力成本；RFID 也减少了统计差错，即时获得准确的信息流，进一步降低了在供应链各个环节上的安全存货量和运营资本，巩固和扩大了在该领域的竞争优势，例如：供货商的商品在进入配送中心时，由放置在大门上的读写器读取托盘或货箱上 RFID 标签以获得商品及其流通信息，并进行仓储管理，当托盘或货箱离开配送中心时由另一组读写器读取商品及其流通数据并记录。RFID 也为顾客带来很大的方便，进入沃尔玛买东西的顾客也可以不用排对结账，可以通过带有 RFID 标签的结算卡进行自动扣除，沃尔玛也能够利用 RFID 技术提供足够的信息，让顾客很快而且准确地找到他们想找的商品。在其他基数不变的情况下，服务的质量和水准提升了，消费者的满意度就会提高，客户群也会随之增大，这样可以让顾客感觉到购买的不仅仅是商品，还有服务、心情、时间和效率。目前全世界已安装了约5 000 个 RFID 系统，实际年销售额约为 9.64 亿美元。

沃尔玛卫星管理系统示意图，见图 6-1。

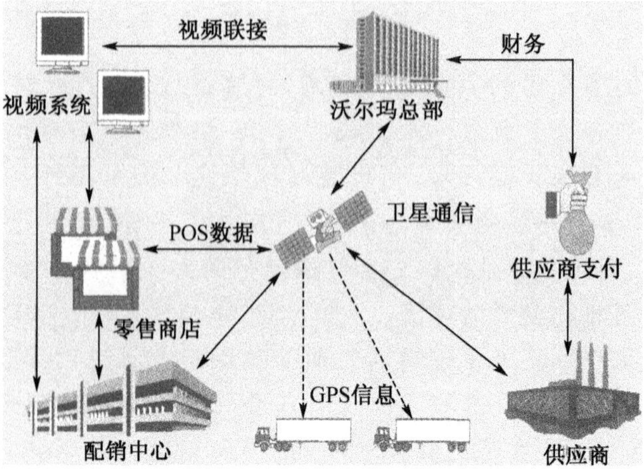

图 6-1 沃尔玛卫星管理系统

二、购货环节采取多种方式来降低购货成本

(1) 直接向工厂购货方式。很多商家采取的是代销的经营方式，以规避经营风险，沃尔玛却实施直接买断购货政策，而且对于货款结算采取固定时间决不拖延的做法。沃尔玛的平均应付期为 29 天，竞争对手凯玛特则需 45 天。这种购货方式虽然使沃尔玛需要冒一定的风险，但供应商的利益得到了保护，大大激发了供应商与沃尔玛建立业务的积极性，赢取了供应商的信赖并同供应商建立起友好融洽的合作关系，从而保证了沃尔玛的最优惠进价，大大降低了购货成本。据沃尔玛自己的统计，沃尔玛实行向生产厂家直接购货的策略，使采购成本降低了 2%～6%。

(2) 统一购货方式。沃尔玛采取中央采购制，尽量由总部实行统一进货，特别是那些在全球范围内销售的高知名度商品，如可口可乐、柯达胶卷等，沃尔玛一般将一年销售的商品一次性签订采购合同，由于数量巨大，其获得的价格优惠远远高于同行，形成他人无法比拟的低成本优势。

(3) 辅助供应商减少产品成本方式。沃尔玛通过帮助供应商改进工艺、提高质量、降低劳动力成本、分享沃尔玛的信息系统等，辅助供应商实现最低成本，从而提高收益率。

三、存货环节采取建立高效运转的配送中心以保持低成本存货

配送中心的任务就是将供应商大量运达的商品配送至各分店。为提高效率，配送中心内部实行完全自动化，所有货物都在激光传送带上运入和运出，效率非常高，平均每个配送中心可同时为三十辆卡车装货，并可为送货的供应商提供 135 个车位。配送中心的高效运转使商品在配送中心的时间很短，一般不会超过 48 小时。这种建立配送中心的方法，大大提高了库存周转率，缩短了商品储存时间，有效避免了公司在正常库

存条件下由各店铺设置仓库所付出的较高成本。在沃尔玛各店铺销售的商品中，87%左右的商品由配送中心提供，库存成本比正常情况下降低了50%。

四、在运输环节，沃尔玛自身拥有车队，有效地降低了运输成本

在整个物流链条中，运输环节是最昂贵的部分，如果运输车队省下的成本越多，那么整个物流链条节省的钱就会越多。为降低运输成本和提高效率，沃尔玛采取了自身建立车队的方法，并辅之全球定位的高科技管理手段，保证车队总是处在一种准确、高效、快速、满负荷的状态。沃尔玛各店铺从向总部订货到实现补货，仅需2天，而竞争对手需要4至5天才能实现补货一次。据沃尔玛自己的统计，沃尔玛的商品运往商店的成本，即进货费用占商品总成本的比例只有3%，而竞争对手则需要4.5%～5%。这就保证了沃尔玛能以快速的服务和低廉的价格获得与竞争者同样的利润。

五、日常运营经费管理环节进行严格控制

沃尔玛对于日常运营费用的控制可谓达到了极点，在行业平均水平为5%的情况下，沃尔玛整个公司的管理费用仅占公司销售额的2%。为维持低成本的日常运营管理，沃尔玛在各个细小的环节上都实施节俭措施。如办公室不置昂贵的办公用品和豪华装饰，店铺装修尽量简洁，商品采用大包装，减少广告开支，鼓励员工为节省开支出谋划策等等。另外，沃尔玛的高层管理人员也一贯保持节俭作风，即使是总裁也不例外，首任总裁山姆与公司的经理们出差，经常几人同住一间房，平时开一辆旧二手车，坐飞机也只坐经济舱。可以说，沃尔玛一直想方设法从各个方面将费用支出与经营收入比率保持在行业最低水平，这就使沃尔玛在日常管理方面获得了竞争对手无法抗衡的低成本管理优势。

【分析题】

沃尔玛的成功给你带来什么启示？如何理解成本领先战略？

【分析思路提示】

沃尔玛能够取得今日的成就，其中一个重要原因就是成功地实施了成本领先战略。

在此案例中，沃尔玛利用发达的高科技信息处理系统、卫星系统作为成本领先战略实施的基本保障，通过对智能物流技术持续投资，提升对货品的采购、存储、销售和运输等物流循环链的综合管理能力，实现了经营效率的提高和经营开支的降低，从而获取了与众不同的竞争优势。

基于该案例可以感受到低成本战略源自先进的管理理念和技术，它需要在商品流通和经营的各个环节，想尽一切办法降低成本，使商品价格保持在最低价格线上，然后利用成本优势打开市场，扩大市场份额，最终取得同等市场条件下的超平均利润，沃尔玛正是如此成为零售行业成本领先战略的经营典范。

案例中沃尔玛属于零售业，零售业的竞争激励，而所售产品是来自于供应商的标准化和同质化商品，难以实现差异化，消费者转化成本很低，只能通过低价格来吸引顾客，因此，沃尔玛借助信息技术从产品流通各个环节控制成本，以低成本战略来获取竞争优势。

6.1 企业竞争战略概述

企业竞争战略，又称企业业务层战略、经营战略或事业部战略，是指在给定的一个业务或行业内，经营单位如何竞争取胜，或者说是企业在特定的市场环境中如何营造、获取竞争优势的途径或方法。

迈克尔·波特在其1980年出版的著作《竞争战略》中讨论了关于汽车、自行车、造船、照相机、采油、医疗卫生、金融劳务、婴儿食品等产业的竞争实例，明确地提出了三种通用的基本竞争战略：成本领先战略、差异化战略和集中化战略。波特认为，这三种基本竞争战略是每一企业必须明确的，要想在竞争中胜出，必须选择靠拢这三种战略之其一，以确立竞争优势。因为徘徊其间的战略地位是极其危险的。

竞争战略所要解决的中心问题，是企业经营单位（或事业部）在已定的业务或行业内如何采取竞争战略、超越竞争对手、获取竞争优势的问题。竞争战略的目标是为企业建立一个不仅能防御竞争者，也能对付卖方、买方、新进入者和替代品的优势地位。

6.2 基本竞争战略选择

6.2.1 成本领先战略

1. 成本领先战略的概念

成本领先战略（Cost Leadership Strategy），即企业通过一系列内部和外部成本控制活动最大限度地降低成本，使得企业成本低于竞争对手，甚至在全行业中处于最低水平，从而获取竞争优势，成为行业成本领先者的战略。因此，也称为低成本领先战略。

采用成本领先战略，意味着企业可以通过其低成本地位来获得持久的竞争优势，从而成为行业中高水平的经营单位。实施成本领先战略时，低成本并非放弃质量和服务。一个低成本生产者必须发现和挖掘所有的资源优势。成本领先战略实施的关键，就是在满足顾客最重要的产品特征和服务的前提下，实现相对于竞争对手的可持续性成本优势。

专栏6.1 美心与厂商协同降低采购成本

2002年，美心公司与大多数高速发展的企业一样，开始面临增长瓶颈。掌门人夏明宪毅然采取以利润换市场的策略，大幅降低产品价格。然而，降价不久，风险不期而至，原材料钢材的价格突然飙升。继续低价销售——卖得越多，亏得越多；涨价销售——信誉扫地，再难立足。面对两难抉择，降低成本，尤其是原材料的采购成本就成了美心生死攸关的“救命稻草”！

夏明宪向采购部下达指令：从现在开始的三年内，企业的综合采购成本，必须以每年平均10%的速度递减。

这让美心的采购部的员工们有点傻眼，甚至不服气：此前美心公司的“开架式采购招投标制度”属国内首创，既有效降低成本，又杜绝暗箱操作，中央电视台都为此做过专题报道。

而且此举已经为美心节约了15%的采购成本，还有什么魔法能够让青蛙变得更苗条?

在夏明宪的带动下，美心员工开始走出去，从习惯坐办公室到习惯上路，超越经验桎梏，于不知不觉中形成了一套降低成本的管理模式。

联合采购，分别加工

针对中小供应商，美心将这些配套企业联合起来，统一由其出面采购原材料。由于采购规模的扩大，综合成本减少了20%！配套企业从美心领回原材料进行加工，生产出来的半成品直接提供给美心，然后凭验收单到美心的财务部领取加工费。同时随着原材料成本的降低，配套企业也更具竞争力，规模扩大，价格更低，形成良性循环。

原材料供应，战略伙伴

针对上游的特大供应商即国内外大型钢铁企业，美心的做法是收缩采购线，率先成为其中一两家钢厂的大客户乃至于战略合作伙伴。而钢厂面向战略合作伙伴的价格比普通经销商低5%～8%，比市场零售价低15%。于是仅2002年的一次采购，美心就比同行节约成本近1 000万元。

随着采购规模的与日俱增，美心人开始有了和钢厂进一步谈判的砝码。应美心要求，钢厂定期向其提供钢材的价格动态，并为美心定制采购品种。比如过去钢板的标准尺寸是1 m，而门板尺寸是90 cm，其中10 cm就只能裁下来扔掉。现在钢厂为美心量身定制生产90 cm钢板，就大大减少了浪费，节约了成本。又比如他们还专门为美心开发了一种新材料门框，品质相同，价格每吨可节约600元……

新品配套，合作共赢

对于新配套品种的生产，由于配套企业需要增加大量投资，导致新配套产品与其他配套产品相比，价格大幅增加。美心就以品牌、设备、技术、管理等软硬件向生产方入股，形成合作；合作条件为，美心公司自己使用的产品，价格只能略高于生产成本。这样一来，合作方在新品的生产上减少了投入，降低了风险；同时，美心也降低了配套产品的采购成本，增加了收入。于是各方受益，皆大欢喜。

循环取货，优化物流

解决了原材料和配套产品的采购问题，美心还与配套企业携手合作，从物流方面进行优化。由于不同配套企业的送货缺乏统一的标准化的管理，在信息交流、运输安全等方面，都会带来各种各样的问题，必须花费双方很大的时间和人力资源成本。美心明白，配套企业物流成本的提高，将直接转嫁到配套产品的价格上。于是美心就聘请一家第三方物流供应商，由他们来设计配送路线，然后到不同的配套企业取货，再直接送到美心的生产车间。这样一来，不仅节约了配套企业的运送成本，提高了物流效率，更重要的是，把这些配套产品直接拉到生产车间，保持了自身很低的库存，省去了大量的库存资金占用。

美心通过与原材料供应商及配套企业的携手合作，使原材料厂商拥有了稳定的大客户，配套企业降低了生产风险，而自身则在大大降低成本的同时，扩大了产销量，形成了各方皆大欢喜的共赢局面。

2002年，美心的产销量同比翻了一番，美心的综合采购成本下降了17%，同比全行业的平均水平低23%，美心公司成为唯一在原材料价格暴涨时期维持低价政策的企业，企业形象如日中天，渠道建设终于根深叶茂。

【思考】

美心成本降低的成功原因是什么?

【解析】

企业的成本领先战略首先以降低企业的经营成本为出发点,但是在当今社会,供应链理论研究和实际的发展决定了企业要想生存和发展必须建立在企业所处的供应链的健康发展之上,因此企业成本的降低必须基于整条供应链协调发展。企业供应链上的成员包括各个利益相关方,可以从各方合作的角度分析成本降低的方法。

2. 成本领先战略实施的原因

(1) 形成进入障碍,避免潜在进入者的威胁

利用超大的生产规模和低廉的成本优势形成进入障碍,使欲进入该行业者望而却步。例如,广东顺德格兰仕微波炉电器有限公司的大规模生产在降低了产品成本的同时,也提高了微波炉行业的进入障碍。

(2) 有效防御竞争对手的对抗

当消费者购买力下降,竞争对手增多,尤其是发生价格战时,成本领先地位可以起到保护企业的作用。

(3) 增强讨价还价的能力,更灵活地处理供应商的提价行为

由于低成本领先企业对原材料或零配件的需求量大,因而为获得廉价的原材料或零配件提供了可能,即使供应商要提价,企业也因成本领先能更灵活地加以处理。

(4) 降低替代品的威胁

替代品生产厂家在进入市场时,如果强调替代品的低价,占据成本领先地位的企业可以通过进一步降价以抵御替代品对市场的侵入。如果强调优于现有产品的特性和用途,企业仍可吸引一部分对价格更敏感的消费者群体。

(5) 对抗强有力的买家

购买者讨价的前提是行业内仍有其他企业向其提供同类产品或服务,一旦价格下降到低于最有竞争力对手的水平,购买者也就失去与企业讨价还价的能力。

3. 成本领先战略获取利润的途径

成本领先战略可通过两条途径获取利润:

(1) 利用成本优势定出比竞争对手更低的销售价格,吸引对价格敏感的顾客群,进而提高获利能力;

(2) 不降低商品价格,满足于现有市场份额,利用成本优势提高单位利润率,进而提高总利润和投资回报率。

成本领先战略的理论基石是规模效益(即单位产品成本随生产规模增大而下降)和经验效益(单位产品成本随累积经验增加而下降),它要求企业的产品必须具有较高的市场占有率。如果产品的市场占有率很低,则大量生产毫无意义;而不大量生产也就不能使产品成本降低。

4. 成本领先战略实施的关键因素

(1) 实现规模经济

规模经济是指在技术水平不变时,N 倍的投入产生了大于 N 倍的产出。只有实现了规

模经济,单位产品的成本才会逐渐降低。例如制造类行业往往可以通过简化产品线,对比较少的产品模型生产采用较长的生产计划周期,在不同的产品模型中采用相同的零配件等措施实现规模效益。

规模经济也可能来自企业的销售管理和市场营销方式。销售队伍如果按照地理区域组织,那么,往往可以随着区域销售额的上升实现规模经济。

(2) 形成学习及经验曲线效应

开展某项活动的成本往往因为经验和学习的经济性而随时间下降。经验性成本节约来源于:企业的职员学会了如何更有效完成他们的任务和使用更新的技术;找到了改善工厂布置和工作流程的方式;找到了修改产品设计以提高效率的途径;找到了改进零配件以简化装配的工艺方法。

学习还可以降低建造和运作新零售网点、新生产工厂或新分销设施的成本。

(3) 具备资源与技能

成本领先战略实施所需要具备的资源与技能主要包括:持续的投资和增加资本,研究开发与制造能力,市场营销的手段,以及内部的管理水平。

企业在设备或研发方面加大了投入,采用了先进技术或工艺,生产效率的提升能够大大减低单位产品的成本。

(4) 企业内业务单元的协作与配合实现资源共享

企业内的不同产品线或业务单元通常共同使用一个订单处理系统或客户服务处理系统,使用相同销售力量、仓储、分销设施,依靠相同的客户服务和技术支持队伍,这也是降低成本的重要手段。

(5) 组织贯彻落实执行

组织落实的必要条件,主要考虑严格的成本控制,详尽的控制报告,合理的组织结构和责任制,以及完善的激励管理机制。

5. 成本领先战略的类型

成本领先战略主要包括四种类型:产品改进型、材料节约型、人工费用降低型、生产自动化和创新型。

成本领先战略的实施可以保障企业实现经营业务低成本的良性循环,即对经营业务实施低成本战略,获取较高的市场占有率,从而获得高额收益,然后通过更新设备,进一步降低成本(见图 6-2)。

6. 成本领先战略实施的风险

(1) 投资大,技术变化带来的风险

采用先进的生产设备进行高效率的生产,企业投资额大。技术上的突破和变化使企业过去投资的设备和通过学习积累的经验失效,成为失效的资源。

(2) 竞争对手模仿带来的风险

技术变化带来的产业新加入者通过模仿或者依靠对高技术的投资能力,用较低的成本进行学习,以更低的成本参与竞争,致使企业丧失成本领先地位。

(3) 忽视消费者需求带来的风险

如果成本领先企业将注意力过多地集中在成本控制上时,就可能忽视消费者偏好和要求等，消费者不喜欢使得企业可能失去原有的产品和优势。

7. 成本领先战略的保障实施条件

(1) 设计一系列便于制造和维修的相关产品，彼此分摊成本。

(2) 在现代化设备方面进行大量的领先投资，采取低价位的进攻性的定价策略。

(3) 进行再投资以维持低成本。

(4) 企业具有先进的生产工艺，降低制造成本。

(5) 降低研究与开发、产品服务、人员推销、广告促销等方面的费用支出。

(6) 建立严格的以数量目标为基础的成本控制系统。

(7) 企业建立起具有结构化的、职责分明的组织机构，便于从上而下地实施最有效的成本控制。

8. 改善成本的策略

根据经营业务的重要性以及相对于竞争的业务成本，可确定改善经营业务成本的策略(见图 6-3)。

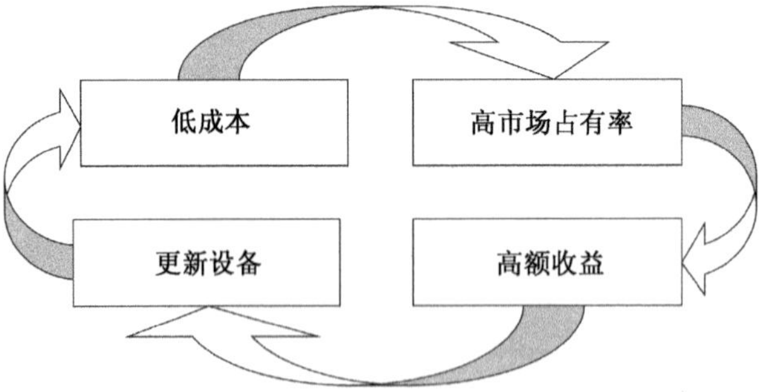

图 6-2 低成本的良性循环

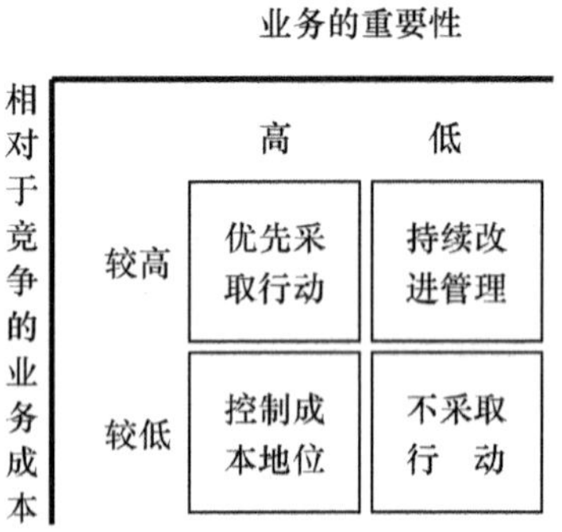

图 6-3 改善成本的策略

专栏 6.2 丰田汽车公司无止境挤压成本求生

丰田，从一个靠模仿起家的小企业发展到国际汽车巨头。当初价格便宜、简单模仿的日本汽车与今天的中国产品，在国际市场上有着惊人的相似之处，是什么让丰田逃过了国内成本逐渐上升的困境、国际石油危机导致的全球性萧条，最终打败强大的欧美对手，雄霸国际市场？

2006 年，丰田汽车终于登上巅峰，一举成为全球产量第一的汽车企业，而更令同行汗颜的是，早在 3 年前，丰田的利润就超过了通用、福特、戴-克三大巨头的总和，达到 102 亿美元。更有统计显示，在近年美国汽车市场上，丰田售出一辆车的平均盈利是 1 800 美元，通用公司的盈利是 300 美元，而福特每卖出一辆车则要亏损 240 美元。

直到 20 世纪 50 年代前期，丰田才进入小型汽车产业。当时，欧洲生产的小型廉价汽车独霸天下，新生的企业几乎找不到突破口。和大多数中国企业一样，丰田采用了一种最简单的起步方式——模仿。

和今天的中国商品一样，起初的丰田，很快就在美国形成了一个价廉物美的形象，因为他们善于模仿，并将有限的财力放在改造上，将汽车改造得更适合市场需求。借助国内劳动力和一系列成本优势，丰田在美国市场上与同类型的美国车相比，每辆要便宜 100 到 400

美元，再加上配件也很便宜，迅速打开了国际和国内市场。

但之后，丰田遇到了两个重要历史考验——20世纪70年代初期的石油危机和日元升值。1971年，石油危机导致经济萧条，迫于国内就业压力，美国总统尼克松宣布，对进口商品征收100%的附加税，同年日元升值17%，使丰田车在美国的售价在五个月内上升了10%，这大大抵消了日本车的价格优势。1974年丰田公司汽车销售数量与前一年相比同比下降14%、营业收益下降83%。

而到了1985年，情况更加严重。美、英、法、日、德等五国签署"广场协议"后三年时间里，日元兑美元上升了100%(从1∶240上升到1∶120)，而当时，丰田每年的3 000亿日元营业利润有一半多来自出口——日元每升值1元，就意味着公司要有70亿日元收入化为乌有。

很多日本企业陷入困境，靠模仿起家的丰田也必须解决一个问题——在成本升高的情况下，如何塑造新的优势，并保证更好的质量？把成本节约做到极致，并将产品质量进行精细管理！这是丰田顺利度过困境的两个撒手锏。

奇思妙想无限挤压成本

幸运的是，早在危机到来之前的20世纪60年代，丰田就意识到，大批量生产一旦遇到经济萧条，危险是巨大的，于是开始摸索既利用现代化生产线，又防止浪费的方法，这就是著名的丰田生产方式。

首先，受到大卖场里补货原理的启发，丰田颠覆了传统的生产计划概念，采用倒推制，即，当后一道工序只剩3件多余零件的时候，才向前一道工序提出供货要求，依次倒推，这样，就避免了各个环节生产多余零件，产生浪费，并保证每道工序需要的零件都及时到位。1962年开始，丰田在每个车间都悬挂上"传票卡"，把下一道工序所需零件的数量、交货时间等都写在上面，一目了然，责任明确。

其次，丰田并不迷信现代化流水线，在自动化的生产线上安装了手动停机的按钮，一旦上一道工序产生连续次品，下一道工序操作者会立即按下按钮，让生产线停下来，避免生产出成堆的不合格零件，从而更精细地保证了质量。这种成本节约的惯性，在丰田遭遇石油危机和日元升值等成本危机后，发挥了至关重要的作用。

当危机到来的时候，丰田最驾轻就熟的应对之招就是——再降成本！为了降低设备投资成本，一种神奇的"柔性生产"方式被丰田运用到了极致——将生产单一车型的设备改造为可生产更多车型的通用型设备。从此两种完全不同的车型也可以在同一条生产线上生产。

柔性生产线为丰田节约了不可想象的成本，并让丰田的产品比竞争对手更容易实现多样化。最后甚至发展到，同一条生产线可以进行8种车型的生产，机器的安装成本比原来减少了50%，结果半年内就将每辆车成本降低1万日元。

这种节约成本的革命一直延续下来，并成为丰田的立身之本。成本的降低让丰田得以一直在国际国内市场上保持更低的价格，即便在经济萧条时期，也能够满足人们物美价廉的购买需求，公司收益很快恢复，1977年达到3 000亿日元，其金融收益达到450亿日元。

巧用石油困境化危机为契机

石油危机导致的美国市场萎缩，真正原因在哪里？是汽车价格太高，还是汽油价格太高？丰田最先找到了答案。

节油型汽车，正适应了在石油危机后人们的需求。丰田的新车型突出强调了三点：低油耗、安全和少污染。丰田和其他日本汽车商一起成功地开发出可节油25%～30%的新车型，同时，丰田还具备卓有成效的防事故性能，甚至还考虑事故后的安全性问题。

丰田“花冠”牌轿车上市时，就给竞争对手大众公司的甲壳虫车以沉重的打击——发动机功率和性能都提高了一倍，再加上易于操纵、省油，很快受到美国市场的青睐。除了外部造型优美，车内装修满足了所有美国人的渴望，如舒适的座椅，柔色的玻璃，就连扶手的长度和腿部活动空间的大小都是按美国人的身材而设计的。在石油危机的冲击下，克莱斯勒和美国汽车公司开始临时解雇员工，并关闭了六家工厂中的四家。而日本车的销售却极为顺利。1976年开始，人们开始倾向于购买小型轿车。这一年日本出口的汽车比上一年度增加103万辆，第二年，日本汽车在美国的市场占有率就超过了14.5%。

正是石油危机导致的成本上升和经济萧条，让丰田为首的日本汽车找到了打败欧美强大对手的最好时机。

海外巧妙投资绕过日元成本上升

日元升值，虽然意味着出口成本增加，但换一种思路，结果却截然相反——如果将生产工厂搬到出口目的地，则可以完全逃避这个成本；再伺机进口大量零件，反而可以节约成本！

第一步，利用日元升值“双刃剑”，丰田决定扩大零部件进口，并一直延续了这个传统。到1986年，丰田公司从海外进口零部件、原材料及设备已达740亿日元规模。1988年，丰田车及公司与泰国公司合作在泰国生产汽车模具，以实现零件和组装都本地化，专供日本国内生产；同年，日本电装公司也在中国台湾建立合资公司，生产供应日本市场的电装产品，这些海外采购和投资大大减少了成本。

第二步，到美国去设厂！和今天中国企业所担心的一样，对于一个亚洲企业来说，虽然去美国设厂可以逃过贸易壁垒，风险也是巨大的——欧美国家的劳工力量强大，弄不好就会导致工厂停工。而丰田选择了一条巧妙的迂回之路。首先，丰田利用美国同行对丰田生产方式的好奇，主动提出把自己的生产经验与对方分享。1984年，与通用公司合资成立新联合公司(NUMMI)，同时生产丰田和通用两家公司各一款汽车，结果，这个合资公司的经营取得了很大的成功。丰田则换来了与本地供应商以及美国工人相处的经验。

在这一步投石问路成功之后，丰田公司于1986年在美国建立了第一个独资工厂TMM，并带动大量的本国的零配件生产厂家也搬到周边。之后，又在加拿大、法国、荷兰等地设立全资子公司，将工厂顺利地搬到了以往的出口目的地。

经过多年的艰苦努力，丰田成功地度过了历次的成本和政策危机，取得了丰硕的成果。或许正是各种成本和环境的考验，历练了丰田的这些生存技巧，使之成为能在任何萧条中获得利润的优秀企业。

【思考】

基于案例阐述成本领先战略的成功实施需要注重哪些问题?

【解析】

成本领先战略的实施对企业的资源、能力和管理水平都是有要求的，企业实施成本领先战略也需具备一定的条件，如所处企业行业、企业拥有的生产资源等等。此案例中，丰田汽车公司面临外部环境的剧烈变化，为在生存和发展中突破困境，不断转变思想，利用自己企业现有资源抓住外部的机会，通过各种方式挤压成本，在国际竞争中雄霸市场。

6.2.2 差异化战略

1. 差异化战略的概念

差异化战略(Differentiation Strategy),即企业向消费者提供与众不同的产品和服务来满足消费者的特殊要求,在行业范围内树立起别具一格的经营特色,以独特性来取得竞争优势。

差异化战略并不是说可以忽略成本,只是强调该战略的重点不是成本问题而是产品的差异化问题。

专栏 6.3 涪陵榨菜的差异化

重庆涪陵榨菜公司的榨菜全国有名,吃起来又香又脆,日本人曾经想日本能不能制造出涪陵榨菜,曾把涪陵榨菜的土拿回日本进行了化验,但最后他们得出结论:日本做不出涪陵榨菜,因为重庆涪陵榨菜公司做榨菜时有一道关键工艺,即当把榨菜头收获以后,要把榨菜切成大片,用麻绳串起来,晾在涪陵长江边上,用涪陵长江边上一种带潮湿的风,吹这些榨菜片,吹过 2～3 天以后,把榨菜片吹蔫了,将其洗净切碎,放到坛子里放上辣椒等调料即成涪陵榨菜。日本人说我们国家没有你们涪陵长江边上带潮湿的风,因此做不出涪陵榨菜。

重庆涪陵榨菜公司的领导说,浙江省榨菜厂很多,但绝大多数榨菜厂并不是开在浙江,而是建在涪陵,就是因为涪陵长江边上有那种带潮湿的风,才能把榨菜做得好。这是其他地方不能模仿的。

涪陵榨菜的差异化来自资源的独特性,这种资源是涪陵这个地方享有的独特的风,其他地方无法模仿。

除了资源独特性形成的产品差异外,差异化还可以体现在以下几个方面:

(1) 思维差异。企业不随流俗,进行逆向思维,找准市场的“空白点”,并及时去填补,赢得消费者的青睐。

(2) 功能差异。功能效用是满足消费者潜在需求或显在需求的载体。企业应以产品的功能差异去满足消费者的需求差异,在两者的结合中形成、发展自己的目标顾客群。

(3) 质量差异。质量是产品的生命,“零缺陷”的产品质量无疑是消费者所追求的。产品质量又是具体而实在的。许多情况下,需要以质量的差异来满足顾客群的需求差异。

(4) 品牌差异。品牌的基本功能是辨识卖者的产品或劳务,以便同竞争者及其产品相区别。

2. 差异化战略实施的原因

(1) 形成强有力的进入障碍,避免潜在进入者的威胁

差异化提高了顾客对企业的忠诚度,如果行业新加入者要参与竞争,就必须获得这些差异性,或者扭转顾客对原有产品或服务的信赖以及克服原有产品独特性的影响,这就增加了新加入者进入该行业的难度。

(2) 降低顾客的价格敏感程度

产品差异化构成了消费者对品牌的忠诚度,将会降低消费者对价格的敏感程度。

(3) 增强应对供应商讨价还价的能力

产品差异化为企业带来较高的边际收益，降低企业总成本，增加企业应对供应商讨价还价的能力。

(4) 降低产品的可替代程度，防止替代品的威胁

产品差异化在与替代产品的较量中处于更有利的地位。

专栏 6.4 贝因美的差异化战略

贝因美公司创立于 1992 年，在一无资金，二无网络，三无人员的情况下，运用了产品填补战略在强敌环视的婴幼儿食品市场上获得生存之本、立足之地，并运用差异化竞争战略不断地做强做大。

公司专心专意专注于婴幼儿食品，从婴儿营养米粉、磨牙饼干、奶伴葡萄糖到婴儿奶粉，在零起步阶段，公司不可能直接挑战营养米粉行业中亨氏、雀巢两大跨国品牌，寻找两大品牌尚未占据的市场并推出相应有竞争力的产品，依靠强大的产品力满足为竞争对手所忽略的细分市场，几乎是初创时期的贝因美面临的唯一战略选择。

经严谨的调查研究，贝因美发现了两个尚未被竞争对手所重视的细分市场：

1. 迷恋于米糊、荷花糕等中国传统辅食的人群，她们仍然根据传统习惯喂养宝宝；

2. 很早给宝宝断奶，从 1 个月开始就想用营养米粉喂养的母亲。

根据这两个细分市场的特性，结合贝因美的研发能力，贝因美很快推出了奶糕、荷花糕、糕干粉等经改良的传统型营养米粉和一周岁内宝宝专用的婴儿营养米粉。因为满足了细分市场的特殊需要，并抢先进入了无人竞争的细分市场，虽然没有一分钱的推广费用，贝因美营养米粉销量增长喜人。短短三年，贝因美营养米粉成为华东地区的三大品牌之一。

同样，在饼干行业，虽然达能、奇宝各大品牌咄咄逼人，贝因美避实就虚，专注于 1～3 岁的婴幼儿长牙时咀嚼磨牙的需要，率先开发出磨牙饼干系列产品，年销量数千万元，在磨牙饼干细分市场里几乎处于垄断地位。虽然磨牙饼干的销量不到饼干市场总规模的百分之一，但对刚起步的小企业来说，这也是难得的一桶金。

葡萄糖行业中，贝因美在专注婴儿葡萄糖产品的同时，根据一项“60％的母亲习惯于将葡萄糖和奶粉一起冲调，以避免宝宝上火”的调查结果，专门开发出奶伴葡萄糖，进入了一个无竞争对手而母亲喂养宝宝又特别需要的细分市场。此项产品上市后，同样在没有广告支持的前提下，仅凭包装上的“奶伴”两个字和产品的自然铺市，奶伴葡萄糖销量节节攀升，单一品项创造了贝因美产品开发史上的奇迹。

从营养米粉到磨牙饼干到奶伴葡萄糖，作为中小企业，贝因美始终坚持以满足目标顾客的未被满足的需求为导向，坚持产品填补市场进入战略，经过数年的努力，积累了一定的资本，顺利渡过了为生存而奋斗的创业期。

但仅仅专注于别人所忽视的细分市场，仅仅“拾人牙慧”，不可能有进一步的发展，反而因为产品补缺的进入战略无竞争壁垒(产品很容易被模仿)，自己的根基也很难站得稳。商场如战场，逆水行舟，不进则退，贝因美为了进一步做强做大，综合运用差异化竞争战略进军竞争激烈的婴幼儿奶粉市场，具体而言，贝因美奶粉在目标顾客、产品定位、包装、配方、渠道和推广方面全面实施了如下差异化竞争战略：

1. 目标顾客的差异化

贝因美奶粉顾客群体具有两低一高(学历和社会地位较低,收入相对中高)特征,而外企高端奶粉的顾客具有三高特征(高学历,社会地位高,收入高),两者的目标顾客特征有显著的不同,避免了顾客针锋相对的争夺战和资源消耗战。

2. 产品及品牌定位差异化

产品定位——国产高档精品奶粉。高档婴儿奶粉一直是外资品牌的天下,国产婴儿奶粉一直给人的感觉是大众化,档次不高,市场上几乎没有高端定位的国产婴儿奶粉,这是一个巨大的市场空缺。婴儿奶粉品牌定位——贝因美婴幼儿专用奶粉,中国宝宝第二餐——这是贝因美的广告口号,也是贝因美奶粉的品牌诉求点。

顾客既相信专家,也相信专业。惠氏、美赞臣是药厂,固然安全,但不是婴儿食品的专家;伊利固然知名度高,但更多的是液体奶和成人奶粉的知名度,不能代表在婴儿食品行业的专业性。

贝因美只生产婴儿奶粉系列,推出“贝因美——婴儿专用奶粉”的品牌定位,抓住目标顾客相信专家,崇尚专业的消费心理,巧妙占据消费认知的制高点,将“贝因美与婴儿专用奶粉”紧密地联系起来!这种因品牌认知的不同所打造的差异化,是企业的核心竞争力之一。

3. 产品成分及包装的差异化

贝因美率先在国产婴儿奶粉中添加“DHA+AA”营养成分,与普通配方奶粉相比,构成明显的品质差异化。“DHA+AA”的合理配比,能更加促进宝宝智力和视力的发育,此营养配比是目标顾客购买奶粉的重要动机。同时,贝因美在奶粉包装形态上寻求新的突破,将有封口拉链的立袋作为袋装奶粉的包装,因为封口拉链包装,卫生、安全,还能更防潮;并且立袋正面面积大,有利于终端陈列面的抢占,陈列醒目,有利于顾客眼球的吸引;更重要的是市场上,精品奶粉尚无一采用立袋包装,能突显产品包装的与众不同。

4. 重点销售区域的差异化

贝因美将重点销售区域锁定在二、三线城市和乡镇,一方面这些区域地方偏远,为外资品牌所忽视,另一方面这正是贝因美大量“两低一高”目标顾客的所在地。

5. 市场推广的差异化

在终端促销方面,贝因美公司系统运用了在保健品业已经盛行的导购策略。在品牌形象塑造方面,开展育婴讲座和爱婴工程,大量赞助全国多胞胎家庭和儿童福利院,争取新闻媒体的大量报道,潜移默化树立品牌形象。

总之,在差异化竞争战略的引领下,基于目标顾客差异化,国产高档奶粉定位差异化,婴儿专用奶粉定位差异化,产品成分和包装差异化,销售区域选择差异化、终端导购和品牌推广的差异化,贝因美婴儿奶粉上市后,销量一路攀升。如今,贝因美已经是浙江省国产婴儿奶粉的第一品牌,在许多地区销量已经和多美滋、惠氏等外资品牌并驾齐驱。

【思考】

1. 贝因美从哪些方面具体实施了差异化战略?

2. 分析差异化战略能为企业带来哪些优势?

【解析】

一般而言,企业的差异化战略包括以下一个或几个方面的差异化:产品实体差异化

(也即产品填补进入战略)、渠道差异化、服务差异化、人员差异化、市场/品牌定位差异化。

其中,市场定位的差异化又包括产品/品牌特色定位、品牌情感和自我实现利益定位、品牌类别定位、特定使用者定位、对抗竞争者定位等差异化,无论是哪一个定位,最终是希望成就一个内涵丰富、有明确核心价值的强势品牌。

贝因美正是采用这种差异化思想,首先对品牌和目标客户进行定位,然后充分运用了产品实体差异化、渠道差异化、市场定位差异化,以"婴幼儿专用奶粉,中国宝宝第二餐"的形象,培养顾客对其品牌的认可和忠诚度,铸起一道比较厚实的品牌壁垒。

3. 差异化战略实施的途径

差异化战略可以分为多种形式和途径,针对企业内不同的战略经营单位和不同的产品,可以同时采用两种或两种以上的差异化战略。

企业在市场细分的基础上,可以从不同角度寻求差异化。企业在实践中突出与对手的差异性,有5种基本途径。见图6-4。

(1) 产品的差异化

企业通过选择和突出有效的产品差异,能够在顾客心目中确立起良好的企业产品形象。产品差异化的主要切入点包括:特色、性能、一致性、耐用性、可靠性、可维修性、风格和设计等。

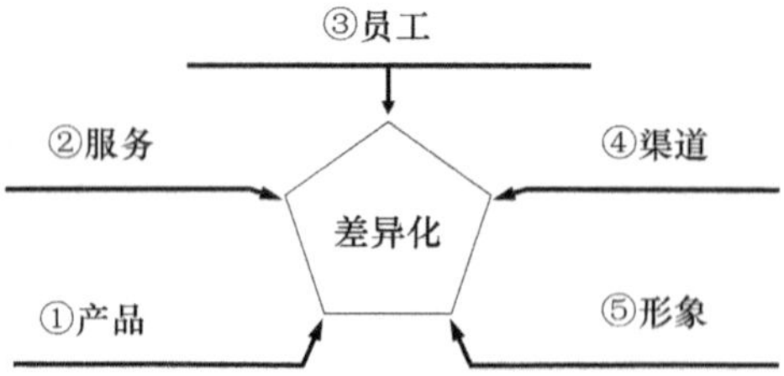

图6-4 差异化战略实施的途径

(2) 服务的差异化

随着企业越来越重视产品的差异化工作,实体产品的差异化难度增加。这时,竞争成功的关键就取决于服务的差异,涉及服务的数量和质量。区分服务水平的主要因素包括订货、送货、安装、顾客培训、咨询服务、维修及其他。

(3) 员工的差异化

员工差异涉及素质差异、能力差异。训练有素的员工应能体现出下面的六个特征:胜任、礼貌、可信、可靠、反应敏捷、善于交流。

(4) 渠道的差异化

企业的分销渠道也可以实现差异化,在不同的渠道或区域,构建局部的、结构化的竞争优势。渠道的差异化主要体现在覆盖面、专业化和绩效方面。渠道差异化的最高境界是价值差异化。

(5) 品牌形象的差异

企业可以通过树立品牌形象来实现差异化,供消费者识别。塑造品牌形象的工具有:名称、颜色、标识、标语、环境、活动等。通过体验产品的品牌化,维系客户,锁定高端客户,提高经营的盈利能力。即使其他竞争因素都相同,但由于企业或品牌的形象不同,消费者也会做出不同的反应。

4. 差异化战略实施的风险

(1) 生产成本可能很高

产品差异化增加了设计和研发经费。

(2) 购买者会越来越敏感

当购买者变精明、自我感知能力增强，对产品的特征和差别体会不明显时，就可能发生忽略差异的情况。

(3) 差异化程度会随着市场的成熟而呈递减

当产品发展到成熟期，拥有技术实力时，厂家很容易通过逼真的模仿，减少产品之间的差异。

(4) 过度差异化

差异化过度时容易使企业产品的价格相对竞争对手的产品来说太高，或者差异化属性超出了消费者的需求。

5. 差异化战略的保障实施条件

(1) 需要特殊类型的管理技能和结构。

(2) 需要具有很强的研究开发与市场营销能力的管理人员。

(3) 需要有良好的组织结构以协调各个职能领域。

(4) 需要有能够确保激励员工创造性的激励体制和管理体制。

(5) 需要有良好的企业文化及创新机制。

6.2.3 集中化战略

1. 集中化战略的概念

集中化战略(Focus Strategy)，又称为目标集聚战略或聚焦型战略，是将目标集中在特定的顾客或某一特定的地理区域上，即在行业内很小的竞争范围内建立独特的竞争优势。

与成本领先战略和差异化战略不同的是，集中化战略不在于达到行业范围内的目标，而是围绕一个特定的目标市场开展经营和服务。即企业或能够更好地满足目标顾客的特定的目标需要而取得产品差异，或能在为目标顾客的服务过程中降低成本，或两者兼而有之。

从总体市场上看，也许集中化战略并未取得成本领先地位或差异化优势，但它确实在较窄的市场范围内取得了上述一种或两种地位。因此，集中化战略又可细分为集中差异化战略和集中成本领先战略。见图 6-5。

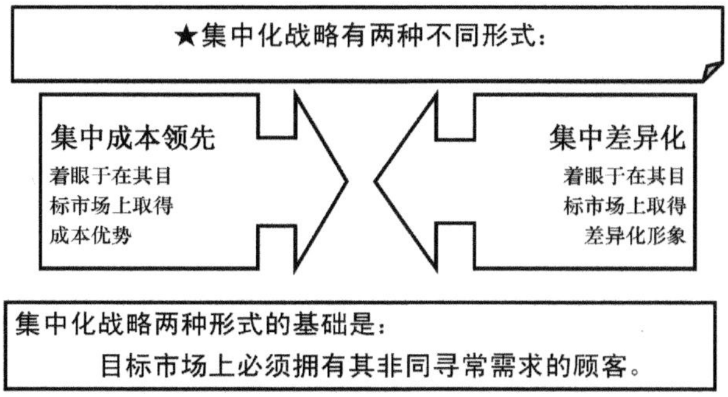

图 6-5 集中化战略的两种形式

2. 集中化战略的实施条件

第一，购买者群体之间在需求上存在着差异。

第二，在企业的目标市场上，没有其他竞争对手试图采取集中化战略。

第三，企业的目标市场在市场容量、成长速度、获利能力、竞争强度等方面具有相对的吸引力。

第四，本企业资源实力有限，不能追求更大目标市场。

6.2.4 基本竞争战略的选择方法

1. 竞争战略特征比较

根据三种竞争战略的实施条件来看，基本竞争战略的特征表现出较大的差异。基本竞争战略的特征比较，见表 6-1。

表 6-1 基本竞争战略的特征比较

战略特征	成本领先战略	差异化战略	集中化战略
产品多样化	较低	较高	围绕特定目标
市场分割	面向大众和普通顾客	市场细分	一个或少数几个市场分割
基本能力要求	持续的资本投资和良好的融资能力；工艺加工技能高；生产管理严格；产品易于制造和大批量生产；低成本的分销系统	强大的营销、产品加工能力；创新能力；销售渠道高度配合；强调品牌、设计、服务和质量	针对具体目标，确定相应的各项能力组合
特殊能力需求	制造、物料管理能力	研发能力	集中战略下的各种能力
基本组织要求	组织职责明确、严格的定量目标激励；严格成本控制	研发、销售部门密切配合；重视主管评价和激励；宽松的工作氛围	针对具体战略目标，确定相应的组织要求

基于波特五力模型的基本竞争战略比较，见表 6-2。

表 6-2 基于波特五力模型的基本竞争战略比较

五种力量	成本领先战略	差异化战略	集中化战略
进入障碍	具备讨价还价能力以阻止潜在对手的进入	培育顾客忠诚度以挫伤潜在进入者的信心	通过集中战略建立核心能力，以阻止潜在对手的进入
买方议价能力	具备向大买家出更低价格的能力	因为选择范围小而削弱了大买家的谈判能力	因为没有选择范围，使大买家丧失谈判能力
供应商议价能力	更好地抑制大卖家的议价能力	更好地将供方的涨价部分转嫁给顾客方	进货量低，供方的砍价能力就高，但集中差异化的企业能更好地将供方的涨价部分转嫁出去
替代品的威胁	能够利用低价抑制替代	顾客习惯于一种独特的产品或服务，因而降低了替代品的威胁	特殊的产品和核心能力能够防止替代品的威胁
现有对手的竞争	能更好地进行价格竞争	品牌忠诚度能使顾客忽略竞争对手	竞争对手无法满足集中差异化顾客的需求

2. 竞争战略选择方法

“战略钟”是分析企业竞争战略选择的一种工具,这种模型为企业的管理人员和咨询顾问提供了思考竞争战略和取得竞争优势的方法。

战略钟模型假设不同企业的产品或服务的适用性基本类似,那么,顾客购买时选择其中一家而不是其他企业可能有两个原因:①这家企业的产品和服务的价格比其他企业低;②顾客认为这家企业的产品和服务具有更高的附加值。

战略钟模型将产品/服务价格和产品/服务附加值综合在一起考虑,企业实际上沿着以下 8 种途径中的一种来完成企业经营行为。其中一些路线可能是成功的路线,而另外一些则可能导致企业的失败。见图 6-6。

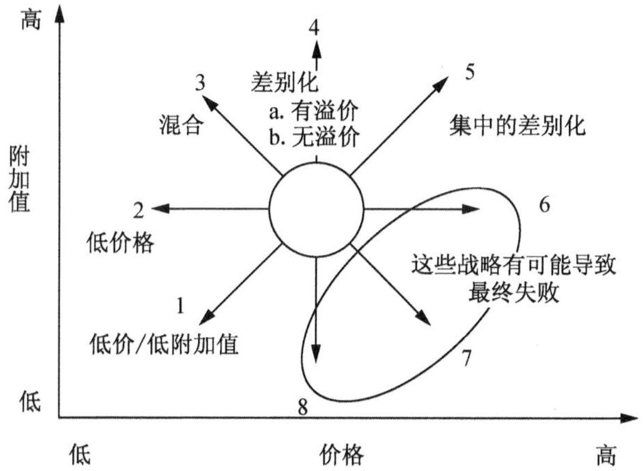

图 6-6 战略钟模型

(1) 低价低值战略

采用途径 1 的企业关注的是对价格非常敏感的细分市场的情况。企业采用这种战略是在降低产品或服务的附加值的同时降低产品或服务的价格。

(2) 低价战略

采用途径 2 的企业是建立企业竞争优势的典型途径,即在降低产品或服务的价格的同时,包装产品或服务的质量。但是这种竞争战略容易被竞争对手模仿,也降低价格。在这种情况下,如果一个企业不能将价格降低到竞争对手的价格以下,或者顾客由于低价格难以对产品或服务的质量水平做出准确的判断,那么采用低价战略可能得不偿失。要想通过这一途径获得成功,企业必须取得成本领先地位。因此,这个途径实质上是成本领先战略。

(3) 混合战略

采用途径 3 的企业为顾客提供可感知的附加值同时保持低价格。而这种高品质低价格的策略能否成功,既取决于企业理解和满足客户需求的能力,又取决于是否有保持低价格策略的成本基础,并且难以被模仿。

(4) 差别化战略

采用途径 4 的企业以相同和略高于竞争对手的价格向顾客提供可感受的附加值,其目的是通过提供更好的产品和服务来获得更多的市场份额,或者通过稍高的价格提高收入。

企业可以通过采取有形差异化战略，如提高产品在外观、质量、功能等方面的独特性；也可以采取无形差异化战略，如通过服务质量、品牌文化等来获得竞争优势。

(5) 集中差别化战略

采用途径 5 的企业可以采用高品质高价格策略在行业中竞争，即以特别高的价格为用户提供更高的产品和服务的附加值。但是采用这样的竞争策略意味着企业只能在特定的细分市场中参与经营和竞争。

(6) 高价撇脂战略

采用途径 6、7、8 的企业一般都是处在垄断经营地位，完全不考虑产品的成本和产品或服务的附加值。企业采用这种经营战略的前提是市场中没有竞争对手提供类似的产品和服务。否则，竞争对手很容易夺得市场份额，并很快削弱采用这一战略的企业的地位。

6.3 产业结构与竞争战略

6.3.1 分散型产业中的企业竞争战略

分散型产业是一种常见且重要的行业结构环境，在这样的产业环境中，有许多企业参与竞争，但不存在能够左右整个产业活动的市场领袖，没有任何一家占有显著的市场份额，也没有任何一个企业能对整个产业的发展产生重大影响。分散型产业存在于经济活动的许多领域中，如在服务业、餐饮业、零售业、农产品等领域中非常普遍。

1. 产业分散的原因

造成产业分散的原因很多，既有历史的原因，也有经济的原因，主要有以下几点：①进入壁垒低或障碍较少(许多小企业很容易进入)。②不存在规模经济或经验曲线(如批发、分销等领域，缺乏规模经济或经验曲线的特点)。③多样化的市场需求导致高度产品差异化(每个顾客希望产品有不同的样式)。④高运输成本限制着高效率企业扩大规模和增加生产地点。⑤高库存成本或不稳定的销售波动(因库存成本较大或销售波动而无法获得生产过程的经济性)。⑥当服务成为经营的关键因素时，小企业就会变得更加有效率。一般而言，当企业规模达到一定程度时，提供服务的质量就要下降，美容、餐饮等服务行业显得特别突出，因而造成企业的分散。

以上原因主要是从产业本身的经济特性角度归纳的。如果再考虑其他的因素，如政府政策和地方法规对某些产业集中的限制，以及一个新产业中还没有企业掌握足够的技能和能力以占据重要的市场份额等因素，也是导致产业零散的原因。

2. 竞争战略选择

处于分散行业中的企业，面对众多的竞争对手，首先要在成本领先战略、差异化战略和集中化战略这三种基本竞争战略中选定适合企业具体情况的战略。此外，零散产业的特点就是零散，企业无规模经济优势。如果企业能够克服零散，那么它的战略回报将会很高。因此，还可以选择以下的战略：

(1) 连锁经营。主要是为了获得成本领先的战略优势。连锁经营改变了以往零售店的分散布局状态，建立联系网络，形成规模经济。

(2) 特许经营。主要是为了获得差异化的竞争优势。例如，快餐业中的肯德基、必胜客就是这种经营方式。

(3) 产品专业化——目标集聚。主要包括：①产品类型或产品细分的专门化。如果行业的分散是由于特色品种多造成的，则集中力量专门生产其中少数有特色的产品，是一种可取的、比较有效的竞争战略，如肯德基、必胜客。②顾客类型专门化。如果用户极为分散，也可采取为某类特定用户提供专业化产品/服务策略，如孕妇装。③地理区域专门化。④增加产品的附加价值——提高产品差异化程度。某些分散行业提供的往往是一般性的、特色不够鲜明的商品，这时可采用增加附加值的办法。在产品销售给顾客前，针对顾客的需求对产品进行装配，以此增加产品的针对性及实用性，产生更高的附加价值，如宜家家居。

6.3.2 规模经济型产业中的企业竞争战略

规模经济显著的产业中，一般会形成企业规模很大、企业数目较少的寡头型企业规模结构。在一定的市场容量下，规模经济越显著，所能容纳的企业数就越少。

企业竞争地位可以根据市场占有率划分为三类：领导型企业、追随型企业、平庸型企业。平庸型企业的特点是市场占有率较低、地位低下。

1. 领导型企业的竞争战略

领导型企业通常采取的竞争战略为：

(1) 扩大市场需求总量；

(2) 保持现有市场份额；

(3) 提高市场占有率。

2. 追随型企业的竞争战略

追随型企业通常采取的竞争战略为：

(1) 休战战略(在新形成的市场中争取第 1 名，同时，要和平庸型企业结成联盟共同应对市场的变化)；

(2) 跟随战略(紧密追随、保持一定距离的追随、有选择地追随)。其中，紧密追随：在尽可能多的细分市场中模仿市场领先者。保持一定距离的追随：在主要市场、价格和分销上追随领先者。有选择地追随：在某些产品上紧跟领先者，在另外一些方面有自己的特点和创新。

3. 平庸型企业的竞争战略

平庸型企业通常采取的竞争战略为：

(1) 联合战略(创造行业中弱者企业集结的条件，避免与领导型企业或高位次企业进行正面交锋，和追随型企业结成战略联盟)；

(2) 补缺战略(因市场占有率较低，可选择某一顾客群、某种特殊性能的产品或选择在某个区域开展经营)。

6.3.3 新兴产业中的企业竞争战略

新兴产业是指新出现的行业，其形成的原因往往是技术创新和新的消费需求的出现，或者是内外部环境变化使一类新产品或新服务获得了商业机会。例如，电信、手机、软件、计算机服务、生物工程和生物制药等行业是技术创新的产物；健身美容、送餐快递、婚庆礼仪等服务业则是新需求的产物。典当行是我国新中国成立前的老产业，随着改革开放后的发展它又成为我国的一个新兴产业。

1. 新兴产业的特点

(1) 技术与战略环境的不确定性

① 技术的不确定性：在新兴行业中，企业的生产技术还不成熟，有待继续创新与完善。同时，企业的生产经营也还没有形成一套完整的方法，哪种产品结构最佳，哪种生产技术最有效率等都还没有明确的结论。

② 战略的不确定性：企业技术的不确定性，导致了战略的不确定性。在新兴行业中，各企业在技术和战略上都处于一种探索阶段。

③ 环境的不确定性：在相当长的一段时间内，新兴行业的参与者只能在不确定的环境因素中探索适当的战略与成功机会。企业缺乏制定战略所必需的信息，不了解竞争对手的数量、竞争对手的分布状况、其优势和劣势状态、购买者的需求规模和偏好，以及市场成长的速度和将要实现的规模等。

(2) 运营成本高但趋于下降

随着生产规模的扩大和经验的积累，生产组织趋于合理及规模经济的形成，成本才会下降。

(3) 产业发展的风险性

① 顾客对产品的认知：在新兴行业中，许多顾客都是第一次购买者。必须通过市场营销诱导初始的购买行为，避免顾客在产品技术和功能等方面与竞争对手发生混淆。

② 顾客对产品的观望：许多顾客对新兴行业持观望等待的态度。他们等待产品的成熟与技术和设计方面的标准。

2. 竞争战略选择

该行业还没有公认的竞争对策原则，尚未形成稳定的竞争结构，竞争对手难以确定等，企业是在行业初期的多变环境中做出战略选择。

(1) 进入新兴产业时间的选择

进入早，承担的风险较高，但进入障碍相对较低。当企业形象和声誉好、行业经验不易被竞争对手模仿、消费者忠诚度较高时，企业可以较早进入。先进入的企业开创和培育市场的费用高，技术的发展可能使后进入者拥有最新的技术和工艺。

(2) 促进产业结构的形成

企业可以试图在产品生产、市场营销方法和价格策略等方面建立行业规则。在产业范围内，企业应以某种方式寻求确定产业发展、促进产业结构趋于稳定而且成型，以使自身在今后获得最有利的行业地位。

(3) 正确对待产业发展的外在因素

在相当长的一段时间内，新兴行业的参与者只能在不确定的外部环境因素中探索适当的战略与成功机会。在对产业倡导和追求自身狭窄利益的努力之间做出平衡。

(4) 适应转变的流动性障碍

在产业发展变化中占据主动地位。

6.3.4 成熟产业中的企业竞争战略

产业发展有其自身的生命周期，一个产业必然要从高速发展的成长期进入减慢发展的成熟期。这一时期，市场增长率降低，需求增长率也不高，技术上已经成熟，行业特征明显，行业竞争非常激烈，行业盈利能力下降，新产品和产品的新用途开发更为困难，行业进入壁垒很高。

1. 成熟产业中的企业特点

成熟产业中的企业特点：①低速增长导致竞争加剧；②注重成本和服务上的竞争；③裁减过剩的生产能力；④研究开发、生产、经营发生变化；⑤产业竞争趋向国际化；⑥企业间的兼并和收购增多。

2. 竞争战略选择

(1) 缩减产品系列

成熟时期主要以价格竞争为主要手段，以市场份额为目标。企业要以产品结构分析为基础，进行产品系列结构的调整，缩减或淘汰利润低的产品，将企业的生产能力和经营资源集中到那些利润较高或有竞争优势的产品上，努力使产品结构合理化。

(2) 创新

随着产业发展成熟，企业要注重以生产为中心的技术开发与创新，通过创新形成低成本的产品设计、更为经济的生产方法和营销方式，在购买者价格意识日益增强的市场中具有独特的竞争能力。

(3) 降低成本

价格竞争激烈是成熟行业的基本特征。通过采用更低廉的零部件、更优惠的供应价格、更经济的产品设计、提高生产和销售效率、缩减管理费用等方法，使企业获得低成本的优势，在竞争中发挥价格优势。

(4) 提高现有顾客的购买量

在成熟行业中，企业很难通过争取竞争对手的顾客以扩大自己产品的销售量，比较容易的做法是使现有用户扩大使用量，这比寻求新用户更为有效。

企业应采取更为适宜的促销手段，通过提高产品等级、扩充产品系列、提供高质量的服务等方法提高自己现有顾客的购买数量；同时，在保住一些重点用户的基础上，开拓新的细分市场，扩大顾客的购买规模。

(5) 发展多元化经营

企业在发展的成熟阶段，可以按自身所涉及业务之间的关系采取多元化战略，即生产或经营两种以上的经济作用基本不同的产品以分散投资风险，取得范围经济效益。

(6) 发展国际化经营

当国内市场已经趋于饱和时，企业可以采用开拓国际市场的战略，进入到那些该行业仍处于不成熟阶段的国家或地区，充分利用他国的经营资源使自己的生产经营活动更为经济，回避国内市场上的激烈竞争，获得比较优势，降低进入费用，获取较高的利润。

此外，如果企业的资源和能力充裕，可以考虑跨国并购战略，以谋求企业更大的发展。

6.3.5 衰退产业中的企业竞争战略

衰退产业是指在持续的一段时间里产品的销售量绝对下降的行业。随着环境的变迁，一般产业都会进入衰退期。尤其在一些技术发展迅速、产品更新换代快的行业，衰退的周期逐步在缩短。

1. 衰退产业中的企业特点

衰退产业中的企业特点：①行业发展缓慢、停滞甚至萎缩；②产品趋于同质且销售量降低；③企业研发及广告费用减少；④竞争激烈而利润极低。

2. 竞争战略选择

（1）领先战略

从某类衰退产业中获利，企业的目标是成为产业中仅存的一个或少数几个企业之一。一旦达到这个地位，企业就转而执行保持地位或有控制的收割战略，这取决于产业后来的销售形势。

（2）坚壁战略

企业为了避免在市场上与强大的竞争对手发生正面冲突而受其攻击，选取被大企业忽略的、需求尚未得到满足、有获利基础的小市场作为其目标市场。

（3）抽资转向战略

企业力图优化业务的现金流，取消或大幅度削减投资，在后续的销售中从业务拥有的任何残留优势上谋取利益，以提高价格或从过去的商誉中获利，甚至广告和研究也被削减。具体措施包括：①减少产品型号；②缩减销售渠道；③放弃小客户；④减少售后服务，最终使该业务被出售或清算。

（4）快速放弃战略

企业尽早将其业务卖掉，使其净投资回收率最大。

当企业仅有很少的优势，而且当衰退产业中的竞争可能会很激烈时，这个战略是最恰当的。根据产业结构和企业竞争实力，企业竞争战略的选择，见图 6-7。

图 6-7 企业竞争战略的选择

6.4 战略评价与选择方法

6.4.1 波士顿矩阵法

波士顿矩阵是美国波士顿咨询公司（Boston Consulting Group，BCG）在 20 世纪 60 年代为一家纸业公司提供咨询服务时提出的一种投资组合分析方法。波士顿矩阵法，也称为市场增长率——市场占有率矩阵法，这种方法是把企业生产经营的全部产品或业务的组合作为一个整体进行分析，常常用来分析企业相关经营业务之间现金流量的平衡问题。

通过这种方法,企业可以找到企业资源的产生单位和这些资源的最佳使用单位,见图 6-8。

图 6-8 中,横坐标表示该业务相对于最大竞争对手的市场份额,用于衡量企业在相关市场上的实力。纵坐标表示该业务的销售量或销售额的年增长率。

以上四类业务由于所处的市场地位和发展潜力不同,因而在发展决策上应该区别对待。

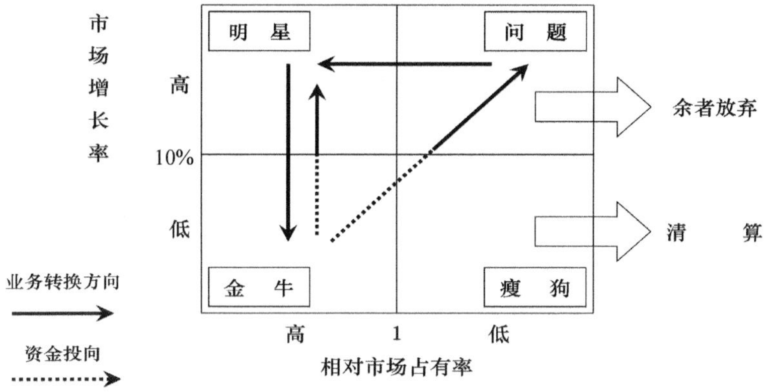

图 6-8 波士顿矩阵法

(1)“明星”业务的市场增长率和相对市场占有率都高,这表明该项业务的利润增长较快,因此对该业务应采取扩张战略,进行必要的投资,保持其有利的市场地位。

(2)“金牛”业务的相对市场占有率高,但由于市场增长率较低,不宜大力发展,可采取维持巩固的稳定战略,也可少量投资。“金牛”业务产生的大量利润,可用来满足“明星”业务和“问题”业务的发展的需要。

(3)“问题”业务的市场增长率高,当相对市场占有率低时,是企业战略选择的难题。企业可以根据业务发展的可能性进行必要的投资。

(4)“瘦狗”业务的市场增长率和相对市场占有率都低,这类业务没有发展前途,可采取紧缩战略,如抽资、放弃、清算等。

根据波士顿矩阵法的评价结果,处于不同区域的经营单位战略选择,见表 6-3。

表 6-3 基于波士顿矩阵法评价的经营单位战略选择

区域类型	经营单位所需投资	经营单位盈利性	经营单位战略选择	现金流量
明星业务区	多	高	优先保证和发展	几乎为零或略负值
金牛业务区	少	高	维护/收获	极大剩余
问题业务区	非常多	低/没有/负值	扩大市场战略或放弃/成长战略	负值
瘦狗业务区	一般不投资	低/负值	放弃/清算	剩余/负值

6.4.2 通用矩阵法

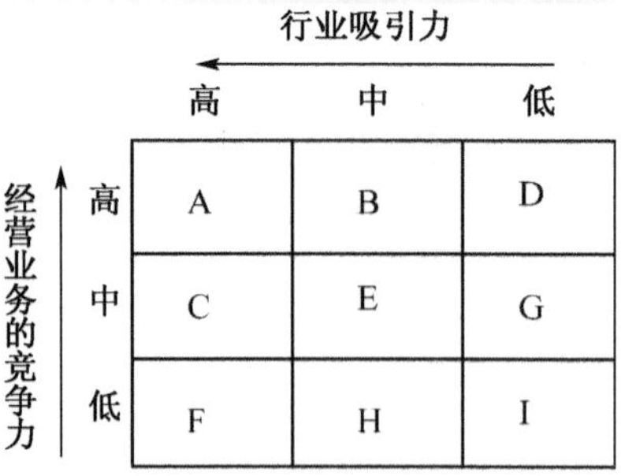

图 6-9 通用矩阵法

通用矩阵法(The general matrix method),又称为行业吸引力矩阵、九象限评价法,是美国通用电气公司设计的一种投资组合分析方法。相对于 BCG 法,通用矩阵法有较大的改进,在两个坐标轴上增加了中间等级,增加了分析考虑因素。它运用加权评分方法分别对企业各种产品的行业吸引力(包括市场增长率、市场容量、市场价格、利润率、竞争强度等因素)和企业实力(包括生产能力、技术能力、管理能力、产品差别化、竞争能力等因素)进行评价,按加权平均的总分划分为大(强)、中、小(弱),从而形成 9 种组合方格以及 3 个区域,如图 6-9 所示。

根据通用矩阵法的评价结果,处于不同象限的经营单位战略选择,见表 6-4。

表 6-4 基于通用矩阵法评价的经营单位战略选择

象限	产业吸引力	经营业务的竞争力	战略选择
A	高	高	增长 谋求居于主导地位 尽量扩大投资
B	中	高	找出适宜增长的细分市场 大力投资 在其他方面保持地位
D	低	高	维持总体地位 谋求流动资产 按维持水准投资
C	高	中	通过市场细分估测达到主导地位的潜力 找出弱点 巩固强项
E	中	中	找出适应增长的细分市场 专门化 有选择地进行投资
G	低	中	削减产品系列 尽量减少投资 准备放弃
F	高	低	专门化 谋求占据合适的市场小板块 考虑收购
H	中	低	专门化 谋求占据合适的市场小板块 考虑退出
I	低	低	信任领导者具有政治家才能 集中研究竞争对手中能产生现金的业务 及时退出和放弃投资

6.4.3 产品/市场演化矩阵法

产品/市场演化矩阵法由查尔斯·霍福尔提出，该矩阵在许多方面与利特尔的生命周期法相似。产品/市场演化矩阵有 15 个区域(见图 6-10)。

每一经营单位按产品/市场演化阶段(此为纵坐标)和竞争地位(此为横坐标)确定出它在矩阵中的位置。其中，圆圈大小代表行业的相对规模，圆圈中阴影部分表示经营单位在行业中的市场占有率。竞争地位分为强、中、弱三等；产品/市场的演化过程划分成开发阶段、成长阶段、扩张阶段、成熟饱和阶段和衰退阶段。

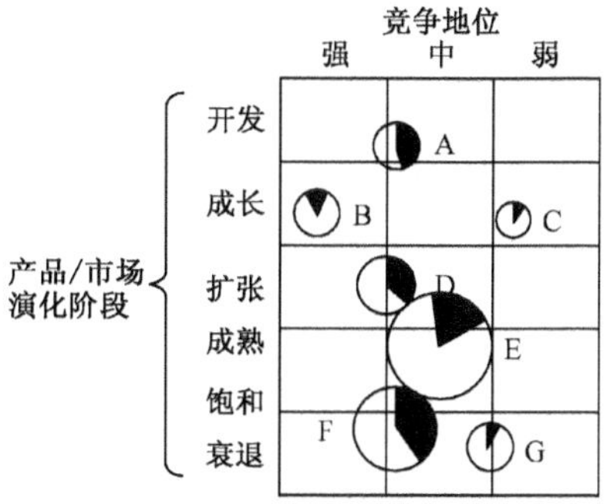

图 6-10 产品/市场演化矩阵

根据产品/市场演化矩阵法的评价结果，处于不同区域的经营单位战略选择，见表 6-5。

表 6-5 基于产品/市场演化矩阵评价的经营单位战略选择

业务单位 A	看起来是一颗潜在的明星，它的相对较大的市场份额，加上它处于产品/市场发展的开发阶段以及它所具有的获得一个较强的竞争地位的潜力，使它成为企业大力投资的理想对象。
业务单位 B	在某种程度上看有点像 A，然而对 B 单位投资的多少将取决于为什么 B 部门相对于其强大的竞争地位竟然具有如此低的市场份额这一个问题的答案。为此，单位 B 应当实施能够改变它的这一较低的市场份额的战略，以便为争取更多的投资提供依据。
业务单位 C	在一个增长相对较小的行业中，占有一个较小的市场份额并拥有一个较弱的竞争地位，必须实行一种能够克服其低市场份额和弱竞争地位的战略，以争取未来投资。单位 C 很可能是一个放弃的合适对象，以便将其资源运用于单位 A 或单位 B。
业务单位 D	处于一个扩张的阶段，占有一个相对大的市场份额，并处于一个相对强的竞争地位。对单位 D 应当进行必要的投资以保持其相对强的竞争地位。从长期看，D 应当成为一头"现金牛"。
业务单位 E 和 F	是"现金牛"，应当用来创造现金。
业务单位 G	看起来像波士顿矩阵中的一条"瘦狗"，在短期内，它应当被监控着用于创造现金——如果可能的话；然而，长期而言，它更有可能被施以脱身战略或者清算战略。

6.4.4 定量战略计划矩阵法

定量战略计划矩阵法(Quantitative Strategic Planning Matrix，简称 QSPM)，是对战略备选方案进行评价与选择的重要分析工具。该分析工具能够客观地指出哪一种战略是最佳的。QSPM 法利用第一阶段(即战略分析阶段)的因素评价结果和第二阶段(即战略制定阶段)的战略备选方案来进行评价与选择。

第一阶段：战略分析阶段，也是信息输入阶段。主要任务是提供战略制定所需要的内外部环境条件信息。主要方法包括：外部因素评价矩阵即 EFE 矩阵、内部因素评价矩阵即 IFE 矩阵、竞争态势评价矩阵即 CPM 矩阵。

第二阶段：战略制定阶段。主要方法包括：SWOT 矩阵、波士顿(BCG)矩阵、内部要素匹配(IE)矩阵、通用(GE)矩阵、大战略矩阵。

QSPM法的分析原理是:将第二阶段制定的各种战略备选方案分别评分,评分是根据各战略备选方案是否能使企业更充分利用外部机会和内部优势,尽量避免外部威胁和减少内部弱点四个方面,通过专家小组讨论的形式得出。得分的高低反映战略的最优程度。也就是说,QSPM法的输入信息正是第一阶段的因素评价结果(由EFE矩阵、IFE矩阵、CPM矩阵分析得出)和第二阶段的战略备选方案(由SWOT矩阵、SPACE分析、BCG矩阵、IE矩阵、GE矩阵和大战略矩阵分析得出),QSPM法的评价结果反映了战略备选方案的最优程度。

1. QSPM法的建立步骤

QSPM矩阵的格式如表6-6所示。QSPM顶部一行包括了从SWOT矩阵、SPACE矩阵、BCG矩阵、IE矩阵和大战略矩阵中得出的战略备选方案。这些匹配工具通常会产生类似的可行战略备选方案。需注意的是,并不是说匹配技术所建议的每种战略备选方案都要在QSPM中予以评价,企业决策者必须运用良好的直觉、行业的丰富经验,剔除一些明显不可行的战略备选方案,只将最具吸引力的战略备选方案列入QSPM矩阵。

QSPM的左边一列为关键的外部和内部因素(来自第一阶段),顶部一行为可行的战略备选方案(来自第二阶段)。具体地说,QSPM的左栏包括了从EFE矩阵和IFE矩阵直接得到的信息。在紧靠关键因素的一列中,将标出各因素在EFE矩阵和IFE矩阵中所得到的权数。在QSPM矩阵中一个重要的概念是战略备选方案的最优程度。它是根据各战略备选方案对外部和内部因素的利用和改进程度而确定的。QSPM中包括的战略备选方案的数量和战略备选方案组合的数量均不限,分析的结果并不是非此即彼的战略方案取舍,而是一张按重要性和最优程度排序的战略备选方案清单。

表6-6 QSPM矩阵

关键因素	备选战略				
	权重	战略A	战略B	战略C	战略D
外部因素					
因素1					
因素2					
因素3					
……					
内部因素					
因素1					
因素2					
……					
总计					

表6-6中,建立QSPM的六个步骤为:

步骤1,在QSPM的左栏列出企业的关键外部机会与威胁、内部优势与弱点。这些信息直接从EFE和IFE矩阵中得到。QSPM中应至少包括10个外部和10个内部关键因素。

步骤 2,给每个外部及内部关键因素赋予权重。这些权重应与 EFE 和 IFE 矩阵中的相同,权重之和等于 1。权重在第二栏中列出。

步骤 3,制定企业可考虑实施的战略备选方案。这些战略备选方法置于 QSPM 顶行。若可能,将各战略备选方案分为互不相容的若干组,如战略 A、战略 B、战略 C、战略 D。

步骤 4,确定吸引力分数(AS):Attractiveness Scores(AS)用数值表示各组中各个战略备选方案的相对吸引力。AS 确定法:依次考察各外部或内部关键因素,提出“这一因素是否影响战略备选方案的评价与选择?”回答“是”,针对这一因素,对各战略备选方案进行比较、评分。评分标准为:1=没有吸引力;2=有一些吸引力;3=有相当吸引力;4=很有吸引力。回答“否”,不给该组战略备选方案以吸引力分数。

步骤 5,计算吸引力总分(TAS):Total Attractiveness Scores(TAS)等于各个因素的权重乘以各战略备选方案中相对应因素的吸引力分数。吸引力总分越高,战略备选方案的吸引力就越大。

步骤 6,计算吸引力总分和(STAS)。针对各战略备选方案,对各个因素的吸引力总分进行加总,计算得到吸引力总分和。在各组可供选择的战略备选方案中,吸引力总分和表明了哪个战略备选方案最具吸引力。通过计算战略备选方案组中各战略备选方案的吸引力总分和之差,可确定各战略备选方案相对于其他战略备选方案的可取性。

2. QSPM 的优点与局限性

(1) 定量战略计划矩阵法(QSPM 法)的优点

首先,QSPM 法可以相继地或同时地考察一组战略备选方案。例如,可以首先评价企业总体的战略备选方案,之后是评价企业经营业务的战略备选方案,再后是评价企业职能部门的战略备选方案。在 QSPM 法中可以同时评价的战略备选方案或战略备选方案组数量不受限制。

其次,QSPM 法要求企业战略家或企业决策者在决策过程中将有关的外部和内部因素结合起来考虑。通过建立 QSPM,可避免关键因素不适当地被忽视或偏重。QSPM 法使企业决策者注意到影响战略决策的各种重要关系。虽然在建立 QSPM 过程中需要进行一些主观性决策,但这些次要的决策可能使最终战略决策质量更佳。QSPM 法经过适当修改便可用于大型和小型的、营利和非营利性的组织,它实际上可以被应用于任何类型的组织。QSPM 法尤其可以提高跨国企业的战略决策水平,因为它可以同时考察很多关键性因素和战略。它也已经被成功地应用于一些小型企业的战略决策中。

(2) 定量战略计划矩阵法(QSPM 法)的局限性

QSPM 法并非没有局限性,QSPM 法的局限性主要表现在:

首先,QSPM 法总是要求直觉性判断和经验性假设。权重和最优程度分数的确定都要依靠主观判断。尽管这些判断所依据的是客观信息,但不同的战略分析专家也可能应用相同的方法得出不同的结论。这种差别是由于他们的经验和微妙的直觉的不同所造成的。

其次,QSPM 法的另一个局限性是其结果的科学性取决于它所基于的信息和匹配分析的质量。而这里的质量常常受人为因素的作用。

然后,战略评价与选择一般来说属于一种复杂的非程序性决策,掺杂着大量的非理性因素，如企业对外界的依赖程度、管理者的态度、企业过去的战略、企业文化与内部权力关系、竞争者的反应等。而在 QSPM 法中偏重的是定量分析，考虑这些因素或问题不够。

6.5 案例分析

华为竞争战略体现为差异化战略与全球化市场竞争战略。

6.5.1 华为差异化战略

华为必须以差异化特色明显的产品（包括与运营商合作的定制产品）、通过提供优质服务和差别化的售后服务，使自己的产品取得竞争优势、具备很强的竞争力。

(1) 产品差异化

产品差异化战略是从产品质量、产品款式等方面实现差异化。寻求产品独特的特性是产品差异化战略经常使用的手段。在产品质量方面，华为以“做一个世界级的、领先的电信设备提供商”为发展目标，特别强调加大科研投入，使得华为的通信系统经受住了来自欧美一些国家的移动运营商苛刻的检验，这为华为手机优良的产品性能提供了有力的保障。在产品款式方面，华为手机注重以流线型的设计为主，辅以超大的显示屏，这是华为手机受到消费者青睐的主要原因。

(2) 渠道差异化

在早期，直接与跨国公司正面交锋，华为深感力不从心。于是，采取“农村包括城市”的战略抢占一席之地。华为采取了避实就虚的渠道差异化战略——攻占农村市场以及东北、西北、西南的落后省市。

(3) 服务差异化

服务差异化战略是向目标市场提供与竞争者不同的优质服务。企业的竞争力越能体现在顾客服务水平上，市场的差别化就越容易实现。在市场营销和客户服务方面，华为力争离客户近一点，服务更细一点。华为公司反复强调：企业要活下去，永远只有一条途径，那就是“关注客户需求”。华为不断推出包括白金服务、金牌服务、银牌服务在内的一系列服务，供用户选择，同时根据用户的需要进行服务包定制，为客户提供个性化的服务解决方案。

(4) 员工差异化

员工差异化战略是通过聘用和培训比竞争对手内部更为优秀的人员以获得差别优势。市场的竞争归根结底是人才的竞争。在华为的员工队伍中，技术研究及开发人员占 46%，市场营销和服务人员占 33%，管理及其他人员占 9%，生产人员占 12%。这说明研发和市场营销在华为的发展中占据着极为重要的地位。

(5) 形象差异化

形象差异化战略是在产品的核心部分与竞争对手类同的情况下，塑造不同的产品形象以获取差别优势。华为经过多年的和移动运营商在通信系统领域内的合作，华为手机顺利进入移动运营商手机订制的范围，从而可以通过运营商的网络将产品推向消费者。运营商的良好的信誉和形象，有力地提升了华为手机的品牌形象。

6.5.2 华为全球化市场竞争战略

1. 战略特征和表现

华为1996年进入中国香港市场;1997年进入俄罗斯;1998年进入印度;2000年进入中东和非洲;2001年迅速扩大到东南亚和欧洲等40多个国家和地区;2002年进入美国。截至2016年底,华为在全球168个国家有分公司或代表处。同时,依据不同国家或地区的能力优势,在欧洲及美国、日本、印度、新加坡等地区构建了16个研究所、28个创新中心、45个产品服务中心。华为有7万多人的全球最大规模的研发团队,每年销售额的10%投入研发,累计获得专利授权36 511件。过去10年,华为累计研发投入250亿美元。

(1) 华为全球化扩张的三个核心特征

第一,全面西化。从1996年开始,华为先后聘请IBM等美国、英国的十多家咨询公司对华为进行研发、供应链、人力资源、财务以及市场体系的管理变革,17年来用于管理变革的成本总计达到50多亿美元,其结果是,构造了华为与西方公司接近乃至于完全相同的一整套制度和流程,这是华为能够在全球市场立足并获得成功的根本要素。

第二,法律遵从。遵守联合国法律和美国法律,华为将美国法律视为国际法,因为在事实上,美国在全世界可以利用自己的法律打击和制裁任何企业。另外,还严格遵守所在国家的法律。华为在巴西市场的开拓将近20年,累计亏损13亿美元,亏损的主要原因是对巴西法律环境缺乏认知 ——许多外国公司在巴西都有长期亏损的历史。2013年华为在巴西首次盈利200万美元,如果以今后每年6 000万美元的盈利目标计算,还需要23年的时间才能实现静态的扭亏为盈。

第三,文化遵从。华为有一个道德遵从委员会,其主要职能就是引导和规范华为员工从语言、习俗、宗教乃至生活习惯等方面主动适应和融入所在国家或地区。

在这样一个全球性的市场网络与研发平台上,产品的研发需求来自华为,架构由欧美顶尖专家设计,硬件由华为中国团队完成,软件主要由印度科技人才承担,制造主要由富士康公司完成,最后再在华为的全球市场网络进行销售。

(2) 华为手机的欧洲市场占有率与市场销售量

第一,市场占有率。2013年以来,欧洲国家的手机市场迎来了智能手机发展的热潮,其中欧洲主要5国(英国、法国、德国、意大利、西班牙)的智能手机市场在以年均130%的速度迅速扩大。据市场研究公司Kantar Worldpanel Com Tech(简称KWC)的市场研究调查数据显示,2015年华为手机在西欧发达国家高端手机市场份额连续取得突破。2015年第四季度数据显示,华为手机在欧洲主要5国(英国、法国、德国、意大利、西班牙)的市场份额已超越三星手机,并由2014年西欧市场占有率的第六名飞跃至第二名,华为增长的速度令外界惊喜。目前,针对欧洲主要5国(英国、法国、德国、意大利、西班牙)的高端手机市场(主要指售价在400欧元以上的手机),苹果手机市场占有率约为32%,华为手机市场占有率约为26.7%,三星手机市场占有率约为25.2%。

第二,市场销售量。近年来,华为手机在西欧市场取得了骄人成绩。2014年,华为手机在世界范围内销售量排名前四的国家分别是西班牙、德国、意大利和英国,而这四个国家均来自西欧市场。华为在西欧市场进行大量广告宣传,让用户逐步认识了解并接受了这个来自中国的品牌。2014 年,华为手机在西欧手机市场销售量猛增 132%。而 2015 年华为取得了更大的突破,根据华为公布的 2015 年年报的销售数据显示,华为在西欧手机市场的出货量同比增长了 98%,几乎实现翻番,并在多个西欧国家如西班牙、意大利、瑞士、葡萄牙的手机市场份额中成功位列前三。除此之外,相比西欧国家整体市场份额的提升,华为在西欧高端市场取得的成就更引人注目。根据国际市场调查与研究机构 GFK 数据调查显示,2015 年四季度,在西班牙,华为手机的总体市场份额为 12.6%,而在 400～500 欧元的高端智能手机份额则达到了 45.7%;在意大利,华为智能手机市场份额为 10.9%,400～500 欧元的高端智能手机份额也达到了 27.9%。这些都是华为在西欧高端市场上取得成功的标志。

2. 市场细分和定位

(1) 市场细分

市场细分是 20 世纪 50 年代中期由美国著名市场学家温德尔·史密斯提出的,是以消费者需求的差异为出发点,根据消费者购买行为的差异性把市场划分为具有不同消费特征的群体。一方面,有利于选择目标市场和制定市场营销策略,使得企业能更有针对性地配置生产和营销力量,针对目标市场,制定合适的营销策略;另一方面,可以对用户需求发生的变化做出迅速的反应,适应变换的市场需求;此外,有利于发掘市场机会和提高经济效益。通过对细分市场的对比分析,可找出有利于企业的市场机会,并且市场细分后,企业可针对自己的目标市场生产出对应的产品,从而提升企业的经济效益。

华为公司国际市场细分是根据消费者的需求差异,按照消费者年龄、产品价格和手机功能把整个市场细分为若干各需要不同产品和营销组合的子市场,从而在这些子市场中选择国际市场目标的过程。华为手机欧洲市场按以下三个不同标准划分不同的细分市场。即

第一,按消费者年龄层次划分。按消费者年龄层次划分,可分为青年市场、中年市场、老年市场。其中青年市场主要面向 30 岁以下的人群;中年市场面向 30～50 岁这一人群;老年市场主要面向 50 岁以上人群。

第二,按产品价格和品质划分。按产品价格和品质划分,可分为低端市场、中端市场、中高端市场和高端市场。其中低端市场主要指目标受众人群消费能力在 200 欧元以下的手机市场;中端市场主要指目标受众人群消费能力在 200～300 欧元的手机市场;中高端市场主要指目标受众人群消费能力在 300～400 欧元的手机市场;高端智能机市场主要指目标受众人群消费能力在 400 欧元以上的手机市场。

第三,按功能类型划分。按功能类型划分,可分为商务型、娱乐型、时尚型、大众型。其中商务型的目标受众人群主要指将手机作为商业谈判工具和一种身份象征的高级企业白领;娱乐型的目标受众人群主要指追求手机软件多样性和运行的流畅性的手机发烧友;时尚型目标受众人群主要指追求潮流和个性,讲究手机外观的人群;大众性则指对手机无特殊要求但追求手机性价比的一类人群。

(2) 目标市场选择

根据华为手机的市场细分,在综合考虑了企业的资源条件、市场潜在发展空间及华为手机产品特点的基础上,华为手机将西欧的发达国家作为主要目标市场,其主要包括英国、

法国、德国、西班牙、意大利等。这些国家经济发展程度较高且人均消费水平较高,容易接受新事物且不易受外在因素的影响,注重品质和性价比,消费心理属于成熟型,讲究质量和品牌。这为以品质和设计著称的华为手机创造了良好的营销环境,且西欧和中欧作为老牌资本主义的代表,追求优雅和悠闲的生活,同时也更加注重体验和自我感受,而华为手机不仅在质量和外观上不断地突破创新,并且通过努力和尝试使产品更加适合西欧人的消费习惯和信仰。

(3) 市场定位

市场定位是指根据竞争者现有产品在市场上所处的位置,针对消费者或用户对该种产品的某种特征、属性和核心利益的重视程度,强有力地塑造出本企业产品与众不同的、给人印象深刻、鲜明的个性或形象,并通过一套特定的市场营销组合把这种形象迅速、准确而又生动地传递给顾客,影响顾客对该产品的总体感觉。

与国内市场智能手机行业一片主打价格战、追求高性价比的红海竞争局面不同,欧洲市场作为比较成熟的消费类电子产品市场,对于概念和产品之间的关系认知得更为清楚,消费者更愿意比较单纯地为高品质的产品买单。近年来,西欧迎来了智能手机的热潮,其中西欧主要 5 国(英国、法国、德国、西班牙、意大利)的智能手机市场以年均 38%的速度迅速扩张。中高端用户是欧洲智能手机市场的主力军。欧洲主要 5 国智能手机市场的主要受众人群是能够接受"合理价位"与"适当功能"的中高端用户。其中,中端用户消费水平大致在 200~300 欧元这个区间,消费人数占总消费人群的 37%左右,中高端用户的消费水平大致在 300~400 欧元这个消费区间,消费人数占总消费人群的 22%,高端用户消费水平一般在 400 欧元以上,占总消费人群的 16%。消费能力在 200 欧元以上的中端以上消费人群约占总消费人群的 3/4,且这部分人群以商务型男士为主。

此外,20~45 岁的中青年消费者已经成为欧洲智能手机市场的主角。据 2015 年 4 月 Com Score 公司的调查显示,西欧主要 5 国智能手机用户中,18~45 岁的中青年占总消费人群的 69%,并且这部分人中 57%的人士更多的看中手机的商务用途。

综合以上背景,华为手机在西欧手机市场的定位为中高端商务型智能手机市场。

3. 竞争战略

(1) 产品定价战略

产品是华为开拓市场、占领市场、取得最终胜利的根本,不管是在产品导向型、技术导向型,还是当今市场导向型阶段,华为的产品策略始终围绕着一个原则:以顾客需求为导向,推行产品差异化策略。华为要面对世界各国或地区不同的市场环境。为满足不同国家或地区市场的特殊需求,华为在国际标准化的基础上,向不同国家或地区的市场提供不同制式的产品。

在华为打入西欧初期,华为手机凭借价格利器成功撬开西欧市场的大门,这一期间华为在西欧市场主推的机型是价格低廉但产品性能十分优秀、性价比超高的荣耀系列。之后,华为凭借着荣耀系列在西欧创造的良好口碑,逐步开始进入西欧的中高端手机市场。

面对西欧发达国家市场的中高端型客户的需求,华为主推三款手机系列产品:荣耀系列、Ascend 系列和 MATE 系列。这三款手机系列产品拥有超高的性价比,手机外部用料与内部做工也颇受消费者青睐。华为在西欧市场形成了一套面向低、中、高端不同用户群的完整的产品体系。

第一，华为荣耀系列。华为荣耀系列主要面向中低端市场，是华为终端公司下属的一个独立运作的事业部，从设计、采购、生产到销售的各个环节都独立于华为终端公司。产品以高性价比著称，广受广大中低端消费者的青睐。荣耀系列主打高性能中端机，价格区间定在 1 500～2 500 元。

第二，华为 Ascend 系列。华为 Ascend 系列主要面向中高端市场。其中又分为四个子层次系列，分别是：D 系列（钻石）、P 系列（铂金）、G 系列（黄金）、Y 系列（年轻），并分别对应于高端、旗舰、中端、入门四个层次。华为 Ascend P 系列是华为智能手机的旗舰系列，主打高端时尚手机。作为华为最高端的手机，华为 Ascend P 系列在各个方面都做到了当年的顶尖水准，双核与四核版之间能够覆盖更大的价格区间，价格区间定在 2 900～4 899 元。

第三，华为 MATE 系列。华为 MATE 系列主要面向高端市场。以智能高清大屏和超高性能著称，并且凭借时尚经典的外观工业设计，智能指纹识别系统和智能压感技术在西欧高端市场赢得了良好的口碑。此外，华为手机每年会将上一年度净利润的 40%投资新的产品研发，从而设计和开发出更多、更好地符合目标客户需求的产品和专利技术。与此同时，这些研发出的新的产品专利技术更增添了华为手机在西欧市场上的竞争力。华为 MATE 系列价格区间在 3 399～4 899 元。

华为通过中低端的荣耀系列和 Ascend G 系列迅速打开欧洲市场后，开始主推中高端 Ascend P 和 MATE 系列，并逐步受到认可。

(2) 品牌推广战略

根据 Ipsos（索普）在西欧主要 5 国（英国、法国、德国、意大利、西班牙）的消费者研究调查结果显示，华为手机在西欧主要 5 国的品牌知名度从 2014 年的 58%提升至 2015 年的 72%，这意味着华为手机已经被将近 3/4 的西欧民众所熟知。短短一年间华为手机能取得这样的成绩与其大力的广告宣传和因地制宜的品牌推广方式密不可分。华为在进入西欧市场的初始阶段较少以广告宣传的方式进行产品推广和促销，而主要以展会推广的方式向分销商和消费者推销品牌。之后，随着华为品牌知名度的增加，华为开始积极投放各类产品广告，通过在报纸、杂志等书刊上和在公共汽车、地铁等公共交通上以及各大电视频道、门户网站上的不间断地投放广告，以及积极地和各大媒体合作，从而迅速地提高了华为手机在西欧市场的知名度并且迅速地打开了华为手机在西欧的市场。在西欧各个国家的街头巷尾以及公交车、地铁、出租车上的广告屏幕上都能看见华为手机的身影。

同时，华为在进入西欧市场的初期阶段，以展会推广的方式向分销商和消费者推销品牌。这种品牌推广方式通过直接与客户互动，并凭借客户对产品的实际体验增强客户对华为手机产品的真实感知力度。而通信企业参展期间频繁播放的企业形象宣传视频和产品介绍视频，也是展会中企业提升品牌知名度和推销自身产品的一种十分重要的方式。近年来，每年在世界各地举办的各类国际电信行业展览会是手机制造企业的盛会。华为手机就是凭借在展会上的大力推广，逐渐打开了西欧手机市场。电信行业展览会可以给手机企业带来很多好处，它不仅是各大手机企业展示自身实力的一个很好的平台，而且通过每年的电信行业展会，手机企业可以快速地了解国际市场格局的变化和手机市场的发展趋势。参加电信行业展览会也是让手机制造企业更加方便地了解自身竞争对手情况的重要途径。

此外，华为选择风靡全欧洲的足球联赛作为品牌推广平台。2011年起，华为通过赞助欧洲顶级球队的方式在欧洲五大联赛上吸引了一大批球迷的目光，并成功提升了华为手机在西欧的知名度。从此，华为开始了与多家欧洲顶级俱乐部的长期合作。德国的多特蒙德队、英国的阿森纳球队、意大利的AC米兰队、西班牙的马德里竞技队、法国的巴黎圣日耳曼队等为人们所熟知的老牌俱乐部都纷纷成为华为的合作伙伴。这一新颖的品牌推广方式收效显著，成为华为手机提高西欧手机市场品牌知名度的利器。

【本章小结】

在既定的行业中，企业必须通过采用恰当的竞争战略才能够在行业中获得较佳的竞争优势，达到高于行业平均的利润水平。为此波特提出了成本领先战略、差异化战略和集中化战略三种一般竞争战略。所有复杂的竞争战略都是以这三种战略为基础的。

行业生命周期不同，企业竞争的特点也各不相同，对企业竞争战略的选择提出了不同的要求，一般竞争战略主要针对处于成长期的行业。

随着经济全球化和科技革命的不断深入，企业的竞争环境变得更加动态，企业需要建立动态竞争的思维，在制定企业竞争战略时更多地考虑行业其他参与者的反应。

【思考题】

1. 请简要介绍三种一般竞争战略的内涵及其优劣势。
2. 本章所涉及的各种竞争战略的适用条件是怎样的？存在什么样的风险？
3. 成本领先战略和差异化战略的实现途径有哪些？
4. 请运用BCG矩阵法、GE矩阵法对某一企业经营业务进行分析。

【拓展阅读】

◇ 阅读推荐

(美)阿尔·里斯，(美)杰克·特劳特.定位：有史以来对美国营销影响最大的观念[M].王恩冕，等译.北京：中国财经出版社，2002.

◇ 推荐理由

2001年，美国营销学会评选有史以来对美国营销影响最大的观念，结果不是劳斯·瑞夫斯的USP、大卫·奥格威的品牌理论，也不是科特勒所架构的营销管理及消费者"让渡"价值理论，不是迈克尔·波特的竞争价值链理论，而是阿尔·里斯与杰克·特劳特提出的"定位"理论。这本管理战略的圣经、有史以来最富影响力的营销学著作，改变了市场游戏规则，广告和营销的旧时代一去不复返了！

【实践项目】

调查你所在地的一家特定企业,分析企业现阶段采用的竞争战略,并撰写分析报告。

1. 确定企业所处的产业发展阶段。
2. 结合产业结构,对企业竞争战略进行分析。确定企业竞争战略选择?
3. 企业如果采用的是成本领先战略,识别企业成本领先战略的特点、优势和风险。
4. 企业如果采用的是差异化战略,识别企业差异化战略的特点、优势和风险。
5. 企业如果采用的是集中化战略,识别企业集中化战略的特点、优势和风险。

7 企业战略的实施与执行

【学习要求与目标】

1. 了解企业战略实施的概念。
2. 理解企业战略实施的原则与任务。
3. 明确企业战略实施与战略计划的关系。
4. 重点掌握企业战略实施与组织结构的关系。
5. 重点掌握企业战略实施与资源配置的关系。

战略实施和执行是整个战略管理过程中极为重要的一环，是把企业战略付诸企业经营活动，使其朝着既定的战略目标与方向不断前进的过程，包括优化资源配置、调整组织结构、实现企业文化与战略的匹配等。再好的战略方案，如果执行不力，也不会实现任何好的决策目标。总之，如果战略实施和执行不力，企业的发展也只是昙花一现。

【先导案例】

宝钢集团的战略选择①

宝钢集团有限公司（简称“宝钢”）是中国最具竞争力的钢铁企业。根据美国《财富》杂志公布的2008年世界500强企业的最新排名，宝钢集团公司在2007年以299.39亿美元的营业总收入和28.58亿美元的利润，“破三进二”，名列第259位，排名比上年提升了48位，这也是宝钢集团公司连续第五年进入世界500强。

宝钢集团在战略上确定了“一业特强，适度相关多元化”的产业方针，推进实施“钢铁精品”、“适度多元化”和“国际化经营”战略，采取“打造战略供应链”的举措，积极推进一体化管理，优化流程，向管理要效益；加大技术创新投入力度；坚持自主创新，打造钢铁精品；合理安排建设项目，优化投资结构；积极推进钢铁工业重组，进一步提高了钢铁主业的规模和市场竞争优势。同时，宝钢关注在降本增效、节能降耗、环境保护等方面的工作，强化资源调控优势，促进产业间的协同发展，为钢铁主业做大做强提供强有力的支撑。可见，宝钢集团的战略制定是全方位、多角度的，涵盖了战略管理中的多项战略措施，我们在本案例中给予详细分析。

一、宝钢集团精品战略

在建设初期，宝钢就确定生产高技术含量、高附加值产品以满足我国经济发展的需

① 资料来源：根据道客巴巴网站资料改编。http://www.doc88.com/p—771875246482.html。

求。随着我国加速推进工业化的进程，制造业的升级换代对高档钢材的需求进一步增强。同时，发展钢铁精品有利于提高资源利用率，有利于参与国际市场竞争，将更有效支撑下游产业的可持续发展，也将为企业创造更高的经济效益，是宝钢自身持续发展的重要基础。宝钢集团公司组建后便把建成我国最大钢铁精品基地作为自己的奋斗目标，并确定重点发展汽车和家电用钢、船舶和管线用钢、石油和电力行业专用钢管、电工钢和特种金属材料、不锈钢、新型建筑用钢等六大精品的发展战略。进入新一轮发展期后，又进一步统筹规划提高企业产能、优化产品结构，大幅度提高精品比例，加速精品基地建设的进程。

凭借在精品领域的技术优势，宝钢的汽车板、造船板、石油和管线用钢、不锈钢、电工钢、高等级建筑用钢等高技术含量、高附加值产品比例大幅上升，全面进入国内外高端钢铁产品的竞争市场。宝钢始终把汽车板作为战略产品，以满足汽车工业不断增长的需求为己任，汽车板年销量逐年增长，并具备了向世界各大著名汽车制造商供货的能力，一汽大众奥迪 A6、上海大众帕萨特、上海通用别克等国内高档次轿车都已用上了宝钢板。油井管、石油钻杆被各大油田普遍采用，并出口中东、欧美等市场。宝钢为“神舟”四号、五号、六号、七号航天飞船关键部位提供耐高温用材。生产的船板通过 8 家国际船级社的质量认证，能覆盖大型船舶整船供应，国内市场份额达到 30%，占全国第一。用宝钢镀锡板做的钢制易拉罐成为市场新宠，国内市场占到 20%。宝钢股份高等级管线钢是国际名牌产品，广泛用于国家重点工程建设，在举世瞩目的西气东输工程中，宝钢以 66%的供货量成为最大的管材供应商，在苏丹管线、土耳其管线等石油和天然气输送工程的国际招标中，屡屡中标，并为陕京复线成功开发目前国内钢级和规格最高的 X80 管线钢。钢铁精品基地和钢铁行业新技术、新工艺和新材料研发基地的雏形已基本形成。

宝钢实施钢铁精品战略，将建成中国汽车用钢，油、气开采和输送用钢，不锈钢，家电用钢，交通运输器材用钢，电工器材用钢，锅炉和压力容器用钢，食品、饮料等包装用钢，金属制品用钢，特种材料用钢以及高等级建筑用钢等钢铁精品基地，建成中国钢铁工业新技术、新工艺、新材料的研发基地。

二、宝钢集团战略重组

在 1998 年之前，宝钢采取的是高度集中的运营管理模式，战略、研发、销售、采购、财务、生产、质量、设备、能源等管理职能都集中到总部，具体表现为集中一贯的管理体制，例如生产管理部门对物流实行从原料进厂到成品准发的一贯管理，对订货合同实行从受理到履行完毕的一贯管理；技术部门实行一贯制质量管理，实施从原料进厂至产品出厂的全过程最优化控制。但在 1998 年，宝钢本想通过和上海冶金控股集团、上海梅山钢铁公司联合成立上海宝钢集团公司以应对经济全球化，但联合之后，由于子公司涉足行业较多、老企业冗员多、资产质量普遍较差，一体化运作管理难度大，难以取得预期的规模效益。上海宝钢集团公司通过认真调研，总结经验，果断采取了战略设计型的管理模式。集团公司不再直接从事具体的生产经营活动，而是对子公司的经营方向、经营目标进行指导，协调子公司的发展战略。同时对所属的 836 家企业进行全面的清理整顿，根据产业的发展潜力和宝钢所具有的竞争优势进行综合判断和筛分，对于没有发展前景的产业或宝钢无法控制的资产实行坚决退出，将核心业务集中在有优势的细分市场，对予以保留的企业，依据战略规划，实行专业化拆分、归并。这个体制很好地适应了当时的情况，使宝钢顺利完成了“老企业扭亏解困、原宝钢巩固提高”的目标。

短短两年时间，上海宝钢集团形成了上海地区钢铁工业的总体发展规划，避免了低水平的重复；淘汰了总计 192 万 t 落后的钢铁生产能力，使产品结构调整迈出一大步；平稳分流和安置了约 5 万名富余劳动力，钢铁主业的劳动生产率明显提高；集团内严重亏损的 10 家子公司已有 9 家转亏为盈。上海宝钢集团不但变成国内最大的钢铁联合企业，而且成为具有国际竞争力的大型企业集团。

但是，随着宝钢的不断发展，战略目标的清晰，这种集团总部作为战略设计者的管理模式明显表现出局限性。第一，宝钢的发展战略具有明显的产业定位，做大做强钢铁主业是宝钢的历史使命和国家对宝钢的要求，提高钢铁主业的国际竞争力是公司孜孜以求的目标。如果集团公司仅仅以单纯的战略设计者的身份从事经营和管理，要追求这个目标是不可能的。国际先进钢铁企业的管理模式对宝钢是很好的启示，与宝钢相类似的企业没有一家是采取这种管理模式的。第二，宝钢承担着国有资产的保值增值责任。如果集团公司不能深度介入资源的优化配置，不能对经营活动实行监督控制，而仅以股东的身份和方式来开展协调，已很难在工作中达到实效。这意味着集团公司承担国有资产保值增值的责任需要与之相应的体制上的积极支撑。

为此，宝钢的决策层经过理性的思考，明确指出宝钢所存在的问题实质上是管理体制的问题，宝钢的管理体制改革和创新势在必行。宝钢的发展战略是“一业特强，适度相关多元化”，从自身的特点出发，必须实行紧密一体化运作。因此，宝钢在 2003 年 6 月明确提出要成为一体化运作的市场竞争主体，在钢铁主业的管理上，要统一制订战略规划，统一制定技术创新和产品开发规划，统一安排重大技术改造项目，统一规划建设资金使用，统一协调子公司进出口业务和海外经营业务，统一协调子公司大宗原燃料的采购、产品互供和市场营销。最终目标是建立健全“归属清晰、权责明确、保护严格、流转顺畅”的现代产权制度，建立符合现代企业制度规范的公司法人治理结构，履行资产保值增值的职责，进而成为国际资本市场上的公众化公司，成为一个统一的市场竞争主体。

国内钢铁行业企业众多，市场集中度偏低，规模最大的也不过 2 000 多万 t。2005 年 7 月 20 日，国家发展和改革委员会颁布的《钢铁产业发展政策》已明确将提高行业集中度作为目标：到 2010 年排名前 10 位的企业集中度达到 50%，2020 年达到 70%。政策提出，通过产业布局调整，到 2010 年，我国钢铁产业布局不合理的局面将得到改善，产业集中度提高。其后，钢铁产业重组的序幕徐徐拉起。宝钢集团提出到 2012 年公司要达到 5 000 万 t 的年产能，显然，实现的手段将不再主要依赖于新建项目，而是通过资本市场的运作来实现。2007 年 1 月宝钢对新疆八一钢铁股份有限公司(简称“八钢”)实施资产重组，标志着中国钢铁企业跨区域的资产重组取得了实质性进展。这次资产重组，有利于双方发挥在资源开发、重大项目建设等方面的协同效应。并购八钢只是宝钢集团兼并重组的第一步，在不远的将来，还会有更多的国内钢铁企业纳入宝钢集团麾下。2009年2月19日，《钢铁产业调整振兴规划》出台，进一步加快了中国钢铁行业整合重组的步伐，有利于企业实现规模经济，加之钢铁产业调整振兴规划提出，将安排专项资金帮助企业增强创新及技术水平，体现了中国政府对提高钢铁行业核心竞争力的支持，尤其对于大型钢企的综合实力提高将有一定的促进作用。

三、宝钢集团的战略联盟

宝钢大力推进与国内外同行、上下游企业的合资合作，广泛建立战略伙伴关系。在上游领域，宝钢与国内外著名的资源性大公司结成有资产关系的战略合作伙伴，确保了宝钢对铁矿石、煤、镍等重要原材料的稳定供应，扩大了宝钢在全球钢铁上游行业的知名度。在铁矿石原料上，宝钢与巴西CVRD合资的宝华瑞公司，自2002年起每年提供铁矿石600万t。公司与另一矿石巨头澳大利亚哈默斯利合资开发的宝瑞吉在2004年4月正式投产，在未来20年每年提供1 000万t铁矿石。在燃料方面，宝钢与河南永城煤矿、河南平顶山煤矿等合资办矿。2004年7月，集团公司与平煤集团共同出资组建的河南平宝煤业公司、上海宝顶能源公司成立；2004年11月，集团公司与淮北矿业集团签署战略合作意向书暨煤炭购销长期协议；同月，集团公司与巴西CVRD公司、河南永城煤电集团公司签署合资生产煤炭协议，二方将共同投资在河南建一家年产1 000万t无烟煤的生产企业，所产无烟煤优先供应宝钢及CVRD公司。在运输方面，宝钢与多家世界知名船东签订长期运输协议，确保了原料资源的稳定供应和运输能力保障。宝钢与日本商船三井公司、邮船株式会社签订了铁矿石长期运输协议。同时，马迹山港口2002年9月投产后作为宝钢进口矿石的卸载与中转港口，年吞吐量为2 000万吨，使公司避免受码头装运能力紧张的影响并降低了压港费用。在下游领域，宝钢先后与汽车集团结成战略合作关系，进一步强化钢材供应、技术开发、钢材加工等合作项目，并将在物流、汽车销售等方面深入合作。以汽车板为例：自2002年起，宝钢已实现向南京菲亚特、上海通用、上海大众、一汽大众、神龙汽车、广州本田、风神汽车、东南汽车、长安汽车、四川丰田及国内各大客车制造厂定向批量供货。2003年，宝钢先后与上汽集团、一汽集团、东风集团签署战略合作协议，与3大汽车集团在钢材供应、技术开发、钢材及零部件加工、物流管理、企业管理、汽车销售等方面展开全方位合作。上海通用所有车型的内板和车顶板100%采用宝钢板，30%以上外板由宝钢提供。

宝钢加强了与世界知名钢铁厂商的战略联合。在海外，宝钢同新日铁成立了生产汽车用钢的合资企业，是以1800冷轧工程主要设备及附带设施为合资对象，投资总额约65亿人民币，宝钢与新日铁各占50%的股份，双方以现金方式出资。以新日铁的总股份不低于35%为条件，双方同意吸收其他外国钢铁公司等作为出资方。合资期限为20年。这一合资公司的目标是建成世界上最好的汽车板生产厂。它能够很好地满足中国大陆境内汽车厂特别是日资汽车厂对高等级汽车板的需求，从而为中国汽车业的发展及竞争力的提高做出贡献，更快更好地实现日资汽车厂当地化供应的要求。同时，双方将以该项目为起点，进一步寻求更大范围的战略合作，提高双方的竞争能力及市场地位。

阿赛洛是由法国于齐诺尔、卢森堡阿尔贝德以及西班牙阿塞雷利亚公司合并重组而成，是当今世界规模最大的钢铁巨头。宝钢股份与阿赛洛合资，由阿赛洛的控股子公司——阿赛洛汽车公司提供先进的激光拼焊生产技术，宝钢股份提供优质板材，选址上海安亭国际汽车城零部件工业园区实施汽车板激光拼焊项目，一期工程总投资为2.43亿元人民币。主要设备有落料线一条、激光焊机两台，资本金比例为50%，宝钢股份的股比为75%，阿赛洛汽车公司的股比为25%。阿赛洛汽车公司是全球范围内领先的汽车板供应厂家。其拥有的激光拼焊技术，是将不同厚度、不同材质及不同表面状态的钢板焊接在一起，经冲压制造后，与其他零件一起总装成汽车整车。该技术在提高汽车综合性能和安全性能、减轻汽车重量、减少汽车零件数量、降低汽车运行成本等方面，均有明显的作用，从而成为当今汽车发展的趋势。

宝钢股份通过与新日铁和阿赛洛的战略合作，使汽车板生产技术有了质的飞跃，进而带动宝钢薄板制造技术的整体提升，这将进一步提高其市场竞争力，加快宝钢股份向全球最具竞争力的钢铁企业迈进。2004 年 1 月，宝钢联合阿赛洛与巴西 CVRD 签署了在巴西建设 BV 钢厂的前期合作框架协议，目前这个中国最大的海外直接投资项目正在稳步推进。

四、宝钢集团的国际化战略

国际化经营战略是宝钢实现发展目标的重要战略之一，宝钢的海外事业从无到有，营销网络从亚洲发展至遍及全球五大洲，经营业务从单纯的产品出口到涉足对外直接投资。在全球经济一体化的大背景下，宝钢正从“中国的宝钢”走向“全球的宝钢”，国际化成为宝钢的一项重要举措。1985 年，刚刚投产一个月的宝钢就实现了焦化产品的出口。宝钢实施“走出去”，战略，坚持每年把 10%的产品投放国际市场，接受最挑剔用户的检验。1990 年 10 月，宝钢热轧卷首次出口德国、日本。1993 年，宝钢欧洲贸易有限公司在德国汉堡诞生。今天的宝欧，已经发展成为一个营销网络遍布欧洲、中东、非洲 40 多个国家的大型贸易公司，销售的宝钢产品 90%以上是高附加值精品，在欧洲市场树立起了宝钢的一流品牌形象。宝钢目标市场呈现多元化、规模化态势，在欧非、中东大区的市场稳步扩大并仍在不断加大对新市场的开发力度。2001 年，宝钢汽车板登陆欧洲市场。产品批量进入菲亚特、福特、开利、伊莱克斯、惠而浦、梅洛尼等国际知名汽车、家电企业。宝钢参与国际市场竞争，提升了产品档次，优化了产品结构，使宝钢产品不仅在国内领先，而且在国际市场具有竞争力。宝钢不断加大国际市场开拓力度，在亚、欧、非、美、澳五大洲都设有贸易公司，形成海外营销网络，已建立经营钢材贸易、原材料采购、航运、采矿业务的海外公司 11 家。在钢铁产品出口的同时，宝钢与全球知名钢铁企业合作，实现优势互补，共同发展。先后与全球著名的钢铁集团新日铁、阿塞洛签订协议，合资建设世界顶级汽车板生产厂；与阿赛洛等世界钢铁巨头联姻，合作建设激光拼焊项目，不仅有效地导入了国外先进技术，也通过合作进一步提高了宝钢在国际上的品牌知名度。宝钢的国际化经营还向钢铁上下游不断延伸。宝钢直接向海外投资，先后与澳大利亚哈默斯利等公司合资办矿。宝钢以全面推进国际化经营、成为一流跨国公司为目标，大力开拓海外事业，力争实现资源在全球范围的最佳配置，形成最合理的跨区域产业布局，推动宝钢进入国际资本市场，实现投融资的国际化和采购营销的全球化，提升宝钢钢铁产品在全球市场的市场份额，使宝钢尽早进入世界一流跨国公司的行列。

五、宝钢集团的创新战略

宝钢是新中国成立以来我国引进技术最多、装备水平最高、创新力度最强、规模最大的现代化大型钢铁联合企业。宝钢以当代科技为依托，注重技术进步和技术改造的投入，实施技术创新战略后，科技成果转化率达到95%以上，被国家确定为全国首批技术创新试点企业。宝钢技术创新的总体战略目标是，实现科技、经济一体化，逐步提高设计、生产、工艺中的新技术含量，在世界冶金最新技术及国际市场领域内，占有一席之地，使宝钢成为冶金行业最新技术产业和研究开发基地。

宝钢在2006年4月研究制定了《宝钢技术创新体系发展纲要》，确定了今后5～15年技术创新体系发展指导方针，内容为“提升创新体系能力，不断满足用户需求，追求技术持续领先，实现重点领域突破”。宝钢将加快公司技术资源的整合，按照公司战略发展的要求，通过体制变革和机制创新，创建具有宝钢特色的技术创新体系，形成以研究院为核心，产销研和产学研紧密结合的研究开发体系；以工程项目为载体，生产、研发、设计和制造四位一体的工程集成体系；以生产现场为主体，以稳定提高和精益运营为特征的持续改进体系。三个子体系协同互动，并以研究开发体系的完善为突破口，发展宝钢技术创新体系。通过提升技术创新体系统筹策划、技术创新体系组织保障、技术成果转化和固化、外部技术资源利用、研发条件保障、知识产权战略运作、技术标准战略实施、科技人员综合素质、创新文化渗透、激励机制导向等十方面能力，来发展宝钢技术创新体系能力，并造就一批支撑宝钢发展的具有行业领先水平的核心技术人才。

结合新一轮发展战略，宝钢以满足市场现实和潜在需求为导向，聚焦主导产品和关键技术，立足当前，着眼未来，编制了宝钢2007—2012年技术创新发展规划，着重突出创新体系建设、突出自主创新领域的聚焦、突出重点领域的突破、突出对行业热点的关注。通过实施规划，宝钢将拥有一批具有自主知识产权的钢铁精品和世界一流技术；拥有在世界钢铁界具有一定影响力的重大专有技术；形成核心技术的集成和转移能力，满足公司跨越式发展的要求，最终建成以开放式自主集成创新为特征的创新型企业。

六、宝钢集团适度相关多元化战略

宝钢实施适度相关多元化战略，除钢铁主业外，还涉足贸易、金融、工程技术、信息、煤化工、钢材深加工、综合利用等多元产业。

宝钢贸易服务产业定位于钢材及相关材料的加工及贸易服务，以强化宝钢的钢材和相关产品的加工、贸易及物流服务能力和材料供应解决方案能力。其核心企业为宝钢国际经济贸易有限公司。金融业作为宝钢的储备性战略产业，主要涉及保险、商业银行、证券、财务公司及信托五大金融领域。目前，已经参股浦东发展银行、交通银行、华泰财产保险公司、新华人寿保险公司、福建兴业银行，是太平洋保险集团的第一大股东。其核心企业是宝钢集团财务有限责任公司和华宝信托投资有限责任公司。宝钢工程技术业是与宝钢钢铁主业互动发展的技术支撑型产业，拥有工厂设计、设备设计、设备制造、设备成套、技术总成、工程总承包及技术咨询等整体优势和专业优势，正在努力培育核心技术，推动科研成果产业化进程，形成具有国际竞争力的工程技术产业。信息技术产业是宝钢在钢铁生产自动化控制和实现信息化管理两个方面的依托产业，业务领域涉及制造业信息化与自动化、非制造业信息化与自动化、海外软件外包等。煤化工业是宝钢资源利用型产业，立足于满足钢铁主体的生产需求，以煤化工深加工产品的生产、销售为主营业务。其核心企业为宝钢化工有限公司。钢材深加工业是与宝钢钢铁精品战略相匹配的钢铁延伸产业，主要致力于金属包装、汽车零部件、钢结构等三大业务的高端领域。宝钢的综合利用主要是配合钢铁主体清洁生产和ISO14001环境管理体系建设，实现钢铁主体的渣、灰、泥、气、油等工业废弃物及副产品的有效处置、利用。通过提高废弃物和副产品处理、利用的产品转化率和高附加值产品的比例，实现主要废弃物和副产品利用的产业化。

七、宝钢集团未来的三步走战略

从1985年9月15日，宝钢建成投产，20余年来，宝钢累计产钢2.1亿吨，实现销售收入8 841.9亿元，利润912.6亿元，利税1 480.3亿元，获得国家科技奖励30多项，申请国家发明专利563项。宝钢未来15年的发展目标是：力争成为"世界钢铁业领导者"。

展望宝钢新一轮发展战略前景，宝钢有信心进一步做高做强，跻身世界钢铁企业前三强，牢牢确立世界钢铁业领导者的地位。为实现这个奋斗目标，宝钢确定了"三步走"的发展战略。宝钢新一轮发展战略是一个"分三步走"的大跨度规划，其时间跨度将达15年左右。第一步，2005、2006年两年，是宝钢的战略调整期。主要完成钢铁精品基地全面建成，相关产业全面整合，钢铁主业实现一体化运作，产能规模稳步提高，保持在国内板材市场的主导地位，战略性非钢产业保持国内领先地位。现在看来，这个目标已经基本实现。第二步，第十一个五年规划的主体实施阶段(2007年至2010年)，是宝钢的战略发展期。主要目标是：钢铁主业综合竞争力进入世界钢铁业前3强，成为一个拥有自主知识产权和强大综合竞争力、备受社会尊重的"一业特强、适度相关多元化"发展的世界一流跨国公司。第三步，"十一五"之后的10年，是宝钢的发展提高期。主要目标是：成为具有规模和技术优势、拥有核心竞争力、具备国际市场影响力的世界钢铁业领导者。

【分析题】

1. 宝钢在1998年成立集团之后，是如何调整战略定位和管理方法，以迅速适应新变化的?

2. 宝钢在发展过程中，哪些战略发挥了关键作用? 这与宝钢的成长历程有何关系?

3. 请评价宝钢的国际化战略和创新战略，这两种战略在制定与实施上存在哪些优劣之处?

【分析思路提示】

根据行业生命周期理论和企业规模与组织战略适应条件，分析宝钢为何做出战略调整，各种战略的适用条件是什么，做出战略调整的时机是否合理，有哪些地方做得还不到位。

7.1 企业战略实施的概念

企业战略实施是将企业制定的战略目标与计划方案付诸行动的过程。企业战略的实施是战略管理过程的行动阶段，直接关系战略的成败。好的企业战略需要强有力的执行才能达到预期效果，实现管理者的战略意图和战略目标。

企业战略实施的过程是一个自上而下的动态管理过程。所谓“自上而下”主要是指，企业高层在制定了战略目标后，将目标进行层层分解，在这个分解执行过程中，各部门、各单位乃至各个人分工和执行各自的工作任务。“动态”主要是指在战略实施的过程中，常常需要对经营战略、目标、手段进行适时调整、修改和补充，在“分析—决策—执行—反馈—再分析—再决策—再执行”的不断循环中达成战略目标。

每一种战略失败都可以较明确地认为是一种战略模式的失败。真正的问题在于思考与行动的不协调，即战略制定与战略实施的脱节。成功的战略制定并不保证成功的战略实施。二者虽然相互依赖、不可分离，但却有着不同的特性。战略制定与战略实施的区别，见表 7-1。

表 7-1　战略制定与战略实施的区别

战略制定	战略实施
在行动之前部署力量	在行动中管理和运用力量
注重效能	注重效率
主要是一种思维过程	主要是一种行动过程
需要良好的直觉与分析技能	需要特殊的激励与领导技能
只需要对少数人进行协调	需要对众多人进行协调

根据表 7-1 可知，战略制定与战略实施的差异决定了战略制定与战略实施对企业存在不同的组织要求，主要表现为：

(1) 涉及的范围不同。战略制定阶段的参与人员数量较少；战略实施是一个全员性的概念，是一个完整的系统。

(2) 对人的要求不同。在战略制定阶段，需要的是分析能力与良好的直觉，注重的是一种概念技能。而战略的实施则需要脚踏实地，需要一种迅速、快捷、有效行动的能力。

(3) 所需的文化氛围不同。在战略制定过程中，创造力是至关重要的，这就需要一种灵活、创新的团队氛围，需要“高瞻远瞩”。而战略实施则更偏重于对效率的追求，强调执行力，此时更多的是注重“埋头拉车”。

企业的战略制定并选择出来之后，企业必须将战略的构想、计划转变成行动，在转化的过程中，企业需要注意三个相互联系的重要阶段：战略可操作性、战略制度化、战略控制与评估。为保障战略决策方案贯彻落实与执行，需要做好八个方面的工作：

(1) 建立一个高效率的与战略相适应的组织结构；

(2) 合理配置资源，保证企业价值活动各个环节有充足的资源投入；

(3) 制定适应战略实施的各种政策；

(4) 不断提高价值链各个环节的运营水平；

(5) 建立企业有效的信息交流、处理系统，使各级管理人员能恰当地承担战略实施中的角色；

(6) 建立符合战略目标和促进战略实施的绩效管理制度和薪酬体系；

(7) 创造一种有利于战略推进的企业文化氛围；

(8) 发挥领导作用，努力提高战略实施水平。

7.2 企业战略实施的原则与任务

企业战略实施主要有两种实施体系：一是传统的战略实施体系，主要通过对文化、人才、组织、制度、利益相关者、现金流等方面的管理来实施战略，管理手段主要是目标管理、计划管理、控制管理等；二是平衡计分卡的战略管理体系。

7.2.1 战略实施的原则

战略的实施过程是一个需要执行人员根据当时、当地情况进行合理革新、积极创造的过程。战略实施过程中，企业外部环境及内部条件的变化较大。因此，只要在主要的战略目标上基本达到了预定的目标，就认为战略的制定与实施是成功的。

1. 合理性原则

由于人们的认知能力和各种资源的限制，结合企业制定的多种战略决策方案，企业最终所采取的战略决策方案往往不是最优的，而是满意即可。

2. 权变性原则

企业战略的制定都是基于一定的宏观和微观环境条件的假设，因此，战略实施过程中，环境的变化与假定的情况不一致较为常见。对于可控环境的变化，战略的调整要及时。对不可控的内外环境变化，甚至需要重新考虑战略的方案。在可控范围时，企业战略的实施方案应随着环境的变化进行相应调整。

权变观念应当贯穿于战略实施的全过程。权变理念要求识别出战略实施中的关键变量，并对它做出灵敏度分析，根据关键变量的变化范围调整战略，并准备相应的替代方案。

3. 统一领导原则

企业高层领导深刻了解企业状况，掌握信息全面，对战略资源的关系了解更多，因此，战略的实施应当由高层领导统一领导、统一指挥。这样，组织结构的调整和资源的分配以及信息的沟通控制等各方面才能相互协调，企业的战略目标才可以有成效地实行。

战略实施过程中，企业每个部门只接受一个直线上司的命令。在战略执行中遇到问题，若能在小范围、低层次解决，不要放到更大范围、更高层次解决。这样做所付出的代价最小，因为越高的层次涉及的需要调整的方面越多，关系也越复杂。

7.2.2 战略实施的模式

战略实施模式一般有以下 5 种类型可供选择：

1. 指挥型模式(理性行动者——强制执行)

企业总经理注重考虑如何制定一个最佳战略,高层管理人员注重强制下层管理人员执行的问题。

计划人员向总经理提交企业经营战略报告,总经理做出结论,向高层管理人员提交企业战略,然后强制下层管理人员执行。

指挥型模式的缺点:战略制定者与执行者分开,即高层管理者制定战略,强制下层管理者执行战略。因此,下层管理者会由于缺少执行战略的动力和创造精神,以致拒绝执行战略。

2. 变革型模式(设计者——通过变革推动战略的实施)

企业总经理着重考虑如何通过变革来实施企业战略。企业战略领导者往往采用以下三种方法:

(1) 建立新的组织机构向全体员工传递新战略的战略重点是什么,把企业的注意力集中于战略重点领域中。

(2) 建立战略规划系统、效益评价系统,采取各种激励政策支持战略的实施。

(3) 充分调动企业内部人员的积极性,尽力争取对战略的支持。

变革型模式的缺点:新的组织机构及控制系统失去了灵活性,在外界环境变化时使战略的变化更为困难。

3. 合作型模式(协调者——发挥集体智慧)

企业总经理考虑如何让其他高层管理人员从战略实施一开始就承担有关的战略责任。

为发挥集体的智慧,企业总经理要和企业其他高层管理人员一起对企业战略问题进行充分论证,形成一致的意见,制定出战略;再进一步落实和贯彻战略,使每个高层管理者都能够在战略制定及实施的过程中做出各自的贡献。

战略的制定是建立在集体的基础上的,从而提高了战略实施成功的可能性。

合作型模式的缺点:战略是不同观点参与者相互协商折中的产物,可能会使战略的经济合理性有所降低。同时,存在着谋略者与执行者的区别,未能充分调动全体管理人员的智慧和积极性。

4. 文化型模式(指导者——运用文化手段建立共同的价值观和行为准则)

企业总经理考虑如何动员全体员工都参与战略实施活动。

企业总经理运用文化的手段,不断向企业全体员工灌输战略思想,建立共同的价值观和行为准则,使所有成员在共同的文化基础上参与战略的实施活动。

企业战略实施迅速、风险小、实施效果好。

文化型模式的局限性:必须建立在企业员工具有较高素质的基础之上。极为强烈的企业文化,可能会掩饰企业中存在的某些问题,为此付出代价。同时,耗费较多的人力和时间,可能因为企业的高层不愿意放弃控制权,使员工参与战略制定及实施流于形式。

5. 增长型模式(评价者——激发全体员工执行战略的积极性和主动性)

企业总经理考虑如何激励下层管理人员制定、实施战略的积极性及主动性,为企业效益的增长而奋斗。

总经理要认真对待下层管理人员提出的一切有利企业发展的方案,只要方案基本可行，符合企业战略发展方向，在与管理人员探讨了解决方案中的具体问题的措施以后，应及时批准这些方案，以鼓励员工的首创精神。

企业战略不是自上而下地推行，而是自下而上地产生。

7.2.3 战略实施的阶段

企业战略的实施通常包含四个相互联系的阶段。

1. 战略发动阶段

为调动起大多数员工实现新战略的积极性和主动性，要对企业管理人员和员工进行培训，灌输新的思想、新的观念，使大多数人逐步接受一种新的战略。

2. 战略计划阶段

将经营战略分解为几个战略实施阶段，每个战略实施阶段都有阶段目标，相应的有每个阶段的政策措施、部门策略以及相应的方针等。要对各分阶段目标进行统筹规划、全面安排。

3. 战略运作阶段

企业战略的实施运作就是执行达到战略目标的战略计划，主要与企业文化、各级领导人员的素质和价值观念、企业的组织机构、资源结构与分配、信息沟通、控制及激励制度六个因素有关。

4. 战略的控制与评估阶段

战略是在变化的环境中实践的，企业只有加强对战略执行过程的控制与评价，才能适应环境的变化，完成战略任务。这一阶段主要是建立控制系统、监控绩效和评估偏差、控制及纠正偏差三个方面。

7.2.4 战略实施的任务

对于战略实施来说，最重要的管理问题包括制定年度目标，制定政策，配置资源，调整现行组织结构，企业改组和流程充足，调整奖励和激励计划，减少变革阻力，使管理者适应新的战略，培育支持新战略的企业文化，调整生产作业过程，发展有效的人力资源功能及减少企业规模。当所实施的战略使企业向新的方向发展时，企业管理则必将发生更大的变化。

战略实施必须解决三个重点问题：第一，由谁来实施战略规划（或者说战略实施计划是什么）？第二，哪些是必须做的工作（或者说战略实施的任务是什么）？第三，如何实施（或者说战略实施的途径与方法是什么）？

战略实施过程中的六大任务可概括为：

（1）制定战略计划和工作规程。

（2）建立完成战略计划的组织，包括：①建立支持战略的组织结构；②确定战略实施的关键活动；③为关键战略岗位配置优秀人才。

（3）围绕战略目标有重点地配置资源，包括：①搞好战略项目规划及预算；②将主要资源集中到战略目标的实现上。

（4）创造良好的战略实施环节，包括：①激发企业各部门、个人完成计划指标；②培育

“战略支持型”企业文化；③倡导结果导向与追求卓越的精神；④保证薪酬制度与战略业绩紧密结合。

（5）构建战略管理支持系统，包括：①制定有助于战略实施的政策和程序；②建立战略信息报告系统；③建立内部控制机制，以保证战略方向不偏离预定目标。

（6）发挥战略实施的领导作用，包括：①营造支持战略实施的组织氛围；②扮演战略管理者、危机处理者、变革创新者、资源配置者、任务分配者，处理好组织内部的关系；③贯彻落实企业战略，适时进行战略调整，并取得预期效果。

7.3 战略实施与战略计划

1. 战略计划的概念

计划是企业在分析、评价和选择各种机会的过程中，系统地制订可以实现预期经营目标的各种项目和措施。战略计划是指将企业视为一个整体，规定在 3 至 5 年期限内所要达到的经营目标的一项具体计划。

战略计划的有效性包括两个方面：一方面是战略正确与否，正确的战略应当做到组织资源和环境的良好匹配；另一方面是战略是否适合于该组织的管理过程，也就是和组织活动匹配与否。

长期计划亦称远景计划，是十年或十年以上的纲要性计划。主要内容是规划企业为实现长期目标所应采取的一些主要行动步骤、分期目标和重大措施及企业各部门在较长时期内应达到的目标和要求。战略计划编制得详细具体，长期计划则相对粗略(远粗近细)。

战略计划是战略管理的“脊梁”，支持着整个战略管理。战略计划是指导战略管理的重要过程。战略计划是所有管理人员的职能。

2. 战略计划分解

战略计划的分解必须立足国家战略目标实现的战略步骤进行思考。国家战略步骤是国家领导人实现国家发展战略目标的一个途径。确定一个什么样的战略步骤及实现途径是建设中国特色社会主义现代化道路的一个重要问题。毛泽东同志的“四个现代化”的“两步走”战略，邓小平同志的中国式现代化“三步走”战略，江泽民同志和胡锦涛同志的 21 世纪“三步走”战略，习近平总书记的新时代“三步走”战略，从战略全局高度准确地把握住了国家发展战略的实现途径，见表 7-2。

表 7-2 国家发展战略目标的实施步骤

战略目标	战略步骤	具体内容
“四个现代化”的“两步走”战略	第一步	建立一个独立的、比较完整的工业体系和国民经济体系
	第二步	全面实现农业、工业、国防和科学技术的现代化，使我国经济走在世界的前列。①

① 中共中央文献编辑委员会. 周恩来选集：上卷[M]. 北京：人民出版社，1980.

续表

战略目标	战略步骤	具体内容
中国式现代化“三步走”战略	第一步	实现国民生产总值比 1980 年翻一番，解决人民的温饱问题
	第二步	到本世纪(编者注：20 世纪)末，使国民生产总值再增长一倍，人民生活达到小康水平。①
	第三步	到 21 世纪中叶，人均国民生产总值达到中等发达国家水平，人民生活比较富裕，基本实现现代化。②
21 世纪“三步走”战略	第一步	到 2010 年，使经济总量、综合国力和人民生活再上一个大台阶，为后十年的更大发展打好基础
	第二步	到 2020 年，GDP 力争比 2000 年翻两番，综合国力和国际竞争力明显增强，全面建设惠及十几亿人口的更高水平的小康社会
	第三步	到 21 世纪中叶基本实现现代化，把我国建成富强、民主、文明的社会主义国家。③
新时代“三步走”战略	第一步	到 2020 年，全面建成小康社会
	第二步	到 2035 年，基本实现社会主义现代化
	第三步	到 21 世纪中叶，把我国建成富强、民主、文明、和谐、美丽的社会主义现代化强国

党的十八大以来，习近平总书记特别强调“两个一百年”奋斗目标和实现“中国梦”，既注重从战略上思考和把握治国理政，又注重运用辩证思维来处理和化解治国理政中的各种复杂的矛盾关系。这种战略辩证法在治国理政中的根本体现，就是新时代“三步走”战略。

国家发展战略的远景目标的实施强调“分步走、上台阶”的实施步骤，如新时代“三步走”战略强调以“十五年”为一个大台阶，同时以“五年”为一个小台阶。并将五年战略规划目标细化为具体的指标(如“十四五”时期战略规划目标细化为 20 个具体指标)，保障战略目标能够有效完成。企业总体战略目标的实施需要充分借鉴国家发展战略目标的实施步骤，将企业总体战略目标作时间上的分解，确定阶段性战略目标，从企业管理职能出发，明确不同职能部门的目标实施进度，确定完成战略目标的主要措施。

战略计划分解，就是按照一定的要求和细分标准将企业战略逐层细化，并最终演绎成企业经营单位或职能部门年度目标的活动过程。

战略计划分解主要包括纵向展开和横向展开两个战略分解体系，二者共同构成企业战略目标网络。纵向展开的战略计划分解基本上是按企业的组织系统展开，即把企业总战略逐层细化、落实到各个层次、各个部门及各类人员。横向展开的企业战略计划分解是按目标管理的步骤，分别对各类战略目标展开，如图 7-1 和图 7-2 所示。

图 7-1 中，纵向展开的战略计划分为三个步骤：

① 中共中央文献研究室. 十三大以来重要文献选编(上卷)[M]. 北京：人民出版社，1991.
② 中共中央文献研究室. 十三大以来重要文献选编(上卷)[M]. 北京：人民出版社，1991.
③ 中共中央文献研究室. 十六大以来重要文献选编(上)[M]. 北京：中央文献出版社，2005.

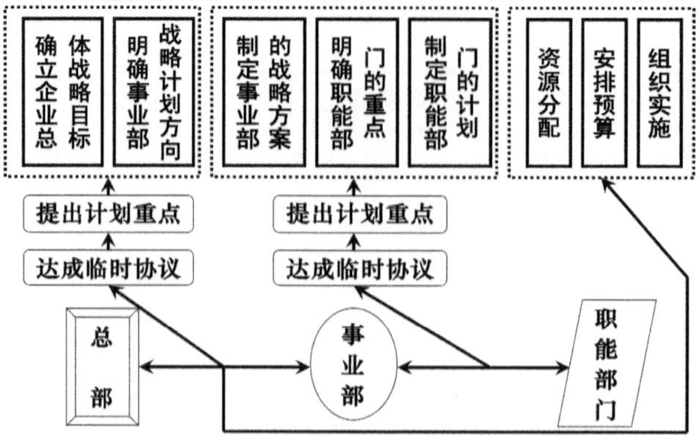

图 7-1　纵向展开的战略计划分解

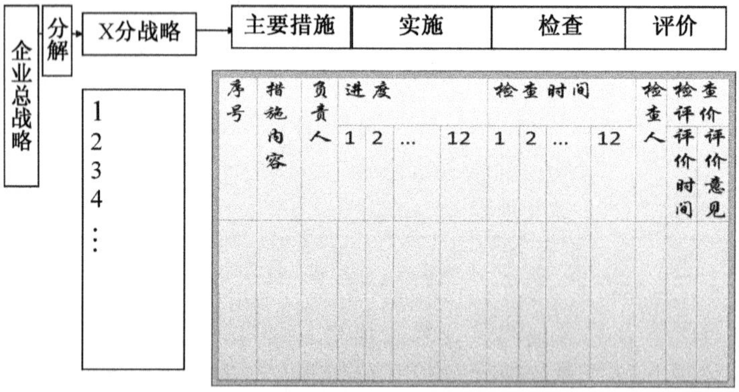

图 7-2　横向展开的战略计划分解

（1）战略计划的第一步骤

① 建立企业总体目标。在战略计划的最初阶段，企业总部的经理与事业部的经理之间要进行初步对话，共同探讨企业总体目标。在探讨过程中，各事业部对目标深入的范围与程度可以有不同的看法。在对话的基础上，企业总部为事业部经理制定本事业部的战略计划规定了一定的方向。然后，在制定战略计划的过程中，企业的总体战略主要取决于该企业的多种经营程度。一般来讲，企业多种经营程度越高，总部为各事业部提出一个明确的具有凝聚力的战略的可行性越小，只有在各事业部形成自己的战略方案以后，才能阐明企业的总体战略。

② 在企业总体目标确定以后，总部高层管理人员应要求各事业部的经理制定出本事业部的战略方案，详细说明该事业部所确定的经营活动范围和目标，提出经营战略与下一年度的临时目标。在计划过程中，这一步骤相当重要。战略方案制定以后，事业部的经理要向企业总部高层管理人员提交自己的经营目标与战略，以及贯彻实施的计划，最后由企业总部来平衡。总部的决策因企业的情况自行决定，例如，有的企业根据自己的资源分配做出最后的决策，有的则是将总部所同意的事业部的战略反馈给各事业部，由事业部执行。

（2）战略计划的第二步骤

此时，事业部负责人一般只与职能部门经理达成一个临时协议，不可能明确地指出销售目标或利润目标。一方面是因为过细的计划会约束部门经理的作为，使他们失去了创造性地实现事业部目标的机会；另一方面是因为只有在企业总部同意了事业部的计划并给予相应的资源以后，事业部的目标才能最后确定下来。

由于临时协议的约束，职能部门经理的计划过程只能是一个简单的过程。不过，它的计划要详尽，需要更多的人加以实施，在这里，职能部门要把事业部的经营战略转化成指挥与协调活动，保证总体战略的具体实施。当然，职能部门计划项目的范围、数量和时间都取决于目标的性质。

（3）战略计划的第三步骤

在这一步骤中，事业部工作重点是要与总部再次协商，最后决定资源的分配，安排详细的资金预算。

3．战略计划的目标分解

（1）时间分解。将企业战略做时间上的分解，明确进度和分阶段战略目标。即把战略方案的长期目标，从时间上分解为一个个短期年度目标，使企业的长期行为转化为短期安排。

企业普遍制定的年度目标包括盈利、增长和按业务、区域、用户群体及产品分类的市场份额等。年度目标的功能与作用可以概括为：①年度目标可以作为指引企业成员的行动、方向和努力的准则；②它通过向利益相关者论证企业活动的合理性而为企业的经营提供依据；③它还为企业的运作提供了标准；④是激励企业雇员并使他们加强自我认知的重要动力；⑤它促使管理者和雇员努力工作，并为企业组织设计提供了参考和依据。

年度目标对于战略实施有着非常重要的意义：①它是配置资源的基础；②它是评价管理者的主要尺度；③它是监测运作过程，使其向实现长期目标方向前进的工具；④它突出了公司、分部和各职能部门的工作重点。

需要注意的是，时间分解时应注意时间的同步性，各项目在时间序列上要符合需要。

（2）空间分解。将企业战略做空间上的分解，根据企业（集团）总战略分别制定各经营业务部门和职能部门相应的分战略，在分战略和分任务明确之后，进一步制定相应的措施和策略。即将“集团战略”分解、细化为“经营单位（如子公司）或部门战略”，如图 7-3 所示。

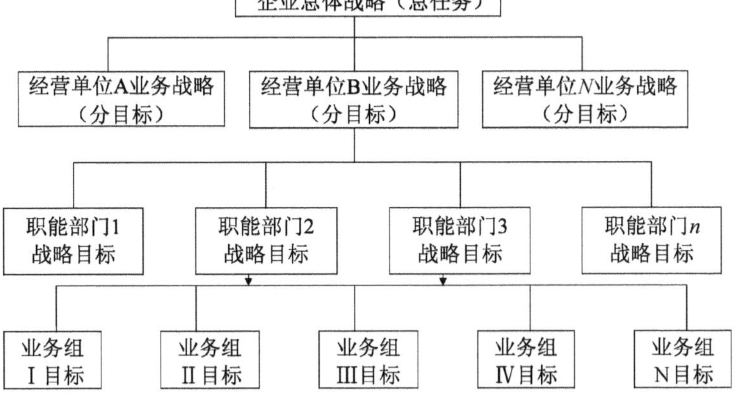

图 7-3　纵向展开的战略计划的目标分解（空间分解）

7.4 战略实施与组织结构

7.4.1 战略与组织结构的基本关系

美国学者钱德勒在1962年发表的《战略与结构:美国工业企业历史的篇章》一书中指出:战略与结构关系的基本原则是组织的结构要服从于组织的战略。战略的实施离不开有效的组织结构。战略的变化将导致组织结构的变化。组织结构的重新设计应能够促进企业战略的实施。离开了战略,组织结构将没有意义。

战略的变化要求组织结构发生相应的变化:①组织结构在很大程度上决定了目标和政策是如何建立的;②制定目标与政策组织的结构方式会对所有战略实施活动产生相当大的影响;③企业的组织结构决定了资源的配置;④改变组织结构的侧重点通常为战略实施活动的一部分。钱德勒的战略——组织结构关系图,见图7-4。

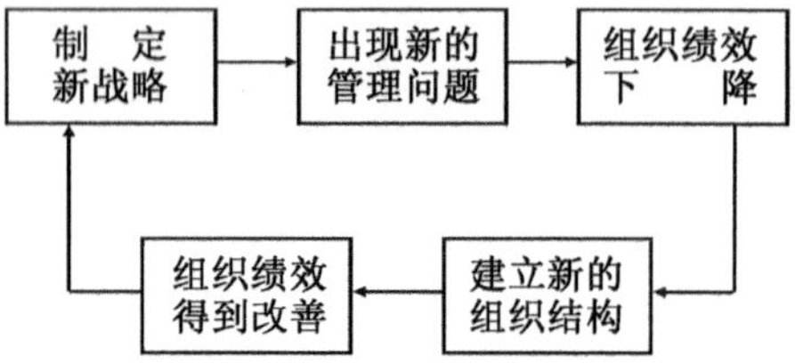

图7-4　钱德勒的战略——组织结构关系图

对特定战略或特定类型的企业来说,不存在一种最理想的组织结构设计。对某一企业适用的组织结构不一定适用于另一家类似的企业,尽管特定产业中成功的企业趋向于采用相类似的组织结构。战略的适应性决定了组织结构的动态性,因此在企业运用已有的资源和可能占有的资源,去适应企业外部环境和内部条件发生变化的复杂的调整过程中,要求企业不断推出合理有效的组织结构以适应战略的转变。

7.4.2 组织七要素

20世纪六七十年代,美国人饱受了经济不景气、失业的苦恼,同时听够了有关日本企业成功经营的艺术等各种说法,也在努力寻找着适合于本国企业发展振兴的法宝。托马斯·J.彼得师(Thomas J. Peters)和罗伯特·H.沃特曼(Robert H. Waterman),这两位斯坦福大学的管理硕士长期服务于美国著名的麦肯锡管理顾问公司的学者,访问了美国历史悠久、最优秀的62家大公司,又以获利能力和成长的速度为准则,挑出了43家杰出的模范公司,其中包括IBM、德州仪器、惠普、麦当劳、柯达、杜邦等各行业中的翘楚。

托马斯·J.彼得师和罗伯特·H.沃特曼对这些企业进行了深入调查,并与商学院的教授进行讨论,以麦肯锡顾问公司研究中心设计的企业组织七要素(简称"7-S模型")为研究的框架,总结了这些成功企业的一些共同特点,写出了《追求卓越——美国企业成功的秘诀》一书,使众多的美国企业重新找回了失落的信心。7-S模型指出了企业在发展过程中必须全面地考虑各方面的情况,包括结构、制度、风格、员工、技能、战略、共同的价值观(见图7-5)。也就是说,企业仅具有明确的战略和深思熟虑的行动计划是远远不够的,因为企业还可能会在战略执行过程中失误。因此,战略只是其中的一个要素。

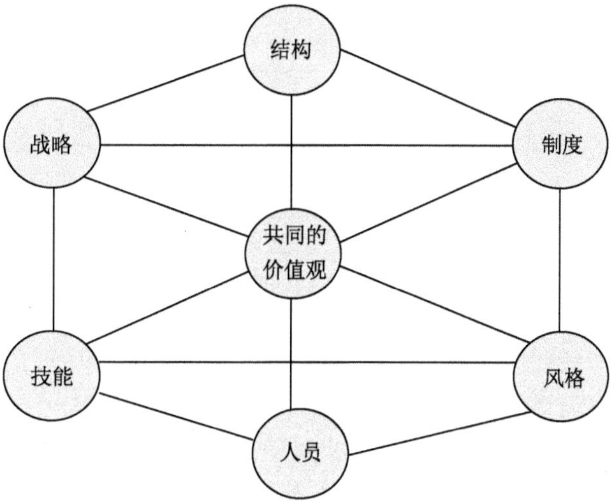

图 7-5 组织七要素(麦肯锡 7-S 模型)

在麦肯锡 7-S 模型中,战略、结构和制度被认为是企业成功的“硬件”,风格、人员、技能和共同的价值观被认为是企业成功经营的“软件”。麦肯锡的 7-S 模型提醒世界各国的经理们,软件和硬件同样重要,两位学者指出,各公司长期以来忽略的人性,如非理性、固执、直觉、喜欢非正式的组织等,其实都可以加以管理,这与各公司的成败息息相关,绝不能忽略。

7.4.3 组织结构类型

企业组织结构类型主要分为直线制组织结构、职能制组织结构、直线职能制组织结构、矩阵制组织结构、事业部制组织结构、多维制组织结构、新型组织结构七大类,见图7-6。

图 7-6 组织结构类型

1. 直线制组织结构

直线制组织结构是最早出现也是最简单的一种组织结构形式。它是企业组织中所有职位实行从上到下的垂直领导,下级部门只接受一个上级的指令,各级负责人对其下属部门的一切问题负责。组织不设专门的职能部门,所有的管理职能基本上都由各部门主管自己执行。如图 7-7 所示。

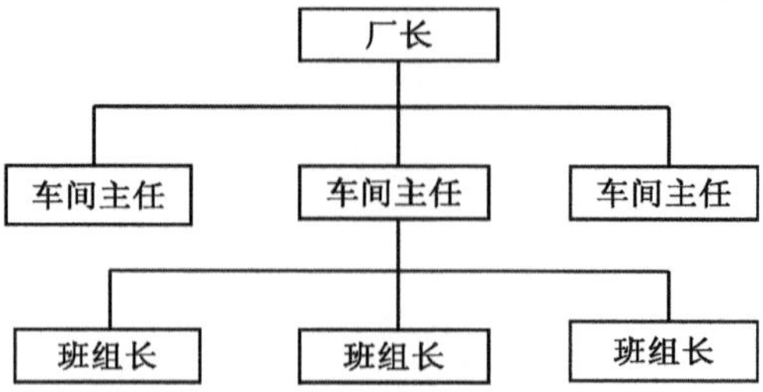

图 7-7　直线制组织结构

特点：从最高管理层到最底层，上下垂直领导（下级只接受一个上级的命令），没有职能机构，各级主管行使所属部门的一切管理职能。

优点：结构简化，权力集中，命令统一，决策迅速，责任明确。

缺点：在企业规模较大时，由于个人能力、精力、知识是有限的，可能会发生管理者难于应付而导致决策失误。

2. 职能制组织结构

职能制组织结构是在各级主管的下面根据业务需要设立职能部门（科室）的一种组织形式。在这种结构下，各级主管把相应的管理职责和权力交给相关的职能部门，各职能部门拥有相应的职责和权限，可以按各自的任务向下级发号施令。因此，下级部门除了接受上级直线主管指挥外，还同时接受上级各职能机构的领导。如图 7-8 所示。

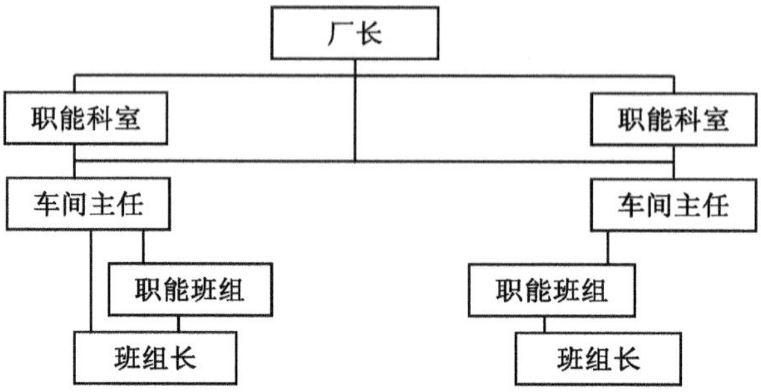

图 7-8　职能制组织结构

特点：采用专业分工的管理者代替全能管理者，职能部门与直线一样有命令权力。

优点：可采用专家管理，可通过发挥职能机构的作用，弥补直线人员管理能力的不足。一方面，有利于提高业务水平；另一方面，有利于提高工作效率和管理水平。

缺点：多头领导，破坏了统一领导的原则。一个下级往往要接受几个上级的命令，有时这些命令还相互矛盾，弄得下级无所适从；同时，出了问题，上级领导和职能部门还容易相互推卸责任（有功大家抢，有过大家推），不利于统一指挥。

3. 直线职能制组织结构

直线职能制组织结构是综合直线制和职能制两种类型特点、取长补短而建立的一种组织形式。直线职能制以直线结构为基础，在各级主管之下设置相应的职能部门，分别从事专业管理，作为该级主管的参谋部门。该参谋部门参谋人员只对上级主管负责，提供建议，而不能直接向下级发布指令(但在有上级领导者的授权时,在授权范围内可直接指挥,行使职能职权),只起业务指导作用。如图 7-9 所示。

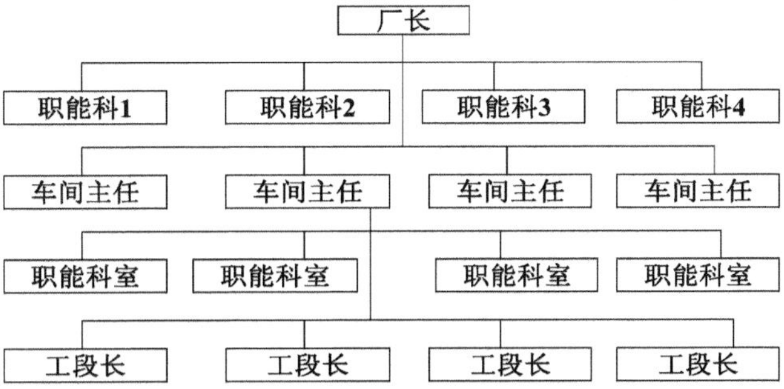

图 7-9　直线职能制组织结构

特点:把企业管理机构和人员分为两类,一类是直线领导机构和人员,行使指挥权;一类是职能机构和人员,进行业务指导。

优点:一方面保留了直线制统一指挥的优点,另一方面又克服了职能制多重领导的弊端。

缺点:职能部门之间的协作和配合较差,加重了上层领导的负担。增加了组织内部的协调难度,管理层次多,管理费用增加。信息传递路线长,对外界变化的反应不灵活。

4. 矩阵制组织结构

矩阵制组织结构,是由按职能划分的垂直领导系统和按产品或项目划分的横向领导系统两套管理系统组成的矩形形态的组织结构。矩阵制组织是为了改进直线职能制横向联系差、缺乏弹性的缺点而设计的。它的一个显著特点是围绕某一项专门任务而建立跨职能的专门机构。见图 7-10。

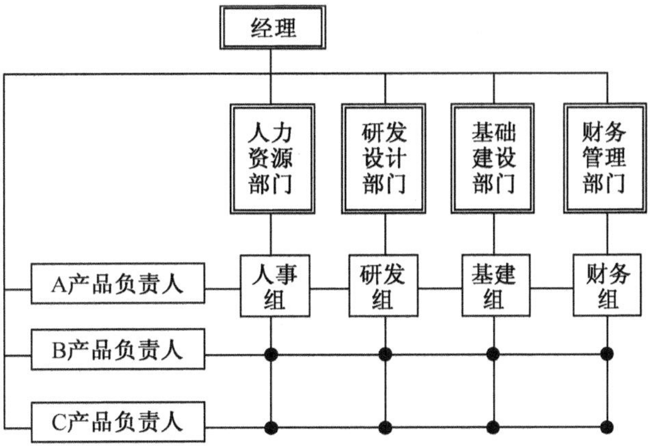

图 7-10　矩阵制组织结构

特点:①项目小组是暂时性组织,小组成员均来自各职能部门,任务一旦完成,仍回原单位;因为业务性质,项目小组形式可能会存在较长时间。

②双重指挥链:矩阵中的员工有两个上司,即所属职能部门的经理(对组织成员行使晋

升、绩效评定等权力)和所工作的产品或项目小组的经理(向小组成员行使有关项目目标达成的权力),两位经理共同享有职权。

优点:有利于加强各职能部门间的沟通、协作;可根据特定需要和环境的变化随时变动;在发挥人的才干方面具有灵活性。

缺点:资源管理复杂、稳定性差、权责不清。

5. 事业部制组织结构

事业部制又称“M 型”组织结构,最早是由美国通用汽车公司总裁斯隆(Alfred P. Sloan)于 1924 年提出的,故有“斯隆模型”之称,是一种高度集权下的分权管理体制。事业部制组织结构的主要特点是“集中决策、分散经营”。事业部制组织结构包括产品事业部制组织结构和区域事业部制组织结构两种形式。见图 7-11 和图 7-12。

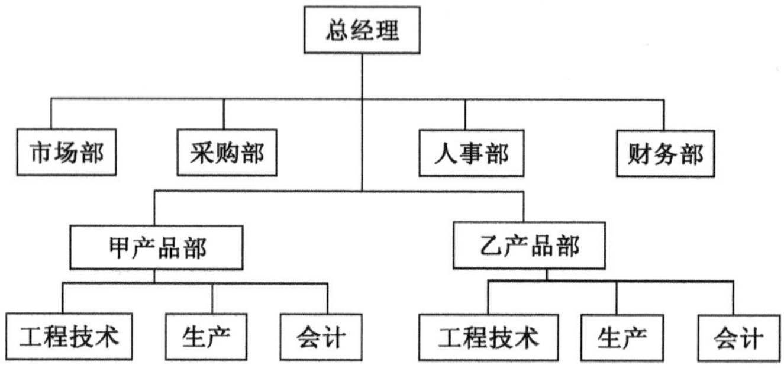

图 7-11 产品事业部制组织结构

特点:一种分权制企业组织形式。又叫“斯隆模式”或“联邦分权化”。总公司按产品或地区划分事业部,各事业部是独立核算、自负盈亏的利润中心。总公司保留预算、重要人事任免和方针战略等重大问题的决策权,是决策中心。事业部下的生产企业是成本中心。“集中决策、分散经营”。

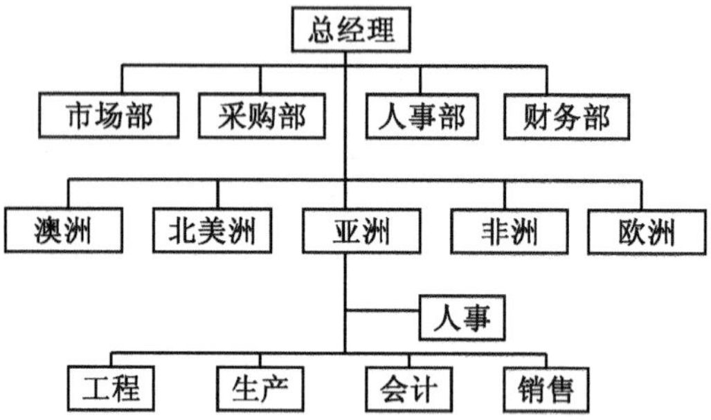

图 7-12 区域事业部制组织结构

优点:有利于调动经营管理人员的积极性;能保证总公司获得稳定的利润;有利于培养全面的高级管理人才。

缺点:需较多的专业人员运作、监督事业部的生产经营活动;管理机构可能重复、管理人员多;要求较多全才的事业部经理;可能失控;可能内耗。

事业部制的适用条件:①可划分性(事业部间有独立性),可承担利润责任;②事业部之间应相互依存;③应保持、控制事业部间的适度竞争;④总公司要有管理各事业部的经济机制。

6. 多维制组织结构

多维制组织结构包含多个方面的管理机构,使企业能够更好地协调发挥效率。如三维结构:

按产品划分的事业部，产品利润中心；
按职能划分的专业参谋机构，专业成本中心；
按地区划分的管理机构，地区利润中心。

多维立体组织结构，见图 7-13。

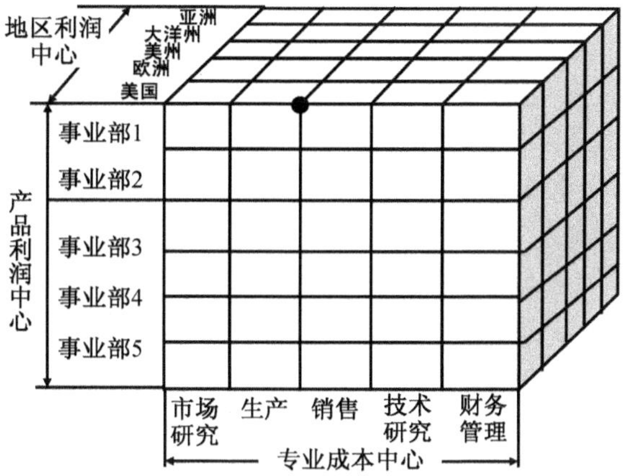

图 7-13 多维立体组织结构

7. 新型组织结构

新型组织结构包括网络结构(图 7-14)、控股型结构(图 7-15)等。

(1) 网络结构

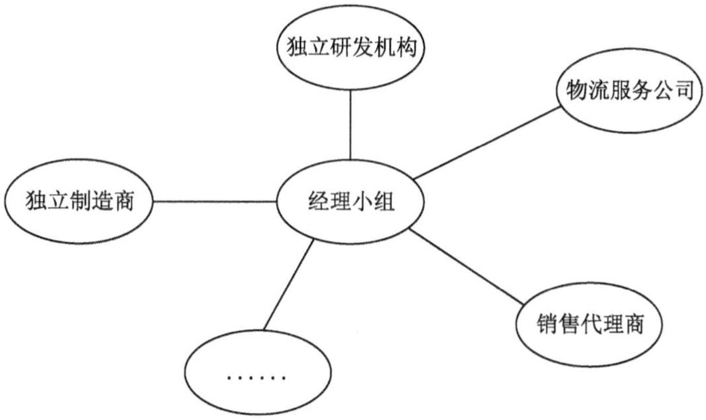

图 7-14 网络结构

特点：一种只有很小的中心组织，依靠其他组织以合同为基础进行制造、分销、营销或其他关键业务的经营活动的组织结构。

优点：适用于要求以较大的灵活性以对时尚的变化做出迅速反应的企业，或者具有不同核心竞争能力的企业的联合。

缺点：缺乏紧密控制、缺乏质量的一致性、创新易被模仿。

（2）控股型结构

控股型结构是指大公司不对业务经营单位进行直接的管理和控制，而代之以持股控制。

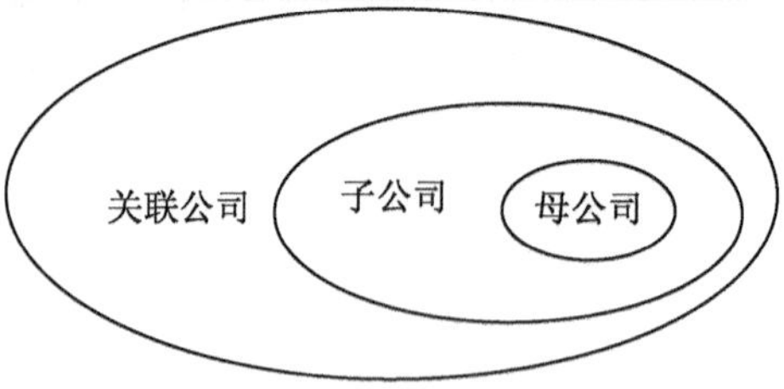

图 7-15 控股型结构

7.4.4 战略与组织结构的匹配性

1. 战略与组织结构匹配的指导原则

尽管人们一致认为，组织结构应当适应和服从于企业战略，但是对于最优的组织结构设计却缺乏一致的意见。吉尔布莱斯和卡赞佳的研究对战略与组织结构的匹配提出了具体的指导原则：①单一业务和主导业务的企业（企业主要在一个行业领域中经营），应当按照职能式的结构来组织。②进行相关产品或服务多样化的企业，应当组织成事业部的结构。③进行非相关产品或服务多样化的企业，应当组织成复合式（或控股公司）的结构。

2. 战略与组织结构的匹配关系

为了清楚地阐述战略与组织结构的关系，钱德勒描绘了美国工业企业在不同的历史发展阶段所产生的战略，以及伴随这些战略而形成的组织结构。针对数量扩大战略阶段、地区扩散战略阶段、纵向一体化战略阶段、多样化战略阶段四个阶段，提出了各阶段战略与组织结构的匹配关系。

（1）数量扩大战略阶段

在行业处于发展阶段，外部环境竞争不激烈的条件下，企业要增大生产的数量，只需采用简单的结构或形式。

（2）地区扩散战略阶段

随着行业进一步发展，在一个地区的生产或销售已不能满足企业的发展速度和需要时，则要求企业将产品或服务扩展到其他地区去。为了协调这些产品和服务，形成标准化和专业化，企业组织要求有职能部门结构。

（3）纵向一体化战略阶段

在行业增长阶段的后期，竞争更加激烈，为了减少竞争的压力，企业需要拥有一部分原材料的生产能力，或拥有销售产品的渠道。在这种情况下，组织应运用事业部制结构。

（4）多样化战略阶段

在行业发展进入成熟期后，企业为了避免投资或经营风险，往往开发与企业原有产品不相关的新产品系列，或到其他行业里经营自己原有的产品。这时企业应根据规模和市场的具体情况，分别采用矩阵结构或经营单位结构。

3. 战略的前导性和组织结构的滞后性

对于企业外部环境变化而言，战略与组织结构做出反应的时间是不同的。从钱德勒对企业的研究中可以看出，最先做出反应的是战略，然后组织结构才在战略的推动下对环境变化做出反应。

（1）战略的前导性

战略的变化要先于组织结构的变化。当环境变化为企业提供了发展机会时，企业首先会在战略上做出反应，以谋求新的经济增长。新的战略需要新的组织结构与之相配合，根据战略调整的情况，对原有组织结构或局部调整或全新变革，才能保证新战略的顺利实施，保证企业获得更大的经济利益。

（2）组织结构的滞后性

组织结构的变化常常要慢于战略的改变。其原因有两个：一是新旧结构的交替有一定的时间过程。新的战略制定出来后，企业才能根据新战略的要求来改组企业的组织结构。二是旧的组织结构都有一定的惯性，主要来自管理人员的抵制。当新的战略制定后，他们常常沿用旧有的职权和沟通渠道去管理新的经营活动，总认为原来有效的组织结构不需要改变。同时，当管理人员感到组织结构的变化会威胁到他们个人的地位、权力和心理的安全感时，往往会以各种方式抵制必要的改革。

7.5 战略实施与资源配置

7.5.1 资源配置原则

1. 集中资源

（1）集用

资源和能力的集中使用。假定企业准备开发一个新产品，从销售部、科研部、生产部、工程部各调一个人出来，组成攻关小组，创造出新产品。

（2）专用

资源和能力的专门使用。企业财务经理的工作重点就是专心做财务，总经理的工作重点就是专心开发业务。

2. 积累资源

（1）善用

资源的妥善利用。假如企业买了一台机器，一定要规划好每天使用多少小时，每天要维修多少小时，如果要滚动式利用，不给它休息的时间，机器很快就会瘫痪。

（2）学用

通过参观考察，学习别人利用资源的经验。例如，出国到美国、欧洲的企业进行考察，看比尔如何管理工厂。

3. 互补资源

（1）混用

把不同形式的资源加以混合利用，使每个资源的价值增加。例如，1＋1＞2。

（2）均用

组织在每个方面的资源和能力都不会被平庸的资源给浪费掉。如果一个企业的老板、总裁、副总裁是平庸的人，那么下面员工的资源就都被浪费掉了，企业要确保最高位置的人是最优秀的。

4. 节省资源

（1）复用

资源重复使用在不同的领域。如果企业进行制度化管理，那么这个企业每开一个新工厂或分公司，就可以把整个管理系统复制过去，从而减少学习成本，大幅度提高效率。

（2）谋用

通过影响力互相利用别人的资源。例如中国与俄罗斯合作，中国可以从俄罗斯得到能源，俄罗斯可以从中国得到资金和物资。

（3）惜用

珍惜地使用资源。例如，珍惜使用水电资源，让员工适度休息、休养等。

5. 速用资源

缩短资源的耗用和收益回报的“时间”。

7.5.2 资源配置的一般方法

企业资源配置主要是在企业的不同组成部分之间进行资源分配，这些组成部分可能是业务分部或地区性分部，也可能是企业的职能，如营销、财务等。

战略实施过程中，资源的稀缺程度、结构会发生各种变化。因此，企业在战略实施过程中，应当有必要的资源保证。

在此，结合以下三种情况，说明企业资源配置的一般方法：

1. 资源总数或资源调度中不发生变化

如果企业中的管理人员认为战略发展不需要在资源总数或资源调度上做任何变化，那么，他们就会按着这种理解方式来管理资源的分配。

这种情况由两个极端的方式所代表：公式化分配（集中指导的程度很高）、自由讨价还价（分配是分散化的）。

许多企业都使用一个公式作为分配的依据。例如，广告预算可能是销售额的5%。这样就会给“讨价还价”留有余地，企业可以重新确定公式或计量资源的方法。

但在公式的适用性或公正性问题上常常会出现一些分歧，常见的处理措施是修正公式，如通过加权或者引入新的要素等。但这极少能解决分歧，而且还会使问题更糟，因为这种类型的企业总是具有一定程度的任意性。

2. 资源总数在增长

如果企业中的管理人员认为战略发展要求资源做很大变动，就需要各种不同的资源配置方法。例如，在资源增长的过程中常常以相对的形式进行资源的再分配，但却不减少公司中任何一部分的资源，即公司总部仅仅是简单地将新资源有选择地在组织内部进行分配。

3. 资源总数在下降或者在资源稳定的情况下进行资源重新分配

处于资源增长环境的企业所面临的许多问题，在资源处于静止或下降的企业中也同样存在，但却有许多重要差别。特别地，如果企业中的管理人员认为战略发展要求绝对地减少某些领域的资源，以维持其他领域的资源供给或支持新的发展。

资源再分配的方法：

（1）由上级（或总部，或中心）来指导，例如，可能会关闭某些工程，或将相关的领域或活动合并，这样可以减少资源的使用量。

（2）以公开竞争的方式实现，例如，可能让企业内的员工自由更换。当岗位空缺时，他们将公开竞争并会分配给最需要的单位。

（3）对资源实行有约束的竞价，将企业用于再分配的总资源的一部分分配给新的业务。例如，设立新单位，从其他领域得到资源，并将新单位合并到主体结构中。

7.5.3 不同战略实施的资源配置

战略资源的整合配置基本上构筑了企业的竞争实力。战略资源配置的优劣将直接影响战略目标的实现。不同竞争战略实施的资源配置，见表7-3。

表7-3 不同竞争战略实施的资源配置

	低成本战略	差异化战略
主要技能	“过程”设计 劳动力管理 易于生产的产品 低价分销	“产品”设计 营销 研究能力 公司形象
要求	严格的成本控制 详细汇报 结构化高 量化目标	松散的控制 简单汇报 很强的协调、协作 基于市场的激励

低成本战略要求将资源配置的重点放在注重成本和效益的工厂和工艺上，使其有能力进行再投资以保持优势。也可能将重点放在实现操作过程简单化和低成本的分销系统上。

差异化战略可能会要求不同的资源、技术和能力，特别可能需要很强的营销、研究和创新能力，强调产品开发和工程化。要求资源配置的重点是放在各价值活动的合作上，以保证在产品或服务的生产和传输的过程中能真正地增加价值。

不同竞争战略实施的资源配置重点是确认那些对某类战略的成功十分重要的价值活动。

企业战略实施的过程是一个自上而下的动态管理过程。所谓“自上而下”主要是指，企业高层在制定了战略目标后，将目标进行层层分解，在这个分解执行过程中，各部门、各单位乃至各个人分工和执行各自的工作任务。“动态”主要是指战略实施的过程中，常常需要对经营战略、目标、手段进行适时调整、修改和补充，在“分析一决策一执行一反馈一再分析一再决策一再执行”的不断循环中达成战略目标。

企业战略实施主要有两种实施体系：一是传统的战略实施体系，主要通过对文化、人才、组织、制度、利益相关者、现金流等方面的管理来实施战略，管理手段主要是目标管理、计划管理、控制管理等；二是平衡计分卡的战略管理体系。

战略的实施离不开有效的组织结构。战略的变化将导致组织结构的变化。组织结构的重新设计应能够促进企业战略的实施。离开了战略，组织结构将没有意义。

任何一个企业，能够利用的资源都是有限的。如何对有限的资源进行优化配置，是战略实施中一个不容忽视的问题。评价资源配置是否有效，需要从战略角度来入手，看资源配置是否能够体现战略重点和价值链各项活动之间的关系，从而支持战略的实施。

【本章小结】

企业一旦选择了合适的战略，企业战略管理活动的重点就从战略选择转移到了战略实施阶段。但企业战略实施并不是轻而易举的过程，他涉及战略计划的制定、组织结构的调整、内外部资源的配置等一系列问题。

战略计划的制定是战略实施的基本保障，而组织设计是战略实施中必然要面对的基本问题，战略的成功实施需要得到组织上的保证。同时，只有当企业的各种因素相互适应和相互匹配、企业资源得到合理配置时，战略实施才更有可能取得成功。

【思考题】

1. 企业战略实施包括哪些主要任务？
2. 企业战略与组织结构之间有什么关系？
3. 组织结构有哪几种类型？分别与哪些战略类型相适应？
4. 不同战略实施的资源配置的重点是什么？

【拓展阅读】

◇ 阅读推荐

(美)阿比斯·阿克哈法吉. 战略管理：制定、执行及动态环境控制[M]. 张春萍，解淑青，译. 北京：经济管理出版社，2005.

◇ 推荐理由

阅读材料具有以下明显特色：管理实践。尽可能把内容整合，并运用一种简单的写作风格以便使学生形成对主题领域的清晰认识。阅读材料的基调简单。真实世界的事例有助于学生了解理论如何与实践联系，并增加相关分析。当代焦点。流行概念包括全面质量管理、道德规范、社会责任、公司治理、重构、全球化、国际战略等。内容组织。每一章都会呈现主题领域的整体框架，例如评估环境、国际战略、实施、企业文化与总经理。随后的部分分析在这一范围内战略管理的影响，提出政策含意，并且考虑到管理手段与机制。

【实践项目】

调查你所在地的一家特定企业，分析企业现阶段的战略实施发展方案，并撰写分析报告。

1. 确定企业战略实施的采购、生产、财务、市场营销等战略计划。
2. 确定企业战略实施的组织结构设计。
3. 确定企业战略实施的资源配置情况。

8 企业战略的控制与评价

【学习要求与目标】

1. 了解企业战略控制的概念。
2. 理解企业战略控制的作用与性质。
3. 掌握企业战略控制的类型。
4. 重点掌握企业战略控制的过程和基本方法。
5. 重点掌握企业战略绩效评价方法。

当企业外部和内部环境发生变化时,制定和实施得再好的战略也会过时,因此对战略的实施进行系统化的检查、控制和评价就成为企业战略管理的一项重要工作。企业战略控制与企业战略评价既有联系又有区别,要进行企业战略控制就必须进行企业战略绩效评价,只有通过评价才能实现控制,评价本身是手段而不是目的,发现问题实现控制才是目的。战略控制着重于战略实施与执行过程,而战略绩效评价着重于对战略实施与执行结果的评价。

【先导案例】

企业内部战略控制失效:三鹿事件

"三鹿"一直是一个很响亮的品牌。三鹿集团全称石家庄三鹿集团股份有限公司,是集奶牛饲养、乳品加工、科研开发为一体的大型企业集团,曾连续6年入选中国企业500强。20世纪90年代初,该公司开创了"奶牛+农户"饲养管理模式,曾为三鹿确立了为同行所效仿的奶源优势。2007年,集团实现销售收入100.16亿元,同比增长15.3%。它响亮是因为它在乳制品行业内的品牌影响力,是国家重点龙头企业,先后荣获省以上荣誉称号200多项,很受消费者欢迎。

三鹿毒奶粉事件曝光以前,没有人关注它的内部控制,甚至还有人去称赞它的内部管理有多么多么完善,生产线多么多么先进,东窗事发后,却成了众人研究的案例。2008年,因为它的毒奶粉事件,导致了中国奶业大地震,促使了中国食品行业规则和政府监管制度的改变,引发了人们对人性和企业社会责任的思考。这使人们不得不去研究它的内部控制体系是否完善,不得不去探究这次事件是否由于内部控制不善所致,更不得不从三鹿事件去追究其内部控制的责任主体。

原料奶进门的质量控制是乳品企业的重要风险点。三鹿集团的原奶采购模式是"奶农—奶站—乳企",散户奶农的牛奶通过奶站最终被集中到三鹿集团的各家工厂。

在我国，除三元股份（80%以上的奶源依赖自有牧场，虽然其扩张长期受到限制，但此次奶粉事件它是少数幸免企业之一，这似乎说明了一些问题）等少数乳品企业外，绝大多数乳品企业都是如此。这种模式的优点是，乳品企业不需要建立养殖场、不需要养殖奶牛，却可以迅速扩大奶源产量。缺点有三，一是奶农、奶站都不属于乳企，乳企无法直接、全面地控制奶农和奶站；二是在牛奶离开奶牛母体后与乳企之间增加了中间商环节；三是随着企业规模快速扩张，奶农、奶站愈来愈加分散，控制难度愈来愈大。此次事件的发生，说明三鹿集团在采购环节的质量控制已经是形同虚设了。不管是什么原因所致，采购质控的放松无疑是企业内部管理的松懈，管理因素成为此次问题的重要内部原因。

三鹿事件是一个比较极端的例子，它的发生一方面是对利益的无限追求和人性的泯灭。另一方面，对内部控制的责任主体来说，必须有一个更加清醒的认识。

【思考】

三鹿事件给我们带来什么启示?

【案例解析】

企业实施长期战略时，需要有良好的内部控制体系和质量保证体系，确保企业为社会提供优质的产品，实现战略目标。三鹿作为一家全国知名、占据国内奶制品业老大位置的食品企业，不可能没有质量保证体系，但执行效果却出现问题，究其原因，在于缺乏内部控制体系，或者说内部控制体系形同虚设。

内部控制体系不能形同虚设，一旦建立，必须严格执行，才能确保质量保证体系发挥作用。战略的实施必须与控制制度相结合，控制制度需要根据战略的调整做出调整，确保企业的正常运行和战略的有效实施。

8.1 战略控制的概念

企业战略管理中的一个基本矛盾，就是既定战略与变化着的环境之间的矛盾。所谓控制，即管理的五项职能（计划、组织、领导、协调、控制）之一，通过监视企业的各项活动，保证企业的实际运行状况与企业的战略计划动态相适应的过程。

战略控制是指在企业战略实施过程中，检查企业为达到战略目标所进行的各项活动的进展情况，评价战略实施后的企业绩效，把它与预定的战略目标和绩效标准相比较，发现战略差距，分析产生偏差的原因，通过纠正偏差，使企业战略的实施更好地与企业当前所处的内外环境、战略目标协调一致，使企业战略目标得以实现。

8.2 战略控制的作用与性质

1. 战略控制的作用

企业战略管理中，战略控制的作用可从两个方面来理解：

(1) 检验作用。通过战略控制，检验各项工作是否按预定的战略计划进行，能否为主管人员提供有用的信息，并据此检验战略计划的正确性和合理性。

（2）调节作用。控制与其他四项管理职能紧密地结合在一起，使企业战略管理过程形成一个相对封闭的系统。

2. 战略控制的性质

战略控制的性质体现在战略控制、组织控制和内部控制三个方面：

（1）战略控制，即对发生或即将发生战略问题的部门，以及重要战略项目和活动所进行的控制。

（2）组织控制，即在大型企业里，通过组织系统层次加以控制。

（3）内部控制，即具体的职能领域里和生产作业层次上的控制。包括财务控制、生产控制、营销控制、质量控制和成本控制等。

从控制层次来看，按照控制类型的相对重要性，分为公司层的战略控制、经营单位或事业部级的战术控制、职能级的作用控制。

3. 战略控制的原则

（1）例外原则。战略管理者只应对超出原定容忍范围的活动进行调整修正。

（2）焦点原则。应减少过分的控制，把注意力集中在对战略目标有重大影响的因素与事务上。

（3）克服困难原则。克服衡量上的各种困难，如研究活动的衡量。

（4）时效原则。战略控制必须及时。

（5）长短并重原则。强调短期与长期相结合。

（6）正面原则。注重对超出标准的奖励，而非对低于标准的处罚。

4. 有效控制的基本条件

任何形式的控制都有一定的条件。这些前提条件是否充分，对控制过程是否顺利展开有很大的影响。

有效控制必须具备以下四个前提条件：

（1）要有一个科学、完整的经营战略计划。

（2）要有健全的组织机构和合理的资源配置。

（3）要有科学的控制方法和手段。

（4）要有明确的信息反馈渠道。

8.3 战略控制的类型

8.3.1 按时序分类的控制类型

1. 前馈控制

前馈控制，即事前控制，在战略实施之前，就认真分析研究、进行预测并采取防范措施，使可能出现的偏差在事先就有可以筹划和解决的控制方法。

前馈控制系统要设计好正确有效的战略计划，这种控制多用于重大问题的控制，如开辟重要市场、签订重大合同等。

2. 现场控制

现场控制，即事中控制，在实际工作过程中发现问题，采取措施进行控制，弥补预测所带来的不足，引导企业沿着战略的方向进行经营，这种控制方式主要是对关键性战略措施进行随时控制。

3. 反馈控制

反馈控制，即事后控制，在企业的经营活动之后，把战略活动的结果与控制标准相比较。在战略计划部分实施之后，将实施结果与原计划标准相比较，由企业职能部门及事业部定期向高层领导汇报战略实施结果，由领导者决定是否有必要采取纠正措施。

8.3.2 按手段分类的控制类型

1. 直接控制

直接控制，对计划执行者采用一定的控制方法和手段，使其能有效地执行计划，保证计划顺利完成的控制形式。直接控制强调对人的控制，着眼于培养更为优秀的人才。

2. 间接控制

间接控制，根据战略目标计划的执行情况，发现计划执行中的偏差，分析产生偏差的原因，找出责任人，改进下一步工作。

针对偏差的控制，如果造成偏差的原因是战略执行者缺乏知识、技能或经验，那么，运用间接控制的方法可以帮助他们总结经验教训，学习知识和技能，改进未来工作。

如果偏差是由一些不确定因素造成的，例如未来的国际经济形势变化、技术进步等，间接控制就不能发挥作用了。

8.3.3 按对象分类的控制类型

1. 人员控制

人员控制，即控制对战略实施影响较大的员工、为战略做出最大贡献的员工。人员控制的具体措施：

(1) 实施员工训练计划、改善工作分配、提高关键岗位上员工的能力。

(2) 改进上下级的沟通。

(3) 成立具有内在凝聚力的、目标共享的工作小组，促成员工间的互相控制。

2. 具体活动控制

具体活动控制，是保证企业员工能够按照企业的战略目标计划进行活动的一种手段。

(1) 行为限制，即用物质性的装置来限制，或者是行政管理上的限制，使员工按照各自的职责工作。

(2) 工作责任制，确定一定的行为界限和规章制度，然后检查员工的实际行为，再根据所订标准进行奖励或惩罚。不仅检查与考核员工的行为，更主要的是激励员工发挥积极性。

(3) 事前审查，例如直接监督、计划的审查、审批费用预算等。

3. 成果控制

成果控制，包括确定期望成果的范围，根据成果范围衡量效益，根据效益对那些实现成果的行为给予奖励，反之则惩罚。

按对象分类的控制类型，见图 8-1。

(1) 第一象限“具体活动或成果控制”。管理人员在预期的具体活动方面的知识丰富，而且有较高的评价效益方面成果的能力。这时，管理人员不能只依赖于一个固定领域的人员去采取行动，也不可能过早地提出一种或多种回避的手段。因此，管理人员应考虑具体活动控制、成果控制，或者两者并用。

图 8-1 按对象分类的控制类型

(2) 第二象限“具体活动控制”。管理人员对预期活动有较多的知识，但成果难以评价。这时，企业可采取具体活动控制手段。

(3) 第三象限“成果控制”。管理人员在有关预期具体活动方面的知识比较贫乏，但有较好的评价成果控制能力。这时，工作成果便可以取得较好的控制。这种控制适用于较高层的管理人员，使他们明确企业预期的成果以及各自的责任，从而达到控制的效果。

(4) 第四象限“人员控制”。企业对预期的具体活动不了解，对重要的成果领域也不能做出很好的评价。这是最难以控制的情况，企业一般只能采取人员控制的手段。

8.3.4 按层次分类的控制类型

1. 战略层次控制

战略层次的控制以企业高层为执行主体，重点关注内外部战略环境和企业绩效，审视战略的前提和假设。战略层次的控制具有较高的开放性，偏重于定性目标，关注影响重大的现象和活动，主要解决企业效能问题。

2. 业务层次控制

业务层次的控制主要关注下属单位(战略业务单位、子公司、分公司、职能部门)在实现构成企业战略的各部分策略及中期计划中的工作绩效，竞争战略、职能战略执行情况是否达到企业战略的要求，是否对整个公司的战略形成支撑。业务层次控制目标比较具体、偏于定量化，主要解决企业效能和效率问题。

3. 作业层次控制

作业层次控制是对日常作业活动的控制，比如销售活动、融资活动、班组生产、质量检测等等，重点控制内容是这些活动的进行状况、绩效完成情况、执行者是否履行规定的职责。作业控制虽然集中在运营和操作层面，但作业活动往往获取的是第一手、最真实、最鲜活的信息。作业层次控制非常具体，目标主要是量化的、明确的，而且具有一定刚性，相对比较封闭，作业控制重点针对企业效率的提高。

8.4 战略控制的过程

战略控制作为一个调节过程可分为五个步骤：确定目标、确定效益标准、衡量实际效益、比较实际效益与效益标准、纠正措施和权变计划，见图 8-2。

1. 确定目标

企业管理部门在战略方案执行以前就要明确而具体地支持企业的战略总目标和阶段目标，并将此目标分解给下属部门，使各部门既有一个明确的奋斗方向，又有一个阶段性分目标。

2. 确定效益标准

企业可以根据预期的战略目标或计划测算出期望实现的企业效益。效益标准是企业工作成绩的规范，用来确定战略计划或措施是否达到战略目标。

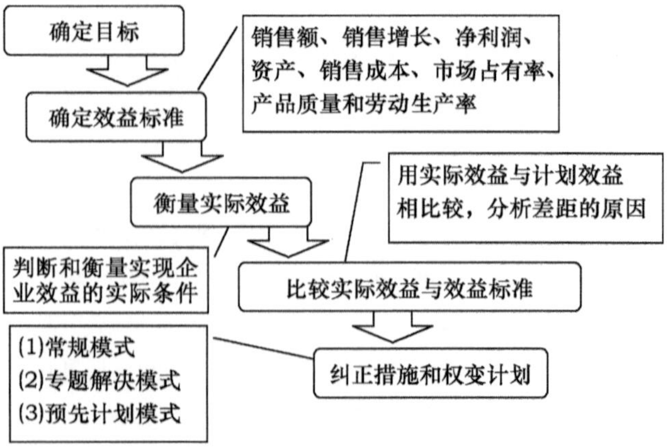

图 8-2　战略控制的过程

3. 衡量实际效益

战略控制主要是判断和衡量企业实际效益。管理人员需要收集和处理数据，进行具体的职能控制，并且监测环境变化时所产生的信号。为了更好地衡量实际效益，企业必须制定出具体的衡量方法以及衡量的范围，保证衡量的有效性。衡量实际效益的主要问题是要决断在何时、何地以及间隔多长时间进行一次衡量。为了提供充分而及时的信息，应该经常地评价和衡量工作效益，但要确定合理的衡量频度。

4. 比较实际效益与效益标准

用实际效益与标准效益相比较，确定两者之间的差距，并尽量分析出形成差距的原因。

5. 纠正措施和权变计划

考虑采取纠正措施或实施权变计划。在生产经营活动中，一旦企业找出实际效益与标准效益的差距，或者判断出外部环境的机会或威胁可能造成的结果，则必须采取相应的纠正或补救措施来纠正偏差。

结合战略控制的类型和过程，可采用五种战略控制方式，保障战略实施过程的有序高效和战略目标的顺利完成，见图 8-3。

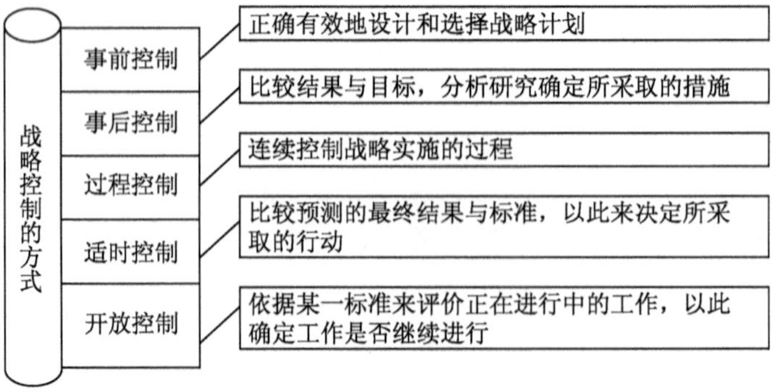

图 8-3　战略控制的方式

8.5　战略绩效评价的原则与方法

8.5.1　战略绩效评价的原则

(1) 战略绩效评价活动应当连续进行，而不只是在特定时期的期末或在发生问题时才进行。

(2) 战略绩效评价活动必须做到经济，应当有意义，即与企业经营目标直接相关，并能向管理者提供可控制影响的任务有用的信息。例如，①企业收购另一企业开展多元经营时，需频繁获取信息。②对研发部门，要求每日、周提供新的评价信息则不合适。

(3) 战略绩效评价应能客观、真实反映企业的经营现实。

(4) 战略绩效评价要简单而不过于复杂。

8.5.2　战略绩效评价方法

平衡计分卡法是企业战略绩效评价的重要工具。平衡计分卡的构成、平衡计分卡的平衡思想、平衡计分卡建立的关键要素、平衡计分卡建立的步骤可概括为：

1. 平衡计分卡的构成

平衡计分卡(The Balanced Score Card，BSC)是20世90年代由美国哈佛商学院的罗伯特·卡普兰(Robert S. Kaplan)和诺朗诺顿研究所所长(Nolan Norton Institute)、美国复兴全球战略集团创始人兼总裁戴维·诺顿(David P. Norton)提出的一种新方法。平衡计分卡的出现主要产生了几个方面的影响：一是使得传统的绩效管理从人员考核和评估的工具转变成为战略实施的工具；二是使得领导者拥有了全面的统筹战略、人员、流程和执行四个关键因素的管理工具；三是使得领导者拥有了平衡长期和短期、内部和外部，确保持续发展的管理工具。平衡计分卡的基本结构图，见图8-4。

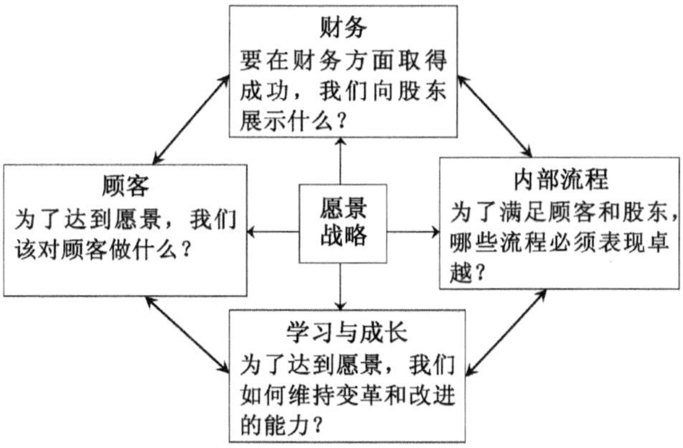

图8-4　平衡计分卡的基本结构图

平衡计分卡从四个主要角度来分析，即财务绩效、客户服务、内在业务流程、组织的学习与成长能力。在这四个方面中，管理者要确定核心的绩效指标，这些指标都是需要组织高度重视的绩效内容。

(1) 财务绩效指标:反映了组织活动对于改进组织的短期财务绩效和长期财务绩效的贡献:它包括销售额、利润额、投资回报率等指标。

(2) 客户服务指标:体现了企业对外界变化的反应,包括顾客满意度、顾客留住率、产品退货率、送货准时率等指标。

(3) 内部业务流程指标:反映了企业内部效率,关注导致企业整体绩效更好的过程、决策和行动,如生产率、成本、合格品率、新产品开发周期、出勤率等指标。内部流程是企业改善其经营业绩的重点。

(4) 组织的学习与成长能力指标:侧重于如何为企业的未来而管理好组织的资源与人力资本。有关指标涉及人员、信息系统和市场创新等。

2. 平衡计分卡的平衡思想

平衡计分卡包含了对各项活动的综合评价,其平衡的战略思想体现在以下几个方面:①财务指标和非财务指标的平衡;②企业的长期目标和短期目标的平衡;③企业组织内部与外部的平衡;④结果性指标与原因性指标之间的平衡;⑤先行指标与滞后指标之间的平衡。

3. 平衡计分卡建立的关键要素

通过把组织的战略转化成可衡量的指标,组织可以设定目标值,规定完成的期限,指定责任人,并为完成目标设计相应的行动方案。通过这种安排,使战略真正成为组织的经营行为,战略得到了很好的实施和贯彻。见表 8-1。

表 8-1　平衡计分卡建立的关键要素

维度	战略目标	衡量指标	指标值	行动方案	日期	责任人
财务绩效						
客户服务						
内部业务流程						
组织学习与成长能力						

(1) 维度:维度是观察组织和分析战略的视点,每个维度都应从战略目标,衡量指标、目标值和行动方案等方面加以考察。平衡计分卡的维度具体包括财务、客户、内部业务流程、学习和成长能力四个维度。

(2) 战略目标:每个维度都包括一个或多个战略目标。

(3) 衡量指标:指标是考量企业战略目标实现结果的定量或定性的尺度。

(4) 指标值:是对期望达到的衡量指标的具体定量要求。

(5) 行动方案:和项目类似,它由一系列相关的任务或行动组成,目的是达到每个指标的期望指标值。

(6) 日期:规定战略目标完成的期限。

(7) 责任人:明确各行动方案落实以及目标考核具体由谁负责。

4. 平衡计分卡建立的步骤

(1) 制定企业的愿景与战略。

(2) 成立平衡计分卡法实施委员会,努力在企业各管理阶层对企业的愿景及战略达成共识。

(3) 对以上四个方面的具体目标设定最具现实意义的业绩衡量指标。

(4) 加强企业内部沟通与协调。

(5) 确定每期(月、季、年)的业绩衡量指标的具体数据,并与企业的计划和预算相结合。

(6) 将每期的报酬奖励制度与平衡计分卡挂钩。

(7) 正确采用员工建议修正平衡计分卡衡量指标,以及改进完善企业战略。

【本章小结】

战略管理的基本假设是所选定的战略将能实现企业的战略目标,但在战略实施过程中,由于种种原因可能会造成战略方案的局部或整体已不符合企业的内外部条件。因此,一个完整的企业战略管理过程就必须具有战略控制。

战略控制是指在企业战略实施过程中,检查企业为达到战略目标所进行的各项活动的进展情况,评价战略实施后的企业绩效,把它与预定的战略目标和绩效标准相比较,发现战略差距,分析产生偏差的原因,通过纠正偏差,使企业战略的实施更好地与企业当前所处的内外环境、战略目标协调一致,使企业战略目标得以实现。

【思考题】

1. 企业战略控制与评价对战略管理有哪些作用?
2. 企业战略控制与评价有哪些基本原则?
3. 平衡计分卡在战略控制与评价中有什么作用?

【拓展阅读】

◇ 阅读推荐

(英)马修·雷齐. 内部控制设计——提升企业价值的战略过程[M]. 谢盛纹,译. 大连:大连出版社,2011.

◇ 推荐理由

目前关于内部控制的设计,更多的是集中对内部控制框架的分解。阅读材料具备一套完整的设计思路,揭示了内部控制提升企业价值的机制;提供了一系列通过创新和设计以改进内部控制与风险管理效率的方法,致力于建立一种“智能内部控制与风险管理”。这些方法包括内部控制设计和控制系统的一些替代方法。阅读材料提供的内部控制设计思路将有效地降低内部控制实施过程中的成本，并有助于提升企业价值！

【实践项目】

调查你所在地的一家特定企业，分析企业现阶段对战略实施的控制与评价，并撰写分析报告。

1. 确定企业实施时战略目标的实现情况。

2. 确定企业实施平衡计分卡的各种情况，尤其是对企业有实施不利的情况，找出具体原因。

下篇

企业战略管理实施篇

9 企业目标管理决策

【学习要求与目标】

1. 理解企业目标管理决策的概念；
2. 掌握企业多目标管理决策的方法；
3. 理解企业交互式目标管理决策的方法；
4. 理解企业多层递阶目标管理决策方法。

习近平总书记在十九大报告中指出，我国经济已由高速增长阶段转向高质量发展阶段，正处在转变发展方式、优化经济结构、转换增长动力的攻关期，建设现代化经济体系是跨越关口的迫切要求和我国发展的战略目标。企业是建设现代化经济体系的重要组成部分，是推动我国国民经济和社会发展的核心载体，是党和国家事业发展的重要物质基础和政治基础。对于企业来说，企业管理的核心是企业决策，企业决策的关键之一是确定企业目标。企业目标管理是对企业战略目标制定后实现预期目标的管理，而企业战略目标制定是企业战略管理的重要组成部分。提高企业经济效益的关键路径就是强化企业目标管理，提高企业目标管理决策能力。

9.1 企业目标管理决策概述

9.1.1 企业目标管理决策的概念

1. 企业目标管理的界定

企业管理的核心是企业决策，企业决策的关键之一是确定企业目标。目标是企业在一定时期内为实现其使命所要达到的预期结果。目标明确了企业的努力方向，体现了企业的具体期望，表达了企业的行动纲领。目标能够实现企业外部环境、内部条件和企业发展三者之间的动态平衡，使企业获得长期、稳定和协调发展。目标能够使企业使命具体化和数量化，可以把企业各个单位、部门、各项生产经营活动有机地结成一个整体，发挥企业的整体功能，提高企业管理绩效。目标能够有效激励企业各级管理者和广大员工，有利于更好地发挥全体员工的积极性、主动性和创造性。

目标管理是1954年由美国著名管理专家彼得·德鲁克(Peter. F. Druker)提出的。德鲁克在《管理实践》一书中首先提出了“目标管理和自我控制”的主张，将目标管理作为一套完整的思想和管理方法提出。他认为，一个企业的“目的和任务，必须转化为目标”。目标管理模式的出现是现代企业管理理论发展和实践应用的要求。

目标管理在企业管理领域的应用最为广泛。企业目标管理主要经历了3个阶段:① 第一阶段(20世纪50年代到60年代初),以企业绩效评估为中心;② 第二阶段(20世纪60年代中期),强调企业的总目标、部门目标和个人目标的有机结合,形成完整的目标体系;③ 第三阶段(20世纪70年代开始),以企业战略规划为中心。企业目标管理是以目标为导向,以人为中心,以成果为标准,使企业和个人取得最佳业绩的现代管理方法。

企业目标管理是先由企业最高管理者提出企业在一定时期的总目标,然后由企业内各部门和员工根据总目标确定各自的分目标,同时制定衡量目标完成情况的标准,并对企业资源进行合理高效配置,从而使企业的总目标得以实现。因此,企业目标管理是在企业员工的积极参与下,自上而下地确定工作目标,并在工作中实行"自我控制",自下而上保证目标实现的一种管理办法。

2. 企业目标管理决策的含义

企业目标管理决策是企业为了实现两个或两个以上的特定目标,根据客观的可能性,在占有一定信息和经验的基础上,借助一定的方法、模型和工具,对影响未来目标实现的诸因素进行准确计量和判断选优后,对未来的行动做出决定。企业目标管理决策主要针对的是一类设计性的多目标管理问题。在企业目标管理决策过程中,要同时考虑多个目标,而这些目标往往是难以比较的,甚至是彼此矛盾的,一般很难使每个目标都达到最优,做出各方面都很满意的决策。因此,企业目标管理决策实质上是企业在各个目标之间和各种限制之间求得一种合理的妥协,对多个目标进行优化的管理决策过程。

企业目标管理决策的特点表现为:① 企业目标多于一个;② 企业目标间不可公度,即企业各个目标没有统一的度量标准,因而难以直接进行比较;③ 企业目标间的矛盾性,即改进企业某一目标的值,可能会使企业另一个目标的值变坏。上述特点使得企业目标管理决策比较困难和复杂。要寻找使企业各个目标都达到最优的所谓绝对最优解,往往是不现实的。通常的做法是企业在各个目标之间、在各种限制条件下寻找一种合理的妥协。

企业目标管理决策分为企业多目标管理决策、企业交互式目标管理决策、企业多层递阶目标管理决策等决策类型。其中,企业多目标管理决策是在企业在同时有多个目标需要实现的前提条件下,设定目标实现的优先序位所做出的决策。企业交互式目标管理决策是企业在同时有多个目标需要实现的前提条件下,根据对不同目标的偏好程度逐步进行优化所做出的决策。企业多层递阶目标管理决策是企业在不同层次的多个目标同时需要实现的前提条件下,采用"自上而下"、"自下而上"和"上下结合"的方法,满足不同层次的多个目标所做出的决策。

9.1.2 企业目标管理决策的方法

企业目标管理决策的方法主要包括:盈亏平衡分析法、时间序列分析法、回归分析法、模型模拟法等。其中:

盈亏平衡分析法是企业目标管理决策常用的一种有效方法,是在企业目标管理决策过程中,根据企业产品的销售量、成本和利润三者之间的关系,分析各种备选方案对企业盈亏的影响,并从中选择出最佳的销售目标、成本目标和利润目标。

时间序列分析法是在企业目标管理决策过程中，把企业过去和未来的某一目标值都看成是一个时间函数，这一函数是由相互配对的两个数列构成的，一个是反映时间变化的数列，另一个是反映各个时间节点目标值的数列；针对企业环境较为稳定的情况，可根据企业过去的经营活动过程，评价企业当前的经营状况，预测企业未来的情况，从而明确企业目标。

回归分析法是在企业目标管理决策过程中，研究企业目标和企业内外部环境因素变量之间存在的确定性数量关系。这一方法是确定企业目标变量和企业内外部环境因素各变量之间关系常用的一种有效方法，可分析各种环境因素对企业目标的影响。

模型模拟法是在企业目标管理决策过程中，模仿企业某一客观现象，根据现状变化，用概率、统筹、模拟等办法，建立一个模拟模型，并对模拟模型进行分析，以观察企业客观现象运动、变化的规律，经过分析、推理、判断、综合，从而以最优化方法确定解决方案，明确合适的企业目标，求得最佳结果。即首先，根据现状变化，建立模拟模型，描绘事件运行的逻辑步骤；其次，把模拟模型输入计算机，编成计算机模拟程序；然后，输入不同的数据，进行设计和实验，在模拟客观现实问题的各方案中选出较优的方案和目标。

从企业目标管理决策的现有方法来看，模型模拟法是企业目标管理决策最为常用的方法，以目标规划法为主。目标规划法是将企业目标管理所需的资源按某种方式分配到各项活动，使其以某种数量表示的效果为最优。例如在一组线性约束条件下，效果是几个变量的某一线性函数，则目标规划归类为线性目标规划；涉及多级决策过程的目标规划则属动态规划，包括非线性目标规划、交互式目标规划、多层递阶目标规划等。

9.2 企业多目标管理决策

企业多目标管理决策过程中，通常采用模型模拟法中的目标规划模型对企业进行目标管理研究，确定每个目标的权重和优先级别。目标规划模型主要包括加权目标规划模型和优先目标规划模型。

9.2.1 加权目标规划模型

加权目标规划模型就是为企业每一个目标建立一个明确的量化函数，并建立一个总的目标函数，总的目标函数表示的目标是要使得每个目标函数与各自目标的加权偏差之和最小，最终寻找一个解，能通过平衡尽可能实现企业各个目标。

1. 加权目标规划问题的基本要素

(1) 目标期望值

假定多目标线性规划有 J 个目标，针对第 j 个目标，根据实际情况和企业管理者的期望，确定一个目标期望值 E_j。企业多目标管理决策过程中，要求尽量使每个目标的目标期望值得以实现。

(2) 正、负偏差变量

由于 J 个目标的目标期望值不一定能全部达到，因此，给定每一个目标偏离的罚数权重，寻求可行解使这些目标的目标期望值最接近地得以实现。针对每个目标，分别引入正、负偏差变量，其中正偏差变量表示决策值超过目标期望值的部分，用 d^+ 表示；负偏差变量表示决策值未达到目标期望值的部分，用 d^- 表示。且 d^+、d^- 满足 $d^+\geqslant 0, d^-\geqslant 0$。针对同一目标，$d^+$ 和 d^- 至少有一个为零，即 $d^+ \cdot d^- = 0$。

(3) 硬约束和软约束

硬约束，也称为绝对约束，是指必须严格满足的等式约束和不等式约束，如线性规划中的约束条件都是硬约束，不满足这些约束条件则不存在可行解。软约束是目标规划模型特有的一种约束，软约束中决策值和目标值之间的差异用偏差变量表示，因此目标约束条件的左端由决策变量和正、负偏差变量组成，右端则可看成要达到的目标期望值。引入正、负偏差变量之后，目标函数就变成了约束条件，成为约束条件的一部分。原有的约束条件也可以用引入偏差变量的办法，将不等式约束变成等式约束，偏差变量起松弛变量的作用。

(4) 优先因子(优先等级)和权系数

对于企业多目标管理决策问题，企业管理者要求达到的这些目标重要性不一样，为了区分各目标偏离期望值的严重程度，必须根据决策意愿把各目标分成多个不同的优先等级。要求第一位达到的目标赋予优先等级 P_1，第二位达到的目标赋予优先等级 P_2……第 K 位达到的目标赋予优先等级 P_K……并且规定 $P_K \gg P_{K+1}$，表示前一个优先等级比后一优先等级有更大的优先权。即在求解目标规划问题时，首先保证 P_1 级目标的实现，在此基础上再考虑 P_2 级目标的实现，依此类推。

对于同一优先等级的多个目标约束，为了区别它们重要程度的差异，则可引进权系数，权系数用 W_i 表示。

(5) 目标规划的目标函数

线性规划的目标函数由决策变量的线性函数构成，而目标规划的目标函数由各目标约束的偏差变量及相应的优先因子和权系数构成。当每一目标确定后，首先，要尽可能接近各既定目标期望值，则必须使各偏差变量尽可能小。根据具体情况，其基本形式又包括以下 3 种：

① 要求恰好等于目标期望值。即决策值超过和不足目标期望值的部分都尽可能小，因此有

$$\min z = f(d^+ + d^-) \tag{9-1}$$

② 要求不超过目标期望值。即决策值达不到目标期望，希望 d^+ 越小越好，因此有

$$\min z = f(d^+) \tag{9-2}$$

③ 要求不低于目标期望值。即决策值超过目标值，希望 d^- 越小越好，因此有

$$\min z = f(d^-) \tag{9-3}$$

同时，企业管理者必须将各个目标与目标期望值的偏差变量加权之和最小作为总的目标函数。因此有

$$\min \sum_{k=1}^{K} \sum_{j=1}^{J} [P_k \cdot (w_j^- d_j^- + w_j^+ d_j^+)] \tag{9-4}$$

对一个具体的企业多目标管理决策问题，应根据企业管理者对各目标的要求采取相应

的基本形式。

最终，可将企业多目标管理决策问题化为求下列线性规划问题：

$$\min\sum_{k=1}^{K}\sum_{j=1}^{J}[P_k \cdot (w_j^- d_j^- + w_j^+ d_j^+)]$$

$$\begin{cases}\text{第 1 个目标完成水平} - d_1^- + d_1^+ = E_1 \\ \text{第 2 个目标完成水平} - d_2^- + d_2^+ = E_2 \\ \vdots \\ \text{第 } J \text{ 个目标完成水平} - d_J^- + d_J^+ = E_J \\ d_j^-、d_j^+ \geqslant 0, j = 1,2,\cdots,J\end{cases} \tag{9-5}$$

2. 加权目标规划问题的建模步骤

根据以上分析结果，加权目标规划模型的建模步骤为：

第一步，确定决策变量与约束条件；

第二步，确定目标期望值，建立各个目标的目标函数；

第三步，引入偏差变量，将目标函数化为约束方程；

第四步，确定各目标偏离程度的权系数，构造总的目标函数。

【课堂案例】

某企业准备用新一代产品取代其目前的产品——3 种新型的电动工具。由于资金有限，企业管理层需要在 3 种产品的生产量上做出取舍，于是企业管理层建立了 3 个目标：目标 1，至少完成 1.25 亿元的利润；目标 2，维持目前 4 000 名员工的人数水平；目标 3，资金投入不超过 5 500 万元。企业管理层经过多方讨论，认为各目标偏离值权重系数如表 9-1 所示。企业单位产品利润、单位产品员工需求量、单位产品资金投入量如表 9-1 所示。企业应该如何安排生产，使各目标尽可能实现？

表 9-1　企业单位产品贡献

	产品 1	产品 2	产品 3	目标期望值	偏离值权重
单位产品利润(百万元)	12	9	15	125	5(低于目标期望值的每百万元)
单位产品员工需求量(百人)	5	3	4	40	4(低于目标期望值的每百人) 2(高于目标期望值的每百人)
单位产品资金投入(百万元)	5	7	8	55	3(超过目标期望值的每百万元)

解：设 3 种产品的产量分别为 x_1、x_2、x_3，根据企业管理层确定的目标和偏离权重标准，以及 3 个目标的完成水平和约束条件，建立加权目标规划模型，即

$$\min 5d_1^- + 4d_2^- + 2d_2^+ + 3d_3^+$$
$$\begin{cases}12x_1 + 9x_2 + 15x_3 - d_1^+ + d_1^- = 125 \\ 5x_1 + 3x_2 + 4x_3 - d_2^+ + d_2^- = 40 \\ 5x_1 + 7x_2 + 8x_3 - d_3^+ + d_3^- = 55 \\ x_i \geqslant 0, d_i^+ \geqslant 0, d_i^- \geqslant 0, i = 1,2,3\end{cases}$$

使用 GLPS 目标规划软件求解，得到

$$\begin{cases}x_1 = \frac{25}{3}, x_2 = 0, x_3 = \frac{5}{3} \\ d_1^- = d_1^+ = d_2^- = d_3^- = d_3^+ = 0, d_2^+ = \frac{25}{3}\end{cases}$$

即与企业管理层的目标唯一偏离的是员工人数，根据求解，员工人数为 $5\times\frac{25}{3}+3\times 0+4\times\frac{5}{3}=48.33$(百人)，超过了 833 人。其他目标都顺利实现。

9.2.2 优先目标规划模型

优先目标规划模型就是指各目标的重要性存在显著差异，且无法通过分配合理的权重来说明目标的相对重要性，可将这些目标按其重要性来排序，从尽量满足最重要的目标开始，接着以同样的方式实现第二目标，然后按照目标的顺序，依此类推。

优先目标规划模型与加权目标规划模型不同，它要求将所有目标按其重要性进行排序。但是在满足后续目标的同时，必须将已经实现的目标作为约束。优先目标规划模型的建模步骤为：

步骤 1，确定决策变量与约束条件；

步骤 2，确定目标期望值，建立各个目标的目标函数；

步骤 3，引入偏差变量，将目标函数化为约束方程；

步骤 4，确定各目标优先级别，针对各优先级别构造线性规划模型，构造模型时必须将已经实现的目标作为模型的约束条件。

第 1 目标：

$$\min d_1^- \quad \text{或} \quad \min d_1^+$$
$$\begin{cases}\text{第 1 个目标完成水平} - d_1^- + d_1^+ = E_1 \\ \text{第 2 个目标完成水平} - d_2^- + d_2^+ = E_2 \\ \vdots \\ \text{第 } J \text{ 个目标完成水平} - d_J^- + d_J^+ = E_J \\ d_j^-、d_j^+ \geqslant 0, j = 1,2,\cdots,J\end{cases} \tag{9-6}$$

求解后，假设目标 1 偏差最小值为 $d_1^- = d_1^{0-}$ 或者 $d_1^+ = d_1^{0+}$。

第 2 目标：

$$\min d_2^- \quad 或 \quad \min d_2^+$$

$$\begin{cases} d_1^- = d_1^{0-} \quad 或 \quad d_1^+ = d_1^{0+} \\ 第\ 1\ 个目标完成水平 - d_1^- + d_1^+ = E_1 \\ 第\ 2\ 个目标完成水平 - d_2^- + d_2^+ = E_2 \\ \vdots \\ 第\ J\ 个目标完成水平 - d_J^- + d_J^+ = E_J \\ d_j^-、d_j^+ \geqslant 0, j = 1,2,\cdots,J \end{cases} \tag{9-7}$$

依此类推，第 J 目标：

$$\min d_J^- \quad 或 \quad \min d_J^+$$

$$\begin{cases} d_1^- = d_1^{0-} \quad 或 \quad d_1^+ = d_1^{0+} \\ d_2^- = d_2^{0-} \quad 或 \quad d_2^+ = d_2^{0+} \\ \vdots \\ d_{J-1}^- = d_{J-1}^{0-} \quad 或 \quad d_{J-1}^+ = d_{J-1}^{0+} \\ 第\ 1\ 个目标完成水平 - d_1^- + d_1^+ = E_1 \\ 第\ 2\ 个目标完成水平 - d_2^- + d_2^+ = E_2 \\ \vdots \\ 第\ J\ 个目标完成水平 - d_J^- + d_J^+ = E_J \\ d_j^-、d_j^+ \geqslant 0, j = 1,2,\cdots,J \end{cases} \tag{9-8}$$

全部目标求解完后，根据偏差变量 d_j^-、d_j^+ 的值，就可以知道各目标的完成情况。

由于优先目标规划模型有多个目标，各个目标又有相对不同的重要性，求解时必须优先满足重要性权数大的目标，然后满足重要性权数次大的目标。优先目标规划模型的求解是分级进行的：首先求满足 P_1 级目标的解，然后在保证 P_1 级目标不被破坏的前提下，再求满足 P_2 级目标的解……依此类推，总之，是在不破坏上一级目标的前提下，实现下一级目标的最优。因此，这样最后求出的解并不能保证所有的目标都能达到，就不是通常意义下的最优解，称之为满意解。之所以叫满意解，是因为对于这种解来说，前面的目标是可以保证实现或部分实现的，后面的目标就不一定能保证实现或部分实现，有些可能就不能实现。

【课堂案例】

某企业生产两种产品，但受到原材料供应和设备工时的限制。在单件利润等有关数据已知的条件下，要求制订一个获利最大的生产计划，具体数据见表 9-2。

表 9-2　某企业生产两种产品的数据

产品	Ⅰ	Ⅱ	限量
原材料(kg/件)	5	10	60
设备工时(h/件)	4	4	40
利润(元/件)	6	8	

若工厂提出的管理目标按优先级排列如下：

P_1 级目标：希望产品Ⅱ的产量不超过产品Ⅰ的一半；

P_2 级目标：最好能节约 4 h 设备工时；

P_3 级目标：希望计划利润不小于 48 元；

由于原材料严重短缺，故原材料约束作为绝对约束，试建立目标规划模型。

解：设产品Ⅰ、Ⅱ的产量分别为 x_1、x_2，建立线性规划模型，引入偏差变量 d_i^-、d_i^+（$i=1,2,3$），得到以下 3 个目标约束：

$$x_1 - 2x_2 + d_1^- - d_1^+ = 0$$
$$4x_1 + 4x_2 + d_2^- - d_2^+ = 36$$
$$6x_1 + 8x_2 + d_3^- - d_3^+ = 48$$

按优先级确定目标函数，P_1 级目标要求 $\min d_1^-$；P_2 级目标要求 $\min d_2^+$；P_3 级目标要求 $\min d_3^-$。

综上，得该问题的目标规划模型为：

$$\begin{aligned}
\min Z = &P_1 d_1^- + P_2 d_2^+ + P_3 d_3^- \\
\text{s.t. } &5x_1 + 10x_2 + d_0^- = 60 & ① \\
&x_1 - 2x_2 + d_1^- - d_1^+ = 0 & ② \\
&4x_1 + 4x_2 + d_2^- - d_2^+ = 36 & ③ \\
&6x_1 + 8x_2 + d_3^- - d_3^+ = 48 & ④ \\
&x_1、x_2、d_0^-、d_i^-、d_i^+ \geqslant 0, i = 1,2,3
\end{aligned}$$

其中①为绝对约束，②、③、④为目标约束。

该问题也可以这样处理，把绝对约束①化为目标约束

$$5x_1 + 10x_2 + d_0^- - d_0^+ = 60$$

而把 P_1 级目标要求设为 $\min d_0^+$，其余依次后退优先级，得

$$\begin{aligned}
\min Z = &P_1 d_0^+ + P_2 d_1^- + P_3 d_3^+ + P_4 d_3^- \\
\text{s.t. } &5x_1 + 10x_2 + d_0^- - d_0^+ = 60 \\
&x_1 - 2x_2 + d_1^- - d_1^+ = 0 \\
&4x_1 + 4x_2 + d_2^- - d_2^+ = 36 \\
&6x_1 + 8x_2 + d_3^- - d_3^+ = 48 \\
&x_1、x_2、d_i^-、d_i^+ \geqslant 0, i = 0,1,2,3
\end{aligned}$$

解之得最优生产计划为 $x_1=8$ 件，$x_2=2$ 件，利润为 64 元。

9.3 企业交互式目标管理决策

企业交互式目标管理决策过程中，通常采用目标逐步逼近法、交互式逐步折中法和目

标贴近度决策方法,对企业目标进行交互式目标管理研究。

9.3.1 目标逐步逼近法

目标逐步逼近法是在求解企业目标管理决策问题时,最早利用局部偏好信息的交互式目标管理决策方法之一。这种方法是以最佳调和解距离理想点 f^* 有最小的组合偏差为前提去寻找出这个最佳调和解。该方法假设企业管理者特别厌恶那个最坏的即距离理想点有最大偏差的目标,并把这个最大的偏差作为组合偏差的测度,同时,选择一个使这个最大的偏差达到极小的解(即最佳调和解)。

考虑如下的线性多目标管理决策问题

$$\begin{aligned}&\max\left\{\sum_{j=1}^{N}c_{1j}x_j,\cdots,\sum_{j=1}^{N}c_{2j}x_j,\sum_{j=1}^{N}c_{nj}x_j\right\}\\&\text{s. t. }\sum_{j=1}^{N}a_{kj}x_j\leqslant b_k\quad(k=1,\cdots,m)\\&\qquad x_j\geqslant 0\qquad\qquad(j=1,\cdots,N)\end{aligned}\tag{9-9}$$

用目标逐步逼近法求解式(9-9)的步骤可表述为:

步骤 1,求理想点,构造支付表。

令迭代次数计算器 $q=1$,分别对 $j=1,\cdots,N$ 求解 N 个单目标优化问题:

$$\begin{aligned}&\max f_i(x)=\sum_{j=1}^{N}c_{ij}x_j\\&\text{s. t. }\sum_{j=1}^{N}a_{kj}x_j\leqslant b_k\quad(k=1,\cdots,m)\\&\qquad x_j\geqslant 0\qquad\qquad(j=1,\cdots,N)\end{aligned}\tag{9-10}$$

求解式(9-10)所得的最优解记为 $x^i,i=1,\cdots,n$,其相应的目标函数值记作 $f_i^*,i=1,\cdots,n$。把以上结果列入支付表 9-3 中的 $f_{ij}=f_i(x^i)$,即表中第 i 列元素为目标函数 f_i 在不同的 x^i 处的值,而第 j 行的元素为各个目标函数在 x^j 处的值。

表 9-3 支付表

	f_1	$\cdots$	f_j	$\cdots$	f_n
x^1	f_1^*	$\cdots$	f_{j1}	$\cdots$	f_{n1}
$\vdots$	$\vdots$	$\vdots$	$\vdots$	$\vdots$	$\vdots$
x^j	f_{1j}	$\cdots$	f_j^*	$\cdots$	f_{nj}
$\vdots$	$\vdots$	$\vdots$	$\vdots$	$\vdots$	$\vdots$
x^n	f_{1n}	$\cdots$	f_{jn}	$\cdots$	f_n^*

步骤 2,对 $q=1$,形成优化问题,求出比较偏好的非劣解。

根据前述讨论,其最佳调和解应是下列优化问题的解:

$$\min \max_{1 \leqslant i \leqslant n} \{ w_j (f_j^* - f_j(x)) \}$$
$$\text{s.t. } x \in X^1 = \left\{ x \in \mathbf{R}^N \middle| \sum_{j=1}^{N} a_{aj} \leqslant b_k, k = 1, \cdots, m, x_j \geqslant 0, j = 1, \cdots, N \right\} \tag{9-11}$$

与式(9-11)等价的线性规划问题可表示为

$$\begin{aligned} &\min \alpha \\ &\text{s.t. } \alpha \geqslant w_j(f_j^* - f_j(x)) \quad (j = 1, \cdots, n) \\ &\quad\ x \in X^1 \\ &\quad\ \alpha \geqslant 0 \end{aligned} \tag{9-12}$$

式(9-12)中，参数 α 是各个目标函数的实际值距其理想值的偏差加权后的上确界，求得的解 x 将使上确界 α 为极小；权 $w_i(i=1,\cdots,n)$ 被定义为

$$w_i = \frac{\mu_i}{\sum_{j=1}^{n} \mu_j} \tag{9-13}$$

式(9-13)中，

$$\mu_i = \begin{cases} \dfrac{f_i^* - f_i^{\min}}{f_i^*} \left(\sum_{j=1}^{n} c_{ij}^2 \right)^{-\frac{1}{2}} & (\text{如果 } f_i^* > 0) \\ \dfrac{f_i^{\min} - f_i^*}{f_i^*} \left(\sum_{j=1}^{n} c_{ij}^2 \right)^{-\frac{1}{2}} & (\text{如果 } f_i^* < 0) \end{cases} \tag{9-14}$$

通过对偏差变量加权，一方面可使目标函数值的偏差规范化，便于比较各个不同的目标；另一方面，突出那些对 x 的变化比较敏感的目标函数的作用。

求解式(9-12)，将其解记为 x_1^*，其相应的目标函数值为 $f_1(x_1^*),\cdots,f_n(x_1^*)$。

步骤 3，企业管理者对当前解做出反应，发表意见。

让企业管理者将当前方案的目标函数值 $f_1(x_q^*),\cdots,f_n(x_q^*)$与理想点 $f_1^*,\cdots,f_n^*$ 进行比较，比较结果会出现下述 3 种情况之一：

① 如果企业管理者认为当前解非常满意，这样，当前解即为最佳调和解，企业目标管理决策过程结束。

② 如果企业管理者认为所有目标均不满意或者 $q=n$，且企业管理者仍没有找到满意解，说明用这种方法不能求出该问题的最佳调和解，企业目标管理决策过程结束。

③ 如果企业管理者认为当前方案的某些目标与理想点相比非常满意，而另一些目标与理想点相比不满意，则企业管理者要在这 n 个目标之间进行权衡，确定“对哪一个目标函数数值降低要求和降低多少”，以换取主要目标的改进，使得企业管理者对各个目标函数的值均比较满意。设企业管理者认为第 l 个目标的函数值可降低要求，其降低量为 Δf_l。

步骤 4，求出新的比较偏好的非劣解。

由企业管理者的反应形成新的优化问题。新问题的约束条件集为

$$X^{q+1} = X^q \cap \widetilde{X}^q \tag{9-15}$$

式中：

$$\widetilde{X}^q = \{x \in X \mid f_l(x) \geqslant f_l(x_q^*) - \Delta f_l, f_l(x) \geqslant f_l(x_q^*), j = 1, \cdots, n, j \neq l\} \tag{9-16}$$

相应的各个目标的权重为

$$w_l = 0 \tag{9-17}$$

$$w_j = \frac{\mu_j}{\sum_{\substack{j=1 \\ i \neq l}}^{n} \mu_j} \tag{9-18}$$

式中：μ_j 的值利用式(9-14)计算。这样，第 q 次交互迭代计算求解的问题为

$$\begin{aligned} &\min \alpha \\ &\text{s. t. } \alpha \geqslant w_j(f_j^* - f_j(x)) \quad (j \in J^{q+1}) \\ &\qquad x \in X^{q+1} \end{aligned} \tag{9-19}$$

式中：$J^{q+1} = J^0 - \{l\}$，$J^0 = \{1, 2, \cdots, n\}$。求解问题(9-19)，将其解记为 x_{q+1}^*，令 $q=q+1$，返回步骤 3 继续进行。

式(9-17)中，将降低了要求的那个目标函数 f_l 的权设为零，因为如果不设 $w_l=0$，第 $q+1$ 次求解式(9-18)所得的解 x_{q+1}^* 和第 q 次求解式(9-18)所得的解 x_q^* 必然一样，这是因为当 $x=x_q^*$ 时，式(9-16)仍然会满足。

目标逐步逼近法的特点是企业管理者得到计算的目标函数值后，能和它们的理想值以及各次迭代计算的目标函数值做比较，从而不难判断哪些目标函数值应降低要求，哪些目标函数值需要改进。

由于目标逐步逼近法设计的交互过程不能保证得到满意解，有学者提出了另一种交互式目标管理决策方法，即交互式目标逐步折中法，这种方法克服了目标逐步逼近法的弱点，从而更加适用于企业多目标交互的优化决策问题。交互式目标逐步折中法包括 3 个基本步骤：① 由分析者提供有效解和相应的局部折中信息；② 由企业管理者确定偏好方向和步长；③ 分析者根据企业管理者给定的偏好信息求出新的有效解。企业管理者认为，经过这样一个过程所得到的新的有效解应该优于前一个有效解。

交互式目标逐步折中法与目标逐步逼近法的差别就是：第一，将目标集细分为 3 个子集，即① 必须加以改进现有水平的目标集；② 至少应保持现有水平的目标集；③ 可适当减少现有水平的目标集。第二，确定 3 个子集后，结合 3 个子集分别调整旧模型的目标函数，求解新的有效解。交互式目标逐步折中法有 2 个核心思想：① 充分考虑企业管理者的偏好，用 Δf_l 修正约束条件；② 为避免新模型与旧模型的解重复，用新的约束条件替代旧模型的约束条件，同时，不改变旧模型的优先级别。

【课堂案例】

用目标逐步逼近法求解企业目标管理决策问题

$$\max f_1(x) = x_1 + 2x_2$$
$$\max f_2(x) = 3x_1 + x_2$$
$$\text{s.t. } x_1 + x_2 \leqslant 6$$
$$2x_1 + x_2 \leqslant 9$$
$$0 \leqslant x_1 \leqslant 4$$
$$0 \leqslant x_2 \leqslant 5$$

解:(1) 求解问题

$$\max\ f_1(x)$$
$$\text{s.t. } x \in X = \{x \in \mathbf{R}^2 \mid x_1 + x_2 \leqslant 6, 2x_1 + x_2 \leqslant 9, 0 \leqslant x_1 \leqslant 4, 0 \leqslant x_2 \leqslant 5\}$$

得其解为:$\boldsymbol{x}^1 = (1,5)^{\mathrm{T}}, f_1^* = f_1(\boldsymbol{x}^1) = 11, f_{21} = f_2(\boldsymbol{x}^1) = 8$ 。

求解问题

$$\max\ f_2(x)$$
$$\text{s.t. } x \in X$$

得其解为:$\boldsymbol{x}^2 = (4,1)^{\mathrm{T}}, f_2^* = f_2(\boldsymbol{x}^2) = 13, f_{12} = f_1(\boldsymbol{x}^2) = 6$ 。

由上述计算结果得该问题的支付表如表 9-4。

表 9-4 支付表

	f_1	f_2
$\boldsymbol{x}^1=(1,5)^{\mathrm{T}}$	11	8
$\boldsymbol{x}^2=(4,1)^{\mathrm{T}}$	6	13

(2) 利用目标逐步逼近法计算,得到 $\mu_1 \approx 0.122, \mu_2 = 0.170$。

这样,$\omega_1 = \mu_1/(\mu_1+\mu_2) \approx 0.42, \omega_2 = \mu_2/(\mu_1+\mu_2) \approx 0.58$。形成第一个优化问题为

$$\min\ a$$
$$\text{s.t. } x \in X^1 = X$$
$$a \geqslant 0.42(11 - x_1 - 2x_2)$$
$$a \geqslant 0.58(13 - 3x_1 - x_2)$$

求解该问题,得到 $\boldsymbol{x}_1^* = (2.8,3.2)^{\mathrm{T}}, f_1(\boldsymbol{x}_1^*) = 9.2, f_2(\boldsymbol{x}_1^*) = 11.6$ 。

(3) 企业管理者将$[f_1(\boldsymbol{x}_1^*), f_2(\boldsymbol{x}_1^*)] = (9.2, 11.6)$与 $f^*[(11,13)^{\mathrm{T}}]$比较。这里假定企业管理者愿意将目标函数 $f_2(x)$的值降低 1 个单位,即从 11.6 降低到 10.6。

(4) 形成新的约束集 X^2 为

$$X^2 = X^1 \cap \widetilde{X}^1$$

式中：$\widetilde{X}^1=\{x\in\mathbf{R}^2\mid 3x_1+x_2\geqslant 10.6, x_1+2x_2\geqslant 9.2\}$。由此，新的优化问题为

$$\begin{aligned}&\min a\\ \text{s. t. }\ & x\in X^2\\ & a\geqslant 11-x_1-2x_2\end{aligned}$$

求解该问题，得到 $\boldsymbol{x}_2^*=(2.3,3.7)^{\mathrm{T}}, f_2(\boldsymbol{x}_2^*)=10.6$。返回第(3)步。

(5) 如果企业管理者对当前解 $\boldsymbol{x}_2^*=(2.3,3.7))^{\mathrm{T}}, f_2(\boldsymbol{x}_2^*)=10.6$ 满意，停止决策过程，则 $\boldsymbol{x}_2^*=(2.3,3.7)^{\mathrm{T}}, f_2(\boldsymbol{x}_2^*)=10.6$ 即为最佳调和解。否则，返回第(3)步继续进行。

9.3.2 目标贴近度决策方法

基于目标贴近度的交互式决策方法(简称目标贴近度决策方法)可以充分考虑企业管理者的要求，在满足整个目标方案与理想点的贴近度下限值的同时，实现各目标之间的权衡。

针对多目标决策问题：

$$\begin{aligned}&\max f(x)=\{f_1(x), f_2(x), \cdots, f_n(x)\}\\ &\min g(x)=\{g_1(x), g_2(x), \cdots, g_m(x)\}\\ &\text{s. t. }\ x\in X\end{aligned} \tag{9-20}$$

式中：x 为一连续区域，$f_i(x)(i=1,2,\cdots,n)$ 和 $g_j(x)(j=1,2,\cdots,m)$ 均为 X 上的连续函数。

定义 1 每个目标函数满意度的隶属函数定义为

$$\begin{cases}\mu(f_i(x))=\dfrac{f_i(x)-f_i^-}{f_i^*-f_i^-} & (i=1,2,\cdots,n)\\ \mu(g_j(x))=\dfrac{g_j^--g_j(x)}{g_j^--g_j^*} & (j=1,2,\cdots,m)\end{cases} \tag{9-21}$$

式中：f_i^*、f_i^- 分别为 $f_i(x)$ 的理想点和负理想点；g_j^*、g_j^- 分别为 $g_j(x)$ 的理想点和负理想点。

定义 2 由余弦概念定义：

$$\begin{cases}\cos\alpha=\dfrac{\sum\limits_{i=1}^{n}f_i(x)f_i^*+\sum\limits_{j=1}^{m}g_j(x)g_j^*}{\sqrt{\sum\limits_{i=1}^{n}(f_i(x))^2+\sum\limits_{j=1}^{m}(g_j(x))^2}\sqrt{\sum\limits_{i=1}^{n}(f_i^*)^2+\sum\limits_{j=1}^{m}(g_j^*)^2}}\\ \cos\beta=\dfrac{\sum\limits_{i=1}^{n}f_i(x)f_i^-+\sum\limits_{j=1}^{m}g_j(x)g_j^-}{\sqrt{\sum\limits_{i=1}^{n}(f_i(x))^2+\sum\limits_{j=1}^{m}(g_j(x))^2}\sqrt{\sum\limits_{i=1}^{n}(f_i^-)^2+\sum\limits_{j=1}^{m}(g_j^-)^2}}\end{cases} \tag{9-22}$$

为了能把目标方案作为单个整体进行衡量，给出目标贴近度概念。定义目标贴近度函数为

$$\lambda(x)=\frac{\cos\alpha}{\cos\alpha+\cos\beta}=\frac{AH_1(x)}{AH_1(x)+BH_2(x)} \tag{9-23}$$

式中：$A=\sqrt{\sum_{i=1}^{n}(f_i^-)^2+\sum_{j=1}^{m}(g_j^-)^2}$；$B=\sqrt{\sum_{i=1}^{n}(f_i^*)^2+\sum_{j=1}^{m}(g_j^*)^2}$；$H_1(x)=\sum_{i=1}^{n}f_i(x)f_i^*+\sum_{j=1}^{m}g_j(x)g_j^*$；$H_2(x)=\sum_{i=1}^{n}f_i(x)f_i^-+\sum_{j=1}^{m}g_j(x)g_j^-$。

从定义 2 可知：对于任意 $x\in X$，$\lambda(x)$ 值越大，则相应的目标方案离理想点越贴近；反之，则目标方案离理想点偏离越远。

目标贴近度指标值较好的目标方案有可能使某些目标的满意度较低，这样也许不能满足企业管理者的要求；另一方面，如果仅运用目标满意度指标，则不可能有效地实现不同目标之间的平衡。为此，建立下列单目标决策模型：

$$\begin{aligned}
&\max J=\sum_{i=1}^{i=n+m}w_i\mu_i\\
&\text{s. t. } AH_1(x)\geqslant\lambda_0(AH_1(x)+BH_2(x))\\
&\qquad\frac{f_i(x)-f_i^-}{f_i^*-f_i^-}\geqslant\mu_i\qquad(i=1,2,\cdots,n)\\
&\qquad\frac{g_j^- - g_j(x)}{g_j^- - g_j^*}\geqslant\mu_{n+j}\qquad(j=1,2,\cdots,m)\\
&\qquad x\in X
\end{aligned} \tag{9-24}$$

式中：w_i 为第 i 个目标满意度的权重；λ_0 为决策者事先设定目标贴近度的下限值。

式(9-24)的单目标决策模型的最优解为式(9-20)的多目标决策模型的有效解。但所得到的各目标函数的满意度有可能相差过大，为克服这个缺点，企业管理者应当根据各目标的实际需要适当提高某些目标的最低满意度，同时降低另一些目标的最低满意度，若有必要可对目标贴近度的下限值也进行适当调整，经过调整之后，设目标最低满意度向量为 $\mu_0^-=(\mu_1^-,\mu_2^-,\cdots,\mu_{n+m}^-)$，目标贴近度的下限值记为 λ_0^-，则进一步求解下列单目标决策模型：

$$\begin{aligned}
&\max J^-=\sum_{i=1}^{i=n+m}w_i\mu_i\\
&\text{s. t. } AH_1(x)\geqslant\lambda_0^-(AH_1(x)+BH_2(x))\\
&\qquad\frac{f_i(x)-f_i^-}{f_i^*-f_i^-}\geqslant\mu_i\geqslant\mu_i^-\qquad(i=1,2,\cdots,n)\\
&\qquad\frac{g_j^- - g_j(x)}{g_j^- - g_j^*}\geqslant\mu_{n+j}\geqslant\mu_{n+j}^-\quad(j=1,2,\cdots,m)
\end{aligned} \tag{9-25}$$

根据上述定义和模型，给出一种基于目标贴近度和目标满意度的交互式多目标决策方法的具体步骤：

步骤 1，给出目标方案的理想点 f_i^*、g_j^* 和负理想点 f_i^-、g_j^-。

步骤 2，计算 A、B、$H_1(x)$、$H_2(x)$。

步骤 3，根据企业管理者的主观偏好，设定目标贴近度的下限值 λ_0^-，并对每个目标满意度赋权，即给出权重向量 w_i。

步骤 4,求解式(9-24)的单目标决策模型,得到最优解 $x^{(0)}$,对于最优目标贴近度、目标满意度向量及相应的目标方案,置 $k=0$。

步骤 5,如果企业管理者认为结果已经符合要求,不再提出新的要求,结束;否则,请企业管理者根据各目标的实际需要适当提高某些目标的最低满意度,同时降低另一些目标的最低满意度,若有必要可对目标贴近度的下限值也进行适当调整。

步骤 6,构造并求解新的单目标决策模型,得到最优解 $x^{(k)}$,对于最优目标贴近度、目标满意度向量及相应的目标方案,置 $k=k+1$,转至步骤 5。

【课堂案例】

考虑如下企业目标管理决策问题

$$
\begin{aligned}
&\max f(x) = \{f_1(x), f_2(x), f_3(x)\} \\
&\min g(x) = \{g_1(x), g_2(x)\} \\
&f_1(x) = 4x_1 + 6x_2 + 5x_3 + 3x_4 \\
&f_2(x) = x_1 + 2.2x_2 + 2x_3 + 1.3x_4 \\
&f_3(x) = 1.2x_1 + 8x_2 + 2.5x_3 + x_4 \\
&g_1(x) = x_1 + 2.4x_2 + 1.3x_3 + 2x_4 \\
&g_2(x) = 2x_1 + 3x_2 + 0.5x_3 + 0.3x_4 \\
&\text{s. t. } 2x_1 + 4x_2 + 1.7x_3 + 2.6x_4 \leqslant 20 \\
&\qquad x_1, x_2, x_3, x_4 \geqslant 0
\end{aligned}
$$

设目标方案的理想点、负理想点、目标贴近度的下限值 λ_0 及目标满意度权重向量分别为

$$
\begin{aligned}
&f^* = (f_1^*, f_2^*, f_3^*) = (70, 30, 40) \\
&f^- = (f_1^-, f_2^-, f_3^-) = (8, 4, 1) \\
&g^- = (g_1^-, g_2^-) = (35, 20) \\
&\lambda_0 = 0.63 \\
&w = (w_1, w_2, w_3, w_4, w_5) = (0.1, 0.2, 0.2, 0.3, 0.2)
\end{aligned}
$$

解:计算 A、B、$H_1(x)$、$H_2(x)$,得到

$$
\begin{aligned}
&A = 0.0116, B = 0.0242 \\
&H_1(x) = 366x_1 + 821.6x_2 + 516.2x_3 + 297.6x_4 \\
&H_2(x) = 112.2x_1 + 208x_2 + 106x_3 + 106.2x_4
\end{aligned}
$$

建立单目标决策模型,并简化得到

$$
\begin{aligned}
&\max J = 0.1\mu_1 + 0.2\mu_2 + 0.2\mu_3 + 0.3\mu_4 + 0.2\mu_5 \\
&\text{s. t. } -1.4x_1 + 3.6x_2 - 6x_3 - 3.4x_4 \geqslant 0 \\
&\qquad (4x_1 + 6x_2 + 5x_3 + 3x_4 - 8)/62 \geqslant \mu_1 \\
&\qquad (x_1 + 2.2x_2 + 2x_3 + 1.3x_4)/26 \geqslant \mu_2 \\
&\qquad (1.2x_1 + 8x_2 + 2.5x_3 + x_4)/39 \geqslant \mu_3
\end{aligned}
$$

$$(35-(x_1+2.4x_2+1.3x_3+2x_4))/31 \geqslant \mu_4$$
$$(20-(2x_1+3x_2+0.5x_3+0.3x_4)/18) \geqslant \mu_5$$
$$2x_1+4x_2+1.7x_3+2.6x_4 \leqslant 20$$
$$x_1, x_2, x_3, x_4 \geqslant 0$$
$$0 \leqslant \mu_1, \mu_2, \mu_3, \mu_4 \leqslant 1$$

求解上述单目标决策模型，得出最优解 $x^{(0)}$，最优贴近度 $\lambda(x^{(0)})$，目标满意度向量 $\mu^{(0)}$ 及相应的目标方案为

$$x^{(0)}=(0,1.258,0.755,0)$$
$$\lambda(x^{(0)})=0.67$$
$$\mu^{(0)}=(0.318,1,0.281,1,0.881)$$
$$f(x^{(0)})=(11.323,4.278,11.952)$$
$$g(x^{(0)})=(4.001,4.1515)$$

由于目标满意度向量 $\mu^{(0)}$ 中的两个分量 $\mu_1^{(0)}$，$\mu_3^{(0)}$ 值较小，企业管理者对此结果不满意，提出新要求。设定最低目标满意度向量为 $\mu_0^-=(0.5,0.9,0.6,0.8,0.6)$，目标贴近度下限值不变，则构造下列单目标决策模型：

$$\max J=0.1\mu_1+0.2\mu_2+0.2\mu_3+0.3\mu_4+0.2\mu_5$$
$$\text{s.t.}\ -1.4x_1+3.6x_2-6x_3-3.4x_4 \geqslant 0$$
$$(4x_1+6x_2+5x_3+3x_4-8)/62 \geqslant \mu_1 \geqslant 0.5$$
$$(x_1+2.2x_2+2x_3+1.3x_4)/26 \geqslant \mu_2 \geqslant 0.9$$
$$(1.2x_1+8x_2+2.5x_3+x_4)/39 \geqslant \mu_3 \geqslant 0.6$$
$$(35-(x_1+2.4x_2+1.3x_3+2x_4))/31 \geqslant \mu_4 \geqslant 0.8$$
$$(20-(2x_1+3x_2+0.5x_3+0.3x_4)/18) \geqslant \mu_5 \geqslant 0.5$$
$$2x_1+4x_2+1.7x_3+2.6x_4 \leqslant 20$$
$$x_1, x_2, x_3, x_4 \geqslant 0$$
$$0 \leqslant \mu_1, \mu_2, \mu_3, \mu_4 \leqslant 1$$

求解上述单目标决策模型，得出最优解 $x^{(1)}$，最优贴近度 $\lambda(x^{(1)})$ 及相应的目标方案为

$$x^{(1)}=(0,2.568,1.514,0)$$
$$\lambda(x^{(1)})=0.67$$
$$\mu^{(0)}=(0.523,1,0.6,0.866,0.64)$$
$$f(x^{(0)})=(23.113,8.732,24.379)$$
$$g(x^{(0)})=(8.167,8.475)$$

企业管理者对此结果满意，不再提出新要求，故最优决策为

$$x^{(1)}=(0,2.568,1.541,0)$$

9.4 企业多层递阶目标管理决策

企业多层递阶目标管理决策过程中，通常采用多层规划模型进行多层递阶目标管理研究，多层递阶目标规划模型以双层目标规划模型为主，由若干个双层目标规划模型所构成。

9.4.1 双层目标规划模型

双层目标规划问题(Bilevel Programming Problem，简称 BLPP)是一种具有二层递阶结构的系统优化问题，是具有两个层次系统的目标规划与管理控制问题。上层问题和下层问题都有各自的决策变量、约束条件和目标函数。上层问题的目标函数的取值不仅取决于上层决策变量，还依赖于下层问题的最优解。反之，在求下层最优解的过程中又受到上层决策变量的影响。双层目标规划研究的是具有两个层次系统的规划与管理问题。上层管理者只是通过自己的决策去指导下层管理者，并不直接干涉下层的决策；而下层管理者只需要把上层的决策作为参数，他可以在自己的可能范围内自由决策。这种决策机制使得上层管理者在选择策略以优化自己的目标使之达成时，必须考虑到下层管理者可能采取的策略对自己的不利影响。

首先提出层次规划模型的是 H. VStackelberg。20 世纪 50 年代，为了更好地描述现实中的经济模式，H. V Stackelberg 在他的专著中首次提出了层次规划这一概念，虽然多层规划与之有共同点，但各层决策者依次做出决策，并且各自的策略集也不必再是分离的。20 世纪 60 年代，Dantaig 和 Wolfe 提出了大规模线性规划的分解算法，承认有一个核心决策者，它的目标高于一切，但与多层规划有很大区别，多层规划承认有最高层管理者，并允许下层管理者有各自不同的利益。20 世纪 70 年代发展起来的多目标规划通常寻求的是一个管理者的互相矛盾的多个目标的折中解，而多层规划强调下层决策对上层目标的影响，并且多层规划问题通常不能逐层独立求解。

20 世纪 70 年代以来，在解决实际问题的过程中，人们才逐渐形成多层规划的概念和方法。多层规划(Multilevel Programming)一词是 Candler 和 Norton 在奶制品工业模型和墨西哥农业模型的研究报告中首先提出来的。此后，许多学者开始广泛地研究双层目标规划并且对数学规划的这个分支的发展做出了巨大贡献，不仅在双层目标规划的理论研究上取得了重大的成果，而且还提出了许多求解双层目标规划的算法。

对于双层目标规划问题来说，由于其上层目标函数决定于下层的解函数，一般而言，双层目标规划问题的解是一个由双层目标规划的上层和下层目标函数的组合作为目标函数的线性规划的解。双层规划的意义在于：可以同时考虑全局和个体双方的利益，并保障首先从全局出发，体现了顾全大局、先集体后个人的思想。

自从 Candler 和 Norton 在他们的研究报告中提出多层规划的概念以来，Candler 和 Townsley，Bialas 和 Karwan，Bard 等先后提出了一般的双层目标规划或多层目标规划的数学模型。这里考虑如下形式的双层目标规划模型(BLP)：

$$\min_{x} F(x,y)$$
$$\text{s.t. } g(x,y) \leqslant 0,$$

其中 y 是下面问题的解：

$$\begin{aligned}&\min_{y} f(x,y)\\&\text{s.t. } h(x,y) \leqslant 0\end{aligned} \tag{9-26}$$

式中：$x \in R^{n_x}$，$y \in R^{n_y}$ 分别称为上层规划问题和下层规划问题的决策变量；$F,f: R^{n_x+n_y} \to R$ 分别称为上层规划问题和下层规划问题的目标函数；$g: R^{n_x+n_y} \to R^{n_u}$，$h: R^{n_x+n_y} \to R^{n_l}$ 分别称为上层规划问题和下层规划问题的约束条件。

从式(9-26)中可以看出，作为双层决策问题的双层目标规划是一种具有双层递阶结构的系统优化问题，并且上层规划问题和下层规划问题都有各自的目标函数和约束条件。上层规划问题的目标函数和约束条件不仅与上层规划问题的决策变量有关，而且还依赖于下层规划问题的最优解，而下层规划问题的最优解又受上层决策变量的影响。

为研究双层目标规划问题的性质、方法和应用，首先介绍双层目标规划问题的一些基本概念：

- 问题的约束域：$\Omega = \{(x,y) \mid g(x,y) \leqslant 0, h(x,y) \leqslant 0\}$。
- 对于任意给定的 x，下层规划问题的约束域：$\Omega(x) = \{y \mid h(x,y) \leqslant 0\}$。
- 对于任意给定的 x，下层规划问题的合理反应集：$M(x) = \{y \mid y \in \operatorname{argmin}\{f(x,y), y \in \Omega(x)\}\}$。
- 对于任意给定的 x 和相应的 $y \in \Omega(x)$，下层规划问题的最优值：$v(x) = f(x,y)$。
- 问题的诱导域：$IR = \{(x,y) \mid (x,y) \in \Omega(x), y \in \Omega(x)\}$。

诱导域是双层目标规划问题的可行解集，而且诱导域是非凸的，并且在上层约束中包含有下层决策变量时诱导域还可能是不连通的。对于任意的上层决策变量 x，当下层规划问题的合理反应集 $M(x)$ 为非单点集时，上层规划问题的目标函数 $F(x,y)(y \in M(x))$ 是多值函数，一般来说，$M_x F(x,y)$ 无意义，因此这里假设 $M(x)$ 为单点集，即下层规划问题的解是唯一的，而对于下层规划问题的解不唯一的情况，我们在后面进行讨论。除此之外，为了保证双层目标规划问题有解，我们还假定 Ω 和 IR 是非空有界的。下面给出双层目标规划问题的可行解和最优解的定义。

定义 1　如果 $(x,y) \in IR$，则称点 (x,y) 为双层目标规划问题的可行解。

定义 2　如果 $(x^*,y^*) \in IR$ 且 $F(x^*,y^*) \leqslant F(x,y)$，$\forall (x,y) \in IR$，则称点 (x^*,y^*) 为双层目标规划问题的最优解。

根据上述定义，双层目标规划具有以下主要特点：

① 层次性。研究的系统是分层管理的，各层管理者依次做出决策，下层服从上层。

② 独立性。各层管理者各自控制一部分决策变量，以优化各自的目标。

③ 冲突性。各层管理者有各自不同的目标，且这些目标往往是相互矛盾的。

④ 优先性。上层管理者优先做出决策，而下层管理者在优化自己的目标而选择决策时，不能违背和改变上层的决策。

⑤ 自主性。上层的决策可能影响下层的行为，因而部分地影响下层目标的实现，但上

层不能完全控制下层的选择行为，下层并不是完全无条件服从上层，在上层决策允许范围内，下层有相当的自主决策权。

⑥ 制约性。下层的决策不但决定着自身目标的达成，而且也影响着上层目标的实现，因此上层在选择策略优化自己的目标时，必须考虑到下层可能采取的策略对自己的不利影响。

⑦ 依赖性。各层管理者的容许策略集通常是不可分的，他们往往形成一个相互关联的整体。

9.4.2 模型求解算法

若双层目标规划问题中所涉及的目标函数和约束条件都为线性的，则称为线性双层目标规划问题，否则称为非线性双层目标规划问题。一般来说，求解双层目标规划问题是非常复杂的，主要原因有两个方面：第一，双层目标规划问题是一个 NP-问题；第二，双层目标规划的嵌套结构导致了问题的非凸性，这是求解复杂的另一个重要原因，即使最简单的线性双层目标规划，一般来说也是一个非凸优化问题。非线性双层目标规划通常只能得到一个局部最优解而非全局最优解。针对双层目标规划问题的求解，目前国内外学者们提出了极点搜索法、分枝定界法和智能优化算法等求解算法。

（1）极点搜索法

这种方法主要用于求解线性双层目标规划，其基本观点就是：线性双层目标规划问题的任何解都出现在下层问题的约束集合的极点位置。因此，首先可以利用各种方法来寻找约束空间的极点（不要求寻找全部极点），然后从中再找出双层问题的局部最优解或全局最优解。

Candler 和 Townsley 在研究上层无约束、下层有唯一解的双层线性规划时得出一个该问题的性质：如果线性双层目标规划最优解的个数有限，那么在约束集的极点处，至少存在一个极点是最优解。后来，Bard，Bialas 和 Karwan 在约束集有界的假设下，证明这是线性双层目标规划的一个共性。基于这个性质，提出了极点搜索法，其中比较著名的极点搜索法有 K 次最好法和格搜索法。K 次最好法最早由 Bialas 和 Karwan 正式给出，是通过隐枚举双层线性规划问题约束域的所有极点得到线性双层目标规划问题的最优解，其基本思想是：首先，在双层目标规划问题的约束域上求解上层问题的最优解，得到第一个最好解；如果这个解不可行，那么就在临近该最好解的顶点中找出下一个最好解；重复这样的过程直到在诱导域中找到双层目标规划的最优解。若线性双层目标规划问题有解，该算法必产生全局最优解。因此，许多算法都用它来检验解的全局性。但是随着问题规模的增大，计算量将随着极点个数的增多而迅速增大，因此这种方法对于较大规模的问题求解困难。但随着大型计算机的出现，该算法的适应范围仍在不断扩大。

Bard 基于灵敏度分析提出了格搜索法来求解线性双层目标规划问题，并且比较了几种算法的性能，指出格搜索法比 K 次最好法有效。并且格搜索法计算速度快，可以为其他算法（例如分枝定界法）提供下界。但是，Haurie，savard 和 white，Ben-Ayed 和 Blair 指出格搜索法有时可能找不到最优解。这是在于它不能提供中间结果，即如果算法在没有满足中止条件时停止，那么算法连一个近似解都不能得到；即使得到一个解，也不能确定是全局解或局部解。

近来,Chenggen Shi, Guangquan zhang 和 Jie Lu 在新定义线性双层目标规划解的基础上,不仅提出了用推广的 K 次最好法求解线性双层目标规划问题,而且还提出了求解下层具有多个决策者的线性双层目标规划问题的 K 次最好法。将包含有下层决策变量的上层约束转化为下层约束,放松问题的可行域,允许将一些不可行点考虑为可行点,但该方法不可以解更广泛的双层目标规划问题。

(2) 分枝定界法

分枝定界法广泛应用于凸的双层目标规划问题中。尽管该方法的计算量很大,但是它一般可以得到全局最优解,因此在求解双层目标规划问题时被广泛应用。此外,Fortuny-Amat 和 McCarl 将双层二次规划的下层规划问题用其 Kuhn-Tucker 条件代替就得到了一个单层规划问题,然后用两个等式约束来代替非线性互补项,得到一个混合整数的二次规划问题,从而得到双层规划问题的全局解。Bard 和 Moore 将下层规划问题用其 Kuhn-Tucker 条件代替,把双层线性二次规划问题转化成了一个单层目标规划问题,然后求解去掉互补项后的线性规划,并在每次迭代中都检查互补项是否成立;如果成立,那么相应的点就在诱导域中,这样就得到了一个潜在的最优解;否则,应用分枝定界的方法来隐式地检查互补松弛条件的所有组合。由于该分枝定界法的一般特性,它还可以求解非线性双层目标规划问题。

(3) 智能优化算法

Mathieu, Pittard 和 Anandalingam 提出了解线性双层目标规划问题的遗传算法。在该方法中,上层的决策变量随机生成,然后通过求解一个线性目标规划得到下层的反应,而且在其遗传算法中仅仅使用变异算子,但该方法中由于每一个可行的个体不一定代表一个极值点,而是代表一个可达的解,这样使得搜索空间大大地扩大了。因而 Hejazi, Memariani, Jahanshanloo 和 Sepehri 提出了一种遗传算法,在该算法中每个可行个体代表可行域的一个顶点,因而大大减小了搜索空间。遗传算法是借鉴生物进化过程而提出的一种启发式搜索算法。借鉴生物进化论,遗传算法将要解决的问题模拟成一个生物进化的过程,通过编码、杂交、变异等操作产生下一代的解,并逐步淘汰适应度值低的解,增加适应度值高的解。执行若干代后,就会进化出适应度值很高的个体,从而得到最优解。

禁忌搜索法是局部邻域搜索算法的推广,基本思想是:首先随机产生一个初始点,然后在这个点的邻域内随机搜索并代入目标函数进行评价,从而找到一个局部最优点,并把这个点记录在禁忌表中,使下次搜索时不再找到这个点,其目的是使算法跳出局部最优从而找到全局最优解。最后,将局部最优点作为当前的初始点,继续搜索一直到终止条件满足。

此外,许多学者还探讨了一些其他的求解算法,包括互补旋转法、下降方向法和罚函数法等算法。针对上下层含有共同决策变量的双层规划问题,王广民提出了交互式模糊求解方法。之后又将模型推广到上层有一个领导者,下层含有多个从属者的双层规划模型,并提出了求解该分布式双层规划模型的交互式模糊决策方法。

各种算法都有各自的优缺点,分枝定界法等这些基于梯度的传统优化方法,在求解函数凸可微的问题时,求解效率比较高。但函数不可微或者结构复杂时往往得不到全局最优解。智能优化算法,如遗传算法、禁忌搜索法等全局搜索能力强,并且对函数的要求比较低，所以更多地用于求解复杂的非线性约束优化问题。双层规划问题便是这类复杂问题之一，但直接应用遗传算法计算量非常大，原因是对于每个上层决策，都必须求一个下层最优问题。因此要使用智能算法来解决双层规划问题，需要做的就是寻找更有效的、计算量更少的算法。

双层目标规划是一个正在兴起而又非常活跃的研究方向，实际中也广泛存在着可以描述为双层目标规划模型的各种问题，因此，用双层目标规划建模解决实际问题仍是今后的发展方向之一。然而，实际问题的种类非常广泛，这就需要研究各种类型的双层目标规划模型，而且这种实际应用的需要将继续推动关于各种双层目标规划模型的理论研究。

【思考题】

1. 什么是企业目标管理决策？
2. 企业多目标管理决策的主要方法有哪些？
3. 企业交互式目标管理决策的主要方法有哪些？
4. 企业多层递阶目标管理决策的方法是什么？

10 企业技术创新管理决策

【学习要求与目标】

1. 理解企业技术创新管理决策的概念；
2. 理解企业技术创新管理与经济发展的关系；
3. 掌握企业技术预测的概念；
4. 掌握企业技术预测的类型；
5. 了解企业技术预测的方法；
6. 掌握企业技术评价的概念；
7. 理解企业技术评价的步骤和方法；
8. 掌握企业技术创新的概念；
9. 理解企业技术创新能力。

2020 年 7 月 21 日，习近平总书记在企业家座谈会上的讲话中指出，希望大家勇于创新，做创新发展的探索者、组织者、引领者，勇于推动生产组织创新、技术创新、市场创新，重视技术研发和人力资本投入，有效调动员工创造力，努力把企业打造成为强大的创新主体。2020 年 9 月 11 日，习近平总书记主持召开科学家座谈会时指出，我国经济社会发展和民生改善比过去任何时候都需要科学技术解决方案，都更加需要增强创新这个第一动力。要把原始创新能力提升到更加突出的位置，努力实现更多“从 0 到 1”的突破。坚持面向世界科技前沿、面向经济主战场、面向国家重大需求、面向人民生命健康，不断向科学技术广度和深度进军。遵循科学发展规律，持续提升科技自主创新能力，推动科技创新成果不断涌现，并转化为现实生产力。2020 年 11 月 1 日出版的第 21 期《求是》杂志发表的习近平总书记《国家中长期经济社会发展战略若干重大问题》一文指出，科技发展要坚持问题导向、目标导向。要优化科技资源布局，调整优化科技投入和产出结构，提升科技创新能力，走出一条符合我国国情的科技研发道路。国家发展“十四五”规划明确提出：制定科技强国行动纲要，健全社会主义市场经济体制下新型举国体制，打好关键核心技术攻坚战。对于企业来说，企业是创新的主体，是推动创新创造的生力军，也是创新成果的使用者和受益者。企业的创新是一项系统工程，关键是加强企业技术预测和技术评价，提高企业技术创新管理决策能力，达到企业的技术创新效果。企业技术创新管理是企业研发管理的重要组成部分，而企业研发管理是企业战略管理的重要职能之一。

10.1 企业技术创新管理决策概述

10.1.1 企业技术创新管理决策的概念

1. 企业技术创新管理的含义

(1) 技术的含义

根据《大不列颠百科全书》的解释,技术(Technology)一词最早由希腊词 techne(艺术、手工艺品)和 logos(词、言语)组成,意味着既是好的又是可用的。Technology 一词早在 17 世纪就出现在英文中,但仅被用来讨论艺术应用,到 20 世纪其含义才迅速发展。归纳起来,关于技术含义的描述大致分为 5 种:

① 18 世纪,法国《百科全书》首先将"技术"列为专门条目,法国百科全书派代表人物狄德罗认为:"技术是为某一目的共同协作而组成的各种工具与规则的体系。"工具规则分为 5 大类:第一,工具的使用规则。如工具的使用说明书。第二,工具的原理规则。如工具的工作原理图。第三,工具的制造规则。如工具的材质要求、物理化学性能要求、形状尺寸要求等。第四,工具的检测规则。如工具的精度标准、质量等级、特征尺寸、功能范围等。第五,工具的限制性规则。如工具使用时的注意事项。

② 世界知识产权组织在 1977 年版《供发展中国家使用的许可证贸易手册》中将技术定义为:"技术是制造一种产品的系统知识,所采用的一种工艺或提供的一项服务,不论这种知识是否反映在一项发明、一项外形设计、一项实用新型或者一种植物新品种,或者反映在技术情报或技能中,或者反映在专家为设计、安装、开办或维修一个工厂或为管理一个工商业企业或其活动而提供的服务或协助等方面。"这也是国际上最为全面和完整的关于技术的定义。实质上,知识产权组织把世界上所有能带来经济效益的科学知识都定义为技术。

③ 美国国家科学基金会(NSF)在 1983 年的技术创新文集评论中引用了斯科恩(Schon)的定义,即"技术是指扩展人类能力的任何工具或技能,包括有形的装备或无形的工作方法"。

④ 费里拉(J. Friar)等在 1986 年对技术的定义为:"技术是指一种创造出可再现性方法或手段的能力,这些方法或手段能导致产品、工艺过程和服务的改进。"因此,从技术的效用来看,技术是改造自然、从事生产的手段和知识的综合,是指人们应用科学知识的一种艺术。

⑤ 近年来,由于信息技术的发展、技术市场的出现以及技术的商品化,可将技术进一步分为"硬技术"和"软技术"。其中,硬技术是指劳动资料,软技术包括设计、制造方法与技术信息等。技术的含义强调两大特点:一是理论方面的系统性;二是方法方面的体系性。它所含的内容,其一是劳动工具部分,其二是工艺与规则部分。

在企业技术创新管理决策中,"技术"一词应从更广义的角度来理解,应从研究生产应用技术出发,包括发明及发明的完善化和实现工业生产三个程序,并以自己特定的专业内容组成"工程"的基础,从而成为"工程"的基本素质。总之,企业技术创新管理决策中的技术含义是广义的,它包括企业为达到预期目的而对自然、社会进行协调、控制、改造的知识、技能、手段、方法和规则。它通过把科学知识、技术能力和物质手段等要素结合起来，形成一个能够改造自然的运动系统。

技术作为一个系统，不是知识、能力或物质手段三者简单的机械组合，而是在解决企业特定问题中体现的有机整体。从表现形态上看，技术可分成体现为机器、设备、基础设施等生产条件和工作条件的物质技术（硬技术）与体现为工艺、方法、程序、信息、经验、技巧和管理能力的非物质技术（软技术）。不论硬技术还是软技术，都是以科学知识为基础形成的，并且遵循一定的科学规律，互相结合在生产活动中共同发挥作用。

（2）创新的含义

从社会学理论来看，创新是指人们为了发展需要，运用已知的信息和条件，突破常规，发现或产生某种新颖、独特的有价值的新事物、新思想的活动。创新主要包括 7 大类：思维创新、产品（服务）创新、技术创新、组织与制度创新、管理创新、营销创新、文化创新。创新的本质是突破，即突破旧的思维定式、旧的常规戒律。创新活动的核心是“新”，它或者是产品的结构、性能和外部特征的变革，或者是造型设计、内容的表现形式和手段的创造，或者是内容的丰富和完善。

从经济学理论来看，创新是指以现有的知识和物质，在特定的环境中，改进或创造新的事物（包括但不限于各种方法、元素、路径、环境等），并能获得一定有益效果的行为。经济学上，创新概念起源于美籍经济学家熊彼特在 1912 年出版的《经济发展概论》。熊彼特在其著作中提出：创新是指把一种新的生产要素和生产条件的“新结合”引入生产体系。它包括 5 种情况：引入一种新产品，引入一种新的生产方法，开辟一个新的市场，获得原材料或半成品的一种新的供应来源，新的组织形式。熊彼特的创新概念包含的范围很广，如涉及技术性变化的创新及非技术性变化的组织创新。

（3）技术创新管理的含义

伴随时代变迁，以及大数据和互联网时代的发展，技术在企业中的作用越来越重要，现已成为决定企业持续快速发展的关键要素。企业技术创新管理是依据科学技术工作规律，对企业的全部技术创新活动进行的计划、组织、领导、控制等方面的管理工作，合理利用企业技术创新力量和资源，研究开发新的技术，并实现企业技术创新成果转化，推动企业技术进步和经济效益的实现。企业技术创新管理是在整合技术创新资源的基础上，使企业技术创新与企业发展之间形成良性循环，维持并提升企业竞争力。

我国企业技术创新管理理论研究起源于 20 世纪 80 年代，目前企业技术创新管理已经成为企业重要的管理职能之一。企业技术创新管理实质上是针对企业技术创新组织一系列活动所进行的管理，例如企业技术预测、企业技术创新、企业技术评价、企业技术获取与消化吸收、企业技术开发与应用以及企业技术保护等活动的管理。企业技术创新管理强调以企业经济效益为中心，重在提高企业技术创新产品性能和质量。企业技术创新管理活动可进一步促进企业技术的发展，同时推动技术创新，帮助企业提升市场竞争力。

2. 企业技术创新管理决策的作用

从广义上来讲，企业技术创新管理决策是指对与企业技术有着密切关联的技术研发、产品开发、工艺优化等所进行的管理决策活动，例如对工艺流程、生产技术数据、生产原材料、产品实现与验证等相关技术创新所进行的管理决策。

企业技术创新管理决策的作用可概括为：

第一，针对企业技术创新管理活动，通过企业技术创新管理决策，有助于全面提升企业技术创新水平，使企业更具创新活力，促进企业改善技术创新产品形象与员工的精神面貌，从而为企业营造一个安全、有序、整洁、规范的生产环境，增强企业员工的团队意识，提高企业员工的工作热情。

第二，针对企业技术创新管理活动，通过企业技术创新管理决策，有助于提升企业的技术创新能力，提高企业技术创新质量水平与技术创新产品的生产效率，使企业研发和生产周期缩短，促进企业生产工艺的进一步规范，保障原材料、在制品和成品的管理井然有序，确保企业生产设备的高效稳定运行。

第三，针对企业技术创新管理活动，通过企业技术创新管理决策，使企业员工严格按照操作流程对技术创新产品的生产设备进行及时维修与保养，有助于提高企业技术创新产品生产过程的稳定性，确保企业技术创新产品生产设备的高效运行，从而提高和改善企业技术创新产品的质量，有效降低技术创新产品的损耗和废品率。

第四，针对企业技术创新管理活动，通过企业技术创新管理决策，为企业技术创新产品生产的各个工序制定明确的操作指导和管理规定，确保企业技术创新产品各个生产环节的规范化。同时，实现对企业技术创新资源的合理配置，使生产资料能够物尽其用，缩短了企业研发和生产周期，在提高企业工艺出品率的同时，提高企业生产效率，节约生产成本。

10.1.2 企业技术创新管理与经济发展的关系

1. 企业技术创新对经济发展的作用

实践表明，企业劳动生产率的提高，与企业技术进步直接相关。也就是说，企业技术的先进性与经济效果的最佳性之间存在某种必然联系。企业技术创新对经济发展的作用可概括为 3 个方面：① 企业先进技术对经济发展的杠杆性作用；② 企业适宜技术对经济发展的有效性作用；③ 企业不同技术对实现同一经济目标的可替代性作用。

(1) 先进技术对经济发展的杠杆性作用

经济发展的关键是先进技术，企业先进技术对经济发展的杠杆性作用体现为 2 个方面：第一，随着技术的不断进步，企业投入生产过程的必要劳动量必然降低。企业技术进步直接表现为企业劳动消耗降低与劳动生产率提高。第二，由于企业技术进步而伴随劳动消耗降低，必然间接地反映到企业必要生产费用的减少与经济效果的扩大。

实践表明，技术创新是推动工业发展的直接动力。科学必须通过技术转化为现实的生产力。因此，技术创新对社会生产力产生直接的作用，是推动经济社会发展的基本手段。根据统计，1950—1976 年，苏联工业总产值增长了 9 倍，其中经济增长的 80%～90%源于劳动生产率的提高，而劳动生产率提高的 70%～75%源于新技术的应用。1950—1975 年，美国工业生产值增长了 205%，源于新技术的应用与劳动生产率的提高。日本第二次世界大战后的技术进步对经济发展的贡献高达 60%～70%。1952—1982 年，中国技术进步对工业产值的贡献仅为 11.6%；1979—2000 年，中国技术进步对经济增长的贡献增至 28.57%。2012 年，中国科技进步贡献率超过 50%，达到 52.2%。2019 年中国科技进步贡献率接近 60%，达到 59.5%。

(2) 适宜技术对经济发展的有效性作用

技术的先进性与经济效果的最佳性两者之间并不存在必然联系，但先进技术具有转化为最佳经济效果的潜在性与可能性，取决于客观上是否具备实现这一转化的必要条件，即客观上是否具有采用这一技术的人力、物力、财力等相应资源条件。而经济效果的最佳性，取决于技术对外界条件的适宜程度，主要是指资源、能源、人力、物力与财力等经济条件，以及与其相关联的其他技术系统的外在条件。因此，企业为了实现某一确定的经济目的，就选择技术手段而言，不应盲目地追求技术上的先进性，而应因地因时制宜选择适宜技术。

企业适宜技术对经济发展的有效性，具体表现在 2 个方面：第一，不仅表明了企业技术水平对经济效果所产生的影响，而且也反映了企业经济条件对选择技术水平的制约。第二，就一定条件而言，总是相对地、必然地存在着某一适宜的企业技术，它表现为效果最佳的企业技术方案。

(3) 不同技术对实现同一经济目标的替代性作用

企业为实现某一确定的经济目标，可采取多种技术途径，而同一途径又可由不同的技术因素构成。因此，企业各技术途径与其构成的技术因素之间，在实现企业同一经济目标的过程中，具有不同的相互替代的可能性。即使已被确认为是企业“适宜技术”的情况下，仍有各种不同的技术组合方案与其相应的多种费用。企业实现任何经济目标，都应做多方案的创造与比较，以便在技术可行的前提下，寻找经济上更为合理的企业技术方案。

企业不同技术对实现经济目标的可替代性，最终体现为两个方面：第一，在实现同一目标的多种技术组合方案中，其中必有一种成本最低的方案。第二，这种最低成本的技术方案，随着时间、地点、条件的变化以及技术的发展而处于动态的变化之中。

综上所述，从企业技术创新对经济发展的作用可看出，如若发展企业经济，不仅要采用先进技术，更应该采用适宜技术，即使是适宜技术，还应该寻找成本最低的替代技术。

2. 企业技术创新与经济发展的辩证关系

技术和经济是人类社会进行物质生产活动中始终并存的两个方面，两者相互促进又相互制约。经济发展是技术进步的动力和方向，而技术进步是推动经济发展、提高经济效益的重要条件和手段。企业技术创新与经济发展之间是一种相互依存、相互推进的辩证关系，两者在发展过程中充分表现了不可分割的内在联系。企业任何技术的应用，都应以提高经济效益为前提，要因地、因时处理好技术创新和经济发展之间的关系。企业技术创新和经济发展相互融合，才能获得良好的经济效益。

企业技术创新必须以客观的企业经济需求为前提，以必要的企业经济实力为基础。企业任何先进技术的应用必须在显示出经济上的优势后，才能得到推广。离开了以一定经济条件为基础的企业技术创新，不可能得到充分的应用与发展。但随着时间的推移，经济条件在不断发展和变化，经济效益不好的企业技术将转化为经济效益比较好的企业技术，而经济效益比较好的企业技术可能转化为不经济的企业技术。如果没有以相应水平的企业技术为前提，企业经济也就无法运行与发展。

企业技术创新和经济发展之间相互渗透、相互促进又相互制约，企业任何技术的发展和应用不仅是一个技术问题，同时又是一个经济问题。研究企业技术创新和经济发展的关系，探讨如何通过企业技术进步促进其经济发展，在经济发展中推动企业技术进步，是企业技术创新管理进一步丰富和发展的一个重要领域。在这一领域中，最核心的一个问题就是企业技术选择问题。即在特定的经济环境下，企业选择何种技术去实现特定的经济目标。

3. 企业技术选择

(1) 宏观技术选择

企业宏观技术选择是指涉及面较广的技术采用问题，其影响的广泛性和深远性超出一个企业的范围，甚至能影响整个国民经济的发展和社会进步。例如，① 中国电力工业的发展，是优先发展火电，还是优先发展水电，或者是优先发展核电，应作何选择；② 中国城市交通问题的解决，是大力发展小汽车，还是发展新能源汽车，或者是发展公共交通加自行车，应作何选择。这些都是涉及范围很广的宏观决策问题，每一项决策都与技术有关，而且最终都会影响到整个国家经济、技术和社会的发展。

(2) 微观技术选择

企业微观技术选择是指企业范围内的产品、工艺和设备的选择。企业生产何种产品、用何种方式生产、采用何种工艺过程、选用何种设备等，是影响企业市场竞争力和经济效益的关键性问题。所以，企业技术选择是企业技术管理活动的重要决策。企业微观技术选择虽然直接涉及的是企业的生存和发展，但最终也将影响到整个国民经济的发展。总体来看，企业技术选择要注意经济效果，兼顾技术的适用性和先进性。要防止两种倾向：一方面，要防止不顾企情，忽视现有的企业经济现状，盲目追求技术先进性的倾向；另一方面，要防止故步自封，片面强调现有基础，看不到企业发展的潜力与优势，不敢采用先进技术的倾向。

10.2 企业技术预测

所谓预测，就是在调查研究的基础上，依据已知的资料和数据，寻找事物运动和发展的规律，推测未知或未来事物的运动发展趋势和发展程度。预测的迅速发展，可归结为经济竞争的要求，而经济竞争的要求来源于技术竞争的要求。由于企业技术管理的最终任务是为决策提供依据，而正确的决策首先要依赖正确的预测。因此，根据企业技术管理决策的要求，首先预测企业有关技术未来发展的方向、速度及其主要效果，以及产生的负作用及可控程度；然后再从经济上研究、预测企业未来需求的发展方向、速度及其稳定性，兼顾企业技术可行性与经济合理性，为正确的企业技术创新管理决策提供依据。

10.2.1 企业技术预测概述

1. 企业技术预测的概念

企业技术预测是企业技术创新管理不可或缺的组成部分之一。人类对未来技术的预测，已经从第一代发展到第四代。其中，第一代“技术预测”只考虑硬技术在未来的发展趋势；第二代“技术预测”则充分考虑了未来技术的市场需求；第三代“技术预测”不仅关注市场，而且将整个社会纳入了考察范围，越来越多的“利益相关者”加入预测活动中，是对技术在社会、经济、环境等多层次上的预测。第四代“技术预测”则是对硬技术、软技术同时进行展望。

企业技术预测一般是指企业对某些学科的发展可能导致的某些技术发明、技术应用及其对社会、经济、环境等方面的发展产生的影响，事先提出的一种有根据的估计。它一方面是企业对技术发展趋势的预见，同时对技术的应用，以及可能导致的社会、经济、环境等方面的影响进行最有根据、最符合客观发展规律的推测和估计。

例如，美国于1990年成立了国家关键技术委员会，开始进行美国国家关键技术研究。这项研究从技术供给能力和产业需求出发，由关键技术委员会的12～25位专家选出在未来5～10年期间可行并可能实现的对经济繁荣和国家安全重要的关键技术。1991年起，美国国家关键技术报告每两年定期发布。这些报告为科技决策和选择优先发展的技术领域提供了支撑。

日本从1971年开始，利用德尔菲法每5年进行一次技术预测调查。这项研究的宗旨是从长远观点出发，对未来30年的技术发展进行预测，从众多有希望的技术发展成长点中比较科学地捕捉重点。面对经济复苏乏力、人口老龄化，国际竞争力下降等问题，日本意识到在科技方面与美国的差距有继续扩大之势，加大了对科技的投入。为满足社会经济发展需求，日本的技术预测也进行了重大调整。预测目标已从早期预测优先发展的科学技术领域转到以满足社会经济发展需求、改善国民生活质量、解决生态环境保护等问题上来。在第七次预测中，更加突出了对需求的研究，包括销售、服务、管理、社会经济系统、老年人科学和安全保障等领域。

1992—1995年，我国原国家科委综合计划司和政策体改司共同组织了国家关键技术选择研究，该项研究界定了我国国家关键技术的定义、原则、准则，确定了4个关键技术领域：信息技术、先进制造、先进材料和生物技术，并通过德尔菲法和专家会议法选择出24个关键技术和124个技术项目。1997—1999年，我国对农业、信息和先进制造3个重点领域未来10年的技术发展展开了调查，在原国家科委综合计划司的领导下，组织1 200名社会各方面的专家，对上述3个领域的技术发展进行咨询调查。通过两轮预测、分析评价以及反复论证，对308项（农业100项、信息112项、先进制造96项）技术进行了预测分析，并选择出128项国家关键技术，其中农业34项、信息55项、先进制造39项。这些研究在我国科技规划的制定、科技计划调整、重点项目选择等方面发挥了重要作用，同时也带动了部门和地方此项工作的开展。

2. 企业技术预测的程序

企业技术预测的一般程序，见图10-1。

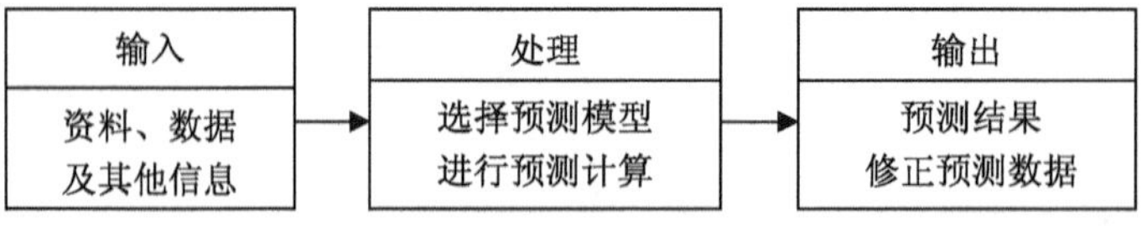

图10-1　企业技术预测的程序

（1）输入——资料的收集和整理

在确定企业技术预测的问题和目标后，首先要有一定的资料和数据作为依据，资料是否充分和准确是决定企业技术预测结果正确与否的重要条件。企业技术预测资料主要包括历史统计资料（如新能源汽车销售量的历史情况）、调查统计资料（如采用一定科学方法，对市场新能源汽车销售量的现状进行实地调查所得到的系统数据）、情报资料（如按“新能源汽车市场”专题收集、整理、贮存的情报资料，用以向预测者揭示新能源汽车面临的环境、条件的变化以及方针、政策和法令等情况）。

（2）处理——预测的方法选择和计算

按不同预测对象和不同要求选择适用的技术预测方法，是完成好企业技术预测的重要环节。选择的技术预测方法是否适当，对企业技术预测的准确性影响很大。运用选定的技术预测方法，通过建立数学模型，对企业已收集到的各种资料进行计算和推测，可得到所需要的企业技术预测结论。

（3）输出——分析修正预测结果

仅依靠计算结果得到的技术预测值往往不全面，还必须综合分析研究相关技术的内在规律、条件与环境变化，对计算结果进行修正，从而才能得出比较切实有效的技术预测值。

此外，企业技术预测过程有时根据需要可反复进行，直至确定出最终技术预测值。

3. 企业技术预测的类型

企业技术预测按不同的分类标准，可以分为不同的种类。

（1）按对象与内容进行分类

按对象和内容的不同，可以分为基础研究预测、应用研究预测和开发研究预测。其中，

① 基础研究预测——预测基础理论和新的学科原理的未来发展状况；

② 应用研究预测——预测工业技术基础的发展情况；

③ 开发研究预测——直接对新产品、新技术发展进行预测。

（2）按时间期限进行分类

按预测的时间期限不同，可以分为长期预测、中期预测和短期预测。其中，

① 长期预测——一般在15～30年，主要用于基础研究预测；

② 中期预测——一般为5～15年，与一项新技术的研究、开发到企业生产中应用的期限相一致；

③ 短期预测——一般是1～5年，与企业某些产品的寿命周期一致，主要用于技术研发预测。

（3）按E.捷恩茨分类法进行分类

按E.捷恩茨分类法，可以分为直观型预测、探索型预测、规范型预测和反馈型预测。其中，

① 直观型预测：企业主要依靠人的经验、知识和综合能力对技术进行预测。

② 探索型预测：企业对未来环境不做具体规定，假定技术的发展仍然按照过去的发展趋势演变，从而可能在现有知识的基础上探索未来技术发展的可能性。

③ 规范型预测：企业将社会需求或预想的目标作为约束条件进行技术预测，预测出达到目标的途径及达到目标的最佳技术方案。

④ 反馈型预测：探索型预测与规范型预测的综合运用。将两者结合起来互相补充，企业从现在出发推向未来，又从未来需求出发回溯到现在，使现实和未来处于一个不断相互反馈的统一的系统之中。

10.2.2 企业技术预测方法

企业技术预测方法是探索重大技术问题的未来趋向，提供决策者所需信息的一种手段。企业技术管理实践中，应根据企业技术问题的不同，使用不同的技术预测方法。目前常用的方法有直观型预测法、探索型预测法、规范型预测法、反馈型预测法和综合预测法。

1. 直观型预测法

直观型预测法主要是企业通过市场调查研究，收集专家意见，依靠专家经验、主观判断和逻辑推理的一种预测技术。直观型预测法以专家预测法为主，包括市场调查预测法、德尔菲法、头脑风暴法等。

1）市场调查预测法

市场调查预测作为一种社会实践活动，是指企业通过大量占有由诸多随机因素影响所形成的数据，采用统计、数学及定性分析等科学方法，对未来将要发生的或目前已经发生了但尚不明确的市场现象，给予带有一定可靠程度和准确程度的估计量。市场调查预测法是通过市场调查进行资料收集，对大量的诸多随机因素影响的数据进行归纳推理或模拟延伸，估计市场未来的变化趋势的方法。

（1）市场调查预测的内容

市场调查预测的内容主要包括 3 个方面：

第一，预测企业生产经营产品的购买力发展趋势。由于社会产品购买力预测内容较为广泛，企业一般利用经济管理部门的有关购买力预测资料，不直接进行预测。

第二，预测企业生产经营产品的需求。预测企业生产经营产品的需求，是企业制定产品生产、经营计划的主要依据，包括对一定时期内市场产品需求量及品种、规格、款式、质量等变动趋势进行预测。

第三，预测企业生产经营产品投入市场的成功率。预测企业新产品投入市场的成功率对企业发展至关重要。企业新产品的研制要花费大量资金，但新产品投入市场得到认可所需的时间较长，必须合理预期产品投入市场的成功率。

（2）市场调查预测的类型

市场调查预测可按不同的标准进行分类，具体可表述为：

第一，基于地域划分的市场调查预测。

按市场调查的地域划分，可分为国际市场需求调查预测和国内市场需求调查预测。

① 国际市场需求调查预测，是企业对国际市场的某种技术商品的供求状况、价格趋势、经济政策、税收条件等进行的需求调查预测。国际市场包括国际统一市场、特定国家的国内市场。其中，国际统一市场主要涉及欧洲市场、北美市场、亚洲市场等；特定国家的国内市场主要涉及美国市场、英国市场等。

② 国内市场需求调查预测，是企业对国内市场的某种技术商品的供求状况、价格趋势、经济政策、税收条件等进行的调查预测。国内市场包括国内统一市场、地域性市场、地方性市场。其中，地域性市场主要涉及东北、西北、西南、京津冀、长三角、珠三角等市场；地方性市场主要涉及北京、天津等市场。

第二，基于技术产品层次划分的市场需求调查预测。

按市场调查的技术产品层次划分，可分为单项技术产品预测、同类技术产品预测和对象性技术产品预测。

① 单项技术产品预测，是企业对某种技术产品的品牌、规格、价格、质量等市场需求进行调查预测。

② 同类技术产品预测，是企业对某类技术产品按照质量、原料等不同特征的需求进行市场调查预测。其中按档次划分，涉及高档技术产品、中档技术产品、低档技术产品等；按用途划分，涉及日用品、家电产品等。

③ 对象性技术产品预测，是企业对某类技术产品按照日常性基本消费、奢侈性高级消费等市场需求进行市场调查预测。

(3) 市场调查预测的方法

市场调查预测的方法主要包括市场占有率预测法、市场需求预测法、市场组合预测法等内容。市场调查预测方法具体可表述为：

第一，市场占有率预测法。

市场占有率是指一定时期、一定市场范围内，某企业生产经营的技术产品销售量（额）占当地市场同种产品销售总量（额）的比例。市场占有率预测的公式可表示为

$$S_i = \frac{m_i}{\sum_{i=1}^{n} m_i} \times 100\% \tag{10-1}$$

式中：S_i 为第 i 个企业的市场占有率；m_i 为第 i 个企业的产品销售量（额）；$\sum_{i=1}^{n} m_i$ 为某区域该产品的销售总量（额）。

由于市场需求受宏观经济波动、价格、收入、行为偏好等多种因素的影响，市场占有率会随着因素的变化处于波动之中。因此，市场占有率可采用动态公式进行预测，动态公式可表示为

$$S_i^t = \frac{m_i(1+p_i)^t}{\sum_{i=1}^{n} m_i(1+p)^t} \times 100\% \tag{10-2}$$

式中：S_i^t 为 t 年后第 i 个企业的市场占有率预测值；m_i 为第 i 个企业的技术产品销售量（额）；$\sum_{i=1}^{n} m_i$ 为某区域该技术产品的销售总量（额）；p_i 为第 i 个企业的技术产品销售量（额）的年均增长率；p 为某区域该技术产品的销售总量（额）的年均增长率；t 为预测的未来时期数。

第二，市场需求预测法。

市场需求预测涉及企业的市场总潜力、地区市场潜力和市场占有情况等方面的预测。其中，市场总潜力预测是指预测一定时期内企业所能获得的技术产品最大销售额。即一定时期内购买者人数、技术产品价格、平均购买数量三者的乘积。地区市场潜力预测是指预测地区购买力占全国总购买力的比例。即一定时期内地区可支配的个人收入占全国可支配收入的比例、地区零售额占全国零售额的比例、地区人口占全国人口的比例三者的叠加。市场占有情况预测包括市场占有率、市场扩大率、市场覆盖率的预测。其中市场占有率预

测是预测企业竞争力和企业信誉的高低；市场扩大率预测是预测市场地位的升降，即本年度市场占有率与上年度市场占有率的比值；市场覆盖率预测是预测市场知名度，即企业技术产品投放点数与全国销售点数的比值。

第三，市场组合预测法。

市场组合预测主要涉及市场占有率、市场需求、市场价格、市场销售渠道等方面的预测，是对企业技术产品市场进行全面的评估分析，进一步预测未来的市场占有率和市场需求，并采取有力措施和策略提高市场占有率和市场需求。

由于受到供给能力与需求结构、收入与价格水平、经济政策等因素变化的影响，市场调查预测值与市场实际结果在数量上存在一定的偏离，即市场调查预测的误差。市场调查预测结果的准确性是相对的，存在误差是绝对的。影响市场预测结果、产生预测误差的原因较多，主要包括 4 个方面：① 参加预测人员的数量、业务素质、实际经验等直接影响预测结果的准确性；② 预测对象的复杂程度、结构变化与市场因素波动（如突发事件、消费者心理变化）等原因，也影响预测结果的准确性；③ 国家和地方的方针、政策和法规的变化，经济体制改革等也会造成预测的误差；④ 预测模型的确定、变量的选取、样本容量的大小、统计资料的真实性和准确性、预测方法的选择、计算过程中的误差等，也是造成市场调查预测误差的重要原因。

市场调查预测误差的修正，首先必须核实已有的市场信息，并及时掌握近期有关的市场信息资料，建立市场信息档案，从各种所需资料对比中，分析其特性和成因；其次，根据资料的具体情况选择预测方法，在符合预测要求的前提下，力求省时、省力、简便；然后，在真实准确的市场信息与合理预测方法基础上，进行实事求是地预见和推断，保障预测值的真实可靠程度；最后，查明较大市场调查预测误差的成因后，对误差加以修正，纠正预测误差的重点是修正预测模型。

(4) 市场调查预测的程序

市场调查预测的主要程序是：① 确定预测目标；② 整理分析资料；③ 选择预测方法；④ 建立预测模型；⑤ 评价、修正预测结果；⑥ 编写预测报告。

2) 德尔菲法

(1) 德尔菲法的定义

德尔菲法是由美国兰德公司奥拉夫·赫尔默(Olf. Helmer)和诺曼·德尔基(Norman. Dekey)于 20 世纪 40 年代末首创的一种预测技术，20 世纪 60 年代以来在市场预测中得到了广泛运用。1964 年，美国兰德公司发表了“长远预测研究报告”，首次将此法用于技术预测中，以后便迅速地被用于美国和其他国家。除了科技领域外，德尔菲法还可以用于任何领域的预测，如军事预测、人口预测、医疗保健预测、经营和需求预测、教育预测等。

德尔菲法本质上是一种反馈匿名函询法。德尔菲法采用匿名通信和反复征求意见的形式，使专家在互不知晓、彼此隔离的情况下交换意见，通过多轮函询征集专家意见，使专家小组预测意见趋于集中，最后做出符合市场未来发展趋势的预测结论。其做法是采用函询调查的形式，向有关领域的专家提出所预测问题，而后将他们回答的意见，综合、整理、归纳，再匿名反馈给各专家征询意见，然后再整理、综合、归纳，如此反复多次，直到得出稳定的意见为止。德尔菲法突破了传统的数量分析法的限制，是系统分析方法在意见和价值判断领域内的一种有益延伸。

(2) 德尔菲法的流程

德尔菲法预测一般要有三四轮反复，第一轮是组织者提出预测的主题，请专家提供预测的项目，经过综合整理，编制出一份预测项目表，制成调查表寄给专家。第二、三轮是根据专家回函的意见，经过统计处理，进一步就预测问题征询专家们的意见，也可以请专家们就自己的意见阐明理由，或就某一意见做出评价。一般，进行到第四轮时专家们的意见就比较集中了，预测组织者就可以据此整理出结果，写出预测报告书。德尔菲法的预测流程具体见图 10-2。

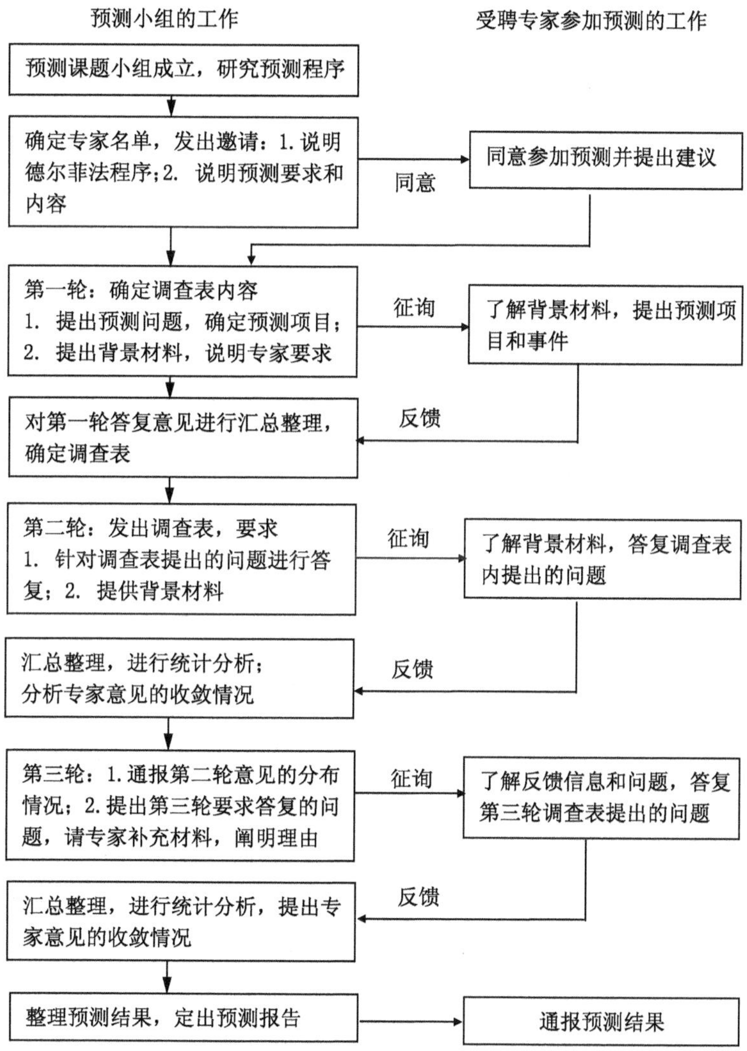

图 10-2　德尔菲法的预测流程

图 10-2 中，左列各框是预测小组（组织者）的工作，右列各框是受聘专家参加预测的工作。在德尔菲法过程中，始终有两方面的人在活动：一是预测的组织者；二是被选出的专家。德尔菲法的程序是以“轮”来说明的。函询的每一次调查就叫一“轮”。每轮要求专家

小组成员和协调人完成的任务均不相同。在第一轮之前，必须完成：

第一，确定课题。

预测的课题，就是预测对象，应是本单位（或本系统）中意见纷纭、决策拿不定主意而又对本单位（或本系统）的发展有重要影响者。

第二，选择专家。

图 4-2 中专家的选择是专家调查法的一项关键工作，选择专家是否合适直接决定预测的质量。选择专家应注意的主要问题包括：① 征求专家本人愿意参加此项预测与否的意见，保障专家能坚持做完各轮的函询。② 选择的专家研究或从事专业应是与预测主题有关的学科，但研究领域应更为广泛，不仅要有与预测主题领域相关的专家，而且要有一定数量其他领域的专家。专家人数通常为 10～50 人，可视预测课题的大小及涉及面宽窄而定，但要比预定人数多一些，以应付意外情况，如专家出国考察、出差、开会等。③ 选择的专家在各领域中要有一定的知名度，具有一定的代表性。同时，专家在各领域的分布应相对合理，以利于多学科交叉研究，集思广益，进行有效预测。④ 预测小组对选定的专家应具有较为全面的了解，同时保障专家在函询环节独立思考，独立判断。

第三，函询表的制定。

德尔菲法中的函询表与通常的调查表有所不同，通常的调查表只向被调查者提出问题，要求回答，而德尔菲法的调查表不仅提出问题，还兼有向被调查者提供信息的责任。它是专家们交流思想的工具。函询表应力求简化，所提问题要紧紧围绕预测课题，避免漫无边际，其数目以 20～25 个为宜，太多会使应答者失去兴趣，也加重了专家的负担。所以，预测人员要在制定函询表上下功夫。一般的经验是，经过 3～4 轮的调查，小组意见即趋于集中，如果分歧较大，协调人就要了解双方的论点，征求大家的意见，并做出分析。

一般来说，用德尔菲法预测要经过 3～4 轮。每一轮，组织者和专家都有各自不同的任务。

第一轮，由组织者发给专家的第一轮函询表是开放式的，不带任何框框，只提出预测问题。请专家围绕预测主题提出预测事件。如果限制太多，会漏掉一些重要事件。预测组织者要对专家填好的调查表进行汇总整理，归并同类事件，排除次要事件，用准确术语提出一个预测事件一览表，并作为第二轮函询表发给专家。

第二轮，专家对第二轮函询表所列的每个事件做出评价。例如说明事件发生的时间、发生的可能性，给出争论问题发生或不发生的理由。预测组织者收到第二轮专家意见后，对专家意见做统计处理，整理出第三张调查表。第三张函询表包括：事件，事件发生的中位数，事件发生的时间。

第三轮，把第三张函询表发给专家，请专家重新发表意见；对于对立意见做一个评价，给出自己新的评价（尤其是少数别人不赞同的专家的意见，要重述自己的理由）；如果修正自己的观点，也请说明理由。组织者收到后，与第二轮相似，进行统计处理，总结专家观点，重点在争论双方的意见。形成第四张函询表。

第四轮，请专家对第四张函询表再次评价和权衡，组织者将返回后的结果再次进行统计处理，归纳出结果。

根据图 4-2 中德尔菲法的预测流程，经过三至四轮，预测小组（组织者）要求各位专家根据提供的全部预测资料，提出最后的预测意见，若这些意见收敛或基本一致，即可以此为根据对预测对象的预测值做出判断。

(3) 德尔菲法的原则与特点

第一,德尔菲法的原则。

德尔菲法主要体现了3大原则:匿名性、反馈性、收敛性。其中,① 匿名性,即通过匿名函询方式征询意见,尽量使预测专家互不知情,避免专家之间对预测问题的交叉影响;② 反馈性,经过三至四轮的多次函询,征求专家意见,在此过程中,预测组织在下一轮发函时,首先将上一轮专家意见进行汇总统计整理,再提出询问函,最终保障专家意见大致统一;③ 收敛性,通过统计分析,逐渐按统计反映的收敛特征明确预测问题。

德尔菲法的优缺点主要表现为:① 优点:参与预测的专家独立思考,各抒己见,充分表达个人的预测判断,不受权威人士的影响;② 缺点:轮番征询所需的时间较长,预测主要凭专家主观判断,缺乏专家之间的思想交锋和商讨以及统一的客观标准。

第二,德尔菲法的特点。

德尔菲法是一种利用函询形式的集体匿名思想交流过程。它有区别于其他专家预测方法的3个明显特点:

① 匿名:在预测过程中,集体成员之间的交往是通过不具名的调查表进行的,这样就可以避免大家了解到某项意见是哪一个人提出的,从而可以大胆提出自己的意见,不随大流,不为某个权威的意见所左右。

② 不断重复有控制的反馈:集体之交往是通过对调查表的答复进行的,因此,需要集体协调人(即预测主持人)从调查表中归纳信息并将这些信息提供给集体的每一个成员,这些信息仅与所预测的问题有关,且只是集体意见之现状和每一种观点的赞成和反对意见。这样做的目的在于防止集体成员各行其是,从而确保实现既定目标,虽然任何意见都可以向集体提出,但是不得无休止地一味要压倒不同意见,不得自行选择方向。

③ 对整体答复做出统计:一般来说,集体得出的预测只概括了大多数的意见,即它仅代表大多数人所同意的观点,对于少数人的观点至多概括地提及一下,但是这并没有表示出小组的不同意见的状况。所以,德尔菲法对某一个问题答复是用统计方法表示的,如列表、直方图或者中位数法。

2. 探索型预测法

探索型预测法以趋势外推法为主。趋势外推法是目前最为常用的、重要的技术预测方法,它是在大量历史和现实的随机现象中,寻求系统运动变化的规律,并据此规律推测系统未来的状况。它是基于这样的认识:承认事物发展的延续性,同时考虑到事物发展中随机因素的影响和干扰。应用趋势外推法有两个前提假设:一是决定技术发展的内外因素没有改变,它们不但决定了过去的技术发展,而且在很大程度上也决定着该技术未来的发展;二是技术的发展属于渐进的变化而不是跳跃式的变化。趋势外推法的最大优点是简单易行,只要有有关过去情况的可靠资料就可对未来做出预测,可以揭示技术发展的未来趋势,并能定量地估计其发展水平。其缺点是撇开了从因果关系上去分析过去与未来之间的联系,因而长期预测的可靠性不高。趋势外推法包括指数曲线法、生长曲线法、替代曲线法及包络曲线法等。

1) 指数曲线法

指数曲线法的应用条件是:时间序列反映技术预测目标的发展趋势变动基本上表现为

大体稳定的按一定比例增长的趋势。用算数尺度图示法显示，将不是直线，而为一条曲线。大量事实表明，技术发展的大量功能特性参数表现为随时间按指数规律或接近指数规律增长。如图10-3 所示。

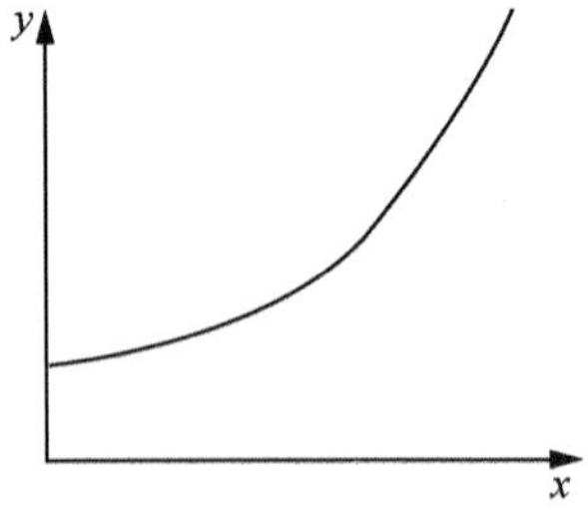

图 10-3 指数曲线

指数曲线法预测模型为

$$\hat{Y}_t = ab^t \quad (a, b > 0, b \neq 1) \tag{10-3}$$

式中：$\hat{Y}_t$ 为 t 时期模型预测值；a 为时间序列初期水平；b 为时间序列的平均发展速度；t 为时间序列时间周期顺序量。

指数曲线的图形是一条指数函数曲线，$b>1$ 时上升，$b<1$ 时下降，反映了$\hat{Y}_t$ 按指数规律变化，或者说时间序列每过一个时期按一定的百分率增长或衰减。

指数曲线模型两边取对数，得

$$\lg \hat{Y}_t = \lg a + t \lg b \tag{10-4}$$

令 $Y'_t = \lg \hat{Y}_t$，$A = \lg a$，$B = \lg b$，则式(4-4)可表示为

$$Y'_t = A + Bt \tag{10-5}$$

利用最小二乘法求参数 A 和 B，得到

$$\begin{cases} \sum Y'_t = nA + B\sum t \\ \sum tY'_t = A\sum t + B\sum t^2 \end{cases} \tag{10-6}$$

求解可得到

$$\begin{cases} B = \dfrac{n\sum tY'_t - \sum t \sum Y'_t}{n\sum t^2 - \left(\sum t\right)^2} \\ A = \dfrac{\sum Y'_t}{n} - B\dfrac{\sum t}{n} \end{cases} \tag{10-7}$$

将式(10-7)代入式(10-5)，求解得到 Y'_t，将 Y'_t、A、B 代入式(10-4)，得到指数曲线模型。

2) 生长曲线法

生长曲线法，是对技术预测对象的发展有极限所提出的一种模型。其时间序列的变化趋势是初期变化缓慢，随后是急剧的增长阶段，达到一定程度后，增长水平逐渐降低，最后达到饱和状态。这种技术预测对象的变化过程类似于生物生长过程，经历发生、发展、成熟三个阶段，每个阶段的发展速度是不相同的，故名生长曲线，几何学上这条曲线形如“S”，又称 S 曲线。如图 10-4 所示。

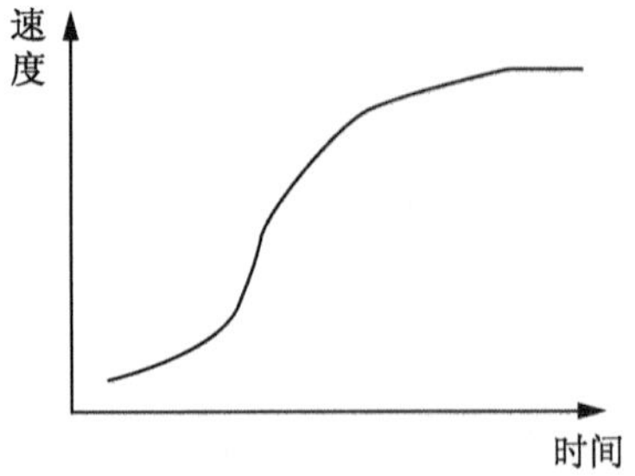

图 10-4 生长曲线

技术预测者发现，科学技术的发展过程同生长曲线有类似的规律性。即在技术发展的初始阶段，由于人们认识和掌握程度较低，技术的发展是缓慢的，即S曲线的上升是缓慢的。经过一段时间，随着人们的认识和掌握程度的提高，技术发展很快，曲线呈接近直线上升。发展到一定阶段后，由于事物发展达到极限或陈旧、饱和等，技术发展变得缓慢甚至停滞，曲线也表现出上升缓慢并接近平坦的特征。因此，可以用生长曲线法进行技术预测，也可以用其来表现产品的生命周期。

生长曲线模型为

$$\hat{Y}_t = \frac{1}{K + ab^t} \quad (a, b, K > 0; b \neq 1) \tag{10-8}$$

式(10-8)两边取倒数，模型可表示为

$$\frac{1}{\hat{Y}_t} = K + ab^t \quad (a, b, K > 0; b \neq 1) \tag{10-9}$$

模型转化为修正指数曲线，可用三和值法或三点法估计参数，即

$$\begin{cases} b = \sqrt[n]{\dfrac{\sum_3 \dfrac{1}{Y_t} - \sum_2 \dfrac{1}{Y_t}}{\sum_2 \dfrac{1}{Y_t} - \sum_1 \dfrac{1}{Y_t}}} \\ a = \left(\sum_2 \dfrac{1}{Y_t} - \sum_1 \dfrac{1}{Y_t}\right)\dfrac{b-1}{(b^n-1)^2} \\ K = \dfrac{1}{n}\left(\sum_1 \dfrac{1}{Y_t} - a\dfrac{b^n-1}{b-1}\right) \end{cases} \tag{10-10}$$

将式(10-10)代入式(10-8)，得到生长曲线模型。

生长曲线的特点为：① 当 t 趋近与无穷大，Y 趋近于 $1/k$ 时，$1/k$ 为曲线的极限值；② 点 $\left(\frac{\ln K - \ln a}{\ln b}, \frac{1}{2K}\right)$ 为皮尔曲线的拐点；③ 此曲线为以拐点为中心的对称曲线。

3) 替代曲线法

技术发展的必然趋势就是一项新技术取代一项旧技术，科技现代化发展进程加速的时期，这一趋势更为突出。因此，对新旧技术交替速度的预测具有重要意义。新旧技术交替过程可用图10-5表示。

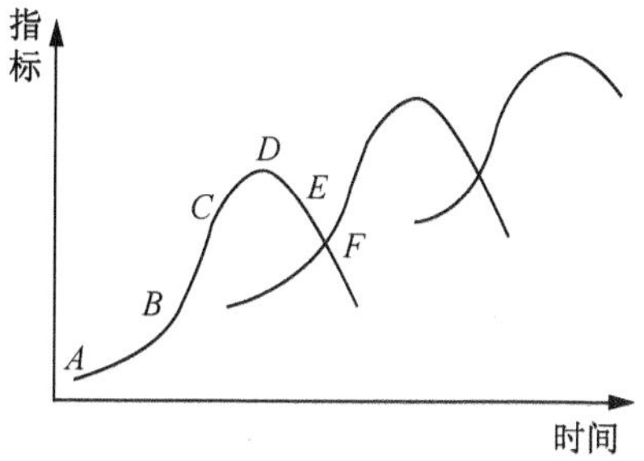

图10-5 替代过程分析曲线

图10-5中，AB 段为缓慢发展阶段(投入期)；BC 段为迅速增长阶段(成长期)；CD 段为增长率下降的增长期(饱和期)；DE 段为缓慢下降阶段(衰退期)；EF 段为迅速下降阶段(衰退期)。F 点为临界点，超过 F 点就是淘汰阶段，出现了更新更先进的技术代替旧技术。AF 段对应的时期为经济寿命，进入 F 点后，旧技术被新技术(产品)所替代。

但是，如何判断企业技术预测对象在经济寿命中处于什么阶段呢？根据经验，增长率在投入期是不稳定的，成长期则为 10%以上，成熟期为 0.1%～10%，衰退期则是负数。同一技术（或产品）的几代生命周期曲线画在一起，即构成“替代过程分析曲线”，它表明了旧技术被新技术替代的全过程。如果把替代发展过程分析曲线的一部分拿来研究，则可构成“新旧技术替代分析曲线”，如图 10-6 所示。

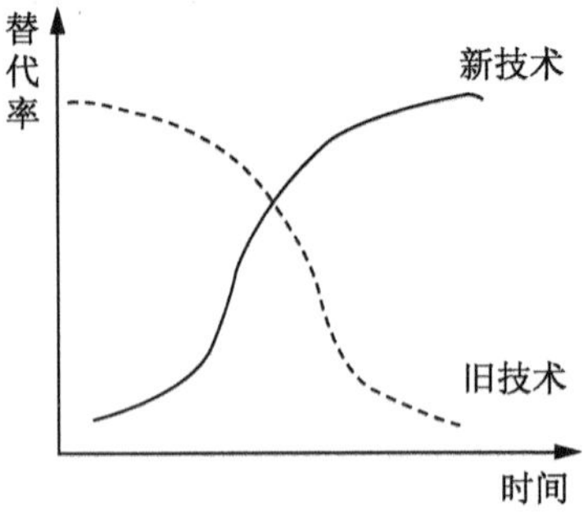

图 10-6　新旧技术替代分析曲线

为了建立替代曲线数学模型，有以下两个假设条件：① 如果一项新技术替代旧技术的过程已经开始，而且证明了新技术比旧技术先进，那么，替代将进行到底，即完全替代。② 替代的速率（$\Delta y/y$）正比于上一代技术尚未被替代的部分（$1-y$）。

根据以上假设，可建立以下微分方程：

$$\frac{\mathrm{d}y/\mathrm{d}t}{y}=c(1-y) \tag{10-11}$$

解此微分方程，可得

$$\ln\frac{y}{1-y}=ct+k \tag{10-12}$$

将此公式表示在半对数坐标系上是一条直线，这条直线既可用来预测某一年的置换率，也可预测达到某一置换率的年代。此模型的假设条件，如百分之百地替代，一般说不符合实际。另外，新技术也有可能扩大原来旧技术占据的市场。所以，要注意对预测结果进行分析与修正。

4）包络曲线法

包络曲线法又称趋势外延法，这是预测某些技术发展趋势的方法。它的原理同生长曲线类似。该曲线用以配合一种常见的发展趋势，这种趋势表现为初期的增长速度较慢，然后增长速度逐渐加快，达到一定程度后，增长率逐渐降低，终至平复。其历史资料发展趋势呈现不对称的“S”形增长曲线，该曲线一般分为 4 个阶段，即萌芽期、成长期、成熟期和衰退期，考虑了技术发展过程的极限值。如图 10-7 所示。

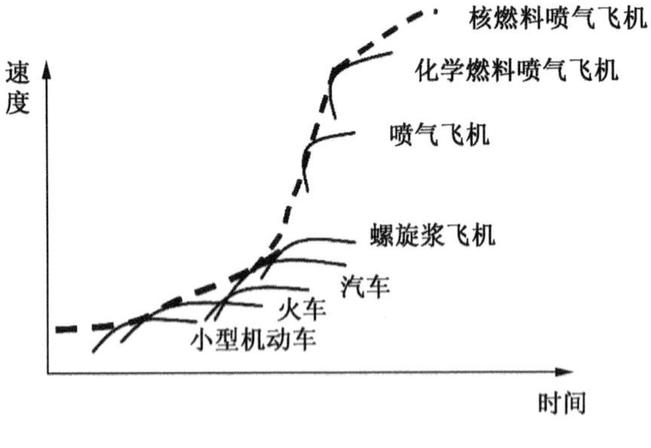

图 10-7　包络曲线

某一项特定的技术性能不可能无限制地发展，终究会出现极限。但在整个技术系统中，技术的发展是无限制的。由于人们的认识和实践不断深化，必然又出现新的技术突破点。当一项技术性能（参数）趋向极限，通常会出现另一项新技术，突破旧的技术性能，直到新的极限。这样永无止境发展下去，较低功能被高功能技术代替。包络曲线就是把同一用途的不同技术参数的变化曲线绘于同一坐标下，然后作与各曲线相切的形似“S”的曲线。包络曲线可以用来预测专业技术发展趋势，对制定长远科技发展规划起到一定参考作用。

优点：精度较高，可靠性好；缺点：计算复杂。

包络曲线模型为

$$\hat{Y}_t = ka^{b^t} \quad (k > 0, 0 < a < 1, 0 < b < 1) \tag{10-13}$$

式(10-13)两边取对数，模型可表示为

$$\lg \hat{Y}_t = \lg k + b^t \lg a \tag{10-14}$$

模型转化为修正指数曲线，可用三和值法或三点法估计参数，即

$$\begin{cases} b = \sqrt[n]{\dfrac{\sum_3 \ln Y_t - \sum_2 \ln Y_t}{\sum_2 \ln Y_t - \sum_1 \ln Y_t}} \\ \ln a = \left(\sum_2 \ln Y_t - \sum_1 \ln Y_t\right)\dfrac{b-1}{(b^n-1)^2} \\ \ln k = \dfrac{1}{n}\left[\sum_1 \ln Y_t - \dfrac{(b^n-1)}{b-1}\ln a\right] \end{cases} \tag{10-15}$$

将式(10-15)代入式(10-13)，得到包络曲线模型。

包络曲线的特点为：① 当 t 趋近与无穷大，Y 趋近于 k 时，k 为曲线的极限值；② 包络曲线的一阶差分的环比近似为一常数 $\Delta \ln y_t / \Delta \ln y_{t-1}$；③ 此曲线为非对称曲线。

3. 规范型预测法

规范型预测法以相关树法为主。相关树法是20世纪60年代初，在决策树的基础上，加上矩阵理论而发展起来的。

树的顶端是目标，第一级表明了达到目标的不同途径，第二级表明了完成每一途径的不同方案。

此图还可往下再细分，即每个层次是其下一层次的目的，是达到其上一层次目的的手段，一直细分到某种技术上的空白点(或已解决的技术手段)为止。

它代表了达到总目标所需解决的关键性科研领域，必须适当调配资源去突破它，因此，从这个意义上说，相关树法是一种企业技术预测的方法。

相关树法的表现形式见图10-8。

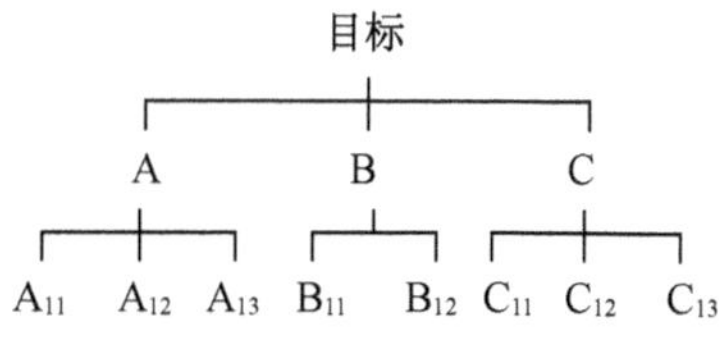

图10-8 相关树法

图10-8中，树上的每一项叫作“枝”，“垂挂”几个枝的点叫作“节”。节有“与”和“或”这两种节。“或”节是每个节上都有两个或两个以上可供选择的节，完成任一单独节就足够了。“与”节即如要达到较高一级的目的，必须同时完成每一个节。

在构造相关树时，遵循的主要程序为：

第一，明确目标；

第二，决定等级层次的个数；

第三，画相关树；

第四，为相关树配上关联数。

【课堂案例】

某企业为节约能耗，可采用 3 种不同的节能方式：空气加热、水加热和机器动力加热，见图 10-9，可依据节约能量、工人接受性、产品质量 3 项准则确定 3 种节能方式的相关系数（见表 10-1）。其中，空气加热的 3 个方案 A_{11}、A_{12}、A_{13} 的重要程度分别为 0.6、0.1 和 0.3，水加热的 2 个方案 B_{11}、B_{12} 的重要程度分别为 0.9 和 0.1，机器动力加热的 3 个方案 C_{11}、C_{12}、C_{13} 的重要程度分别为 0.2、0.2 和 0.6，请确定最终选择哪个方案更合适？

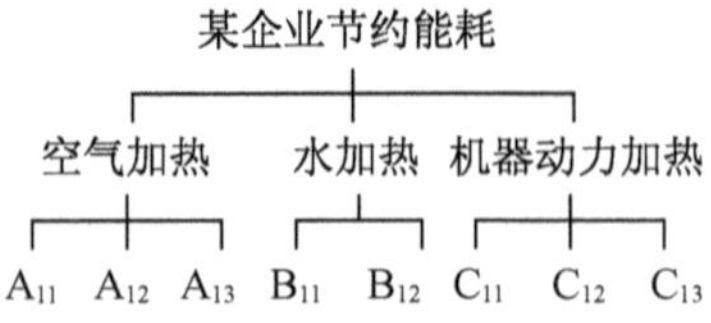

图 10-9　企业节能的三种方式

表 10-1　企业节能的 3 项准则

项目 \ 节约能耗准则	节能量 0.6	工人接受性 0.1	产品质量 0.3	相关系数
空气加热	0.6	0.1	0.1	0.4
用水加热	0.3	0.3	0.3	0.3
机械动力加热	0.1	0.6	0.6	0.3
	1	1	1	1

解： 通过分析计算，可确定水加热的 B_{11} 方案的相关系数最高，为 0.27，作为最终选择的方案。

4. 综合预测法

前面介绍了企业技术预测的一些常用方法，实际上早在 1967 年就有一百多种方法，在这种情况下，预测者将面临使用何种方法、如何使用、何时使用、在哪种情况下使用等问题，虽然学者们归纳整理了许多案例来解释在特定的情况下使用某种方法，但很难遇到各种完全相同的情况。基于以上原因，哈里·琼尼和卜里安·特惠斯提出了综合预测。所谓综合预测就是对至少包含有 4 个要素的未来技术现象的估计。

第一，定性要素预测。定性要素预测纯粹是对一个事件、一件产品或一项工艺进行叙述性和非定量的描写。相关树法、突破预测法等能使人类发现新的技术萌芽及产生新的技术概念，常被用作定性要素预测。

第二，定量要素预测。定量要素预测即是用确定的术语或单位来度量概念的活动水平，或度量增强的程度。它是对第一阶段提出的某种已知活动的预测。趋势外推法常用作对定量要素的预测，当缺乏历史数据时，可用德尔菲法，若为了达到某一总体目标时，可用相关树法。

第三，定时要素预测。定时要素预测是事件在将来发生的确切时间的数字表示，说明事件将在什么时候发生。某一预测的定量要素与定时要素之间必然有一种密切的联系，若这种联系已被确定，则可以此为基础，把这些过去的趋势外推至未来。

第四，概率要素预测。概率要素预测是对机会或可能性的某种陈述，可用0～1.0或一个百分数表示。德尔菲法仍然是估计概率要素最有效的方法。

10.3 企业技术评价

技术是一把“双刃剑”，它在给人类带来许多经济效益的同时，也给人类带来了生态失衡、资源枯竭和伦理丧失等问题。但人类不能因为技术表现出负面影响而拒绝用它来为人类发展服务，而应该在大力发展和应用技术的同时，细致分析技术的正面作用与负面效应，采取切实有效的措施管理技术风险，让技术更好地服务人类，这就是技术评价工作。技术评价已经跨越国界，成为一个国际问题，建立完善的技术评价系统已成为发展工业的必然选择。

10.3.1 企业技术评价概述

技术评价起源于美国，原词是Technology Assessment，缩写为TA。在技术评价出现之前，发展科学技术通常是从经济利益出发，而忽略了它给人类、社会和自然界带来的危害。然而，随着工业与科学技术的不断进步，技术所带来的弊病和危害也日趋明显。城市过分集中、交通问题、自然环境的破坏等已成为巨大的社会问题，使人们逐渐看到了现代工业盲目发展所带来的严重后果，大自然的报复已经显露出来。例如，人类期望抗生素能横扫一切疾病，但却给人类带来了肿瘤；化肥和农药使粮食增产，却造成了土壤结构的改变与水土流失，致癌化学物质在粮食、蔬菜、水果、鱼、肉、蛋里富集。

面对上述一系列严重后果及其强烈反响，美国众议员E.达达利奥(E. Daddareo)在人类议论的基础上，于1967年在美国国会正式提出了“科学技术评价法案”，经过酝酿、讨论，补充与修改，该法案于1972年正式通过。这项法案的精神是“在引入和发展一项新的科学技术时，预先就可能对人类、自然界和社会经济体系造成的不良影响进行预测性评价，建立‘早期警报系统’，使不良影响极小化，并全面掌握利害得失，使科学技术的发展和应用真正符合人类的利益”。然后，在美国国会中成立了技术评价局。美国的这一系列动向，引起了日本及欧洲各国的极大反响，它们也相继开展了对技术评价的讨论和研究，并建立了相应的体制和专门机构负责技术评价的推进及研究活动。

技术产生的不利影响按严重程度划分，可以分成3种类型：

第一，完全接受型——是指开发或使用的技术几乎没有不利影响，或即使有一点不利影响，也可通过不大的努力来消除或减小。

第二，非完全接受型——是指开发或使用的技术产生一定的不利影响，但是这种影响或是通过一定程度的努力可消除或减少，或是开发使用的技术所带来的有利结果与其不利影响相比，人们可以接受。

第三，不可容忍型——是指技术产生的不利影响十分严重，其影响或是需要人们付出相当惨重的代价才能减小或消除，或是其后果根本无法消除或减小。

10.3.2 企业技术评价程序

技术发展给环境和社会带来的影响，应进行全面评价，既要评价正面影响，也要评价负面影响。为此，通过技术评价的准备工作、评价预定目标的实现程度（即正作用）和产生的各种危害（即负作用）以及利弊得失的综合评价 4 部分来建立企业技术评价的工作程序。

1. 技术评价的准备工作

对企业某一项技术进行评价前，应对该技术做充分调查，要掌握技术概要、对比技术，同时对技术评价的目的和技术性质进行研究。

1）掌握技术概要

（1）掌握技术开发目的

就是要明确我们期待该技术所发挥的作用并以此作为评价的根据，用以衡量此项技术开发是否成功。掌握技术开发目的，就是要对该技术进行“合目的性”评价，因此必须具体，要定量表示。一般情况下，技术开发是多目标的，有时目标之间还相互矛盾，难以同时达到，因此，在允许范围内牺牲一个目标的效果，提高另一个目标的效果，设立定量的目标就更为必要。

（2）掌握技术内容

要尽可能详细地了解对象技术的内容，主要包括 5 个方面：

第一，产品：工作原理、结构、使用方法等。

第二，制造过程：生产工艺原理和设备、资源消耗、输入、输出等。

第三，工作方式：使用装置、操作方法等。

第四，厂房设施：建设方法、周围环境、结构和功能等。

第五，其他：开发方法、开发人员、费用负担、试验方法等。

掌握技术内容概要的方法有：收集文献、资料，听取有关方面的意见和实地调查等。

（3）掌握技术性质

对技术的性质进行剖析时，应探索以现有的技术实例作为参考。为掌握技术的性质，主要从 3 个方面进行分析：

第一，技术的形态：物质和方法的区别，生产过程的差异。

第二，技术的相关领域：主要影响是什么（消费部门、生产部门、流通部门）？

第三，涉及的基础学科领域：电气、化学、生物学、工程学等。

通过分析研究，明确了技术的性质，便容易找到比较相近的技术。当然，要找到完全相同的技术是很困难的，但只要找到与之百分之二三十相同领域的技术，实际的工作量便可减轻许多；若将相类似的技术进行恰当编组，则收效会更大。

2）掌握对比技术

掌握对比技术的目的就是通过与有关同类技术的比较，研究与评价新技术的进步程度，确定其开发和应用的价值与必要性。在许多新技术产生之前，往往存在有与它们相似的技术，进行技术评价时，应将这些现有技术作为对比对象。在没有对比技术时，应尽量找到与新技术相差不远的技术作为比较对象。

3）掌握评价目的

进行技术评价前，应当预先明确技术评价目的，即明确对该课题进行技术评价的直接目的，包括社会经济影响。由于所处的立场不同，对同一课题会有不同的观点，所以在技术评价之前如不预先确定技术评价目的，就可能对同一建设项目产生各种各样的结论。当然，技术评价也要多方听取意见，尽可能全面考虑问题，本着追求真理的精神，进行确切的评价。对于对象技术的目的也要很明确，这样才利于缩小评价工作的范围。如果技术开发是多目标的，这时重点目标更应明确。

2. 对实现预定目标的技术评价

技术开发的预定目标是技术开发项目目的的具体体现，是评价技术开发效果的最终标准，也是对技术开发内容的高度概括。因此，对技术开发正作用的评价应以预定目标为依据而从技术的内部构成到外部条件，系统地衡量各个环节与各个因素对实现预定目的的有效程度，以便发现问题并采取补救措施，从而提高对实现目标的可靠性与合理性程度。实现预定目标的技术评价步骤见图 10-10。

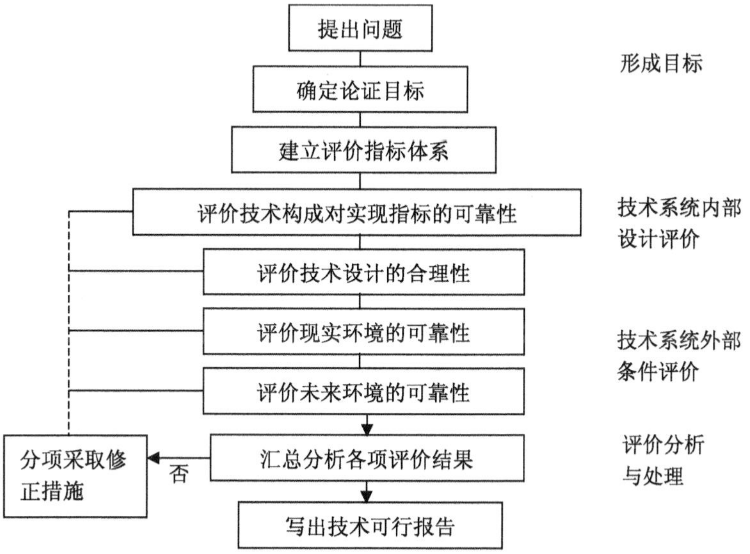

图 10-10 实现预定目标的技术评价步骤

对于实现预定目标的技术评价的科学性，不应仅停留于技术本身的可靠性，而应实现 3 个方面的统一：① 技术系统内部设计与外在支持条件的统一；② 现时可靠性与未来可靠性的统一；③ 技术设计的可靠性与技术设计合理性的统一。

3. 对危害性影响的技术评价

对正作用评价工作完成以后，应转入对负作用所产生的各种危害性影响进行技术评价，并采取有效措施加以消除，否则仍然有可能对前面技术评价已经认定可行的企业技术方案进行二次否定。这一技术评价过程主要有寻找影响，影响的整理、分析，查明非容忍影响，以及采取改良措施。对危害性影响的技术评价过程见图 10-11。

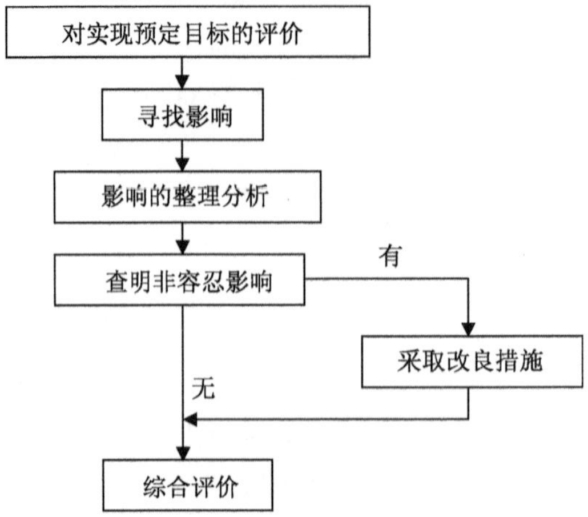

图 10-11　对危害性影响的技术评价过程

1）寻找影响

寻找影响的方法主要包括：一般方法、相关树法和检查表法。

2）影响的分析和整理

从真实性、有害性、规模和频度等 3 个方面，对单个因素的影响进行分析。对影响因素的相互关系进行分析。

3）非容忍影响的摘出和对策

（1）影响的评价与摘出（摘出非容忍影响）

第一，从必要性、先进性、可靠性、适用性等方面，选择评价项目；

第二，对评价项目的评价；

第三，决定各影响的性质是"正"还是"负"，对负的影响进一步分析，判断是否为非容忍影响。

（2）制定改良方案

针对非容忍影响，制订改良方案，可以从 5 个方面入手：

第一，改良该技术（即修正开发方向），局部改变技术内容；

第二，补救技术的开发，即消除危害的技术开发；

第三，限制使用，即通过法律规定使用范围；

第四，教育使用者，指导正确的使用方法；

第五，无法消除危害时，中断开发或停止使用。

4. 综合评价

综合评价就是将前面各项工作的结果进行归纳整理，得出结论。即列举该技术可能带来的一切影响，将有利方面（正影响）和不利方面（负影响）进行全面分析，衡量利弊，决定应采取的企业技术方案。综合评价这一过程是在对正作用与负作用分别进行初次综合的基础上，再将二者进行最后综合。

1）综合正作用技术评价

综合正作用技术评价，主要是采用评分法，对各正作用进行综合评价。首先，根据评价对象的具体情况，定出技术评价项目，对每个技术评价项目设定评价等级，每个等级的标准用分值表示。然后以此为准，对技术评价对象进行分析和评价，决定对应各个技术评价项目的评分值。最后，将各个项目的技术评价值经过一定的运算，求出各技术方案的总分值，决定取舍。

评分法又根据评价项目的评分等级划分的方法不同而分为4种：加法评分法、连乘评分法、加乘评分法、加权评分法。4种方法具体可表述为

(1) 加法评分法

将技术评价对象在各个项目上的得分值累加，然后以总分决定企业各技术方案的优先顺序或采纳与否，加法评分法的公式为

$$S=\sum_{i=1}^{n}S_i \tag{10-16}$$

式中：S为技术评价对象所得总分；S_i为技术评价对象第i个项目得分；n为技术评价项目个数。

(2) 连乘评分法

将技术评价对象在各个项目上的得分值连乘，然后以总分决定企业各技术方案的优先顺序或采纳与否，连乘评分法的公式为

$$S=\prod_{i=1}^{n}S_i \tag{10-17}$$

由于评价分值采用连乘法，各项总评价值的差距加大，从而看起来更加一目了然，所以此法具有灵敏度好的特点。

(3) 加乘评分法

将评分项目分成若干组，每组有一个或若干个评价项目，先将每组的评价项目相加，然后将各组得分连乘，结果为总分。由于此法是加法方式与乘法方式的组合，故具有二者的优点。加乘评分法的公式为

$$S=\prod_{i=1}^{m}\sum_{j=1}^{n_i}S_{ij} \tag{10-18}$$

式中：m为评价项目组数；n_i为第i组中评价项目个数；S_{ij}为第i组中第j个评价项目得分。

(4) 加权评分法

设定各评价项目有相同的最高评分，先按各评价项目的重要程度分配适当的权数，再将各项目的权数与该项目得分相乘进行累加，以这个结果作为评价对象的总分。此法考虑了不同项目对于评价对象的重要程度，计算较为麻烦，但所得结果较为可靠。加权评分法的公式为

$$S = \sum_{i=1}^{n} a_i S_i$$
$$\text{s.t.} \quad \sum_{i=1}^{n} a_i = 1 \tag{10-19}$$

式中：a_i 为第 i 个评价项目的权重，$0 \leqslant a_i \leqslant 1 (i=1,2,\cdots,n)$。

决定权数（衡量重要程度），一般可采用的方法有两种：一是在进行评价时，预先将某一数值范围分成几段，通过征询评价人员的方式，决定各段中最合适的权数；二是由专门评价人员协商预先决定。

【课堂案例】

对于某企业产品技术采用的打分情况如表 10-2 所示。(1) 采用加法评分法计算综合评分；(2) 采用连乘评分法计算综合评分；(3) 设必要性和先进性一组，成功可能性一组，适用性、经济性、可靠性一组，采用加乘评分法计算综合评分；(4) 假设权数自上而下为 0.3，0.2，0.1，0.2，0.1，0.1，采用加权评分法计算综合评分。

表 10-2　某企业产品技术采用的打分情况

评价项目	等级标准	标准得分	评价对象得分
必要性	十分必要	10	7
	必要	7	
	一般	3	
先进性	国际先进	10	2
	国内先进	6	
	行业先进	2	
成功可能性	很可能	10	5
	可能	5	
适用性	很适用	10	5
	适用	5	
	一般	1	
经济性	很好	10	8
	好	8	
	一般	5	
可靠性	很可靠	10	10
	可靠	5	
	一般	2	

解：(1) 若用加法评分法计算：$S=37$；

(2) 若用连乘评分法计算：$S=28\,000$；

(3) 若用加乘评分法计算：$S=(7+2)\times5\times(5+8+10)=1\,035$；

(4) 若用加权评分法计算：$S=0.3\times7+0.2\times2+0.1\times5+0.2\times5+0.1\times8+0.1\times10=5.8$。

2) 综合负作用技术评价

综合负作用技术评价与综合正作用技术评价一样，采用评分的方法，对各负作用进行综合评价，但不同之处包括三点：

① 必须确认所有非容忍性危害已通过可靠措施加以消除；

② 所有得分均以负值表示，而得分越多者危害性越大，其技术方案也越应该被首先否定；

③ 评价的具体内容可参照影响检查表与加法评分法实例，建立综合负作用评价表。

3) 综合正负作用技术评价

在对正作用与负作用技术分别进行综合评价的基础上，将其二者的评价结果进行再次综合，以便从正作用与负作用的综合影响方面评价技术方案的优劣。这是技术评价的最后步骤，其结果将作为判别技术方案取舍的最终依据。由于综合结果可能出现负值，因此在具体工作中应注意两点：

① 这一步骤的综合，实质上是正作用综合得分与负作用综合得分的相加，但由于负作用的得分是负值，因此相加的最终结果有可能是负值，也可能是正值。

② 假如综合结果为负值，其数值越大，表明该技术方案在所有替代方案中的综合效果越差，但负值仅表示技术方案优劣程度的排序，而并非不可行的直接标志。因此，最终结果的正负，关键取决于评价内容的列项多少，以及对标志正负影响因素重要性的权数确定的比例是否一致。

10.4 企业技术创新

10.4.1 企业技术创新概述

1. 企业技术创新的含义

技术创新是经济增长和经济发展的原动力，企业作为技术创新的决策主体、投资主体、研发主体和受益主体，是经济增长和经济发展的载体，企业技术创新对经济产业发展起到重要的基础作用。企业技术创新已作为新兴的企业管理理论前沿，得到国内外学者的青睐，并取得了令人瞩目的研究成果。

20 世纪 60 年代，新技术革命迅猛发展。美国经济学家华尔特·罗斯托提出了“起飞”六阶段理论，将“创新”的概念发展为“技术创新”，把“技术创新”提高到“创新”的主导地位。

1962 年，伊诺思(J. L. Enos)在其《石油加工业中的发明与创新》一文中首次直接明确地对技术创新下定义：“技术创新是几种行为综合的结果，这些行为包括发明的选择、资本投入保证、组织建立、制订计划、招用工人和开辟市场等”。伊诺思的定义是从行为集合的角度来下定义的。而首次从创新时序过程角度来定义技术创新的林恩(G. Lynn)认为,技术创新是“始于对技术的商业潜力的认识而终于将其完全转化为商业化产品的整个行为过程”。

美国国家科学基金会(National Science Foundation of U. S. A.)也从20世纪60年代开始兴起并组织对技术的变革和技术创新的研究,迈尔斯(S. Myers)和马奎斯(D. G. Marquis)作为主要的倡议者和参与者,在其1969年的研究报告《成功的工业创新》中将创新定义为技术变革的集合,认为技术创新是一个复杂的活动过程,从新思想、新概念开始,通过不断地解决各种问题,最终使一个有经济价值和社会价值的新项目得到实际的成功应用。到70年代下半期,他们对技术创新的界定大大扩宽了,在美国国家科学基金会报告《1976年:科学指示器》中,创新被定义为“将新的或改进的产品、过程或服务引入市场”,明确地将模仿和不需要引入新技术知识的改进作为最终层次上的两类创新而划入技术创新定义范围中。

20世纪七八十年代开始,有关创新的研究进一步深入,开始形成系统的理论。厄特巴克(J. M. Utterback)在70年代的创新研究中独树一帜,他在1974年发表的《产业创新与技术扩散》中认为,“与发明或技术样品相区别,创新就是技术的实际采用或首次应用”。缪尔赛在80年代中期对技术创新概念做了系统的整理分析。在整理分析的基础上,他认为:“技术创新是以其构思新颖性和成功实现为特征的有意义的非连续性事件”。

著名学者弗里曼(C. Freeman)把创新对象基本上限定为规范化的重要创新。他从经济学的角度考虑创新。他认为,技术创新在经济学上的意义只是包括新产品、新过程、新系统和新装备等形式在内的技术向商业化实现的首次转化。他在1973年发表的《工业创新中的成功与失败研究》中认为,“技术创新是技术的、工艺的和商业化的全过程,其导致新产品的市场实现和新技术工艺与装备的商业化应用”。其后,他在1982年的《工业创新经济学》修订本中明确指出,技术创新就是指新产品、新过程、新系统和新服务的首次商业性转化。

我国自20世纪80年代以来开展了技术创新方面的研究,傅家骥先生对技术创新的定义是:企业家抓住市场的潜在盈利机会,以获取商业利益为目标,重新组织生产条件和要素,建立起效能更强、效率更高和费用更低的生产经营方法,从而推出新的产品、新的生产(工艺)方法,开辟新的市场,获得新的原材料或半成品供给来源或建立企业新的组织,它包括科技、组织、商业和金融等一系列活动的综合过程。此定义是从企业的角度给出的。彭玉冰、白国红也从企业的角度为技术创新下了定义:“企业技术创新是企业家对生产要素、生产条件、生产组织进行重新组合,以建立效能更好、效率更高的新生产体系,获得更大利润的过程。”

综上所述,企业技术创新是指以市场为导向,以提高企业竞争力为目标,改进现有产品或者创造新的产品、生产过程或者服务方式的技术活动,并通过市场实现产品的商品化和产业化的过程。即企业技术创新是以新的技术思想为起点,以新的技术成果商业化为终点的过程。

1999年8月20日,中共中央、国务院发布《关于加强技术创新,发展高科技、实现产业化的决定》,对技术创新提出了明确定义:技术创新,是指企业应用创新的知识和新技术、新工艺,采用新的生产方式和经营管理模式,提高产品质量,开发生产新的产品,提供新的服务，占据市场并实现市场价值。

进入 21 世纪，信息技术推动下知识社会的形成及其对技术创新的影响进一步被认识，科学界进一步反思对创新的认识：技术创新是一个科技、经济一体化过程，是技术进步与应用创新“双螺旋结构”（创新双螺旋）共同作用催生的产物，而且知识社会条件下以需求为导向、以人为本的创新 2.0 模式进一步得到关注。《复杂性科学视野下的科技创新》在对科技创新复杂性分析基础上，指出了技术创新是各创新主体、创新要素交互复杂作用下的一种复杂涌现现象，是技术进步与应用创新的“双螺旋结构”共同演进的产物；信息通信技术的融合与发展推动了社会形态的变革，催生了知识社会，使得传统的实验室边界逐步“融化”，进一步推动了科技创新模式的嬗变。

技术创新是企业核心竞争力最强有力的保障，是培植企业核心竞争力基础的关键。企业通过增加用途、完善功能以及改进质量等方式，使产品市场更具特色吸引力，从而推动企业竞争力的不断提高。综上，企业技术创新有助于经济增长、提高企业经济效益、提高企业竞争力。

2. 企业技术创新的类型

(1) 按内容划分

按内容划分，企业技术创新涉及产品创新、工艺创新和生产手段创新。其中，产品创新是指技术上有变化的产品的商业化，重在强调产品在结构或性能上有所改进；工艺创新是指产品生产技术的变革，是改变“生产”或“加工产品”的方法，重在强调提高产品质量，降低产品成本。生产手段创新是指将外部力量和企业组织内部结合起来实现技术的变革，重在强调与外部的生产、科研机构联合起来共同开发。

(2) 按程度划分

按程度划分，企业技术创新涉及渐进性创新和根本性创新。其中，渐进性创新是指对现有技术的改进引起的渐进的、连续的创新。根本性创新是指技术上有重大突破的技术创新。一系列的产品创新和工艺创新，一段时间内会引起产业结构的变化。

渐进性创新包括渐进性产品创新和渐进性工艺创新。渐进性产品创新是指在技术原理上没有重大变化的情况下，基于市场需要对现有产品所做的功能上的扩展和技术上的改进。如从收音机到组合音响、随身听等。

根本性创新包括根本性产品创新和根本性工艺创新。根本性产品创新是指用途及其作用原理有显著变化的产品创新。如电话、半导体、集成电路、计算机等。根本性工艺创新如汽车制造中的流水作业生产方式等。

3. 企业技术创新的模式

(1) 自主创新模式

自主创新模式是指创新主体以自身的研究开发为基础，实现科技成果的商品化、产业化和国际化，获取商业利益的创新活动。自主创新模式适用于技术开发能力强，经济实力雄厚的企业，有利于企业建立自己的核心能力和优势，但企业研发投资大、周期长、风险大。

自主创新模式的特点表现为：企业具备较强的开发实力、能够独自承担风险、独享创新成果、易获得超额垄断利润、易构筑较强的技术壁垒、易获得产品成本和质量控制等方面的竞争优势。

(2) 模仿创新模式

模仿创新模式是指创新主体通过学习模仿率先创新者的方法,引进、购买或破译率先创新者的核心技术和技术秘密,并以其为基础进行改进的做法。模仿创新模式适用于与先进技术有差距,技术、经济实力较弱,但有一定开发能力的企业,这种模式的优点是投资少、周期短、风险小,但企业技术上处于被动地位,竞争力弱。

模仿创新模式的特点表现为:节省研发投资、回避风险、研发具有很强的针对性、可以利用技术领先者开发的市场。

(3) 合作创新模式

合作创新模式是指企业间或企业与科研机构、高等院校之间联合开展创新的做法。合作创新模式的出发点在于:节约研究开发方面的投资、缩短开发周期、进入对方占领的市场。合作创新模式适用于开发难度大、投资大、风险大的技术领域,合作条件好的企业,有利于企业减少开发投资、缩短开发周期、分散风险。但企业不能独占技术,合作方有时会成为竞争对手。

合作创新模式的特点表现为:优势互补、集思广益,有助于缩短创新时间,增强企业的竞争地位,分摊创新成本,分散风险,打破技术和市场壁垒。

(4) 引进消化吸收创新模式

引进消化吸收创新模式是指企业通过技术引进、技术消化和技术吸收开展创新的做法。引进消化吸收创新模式适用于与先进技术存在较大差距的企业,有利于企业节约开发投资,采用技术所需周期短、风险小。但企业易受技术输出方的制约与控制,不易得到最先进的技术。

引进消化吸收创新模式的特点表现为:节省研发经费、弥补企业不足、节省自行探索的时间、缩短技术差距。

4. 企业技术创新的阶段

(1) 按部门划分的阶段

按创新活动承担部门进行划分,创新过程可以分为5个阶段:

第一,R&D部门,创新设想首先进入这里,形成概念和发明。

第二,设计部门,在这里将发明设计成产品原型。

第三,工程部门,解决产品生产的工程技术问题。

第四,生产部门,制造出新产品。

第五,销售部门,将产品推向市场。

(2) 按活动划分的阶段

厄特巴克把创新过程分成3个活动阶段:

第一,设想形成阶段。

第二,解决问题阶段或设想发展阶段,发明阶段。

第三,实现阶段,把发明推向市场。

在此基础上,罗斯韦尔进一步把创新过程划分为设想形成、项目确认、解决问题、设计和开发、生产、销售6个阶段。

(3) 按活动和部门结合划分的阶段

特威斯把活动和部门结合起来，把创新过程划分为 4 个阶段：

第一，在 R&D 部门的创造性工作，形成设想。

第二，项目提倡者根据设想提出项目建议。

第三，评估系统对项目进行可行性评价和战略分析，确认项目。

第四，项目管理，形成产品，包括 R&D 部门的 R&D，设计、生产部门的生产，销售部门的销售活动。这种划分的优点在于表明了创新各阶段的任务，潜在新产品在不同阶段下的模式。

(4) 按活动和决策结合划分的阶段

比利时的两位学者勒梅特和斯托尼把活动和决策结合起来，将创新过程划分为 4 个阶段：

第一，感性阶段。创新在此时只是一个设想。

第二，概念化阶段。创新设想的可行性按照技术、商业和组织领域方面的条件加以论证。同时，创新的技术、商业和组织方面都已确定。一个正式的项目建议报告中将陈述新设想的可行性依据、实现方法等，并被提交给企业领导。

第三，开发阶段。纸上原型成为试验原型。最后面临的决策是：是否要进行投资，以便大规模地生产新产品。

第四，生产运营阶段。前几阶段的工作都是在不打断企业原有的生产程序下进行的。现在，企业要进行组织创新，使创新与企业日常活动衔接起来。

10.4.2 企业技术创新能力

按照党的十九大报告中提出的国家现代化战略部署，在全面建成小康社会的基础上，我国到 2035 年要基本实现现代化，到 21 世纪中叶要成为现代化强国。其中，科技创新“三步走”战略的具体内容为：第一步，到 2020 年进入创新型国家；第二步，到 2035 年左右进入创新型国家前列；第三步，到 2050 年成为世界科技强国。也就是说，中国的现代化进程必须把科技创新摆在核心位置，作为重要支撑和引领力量，也作为中国经济高质量发展的重要动力。中国科技现代化必须依赖于企业技术创新水平与企业技术管理能力。

1. 概念

柏格曼(Burgelman)和曼迪奇(M. A. Maidigue)从战略管理的角度对企业技术创新能力进行了界定，即企业技术创新能力是便于组织支持企业技术创新战略的企业一系列综合特征，包括可利用资源及分配、对行业发展的理解能力、对技术发展的理解能力、结构和文化条件、战略管理能力。巴顿(D. L. Barton)认为企业技术创新能力的核心是掌握专业知识的人、技术系统、管理系统的能力及企业的价值观。

从企业技术创新的内容来分析，企业技术创新能力是支持企业创新战略实现的产品创新能力和工艺创新能力的耦合，以及由此决定的系统的整体功能。企业技术创新能力的强弱反映为企业研发新产品的技术水平、产品满足顾客需要的程度、对创新产品投入生产的能力以及产品市场化的能力。

企业技术创新能力概念的要点体现为：第一，企业技术创新能力是企业技术能力的重要组成部分，是产品创新能力和工艺创新能力的整体功能；第二，企业技术创新能力是由一系列要素构成的系统能力；第三，企业技术创新能力与企业技术创新战略密切相联系，是通过技术创新表现出来的、显性化的能力。

2. 构成要素

企业技术创新能力的构成要素主要集中在 6 个方面：创新资源投入、创新管理、创新倾向、研究开发、生产制造和市场营销。

(1) 创新资源投入

企业创新资源投入能力是指企业投入创新资源的数量与质量。企业投入的创新资源分为研究开发投入和非研究开发投入。研究开发投入能力集中体现在经费、人员和设备上。非研究开发投入指技术引进和技术改造的投资，也有学者认为还包括技术创新活动中的市场研究、设计、工艺和材料准备、试制、试销和广告活动经费。

(2) 创新管理

企业创新管理能力是指企业发展和评价创新机会，组织管理技术创新活动的能力。包括明确可行的创新战略和有效的创新机制。创新机制指技术创新人员的安排，企业内研究开发、生产、营销与综合管理部门的沟通方式和渠道，部门间的协作，人员流动和奖励的效果，技术创新项目的选择，企业与外部技术力量(大学、研究机构)的合作等。

(3) 创新倾向

技术创新是企业家追求卓越、积极进取的产物，是企业家精神的体现。创新倾向集中反映了企业家的创新意识和能力。创新倾向指企业家具有的创新主动性和前瞻性。创新倾向强表现为创新率高、创新视野开阔、创新规划长远和具有强烈的创新愿望。

(4) 研究开发

研究开发能力是创新资源投入积累的效果，但创新资源投入能力替代不了研究开发能力。前者既强调研究开发投入，又强调非研究开发投入，后者则强调研究开发产出。对引进技术而言，可以把引进后的消化吸收能力作为企业研究开发能力的衡量指标之一。

(5) 生产制造

生产制造能力是指将研究开发成果从实验室成果转化为符合设计要求的批量产品的能力。包括企业装备的先进性，工人的技术等级、适应性和工作质量。

(6) 市场营销

市场营销能力是指研究市场、使消费者接受新产品，通过企业用户和竞争者反馈信息以改进产品，产品开发出来后所具有的推销能力，以及提高新产品的市场占有率和扩大市场范围的能力。

3. 基本技术创新能力

仿制能力、创造性模仿能力、自主创新能力构成了企业技术创新能力的三类基本能力(表 10-3)。

表 10-3　企业技术创新能力的三类基本能力

仿制能力	① 设备操作和维修、工程实施和生产系统管理 ② 在现有设计范围内，调整产品与工艺创造性
模仿创新能力	技术型模仿：对国际新技术产品原有设计的创造性模仿和重新设计
自主创新能力	① 渐进型自主创新：引入技术建立新平台 ② 根本型自主创新：研究获得新技术知识，由此建立新平台

仿制能力是指根据现有成熟技术进行操作和维护生产设备所具备的技术能力，可分为两类：第一类包括有效操作的能力以及进行工程实施和维修的能力；第二类包括在现有设计范围内，调整和改进以适应变化的条件的能力。

模仿创新能力是在现有的技术平台和核心技术构架内，对原有设计进行创造性地模仿改进或重新设计，以适应新的市场需要的能力。

自主创新能力是通过建立新的技术平台或改变核心技术，并在此基础上推出新产品的能力。自主创新分为两类：第一类是渐进的自主创新，这是通过原有技术的融合或引入研究中的技术以建立新的技术平台；第二类是根本的自主创新，这是通过自己的研究发明出全新的技术，由此开发出全新的或新一代的产品。

表 10-3 中，它们虽然都是企业技术创新能力，但对企业 R&D、组织、人员知识和战略的要求有很大的不同，由此导致企业从一种形态变换为另一种形态时，往往会遇到许多障碍，从而付出艰辛的努力。

4. 演变阶段

（1）仿制阶段

仿制阶段主要是熟练使用已经成熟的生产设备，通过干中学掌握生产过程中的技术和生产管理技能（如质量管理）。

在此阶段，引进或仿制先进的技术设备具有决定性作用。企业此时的技术组织与管理还处于初期，没有形成规范的技术管理与战略体系。企业的外部技术连接仅限于设备引进的简单联系，对外部技术资源的利用水平非常低。在此阶段中，企业技术能力积累途径一般从技术引进开始，通过生产中的干中学积累技术能力。

（2）模仿创新阶段

企业开始根据本地的特性，对产品和工艺进行调整和改进，或进一步对产品作为一个系统进行重新设计。这时，企业在关键技术上仍然依赖于外部技术源。企业在此阶段技术的迅速提高主要得益于与先进企业的合作研究开发，企业能够在合作过程中迅速提高自己的创新能力。

创造性模仿能力本质上是企业的内部开发能力，但这时还没有做到自主开发，即其开发活动仍是在先进企业所建立的技术平台上进行。企业或是模仿最新一代国际先进产品，或是立足现有平台，根据自己的市场需求状况，进行产品性能延伸或改进。创造性模仿能力的形成可能有两种途径：一是从合作开发到内部开发；二是从分解反求到内部开发。

（3）自主创新阶段

企业开始建立自己独特的核心技术能力和独立的技术平台，形成完善的创新组织与广泛的创新网络。这时,技术能力4要素中人员技能、技术组织与管理和外部技术网络都需要达到较高的水平。

在此阶段,企业的研究与发展能力已经达到相当高的水平。同时,企业致力于建立广泛的联盟与网络关系,充分吸收与利用外部的技术知识与市场知识,开始形成自己独特的技术核心能力和产品平台。

企业技术创新能力演变的3个阶段均具有非常明显的特征(见表10-4),各能力维度的内容也不同(见表10-5)。

表10-4 企业技术创新能力演变的三个阶段及其特征

能力阶段	技术特征
仿制能力	对成熟技术的使用和简单模仿
模仿创新能力	在现有的产品平台上,使用并跟随先进企业开发成长中的技术与产品,或对成熟技术进行创造性改进
自主创新能力	自主研究发展最新技术,或使用外部研究中的技术进行技术融合,由此建立独特的核心技术能力及产品技术平台

表10-5 企业技术能力演变各阶段的能力维度

能力维度	技术资产	组织整合	外部网络	技术战略
仿制	先进的设备;生产经验、诀窍	生产系统优化与有效控制	简单的技术连接:技术引进	低成本战略,进口替代
模仿创新	高水平的信息系统与研发实验设备;专注于开发技能或市场需求知识	开发部门、生产部门和营销部门的协调	与先进企业合作,或从用户处获得创新思想	紧跟先进技术,或者改进产品满足用户多样化需要
自主创新	高水平的信息系统与研发实验设备;高水平的研究开发技能与丰富的市场知识的结合	通过项目组进行内部功能整合、知识共享	完善的创新网络:特别是多种技术互补的战略联盟和用户参与创新	通过自主研究追求技术领先;或获取最新技术,进行技术融合

【课堂案例】

中国电视机产业的技术创新

(1) 仿制能力的形成

1957年,当时的国家电子工业主管部门——第二机械工业部第十局,把研制电视接收机的任务交给国营天津无线电厂(七一二厂)。

国营天津无线电厂成立了8人试制小组,组织攻关,于1958年3月初制成首台电视样机。

这就是利用国产电子管加上苏联的元器件生产出来的中国第一台14英寸黑白电视机,取名为"北京牌"。

1970年12月26日，中国第一台彩色电视机在天津无线电厂诞生。

在最初的几年，国营天津无线电厂“北京牌”电视的年产量只有200台，而且成本很高，每台的售价达到700元。

在那个时候，电视机对于国人来说还是奢侈品，只有一些单位或者高级官员才能拥有。

1970年，中国电视机的产量上升到1万台，并且开始生产一些“新式”的产品。

由于受当时政治经济大环境的影响，此后中国电视工业一直在缓慢摸索，生产规模、产量、性能、质量等方面都无法形成气候，并且显像管等核心部件还无自行生产能力，依赖进口。

1978年，国家批准上海电视机厂(即现在的上海广电集团)引进第一条彩电生产线，该生产线1982年10月份正式竣工投产。

截至1985年8月，在短短5年多的时间里，全国共引进113条彩电装配生产线，遍布于全国26个省、市、自治区。全国电视机产量达到1 663万台，超过了美国，仅次于日本，我国成为世界排名第二的电视机生产大国。

1987年，我国电视机产量已达1 934万台，超过了日本，成为世界最大的电视机生产国。

由于引进的电视机生产线过多、过快，忽视引进技术的消化吸收，电视机的质量不能保证，例如：电视信号不稳定、时不时出现满屏的“雪花”，甚至有电视机突然燃烧爆炸的报道。

(2) 模仿创新能力的建立

1985年，国家经贸委把彩电国产化列为全国12项重大引进项目之一，对彩电国产化的技术引进、技术改造、科技开发，从政策和资金上给予重点扶持。

1986年，长虹第一条现代化彩电生产线(国内引进的最后一条生产线)建成，长虹第一幢彩电大楼建成；1987年，四川长虹电子集团有限公司成立。

1991年，各地相继发布电子工业“九五”规划，其中彩电业均占据了重要位置。在20世纪80年代引进的百余条电视机生产线所迸发的巨大产能，让电视机这一紧俏商品快速进入供过于求的局面。

1993年，长虹自主设计制造的中国产能最大、技术最先进的大屏幕彩电生产线建成投产。

1993年，TCL推出“TCL王牌”大屏幕彩电，将29英寸(1英寸≈2.54 cm)彩电的市场价格拉低至6 000元左右，开始了“大屏幕彩电”的普及。

1994年，我国有彩电企业98家，国产品牌彩电年产量达3 500万台，成为世界头号电视机生产大国。

长虹1999年与美国硅谷的高科技企业合作开发出背投彩电核心技术。

海信2001年推出拥有自主知识产权的数字等离子电视，拥有20多项专利技术。

康佳成功掌握了当时高清电视的共通性核心显像技术之一的DSP数字超微点阵技术。

TCL集团自主研发出等离子彩电的核心技术——等离子显示驱动与控制技术，并拥有18项专利技术。

到2003年，我国彩电企业在引进技术消化、吸收的基础上，技术水平大大提高，但具有自主知识产权的核心技术却很少，尤其不具备开发彩电关键集成电路的能力。

自主研发能力特别是在芯片等核心技术方面与国外还有很大差距。

以数字电视为例，该领域1997—2002年国内外申请专利总量为2 395项，国外有2 264项，我国有131项（仅占5%）。显示器件国内外申请专利总量为2 088项，国外有1 880项，我国有208项（占10%）。

(3) 自主创新能力的建设

2004年，长虹、海尔、TCL等集团成立技术中心，开始建设自主研发平台。2006年，长虹、海尔、TCL等集团的技术中心被首批评为国家级企业技术中心。

2007年，四川长虹电器股份有限公司、海尔集团公司、海信集团有限公司成为获首批国家认证的创新型企业。

2007年4月，长虹开始建设中国第一条等离子屏(PDP)生产线。

2009年4月22日，耗资逾60亿元的长虹等离子项目实现批量生产，首批10余款拥有自主知识产权的长虹欧宝丽系列等离子电视问世。这一项目成功标志着中国真正拥有了自己第一条自主建设、有自主知识产权的等离子显示屏生产线。

2008年开始研发OLED，OLED被公认为继LCD(液晶显示屏)、PDP(等离子显示屏)之后最具发展前景的第三代显示技术。

2009年长虹又投资1亿元人民币研发OLED项目，从而真正实现从模仿创新向自主创新的转变。

为了推进我国彩电产业战略转型、促进平板显示产业发展，自2009年起，国家发展改革委连续三年组织实施彩电产业战略转型产业化专项。主要任务：

以支持彩电产业结构调整、打造相对完整的平板彩电产业链为目标，以着力提高自主发展能力为核心，以重大建设项目为牵引，兼顾目前主流显示技术及未来发展，通过国家支持和引导，做大做强彩电整机产业，完善新型平板显示器件产业链，增强我国彩电产业可持续发展能力。

引导规划内TFT-LCD、PDP及其他新技术产品生产线建设，形成持续开发和生产能力。

支持平板彩电骨干企业完善新型平板显示整机工艺、模组一体化技术研究开发环境，加强共性技术研发。

鼓励以平板显示骨干企业为龙头，带动上游关键配套材料、模组零部件及工艺设备的产业化，提高国内配套能力。

5. 技术创新能力指标

企业技术创新能力的构成要素可以作为企业技术创新能力指标体系的一级指标，称为因素类，按企业实施技术创新的过程分成6组，记为A_i；每组因素类又分成4个因素，作为企业技术创新能力指标体系的二级指标，记为a_{ij}，共24个因素项，组成因素集(U)。其中，$U=\{A_i\}$；$t_i=\{a_{ij}\}$($i=1\sim6$；$j=1\sim4$)。据此得到企业技术创新能力指标，见表10-6。

表 10-6 企业技术创新能力指标

企业技术创新能力	A_1:研究开发能力	a_{11}:拥有专有技术和专利数 a_{12}:自主创新产品率＝自主创新产品数/创新产品数 a_{13}:对引进技术的消化、吸收和改进能力 a_{14}:主要产品的更新周期
	A_2:资源投入能力	a_{21}:技术开发人员素质-数量 a_{22}:技术开发人员数量/职工总数 a_{23}:技术创新总经费 a_{24}:技术创新总经费/产品销售收入
	A_3:生产制造能力	a_{31}:工人技术等级及工作质量 a_{32}:主要生产设备水平 a_{33}:工程化条件 a_{34}:产品的质量标准水平
	A_4:创新管理能力	a_{41}:创新战略的决策能力 a_{42}:创新激励机制 a_{43}:企业内各部门间的沟通方式和渠道 a_{44}:企业与外部技术力量(大学、研究机构)的有效合作
企业技术创新能力	A_5:创新倾向	a_{51}:创新频率＝年内产品创新数＋年内工艺创新数 a_{52}:创新比率＝创新频率/职工人数 a_{53}:创新视野开阔程度 a_{54}:创新规划长远程度
	A_6:市场营销能力	a_{61}:市场研究水平 a_{62}:对消费者、用户的了解程度 a_{63}:营销体制的适应度 a_{64}:销售网

表 10-6 中,因素集比较集中反映在企业技术创新的主要方面,但各因素类和每个因素项的重要程度不一样。可通过专家咨询方式对各因素类、各因素项的重要性排序,并按重要性分别分配权重,从而确定权重集。

10.4.3 综合案例

20 世纪 90 年代以来,随着全球化进程迅速推进,国际竞争变得日益激烈,世界各国纷纷以创新来赢得竞争优势。其中英国政府 1993 年把创新列为基本国策,日本 1995 年提出"科技创新立国",韩国政府 1997 年颁布实施《科学技术创新特别法》,法国政府 1999 年颁布实施《技术创新和科研法》,巴西 2004 年批准出台《科技创新法》,美国 2005 年出台《国家创新法案》,成立总统创新委员会。在我国,党的十九大报告提出,创新是引领发展的第一动力,是建设现代化经济体系的战略支撑。政产学研嵌入式合作创新网络是一项系统性创新工程,是在政府的支撑引导作用下,充分利用高校和科研院所在人才队伍建设和科技创新研究等方面的优势资源,与企业面向应用的生产实践环节有机结合,形成有效的技术创新体系,促进科技成果转化与产业升级。政府、企业、高校、科研院所互为依托形成的政产学研嵌入式合作创新网络,对各主体创新效率以及整个网络的创新效率将产生重要影响。创新网络作为创新资源配置的新机制,能够有效防止科研项目与产业需求脱节,增强产业导向性，保障科研成果的有效供给，提高科研产品转化效率以及科研成果市场化和产业化水平，对于加快实施创新驱动发展战略起到重要的推动作用。充分发挥政府、企业、高校、研究机构等四大主体在政产学研嵌入式合作创新过程中的比较优势，进一步提升政产学研合作创新效率，是加快推动政产学研合作创新步伐、保障实现 2035 年我国跻身创新型国家前列目标的必然举措。目前，政产学研嵌入式合作创新网络效率评价体系仍处于探索研究阶段。

1. 政产学研嵌入式合作创新效率评价方法

1）评价指标

企业作为经济社会发展的主体、科研成果转化的主导者和市场信息的最早捕捉者，为创新提供了先决条件。企业是技术创新活动的具体作用者，其保持持续市场竞争力的根本体现是不断提升技术工艺水平、开发新产品。因此，必须解决推动企业创新、提升企业创新能力等一系列重大战略问题。企业创新是企业实现持续竞争优势最根本的源动力，主要表现在两个方面：一是通过不断提升企业技术创新能力，以提升企业产品质量、降低企业产品成本；二是通过不断推出企业创新产品和创新服务，以保持企业的市场活力和竞争力。

针对政产学研嵌入式合作创新网络，企业的资源禀赋优势在于能够充分掌握市场需求信息，并根据市场需求通过创新活动将科研成果转化为生产力，加快科研成果市场化和产业化，实现市场利润最大化。但是，企业创新需要具备一定规模的人力和物力，同时必须加强对企业成本和风险的合理控制。考虑到风险、研发周期、成本等众多因素的影响，规模型企业在加强企业创新投入控制的同时，进一步影响了企业的创新产出。而非规模型企业由于自身实力的限制，通常缺乏较强的自主创新研发能力，仅能通过技术引进、合作等方式获取新技术、新工艺。企业作为非专业研究机构，其创新所需的人力、物力与高校和独立研究机构存在较大差距，且创新过程存在高不确定性、高耗时性以及高投入性等特征，从而容易导致企业出现资金链断裂甚至破产的风险。为此，企业基于节约研发成本、降低研发风险以及提升研发效率等多重原因，更加注重向外部寻求合作，获取创新资源，实现创新目的，提高政产学研合作创新强度。政产学研嵌入式合作创新，有效解决了企业科研设备、环境、人力等约束，加强了企业的资源整合，既节省了资金又获得了技术。总体来看，企业家特性、企业的开放程度、吸收能力、科研投入、技术创新能力以及所处行业是影响政产学研合作创新效率的重要因素。通常，企业家越重视创新、企业越开放、吸收能力越强、科研投入越大、技术创新能力越强、所处行业越偏向高技术行业，那么，政产学研合作创新的效率越高。

从政产学研嵌入式合作创新网络的支撑子系统、核心子系统以及科研成果市场化三大模块，创新设计政产学研嵌入式合作创新效率评价指标，进一步完善政产学研嵌入式合作创新网络效率评价指标体系。

第一，政府支撑子系统评价指标

针对政产学研嵌入式合作创新网络中的政府支撑子系统，主要从政府提供的环境、资金、政策支持等维度设计评价指标。① 选取人均地区生产总值、万人平均互联网用户数、每百人平均电话数作为政府提供的环境支撑的代表性指标；② 选取地方政府财政支出、政府科技投入占 GDP 比重、政府对大学和科研机构科技活动的资金支出、国家创新基金获得资金作为政府提供的资金、政策支撑的代表性指标。

第二，产学研核心子系统评价指标

针对政产学研嵌入式合作创新网络的核心子系统，主要从企业、高校、独立研究机构和产学研互动 4 个方面设计评价指标。具体可表述为：

（1）企业评价指标

针对企业方面，主要从人力、财力、研发实力、行业分布情况等维度设计评价指标。其中，① 选取规模以上工业企业 R&D 人员全时当量作为企业人力投入的代表性指标；② 选取规模以上工业企业 R&D 经费内部支出作为企业财力投入的代表性指标；③ 选取规模以上工业企业研发机构数、规模以上工业企业研发仪器设备原价作为企业研发实力的代表性指标；④ 选取高技术企业占规模以上企业比重作为企业行业分布情况的代表性指标。

（2）高校评价指标

针对高校方面，主要从高校的人力数量、质量、财力投入力度、高校声誉等维度设计评价指标。其中，① 选取高校 R&D 人员全时当量作为高校人力数量的代表性指标；② 选取高校科学家和工程师数作为高校人力质量的代表性指标；③ 选取高校 R&D 经费内部支出作为高校财力投入力度的代表性指标；④ 选取高校国际级项目验收数作为高校声誉的代表性指标。

（3）独立研究机构指标

针对独立研究机构方面，主要从独立研究机构的人力、财力、物力实力等维度设计评价指标。其中，① 选取研究机构 R&D 人员全时当量作为独立研究机构人力实力的代表性指标；② 选取 R&D 经费内部支出作为独立研究机构财力实力的代表性指标；③ 选取科学仪器设备支出作为独立研究机构物力实力的代表性指标。

（4）产学研互动指标

针对产学研互动方面，选取高校科技活动资金中来自企业的资金比例、研究机构科技活动资金中来自企业的资金比例、规模以上工业企业引进技术经费支出、规模以上工业企业技术改造经费支出作为代表性指标。

第三，科研成果市场化评价指标

政产学研嵌入式合作创新网络的科研成果市场化体现为产、学、研合作创新过程的论文、专利等初始科研成果和由初始科研成果转化而来的新产品。为此，可从总体科研成果市场化、初始科研成果市场化、最终科研成果市场化等 3 个方面设计评价指标。

（1）总体科研成果市场化指标

针对总体科研成果市场化方面，选取技术市场成交合同额作为代表性指标。

（2）初始科研成果市场化指标

针对初始科研成果市场化方面，① 选取高校发表科技论文数、高校出版科技著作数、高校有效发明专利数、高校 R&D 成果应用及科技服务项目数、高校专利所有权转让及许可收入、高校技术转让合同金额作为高校的代表性指标；② 选取研究机构发表科技论文数、研究机构出版科技著作数、研究机构有效发明专利数、研究机构专利所有权转让及许可收入作为独立研究机构的代表性指标；③ 选取规模以上工业企业有效发明专利数作为企业的代表性指标。

(3) 最终科研成果市场化指标

最终科研成果市场化主要由企业实现，为此，选取规模以上工业企业新产品销售收入、高新技术产业产值占 GDP 比例作为代表性指标。

综上所述，政产学研嵌入式合作创新网络效率评价指标体系，见表 10-7。

表 10-7 政产学研嵌入式合作创新网络效率评价指标体系

子系统	主体/层次	一级指标	二级指标
支撑子系统	政府	环境支持	人均地区生产总值
			万人平均互联网用户数
			每百人平均电话数
		资金、政策支持	地方财政科学技术支出
			政府科技投入占 GDP 比重
			政府对大学和科研机构科技活动的资金支出
			国家创新基金获得资金
核心子系统	企业	人力实力	规模以上工业企业 R&D 人员全时当量
		财力实力	规模以上工业企业 R&D 经费内部支出
		研发实力	规模以上工业企业研发机构数
			规模以上工业企业研发仪器和设备原价
		行业分布情况	高技术企业占规模以上企业比重
	高校	人力数量	R&D 人员全时当量
		人力质量	高校科学家和工程师数
		财力实力	R&D 经费内部支出
		声誉实力	高校国际级项目验收数
	独立研究机构	人力实力	R&D 人员全时当量
		财力实力	R&D 经费内部支出
		物力实力	科学仪器设备支出
	产学研互动		高校科技活动资金中来自企业的资金比例
			研究机构科技活动资金中来自企业的资金比例
			规模以上工业企业引进技术经费支出
			规模以上工业企业技术改造经费支出

续表

子系统	主体/层次	一级指标	二级指标
科研成果市场化	总体科研成果市场化		技术市场成交合同额
	初始科研成果市场化	高校	高校发表科技论文数
			高校出版科技著作数
			高校有效发明专利数
			高校 R&D 成果应用及科技服务项目数
			高校专利所有权转让及许可收入
			高校技术转让合同金额
		研究机构	研究机构发表科技论文数
			研究机构出版科技著作数
			研究机构有效发明专利数
			研究机构专利所有权转让及许可收入
		企业	规模以上工业企业有效发明专利数
	最终科研成果市场化		规模以上工业企业新产品销售收入
			高新技术产业产值占 GDP 比例

2）评价模型

在构建政产学研嵌入式合作创新网络效率评价指标体系基础上，需进一步建立相应的评价模型方法。一方面，确定评价指标权重；另一方面，综合评价不同时期地区政产学研合作创新效率的变化。

（1）评价指标权重确定

在创新设计政产学研嵌入式合作创新网络效率评价指标体系基础上，采用熵权法对评价指标进行赋权。熵权法是根据不同时期评价指标的相对变化程度对合作创新效率的影响来决定各指标权重的一种方法，即相对变化程度越大，则对不同时期不同地区政产学研合作创新效率差距的影响越大，为此，可赋予较大的指标权重。具体步骤可表述为：

步骤 1，对政产学研嵌入式合作创新网络效率评价指标进行无量纲化处理：

$$\begin{cases} x_{ij} = \dfrac{y_{ij} - \min y_{ij}}{\max y_{ij} - \min y_{ij}} & (j \in J) \\ x_{ij} = \dfrac{\max y_{ij} - y_{ij}}{\max y_{ij} - \min y_{ij}} & (j \in J') \end{cases} \tag{10-20}$$

式中：y_{ij} 为第 i 个地区第 j 个评价指标值；$\max y_{ij}$、$\min y_{ij}$ 分别为第 j 个评价指标的最大值、最小值；x_{ij} 为第 i 个地区第 j 个评价指标的无量纲化值。

步骤 2，计算评价指标的熵值 e_j 及差异系数 g_j：

$$\begin{cases} e_j = -\dfrac{1}{\ln n}\sum_{i=1}^{n}\left(\dfrac{x_{ij}}{\sum_{i=1}^{n} x_{ij}} \ln \dfrac{x_{ij}}{\sum_{i=1}^{n} x_{ij}}\right) & (i = 1,2,\cdots,n; j = 1,2,\cdots,m) \\ g_j = 1 - e_j \quad (i = 1,2,\cdots,n; j = 1,2,\cdots,m) \end{cases} \tag{10-21}$$

式中：e_j 为评价指标的熵值；g_j 为评价指标的差异系数。其中 e_j 越小，g_j 越大，即不同时期不同地区第 j 个指标的差异性越大，代表第 j 个指标对效率比较所起的作用越大，指标越重要，应赋的权重应越大。

步骤 3，计算第 j 个指标的权重 ω_j：

$$\omega_j = \frac{g_j}{\sum_{j=1}^{m} g_j} \quad (j = 1,2,\cdots,m) \tag{10-22}$$

式中：ω_j 为第 j 个指标的权重。

（2）评价模型构建

采用理想解法，综合评价政产学研嵌入式合作创新网络效率。理想解法的基本思想是：对归一化后的原始数据矩阵，确定出理想中的最佳指标数据组合和最劣指标数据组合。然后通过求出各被评时期地区的指标与最佳指标数据组合和最劣指标数据组合之间的距离，得出该时期地区的评价方案与最佳方案的接近程度，并以此作为评价不同时期地区效率高低的依据。具体步骤可表述为：

步骤 1，明确决策问题，将问题用决策矩阵描述。

假设有 m 个时期地区的评价方案，每个评价方案都有 n 个指标属性，则可用决策矩阵将多目标评价问题数学描述为

$$\mathbf{Y} = \begin{bmatrix} y_{11} & y_{12} & \cdots & y_{1n} \\ y_{21} & y_{22} & \cdots & y_{2n} \\ \vdots & \vdots & \vdots & \vdots \\ y_{i1} & \cdots & y_{ij} & \cdots \\ \vdots & \vdots & \vdots & \vdots \\ y_{m1} & y_{m2} & \cdots & y_{mn} \end{bmatrix} \tag{10-23}$$

步骤 2，对决策矩阵进行规范化处理，并根据熵权法确定指标权重 $\boldsymbol{\omega}=(\omega_1,\omega_2,\cdots,\omega_n)^{\mathrm{T}}$。

$$\begin{cases} z_{ij} = \begin{cases} (y_{ij} - y_{j\min})/(y_{j\max} - y_{j\min}) & (y_{j\max} \neq y_{j\min}) \\ 1 & (y_{j\max} = y_{j\min}) \end{cases} (y_{ij}\text{ 为效益型指标}) \\ z_{ij} = \begin{cases} (y_{j\max} - y_{ij})/(y_{j\max} - y_{j\min}) & (y_{j\max} \neq y_{j\min}) \\ 1 & (y_{j\max} = y_{j\min}) \end{cases} (y_{ij}\text{ 为成本型指标}) \end{cases} \tag{10-24}$$

由此构成规范化后赋权的决策矩阵 $\mathbf{Z}=(\omega_j \times z_{ij})_{m\times n}$。

步骤 3，确定评价方案的理想解 Z_J^+ 和负理想解 Z_J^-，即

$$\begin{cases} Z_j^+ = \{(\max_i Z_{ij} \mid j \in J),(\min_i Z_{ij} \mid j \in J')\} \\ Z_j^- = \{(\min_i Z_{ij} \mid j \in J),(\max_i Z_{ij} \mid j \in J')\} \end{cases} \tag{10-25}$$

式中：J 为效益型目标的下标组成的集合；J'为成本型目标的下标组成的集合。

$$J \cup J' = \{1,2,\cdots,n\}, J \cap J' = \Phi$$

步骤 4，采用加权的欧几里得范数，度量评价方案到理想方案的欧几里得距离。

$$\begin{cases} S_i^+ = \sqrt{\sum_{j=1}^{n} (Z_{ij} - Z_j^+)^2} \quad (i = 1, \cdots, m) \\ S_i^- = \sqrt{\sum_{j=1}^{n} (Z_{ij} - Z_j^-)^2} \quad (i = 1, \cdots, m) \end{cases} \tag{10-26}$$

步骤 5，计算每个评价方案距离理想方案的相对贴近度，按由小到大的顺序排列评价方案的优劣次序。

$$C_i = S_i^- / (S_i^+ + S_i^-)(i = 1, \cdots, m) \tag{10-27}$$

式中：C_i 为第 i 个评价方案距离理想方案的相对贴近度。如果某一时期某地区的评价方案距离理想方案越近，距离负理想方案越远，C_i 就越大，该时期该地区政产学研合作创新效率就越高。

2. 京津冀政产学研嵌入式合作创新效率评价

针对政产学研嵌入式合作创新网络，通常，各主体科技投入力度越大、互动频率越高，网络活力越高，合作创新成果就越显著。从效率角度出发，科技产出相对科技投入越高，合作创新网络效率越高。因此，将政产学研嵌入式合作创新网络效率评价指标分为投入指标和产出指标。政产学研嵌入式合作创新网络效率评价的投入产出指标体系见表 10-8。

表 10-8　政产学研嵌入式合作创新网络效率评价的投入产出指标体系

<table>
<tr><th>一级指标</th><th colspan="2">二级指标</th><th>三级指标</th></tr>
<tr><td rowspan="13">投入指标</td><td>政府支撑子系统投入</td><td>政府</td><td>地方财政科学技术支出</td></tr>
<tr><td rowspan="12">产学研核心子系统投入</td><td rowspan="4">高校</td><td>高校 R&D 人员全时当量</td></tr>
<tr><td>高校科学家和工程师数</td></tr>
<tr><td>高校 R&D 经费内部支出</td></tr>
<tr><td>高校国际级项目验收数</td></tr>
<tr><td rowspan="3">研究机构</td><td>研究机构 R&D 人员全时当量</td></tr>
<tr><td>研究机构 R&D 经费内部支出</td></tr>
<tr><td>研究机构科学仪器设备支出</td></tr>
<tr><td rowspan="5">企业</td><td>规模以上工业企业 R&D 人员全时当量</td></tr>
<tr><td>规模以上工业企业 R&D 经费内部支出</td></tr>
<tr><td>规模以上工业企业研发机构数</td></tr>
<tr><td>规模以上工业企业研发仪器和设备原价</td></tr>
<tr><td>高技术企业占规模以上企业比重</td></tr>
</table>

续表

一级指标	二级指标		三级指标
投入指标	政产学研互动投入	政府经济技术环境支撑	人均地区生产总值
			万人平均互联网用户数
			每百人平均电话数
		政府支持	政府科技投入占 GDP 比重
			政府对大学和科研机构科技活动的资金支出
			政府对规模以上工业企业科技活动的资金支出
			国家创新基金获得资金
		产学研互动	高校科技活动资金中来自企业的资金比例
			研究机构科技活动资金中来自企业的资金比例
			规模以上工业企业引进技术经费支出
			规模以上工业企业技术改造经费支出
产出指标	核心子系统创新产出	高校	高校发表科技论文数
			高校出版科技著作数
			高校有效发明专利数
			高校 R&D 成果应用及科技服务项目数
			高校专利所有权转让及许可收入
			高校技术转让合同金额
			研究机构发表科技论文数
			研究机构出版科技著作数
			研究机构有效发明专利数
			研究机构专利所有权转让及许可收入
			规模以上工业企业有效发明专利数
			规模以上工业企业新产品销售收入
			高新技术产业产值占 GDP 比例
			技术市场成交合同额

根据表 10-8,采用熵权法和理想解法,首先对 2010—2015 年北京、天津、河北政产学研嵌入式合作创新网络效率进行单独测算,纵向分析北京、天津、河北政产学研嵌入式合作创新水平,然后对 2010—2015 年京津冀整体、北京、天津、河北政产学研嵌入式合作创新网络效率进行综合测算,横向对比京津冀整体、北京、天津、河北政产学研嵌入式合作创新的水平。其中人均地区生产总值作为政府经济支撑指标,其对创新的支撑作用具有一定的滞后性,因此采用 2009—2014 年数据,其他指标采用 2010—2015 年数据。2010—2015 年北京、天津、河北政产学研嵌入式合作创新网络效率单独测算的结果见表 10-9。

表 10-9 京津冀地区政产学研嵌入式合作创新网络效率

年份	北京	天津	河北
2010	0.324 0	0.403 4	0.316 2
2011	0.305 1	0.350 7	0.452 2
2012	0.385 5	0.430 6	0.524 6
2013	0.543 5	0.510 8	0.515 4
2014	0.624 4	0.560 7	0.582 2
2015	0.717 9	0.653 9	0.667 7

由表 10-9 可以看出，2010—2015 年北京、天津、河北政产学研嵌入式合作创新网络效率整体呈递增趋势，北京 5 年间整体效率值增长了 0.393 9，增幅最大，略高于河北的 0.351 5，高于天津的 0.250 5。具体到各年来看，北京、天津、河北增幅均呈波动状态：北京市在 2011 年效率值出现了下降，2013 年相比 2012 年增幅达到 0.158 0 的峰值，其余年份增幅基本保持在 0.080～0.095 的水平；天津市在 2011 年效率值也出现了下降，且下降幅度（0.052 7）超过北京市在 2011 年的下降幅度（0.018 9），除 2014 年相比 2013 年效率值增幅出现 0.049 9 的较低水平外，其余年份基本保持在 0.080～0.095 的水平，但各年增幅均低于北京市；河北省在 2013 年效率值出现了下降，但降幅较小（0.009 2），在北京、天津效率值均出现下降的 2011 年，河北省效率值增幅达到峰值（0.136 0），其余年份其效率值增幅基本保持在 0.060～0.850 的水平。

在对 2010—2015 年北京、天津、河北政产学研嵌入式合作创新水平进行纵向分析的基础上，综合测算 2010—2015 年京津冀整体、北京、天津、河北政产学研嵌入式合作创新网络效率，对京津冀整体、北京、天津、河北政产学研嵌入式合作创新的水平进行横向对比，2010—2015 年京津冀整体、北京、天津、河北政产学研嵌入式合作创新网络效率综合测算结果见表 10-10。

表 10-10 京津冀地区政产学研嵌入式合作创新网络效率

年份	京津冀整体	北京	天津	河北
2010	0.583 1	0.415 7	0.215 7	0.141 5
2011	0.591 9	0.404 0	0.200 7	0.134 7
2012	0.635 4	0.422 2	0.231 8	0.112 6
2013	0.680 7	0.468 4	0.224 2	0.109 1
2014	0.705 3	0.485 3	0.223 6	0.114 4
2015	0.758 3	0.535 7	0.252 3	0.123 4

由表 10-10 可以看出，针对 2010—2015 年政产学研嵌入式合作创新网络效率，京津冀整体优于北京、天津、河北，北京优于天津，天津优于河北，且北京与河北的差距最大，北京与天津的差距次之，京津冀整体与北京的差距略低于北京与天津的差距，天津与河北的差

距最小。具体到各年份来看,京津冀整体政产学研嵌入式合作创新网络的效率值是北京的 1.4～1.5 倍,且倍数呈先增后减状态,在 2012 年达到峰值(1.5);京津冀整体政产学研嵌入式合作创新网络的效率值是天津的 2.7～3.2 倍,倍数虽然呈波动状态,但整体存在增长态势,倍数在 2014 年达到峰值(3.15);京津冀整体政产学研嵌入式合作创新网络的效率值是河北的 4.1～6.3 倍,倍数在 2010—2013 年实现逐年递增,并于 2013 年达到峰值(6.24),2014 年和 2015 年相比 2013 年则出现了略微降低(倍数分别为 6.17 和 6.15)。

综上分析可以发现,京津冀地区政产学研嵌入式合作创新效率整体呈递增态势,且京津冀总体效率优于北京、天津、河北,北京优于天津、天津优于河北。说明各省市之间的互动及资源整合有利于推动京津冀整体政产学研合作创新效率的提升。

通过剖析政产学研嵌入式合作创新网络的互动机理,分析政产学研嵌入式合作创新网络效率的影响因素,依此设计政产学研嵌入式合作创新网络效率评价指标体系,综合评价 2010—2015 年京津冀政产学研嵌入式合作创新网络效率。研究结果表明:① 2010—2015 年北京、天津、河北政产学研嵌入式合作创新网络效率整体呈递增趋势,五年间增幅北京最大,天津次之,河北最小,且三地效率值各年增幅呈波动状态;② 2010—2015 年京津冀整体政产学研嵌入式合作创新效率实现逐年递增,且京津冀整体效率优于北京、天津、河北,北京优于天津、天津优于河北,即京津冀地区资源整合后的政产学研合作创新效率要显著高于各省市的政产学研合作创新效率。

根据评价结果,提出以下对策建议:

第一,从政府支撑子系统视角来看,首先,需要因地制宜,进一步完善京津冀地区促进政产学研嵌入式合作创新的政策法规环境。制定具体的专门针对政产学研嵌入式合作创新的政策法规,明确具体的实施配套细则,并完善政府的监督机制。其次,需要京津冀地区地方政府提高对政产学研嵌入式合作创新的支持力度,建立健全政府针对政产学研嵌入式合作创新的投融资机制,设立科技项目专项,提高政府调动全社会科技资源、并促进科技资源优化配置的能力,充分发挥政府对政产学研嵌入式合作创新的财政性科技投入的引导作用。并促进金融机构与企业之间建立长期、良好、稳定的互信合作关系,激励创新技术的行为,保障不同利益方的权益。同时,加大政府财政资金对风险投资的引导,建立健全风险投资机制和知识产权质押融资机制,发展支持创新型企业的信用担保体系,强化市场化风险补偿方式,积极推进专利保险试点工作。此外,本着"收益共享、风险共担"的原则,需要建立健全政产学研嵌入式合作创新的风险分摊与利益分配机制,有效防止利益分配纠纷和知识产权纠纷。最终,充分发挥政府在政产学研嵌入式合作创新网络中的重要支撑作用,提高政产学研嵌入式合作创新效率。

第二,从产学研核心子系统视角来看,首先,需要建立健全创新市场体系,包括技术市场、人才市场、信息市场。并加快科技中介机构建设,使之成为产学研之间科技成果转化的真正桥梁与纽带,确保社会需求与供给的信息畅通与共享。其次,需要突出人才在技术创新中的关键性作用,大力加强创新型高层次人才和专业人才的队伍建设。并着重发展人才、技术等创新资源优势,进一步加强产学研对接工作,围绕产业技术需求,开展共性技术研发。针对优势支柱产业、重点企业的关键技术难题,以及制约企业发展的重大技术瓶颈问题,进一步加强企业与高校、研究机构的联合攻关,鼓励高校建立技术转移中心,为产学研科技合作和技术交流提供更加通畅、便利、高效的平台。

总体来看，在保持政产学研各主体自身科技投入的基础上，必须加大互动投入比例，完善合作机制和信息传递机制，充分发挥各主体比较优势，提高政产学研合作创新效率，推动整个地区创新发展。同时，必须加大地区间资源整合，加快地区间产业结构调整，充分发挥各地区政产学研各主体的创新优势。一方面，形成单个地区政产学研嵌入式合作创新网络；另一方面，形成更大区域范围内的政产学研嵌入式合作创新网络，提高整个地区的创新水平，推动整个地区的经济社会发展。

【思考题】

1. 什么是企业技术管理决策？
2. 企业技术创新管理与经济发展的关系是什么？
3. 什么是企业技术预测？企业技术预测的类型有哪些？
4. 企业技术预测的方法有哪些？各种方法的基本内容是什么？
5. 什么是企业技术评价？
6. 企业技术评价的步骤与方法有哪些？
7. 什么是企业技术创新？
8. 企业技术创新能力的构成要素和演变阶段包括哪些？
9. 企业技术创新能力指标包括哪些？

11 企业投资管理决策

【学习要求与目标】

1. 理解企业投资管理决策的概念；
2. 理解与掌握企业投资的资金时间价值；
3. 熟练掌握企业投资的静态评价指标和方法；
4. 熟练掌握企业投资的动态评价指标和方法；
5. 熟练掌握企业投资的多方案决策方法；
6. 熟练掌握企业投资的风险决策方法。

2019 年 5 月，国务院颁布了《政府投资条例》，并于 2019 年 7 月 1 日起正式施行。《政府投资条例》是我国关于政府投资管理的第一部行政法规，也是投资建设领域的基本法规制度，标志着我国全面规范政府投资管理迈出了具有重要意义的一步。政府投资作为一项重要政府职能，事关经济社会发展全局，既是实施宏观调控、落实国家发展战略的重要手段，也是引导和带动社会资本扩大有效投资的有力抓手。党的十八大以来，我国投融资体制改革持续深化，推进要素配置市场化、落实企业投资主体地位成效显著。近年来，企业投资约占全社会固定资产投资总额的 95%，民间投资占比保持在 60%以上。企业投资管理是企业财务管理的重要组成部分，而企业财务管理是企业战略管理的主要职能之一。对于企业来说，关键是提高企业投资管理决策能力，不断优化企业投资结构，持续提升企业投资管理水平。

11.1 企业投资管理决策概述

11.1.1 企业投资管理决策的概念

1. 定义

企业投资管理决策是指企业在调查、分析、论证的基础上，对投资建设项目所做出的决策。企业投资管理决策是对企业投资建设项目方案进行计算、比较与论证，从而优选投资建设项目方案的重要手段与科学方法。企业投资管理决策涉及投资建设项目的建设时间、地点、规模，技术的可行性、经济的合理性等问题的分析论证和管理抉择，是企业投资成败的关键环节和因素。企业投资管理决策实质上是从企业投资建设项目的多个备选的可行方案中，评选各个可行方案的成本费用和效益价值，并加以比较，最终选择最佳或较满意的可行方案。

企业投资管理决策是用市场价格量化企业投资建设项目的投入和产出，并使企业投资建设项目的投入产出在不同的投资方案之间具有时间上的可比性。企业投资建设项目方案是否可行，需要对该投资方案进行经济评价。企业投资管理决策的核心内容是企业投资方案的经济评价方法，它是判定企业投资方案对企业盈利水平、社会贡献或资源优化配置程度的重要手段。其目的在于保证投资建设项目决策的正确性和科学性，明确企业投资方案的盈利水平，最大限度地提高企业投资方案的经济效益。企业投资管理决策的经济评价方法的关键是确定经济效果评价指标，经济效果评价指标按照是否考虑资金的时间价值可分为两大类：一类为静态评价指标，另一类为动态评价指标。采用静态评价指标时企业投资方案的经济评价不考虑资金时间价值。采用动态评价指标时企业投资方案的经济评价考察了企业投资建设项目在整个寿命期内收支的时间价值变化。目前，企业投资管理决策的经济评价，结合静态评价指标和动态评价指标，主要分为三大类：企业投资的静动态评价、企业投资的多方案优选以及企业投资的风险分析。

2. 特点和程序

企业投资管理决策体现了四大特点：① 针对性。企业投资管理决策要有明确的投资目标。② 现实性。企业投资管理决策是投资行动的基础，是现代化投资管理的核心。③ 择优性。企业投资管理决策是对实现企业投资目标的若干个可行方案进行评判优选。④ 风险性。企业投资管理决策是依据历史资料，通过概率统计的方法进行投资建设项目的风险估计，从而控制并降低风险。

企业投资管理决策的程序可概括为：① 确定投资目标。确定投资目标是企业投资管理决策的前提。② 选择投资方向。在明确投资目标后，企业进一步拟定具体的投资方向。③ 制订投资方案。在决定投资方向之后，企业着手制订具体的投资建设项目方案，并对投资建设项目方案进行可行性论证。④ 评价投资方案。在投资建设项目方案可行性论证基础上，企业对拟建项目方案的风险与回报进行估计和分析，并将投资风险控制在可承受范围之内。⑤ 选择投资方案。企业对投资建设项目方案进行优选，并落实项目责任人。⑥ 反馈调整投资建设项目方案和投资后的评价。确定企业投资建设项目方案之后，企业根据内外部环境变化，对原先的投资方案进行适时地调整，使投资决策更科学合理。

3. 投资、成本与收入界定

1）投资

广义的投资可分为生产性投资和非生产性投资，是指人们以一定的资源（包括资金、人力、技术或其他资源）投入某项计划，以获取所期望的报酬。本章所讨论的投资是狭义的，是指企业在社会经济活动中为实现某种预定的投资目标而预先垫支的资金。对于一般的企业投资项目来说，总投资包括固定资产投资和流动资金。

(1) 固定资产投资

固定资产是指企业为生产产品、提供劳务、出租或者经营管理而持有的、使用时间超过12个月的，价值达到一定标准的非货币性资产。包括房屋、建筑物、机器、机械、运输工具以及其他与生产经营活动有关的设备、器具、工具等。固定资产的特点表现为：使用期限较长（一般在一年以上）、单位价值在规定标准、在使用过程中保持原来物质形态的资产。

企业固定资产投资就是企业用于建造与购置固定资产的投资。企业固定资产投资由工程费用、其他费用和预备费用等组成。对于机械设备工具等固定资产，工程费用是指固定资产的购置费用；对于房屋等固定资产，工程费用还要包括建筑工程费用和安装工程费用。如果在投资所使用的资金中还有借款，则建设期的借款利息则属于其他费用，对于某些投资项目，国家还要征收固定资产投资方向调节税，这也属于其他费用。预备费用指一些不可预见的费用，如漏项、差价和其他补充支出。

(2) 流动资金

企业流动资金是指在企业投资建设项目投产前预先垫付，在投产后生产经营过程中用于购买原材料、燃料动力、备品备件、支付工资和其他费用以及被产品、半成品、产成品和其他存货占用的周转资金。

在整个项目寿命期内，流动资金始终被占用并且周而复始地流动。到项目寿命期结束时，全部流动资金才能退出生产与流通，以货币资金的形式被收回。

在企业生产经营活动中，流动资金的表现形态为：现金及各种存款、存货、应收和预付款项等。

2) 成本

成本通常指企业为获得商品或服务所需支付的费用。财务会计中的成本是企业对生产经营活动中实际发生费用的记录，其成本数据是唯一确定的。企业投资管理决策中的成本不完全等同于财务会计中的成本，它是对投资建设项目未来实施过程中费用的预测和估算，其数据是不完全确定的。

(1) 经营成本

企业投资管理决策中常用到经营成本这一概念。简单地说，经营成本是企业为经济分析方便，从总成本费用中分离出来的一部分费用。其关系为

$$经营成本=总成本费用-固定资产折旧-计入成本的贷款利息$$

经营成本要从总成本费用中分离出，虽然已计入生产费用，但并没有实际发生的经营费用。因为在企业投资管理决策过程中，主要考察企业投资方案的现金流出与现金流入。固定资产折旧是对固定资产磨损的价值的补偿，但它并没有真正发生，并不是真正发生的现金流出。同时，固定资产投资已计入现金流出，如果将折旧再随成本计入现金流出，显然会造成现金流出的重复计算。

贷款利息是使用借贷资金所要付出的代价，对于企业来说是实际的现金流出。但在评价企业投资方案的经济效果时，并不考虑资金来源问题，所以也不将贷款利息计入现金流出。为了计算和分析方便，企业投资管理决策中通常将经营成本作为一个单独的现金流出项。如果分析中需要考虑贷款利息支出，则另列一个现金流出项。

企业投资管理决策中有时还用到沉没成本和机会成本的概念。

(2) 沉没成本

沉没成本是指企业以往发生的与当前决策无关的费用。企业经济活动在时间上是具有连续性的，但从企业投资管理决策的角度看，企业以往发生的费用只是造成当前状态的一个因素，当前状态是企业投资管理决策的出发点，企业当前的投资管理决策所要考虑的是未来可能发生的费用及所能带来的收益，不考虑以往发生的费用。例如，企业参加投资

管理的考试培训，学期初已交了一笔培训费，企业当前决策所要考虑的是未来可能会收到的收益和花费。

（3）机会成本

机会成本是指企业将一种具有多种用途的有限资源置于特定用途时所放弃的机会中最佳的机会可能带来的收益。当一种有限的资源具有多种用途时，企业可能有许多个投入这种资源获取相应收益的机会，如果将这种资源置于某种特定用途，必然要放弃其他的资源投入机会，同时也放弃了相应的收益，在所放弃的机会中最佳的机会可能带来的收益，就是将这种资源置于特定用途的机会成本。例如，对于企业将资金存入银行放弃了其他的机会——投资建设项目，机会成本就是投资建设项目所能带来的收益。

3）销售收入、利润和税金

（1）销售收入

销售收入是指企业向社会出售商品或提供劳务的货币收入。

$$销售收入=商品销售量\times商品单价$$

（2）利润

利润是企业经济目标的集中表现。企业投资建设项目投产后所得的利润可分为销售利润和税后利润两个层次。

$$销售利润=销售收入-总成本-销售税金及附加$$

（3）税金

税金是国家依据法律对有纳税义务的单位和个人征收的财务资金。国家采用的这种筹集财政资金的手段叫税收。税收是国家凭借政治权利参与国民收入分配和再分配的一种方式，具有强制性、无偿性和固定性的特点。税收不仅是国家取得财政收入的主要渠道，也是国家对各项经济活动进行宏观调控的杠杆。

在我国，企业应当交纳的税有很多种，主要可分为 5 大类：流转税类、资源税类、所得税类、财产税类、特定目的税。这 5 大类税种具体可表述为：

第一，流转税类。流转税类是指以商品生产、商品流通和劳务服务的流转额为征收对象的各种税，包括增值税、消费税和营业税。

第二，资源税类。资源税类是指以被开发或占用的资源为征收对象的各种税，包括资源税、土地使用税等。

第三，所得税类。所得税类是指以单位（法人）或个人（自然人）在一定时期内的纯所得额为征税对象的各个税种，包括企业所得税、外商投资企业和外国企业所得税以及个人所得税。

第四，财产税类。财产税类是指以法人和自然人拥有及转移的财产的价值或增值额为征收对象的各种税，主要包括车船税、房地产税和土地增值税等。

第五，特定目的税。特定目的税指国家为达到某种目的而设立的各种税，主要有固定资产投资方向调节税、城乡维护建设税等。

对于企业来说，以上各种税中，房产税、车船税和土地使用税可以计入成本费用（可计入成本费用的还有印花税和进口原材料和备品备件的关税等）。增值税属价外税，不含在销售收入中。应从销售收入中缴纳的税主要包括消费税、营业税和城乡维护建设税，计算企业销售利润时，从销售收入中减除的销售税金是指这几种税（还包括教育费附加）。固定资产投资方向调节税应计入建设项目总投资，最终计入固定资产原值。企业所得税应从销售利润中缴纳。

4. 企业投资的经济效果

1）经济效果表示方式

针对企业投资建设项目，采用何种投资方案获得最佳的经济效果，成为企业投资管理决策的关键。企业投资的经济效果是指企业在经济实践活动中所采用的投资方案取得的劳动成果与劳动耗费的比较，或产出的经济成果与投入的资源总量（包括人力、物力、财力等资源）的比较。谋求经济效果，是企业从事一切经济活动的基本方针，经济效果好，意味着占用和消耗较少的资源，取得同等的劳动成果，或者占用和消耗同等的资源取得了较多的经济成果。企业投资管理决策的目的就是为了实现使投资方案使用尽可能少的劳动耗费取得尽可能多的经济成果。

根据企业投资的经济效果定义，经济效果等于劳动成果和劳动耗费的比较。可用3种方式来表示。

（1）差额表示法

差额表示法是以绝对量形式表示企业投资方案的经济效果的一种方法，其一般表达式为

$$E = V - C \tag{11-1}$$

式中：E 为经济效果；V 为投资方案的劳动成果；C 为投资方案的劳动耗费。V 与 C 的量纲必须都以价值形式表示，否则无法相减。

（2）比率表示法

比率表示法是最常见的一种表示方法，其一般表达式为

$$E = \frac{V}{C} \tag{11-2}$$

式中：V 与 C 的单位可以用价值单位表示，也可以用实物单位表示。

上述两种表示法各有其优缺点，比率表示法在一定程度上反映了企业所得和所耗的相比关系，但不反映企业投资方案的绝对效果。差额表示法简单、易算，但它反映不出企业不同生产规模与不同技术水平情况下，经济效果的真实水平。因此，在企业投资管理决策中，常把两者结合来表示企业投资方案经济效果大小的方法。

（3）差额-比值表示法

差额-比值表示法是一种用差额表示法与比值表示法相结合来表示企业投资方案经济效果大小的方法，表达式为

$$E = \frac{V - C}{C} \tag{11-3}$$

综上所述，提高企业投资方案经济效果的途径包括：① $V\rightarrow, C\downarrow$；② $V\uparrow, C\rightarrow$；③ $V\uparrow\uparrow, C\uparrow$；④ $V\downarrow, C\downarrow\downarrow$；⑤ $V\uparrow, C\downarrow$。

在企业投资管理决策中，经济效果好意味着企业投资方案以较少的投入获得较大的产出，但并不意味着经济效益是好的。经济效益是指在合理利用资源和保护生态环境的前提下，以尽量少的劳动消耗和物质消耗生产出更多更好符合社会需要的产品。经济效益服从生产目的的需要，只有当企业投资产出的经济成果符合社会的需求程度，满足内部经济效益的同时兼顾社会效益和环境效益，经济效益才是好的。

2）经济效果可比条件

企业为提高投资的经济效果，可能会比较很多备选的投资方案，确定和选择备选方案时需要遵循一定的原则：一是选全方案。企业为了从备选方案中选择出能够满足目标的最好方案，就要保证不能漏掉一个可行方案。二是不多选方案。企业对备选方案的选择，还要注意不能将无实际意义或明显不可行的方案选入，以免增加方案比较工作量。三是选准方案。企业为了避免在评价比较备选方案过程中造成工作浪费，因此在初选方案时要依靠专家的认真调查研究，选择能够满足投资目标要求的准确的方案。四是方案要合理。所谓合理就是指方案要完整，也就是说，企业确定的方案不能是部分方案。往往有些比较复杂的工程项目，有些方案隐含着一些附带方案，这些附带方案容易被忽略，造成各方案比较时不完整，这样确定的比较方案就不合理。

企业不同投资方案由于目的、条件等不同，其指标往往不能直接相比，也就是说比较方案之间必须具有可比条件，才能进行比较。一般，比较方案的可比条件包括 4 个方面：满足需要的可比；消耗费用的可比；评价指标的可比；时间因素的可比。

（1）满足需要的可比

任何投资方案都可以满足一定的需要——生产产品或提供服务。一般情况下，企业投资方案都是以企业的产品数量、品种、质量、功能等指标来满足国民经济需要。因此，不同投资方案若要满足需要上的可比条件，必须保证在产量、品种、质量、功能等指标上的可比性。

① 满足产量的可比

对比两个投资方案时，如果其产量相同，则其他指标才有可比基础。这里的产量是指不同投资方案的净产量，而不应以额定产量为标准。因为各种投资方案具有不同的技术特点和条件，这些投资方案所利用设备的额定产量与满足实际需要所必需设备的产量是不相等的，它们之间相差一个数量，所以尽管两个投资方案毛产量相等，但由于在生产流通和消耗过程中损失不同，即真正达到满足社会需要的数量不等，则不可比。

例如，假定社会需要发电容量 10 万 kW，发电量 4 亿度（1 度＝1 kW・h），为此，既可以建一个水电站，也可以建一个火电站（比较两投资方案的优劣）。如果按 10 万 kW 装机容量和 4 亿度发电量来设计方案，则不具有可比条件。因为水电站和火电站的运行本身都需要一部分的电量，同时为保证正常运转还需一定的事故用电、抢修用电和负荷备用电，而两种电站的各种用电量又不相同。因此，两种电站实际向社会能够提供的电量就不相等了。必须设计一个 11 万 kW 以上发电容量、4.04 亿度发电量的水电站和一个 12.1 万 kW 以上发电容量、4.28 亿度发电量的火电站，这两个投资方案才能有相同的净产出，才符合产量的可比性。

② 满足质量的可比

为了满足人民生活的需要，要根据满足需要的使用效果大小进行对比。对能定量分析的质量（功能）指标则用定量分析方案比较。满足质量可比的条件具体可概括为 5 个方面：

第一，两个投资方案的使用价值有差别。例如，企业有两个建厂方案，A 是建一燃油汽车生产厂，B 是建一新能源汽车生产厂。由于这两个方案的汽车的使用价值不同，因此，在方案比较时，不能将一辆燃油汽车和一辆新能源汽车的价值直接相比较。

第二，两个投资方案的生产规模不同。例如，两个燃油汽车生产厂，一个年产 20 万辆，一个年产 10 万辆，则这两个建厂方案就不能直接相比。只有一个年产 20 万辆的方案和两个年产 10 万辆的方案才具备可比性。

第三，两个投资方案满足的需要不同。例如，水电站既能满足电能需要，又能满足农田灌溉的需要，还能满足航海、防洪等的需要，如果我们拿这种综合利用方案与只能满足单一方面需要的火电站方案相比，则不具有直接可比性。必须把这种综合利用方案和能够满足相同需要的联合方案进行比较；或者把综合利用方案分成若干个单独方案，将总费用进行分摊，然后按单一方案进行比较。

第四，两个投资方案的效益不同。例如，利用农田建汽车生产厂，除了汽车生产厂未来生产汽车产品外，还会带来农业减产。这时如果我们将该方案与不会带来农业减产的方案相比，就不具有可比性。必须采取办法使对比方案各方面产量都相等，才能相比较。

第五，两个投资方案的生产能力不同。例如，A 方案是对原有汽车设备进行现代化改装，B 方案是对原有汽车设备进行常规修理。由于 A 方案使原有汽车设备的生产效率提高了，提高了设备的生产能力，这时两方案就不能直接相比较，必须首先把 B 方案的产量调整到满足相同的数量上，才能够比较。

(2) 消耗费用的可比

经济效果的概念是由有用效果和劳动耗费两方面构成的，满足需要的可比条件反映了有用效果方面的比较基础，而消耗费用的可比条件则是反映劳动消耗方面的比较基础。对于消耗费用的计算必须采用同一原则和方法，即把比较投资方案的使用价值等同化，去比较不同投资方案的消耗。例如，两个投资方案的生产量不同时，对于消耗费用（如投资和经营费用）指标，它们的绝对值就没有直接可比的基础。

① 消耗费用的范围和口径一致

关于消耗费用的可比性问题，首要要使对比投资方案所采用的费用指标处于同一范围下，具体来说，消耗费用的可比性可概括为 4 个方面：

第一，要从社会总体范围考虑消耗费用。每个投资方案的特性和经济特性是不同的，它们在各个方面所消耗的劳动或费用也不相同。为了使各个投资方案能够进行经济效果比较，各个投资方案的消耗费用必须从整个社会或整个国民经济观点出发，即要考虑投资方案的社会全部消耗费用。例如，占用农田的汽车生产厂建设项目。

第二，要从部门间横向关系的范围考虑消耗费用。在现代化生产中，由于分工愈来愈细，所以国民经济各部门生产之间的关系也愈来愈密切。各部门的生产往往互相依赖，彼此协作。因此，在考虑某投资方案的消耗费用时，不但要考虑投资方案本部门的各种耗费，而且要考虑和投资方案有密切横向关系的邻近部门的各种消耗费用。例如，长虹对显像管企业收购的方案，对其他家电企业的影响。

第三，既要考虑直接费用，又要考虑间接费用。有时一个投资方案的实施，除了自身消耗费用以外，还会带来一些间接费用，如投资方案对劳动力、运力和自然资源的占用和物资的消耗所引起的国民经济损失费用;投资方案实施引起的其他部门治理污染的费用等。对这些间接费用也要加以考虑。

第四,消耗费用的范围应统一。前面我们介绍的消耗费用的几个方面的可比性问题,对于对比方案来说,当然是与其有关的费用考虑得越全面越好。但是,由于在实际工作中,不可能做到将所有相关的费用都考虑在内,因此在两个投资方案比较时,常常是比较其一部分费用,而对于基本相同的部分可以略去。这就要求被比较的费用,其发生的范围必须一致,否则就不能相比。

② 消耗费用指标的选取具有可比性

消耗费用指标,无论从它代表的量上,还是从它代表的质上都应该具有可比性。如果两个投资方案的年产量有所不同,比较时其费用就不能采用总费用,而应采用单位产量的费用;如果两个投资方案的产品质量有差异,其费用也应等同化后才能相比。产量和质量不同时,投资和经营成本的比较可表述为:

第一,产量不同时,投资和经营成本的比较。

当两个对比投资方案的产量相同时,可直接比较其投资及经营成本指标;当两个对比投资方案的产量不同时,则把总投资和总经营成本化为单位产品的投资额及单位产品的经营成本,使之具有可比基础。

假设两个投资方案的年产量分别为 Q_1 和 Q_2,两个投资方案的总投资分别为 K_1 和 K_2,年经营成本分别为 C_1 和 C_2,则两项费用可做如下调整计算:

Ⅰ方案单位产品投资额为:$K_{1q}=\dfrac{K_1(\text{元})}{Q_1(\text{件/年})}$

Ⅱ方案单位产品投资额为:$K_{2q}=\dfrac{K_2(\text{元})}{Q_2(\text{件/年})}$

Ⅰ方案单位产品经营成本为:$C_{1q}=\dfrac{C_1(\text{元/年})}{Q_1(\text{件/年})}$

Ⅱ方案单位产品经营成本为:$C_{2q}=\dfrac{C_2(\text{元/年})}{Q_2(\text{件/年})}$

将两个投资方案的投资与经营成本指标转化为单位产量指标后,就可以比较两个投资方案的优劣。

当 $K_{1q}<K_{2q}$,$C_{1q}<C_{2q}$ 或 $K_{1q}<K_{2q}$,$C_{1q}=C_{2q}$ 或 $K_{1q}=K_{2q}$,$C_{1q}<C_{2q}$ 时,则Ⅰ方案较优,否则Ⅱ方案较优。

当 $K_{1q}>K_{2q}$,$C_{1q}<C_{2q}$ 时,则需采用其他方法进行比较。

第二,质量不同时,投资和经营成本的比较。

企业生产的技术产品,其质量必须符合国家规定的质量标准,低于这个标准则为不合格品,不能算作有效产出。但是,有些产品其质量往往高于国家标准,产品的效果或使用价值相应有所提高。如果两个投资方案的产品质量不同,其使用价值也就不同。因此,其费用不能直接相比,必须对两个投资方案的投资及经营成本进行调整,然后再进行比较。调整时采用使用效果系数 k 进行修正,k 的计算方法如下:

$$k=\frac{E_{k1}}{E_{k2}} \quad (k>1) \tag{11-4}$$

式中：k 为使用效果系数；E_{k1} 为较高产品质量方案的产品使用效果；E_{k2} 为较低产品质量方案的产品使用效果。

使用效果系数可用产品的使用寿命、可靠性等来表示。使用效果系数的含义是：较低产量的产品经过使用效果系数调整，可以相当于较高质量的产品。

从产量上看，即 $Q_1=kQ_2$，其中 Q_1、Q_2 分别为高质量和较低质量方案的产品产量。当两个投资方案的产量相同，但产品质量不同时，则需利用使用效果系数对较高产品质量方案的投资及经营成本进行调整。

设较高产品质量方案的投资和经营成本为 K_1 和 C_1，则可做如下调整：

$$\begin{cases} K_1'=K_1\dfrac{1}{k} \\ C_1'=C_1\dfrac{1}{k} \end{cases} \tag{11-5}$$

式中：K_1' 为较高产品质量方案调整后的投资；C_1' 为较高产品质量方案调整后的经营成本。

调整后的投资和经营成本，可以和较低产品质量方案的投资和费用进行比较。

(3) 价格指标的可比

在企业投资管理决策中，无论是有用效果指标，还是劳动耗费指标，主要都是采用价值指标来进行计算的，而价值指标的计算是离不开价格指标的。价格指标直接影响各项指标的大小，采用不同的价格指标，甚至会得出不同的评价结论。因此，两个投资方案比较时，必须采用同一价格指标，以使两个投资方案在价格上是可比的，这就是价格指标的可比问题。

价格指标的可比性要注意两个问题：

① 价格水平本身是否合理

价格水平本身是否合理，即是否真实反映商品的价值。我国现行价格体系存在一些不合理的方面，如工农业产品比价不合理，资源型产品与加工性产品比价不合理。这些不合理，使不同投资方案缺乏可比性，其评价结果往往带有片面性。例如，我国电价偏高，煤价偏低，导致铁路运输中电力机车方案没有蒸汽机车方案经济，会导致建火电站优于建水电站的错误结论。又如，我国原油价格偏低，石油制品价格偏高，导致开采原油的企业没有积极性开采，而大量从国外进口。对于价格不合理的情况，财务评价一般就采用现实价格，而对于国民经济评价则需要进行调整。

② 所选用的价格是否一致

所选用的价格是否一致，主要指选用国内市场价格，还是选用国际市场价格或其他合理价格。

除了上述关于价格水平及价格选取上的可比性问题外，对投资方案还要注意价格的时间性问题。

(4) 时间因素的可比

各种投资方案由于受到技术、经济和社会等多种条件的限制，不仅消耗的资源不同，而且建设投产和服务的时间也不完全相同。如建设期有长短；投产时间有早晚；服务年限有长有短；扩建能力有高有低；等等。如果两个投资方案在这些时间指标上不同，那么就没有直接比较的基础，这就是时间因素的可比性问题。

不同投资方案经济比较时，应考虑以下几个时间因素：

① 项目的计算期应该合理一致

计算期合理一致首先是计算期相同，但在相同的计算期下，仍然存在问题：不同规模的投资方案会有不同的经济效果，建设期短，规模小的投资方案投资回收期短，投产后很快见效，而规模大的投资方案，建设期长，投资回收期长，投产后可能要3～5年才能见效。如果用相同的计算期(较短)比较，可能会得出小规模的方案经济效果好的评价，但从长远来看其投资方案总的经济效果并不一定好。这是因为规模小的投资方案要想达到大规模必须多次追加投资。因此，选择一个合理一致的计算期是多方案比较的基础。

② 应考虑不同投资方案劳动投入和产出发生的时间先后对经济效果的影响

两个投资方案即使计算期相同，所消耗及占用的劳动和产出的有用效果的数量也相同，但如果这些投入与产出发生的时间不同，其经济效果也不同。例如，有的投资方案建设年限短，早投入运行生产，有的投资方案建设年限长，迟投入运行生产；有的投资方案达产期短，有的投资方案达产期长；有的投资方案服务年限短，有的投资方案服务年限长；有的投资方案到一定的时候可以改扩建，增加生产能力，有的投资方案则不能改扩建，不能增加生产能力等。以上列举的这些投资方案生产的有效劳动成果相同，也消耗了相同数量的劳动，但是生产的早晚，或消耗占用的早晚不同，对社会的作用也就不同。早生产就早为社会创造使用价值，就能多为社会创造财富；迟生产就迟创造使用价值，也就迟发挥社会效益，就少为社会创造财富；劳动消耗和劳动占用的早晚就恰好相反，早占用和消耗就早损失社会财富，晚占用和消耗就晚损失社会财富。因此，当不同投资方案进行经济比较时，不能只考虑投资方案所生产的社会产品数量和产值的大小以及所消耗和占用的劳动的大小，还必须考虑到这些劳动是在什么时间占用和消耗的，占用和消耗了多少时间；必须考虑有效劳动成果是什么时间创造出来的，生产了多长时间等。

③ 投资方案的时间因素要从整体上考虑

有些投资方案往往带有配套工程投资方案，在考虑其时间因素时不仅要考虑主工程项目，而且要考虑配套工程。例如，对于建设期来说，配套工程的工期不能保证，则主工程项目的工期也不能保证。因此，对投资方案的时间因素可比性要求，是指对整个项目系统的完整投资方案的时间因素可比性要求，而不是指方案的一部分。

11.1.2 企业投资的资金时间价值

1. 基本概念

企业投资资金的时间价值充分体现了不同时期发生的企业投资的等额资金在价值上的差别。例如，企业早期投资建设项目已经投入了资金1 000万元，通过一系列生产经营活动，企业当前的经济产出资金就超过1 000万元。即经过一段时间后，企业原来投资的资金增值了。因此，企业当前的投资资金和未来同样数量的资金具有“不等价”特性。企业投资资金的时间价值就是指企业投资资金随着时间的推移在价值上产生的变化，主要有两种表现形式：利润和利息。利润是企业投资资金在一段时期内所产生的增值。另外，利息也来自利润，因为企业投资资金主要通过银行借贷方式获得，银行等金融机构的资金通过投入企业生产经营领域，才能使这部分贷款资金增值。因此，利息和利润的本源一样。

企业投资资金的时间价值的大小主要取决三大因素：一是投资利润率，即企业单位投资所能取得的利润。二是风险因素，即企业对因存在风险可能带来的损失所应做的补偿。企业不投资的货币面临贬值的风险，而企业投资面临的风险可能更大。因此，越是高风险的企业投资活动，企业要求的投资报酬率就越高。三是通货膨胀率，即企业对因货币贬值造成的损失所应做的补偿。通货膨胀率会造成货币的贬值。企业投资资金的时间价值的积极作用体现在3个方面：第一，可以聚积社会上的闲散资金；第二，可以促使企业更好地管好、用好资金；第三，作为宏观的调节手段，起到调整企业投资方向等作用。

1）利息和利率

利息是企业投资所需借款资金的时间价值的一种具体体现形态，它发生在企业与银行等金融机构的借贷关系中，即在企业投资管理决策中，企业为了取得一定资金的使用权，而向银行等金融机构支付的超过借款本金的部分。

利息是衡量企业投资所需借款资金的时间价值的绝对尺度。如果企业投资管理决策过程中，从银行等金融机构借贷了一笔资金，这笔资金就称为本金。经过一段时期后，银行等金融机构可从企业获得超过贷款本金的收益。这一过程可用公式表示为

$$F_N = P + I_N \tag{11-6}$$

式中：F_N为本利和，即企业还给借贷方的总金额；P 为本金，即企业从借贷方获得的投资资金；I_N为利息，即借贷方从企业获得的扣除本金部分的额外收益。下标 N 表示计算计息周期，是指计算利息的时间单位，如“年”“月”等。

利率是利息率的简称，是指企业投资管理决策过程中，在一段时期的期末应支付的利息与在这段时期的期初获得的本金的比率，一般以百分数表示。用 i 表示利率，其表达式为

$$i = \frac{I_1}{P} \times 100\% \tag{11-7}$$

式中：I_1为一个计息周期的利息。

式(11-7)表明，利率是单位本金经过一个计息周期后的增值额。

利率是衡量企业投资所需资金的时间价值的相对尺度。利率越大，表明企业投资所需资金增值越快。从理论上讲，利率的概念是从利息的概念中衍生出来，但实际计算中，利息要根据利率进行计算。

企业投资希望获得的报酬率称为最低希望报酬率，在我国也称为基准投资收益率。最低希望报酬率没有上限，但有一个下限，就是要高于企业能从安全性投资行为（例如将企业投资资金存入银行）中所能得到的报酬率（简称“安全投资报酬率”）。因企业投资资金的限制，企业投资方案的预期报酬率（简称“目标收益率”）要比安全投资报酬率更大。因此，安全投资报酬率、最低希望报酬率、目标收益率之间的关系可表述为：目标收益率高于最低希望报酬率；最低希望报酬率高于安全投资报酬率。

2）资金等值

在企业投资资金的时间价值的计算中，资金等值是一个十分重要的概念。资金等值是指在考虑时间因素的情况下，不同时点发生的数额不等的资金，在一定的利率条件下，具有相等的价值。

根据资金等值的概念，如果企业上一年年末将 2 000 万元存入银行，利率是 10%，则下一年年末将从银行获得 2 200 万元。若利率是 12%，企业上一年年末的 2 000 万元相当于下一年年末的 2 240 万元。因此，两个时间节点的资金是否等值，应考虑 3 个影响因素：① 资金金额的大小；② 资金发生的时间；③ 计算时采用的利率。

根据资金等值这一概念，可将一笔资金换算到任意年份，从而给企业投资管理决策带来了便利性。

3) 单利和复利

利息的计算方法主要分为两种：单利计息和复利计息。

(1) 单利

单利计息就是在整个计息周期内只对本金计息，而针对以往的计息周期中积累起来的利息，不再产生利息。即"利不生利"。用这种方法计算的每期利息相等。N 个计算周期后的利息和本利和可用公式表示为

$$I_n = P \cdot n \cdot i \tag{11-8}$$

n 个计算周期后的本利和可用公式表示为

$$F_n = P(1 + i \cdot n) \tag{11-9}$$

实践中，利息本身也是资金，企业将利息投入生产经营领域也可以再带来收益。因此，它也有时间价值，但单利法的实质是假定利息不再投入生产，没有时间价值，并不符合客观实际。

(2) 复利

复利计算是企业将上期的利息也作为本期的投入资金，和本金一起计算本期的利息，也就是不仅本金"生利"，而且利息也"生利"，即"利滚利"。

设 P 为本金，n 为计息周期的个数；i 为利率；I 为利息；F_n 为本利和。则有：

$$\begin{cases} F_1 = P(1+i) \\ F_2 = F_1 + I_2 = P(1+i) + P(1+i)i = P(1+i)^2 \\ F_3 = F_2 + I_3 = P(1+i)^2 + P(1+i)^2 i = P(1+i)^3 \\ \vdots \\ F_n = F_{n-1} + I_n = P(1+i)^{n-1} + P(1+i)^{n-1} i = P(1+i)^n \end{cases} \tag{11-10}$$

式中：F_n 为 n 个计息周期后的本利和。

根据公式(11-10)，复利计算的出发点是企业将资金投入生产后当年产生的扣除本金的收益，作为生产资金重新投入生产领域，按投资收益率为社会提供更多的积累，如此循环，不断扩大再生产，它是以等比级数不断增加资金来扩大再生产的资金循环。而单利计算则是以等差级数增加社会财富的简单再生产循环。因此，复利法克服了单利法的缺点。

复利计息有间断复利和连续复利之分。如果计息周期为一定的时间区间(如年、季、月)，并按复利计息，称为间断复利；如果计息周期无限缩短，则称为连续复利。企业投资管理决策中，一般提到的复利计算均是指间断复利计算，计息一般以年、季度、月为单位，连续复利法和单利法都很少应用。

2. 现金流量及现金流量图

1）现金流量

（1）定义

企业在所考虑的计息周期内实际支出的资金（现金流出）和收入的资金（现金流入）均称为现金流量，它们反映了企业实际发生的资金运动。其中，现金流入为正现金流量，现金流出为负现金流量。

一个计息周期内，"正""负"现金流量的代数和，称为净现金流量；正的净现金流量表示在考虑的计息周期内是净收入，负的净现金流量表示在考虑的计息周期内是净支出。利息周期通常为年，否则要说明。

（2）现金流量的表示方法

现金流量表是以表格形式来反映企业投资的现金流入与流出情况。该表是企业投资决策经济评价不可缺少的工具，在企业投资管理决策的经济评价指标计算过程中，都离不开现金流量表。

现金流量图是以图形方式来反映企业投资的现金流入与现金流出状况，它是将现金流入与现金流出表示在一个时间坐标轴上，在这个图上，要表明现金流量的性质（流入或流出），发生的时间和金额大小。

2）现金流量图

现金流量图如图 11-1 所示。

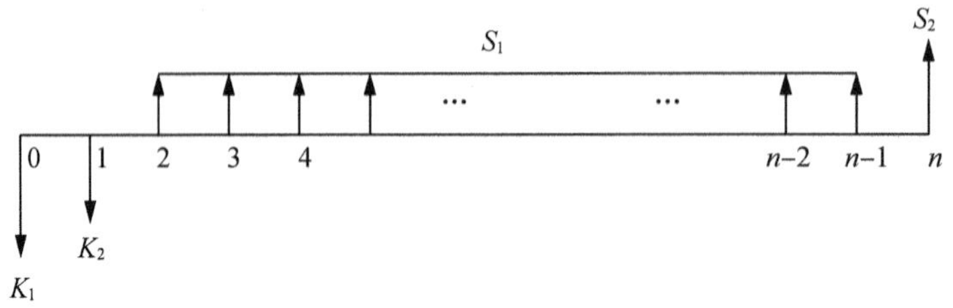

图 11-1　现金流量图示例

首先，画出时间横轴，时间横轴向右延伸表示时间的延续，横轴按时间（一般按年）等分成若干等份，每一间隔表示一段时间，每一点表示时点，时点上标明的数字表示该年年末，同时也是下年年初。零时点为第一年开始时点，也为项目的开始时间，1 时点则表示第一年年末、第二年年初，依此类推。

其次，标注现金流量，具体规则可表述为：

第一，企业所有的现金流入（收入、借入的资金等）用从时间轴出发的箭线表示，画在轴上方现金流入发生的时点。企业所有的现金流出（支出、带出的资金等）用从时间轴出发的箭线表示，画在轴下方现金流入发生的时点。

第二，箭线的大小与现金流量的大小成比例画出。

第三，为便于计算，企业的现金流入与现金流出均假定发生在年末或年初，一般假定企业的投资发生在年初，企业的经营成本、销售收入、残值等均发生在年末。

第四，现金流量的观点是从资金使用者的角度来看的。所谓现金流量的观点是指从什么角度来看待现金流量，同一现金流量，若从企业借款角度去看，则是现金流入，而从银行贷款角度看，则是现金流出。

例如，企业在第 1 年年初借款 1 000 万元，第 5 年年末还款 1 338.2 万元，分别从企业借款的角度和银行贷款的角度画出现金流量图，见图 11-2。

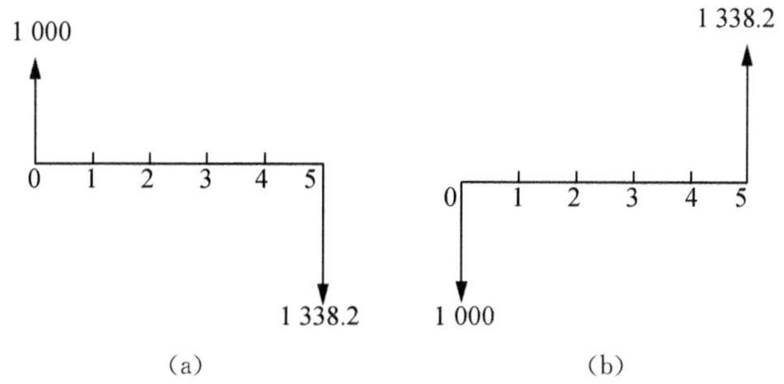

图 11-2　企业借款(左)和银行贷款(右)的现金流量图

图 11-2 中，这两个图所表示的是同时发生的同一笔现金流量，图 11-2(a)是从企业借款角度的观点来看，第 1 年年初借入 1 000 万元，属于现金流入，第 5 年末偿还本利 1 338.2 万元为现金流出。图 11-2(b)是从银行贷款角度的观点来看，第 1 年年初贷出 1 000 万元，属于现金流出，第 5 年末收到借款人偿还的本利和为现金流入。

3. 资金时间价值的计算

1）常用符号及其含义

根据资金等值的概念，可以把在一个时点发生的资金金额换算成另一时点的等值金额，这一过程叫资金等值计算。把将来某一时点的资金金额换算成现在时点的等值金额称为“折现”或“贴现”。

(1) 现值

现值是指资金“现在”的价值，即所考虑的问题在起点时的现实价值，通常它是发生在期初的现金流量，常用 P 来表示。

现值可以是一次性支付(收入)性质的现金流，也可以是其他时点的现金换算到现在时刻的值。

现值是一个相对的概念。一般地说，将 $t+k$ 个时点上发生的资金折现到第 t 个时点，所得的等值金额就是第 $t+k$ 个时点上资金金额的现值。

(2) 终值

终值是指发生在未来时点的现金流，通常它是发生在期末的现金流，常用 F(或 S)来表示。

终值可以是一次性支付(收入)性质的现金流，也可以是其他时点的现金换算到未来时刻的值。

(3) 年值

年值是指每年发生的现金流，通常是等值的，一般假定发生在年末，常用 A(或 R)来表示。在年值中，还有一种特殊的情形，即递增(减)年值，它也是分期发生的现金流，其特点是各年现金流逐年递增(递减)，它包括两个部分：一是等额年值，二是差额 G。

现值、终值、年值等几种典型现金流是资金时间价值换算的基础，其他各种现金流基本上是由这些典型现金流转化或组合而成的。

(4) 折现率

折现率是指进行资金等值计算中使用的反映资金时间价值的参数。折现率通常用 i 来表示。折现率可以为银行利率、企业平均利润率。

(5) 利息周期

利息周期的期数通常用 n 来表示。在企业投资管理决策中，利率的利息周期若为年，可以省略，否则一定要说明。另外，除非有特别的说明之外，它适用于 n 个利息周期之中。

在企业投资管理决策中，为了考察投资项目的经济效果，必须对项目寿命期内不同时间发生的全部费用和全部收益进行计算和分析。在考虑资金时间价值的情况下，不同时点发生的收入或支出，其数值不能直接相加或相减，只能通过资金等值计算将它们换算到同一时间点上进行分析。

2) 一次支付型复利公式

一次支付类型是指所分析企业投资建设项目的现金流量，无论是现金流入还是现金流出，均发生在一个时点上，其典型现金流量图如图 11-3 所示。

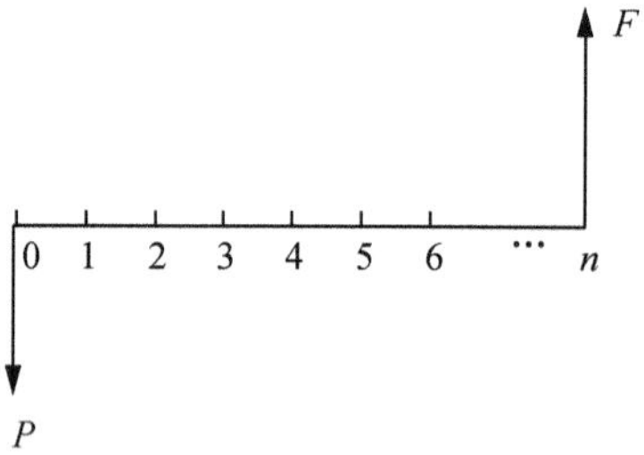

图 11-3 一次支付现金流量图

对于所考虑的企业投资建设项目来说，如果在考虑资金时间价值的情况下，现金流入恰恰能补偿现金流出，则 F 与 P 是等值的。它表明终值与现值之间的换算关系。

(1) 复利终值公式

已知现值 P，年利率 i，在考虑时间价值情况下，求 n 年后的本利和，即求 F。

根据复利计算公式，复利终值公式可表示为

$$F = P(1+i)^n \tag{11-11}$$

式中：P 为现值；F 为终值；i 为折现率；n 为计息周期。

该公式表示在折现率为 i、计息周期为 n 的条件下，终值 F 和现值 P 之间的资金等值关系。

复利终值因素 $(1+i)^n$，可用符号表示为 $(F/P,i,n)$。符号 $(F/P,i,n)$ 中，斜线右边字母表示已知的数据和参数，左边表示所求的等值现金流量。复利终值因素可以在复利系数表中查到。因此，该公式也可以写为：$F=P(F/P,i,n)$。该公式是其他基本复利公式的基础公式，其他公式都是由它派生出来的。

(2) 复利现值公式

已知终值 F，利率 i，求相当于 n 年前的现值，即求 P。

这是复利终值公式的逆运算。由式(11-11)可直接导出：

$$P = F\left[\frac{1}{(1+i)^n}\right] \tag{11-12}$$

式中：$i/(1+i)^n$ 称为复利现值因数，可用符号表示为 $(P/F,i,n)$，因此该公式也可写成 $P=F(P/F,i,n)$。

3）等额支付型复利公式

等额支付是多次支付形式中的一种。多次支付是指现金流入和现金流出在多个时点上发生，而不是集中在某个时点上。现金流量的大小可以是不等的，也可以是相等的。当现金流序列是连续的，且数额相等，则称为等额支付现金流。等额支付现金流的 4 个等值计算公式分别称为年金终值公式、偿债基金公式、资金回收公式、年金现值公式。

（1）年金终值公式

假定从第 1 年末至第 N 年末有一等额的现金流序列，每年的金额均为 A，称为等额年值。如果在考虑资金时间价值的条件下，n 年内企业投资建设项目的总现金流出等于总现金流入，则第 n 年末的现金流入 F 应与等额现金流出序列等值。如图 11-4 所示。

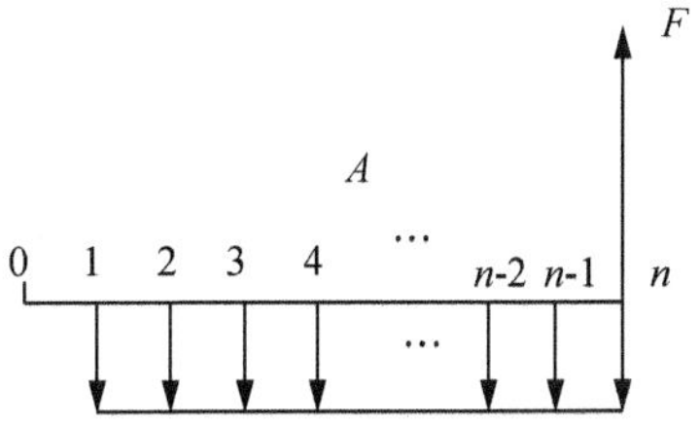

图 11-4　等额序列现金流之一

已知等额年值 A，利率 i，在考虑资金时间价值的情况下，求 n 年末的本利和，即求 F。依据图 11-4，可把等额序列视为 n 个一次支付的组合。因此，可以利用复利终值公式推导出年金终值公式，即

$$\begin{aligned} F &= A(1+i)^{n-1} + A(1+i)^{n-2} + \cdots + A(1+i)^2 + A(1+i) + A \\ &= A[(1+i)^{n-1} + (1+i)^{n-2} + \cdots + (1+i)^2 + (1+i) + 1] \end{aligned} \tag{11-13}$$

利用等比级数求和公式，得

$$F = A\left[\frac{(1+i)^n - 1}{i}\right] \tag{11-14}$$

式(11-14)为年金终值公式。$\frac{(1+i)^n-1}{i}$称为年金终值因素，亦可记为$(F/A,i,n)$。

（2）偿债基金公式

已知未来值 F，利率 i，求每期应等额支付的年值 A。由式(11-14)可直接导出：

$$A = F\left[\frac{i}{(1+i)^n - 1}\right] \tag{11-15}$$

式(11-15)为年金终值公式的逆运算。$\frac{i}{(1+i)^n-1}$称为偿债基金因素，也可以用符号$(A/F,i,n)$来表示。

利用公式(11-12)和式(11-13)进行等值计算时必须注意：这两个公式仅适用于图 11-5 所示的现金流量图。如果现金流量图有所变化，则不能直接套用式(11-12)和式(11-13)，必须进行变换处理。

（3）资金回收公式

假定在考虑资金时间价值的条件下，n 年内企业投资建设项目的现金流入等于总现金流出，则第 1 年初的现金流出 P 应与“从第 1 年末到第 n 年末”的等额现金流入序列等值，P 就相当于等额年值序列的现值。如图 11-5 所示。

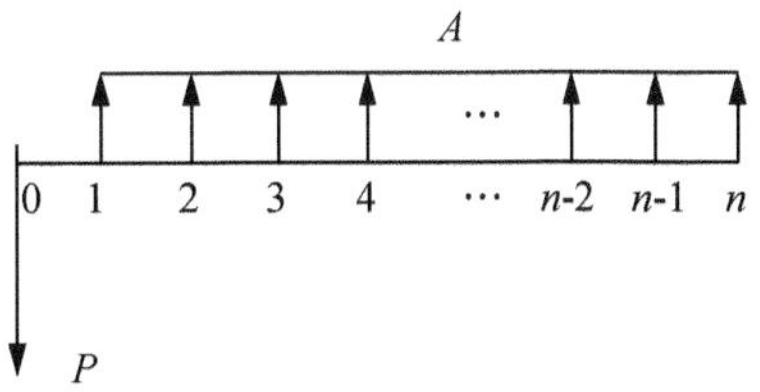

图 11-5　等额序列现金流之二

已知现值 P，利率 i，在考虑时间价值情况下，求与之等价的等额年值 A。可用公式表示为

$$A=P\left[\frac{i(1+i)^n}{(1+i)^n-1}\right] \tag{11-16}$$

式(11-16)为资金回收公式。$\frac{i(1+i)^n}{(1+i)^n-1}$称为资金回收因素，也可记为$(A/P,i,n)$。

企业投资建设项目进行决策时，式(11-14)表示在考虑资金时间价值的条件下，对应于项目的单位投资，在项目寿命期内每年应该收回的金额。如果对应于单位投资的实际回收金额小于这个值，在项目寿命期内就不可能将全部投资收回。

(4) 年金现值公式

已知每期年值 A，利率 i，在考虑时间价值情况下，求各年年值折算为现值时，其总值为多少？即求 P。

年金现值公式与资金回收公式互为倒数，可得到：

$$P=A\left[\frac{(1+i)^n-1}{i(1+i)^n}\right] \tag{11-17}$$

式(11-17)为年金现值公式。$\frac{(1+i)^n-1}{i(1+i)^n}$称为年金现值因素，也可记为$(P/A,i,n)$。

(5) 6 个典型基本公式之间的关系

资金等值计算的 6 个典型基本公式，可将现值、年值和终值这些不同时点上的资金联系起来。为了便于理解记忆，将 6 个典型基本公式汇总于表 11-1 中。

表 11-1　6 个常用资金等值公式

类别		已知→未知	公式	系数名称及符号	现金流量图
一次支付	终值公式	$P\to F$	$F=P(1+i)^n$	一次支付终值系数 $(F/P,i,n)$	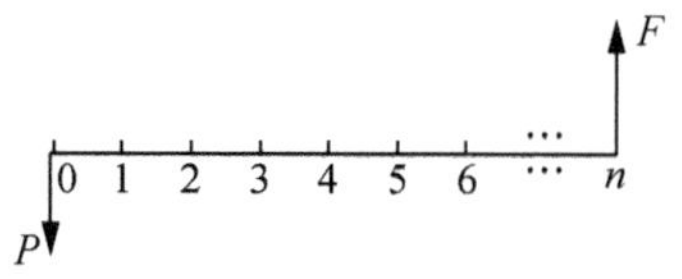
	现值公式	$F\to P$	$P=F\left[\frac{1}{(1+i)^n}\right]$	一次支付现值系数 $(P/F,i,n)$	
等额分付	终值公式	$A\to F$	$F=A\left[\frac{(1+i)^n-1}{i}\right]$	等额分付终值系数 $(F/A,i,n)$	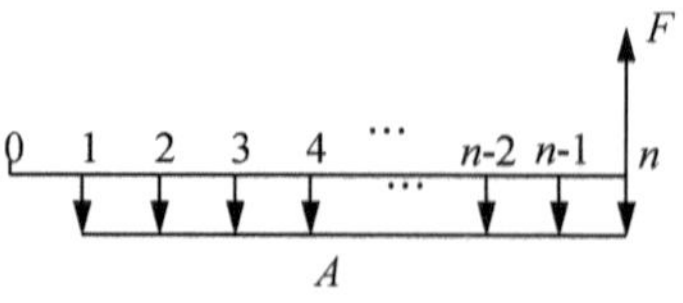
	偿债基金公式	$F\to A$	$A=F\left[\frac{i}{(1+i)^n-1}\right]$	等额分付偿债基金系数 $(A/F,i,n)$	
	现值公式	$A\to P$	$P=A\left[\frac{(1+i)^n-1}{i(1+i)^n}\right]$	等额分付现值系数 $(P/A,i,n)$	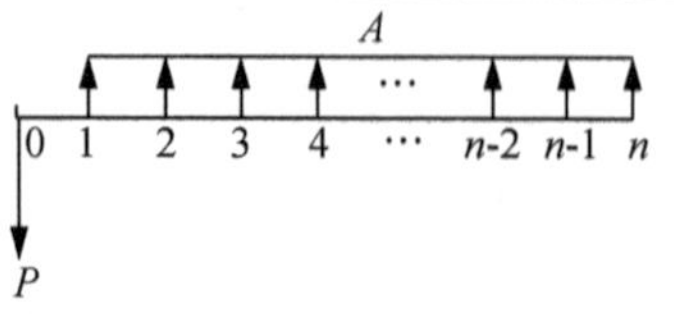
	资本回收公式	$P\to A$	$A=P\left[\frac{i(1+i)^n}{(1+i)^n-1}\right]$	等额分付资金回收系数 $(A/P,i,n)$	

此外，这 6 个典型基本公式自身也有其内在联系——倒数关系和乘数关系。

① 倒数关系

$$(F/P,i,n) = 1/(P/F,i,n)$$
$$(F/A,i,n) = 1/(A/F,i,n)$$
$$(P/A,i,n) = 1/(A/P,i,n)$$

② 乘数关系

$$(P/A,i,n) = (F/A,i,n)(P/F,i,n)$$

③ 资金回收因素与偿债基金因素

$$(A/P,i,n) = (F/A,i,n) + i$$

④ 利息表的插值法

若所用利率 i 及周期数 n 都不在利息表内，可用插值的方法求得。

应用插值法，首先要建立起已知与未知的数值，具体公式可表示为：

	i(或 n)	因数值		
b	a 表列 i_1	数值Ⅰ	c	d
	所求 i	未知		
	表列 i_2	数值Ⅱ		

a＝所求 i－表列 i_1

b＝表列 i_2－表列 i_1

c＝|所求因数值－表列因数值Ⅰ|

d＝|表列因数值Ⅱ－表列因数值Ⅰ|

$$a : b = c : d,\ c = \frac{a}{b}d \tag{11-18}$$

式(11-18)中，根据因数是增加或是减少，从数值Ⅰ减去或加上 c 值即为所求。

应用插值法时注意，目前所用的是线性插值法，但因数值与 i 或 n 不是线性关系，因此，用插值法时必须在两个最接近的因数之间，否则误差会很大。

4. 固定差额数列复利公式

在企业投资管理决策问题中，常常看到有些收入或支出每年都有不同金额的增加或减少。如果每年的增加额都一样，就构成了一个等差数列(或称固定差额数列)。由于每年的金额不一样，等额支付的复利因数都不适用。因此，有必要推导出新的公式。

(1) 等差数列终值公式

这种现金流实际上由两部分组成(如图 11-6 所示)，一部分为等额支付型现金流，其年值为 A，另一部分为差额系列，每年增值为 G，分解后可得到两个现金流。求等差分付现金流终值，就是求图 11-6(1)和图 11-6(2)两个现金流终值的和。图 11-6(1)中现金流的终值，可以用年金终值公式求解。问题的关键是求图 11-6(2)中现金流的终值。

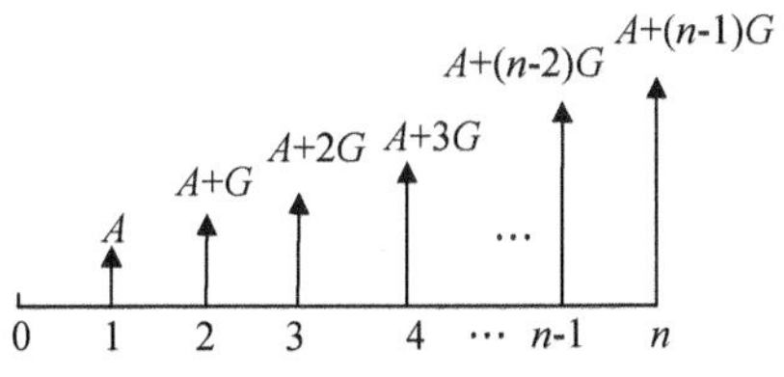

图 11-6 等差分付现金流

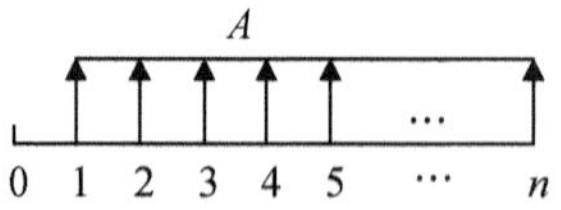

图 11-6(1)

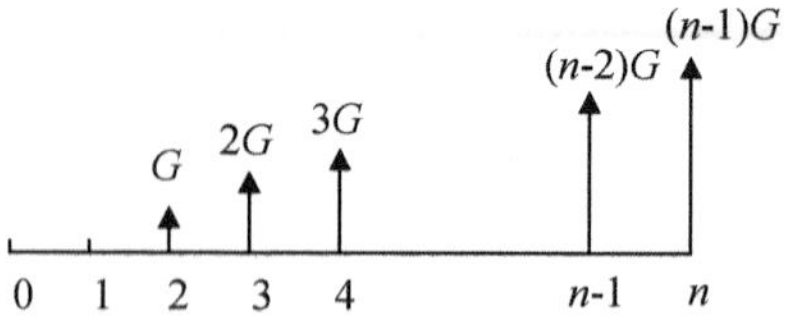

图 11-6(2)

图 11-6(2)和最初的等差分付现金流类似，因此仍然可以采取现金流分解的方法，将图 11-6(2)再分解成两部分[见图 11-6(3)、图 11-6(4)]。

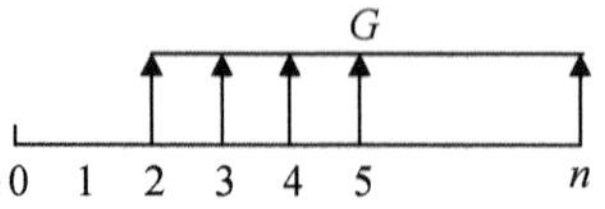

图 11-6(3)

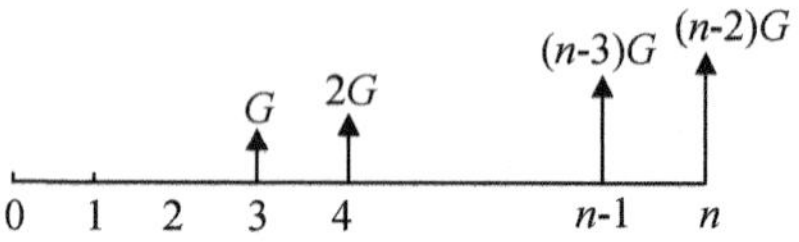

图 11-6(4)

图 11-6(3)仍为等额支付型系列，年值为 G，值得注意的是年限从第二年开始，其终值计算仍可采用等额支付终值公式——$G(F/A,i,n-1)$。

对图 11-6(4)的现金流可依此类推分解下去，最终可分解为 $n-1$ 个等额序列现金流。因此，F 可以看成是 $n-1$ 个等额序列现金流的终值之和，这些等额序列现金流的年值均为 G，年数分别为 $1,2,\cdots,n-1$。即

$$\begin{aligned}F&=\sum_{j=1}^{n-1}G\cdot\frac{(1+i)^j-1}{i}\\&=G\left[\frac{(1+i)-1}{i}+\frac{(1+i)^2-1}{i}+\cdots+\frac{(1+i)^{n-1}-1}{i}\right]\\&=\frac{G}{i}\left[(1+i)+(1+i)^2+\cdots+(1+i)^{n-1}-(n-1)\right]\\&=\frac{G}{i}\left[1+(1+i)+(1+i)^2+\cdots+(1+i)^{n-1}\right]-\frac{n\cdot G}{i}\end{aligned}\qquad(11\text{-}19)$$

故

$$F=\frac{G}{i}\left[\frac{(1+i)^n-1}{i}\right]-\frac{n\cdot G}{i}\qquad(11\text{-}20)$$

式(11-20)为等差数列终值。$\frac{1}{i}\left[\frac{(1+i)^n-1}{i}-n\right]$称为等差数列终值因素，可用符号 $(F/G,i,n)$ 表示。

需要注意的是：在推导等差数列的公式时，假设第一年末的付款并不包含在等差数列之内，称之为基础金额，即等差是从第二年开始的（这种等差数列称为传统的等差数列），并用 G 表示固定差额（G 可正可负）。

(2) 等差数列现值公式

将式(11-20)两端乘以系数$\frac{1}{(1+i)^n}$，则可得

$$F\left[\frac{1}{(1+i)^n}\right]=\frac{G}{i}\left[\frac{(1+i)^n-1}{i}-n\right]\cdot\frac{1}{(1+i)^n} \tag{11-21}$$

即

$$P=\frac{G}{i}\left[\frac{(1+i)^n-1}{i}-n\right]\cdot\frac{1}{(1+i)^n} \tag{11-22}$$

式(11-22)为等差数列现值公式，$\frac{1}{i}\left[\frac{(1+i)^n-1}{i}-n\right]\frac{1}{(1+i)^n}$称为等差数列现值因素，可用符号$(P/G,i,n)$表示。

(3) 等差数列年值公式

假定将等差序列现金流总和平均分摊到各年，每年应分摊多少资金？这时可以用等差序列等额年值公式计算。计算时可将等差序列现金流的现值先求出来，然后再将此现值折算成等额年值。

由式(11-16)和式(11-22)得

$$\begin{aligned}A&=G(P/G,i,n)(A/P,i,n)\\&=\frac{G}{i}\left[\frac{(1+i)^n-1}{i}-n\right]\cdot\frac{1}{(1+i)^n}\cdot\frac{i(1+i)^n}{(1+i)^n-1}\\&=G\left[\frac{1}{i}-\frac{n}{(1+i)^n-1}\right]\end{aligned} \tag{11-23}$$

式(11-23)为等差数列年值公式，$\left[\frac{1}{i}-\frac{n}{(1+i)^n-1}\right]$称为等差数列年值因素，可用符号$(A/G,i,n)$表示。

5. 名义利率和实际利率

企业为投资建设项目从银行贷款，若现在的利率是1.1%，按年计息，就是指年利率为1.1%，若企业在年初借款1 000万元，年末就应该还款1 011万元。但如果一年计息两次，每半年计息一次，若按单利法计算，没有差别；若按复利法计算，在年末就应当还款超过1 011万元。也就是说，实际上年利率大于1.1%。这样就出现了不同计息周期利率换算的问题。

假如按月计算利息，且其月利率为1%，通常称为“年利率12%，每月计息一次”。这个年利率12%称为“名义利率”。也就是说，名义利率等于每一计息周期的利率与每年的计息周期数的乘积。若按单利计息，名义利率和实际利率是一致的。但是，按复利计算，“年利率12%，每月计息一次”的实际利率则不等于名义利率。

设名义利率是r，一年计息m次，本金为P，则一个计息周期利率应为r/m，一年后的本利和为

$$F=P(1+r/m)^m \tag{11-24}$$

利息为

$$I=F-P=P(1+r/m)^m-P \tag{11-25}$$

按利率定义计算的实际利率为

$$i=\frac{I}{P}=\frac{P(1+r/m)^{m}-P}{P}=(1+r/m)^{m}-1 \tag{11-26}$$

所以，实际利率的换算公式为

$$i=(1+r/m)^{m}-1 \tag{11-27}$$

根据式(11-27)，不同计息周期情况下实际利率的计算比较见表 11-2。

表 11-2　不同计息周期情况下实际利率的计算比较

计息周期	一年内计息周期数(t)	年名义利率(r)%	各期实际利率(r/t)%	年实际利率(i)%
年	1		12.000	12.000
半年	2		6.000	12.360
季	4		3.000	12.551
月	12	12	1.000	12.683
周	52		0.230 8	12.736
日	365		0.032 88	12.748
连续	∞		—	12.750

6. 连续复利

根据实际利率的换算公式(11-27)，当 $m=1$，$i=r$ 时，实际利率与名义利率相等；当 $m>1$，$i>r$时，实际利率大于名义利率。

在名义利率固定的情况下，一年内复利计息的次数越频繁，则实际利率与名义利率之间的差额就越大。因此在企业投资决策方案比较时，也要考虑两个对比投资方案是否具有相同的实际利率。

当在一年内无限次计息，也就是令 m 趋于无限大时，即按连续复利计算时，实际利率的计算公式可表示为

$$i=\lim_{m\to\infty}[(1+r/m)^{m}-1]=\lim_{m\to\infty}[(1+r/m)^{m/r}]^{r}-1=e^{r}-1 \tag{11-28}$$

由此可见，在连续计息的情况下，实际利率并不是无限地增加，它收敛于 $e^{r}-1$。

则本利和的公式可表示为

$$F=P(1+i)^{n}=P(1+e^{r}-1)^{n}=Pe^{rn} \tag{11-29}$$

式中：e^{rn}称为连续复利一次支付的本利和因数。

11.2　企业投资静动态评价

企业投资的静动态评价根据是否考虑资金时间价值，分为静态评价和动态评价。其中，静态评价不考虑资金的时间价值，包括静态投资回收期法、静态追加投资回收期法、投资收益率法、投资利润率法等；动态评价考虑资金的时间价值，包括动态投资回收期法、净

现值法、净年值法、内部收益率法、增量分析法等。

11.2.1 静态评价

企业投资的静态评价方法是反映企业投资建设项目的投资回收速度的经济效益分析法，主要包括静态投资回收期法和静态追加投资回收期法等方法。静态投资回收期是指用企业投资建设项目每年的净收益回收其全部投资所需要的时间，通常以年来表示。静态投资回收期是反映企业投资建设项目的投资回收速度的重要指标。静态投资回收期主要是针对企业投资建设项目的单个投资方案的经济效果进行评价。针对企业投资建设项目的不同投资方案，可以采用静态追加投资回收期法，对不同投资方案进行比较。

1. 静态投资回收期

1）概念

静态投资回收期是在不考虑资金时间价值的情况下，以企业投资建设项目的净收益抵偿全部投资（包括固定资产投资和流动资金）所需要的时间。

2）计算公式

静态投资回收期的一般表达式为

$$\sum_{t=0}^{T_p}(B_t - C_t) = P \tag{11-30}$$

式中：T_p为静态投资回收期；P 为投资总额；B_t为第 t 年的收入；C_t为第 t 年的费用（不包括投资）。

式（11-30）是根据静态投资回收期的定义予以确定的，但一般现金流量的发生以年为时间单位，企业投资建设项目恰好在某年的年末或年初收回投资的情况极少。因此，式（11-30）应根据投资及净现金收入的情况进行相应调整。

（1）净现金收入不变情况下的静态投资回收期

假定每年的净现金收入不变，则静态投资回收期的计算公式为

$$T_p = P/R = P/(B - C) \tag{11-31}$$

式中：R 为每年的净现金收入。R 既包括净利润，也包括折旧和摊销。

（2）净现金收入不同的静态投资回收期

假定每年的净现金收入不同，实际计算中的投资回收期可用现金流量表累计现金流量计算求得。其计算公式为

$$T_P = (\text{累积净现金流量开始出现正值的年份}) - 1 + \frac{|\text{上年累积净现金流量}|}{\text{当年净现金流量}} \tag{11-32}$$

3）评价标准

采用静态投资回收期评价投资项目时，需要与标准投资回收期（根据同类项目的历史数据和投资者意愿确定）相比较，设标准投资回收期为 T_b，评价标准为：

① 当 $T_p \leqslant T_b$时，则项目是可以接受的；

② 当 $T_p > T_b$时，则项目是不可以接受的。

4）特点

（1）优点

第一，概念明确，简单易用。

第二，静态投资回收期不仅在一定程度上反映企业投资建设项目的经济性，而且反映企业投资建设项目的风险大小。企业投资建设项目的决策者面临着未来的不确定性因素的挑战，这种不确定性所带来的风险随着时间的延长而增加，因为离现实愈远，企业所能确知的信息愈少。为了减少这种投资风险，企业希望投资回收期越短越好。因此，作为能够反映一定经济性和风险性的指标，静态投资回收期在企业投资建设项目评价中具有独特的地位和作用，被广泛作为企业投资建设项目评价的辅助性指标。

（2）缺点

第一，它没有考虑资金的时间价值。

第二，由于它舍弃了回收期以后的收入与支出数据，故不能全面反映企业投资建设项目在寿命期内的总收益和获利能力，难以对企业投资建设项目的不同投资方案的比较选择做出正确判断。

2. 静态追加投资回收期

1）计算公式

静态追加投资回收期，就是在不考虑资金时间价值的情况下，用投资较大的投资方案的年经营费用节约额，来补偿其比投资较小的投资方案所增加（追加）的投资所需的时间（年）。

假设某拟建项目有两个可行的投资方案，两个投资方案具有相同的收益，其中投资方案 1 投资为 K_1，年经营成本为 C_1，投资方案 2 投资为 K_2，年经营成本为 C_2，现比较两个投资方案的优劣。

① 当 $K_1>K_2$ 且 $C_1>C_2$，显然投资方案 2 比投资方案 1 好，因为投资方案 2 无论投资还是经营成本都低于投资方案 1。

② 当 $K_1>K_2$ 且 $C_1<C_2$ 时，我们无法直接看出两个投资方案的优劣，因为投资方案 1 的投资较大，但其年经营成本却较低。这种情况就要用静态追加投资回收期来判断。

静态追加投资回收期的计算公式为

$$T_a=(K_1-K_2)/(C_2-C_1) \tag{11-33}$$

式中：T_a 为投资方案 1 相对投资方案 2 的静态追加投资回收期；K_1、K_2 分别为投资较大、投资较小投资方案的投资；C_1、C_2 分别为投资较大、投资较小投资方案的经营成本。

在应用式(11-33)时，需注意分子和分母都不能出现负的结果，分母中的经营成本也可用其他费用来代替。

2）评价标准

静态追加投资回收期必须与标准静态追加投资回收期相比较，标准静态追加投资回收期可用 T_{ba} 来表示。则评价标准为：

① 当 $T_a<T_{ba}$ 时，投资大的投资方案比投资小的投资方案优，因为这时投资大的投资方案所追加的投资在规定的年限内能由其经营成本节约额回收回来。

② 当 $T_a > T_{ba}$ 时，投资小的投资方案比投资大的投资方案优，因为这时投资大的投资方案所追加的投资在规定的年限内不能由其经营成本节约额回收回来，因此追加投资不值得。

③ 当 $T_a = T_{ba}$ 时，两个投资方案等效。

针对多个投资方案进行比较时，可采用环比法。环比法的具体步骤：

第一，把所有投资方案按照投资从小到大顺序排列；

第二，从投资最小的投资方案开始，计算两个投资方案的追加投资回收期，选出一个较好的投资方案后，再与下一个投资方案进行比较；

第三，不断重复第二步，直到最后选出最优的投资方案。

针对产量不同的投资方案进行比较时，可先确定单位产量指标，再采用追加投资回收期法，对不同投资方案进行比较。

3）局限性

用静态追加投资回收期法进行项目的经济评价，最大的优点是简单、方便。但这种方法除具有投资回收期法的缺点外，还有一定的局限性，具体表现在：

① 它只能衡量两个项目之间的相对经济性，不能决定一个投资方案比另一个投资方案到底好多少。

② 当投资方案较多时，用这种方法来选择最优方案，显得很麻烦，且易出错。为了简化对比工作，多采用价值型决策分析方法来选择最优方案。

3. 投资收益率

用投资收益率指标反映投资方案经济效果好坏的方法，称为收益率法。当所计算的收益率不考虑资金时间价值时，称之为投资收益率。投资收益率是项目正常生产年份的净收益与投资总额的比值。这一指标反映了工程项目正常年的全部收益与全部投资之比，表明方案单位投资的收益水平。其一般表达式为

$$E_p = (B - C)/P = (NP + D)/P \times 100\% \tag{11-34}$$

式中：E_p为投资收益率，其他符号与式(11-30)含义相同。式(11-34)实际上是假设每年净收益相等，这时 E_p与 T_p互为倒数关系。NP 为正常年的税后净收益；D 为年折旧额；P 为投资总额。

投资收益率常见的具体形式有投资利润率、投资利税率。如果式(11-34)中的分子换成年利润总额，则称为投资利润率；若换成利润总额加上销售税金，则称为投资利税率。投资利润率、投资利税率可分别表示为

投资利润率＝年利润总额或年平均利润总额/项目总投资×100%

投资利税率＝年利税总额或年平均利税总额/项目总投资×100%

投资收益率主要反映投资项目的盈利能力，没有考虑资金的时间价值。用投资收益率指标评价项目投资方案的经济效果，需要与标准投资收益率相比较，标准投资收益率常用E_k来表示。则

① 当 $E_p \geq E_k$时，项目可以接受；

② 当 $E_p < E_k$时，项目不可以接受。

4. 追加投资收益率

追加投资收益率是追加投资回收期的倒数，它是指一个投资方案经营成本相对于另一投资方案经营成本节约额与追加投资的比值。其含义是单位追加投资所获得的经营成本的节约额。其计算公式如下：

$$E_a = (C_2 - C_1)/(K_1 - K_2) \tag{11-35}$$

追加投资收益率必须与标准追加投资收益率相比较，标准追加投资收益率一般用 E_{ba} 表示。

① 当 $E_a > E_{ba}$ 时，投资大的投资方案优，说明投资大的投资方案所追加的投资能够带来预期的经营成本节约。

② 当 $E_a < E_{ba}$ 时，投资小的投资方案优，说明投资大的投资方案所追加的投资不能够带来预期的经营成本节约。

③ 当 $E_a = E_{ba}$ 时，两个投资方案等效。

在采用追加投资收益率方法进行多个投资方案比较时，也可用环比法，其做法与追加投资回收期的多方案比较环比法一样。

11.2.2 动态评价

企业投资的动态评价方法是企业通过比较各个项目在整个寿命周期内的价值来选择最优方案，主要包括动态投资回收期、净现值和净现值率、净年值、费用现值与费用年值、内部收益率等方法。

1. 动态投资回收期

动态投资回收期是在考虑资金时间价值的情况下，以企业项目的净收益抵偿全部投资（包括固定资产投资和流动资金）所需要的时间。

1）计算公式

动态投资回收期的一般表达式为

$$\sum_{t=0}^{T_p^*} (CI_t - CO_t)(1 + i_0)^{-t} = 0 \tag{11-36}$$

式中：T_p^* 为动态投资回收期；CI_t 为第 t 年的收入；CO_t 为第 t 年的费用（不包括投资）。

2）评价标准

设基准动态投资回收期为 T_b^*，动态投资回收期的评价标准为

若 $T_p^* \leqslant T_b^*$，投资方案可以被接受；否则应予拒绝。

2. 净现值法

1）NPV 法

(1) 概念

NPV 法是反映项目在计算期内盈利能力的动态评价方法。净现值是指按一定的折现率将考察项目寿命期内各年现金流量折现到同一时点（通常是期初）的现值累加值。

(2) 计算公式

净现值的表达式为

$$NPV=\sum_{t=0}^{n}(CI_t-CO_t)(1+i_0)^{-t}=\sum_{t=o}^{n}(CI_t-K_t-CO'_t)(1+i_0)^{-t} \quad (11\text{-}37)$$

式中：NPV 为净现值；CI_t 为第 t 年现金流入量；CO_t 为第 t 年现金流出量；K_t 为第 t 年的投资支出；CO'_t 为第 t 年除投资支出以外的现金流出。即 $CO'_t=CO_t-K_t$；i_0 为基准折现率；n 为项目寿命期；t 为年限。

(3) 判别准则

针对单一投资方案，判别准则为：

① 若 $NPV\geqslant 0$，则项目应予接受；这时，投资方案的收益率水平超过或正好等于预先确定的折现率。

② 若 $NPV<0$，则项目应予拒绝；这时，投资方案的收益率水平达不到预先确定的折现率。

针对多个投资方案的比选，判别准则为：

净现值越大的投资方案相对越优——净现值最大原则。

2) 净现值率法

净现值用于多个投资方案比较时，由于不考虑各个投资方案投资额的大小，因而不直接反映资金的利用效率。为了考察资金的利用效率，我们常用净现值率作为净现值的辅助指标。净现值率是项目净现值与项目投资总额现值之比，其含义是单位投资现值所能带来的净现值。

(1) 计算公式

净现值率的表达式为

$$NPVI=\frac{NPV}{K_p}=\frac{\sum_{t=0}^{n}(CI-CO)_t(1+i)^{-t}}{\sum_{t=o}^{n}K_t(1+i)^{-t}} \quad (11\text{-}38)$$

式中：K_p 为项目总投资现值。

(2) 判别准则

单一投资方案净现值率的判别准则为：

① 若 $NPV\geqslant 0$，则 $NPVI\geqslant 0$（因为 $K_p>0$），认为投资方案可以接受；

② 若 $NPV<0$，则 $NPVI<0$，认为投资方案不可以接受。

故用净现值率对单一投资方案进行经济分析时，判别准则与净现值相同。

若为多个投资方案的经济分析，$NPVI$ 大者，则为优先接受方案。在多方案优选中，净现值率是一个重要的补充评价指标。

3) 净现值函数

(1) 概念

净现值函数就是净现值 NPV 与折现率 i 之间的函数关系。从净现值的计算公式(11-38)可看出，在收益及各项费用指标不变的情况下，净现值将随 i 的变化而变化。

表 11-3 列出了某项目的净现金流量及其净现值随 i 变化而变化的对应关系。

表 11-3 某项目的净现金流量及其净现值函数

年份	净现金流量(万元)	i(%)	$NPV(i)=-2\,000+800(P/A,i,4)$(万元)
0	-2 000	0	1 200
1	800	10	536
2	800	20	71
3	800	22	0
4	800	30	-267
		40	-521
		50	-716
		∞	-2 000

(2) 净现值函数曲线

若以纵坐标表示净现值，横坐标表示折现率 i，表 11-3 的函数关系如图 11-7 所示。

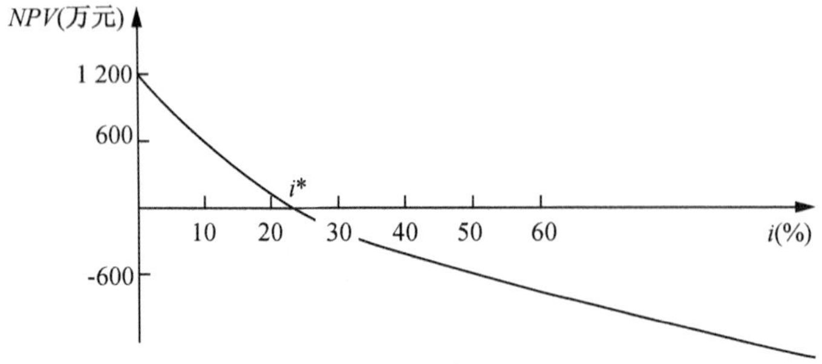

图 11-7 净现值函数曲线变化

(3) 净现值函数的特点

从图 11-7 中可以得出净现值函数的特点，具体可表述为：

① 同一现金流量的净现值为折现率 i 的减函数，即净现值随折现率 i 的增大而减小。其经济含义是基准折现率或所预期的收益率越高，则按净现值法衡量能被选中的方案越少。反之，基准折现率或所预期的收益率越低，则衡量的标准越低，就会有更多的方案被选中。

② 在某一个 i^* 值上(图 11-7 中，$i^*=22\%$)，曲线与横坐标相交，交点的净现值为零，且当 $i<i^*$ 时，$NPV(i)>0$；当 $i>i^*$ 时，$NPV(i)<0$。我们称 i^* 为投资方案的内部收益率。

(4) NPV 对 i 变化的敏感性问题

采用净现值法进行企业投资决策时，对企业投资不等的众多备选投资方案进行比选，应该根据净现值最大准则。表 11-4 列出了两个互相排斥方案 A 与 B 的净现金流量及其在折现率分别为 10%和 20%时的净现值。

表 11-4 投资方案 A、B 在基准折现率变动时的净现值 单位：万元

方案	0	1	2	3	4	5	NPV (10%)	NPV (20%)
A	−230	100	100	100	50	50	83.91	24.81
B	−100	30	30	60	60	60	75.40	33.58

由表 11-4 可知，在 i 为 10%和 20%时，两方案的净现值均大于 0，根据净现值最大原则：

① 当 $i=10\%$时，$NPV_A>NPV_B$，故方案 A 优于方案 B；

② 当 $i=20\%$时，$NPV_B>NPV_A$，则方案 B 优于方案 A。

由此可知，各个投资方案的净现值对折现率 i 的敏感性不同。净现值对折现率 i 的敏感性问题是指，当 i 从某一值变为另一个值时，若按净现值最大原则优选项目方案，可能出现前后结论相悖的情况。这样的现象对投资决策具有重要意义。

3. 净年值法

净年值是通过资金等值换算将项目净现值分摊到寿命期内各年(从第 1 年到第 n 年)的等额年值。

1) 计算公式

净年值的表达式为

$$NAV = NPV(A/P,i,n) = \sum_{t=o}^{n}(CI-CO)_t(1+i)^{-t}(A/P,i,n) \qquad (11\text{-}39)$$

式中：NAV 为净年值；$(A/P,i_0,n)$为资本回收系数；其他符号意义同前。

2) 判别准则

净年值的判别准则为：

① 若 $NAV\geqslant 0$，则项目可行；

② 若 $NAV<0$，则项目不可行。

针对多个投资方案的比选，判别准则为：

净年值越大的投资方案相对越优——净年值最大原则。

将净年值的计算公式的判别准则和净现值的做一比较可知，由于$(A/P,i_0,n)>0$，故净年值与净现值在项目投资方案的经济分析结论上总是一致的。因此，就项目投资方案的经济分析结论而言，净年值与净现值是等效的。由于信息的含义不同，而且在某些决策结构形式下，采用净年值比采用净现值更为简便和易于计算，故净年值在企业投资管理决策方法中占有重要位置。

4. 费用现值法与费用年值法

在对多个投资方案比较优选时，如果诸投资方案产出价值相同或者诸投资方案能够满足同样需要，但其产出效益(如环保、教育、保健、国防)难以用价值形态(货币)计量时，则只要比较各投资方案的费用的大小。通过对各投资方案费用现值或费用年值的比较进行选择，费用现值或费用年值最小者是最优方案。

1）计算公式

（1）费用现值的计算公式

费用现值的表达式为

$$PC = \sum_{t=0}^{n} CO_t (P/F, i_o, t) \tag{11-40}$$

（2）费用年值的计算公式

费用年值的表达式为

$$AC = PC(A/P, i_0, n) = \sum_{t=0}^{n} CO_t (P/F, i_0, t)(A/P, i_0, n) \tag{11-41}$$

式(11-40)和式(11-41)中：PC 为费用现值；AC 为费用年值；其他符号意义同前。

2）判别准则

费用现值法和费用年值法只能用于多个投资方案比选，其判别准则是：

费用现值或费用年值最小的投资方案最优。

将费用现值和费用年值做一比较，在一定的基准折现率 i 和寿命期下，则

$$AC/PC = (A/P, i_0, n) = \text{常数} \tag{11-42}$$

因此，费用现值与费用年值的关系等同于净现值和净年值的关系。所以就项目投资方案的经济分析结论而言，费用现值最小的方案即为费用年值最小的方案，两者是等效的。两者除了指标含义不同外，使用各有所长。比如费用现值适用于多个投资方案寿命相同的情况比选。当各个投资方案寿命不等时，则可采用费用年值指标。

采用净现值法和净年值法对投资方案进行经济分析时，优点是计算简单、经济含义明确，缺点是：

① 需要预先给出基准收益率，而基准收益率的确定是比较复杂和困难的。

② 用净现值法和净年值法评价投资方案，可行的标准是达到或超过期望的收益率水平，但不明确项目的实际投资效率水平。因此，需要采用内部收益率法做进一步分析。

5. 内部收益率法

在企业投资管理决策的分析方法中，内部收益率(internal rate of return，简称 IRR)是最重要的决策分析指标之一。由净现值函数已知，一个工程项目的净现值与所选的折现率密切相关，净现值的数值随折现率的增大而减小。在净现值函数曲线(见图 5-9)与横轴交点处，净现值为零，使项目计算期内净现值等于零时的折现率就是内部收益率。

1）计算公式

内部收益率的计算公式可表示为

$$NPV = \sum_{t=0}^{n} (CI_t - CO_t) \times (1 + IRR)^{-t} = 0 \tag{11-43}$$

式中：IRR 为内部收益率；其他符号意义同前。

2）判别准则

设基准收益率为 i_0，则内部收益率的判别准则为：

① 若 $IRR \geqslant i_0$，则项目在经济效果上可以接受；

② 若 $IRR < i_0$，则项目在经济效果上不可以接受。

3）试算内插法

将内部收益率的公式(11-43)左边展开，可以看出该表达式是一个多项式，它是一个以 IRR 为变量的一元高次方程，不易求解，因此采用试算内插法求 IRR 的近似解。求解过程如下：

第一，先给出一个折现率 i_1，具体步骤为：

① 将全部费用及收益分别换算为某时点的总值；

② 将费用及收益的总值按复利公式列为等式，计算出复利系数；

③ 按照复利系数表求出对应的近似 i_1 值，则 i_1 即为第一次试算的折现值。

第二，将 i_1 代入内部收益率表达式，计算相应的 $NPV(i_1)$。

① 若 $NPV(i_1) > 0$，说明欲求的 $IRR > i_1$，则设 $i_2 > i_1$，求 $NPV(i_2)$ 的值。

② 若 $NPV(i_1) < 0$，说明欲求的 $IRR < i_1$，则设 $i_2 < i_1$，求 $NPV(i_2)$ 的值。

③ 如此反复试算，逐步逼近，最终可得到比较接近的两个折现率 i_m 和 $i_n(i_m < i_n)$，使得 $NPV(i_m) > 0$，$NPV(i_n) < 0$。然后，用线性插值的办法确定 IRR 的近似值。计算公式为

$$IRR = i_m + \frac{NPV(i_m) \cdot (i_n - i_m)}{NPV(i_m) + |NPV(i_n)|} \tag{11-44}$$

式(11-44)的求解可参看图 11-8。

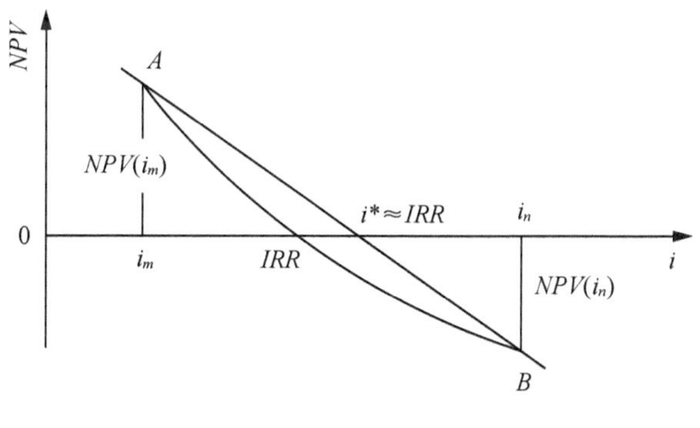

图 11-8　用内插法求 *IRR* 图解

4）经济含义

内部收益率被普遍认为是项目投资的盈利率，反映了投资的使用效率，其概念清晰明确。与净现值和净年值相比，内部收益率更实用。

内部收益率反映了项目"偿付"未被收回的投资的能力，取决于项目内部。

内部收益率的经济含义可以这样理解：在项目的整个寿命期内按利率 $i = IRR$ 计算，始终存在未能收回的投资，而在寿命结束时，投资恰好被完全收回。也就是说，在项目寿命期内，项目始终处于"偿付"未被收回的投资的状况。因此，项目的"偿付"能力完全取决于项

目内部，故有“内部收益率”之称。

5）特点

内部收益率指标的特点，就是在计算净现值和净年值时都需事先给定基准折现率，这是一个既困难又易引起争论的问题；而内部收益率不是事先外生给定的，是内生决定的——由项目现金流计算出来的。当基准折现率 i_0 不易确定为单一值而是落入一个小区间时，若内部收益率落在该小区间之外，则使用内部收益率指标的优越性是显而易见的。如图 11-9 所示，当 $i_1 \leqslant i_0 \leqslant i_2$ 时，若 $IRR > i_2$，或 $IRR < i_1$，根据 IRR 的判别准则，很容易判断项目的取舍。

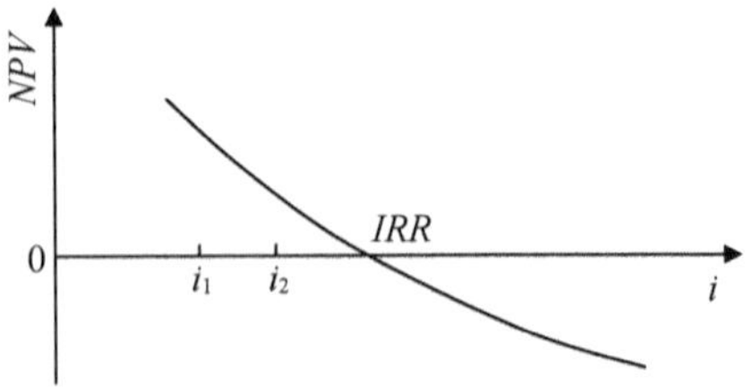

图 11-9　内部收益率 IRR 与基准折现率为一区间 (i_1, i_2) 时的比较

企业投资静动态评价的财务评价指标如图 11-10 所示。

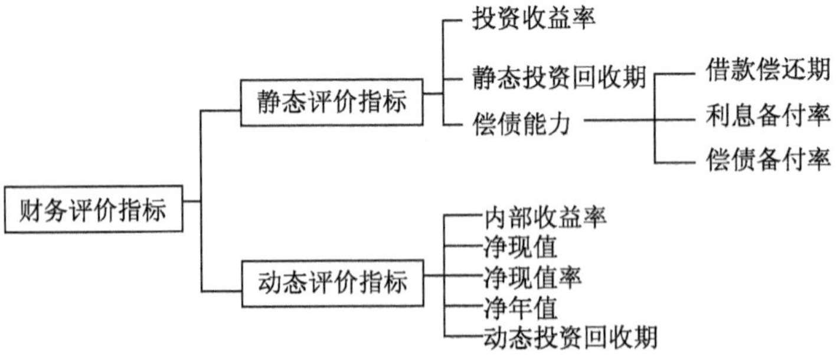

图 11-10　企业投资静动态评价的财务评价指标

总的来说，企业投资管理决策的经济评价方法中，投资收益率、净现值率和内部收益率属于效率型决策分析方法；净现值法和净年值法属于价值型决策分析方法；静态与动态回收期法属于兼顾经济性与风险性的决策分析方法。在净现值法和净年值法中，就考察的内容而言，费用现值与费用年值分别是净现值和净年值的特例，即在投资方案比选时，前两者只考察项目投资方案的费用支出。就结论而言，净现值与净年值是等效的；费用现值和费用年值是等效的。

11.3　企业投资方案决策

企业投资管理决策的对象和具体内容是对可能采用的各种投资方案进行分析和比较，事先评价其经济效益，并进行投资方案选优，从而为正确地决策提供科学的依据。如果对于任何投资决策，都能简单地采用前述的决策分析指标，以决定项目投资方案的取舍，投资决策就会变得简单易行。但在实践中，由于决策结构的复杂性，如果仅仅掌握几种决策指标，而不掌握正确的多方案优选评价方法，就不能达到正确决策的目的。在多方案选择问题中，除考察每个项目方案的经济性外，还必须研究各项目方案之间的相互关系。一般情况下，候选方案间的关系有 3 种情形：第一种情形，各投资方案之间并没有直接的相互影响的关系；第二种情形，各投资方案之间有直接的相互影响；第三种情形，兼顾第一种情形与第二种情形。因此，本节在划分方案类型的基础上，讨论如何正确运用前述的各种经济分析指标，进行多个投资方案的评价与决策分析。在不同的方案类型中，经济比较的宗旨只有一个：最有效地分配有限的资金，以获得最好的经济效益。重要的是根据不同的投资方案类型，正确地选择和使用评价方法。

11.3.1 独立型方案决策

相互独立型方案，是指企业投资管理决策过程中，作为评价对象的各个投资方案的现金流是独立的，不具有相关性，且任一投资方案的采用与否都不影响其他投资方案是否采用的决策。相互独立型方案，其特点是诸方案之间没有排斥性，只要投资条件（如人力、资金）允许，就可以自由选择有利方案，几个方案可以共存。相互独立型方案的效果之间具有加和性。如果决策的对象是单一投资方案，则可以认为是独立方案的特例。

1. 绝对效果检验评价方法

独立方案的采用与否，只取决于投资方案自身的经济性，即只需检验他们是否能够通过净现值、净年值或内部收益率的判别准则。因此，多个投资方案与单一投资方案的评价方法是相同的。

用净现值、净年值或内部收益率的判别准则（如 $NPV \geqslant 0$，$NAV \geqslant 0$，$IRR \geqslant i_0$）检验方案自身的经济性，叫"绝对（经济）效果检验"。凡通过绝对效果检验的方案，就认为它在经济效果上是可以接受的，否则就应拒绝。

对于独立方案而言，经济上是否可行的判据是其绝对（经济）效果指标是否满足判别准则。不论采用净现值、净年值和内部收益率进行决策分析，评价结果都是一样的。

2. 资金约束条件下评价方法

企业投资管理决策过程中，在资金有限的情况下，局部看来不具有互斥性的独立方案也成了相关方案。如何对这类方案进行评价选择，以保证在给定资金预算总额的前提下取得最大的经济效果（即实现净现值最大化），就是所谓"受资金限制的方案选择"问题。

受资金限制的方案选择使用的方法也是"互斥方案组合法"。

用互斥方案组合法对资金限制的方案选择的步骤：

①对于 m 个非直接互斥的项目方案，列出全部的相互排斥的组合方案，共（$2m-1$）个。

②保留投资额不超过投资限额且净现值大于等于零的方案，淘汰其余组合方案。保留的组合方案中净现值最大的即为最优可行方案。

11.3.2 互斥型方案决策

互斥型方案，其特点是诸方案之间具有相互排斥性，在对多个互斥方案进行比选时，至多只能选取其中之一，其余方案必须放弃。互斥型方案的效果之间不具有加和性。在投资方案互斥的决策结构形式下，经济效果评价包含了两部分内容：一是考察各个投资方案自身的经济效果，即进行绝对（经济）效果检验；二是考察哪个投资方案相对最优，称"相对（经济）效果检验"。两种检验的目的和作用不同，通常缺一不可，只有在众多互斥方案中必须选择其中之一时才可以只进行相对（经济）效果检验。互斥型方案选优的实质：一个方案相对于另一个方案的追加投资是否能够带来满意的收益。

互斥型方案经济效果评价的特点是要进行投资方案比选。参加比选的投资方案应具有可比性，主要应注意：考察时间段及计算期的可比性；收益与费用的性质及计算范围的可比性；方案风险水平的可比性和评价所使用假定的合理性。

1. 寿命相等的互斥方案

只有寿命相同的投资方案，才能直接进行经济效益比较。若采用价值型决策分析方法，则选价值型指标最大者为最优投资方案；若采用效率型指标，则需考察不同投资方案之间增量（差额）投资的经济效益。

1）增量净现值法

设A、B为投资额不等的互斥方案，A方案比B方案投资大，两投资方案的增量净现值可用下式求出

$$\begin{aligned}\Delta NPV &= \sum_{t=0}^{n}[(CI_A - CO_A)_t - (CI_B - CO_B)_t](1+i_0)^{-t} \\ &= \sum_{t=0}^{n}(CI_A - CO_A)_t(1+i_0)^{-t} - \sum_{t=0}^{n}(CI_B - CO_B)_t(1+i_0)^{-t} \\ &= NPV_A - NPV_B\end{aligned} \tag{11-45}$$

式中：ΔNPV 为增量净现值；$(CI_A - CO_A)_t$ 为方案A第 t 年的净现金流；$(CI_B - CO_B)_t$ 为方案B第 t 年的净现金流；NPV_A、NPV_B 分别为方案A与方案B的净现值。

用增量净现值法进行互斥方案比选时，若 $\Delta NPV \geqslant 0$，表明增量投资可以接受，投资（现值）大的方案经济效果好；若 $\Delta NPV < 0$，表明增量投资不可接受，投资（现值）小的方案经济效果好。

2）增量内部收益率法

增量内部收益率是增量净现值等于零时的收益率，也是两个互斥方案净现值相等时的收益率，表示一方案相对于另一方案的多投资部分的平均盈利能力。

增量内部收益率的计算公式可表示为

$$\sum_{t=0}^{n}(\Delta CI - \Delta CO)_t(1+\Delta IRR)^{-t} = 0 \tag{11-46}$$

式中：ΔCI 为互斥方案（A、B）的增量现金流入，$\Delta CI = CI_A - CI_B$；ΔCO 为互斥方案（A、B）的增量现金流出，$\Delta CO = CO_A - CO_B$。

增量内部收益率定义的另一种表述方式是：两互斥方案净现值（或净年值）相等时的折现率。其计算公式也可以表示为

$$\sum_{t=0}^{n}(CI_A - CO_A)_t(1+\Delta IRR)^{-t} - \sum_{t=0}^{n}(CI_B - CO_B)_t(1+\Delta IRR)^{-t} = 0 \tag{11-47}$$

利用式（11-46）和式（11-47）求解 ΔIRR 的结果是一样的。

用增量内部收益率比选投资方案的判别标准是：

① 若 $\Delta IRR > i_0$（基准折现率），则投资（现值）大的投资方案为优；

② 若 $\Delta IRR < i_0$（基准折现率），则投资（现值）小的投资方案为优。

用增量内部收益率进行方案比较的情形如图 11-11。

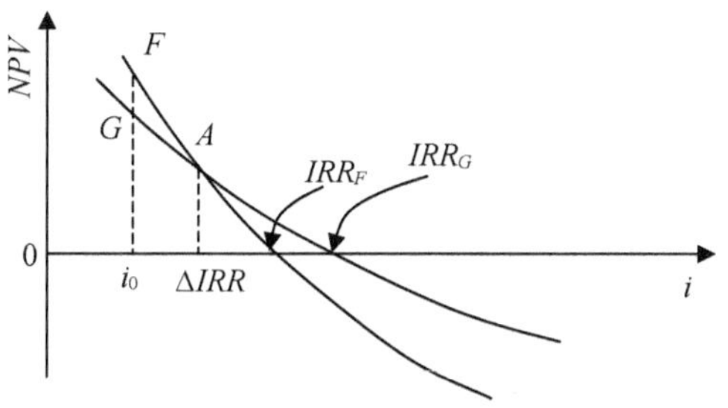

图 11-11　内部收益率 IRR 与基准折现率为一区间(i_1,i_2)时的比较

在图 11-11 中，A 点为 F、G 两投资方案净现值曲线的交点，在这一点两投资方案净现值相等。A 点所对应的折现率即为两投资方案的差额内部收益率 ΔIRR。由图 11-11 可以看出，当 $\Delta IRR > i_0$ 时，$NPV_F > NPV_G$，当 $\Delta IRR < i_0$ 时，$NPV_G > NPV_F$。用 ΔIRR 与 NPV 比选方案的结论是一致的。

由此可知，再对互斥方案进行比较选择时，净现值最大准则(净年值最大准则、费用现值与费用年值最小准则)是正确的判别准则。而内部收益率最大准则不能保证比选结论的正确性。

内部收益率最大准则只是在基准折现率大于被比较的两投资方案的差额内部收益率的前提下成立。也就是说，如果将投资大的投资方案对于投资小的投资方案的增量投资用于其他投资机会，会获得高于差额内部收益率的盈利率，用内部收益率最大准则进行投资方案比选的结论就是正确的。如图 5-5 所示，如果所取的基准折现率 i_0 大于差额内部收益率 ΔIRR，则用内部收益率最大准则与净现值最大准则比选投资方案的结论就是一致的。但是倘若基准折现率 i_0 小于差额内部收益率 ΔIRR，用内部收益率最大准则选择投资方案就会导致错误的抉择。由于基准折现率是独立确定的，不依赖于具体待比选方案的差额内部收益率，故用内部收益率最大准则比选投资方案是不可靠的。

用内部收益率评价互斥方案的步骤和方法如下：

步骤 1，根据每个投资方案自身的净现金流，计算每个投资方案的内部收益率，淘汰内部收益率小于基准收益率的投资方案，即淘汰通不过绝对(经济)效果检验的投资方案。

步骤 2，按照投资从大到小的顺序排列经绝对(经济)效果检验保留下来的投资方案。首先计算头两个投资方案的 ΔIRR，若 $\Delta IRR > i_0$，则保留投资大的投资方案；若 $\Delta IRR < i_0$，则保留投资小的投资方案。

步骤 3，将步骤 2 得到的保留方案与下一个投资方案进行比较——计算两投资方案的增量内部收益率，取舍判据同上。以此类推，直至检验过所有可行投资方案，找出最优投资方案为止。

值得指出的是，ΔIRR 只能反映增量现金流的经济性(相对经济效果)，不能反映各投资方案自身的经济性(绝对经济效果)。故增量内部收益率只能用于投资方案间的比较(相对效果检验)，不能仅根据 ΔIRR 数值的大小判定投资方案的取舍。图 11-12 对此做了说明。

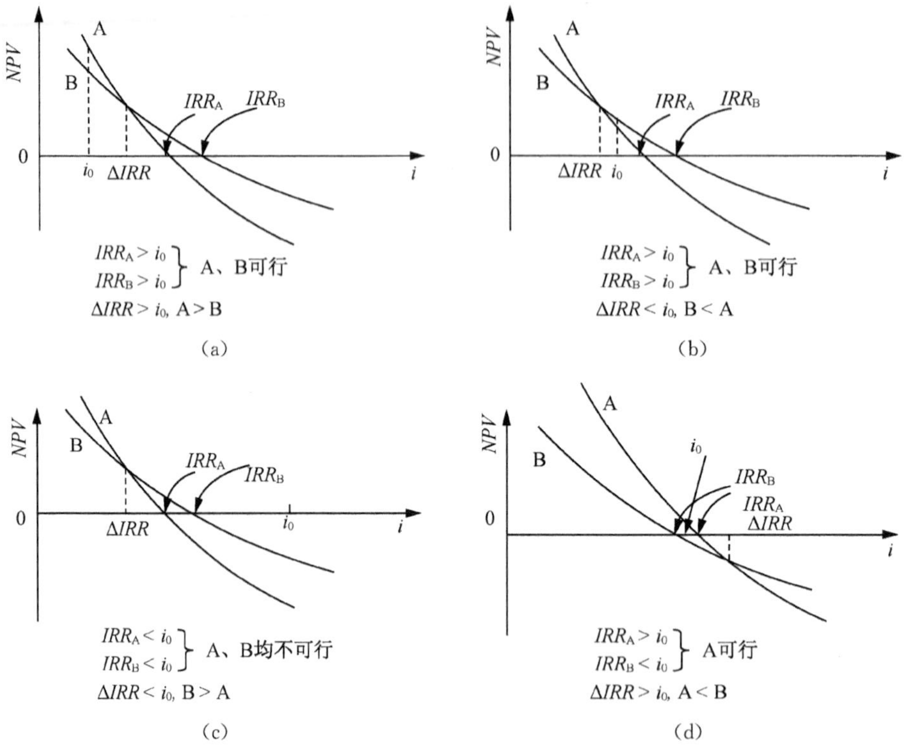

图 11-12　用内部收益率法比选方案示意图

图 11-12 中，在(a)、(b)所示的两种情况下，方案 A 与方案 B 均能通过绝对(经济)效果检验($IRR_A>i_0$，$IRR_B>i_0$)，可以根据 ΔIRR 与 i_0 的比较判定方案的取舍：(a) 情况下，$\Delta IRR>i_0$，投资大的投资方案 A 优于投资小的投资方案 B；(b) 情况下，投资方案 B 优于投资方案 A；(c)情况下，投资方案 A 与投资方案 B 均不能通过绝对(经济)效果检验($IRR_A<i_0$，$IRR_B<i_0$)，故不管 ΔIRR 大小如何，两投资方案都不应选取；(d)情况下，投资方案 A 通过绝对(经济)效果检验($IRR_A>i_0$)，且 $\Delta IRR>i_0$，可以判定投资方案 A 为最优可行方案。

增量内部收益率也可用于仅有费用现金流的互斥方案比选。比选结论与费用现值法和费用年值法一致。在这种情况下，实际上是把增量投资所导致的对其他费用的节约看成是增量收益。需要注意的是：采用增量内部收益率法进行互斥方案评价时，在增量内部收益率非单调减少的情况下，应先去掉那些不合格方案，然后再用增量内部收益率进行判断。采用增量内部收益率处理资本成本不能确定的互斥方案这类问题更简单。

应用增量分析法时，应遵循三大原则：一是将各备选方案按投资额由小到大的顺序排列；二是唯有较低投资额的方案被证明是合理时(如 $NPV\geqslant 0$，$NAV\geqslant 0$，$IRR\geqslant i_0$)，较高投资额的方案方能与其比较；三是若追加投资是合理的，则应选择投资较高的方案，否则应选择投资较低的方案。

2. 寿命不等的互斥方案

对于寿命相等的互斥方案，通常将方案的寿命周期设定为共同的分析期(或称计算期)，这样，再利用资金等值原理进行经济效果评价时，投资方案间在时间上就具有可比性。

对寿命不等的互斥方案进行比选时，同样要求投资方案间具有可比性。满足这一要求需要解决两个方面的问题：一是设定一个合理的共同分析期；二是给寿命期不等于分析期的投资方案选择合理的投资方案持续假定或者残值回收假定。

1) 年值法

在对寿命不等的互斥方案进行比选时，尤其是当参加比选的投资方案数目众多时，年值法是最为简便的方法。年值法使用的指标有净年值与费用年值。

设 m 个互斥方案的寿命周期分别为 $n_1, n_2, \cdots, n_m$，方案 $j(j=1,2,\cdots,m)$ 在其寿命期内的净年值为

$$\begin{aligned} NAV_j &= NPV_j(A/P, i_0, n_j) \\ &= \sum_{t=o}^{n_j}(CI_j - CO_j)_t(P/F, i_0, t)(A/P, i_0, n_j) \end{aligned} \tag{11-48}$$

根据式(11-48)，净年值最大且非负的方案为最优可行方案。

用年值法进行寿命不等的互斥方案比选，实际上隐含着这样一种假定：各备选方案在其寿命结束时均可按原方案重复实施或以原方案经济效果水平相同的方案持续。因为一个投资方案无论重复实施多少次，其年值是不变的，所以年值法实际上假定了各投资方案可以无限多次重复实施。在这一假定前提下，年值法以“年”为时间单位比较各投资方案的经济效果，从而使寿命不等的互斥方案间具有可比性。

对于仅有或仅需要计算费用现金流的互斥方案，可以比照净年值指标的计算方法，用费用年值指标进行比选。判别准则是：费用年值最小的方案为最优方案。

2) 现值法

当互斥方案寿命不等时，一般情况下，各投资方案的现金流在各自寿命周期内的现值不具有可比性。如果要使用现值指标(净现值或费用现值)进行投资方案比选，必须设定一个共同的分析期。分析期的设定应根据决策的需要和方案的经济特征来决定。通常有以下几种处理方法：

(1) 寿命期最小公倍数法

此法假定备选方案中的一个或若干个在其寿命期结束后按原方案重复实施若干次，取各备选方案寿命期的最小公倍数作为共同的分析期。例如，有两个备选方案，A 方案的寿命期为 10 年，B 方案的寿命期为 15 年，假定 A 方案重复实施两次，B 方案重复实施一次，取两方案寿命期的最小公倍数 30 年作为分析期。

(2) 合理分析期法

根据对未来市场状况和技术发展前景的预测直接选取一个合理的分析期，假定寿命期短于此分析期的方案重复实施，并对各投资方案在分析期末的资产余值进行估价，到分析期结束时回收资产余值。在被选方案寿命期比较接近的情况下，一般取最短的方案寿命期作为分析期。

(3) 年值折现法

按某一共同的分析期将各备选方案的年值折现得到用于投资方案比选的现值。这种

方法实际上是年值法的一种变形，隐含着与年值法相同的接续方案假定。设投资方案 j ($j=1,2,\cdots,m$)的寿命期为 n_j，共同分析期为 N，按年值折现法，投资方案 j 的净现值的计算公式为

$$NPV_j = \sum_{t=o}^{n_j}(CI_j - CO_j)_t(P/F,i_0,t)(A/P,i_o,n_j)(P/A,i_0,N) \qquad (11\text{-}49)$$

用年值折现法求净现值时，共同分析期 N 取值的大小不会影响投资方案比选结论，但通常 N 的取值不大于最长的方案寿命期，不小于最短的方案寿命期。

用上述方法计算出的净现值用于寿命不等互斥方案评价的判别标准是：净现值最大且非负的投资方案是最优可行方案。对于仅有或仅需计算费用现金流的互斥方案，可比照上述方法计算费用现值进行比选，判别标准是：费用现值最小的方案为最优方案。

对于某些不可再生资源开发型项目（如石油开采），在进行寿命不等的互斥方案比选时，投资方案可重复实施的假定不再成立。在这种情况下，不能用含有投资方案重复假定的年值法和前面介绍的现值法。对于这类投资方案，可以直接按投资方案各自寿命期计算的净现值进行比选。这种处理方法所隐含的假定是：用最长的方案寿命期作为共同分析期，寿命短的方案在其寿命期结束后，其再投资按基准折现率（最低希望收益率）取得收益。

11.4 企业投资风险决策

风险是指由于随机的原因所引起的项目总体的实际价值与预期价值之间的差异。不确定性是指对因素或未来情况缺乏足够情报而无法做出正确估计，或没有全面考虑所有因素而造成的预期价值与实际价值之间的差异。敏感性是指如果一种特定因素的大小稍有变化，而使投资决策发生了很大变化，则该项投资决策对这个因素就有高度的敏感性。反之，如果有关因素能在广泛范围内起变化，而不致对投资决策引起很大的影响，那么考虑中的投资决策可以说对该特定因素是不敏感的。

由于对投资方案经济效益分析时采用的经济数据主要来自预测和估算，可能影响企业投资管理决策评价的可靠性。为了提高企业投资管理决策的科学性，减少评价结论的偏差，需要进一步研究经济因素的变化对投资方案经济效益的影响，并提出相应的对策。为了避免决策失误，需要了解投资方案对各种外部条件变化的承受能力——盈亏平衡分析，需要了解各种外部条件发生变化时对投资方案经济效果的影响程度——敏感性分析，需要掌握风险条件下正确的决策原则与决策方法——概率分析。因此，企业投资风险分析时，为寻求较满意的投资方案，针对盈亏平衡点的确定，可采用盈亏平衡分析法；针对不同影响因素对企业投资方案的敏感性判定，可采用敏感性分析法；针对以不同概率可能出现的多种状态，可采用概率分析法。

11.4.1 盈亏平衡分析

各种不确定因素（如投资、成本、销售量、产品价格、项目寿命期等）的变化会影响企业

投资方案的经济效果，当这些因素的变化达到某一临界值时，就会影响方案的取舍。盈亏平衡分析是研究建设项目投产后正常年份的产量、成本和利润三者之间的平衡关系，以利润为零时的收益与成本的平衡为基础，测算项目的生产负荷状况，度量项目承受风险的能力的一种方法。盈亏平衡点越低，表明项目适应市场变化的能力越强，抗风险能力越大。盈亏平衡分析的目的就是找出这种临界值，判断投资方案对不确定因素变化的承受能力，为决策提供依据。盈亏平衡分析根据投资决策结构的不同可以分为独立方案的盈亏平衡分析和互斥方案的盈亏平衡分析。

1. 独立方案盈亏平衡分析

1）独立方案的线性盈亏平衡分析

独立方案的线性盈亏平衡分析是通过分析产品产量、成本与盈利能力之间的关系，找出投资方案盈利与亏损在产量、产品价格、单位产品成本等方面的界限(盈亏平衡点)，以判断在各种不确定因素作用下投资方案的风险情况。

(1) 销售收入、成本费用与产品产量的关系

第一，销售收入与产品销售量的关系。投资项目的销售收入与产品销售量(如果按销售量组织生产、产品销售量等于产品产量)的关系有两种情况。

① 该项目的生产销售活动不会明显地影响市场供求状况，假定其他市场条件不变，产品价格不会随该项目的销售量的变化而变化，可以看作一个常数。销售收入与销售量呈线性关系，即

$$B = PQ \tag{11-50}$$

式中：B 为销售收入；P 为单位产品价格；Q 为产品销售量。

② 该项目的生产销售活动将明显地影响市场供求状况，随着该项目产品销售量的增加，产品价格有所下降，这时销售收入与销售量之间不再是线形关系。

第二，成本费用与产品产量的关系。总成本费用是固定成本与变动成本之和，它与产品产量的关系也可以近似地认为是线形关系，即

$$C = C_f + C_v Q \tag{11-51}$$

式中：C 为总成本费用；C_f 为固定成本；C_V 为单位固定成本；Q 为产品产量。

(2) 盈亏平衡点的确定

线性盈亏平衡分析的基本假设条件：

① 产品产量等于产品销售量；

② 每批产品产量的固定成本不变，单位变动成本与产品产量成正比变化；

③ 销售单价不变，销售收入是产品销售量的线性函数；

④ 只按单一产品计算，若生产多种产品，产品结构比例不变。

将式(11-50)与式(11-51)在同一坐标图上表示出来，可以构成线性盈亏平衡分析图，如图 11-13 所示。

图 11-13 中纵坐标表示销售收入与成本费用，横坐标表示产品产量。销售收入线 B 与总成本线 C 的交点称盈亏平衡点(Break even point，简称 BEP)，也就是项目盈利与亏损的临界点。在 BEP 的左边，总成本大于销售收入，项目亏损；在 BEP 的右边，销售收入大于总

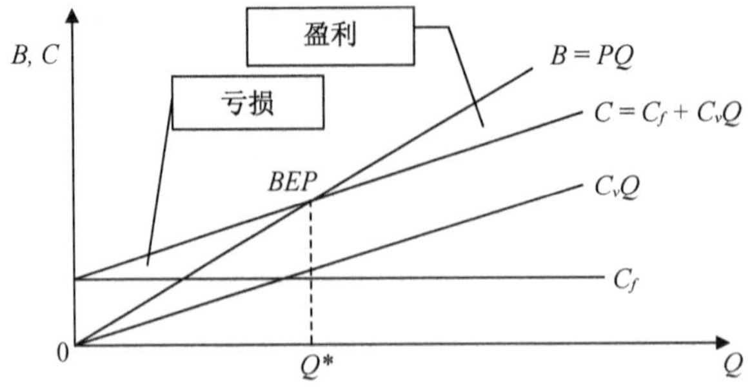

图 11-13　线性盈亏平衡分析图

成本，项目盈利；在 BEP 点上，项目不亏不盈。

在销售收入及总成本都与产量呈线性关系的情况下，可以求出以产品产量、生产能力利用率、产品销售价格、单位产品变动成本等表示的盈亏平衡点。

在盈亏平衡点，销售收入 B 等于总成本 C，设对应于盈亏平衡点的产量为 Q^*，则有

$$PQ^* = C_f + C_v Q^* \tag{11-52}$$

根据式(11-52)，则盈亏平衡产量为

$$Q^* = \frac{C_f}{P - C_v} \tag{11-53}$$

2）独立方案的非线性盈亏平衡分析

当产量达到一定数额时，市场趋于饱和，产品可能会滞销或降价，这时呈非线性变化。而当产量增加到超出正常生产能力时，可能会增加设备，要加班时还需要加班费和照明费，此时可变费用呈上弯趋势，产生两个平衡点 BEP_1 和 BEP_2，非线性盈亏平衡分析如图 11-14所示。

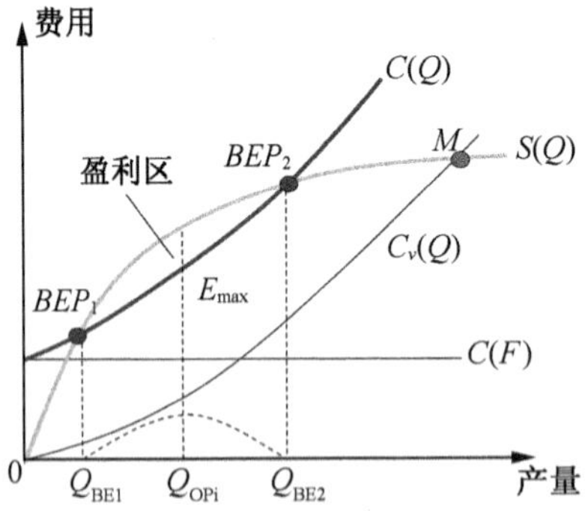

Q_{OPi}—最优投产量，即企业按此产量组织生产会取得最佳效益 E_{max}；

M 点—关门点，只有到企业面临倒闭时才把 M 点作为决策临界点。

图 11-14　非线性盈亏平衡分析图

2. 互斥方案盈亏平衡分析

在需要对若干个互斥方案进行比选的情况下，如果是某一个共有的不确定因素影响这些投资方案的取舍，可以采用盈亏平衡分析方法帮助决策。

两个互斥方案的经济效果都受某不确定因素 x 的影响，我们可以把 x 看作一个变量，把两个投资方案的经济效果指标都表示为 x 的函数，即

$$
\begin{aligned}
E_1 &= f_1(x) \\
E_2 &= f_2(x)
\end{aligned} \tag{11-54}
$$

式中：E_1 和 E_2 分别为投资方案 1 与投资方案 2 的经济效果指标。当两个投资方案的经济效果相同时，则

$$
f_1(x) = f_2(x) \tag{11-55}
$$

解出使这个方程式成立的 x 值，即为投资方案 1 与投资方案 2 的盈亏平衡点，也就是决定这两个投资方案孰优孰劣的临界点。结合对不确定因素 x 未来取值范围的预测，就可以做出相应的决策。

此外，根据需要，也可用投资额、产品价格、经营成本、贷款利率、项目寿命期、期末固定资产残值等作为盈亏平衡分析的共有变量，用净现值、净年值、内部收益率等作为衡量方案经济效果的评价指标。

11.4.2 敏感性分析

敏感性分析是研究在项目的计算期内，根据外部环境各主要因素的变化对建设项目的建设与运行造成的影响，分析建设项目的经济评价指标对主要因素变化的敏感性与敏感方向，确定经济评价指标出现临界值（经济评价指标等于其评价标准值）时各主要敏感因素变化的数量界限，为进一步测定项目评价决策的总体安全性、项目运行承受风险的能力等提供定性分析依据。因此，敏感性分析是通过测定一个或多个不确定因素的变化所导致的决策指标的变化幅度，了解各种因素的变化对实现预期目标的影响程度，从而对外部条件发生不利变化时投资方案的承受能力做出判断。

敏感性指的是企业投资决策的经济评价指标相对其影响因素的变化的反应。敏感程度可说明影响因素发生单位变化时引起评价指标多大变化，并以此确定敏感因素。敏感方向反映影响因素的变化会引起评价指标同向变化还是反向变化，并以此确定影响因素的变化给项目带来有利影响还是有害影响。

1. 敏感性分析的步骤和内容

敏感度分析是比较在同一变动幅度下各因素的变动对经济效果指标的影响，据此判断方案经济效果对各因素变动的敏感程度。临界值分析是设各因素均向对方案不利的方向变动，并取其有可能出现的对方案最不利的数值，据此计算方案的经济效果指标，看其是否可达到使方案无法被接受的程度。如果某因素可能出现的最不利数值能使方案变得不可接受，则表明该因素是方案的敏感因素。

（1）选择并设定需要分析的不确定因素的变动范围

影响投资方案经济效果的不确定因素有很多，严格说来，凡影响方案经济效果的因素都在某种程度上带有不确定性。但事实上，没有必要对所有的不确定因素都进行敏感性分析，可以根据以下原则选择主要的不确定因素加以分析：第一，预计在可能的变动范围内，

该因素的变动将会比较强烈地影响投资方案的经济效果指标；第二，在确定性经济分析中采用的数据的准确性比较小。

对于一般的工业投资项目来说，要做敏感性分析的因素通常从下列因素中选定：① 投资额，包括固定资产投资与流动资产投资占用，根据需要还可将固定资产投资划分为设备费用、建筑安装费用等；② 项目建设期限、投产期限、投产时的产出能力及达到设计生产能力所需时间；③ 产品产量及销售量；④ 产品价格；⑤ 经营成本，特别是其中的变动成本；⑥ 项目寿命期；⑦ 项目寿命期末的资产残值；⑧ 折现率；⑨ 外币汇率。

在选择需要分析的不确定因素的过程中，应根据实际情况设定这些因素可能的变动范围。

（2）确定分析指标

前面讲过的各种企业投资管理决策分析指标，如净现值、净年值、内部收益率、投资回收期等，都可以作为敏感性分析的指标。

由于敏感性分析是在确定性经济分析的基础上进行的，就一般情况而言，敏感性分析的指标应与确定性决策所用的指标相一致，不应超出确定性决策所用的指标的范围另立指标。当确定性决策使用的指标比较多时，敏感性分析可围绕其中一个或若干个最重要的指标进行。

（3）确定因素变动与指标变动的数量关系

计算各不确定因素在可能的变动范围内发生不同幅度变动所导致的投资方案经济效果指标的变动结果，建立起一一对应的数量关系，并用图或表的形式表示出来。

（4）确定敏感因素，对方案的风险情况做出判断

所谓敏感性因素就是其数值变动能显著影响投资方案经济效果的因素。判别敏感因素的方法有两种：

第一种是相对测定法，即设定要分析的因素均从确定性决策所采用的数值开始变动，且各因素每次变动的幅度（增或减的百分数）相同，比较在同一变动幅度下各因素的变动对经济效果指标的影响，据此判断投资方案经济效果对各因素变动的敏感程度。

第二种方法是绝对测定法，即设各因素均向对投资方案不利的方向变动，并取其有可能出现的对投资方案最不利的数值，据此计算投资方案的经济效果指标，看其是否可达到使投资方案无法被接受的程度。如果某因素可能出现的最不利数值能使投资方案变得不可接受，则表明该因素是投资方案的敏感因素。

投资方案能否接受的判据是各经济效果指标能否达到临界值，例如，使用净现值指标，要看净现值是否大于零或等于零；使用内部收益率指标，要看内部收益率是否达到基准折现率。绝对测定法的一个变通方式是先设定有关经济效果指标为其临界值，如令净现值等于零，令内部收益率等于基准折现率，然后求待分析因素的最大允许变动幅度，并与其可能出现的最大变动幅度项比较。如果某因素可能出现的变动幅度超过最大允许变动幅度，则表明该因素是投资方案的敏感因素。

在实践中可以把确定敏感因素的两种方法结合起来使用。

2. 单因素敏感性分析

对于单个不确定因素的变动对投资方案经济效果的影响所进行的分析，称为单因素敏感性分析。在进行因素敏感性分析时，对于受诸多因素影响的建设项目，只研究某一因素的变化对评价指标的影响，而令其他因素不变。

设投资额为 K，年销售收入为 B，年经营成本为 C，期末资产残值为 L。用净现值指标评价本方案的经济效果，计算公式为

$$NPV=-K+(B-C)(P/A,10\%,10)(P/F,10\%,1)+L(P/F,10\%,11) \quad (11-56)$$

下面用净现值指标分别就投资额、产品价格和经营成本等 3 个不确定因素做敏感性分析：

设投资额变动的百分比为 x，分析投资额变动对方案净现值影响的计算公式为

$$NPV=-K(1+x)+(B-C)(P/A,10\%,10)\times(P/F,10\%,1)+L(P/F,10\%,11) \quad (11-57)$$

设经营成本变动的百分比为 y，分析经营成本变动对方案净现值影响的计算公式为

$$NPV=-K+[B-C(1+y)](P/A,10\%,10)\times(P/F,10\%,1)+L(P/F,10\%,11) \quad (11-58)$$

设产品价格变动的百分比为 z，产品价格的变动将导致销售收入的变动，销售收入变动的比例与产品价格变动的比例相同，故分析产品价格变动对方案净现值影响的计算公式可写成

$$NPV=-K+[B(1+z)-C](P/A,10\%,10)\times(P/F,10\%,1)+L(P/F,10\%,11) \quad (11-59)$$

按照上述 3 个公式，分别取不同的 x、y、z 值，可以计算出各不确定因素在不同变动幅度下方案的净现值。

3. 多因素敏感性分析

在进行单因素敏感性分析的过程中，计算某特定因素的变动对经济效果指标的影响时，假定其他因素均不变。实际上，许多因素的变动具有相关性，一个因素的变动往往伴随着其他因素的变动。所以，单因素敏感性分析有局限性。改进的方法是进行多因素敏感性分析，即考察多个因素同时变动对投资方案经济效果的影响，以判断投资方案的变动情况。

多因素敏感性分析要考虑可能发生的各种因素不同变动幅度的多种组合，计算起来要比单因素敏感性分析复杂得多。如果需要分析的不确定因素不超过三个，而且经济效果指标的计算比较简单，可以用解析法与作图法相结合的方法进行分析。

如果同时考虑考投资额、经营成本和产品价格这三个因素的变动，分析其对净现值的影响的计算公式为

$$NPV=-K(1+x)+[B(1+z)-C(1+y)](P/A,10\%,10)\times(P/F,10\%,1)+L(P/F,10\%,11) \quad (11-60)$$

4. 风险估计

(1) 敏感程度的测算

敏感程度的大小用敏感系数给出，敏感系数定义为不确定因素变化幅度引起的评价指标的变化率，表达式为

$$S_i = \frac{\Delta V_i}{\Delta X_i} = \frac{(V_c - V_b)/V_b}{\Delta X_i} \tag{11-61}$$

式中：V_c 为不确定因素 X_i 发生 ΔX_i 变化后的评价指标；V_b 为基本方案的评价指标。

敏感系数的符号（正或负）反映评价指标对不确定因素的敏感方向。即 $S_i>0$ 表示评价指标与不确定因素同方向变化，$S_i<0$ 表示评价指标与不确定因素反方向变化。

(2) 不确定因素盈亏界限的确定

当评价指标与其评价准则相等时，对应的因素值称为该因素的盈亏界限，即：

$$V_i = V_0 \tag{11-62}$$

式中：V_0为评价指标 V 的评价准则。评价指标为 NPV 时，则 $V_0=0$；评价指标为 IRR 时，则 V_0取基准收益率 i_0。V_i对应的不确定因素$|X_i^*|$称为 X_i的盈亏界限。

不确定因素的变化给评价指标带来的风险取决于：第一，评价指标对不确定因素变化的敏感性；第二，不确定因素的盈亏界限。

建设项目的风险性与敏感性$|S_i|$成正比，与不确定因素的盈亏界限$|X_i^*|$成反比。

因此，不确定因素 X_i 的相对变化对建设项目带来的风险可用下式估计：

$$R = \frac{|S_i|}{|X_i^*|} \tag{11-63}$$

敏感性分析在一定程度上就各种不确定因素的变动对投资方案经济效果的影响做了变量描述。这有助于决策者了解方案的风险情况，确定在决策过程中及方案实施过程中需要重点研究与控制的因素。但是，敏感性分析没有考虑各种不确定因素在未来发生变动的概率，这可能会影响分析结论的准确性。实际上，各种不确定因素在未来发生某一幅度变动的概率一般是有所不同的。可能有这样的情况，通过敏感性分析找出的某一敏感因素未来发生不利变动的概率很小，因而实际上所带来的风险并不大，以至于可以忽略不计，而另一个不太敏感的因素未来发生不利变动的概率却很大，实际上所带来的风险比那些敏感因素更大。这种问题是敏感性分析所无法解决的，必须借助于概率分析方法。

11.4.3 概率分析

概率分析是通过各种不确定因素发生不同幅度变动的概率分布及其对投资方案经济效果的影响，对投资方案的净现金流量及经济效果指标做出某种概率描述，从而对投资方案的风险情况做出比较准确的判断。

概率分析的步骤与方法：

步骤 1，列出各种需考虑的不确定因素。例如销售价格、销售量、投资和经营成本等，均可作为不确定因素。需要注意的是，所选取的几个不确定因素应是互相独立的。

步骤 2，设想各不确定因素可能发生的情况，即其数值发生变化的几种情况。

步骤 3，分别确定各种可能发生情况产生的可能性，即概率。各不确定因素的各种可能发生情况出现的概率之和必须等于 1。

步骤 4，计算目标值的期望值。可根据投资方案的具体情况选择适当的方法。假若采用净现值为目标值，则一种方法是，将各年净现金流量所包含的各不确定因素在各可能情况下的数值与其概率分别相乘后再相加，得到各年净现金流量的期望值，然后求得净现值的期望值；另一种方法是直接计算净现值的期望值。

步骤 5，求出目标值大于或等于零的累计概率。对于单个投资方案的概率分析应求出净现值大于或等于零的概率，由该概率值的大小可以估计方案承受风险的程度，该概率值越接近 1，说明投资方案的风险越小，反之，投资方案的风险越大。可以列表求得净现值大于或等于零的概率。

【思考题】

1. 什么是企业投资管理决策？
2. 试简述资金时间价值的概念。
3. 什么是企业投资的经济效果？
4. 企业投资方案比较的原则与条件有哪些？
5. 什么是企业投资的静态评价？常见的静态评价指标有哪些？各指标的概念、计算公式是什么？
6. 什么是企业投资的动态评价？常见的动态评价指标有哪些？各指标的概念、计算公式是什么？
7. 在互斥方案比选时，可以使用内部收益率指标作为方案取舍标准吗？为什么？
8. 试论述盈亏平衡分析的基本原理？盈亏平衡状态常用哪几个参数？哪些因素变化会影响盈亏平衡点的选择？
9. 什么是敏感性分析？为什么要进行敏感性分析？
10. 什么是概率分析？概率分析与敏感性分析的目的有何不同？

12　企业项目管理决策

【学习要求与目标】

1. 理解企业项目管理决策的概念；
2. 重点掌握企业项目管理可行性研究的内容；
3. 了解企业项目管理可行性研究的程序；
4. 掌握企业项目财务评价和国民经济评价的区别；
5. 掌握企业项目财务评价和国民经济评价中效益与费用的识别。

2013 年 9 月 30 日，在中共中央政治局第九次集体学习中，习近平总书记指出，“政府在关系国计民生和产业命脉的领域要积极作为，加强支持和协调，总体确定技术方向和路线，用好国家科技重大专项和重大工程等抓手，集中力量抢占制高点”。党的十八大以来，我国重大工程项目建设已成燎原之势，包括目前世界下潜最深的研究型载人潜水器“蛟龙号”、世界首颗量子科学实验卫星“墨子号”、中国首颗 X 射线天文卫星“慧眼”、遨游星汉的“天宫二号”、“中国天眼”500 m 口径球面射电望远镜、世界最快超级计算机“神威・太湖之光”、世界最长的跨海大桥和海底隧道大桥“港珠澳大桥”等。在关系国计民生和产业命脉的领域，重大工程项目是“定海神针”，立梁架柱，筑牢基石，成为中国现代化建设的可靠支撑。当前，随着疫情防控进入常态化阶段，重大项目、重大工程、新基建正在加快推进实施，各地区各部门奋力开动生产引擎，在新经济浪潮中抢抓新机遇，为经济社会高质量发展增添新引擎新助力。重大项目建设是落实“六稳”“六保”任务的重要抓手。对于企业来说，企业项目管理是企业战略管理的重要组成部分，关键是加大企业项目管理的可行性研究，对企业项目管理进行财务评价和国民经济评价，提高企业项目管理决策能力。

12.1　企业项目管理决策概述

12.1.1　企业项目管理决策的概念

企业项目管理决策就是企业在项目投资决策之前，对拟建项目（包括新建、改建、扩建、技术引进、技术改造或采取的技术措施等）进行全面系统的调查研究和技术经济分析计算，综合论证建设项目技术上的先进性和适用性、经济上的合理性和盈利性以及建设可能性和可行性，并对各项目方案进行综合评价和从中选优，为决策提供可靠依据的一种科学方法。

企业项目管理决策是专门为决定企业某一特定项目是否合理可行，而在实施前对该项目进行调查研究及全面的技术经济分析论证，为项目决策提供科学依据的一种科学分析方法。由此考察项目经济上的合理性、盈利性，技术上的先进性、适用性以及实施上的可能性、风险性。

企业项目管理决策是项目实施前的首要环节，一般情况下，任何项目实施前都要证明项目的建设条件可靠，采用的技术先进适用，经济上有较大利润可图。因此，企业项目管理决策是决定建设项目命运的关键环节。

企业项目管理决策要回答的问题有：① 为什么要进行这个项目？② 该项目在技术上是否可行？项目的建设条件是否具备？③ 项目的产品或劳务市场的前景如何？项目的规模多大？项目厂址选在何处？④ 项目需要经过多长时间才能建成？项目所需的各种原材料、燃料及动力供应条件怎样？项目采用的设备和工艺技术是否先进可靠？⑤ 该项目需要多少投资？项目的筹资方式、融资渠道、盈利水平以及风险程度如何？项目筹集的资金怎样使用？何时偿还？怎样偿还？⑥ 项目建成投产后，对国民经济和社会环境有哪些影响？影响多大？等等。项目管理决策是从项目选择立项、建设到生产经营的全过程来考察分析项目的可行性，为投资者的最终决策提供直接的依据。

12.1.2 企业项目管理决策的作用与目的

1. 项目管理决策的作用

企业项目管理决策是企业项目建设前期工作中的一项重要内容，是项目建设中不可缺少的环节，其主要作用表现为 7 个方面：

（1）为项目投资决策提供依据

企业项目管理决策是项目投资建设的首要环节，也是决定投资项目命运的关键环节。一个项目的成功与否及效益大小，会受到社会、自然、经济、技术等诸多不确定因素的影响，而项目管理决策有助于分析这些因素，项目投资决策者主要根据项目管理决策的可行性研究报告，提出可靠的或合理的建议，从而为项目的决策提供科学依据。

（2）为项目向银行等金融机构申请贷款、筹集资金提供依据

银行等金融机构在进行企业项目贷款时，首先要审查企业项目管理决策的可行性研究报告，判断借出资金在项目建成后有无偿还能力，判明该项目经济效益的高低，以确定是否贷款。例如，世界银行等国际金融组织都把项目可行性研究作为申请项目贷款的先决条件。

（3）作为向当地政府及环保部门申请建设和施工的依据

政府部门及环保部门审查项目的依据，就是企业项目管理决策的可行性研究报告中关于环境保护、三废治理以及选址对城市与区域规划布局的影响，判断分析可行性研究报告中所拟定的涉及以上因素的方案是否符合市政或区域规划以及当地环保的要求，如符合要求，才发放建设许可证。

（4）为下一阶段进行项目设计、施工提供依据

企业项目管理决策的可行性研究报告中有关技术方面的内容，如项目的建设方案、产品方案、建设规模、厂址、工艺流程、主要设备和总布置图及车间平面布置等做了较为详细的说明。因此，项目可行性研究得到审批后，将作为下一步设计任务书及具体设计的依据。

(5) 为项目与有关部门签订合同、协议提供依据

企业项目管理决策的可行性研究报告中，对项目建设和生产经营所需的原材料、燃料、动力等需要量以及产品销售量、货物运输量、生产技术和工艺流程的选择以及主要设备的选型等都做了分析和论证。因此，经批准的项目可行性研究报告就为项目建设单位同有关部门互订协议、签订合同提供了重要依据。

(6) 为进行项目事后评价提供依据

要对项目进行投资建设、生产活动全过程的事后评价，就必须以企业项目管理决策的可行性研究报告为参照物，并以其为项目事后评价的对照标准。尤其是项目可行性研究报告中有关效益分析的指标，无疑是项目事后评价的重要依据。

(7) 为项目组织管理、机构设置、劳动定员及职工培训提供依据

在企业项目管理决策的可行性研究报告中，一般需对项目组织机构的设置、项目的组织管理、劳动定员的配备方案及其培训、工程技术及管理人员的素质及数量要求等做出明确说明，故项目可行性研究可作为项目组织管理、机构设置、劳动定员及职工培训的依据。

2. 项目管理决策的目的

企业项目管理决策是项目进行投资决策和建设的先决条件和主要依据。企业项目管理决策的主要目的可概括为 6 个方面：

(1) 避免错误的项目投资

由于科学技术、经济和管理科学发展快速，市场竞争激烈，客观要求在进行项目投资决策之前做出准确无误的判断，避免错误的项目投资。

(2) 减少项目的风险

现代化的建设项目规模大、投资额巨大，如轻易做出投资决策，一旦遭到风险，损失太大。

(3) 避免项目方案多变

项目方案的多变会造成人力、物力、财力的巨大浪费和时间的延误，这将大大影响建设项目的经济效果。因此，建设项目方案的可靠性、稳定性非常重要。

(4) 保证项目不超支、不延误

做到在估算的投资额范围以内和预定的建设期限以内使项目竣工并交付使用。

(5) 对项目因素的变化心中有数

对企业项目在建设过程中或项目竣工后可能出现的有些相关因素的变化后果，做到心中有数。

(6) 达到投资的最佳经济效果

企业项目投资者往往不满足于一定的资金利润率，要求在多个可能的投资方案中优选最满意技术方案，力争达到最好的经济效果。

12.2 企业项目管理的可行性研究

企业项目管理的可行性研究是对企业拟建项目在决策前进行全面技术经济研究的一项综合性分析方法，它是综合多种科学成果和手段，对企业拟建项目技术、经济进行综合分

析研究的科学方法，通过对企业拟建项目有关因素的调查研究、分析，论证项目和各种方案的技术可行性、经济合理性，选择最满意项目方案，为项目的决策提供科学依据。

12.2.1 可行性研究内容及阶段划分

企业项目管理的可行性研究是一项涉及范围很广的工作，它是在投资前对拟建项目在技术上、经济上是否可行所做的研究。

1. 主要内容

企业项目管理的可行性研究内容，是指企业从各个方面分析、论证项目建设的可行性，主要包括项目在技术、经济和财务等方面的可行性。其中，每一方面的可行性都具有特定的内容。

项目技术可行性研究，是指明确项目在技术上能达到的参数水平、效益及可靠性，研究和选择可行的技术方案。经过多个技术方案的比较，从技术选择、工艺过程、设备类型及公用设施等各方面进行分析。

项目经济可行性研究，是指对项目的建设投资、建成投产后的经营费用进行估算，并对项目建成投产后的经济效益进行评价，指出项目投产后能获得的利润及资金回收情况。

项目财务可行性研究，是指对项目所需资金的来源和使用、现金流动情况和资金偿还办法等方面进行综合分析。具体地说，就是进行项目财务分析，对项目所需的投资、建成投产后的收入和支出进行平衡分析。

2. 阶段划分

企业项目管理决策一般在时间上分为投资前决策、投资决策和生产决策三个时期。投资前决策时期的工作重点是可行性研究和筹集资金，投资决策阶段的工作重点是控制建设周期、投资费用，生产决策阶段的关键是应用和管理好项目的生产技术，尽快达到设计生产能力和各项技术经济指标。企业项目管理决策的可行性研究根据投资前时期的不同阶段分为机会研究、初步可行性研究、详细可行性研究和评价报告四个阶段。其研究目的和基本要求参见图 12-1。

(1) 机会研究

这一阶段的主要任务是为拟建项目投资方向提出建议，即在一个确定的地区和部门，根据资源条件、对市场的调查和预测以及国内外水平的比较，选择建设项目，寻求最有利的投资机会。这一阶段的研究是比较粗略的，投资和成本估算往往采用最简单的方法，其精确度在±30%左右，一旦认为该项目在经济上有吸引力，即可转入下一阶段。对于大中型项目，所需费用约占总投资的 0.2%～1%。

(2) 初步可行性研究

一般工程项目，单靠机会研究还不能决定是否值得投资，还需要进行初步可行性研究，进一步判断这个项目是否有生命力，或者是否要进行补充性的专题研究（如投资机会是否有希望，有哪些关键性问题需要解决等）。这一阶段投资和成本估算的精确度在±20%左右，所需时间为 4～6 个月，所需费用约占总投资的 0.25%～1.5%，初步决策研究要对技术方案进行筛选，剩下的有限技术方案再做比较深入的研究。

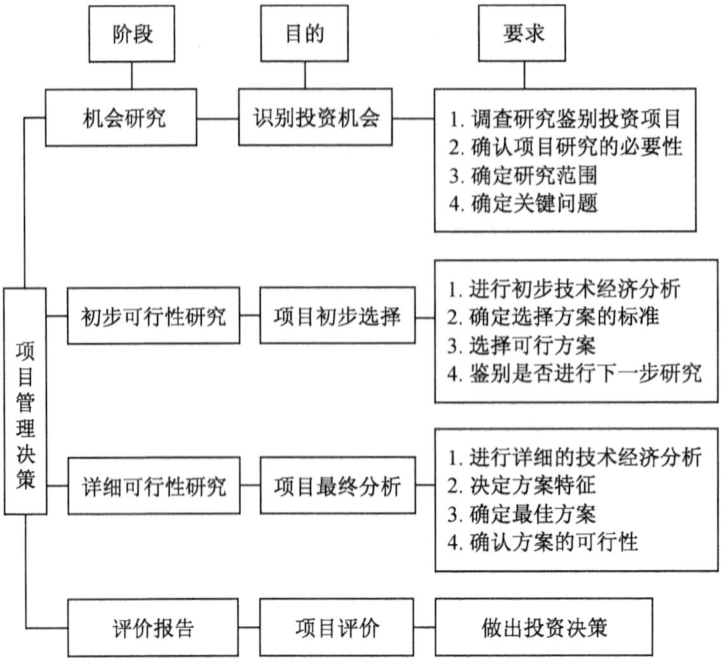

图 12-1 项目管理决策的可行性研究阶段

(3) 详细可行性研究

本阶段重点研究项目的技术方案比较和规划的形成，主要针对具体项目进行深入的技术经济论证，重点研究有关生产纲领、厂区和厂址选择、工艺技术、设备选型、土木工程、车间划分、生产系统、投资总额、建设时间、还本付息年限、利润和组织机构设立等问题，并进行多个技术方案比较选优。这个阶段是项目管理决策的可行性研究的关键阶段，工作量大，时间长，牵涉的相关因素多，计算的投资和成本的精确度在±10%左右，有的可达±5%。

(4) 评价报告

评价报告是根据上述不同阶段的研究，对项目进行评定，并提出正式报告，在报告中应做出该项目是否可行的结论和建议。报告中应包括下列内容：① 项目的背景和历史；② 市场和工厂生产能力；③ 原材料和其他投入物；④ 建厂地区和厂址；⑤ 项目设计；⑥ 工厂机构和管理费用；⑦ 人力；⑧ 项目实施时间和进度；⑨ 财务和经济评价。

12.2.2 可行性研究步骤及程序

1. 步骤

企业项目管理决策的可行性研究分为以下 6 个步骤：

① 开始阶段。要明确研究范围，限定研究界限，明确研究目标。

② 实地调查及技术经济研究。研究项目的各个方面，如市场需求量、价格、工业结构和市场机会，同时对原材料、能源、工艺要求等进行详细地调查和研究。

③ 选优阶段。将项目的各个不同方面设计成可供选择的技术方案，然后进行选优。

④ 对选出项目的技术方案进行详细分析。通过对项目的详细分析，确定具体的范围，估算投资费用、经营费用和收益，并要做出项目的经济分析和评价。

⑤ 编制决策报告。

⑥ 编制资金筹措计划。

2. 程序

企业项目管理决策的可行性研究的内容虽然包括很多方面，但其研究的具体内容应根据不同行业的性质和特点有所侧重。其工作程序如图 12-2 所示。

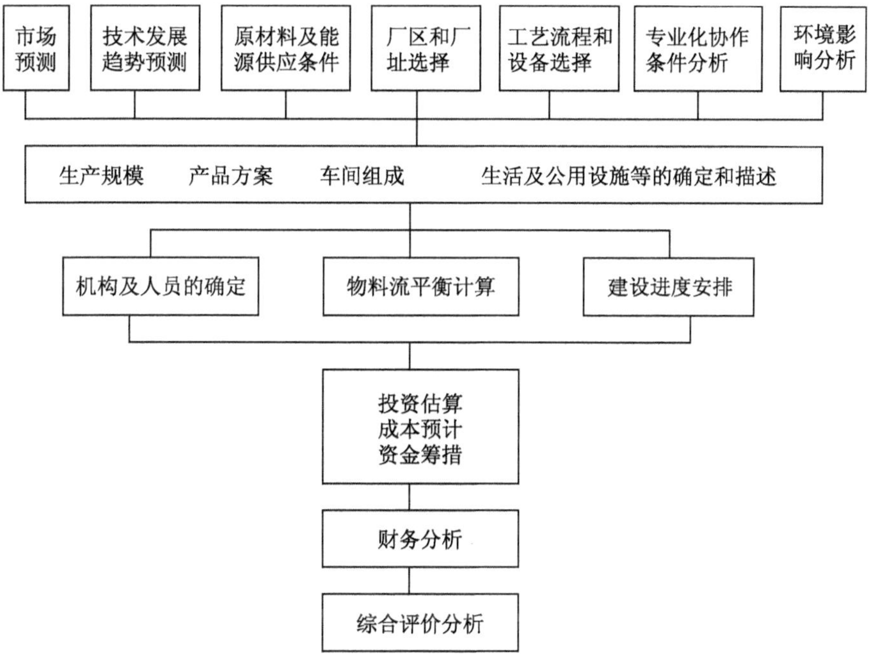

图 12-2　项目管理决策的可行性研究程序

（1）市场预测与技术发展趋势预测

对于新建、改造、扩建工程项目，首要的问题就是市场预测和技术发展趋势预测，它是确定生产规模、产品方案、工艺流程和车间组成等的重要依据之一。

市场预测应当解决的问题是：国内外市场的供需情况；预测产品的销售价格，特别是要预测可能出现的最低价格。因为它对确定企业的最高允许成本有密切关系。

技术发展趋势的预测，要特别注意已经出现或即将出现的新产品、新工艺、新设备，分析它们的技术经济指标并预测其竞争能力、发展趋势、发展速度。此外还应根据技术发展趋势和速度，对产品的生命期做出估计。

通过市场预测和技术发展趋势的预测，确定市场潜力和竞争对手等情况，预测市场前景，根据客观资料的分析论证，希望能够有根据地预测出项目完成后，企业出产的产品是有生命力的、竞争能力强的、适销对路和经济效益好的。如果结论与此相反，则应及早指出该项目不宜进一步开展工作，以便另寻别路。

（2）原材料及能源供应条件

原材料及能源供应条件也是确定工程建设项目首先应考虑的问题。具体包括两种情况：

第一，考虑企业生产过程所需的原材料及能源条件。例如，钢铁企业每天都要消耗大量的铁矿石、焦炭、石灰石、废钢、铁合金、耐火材料以及水、电、气等原材料及动力和能源。如果没有可靠的供应来源，企业就不可能正常生产。原材料的具体解决办法有：国外进口、国内开采（包括国营矿山开采和群众开采等多种方式同时并举）。动力和能源一定要做好统一规划、综合平衡工作。

第二，考虑产品制成后使用单位运用产品所需的资源和能源条件。例如，燃气轮机制成后，要烧油或天然气，当我国石油天然气产量不断上升时，化工、交通、电力等部门将进一步加大对燃气轮机的应用。因为它既方便，又经济，很有发展前景。使用单位可以引进国外技术装备，建设生产燃气轮机的成套设备工程。

（3）厂区和厂址选择

厂区选择是指确定大的地理区域，厂址选择是指在一个大的地区内选择和确定具体的建厂地点。

针对厂区选择，主要考虑6个方面因素：

① 要考虑到党和国家的方针、政策。如工业的合理布局，充分利用原有的工业基础，开发边远地区和发展少数民族地区的经济，以及国防因素等。

② 要尽量接近原材料基地或产品消费地区。

③ 交通方便。

④ 水电供应充分。

⑤ 技术协作，生活服务等社会经济条件较好。

⑥ 对于相关投资较大的工程还要考虑这种投资的必要性和可能性。

针对厂址选择，还要考虑下列因素：不占或少占农田、水文地质条件良好、能满足工艺流程的需要并适当留有发展余地、交通条件好、便于三废处理等。

（4）工艺流程和设备选择

为实现同一目标，可能有几种不同的工艺流程方案可供选择。工艺流程与设备类型的选择常紧密联系在一起考虑。选择工艺流程时主要考虑下列因素：

① 技术上必须是先进可行的，比较成熟或确有把握的，并适合资源特点；

② 能够满足一定生产规模的要求；

③ 技术经济指标良好，有显著的经济效果。

此外，有些行业，在选择工艺流程时，还要考虑资源的综合利用和环境污染等因素。

工艺流程确定后，紧接着便是设备类型、容量、数量的选择和确定。此时主要考虑生产规模、产品质量、品种和规格、设备制造能力和技术成熟程度，以及是否有利于均衡地组织生产等问题。

（5）专业化协作条件分析

实行专业化协作是生产组织发展方向之一。因此，在建设工程项目时，要考虑专业化协作原则，要分析和比较兴建全能厂与只建专业化厂的利弊。为了尽量减少因专业化协作而增加的运输费用，在厂区和厂址选择时，应尽量使协作关系密切、协作产品数量大的企业分布在同一地区或相邻地区。

（6）环境影响分析

环境影响分析一般有 3 种情况：

① 环境对生产过程的影响：如温度、湿度、风沙、地震、水质等对生产过程的影响；

② 生产过程对环境的影响：如三废物质、放射性物质、噪音、震动等对环境的影响；

③ 产品制成后，在使用和运行过程中对环境的影响：如农药、汽车、药物及某些轻化工产品对环境可能带来的影响。

随着工业的发展，环境污染问题日益严重。为了人民健康，我国公布了环境保护法，特别强调指出：一切企业、事业单位的厂址选择、设计、建设和生产都必须充分注意防止对环境的污染和破坏。

（7）生产规模、产品方案、车间组成

生产规模、产品方案、车间组成之间是有机地联系在一起的。生产规模就是指实现一定产品方案（产品规模、品种）能力的大小。为了实现产品方案，需要建立相应的车间。包括基本车间、辅助车间、附属车间等。

实际上在进行市场预测、厂址选择、工艺流程及设备的选择和确定时就已经反复酝酿了生产规模、产品方案和车间组成的方案，并已经有了一个初步的轮廓，只是没有最后确定下来。

确定生产规模、产品方案、车间组成常常要通过对达到同一目的的几个方案进行技术经济效果的分析比较才能最后确定。

市场的需求情况是决定生产规模和产品方案的重要依据之一，但不是唯一的依据。生产规模、产品方案还要根据资源条件、工艺技术的可能性及规模的经济合理性等因素来确定。

（8）生活及公用设施等的确定与描述

根据社会主义基本经济规律的要求，社会主义建设的根本目的在于最大限度地满足整个社会经济增长的物质和文化的需要。因此，进行可行性研究时，不但要考虑有关生产方面的许多问题，还要考虑有关职工生活福利及公用设施等问题。我们一方面反对“只抓生产，不抓生活”的做法，另一方面也反对“先生活，后生产”的错误做法。在考虑工艺流程、车间组成及总体布置时，应将生活及公用设施考虑进去，一并妥善地加以安排，并进行必要的描述。

（9）物料流平衡计算

物料流平衡计算就是计算工程项目建成投产后生产所需的原料、主要材料、辅助材料的数量；燃料、动力（水、电、蒸汽、氧气、压缩空气等）的需要量；半成品及成品数量；废渣、废气、废水等的数量。这些数量的计算对于考虑和确定辅助车间、附属车间生产能力，考虑工厂平面布置及确定交通运输能力、管道布置等都是很重要的依据。对于预计产品成本也是非常必要的资料。

（10）机构及人员的确定

根据拟建工程项目的规模及车间组成，确定组织机构及各类人员的定员；根据所需人员的质和量拟定职工技术培训计划；此外，还要估算工资总额和管理费用。

(11) 建设进度安排

这是一项时间性很强，内容复杂的工作。从签订合同开始，到设计、施工、试车、投产为止的整个工程实施期，都要进行周密的安排，制订工程实施计划。如有失误，就会延长工期，造成经济损失。

制订工程实施计划时应着重考虑以下几点：

① 资金筹措及施工材料与设备的供应要能够适应和保证工程建设进度的需要。

② 施工安装的工作量应尽量均衡地进行，避免突击施工。

③ 注意综合生产能力的形成。制订工程实施计划时，应大力推广使用网络计划技术(PERT)。

(12) 投资估算、成本预计、资金筹措

投资估算的精确度，依工作需要而定。随着估算精确程度的提高，所需资料、时间和估算所花费用相应增加。

按精确程度投资估算可分为以下几种：毛估、粗估、初步估算、确定性估算。

① 毛估：可用于否定一个技术方案，但不能据此肯定一技术方案，只能对是否有必要进一步进行研究做出判断。

② 粗估：可用于研究一个技术方案是否可行，也可作为项目投资计划。

③ 初步估算：可作为工程项目投资计划，用于研究工程项目的可行性。

④ 确定性估算：这是可行性研究的最高一级估算。据此可以做出进行设计和施工的决定。

投资估算常用的最简单办法是参照已经建成的规模和技术装备程度相似的企业或车间的实际投资，再结合拟建项目的具体情况，适当加以调整，计算其投资。这时常用到一些扩大的单位投资额指标。例如，炼铁厂建设 2 000 m^3 的高炉，其扩大的单位投资额指标为 32 500 元/m^3。

如没有扩大的单位投资指标，也可用“比例法”进行投资估算。这种方法是先按设备交货价格算出设备投资金额，然后加上一定比例(冶金行业 43%)的安装费，以此为设备安装投资。再以它为基数，按过去实际发生的各种费用比例分别计算其他各项投资(如建筑物、仪表和发展用场地费等)。

在施工和安装过程中还会出现一些预料不到的情况，需要追加投资费用，因此估算出来的投资总额一般还要加上 10%的未预见费用。

资金筹措就是考虑资金来源问题。资金来源有下列途径：国家拨款；银行贷款；自筹资金；集体集资；国外贷款或中外合资；私人投资以及发行股票和债券。

贷款必须考虑利息和偿还条件，并按合同规定偿还本息，任何延误都会造成经济损失。利用外资进行技术改造和建设的项目，其资金偿还问题更为重要。因为外资贷款利息率较高且为复利计息。

成本预测是进行经济效益分析所必需的，成本水平及其变化在一定程度上能够反映价值变化的趋势，说明采用某项措施后在降低产品社会劳动消耗方面的经济效果。一项技术措施实现后对成本有些什么影响，要按成本项目逐一加以分析。

成本中的各种费用，按照其与产品产量之间的关系可以分为固定费用与变动费用两种。采取某项技术措施后,如果提高了生产率则可降低单位产品的固定费用,从而降低产品成本。

(13) 财务分析

为了进行财务分析,要计算工程项目的现金流量,也就是对工程项目的总投资、建成后的总收入和总支出进行平衡分析。它包括:

① 根据建设进度确定资金的逐年投入量;

② 通过计算总销售收入和总生产费用,确定逐年的毛利收入;

③ 确定借款归还计划;

④ 编制逐年盈利和亏损计算表。

(14) 综合评价分析

综合评价分析就是对实现工程项目的各技术方案进行技术比较、经济比较和综合分析,并从中选出最佳技术方案。

① 技术比较,主要考虑各方案技术上的先进性、可靠性、安全性、综合利用、工艺流程和设备的制作供应条件以及各种技术经济指标等。

② 经济比较,主要考虑投资额、成本、经济效益的大小及由于方案而引起的相关投资额大小等。

③ 综合分析,除对一些可以定量的指标进行分析、比较之外,还应将有些无法计算的非定量因素结合起来考虑、分析。

通过以上步骤最后优选出最佳技术方案,提出可行性研究报告,送交有关部门审批。

12.3 企业项目管理财务评价

企业项目财务评价,又称为企业项目微观经济效果评价,是根据国家现行财税制度和价格体系,分析、计算企业项目直接发生的财务效益和费用,编制企业财务报表,计算企业财务评价指标,考察企业项目的盈利能力、清偿能力以及外汇平衡等财务状况,据以判别企业项目的财务可行性。

一般来说,企业项目财务评价就是考虑企业项目财务上的收入和支出,计算企业项目投入的资金所能带来的利润,从企业项目的自身收入来衡量其是否可取,并为企业项目的投资规划和经济评价提供依据。

企业项目财务评价的目的和任务可概括为 3 个方面:

① 从企业或项目的角度出发,评价企业项目投资效果,判明企业项目投资所获得的实际利益。

② 为协调企业利益和国家利益提供依据。当企业项目的财务效果和国民经济效果发生矛盾时,国家需要用经济手段进行调节。企业财务分析可以通过考察有关经济参数(如价格、税率、利率等)变动对评价结果的影响,寻找经济调节的方式和幅度,使企业利益和国家利益趋于一致。

③ 为企业制订资金计划。从广义上讲,企业资金规划包括资金的筹集和运用。合理的筹集使用资金是提高企业经济效益的途径之一。企业项目财务评价可以通过不同筹资、安

排使用、偿还方案的比较，帮助企业选择好的资金规划方案；同时，企业资金的安排必须可行，这样才能保证企业项目的顺利进展。对于借贷资金，提供贷款的金融机构最为关心的是企业偿还能力。

12.3.1 财务评价的内容和程序

1. 内容

企业项目财务评价主要包括5个方面的内容：

① 财务盈利能力分析。分析和测算企业项目在其计算期的财务盈利能力和盈利水平，衡量项目的综合效益。

② 清偿能力分析。分析和测算企业项目偿还银行贷款的能力。

③ 财务生存能力分析。根据财务计划现金流量表，计算企业项目的净现金流量和累计盈余资金，分析企业项目是否有足够的净现金流量维持正常运营，以实现财务可持续性。

④ 外汇效果分析。对涉及外资的企业项目或企业产品有出口的项目，进行外汇效果分析，衡量企业项目的创汇、节汇能力，以及产品的国际市场竞争能力。

⑤ 风险分析。分析企业项目在建设和生产中可能遇到的不确定因素，以及它们对企业项目经济效益的影响，以预测企业项目可能承担的风险，确定企业项目财务上的稳定性和抗风险能力。

2. 程序

企业项目财务评价是在产品市场研究、工程技术研究等工作的基础上进行的，其基本工作程序可表述为：

① 收集、整理和计算基础数据资料，包括项目投入物和产出物的数量、质量、价格及项目实施进度的安排等。如投资费用、贷款的数额、产品的销售收入、生产成本、税金等。

② 运用基础数据编制基本财务报表。

③ 通过基本财务报表计算各项评价指标，进行企业项目财务分析。

12.3.2 财务评价的指标

企业项目财务评价的指标，按是否考虑资金的时间价值，可分为静态评价指标和动态评价指标。静态评价指标主要包括静态投资回收期、总投资收益率、投资利润率、投资利税率、资本金利润率、资产负债率、借款偿还期、流动比率、速动比率、借款偿还期、偿债备付率等。动态评价指标主要包括动态投资回收期、财务净现值、财务净现值率、财务内部收益率、财务外汇净现值、财务换汇成本、财务节汇成本等。

常用的企业项目财务评价指标如图12-3所示。

1. 财务盈利能力指标

(1) 投资利润率

投资利润率的计算公式为

$$\text{投资利润率}=\frac{\text{年利润总额或年均利润总额}}{\text{总投资}}\times 100\% \qquad (12\text{-}1)$$

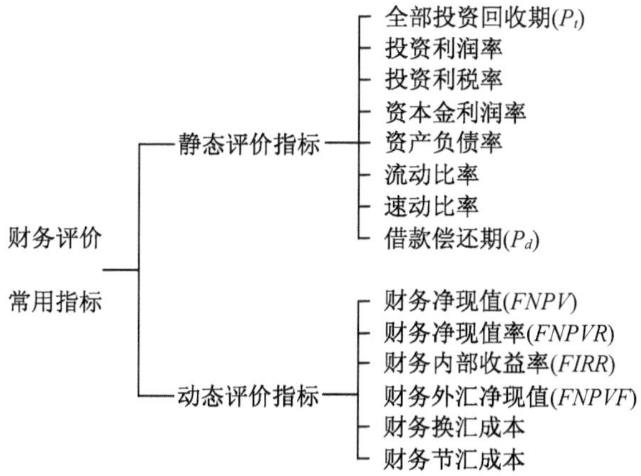

图 12-3 企业项目财务评价指标

式中:年利润总额=年产品销售收入一年总成本一年销售税金一年技术转让费一年资源费一年营业外支出;总投资=固定资产投资+建设其利息+流动资金。

(2) 投资利税率

投资利税率的计算公式为

$$投资利税率 = \frac{年利税总额或平均利税总额}{总投资} \times 100\% \tag{12-2}$$

式中:年利税总额=年产品销售收入一年总成本一年技术转让费一年营业外支出。

2. 清偿能力指标

(1) 借款偿还期

固定资产投资借款偿还期是指在国家财政规定及项目具体财务条件下,项目投产后可用于还款的利润、折旧及其他收益额偿还固定资产投资借款本金和利息所需要的时间。

借款偿还期的计算公式为

$$I_d = \sum_{t=1}^{P_d} (R_d + D' + R_0 - R_r)_t \tag{12-3}$$

式中:I_d 为固定资产借款本利和;P_d 为借款偿还期(从建设年开始计算;当从投资年算起时,应予以注明);R_d 为年利润总额;D'为可用作还款的年折旧;R_0 为可用还款的其他年收益;R_r 为还款期的年企业留利;$(R_d+D'+R_0-R_r)$为第 t 年的可用于还款的收益额。

式(12-3)中,若 P_d 不为整数年,则

$$P_d = (借款偿还开始出现盈余的年份数 - 1) + \frac{当年应偿还借款数}{当年可用于还款的收益额} \tag{12-4}$$

(2) 资产负债比率

资产负债比率反映企业总体偿债能力。这一比率越低,则偿债能力越强。

资产负债比率的计算公式为

$$资产负债比率 = 负债总额 / 资产总额 \tag{12-5}$$

(3) 流动比率

流动比率反映企业在短期内偿还债务的能力。该比率越高,则偿还短期负债的能力越强。

流动比率的计算公式为

$$流动比率 = 流动资产总额 / 流动负债总额 \tag{12-6}$$

(4) 速动比率

速动比率反映企业在很短的时间内偿还短期负债的能力。

速动比率的计算公式为

$$速动比率 = \frac{速动资产总额}{流动负债总额} = \frac{流动资产 - 存货}{流动负债总额} \tag{12-7}$$

3. 创汇、节汇能力指标

创汇、节汇项目应进行外汇效果分析,计算财务外汇净现值、换汇成本及节汇成本等。

(1) 财务外汇净现值

财务外汇净现值($NPVF$)指标可以通过外汇流量表直接求得,该指标衡量项目对国家创汇的净贡献(创汇)或净消耗(用汇)。

$NPVF$ 的计算公式为

$$NPVF = \sum_{t=1}^{n}(FI - FO)_t(1+i)^{-t} \tag{12-8}$$

式中:FI 为外汇流入量;FO 为外汇流出量;$(FI-FO)_t$ 为第 t 年的净外汇流量;i 为折现率,一般可取外汇贷款利率;n 为计算期。

当有产品替代进口时,可按净外汇效果计算外汇净现值。

(2) 财务换汇成本

财务换汇成本是指换取 1 美元外汇所需要的人民币金额,以项目计算期内生产出口产品所投入的国内资源的现值与出口产品的外汇净现值之比表示。

财务换汇成本的计算公式为

$$财务换汇成本 = \frac{\sum_{t=1}^{n} DR_t(1+i)^{-t}}{\sum_{t=1}^{n}(FI - FO)_t(1+i)^{-t}} \tag{12-9}$$

式中:DR_t 为第 t 年生产出口产品投入的国内资源(包括投资、原材料、工资及其他投入)。

当项目产品内销属于替代进口时,应计算财务节汇成本,即节约 1 美元外汇所需要的人民币金额。它等于项目计算期内生产替代进口产品所投入的国内资源现值与生产替代进口产品的外汇净现值之比。

12.3.3 财务评价的报表

1. 费用和收益的识别

识别费用、收益是编制企业财务报表的前提。概略地说,识别费用、收益的准则是目标，凡是削弱目标的就是费用，凡是对目标有贡献的就是收益。对于企业财务评价来说，凡是增加企业（项目）收入的应被视为收益；凡是减少企业（项目）收入的就是费用。这里，仅对工业投资项目常见的费用和收益进行分析。

（1）收益

企业收益主要包括3个部分：

① 产品销售收入

销售收入（包括提供服务的收入）由销售量和价格两个要素决定。对于增加产量的项目，如果价格不变，会直接导致销售收入的增加，但如果销售量增加后价格下降，则须按降价后的价格计算。当投资目的在于提高质量时，如果价格随之提高，则按提价后的价格计算收入，如果不提价，则没有收入的增加。

销售收入＝总成本费用＋销售税金及附加＋利润；

利润＝税后利润＋所得税；税后利润＝盈余公积金和公益金＋应付利润＋未分配利润。

② 资产回收

寿命期末可回收的固定资产残值和回收的流动资金应视为收入。

③ 补贴

国家为鼓励和扶持某项目的开发所给予的补贴应视为收入。在价格、汇率、税收上的优惠已体现在收入的增加和支出的减少上，不再另计。

（2）费用

① 投资

投资包括固定资产投资（含工程费用、预备费用及其他费用）、固定资产方向调节税、无形资产投资、建设期借款利息、流动资金投资及开办费（形成递延资产）等。

② 销售税

销售税包括销售税金及附加。其计算口径应与销售收入口径相对应，即：凡须从销售收入中支付的税金均须列入；凡不由销售收入支付的税金均不列入。包括增值税、资源税、营业税、城市维护建设税、教育费附加。

③ 经营成本

经营成本是生产、经营过程中的支出。它和总成本费用的关系如下：

经营成本＝总成本费用－折旧和摊销费－利息支出；

总成本费用＝直接人工费＋直接材料费＋制造费用＋管理费用＋销售费用＋财务费用；

生产成本＝直接人工费＋直接材料费＋制造费用；

期间费用＝管理费用＋销售费用＋财务费用。

经营成本是为进行经济分析从总成本费用中分离出来的一种费用。按照国家财政部门的规定，利息支出可以列入成本费用，在经济效果分析中，则将其单列。折旧是固定资产价值转移到产品中的部分，是成本的组成部分，似应作为费用，但由于设备和原材料等不同，不是一次随产品出售而消失，而是随产品一次次销售而将其补偿基金储存起来，到折旧期满，原投资得到回收。可见，折旧并没有从项目系统中流出，而是保留在系统内。

在将投资当作支出的同时，如果再将折旧作为支出，就重复计算了费用。在项目寿命期内，如果初期投入的固定资产需要更新，其费用应由折旧基金支出，但一般说来，更新投资与折旧额并不相等，为准确起见，仍将投资和折旧分开处理。总之，折旧不作为费用。有人按照财务习惯，在现金流量中将成本列入"流出"项，此时，在"流入"项内应补回折旧。

④ 价格和汇率

财务分析中的收益和费用的计算都涉及价格，使用外汇或产品（服务）出口的项目还涉及汇率问题。财务分析的价格一律采用成交价格（市场价格或计划价格）。汇率采用实际结算的汇率，一般可按国家公布的汇率计算。

2. 主要财务报表的编制

为了进行企业项目经济效果计算和进行资金规划与分析，需编制的主要财务报表有：现金流量表、利润与利润分配表（损益表）、资金来源与运用表、资产负债表。

(1) 现金流量表

该表反映企业项目计算期内各年的现金收支（现金流入和现金流出），是进行企业项目财务盈利能力分析的主要报表。编制财务现金流量表用以计算财务内部收益率、财务净现值等反映项目财务盈利能力的指标。根据投资计算基础不同，财务现金流量表可分为全部投资财务现金流量表（见表 12-1）和自有资金现金流量表（见表 12-2）。

表 12-1 现金流量表（全部投资） 单位：万元

序号	项目 \ 年份	建设期		投产期		达到设计能力生产期				合计
		1	2	3	4	5	6	…	n	
	生产负荷(%)									
1	现金流入									
1.1	产品销售(营业)收入									
1.2	回收固定资产余值									
1.3	回收流动资金									
2	现金流出									
2.1	固定资产投资(含投资方向调节税)									
2.2	流动资金									
2.3	经营成本									
2.4	销售税金及附加									
2.5	所得税									
3	净现金流量(1-2)									
4	累计净现金流量									
5	所得税前净现金流量(3+2.5)									
6	所得税前累计净现金流量									
		所得税后				所得税前				

续表

序号	年份 项目	建设期		投产期		达到设计能力生产期				合计
		1	2	3	4	5	6	…	n	
	计算指标：1. 财务内部收益率									
	2. 财务净现值(i_c=　%)									
	3. 投资回收期									

注：1. 根据需要可在现金流入和现金流出栏里增减项目。2. 生产期发生的更新投资作为现金流出可单独列项或列入固定资产投资项目中。

表 12-2　现金流量表(自有资金)　　单位：万元

序号	年份 项目	建设期		投产期		达到设计能力生产期				合计
		1	2	3	4	5	6	…	n	
	生产负荷(%)									
1	现金流入									
1.1	产品销售(营业)收入									
1.2	回收固定资产余值									
1.3	回收流动资金									
2	现金流出									
2.1	自有资金									
2.2	借款本金偿还									
2.3	借款利息偿还									
2.4	经营成本									
2.5	销售税金及附加									
2.6	所得税									
3	净现金流量(1-2)									
	计算指标：1. 财务内部收益率									
	2. 财务净现值(i_c=　%)									

注：1. 根据需要可在现金流入和现金流出栏里增减项目。2. 生产期发生的更新投资作为现金流出可单独列项或列入固定资产投资项目中。3. 自有资金是指项目投资者的出资额。

(2) 利润与利润分配表

该表反映企业项目计算期内各年的利润总额、所得税及税后利润的分配情况，用以计算总投资收益率、投资利润率、投资利税率和资本金净利润率等指标(见表 12-3)。

表 12-3　利润与利润分配表　　　　单位：万元

序号	项目 \ 年份	建设期		投产期		达到设计能力生产期				合计
		1	2	3	4	5	6	…	n	
	生产负荷(%)									
1	产品销售(营业)收入									
2	销售税金及附加									
3	总成本费用									
4	利润总额(1-2-3)									
5	所得税									
6	税后利润(4-5)									
7	可供分配利润									
7.1	盈余公积金									
7.2	应付利润									
7.3	未分配利润									
8	累计未分配利润									

注：利润总额应根据国家规定先调整为应纳税所得额(弥补上年度亏损等)，再计算所得税。

(3) 资金来源与运用表

该表反映了企业项目计算期内各年的投资、融资及生产经营活动的资金流入和流出情况，考察资金平衡和余缺情况。通过"累计盈余资金"项反映项目计算期内各年的资金是否充裕(是盈余还是短缺)，是否有足够的能力清偿债务等，为编制资产负债表提供依据(见表12-4)。

表 12-4　资金来源与运用表　　　　单位：万元

序号	项目 \ 年份	建设期		投产期		达到设计能力生产期				合计
		1	2	3	4	5	6	…	n	
	生产负荷(%)									
1	资金来源									
1.1	利润总额									
1.2	折旧费									
1.3	摊销费									
1.4	长期借款									
1.5	流动资金借款									
1.6	其他短期借款									
1.7	自有资金									
1.8	其他									

续表

序号	项目＼年份	建设期		投产期		达到设计能力生产期				合计
		1	2	3	4	5	6	…	n	
1.9	回收固定资产余值									
1.10	回收流动资金									
2	资金运用									
2.1	固定资产投资(含投资方向调节税)									
2.2	建设期利息									
2.3	流动资金									
2.4	所得税									
2.5	应付利润									
2.6	长期借款本金偿还									
2.7	流动资金本金偿还									
2.8	其他短期借款本金偿还									
3	盈余资金(1-2)									
4	累计盈余资金									

(4)资产负债表

该表综合反映了企业项目计算期内各年末资产、负债和所有者权益的增减变化及对应关系,以考察项目资产、负债、所有者权益的结构是否合理,用以计算资产负债率、流动比率及速动比率,进行清偿能力分析(见表12-5)。

表12-5　资产负债表　　单位:万元

序号	项目＼年份	建设期		投产期		达到设计能力生产期			
		1	2	3	4	5	6	…	n
1	资产								
1.1	流动资产总额								
1.1.1	应收账款								
1.1.2	存货								
1.1.3	现金								
1.1.4	累计盈余资金								
1.2	在建工程								
1.3	固定资产净值								
1.4	无形及递延资产净值								
2	负债及所有者权益								

续表

序号	项目 \ 年份	建设期		投产期		达到设计能力生产期			
		1	2	3	4	5	6	…	n
2.1	流动负债总额								
2.1.1	应付账款								
2.1.2	流动资金借款								
2.1.3	其他短期借款								
2.2	长期借款								
	负债合计								
2.3	所有者权益								
2.3.1	资本金								
2.3.2	资本公积金								
2.3.3	累计盈余公积金								
2.3.4	累计未分配利润								
	计算指标:1. 资产负债率(%)								
	2. 流动比率(%)								
	3. 速动比率(%)								

对于大量使用外汇和创汇的项目,还要编制外汇平衡表(见表 12-6)。

表 12-6 财务外汇平衡表 单位:万美元

序号	项目 \ 年份	建设期		投产期		达到设计能力生产期				合计
		1	2	3	4	5	6	…	n	
	生产负荷(%)									
1	外汇来源									
1.1	产品销售外汇收入									
1.2	外汇借款									
1.3	其他外汇收入									
2	外汇运用									
2.1	固定资产投资中外汇支出									
2.2	进口原材料									
2.3	进口零部件									
2.4	技术转让费									
2.5	偿还外汇借款利息									
2.6	其他外汇支出									
3	外汇余缺(1-2)									

注:1. 其他外汇包括自筹外汇等;2. 技术转让费是指生产期支付的技术转让费。

3. 基础性报表的编制

为编制主要财务报表，需要编制一些基础性报表，主要包括：投资估算表，投资计划与资金筹措表，折旧与摊销估算表，借款还本付息表，成本费用估算表，销售收入、税金估算表。

(1) 投资估算表

投资估算包括固定资产投资估算、流动资金投资估算、无形资产投资估算及其他投资估算(见表 12-7 和表 12-8)。

表 12-7 投资估算表(固定资产) 单位：万元、万美元

序号	工程和费用名称	估算价值						占固定资产投资的比例(%)	备注
		建筑工程	设备购置	安装工程	其他费用	合计	其中外币		
1	固定资产投资								
1.1	工程费用								
	⋮								
1.2	其他费用								
	⋮								
1.3	预备费用								
1.3.1	基本预备费								
1.3.2	涨价预备费								
2	固定资产投资方向调节税								
3	建设期利息								
	合计(1+2+3)								

注：工程或费用名称可根据部门要求分项列出。

表 12-8 投资估算表(流动资金) 单位：万元

序号	年份/项目	最低周转天数	周转次数	投产期		达到设计能力生产期				合计
				3	4	5	6	…	n	
1	流动资产									
1.1	应收账款									
1.2	存货									
1.2.1	原材料									
1.2.2	燃料									
1.2.3	在产品									

续表

序号	年份 项目	最低周转天数	周转次数	投产期		达到设计能力生产期				合计
				3	4	5	6	…	n	
1.2.4	产成品									
1.2.5	其他									
1.3	现金									
2	流动负债									
2.1	应付账款									
3	流动资金(1-2)									
4	流动资金本年增加额									

注：原材料、燃料栏目应分别列出具体名称，分别计算。

(2) 投资计划与资金筹措表

投资计划与资金筹措表显示各年度分类投资使用额及资金来源(见表 12-9)。

表 12-9　投资计划与资金筹措表　　单位：万元、万美元

序号	年份 项目	建设期								投产期								合计
		1				2				3				4				
		外币	折人民币	人民币	小计	外币	折人民币	人民币	小计	外币	折人民币	人民币	小计	外币	折人民币	人民币	小计	
1	总投资																	
1.1	固定资产投资																	
1.2	固定资产投资方向调节税																	
1.3	建设期利息																	
1.4	流动资金																	
2	资金筹措																	
2.1	自有资金																	
	其中：用于流动资金																	
2.2	借款																	
2.2.1	长期借款																	
2.2.2	流动资金借款																	
2.2.3	其他短期借款																	
2.3	其他																	

注：如有多种借款方式时，可分项列出。

（3）折旧与摊销估算表

折旧与摊销估算包括固定资产折旧估算、无形资产及递延资产摊销估算，其数值根据投资形成的资产估算及财政部门规定的折旧及摊销办法计算（见表 12-10 和表 12-11）。

表 12-10 折旧与摊销估算表（固定资产折旧估算） 单位：元

序号	年份 项目	折旧年限	投产期		达到设计能力生产期			
			3	4	5	6	…	n
	固定资产合计							
	原值							
	折旧费							
	净值							
1	房屋及建筑物							
	原值							
	折旧费							
	净值							
2	××设备							
	原值							
	折旧费							
	净值							
3	××设备							
	原值							
	折旧费							
	净值							
4	⋮							

注：1. 本表自生产年份起开始计算；2. 生产期内发生的更新改造投资列入其投入年份。

表 12-11 折旧与摊销估算表（无形及递延资产摊销费估算） 单位：元

序号	年份 项目	摊销年限	原值	投产期		达到设计能力生产期			
				3	4	5	6	…	n
1	无形资产小计								
1.1	土地使用权								
	摊销费								
	净值								
1.2	专有技术和专利权								
	摊销费								

续表

序号	年份 项目	摊销年限	原值	投产期		达到设计能力生产期			
				3	4	5	6	…	n
	净值								
1.3	其他无形资产								
	摊销费								
	净值								
2	递延资产(开办费)								
	摊销费								
	净值								
3	无形及递延资产合计								
	摊销费								
	净值								

注:摊销期相同的项目允许适当合并。

(4) 借款还本付息表

借款还本付息表根据借款计划、与银行商谈的还款办法及可供还款的资金来源编制(见表 12-12)。

表 12-12 借款还本付息计算表 单位:万美元

序号	年份 项目	利率(%)	建设期		投产期		达到设计能力生产期			
			1	2	3	4	5	6	…	n
1	借款及还本付息									
1.1	年初借款本息累计									
1.1.1	本金									
1.1.2	建设期利息									
1.2	本年借款									
1.3	本年应计利息									
1.4	本年还本									
1.5	本年付息									
2	偿还借款本金的资金来源									
2.1	利润									
2.2	折旧									
2.3	摊销									
2.4	其他资金									
	合计(2.1+2.2+2.3+2.4)									

(5) 成本费用估算表

成本费用估算表按成本构成分项估算各年预测值，并计算各年成本费用总额。为便于计算经营成本，表中须列出各年折旧与摊销额和借款利息额(见表 12-13、表 12-14 和表 12-15)。

表 12-13 成本费用估算表

单位：万元

序号	项目 \ 年份	投产期		达到设计能力生产期				合计
		3	4	5	6	…	n	
1	外购原材料							
	⋮							
2	外购燃料及动力							
	⋮							
3	工资及福利费							
4	修理费							
5	折旧费							
6	维简费							
7	摊销费							
8	利息支出							
9	其他费用							
	其中：土地使用税							
10	总成本费用(1+2+3+…+9)							
	其中：固定成本							
	可变成本							
11	经营成本(10-5-6-7-8)							

表 12-14 主要产出物和投入物使用价格依据表

序号	名称	规格	产地	单位	单价	价格依据
1						
2						

表 12-15 单位产品生产成本估算表

序号	项目	规格	单位	消耗定额	单价	金额
1	原材料					
	⋮					
2	燃料动力					

续表

序号	项目	规格	单位	消耗定额	单价	金额
	⋮					
3	工资及福利					
4	制造费用					
5	副产品回收					
6	生产成本(1+2+3+4−5)					

(6) 销售收入、税金估算表

销售收入由预测的销售量和价格计算;销售税金按税务部门规定计算。本表亦可并入损益表(见表 12-16)。

表 12-16　销售收入、销售税金及附加估算表

单价单位:元

销售收入单位:万元、万美元

序号	产品名称	单位	单价		生产负荷(　%)						生产负荷(　%)						生产负荷(100%)					
			外销(外币)	内销(人民币)	销售量			销售收入			销售量			销售收入			销售量			销售收入		
					外销	内销	小计	外销	内销	小计	外销	内销	小计	外销	内销	小计	外销	内销	小计	外销	内销	小计
1	产品销售(营业)收入																					
	⋮																					
2	销售税金及附加																					
2.1	增值税																					
2.1.1	销项增值税																					
	⋮																					
2.1.2	进项增值税																					
	⋮																					
2.2	消费税																					

续表

序号	产品名称	单位	单价		生产负荷(　%)						生产负荷(　%)						生产负荷(100%)					
			外销(外币)	内销(人民币)	销售量			销售收入			销售量			销售收入			销售量			销售收入		
					外销	内销	小计	外销	内销	小计	外销	内销	小计	外销	内销	小计	外销	内销	小计	外销	内销	小计
2.3	营业税																					
2.4	资源税																					
2.5	城市维护建设税																					
2.6	教育费附加																					

需要指出，在编制基础性报表过程中，往往还要编制更详尽的预测资料明细及汇总表。

12.3.4　综合案例

1. 企业项目信息

湖南张家界惊梦酒业食品有限公司以生产食品、竹工艺品、竹包装保健酒业为主业。近年来，公司自主研发成功一种"竹冰酒"，同时以"一种竹酒的生产方法"(专利申请号：200310110511.0)成功申请专利。这种酒是将酿制好的曲酒注入正在生长的楠竹中，密封自然发酵三个月，以吸收楠竹中竹叶黄酮及其他微量元素，形成抗病保健的功能酒、有机酒。经过市场调研，公司发现在当今世界范围内公众环保意识、保健意识增强的形势下，形成了崇尚安全、营养、保健、绿色的巨大食品消费市场，因此，公司决定组建竹冰酒的生产线，进行大规模生产并将其投放市场。本项目拟 2 年建成，第 3 年投产，投产期生产负荷为 80%，年产量为 80 万瓶。第 4 年达到设计生产能力，年产量为 100 万瓶。计算期为 12 年，产品价格按一般同类产品计算(为 40 元/瓶)。固定资产投资为 800 万元，残值率 5%，流动资金为 600 万元；总投资为 1 400 万元，其中自有资金 800 万元，剩余为银行借款，借款利率为 6%。该项目正常年份的原材料费为 1 000 万元、燃料动力费为 100 万元、工资福利费为 150 万元、修理费按固定资产折旧的 25%提取、技术研发费按销售收入的 3%计提、管理费按销售收入的 2%计提、销售费按销售收入的 6%计提，土地租用费为 160 万元。酒类增值税按 23%计算，城市维护建设税是按增值税的 5%计算，教育费附加按 3%提取。

评价项目是否在财务上可行，并计算财务分析指标，包括财务净现值、内部收益率、动态投资回收期、投资收益率。

2. 企业财务报表

项目投资现金流量表、流动资金借款还本付息表、总成本费用估算表、利润与利润分配表见表 12-17 至表 12-20。

表 12-17　项目投资现金流量表　　单位:万元

项目	1	2	3	4	5	6	7	8	9	10	11	12
现金流入	0	0	3 200	4 000	4 000	4 000	4 000	4 000	4 000	4 000	4 000	4 640
销售收入			3 200	4 000	4 000	4 000	4 000	4 000	4 000	4 000	4 000	4 000
回收资产余值												40
回收流动资金												600
现金流出	960	160	3 117	3 125	3 129	3 129	3 129	3 129	3 129	3 129	3 129	3 129
建设投资	800											
流动资金			600									
经营成本	160	160	1 528	1 866	1 866	1 866	1 866	1 866	1 866	1 866	1 866	1 866
增值税及附加			795	994	994	994	994	994	994	994	994	994
所得税			194	265	269	269	269	269	269	269	269	269
净现金流	−960	−160	83	875	871	871	871	871	871	871	871	1 511
累计净现金流	−960	−1 120	−1 037	−162	709	1 581	2 452	3 323	4 194	5 066	5 937	7 448
复利系数	0. 943 4	0. 89	0. 839 6	0. 792 1	0. 747 3	0. 705	0. 665 1	0. 627 4	0. 591 9	0. 558 4	0. 526 8	0. 497
净现值	−906	−142	70	693	651	614	579	547	516	487	459	751
累计净现值	−906	−104 8	−979	−285	366	980	1 560	2 106	2 622	3 108	3 567	4 318

表 12-18　流动资金借款还本付息表　　单位:万元

序号	项目	1	2	3	4	5	6	7	8	9	10	11	12
1	本年借款			600									
2	年初本息余额			600	269								
3	本年应计利息			36	16								
4	本年还本付息			367	285								
	其中:还本			331	269								
	付息			36	16								
5	年末本息余额			269	0								

表 12-19　总成本费用估算表　　单位:万元

序号	项目	1	2	3	4	5	6	7	8	9	10	11	12
1	外购原材料费			800	1 000	1 000	1 000	1 000	1 000	1 000	1 000	1 000	1 000
2	外购燃料及动力费			80	100	100	100	100	100	100	100	100	100
3	工资及福利费			120	150	150	150	150	150	150	150	150	150
4	修理费			16	16	16	16	16	16	16	16	16	16
5	其他费用	160	160	512	600	600	600	600	600	600	600	600	600
6	经营成本(1+2+3+4+5)	160	160	1 528	1 866	1 866	1 866	1 866	1 866	1 866	1 866	1 866	1 866
7	折旧费	63	63	63	63	63	63	63	63	63	63	63	63
8	利息支出			36	16	0	0	0	0	0	0	0	0
9	总成本费用	223	223	1 627	1 945	1 929	1 929	1 929	1 929	1 929	1 929	1 929	1 929

表 12-20　利润和利润分配表　　单位:万元

序号	项目	1	2	3	4	5	6	7	8	9	10	11	12
1	销售收入			3 200	4 000	4 000	4 000	4 000	4 000	4 000	4 000	4 000	4 000
2	总成本费用	223	223	1 627	1 945	1 929	1 929	1 929	1 929	1 929	1 929	1 929	1 929
3	增值税			736	920	920	920	920	920	920	920	920	920
4	增值税附加			59	74	74	74	74	74	74	74	74	74
5	利润总额	−223	−223	778	1 061	1 077	1 077	1 077	1 077	1 077	1 077	1 077	1 077
6	亏损	223	223	447									
7	未分配利润			331	1 061	1 077	1 077	1 077	1 077	1 077	1 077	1 077	1 077
8	可分配利润			0	792	1 077	1 077	1 077	1 077	1 077	1 077	1 077	1 077

根据表 12-17 至表 12-20，得到财务净现值为 4 318 万元，内部收益率为 41%，动态投资回收期为 4.44 年，投资收益率为 75%。因此，项目可行。

12.4 企业项目管理国民经济评价

企业项目国民经济评价是按照资源合理配置原则，从国家整体角度考察企业项目的效益和费用，用货物影子价格、影子工资、影子汇率和社会折现率等经济参数分析、计算企业项目对国民经济的净贡献，评价项目的经济合理性。

企业项目国民经济评价，不仅要分析企业项目本身所产生的直接效果，而且要分析企业项目建设所引起的有关行业和企业所产生的经济效果。同时，企业项目进行国民经济评价，不仅要分析企业项目建设与生产中的投入物的经济费用，而且要分析由于企业项目的建设所引起的国民经济相关行业或企业增加的投入物的经济费用（间接费用）。

12.4.1 国民经济评价指标

企业项目国民经济评价的具体程序可表述为：① 根据国民经济评价指标所要求的基础数据，列出需进行调查和调整的内容；② 针对需调查和调整的内容，逐项确定其影子价格；③ 将影子价格引入后测算出项目的费用和效益；④ 计算国民经济评价的费用、效益、各项评价指标及现金流量表，包括静态指标和动态指标；⑤ 选定评价基准，例如选定社会折现率或标准投资回收期等；⑥ 评价与决策。

1. 国民经济评价的经济参数

企业投资项目的费用与收益，是依据商品价值的货币表现——价格计量的，能否准确计量项目的费用和收益，取决于所采用的价格和参数是否合理。

（1）影子价格

这是相对于市场交换价格的一种计算价格。它反映货物的真实价值和资源最优配置的要求。项目国民经济评价使用影子价格，是为了消除在市场竞争不充分的条件下，价格失真，比价不合理可能导致的评价结论失实。

影子价格是在资源实现最优配置时，商品或生产要素可用量的任一边界变化对国家基本目标——国民收入增长的贡献值。影子价格不仅是资源分配最优状态下反映出来的价格，而且可以反映资源的稀缺程度以及国内国际市场价格的差异。资源越稀缺，国内国际市场价格差异越大，影子价格越高。为了正确计算项目对国民经济所做的净贡献，在进行国民经济评价时，原则上都应该使用影子价格。为了简化计算，在不影响评价结论的前提下，可只对其价值在效益或费用中占比重较大或者国内价格明显不合理的产出物或投入物使用影子价格。

（2）影子汇率

影子汇率是在国民经济评价中区别于官方汇率的外汇汇率。官方汇率是由国家政府规定的单位外币的国内价格。影子汇率即外汇的影子价格，是外汇与本国货币的真实比价。

影子汇率可通过国家外汇牌价乘以影子汇率换算系数求得，影子汇率换算系数是一个重要的通用参数，由国家统一测定发布。

影子汇率体现了从国家角度对外汇价值的估量。影子汇率取值的高低，直接影响项目(或方案)比选中的进出口抉择，影响对产品进口替代型项目和产品出口型项目的决策。

影子汇率换算系数是影子汇率与国家外汇牌价的比值系数。在项目评价中，根据我国现阶段的外汇供求情况、进出口结构、换汇成本等，影子汇率换算系数取为1.08。

(3) 社会折现率

社会折现率是企业项目国民经济评价的重要通用参数，在项目国民经济评价中作为计算经济净现值的折现率，并作为衡量经济内部收益率(EIRR)的基准值。它是项目经济可行性和方案比选的主要判据，由国家统一测定发布。

社会折现率表示从国家角度对资金机会成本和资金时间价值的估量。采用适当的社会折现率进行项目国民经济评价，有助于合理使用建设资金，引导投资方向，调控投资规模，促进资金在短期与长期项目之间的合理配置。

根据我国在一定时期内的投资收益水平、资金机会成本、资金供求状况、合理的投资规模以及项目国民经济评价的实际情况，目前的社会折现率取为12%。

2. 国民经济评价指标

企业项目国民经济评价主要是从国家的角度来评价项目的经济效果，包括静态评价指标和动态评价指标。静态评价指标主要包括创汇率、换汇率。动态评价指标主要包括经济内部收益率、经济净现值、经济效益费用比、经济外汇净现值、经济换汇成本、经济节汇成本。

国民经济评价包括国民经济盈利能力分析和外汇效果分析，以经济内部收益率(EIRR)为主要评价指标。根据项目特点和实际需要，也可计算经济净现值(ENPV)等指标。产品出口创汇及替代进口节汇的项目，要计算经济外汇净现值(ENPVF)、经济换汇成本和经济节汇成本等指标。此外，还可以对难以量化的外部效果进行定性分析。

(1) 经济内部收益率

经济内部收益率是反映项目对国民经济净贡献的相对指标。它是项目在计算期内各年经济净效益流量的现值累计等于零时的折现率，其表达式为

$$\sum_{t=1}^{n}(B-C)_t(1+EIRR)^{-t}=0 \tag{12-10}$$

式中：B为效益流入量；C为费用流出量；$(B-C)_t$为第t年的净效益流量；n为计算期。

经济内部收益率等于或大于社会折现率表明项目对国民经济的净贡献达到或超过了要求的水平，这时应认为项目是可以考虑接受的。

(2) 经济净现值

经济净现值是反映项目对国民经济净贡献的绝对指标。它是指用社会折现率将项目计算期内各年的净效益流量折算到建设期初的现值之和。其表达式为

$$ENPV=\sum_{t=1}^{n}(B-C)_t(1+is)^{-t} \tag{12-11}$$

式中：is为社会折现率；其他符号同前。

经济净现值等于或大于零表示国家为拟建项目付出代价后，可以得到符合社会折现率

的社会盈余，或除得到符合社会折现率的社会盈余外，还可以得到以现值计算的超额社会盈余，这时就认为项目是可以考虑接受的。一般来说，$ENPV \geqslant 0$ 的项目是可以接受的项目。

(3) 经济外汇净现值

经济外汇净现值是反映项目实施后对国家外汇收支直接或间接影响的重要指标，用以衡量项目对国家外汇真正的净贡献(创汇)或净消耗(用汇)。经济外汇净现值可通过经济外汇流量表计算求得，其表达式为

$$ENPVF = \sum_{t=1}^{n}(FI - FO)_t(1 + is)^{-t} \tag{12-12}$$

式中：FI 为外汇流入量；FO 为外汇流出量；$(FI-FO)_t$ 为第 t 年的净外汇流量；n 为计算期。

当有产品替代进口时，可按净外汇效果计算经济外汇净现值。经济外汇净现值是衡量项目对国家外汇净贡献大小的绝对量指标。当 $ENPVF \geqslant 0$ 时，表示从外汇的获得或节约的角度看，项目应属可行。

(4) 经济换汇成本或经济节汇成本

经济换汇成本是指，用影子价格、影子工资和社会折现率计算的为生产出口产品而投入的国内资源现值与生产出口产品的经济外汇净现值之比，亦即换取 1 美元的外汇所需的人民币(元)金额。

当项目的产品按替代进口对待时，应计算经济节汇成本，即节约 1 美元外汇所需要的人民币金额(元)，它等于项目为生产替代进口产品而投入的国内资源现值与生产替代进口产品的经济外汇净现值之比。

经济换汇成本是分析、评价项目实施后在国际上的竞争力，进而判断其产品应否出口的指标。经济换汇成本或经济节汇成本(元/美元)小于或等于影子汇率时，表明该项目产品出口有竞争力。

3. 效益和费用的识别和计算

(1) 效益和费用识别的原则

总的来说，项目的财务评价和国民经济评价都是建立在对项目效益、费用对比基础上的，但是，不同意义上的经济评价对项目效益、费用有不同的内容，因此，我们首先应对费用和效益建立起广泛一致的概念，这概念的基础就是项目的经济目标，项目的经济费用和效益都是相对目标而言的，是根据目标定义的。

效益，就是对目标的贡献；费用，是对目标的反贡献，是负效益，费用和效益处于目标追求下的对立统一之中，没有费用就没有效益，因此，确定投资项目的目标，是识别费用和效益的前提。财务评价以企业(项目)净收入最大化为目标，凡是增加企业(项目)收入的就是财务收益；凡是减少企业(项目)收入的就是财务费用。国民经济评价以社会资源的最优配置从而使国民收入最大化为目标，凡是增加国民收入的就是国民经济效益；凡是减少国民收入的就是国民经济费用。

上述定义为正确识别费用和效益提供了基本准则，并具体体现为两个方面：

第一，边界原则。边界原则即根据经济评价的目标，确定系统分析的边界。财务评价

的目标是企业(项目)的利益，因此其系统分析的边界就是企业(项目)自身。凡是流入项目的资金，就是财务收益，如销售收入；凡是流出项目的资金，就是财务费用，如投资支出，经营成本和税金。财务收益和费用统称为项目的直接经济效果或内部经济效果。国民经济评价的目标是国民经济的整体利益，因此，其系统分析的边界是整个国家。这样，国民经济评价不仅需要识别项目自身的直接经济效果，而且需要识别项目对国民经济其他部门和单位产生的间接效果，即外部效果；不仅应当识别可用货币计量的有形效果，而且应当识别难以用货币计量的无形效果。

第二，流动对象追踪原则。财务评价在考察财务收益和费用过程中，其追踪的是货币的流动，凡是由项目(企业)之外流入项目之内的货币就是财务收益；凡是由项目之内流出项目(企业)之外的货币就是财务费用。但是，识别国民经济评价中的费用和收益就没有财务识别这样简单了。国民经济评价以实现资源最优配置从而保证国民收入最大增长为目标，而国民收入是由全社会最终产品的总和所决定的。对于任何国家，相对于人们的需要而言，其资源总是有限的。因此，对某一项目投入资源就意味着在国民经济其他方面减少了这种资源可用量，从而减少了国民经济其他方面最终产品产出量，因此，从这种意义上说，该项目对资源的使用产生了国民经济费用，同理，由于项目产出最终产品能够增加社会资源，我们说项目的产出是国民经济收益。由此不难看出在考察国民经济费用和收益的过程中，追踪的不再是货币的流动，而应是由项目投入和产出所产生的社会资源的流动。凡是减少社会资源的项目投入都产生国民经济费用；凡是增加社会资源的项目产出都产生国民经济收益。

总之，为了正确识别国民经济评价中的费用和收益，防止与财务评价相混淆，必须牢记国民经济评价追踪的是社会资源的流动而不是货币的流动，这是正确识别费用和收益的关键。

(2) 直接转移支付

项目财务评价中的某些财务费用和财务收入，并不真正反映资源投入和产出的变化，因而不影响社会最终产品的增减，即不反映国民收入的变化，它们只表现为资源的支配权力从项目转移到社会其他实体，或者从社会其他实体转移给项目。这种转移，仅仅是货币在社会实体之间的一种转移，并不同时发生社会资源的相应变化。项目与社会实体之间的这种并不伴随着资源变动的纯粹货币的转移，称为项目的直接转移支付。在项目的国民经济评价中有 2 种常见的直接转移支付。

第一，税金。税收对于企业，从对项目的财务评价来说，它是不折不扣的费用项，企业纳税，就是减少它的净收益。但是，税收作为国家和地方的财政收入是国家参与国民收入分配的一种手段，它仅仅代表了相应资源的分配权力从企业转移到政府手中，它既未增加国民收入，也未减少国民收入，因而税收不是经济分析意义上的费用和效益。需要说明的是，作为转移支付看待的税金，只限于那些体现纯粹货币转移的税款，对于那些似乎具有税金形式，但实质上是对劳务投入和其他投入作相应汇报的支付，不能作为直接转移支付处理。例如，港口的装卸费、场地占有费等，就是项目的实际费用。保险费是对实际财产损失的一种预期骨架，也应当作为实际费用看待，不能按转移支付处理。

第二，补贴。补贴是一种货币流动方向与税金相反的转移支付。例如，国家对某些农产品实行价格补贴，这种补贴是国家的财政支出，但却给城市居民带来了同样多的净效益，节省了在农产品上的开支，整个社会资源没有变化，国民收入没有因此而增加。因此，补贴不能列入经济分析中的费用和收益项。

(3) 项目的外部效果

一个项目除了有投入和产出所产生的直接费用和直接效益外，还会对社会其他部门产生间接费用和间接收益，这种间接费用和间接收益统称项目的外部效果。财务评价只考虑项目自身的利益效果，因而外部效果是国民经济评价所特有的费用或效益项，其识别和计算都是比较困难的。外部效果通常分为技术外部效果和价格外部效果。此外，有一种不属于价格外部效果的连锁效果，称为"乘数效果"。

第一，技术外部效果。技术外部效果指项目的投建和运行带给项目外部的实际影响。例如，发电厂排放的烟尘致使附近江河的鱼类资源骤减等等，是技术外部费用的例子；而一个水电站建设项目附带产生的防洪效益、灌溉效益和旅游效益，则是技术外部效益的例子。对于技术外部效果的处理可以分为两类：一类是存在市场价格的有形效果，这种类型比较容易计量。另一类是不存在市场价格的无形效果，这是难以计量的。比如技术扩散和管理效果，对于这类效果可只作定型描述。又如环境保护和生态平衡效果，此类外部效果很难用货币单位计量其大小，应该力争用其他计量单位进行计量。例如，火电站每年排放的有害气体二氧化硫的吨数。

第二，价格外部效果。由项目产生的价格外部效果，一般称为价格连锁效果，这种连锁效果分为顺连锁效果和逆连锁效果。其中，由项目投入引起的价格外部效果，称为价格逆连锁效果。例如，项目对投入品的使用，可能会促使这些投入品的价格上升，这些投入品的价格升高，自然会使生产这些投入品的其他厂家带来额外收益。但是，这些投入品价格的升高也会给使用该投入品的其他生产部门带来影响，迫使他们不得不以比以前更高的价格购买这些投入品，因而造成这些产业部门的净收益下降。由项目产出而引起的价格外部效果，称为价格顺连锁效果。例如，当项目的产出量较大并足以促进市场价格降低时，该项目产品由于降价而使需求增加，进而促使生产辅助配套产品的其他企业，随着产品需求的增加而提高配件价格，这样，那些生产该项目产品的替代品的企业，则可能由于产品替代效应的存在而不得不降低价格以维持需求，从而又使生产这些替代品的部门收入减少。

由拟建项目引起的价格连锁效果，在没有影响社会各部门的生产和消费水平的情况下，仅仅是社会各部门之间的货币转移支付，社会资源没有发生增加变化，国民收入也没有增加或减少，因而，国民经济评价中无须考虑这种外部效果。当然，事实上，价格的变化或多或少都会影响社会各部门的生产和消费，从而影响国民收入的变化。但是，价格连锁效果的这种作用异常复杂，正负效果皆有，部分或全部相互抵消，且在项目分析实践中难以识别和计量，因而一般可不予考虑。

第三，乘数效果。乘数效果与项目投建能够促使社会其他部门的闲置生产能力得以利用有关。在社会存在某些过剩生产能力的情况下，如果项目的投建能够促使与此项目的投入和产出的有关产业部门的闲置设备得以利用，就会带来外部净效益。例如，某地区已有的一家某电子元件厂因产品销路不畅，开工不足，其设备和劳力闲置未能充分利用，由于该地区兴建了某民用电器产品的项目，使用了该元件厂的产品作为配套件，从而使元件厂的生产能力得到了充分利用，并使该元件厂取得因此而增产的净效益。反之，如果民用电器厂是已有的，元件厂是拟建项目，民用电器厂因配套件供应不足而常停工待料，是生产能力不能充分利用，如果电子元件厂的兴建满足了其配套的需要，从而使其生产能力得到充分利用，此民用电器厂亦会取得增产的净效益。这种由项目导致的相关部门启用过剩生产能力而带来的外部净效果，就是项目的乘数效果。

乘数效果是项目的外部收益，这种利用社会剩余生产能力所额外增加的国民收入，应计入项目的经济效果中，但在计算时应注意两点：首先，由于项目的寿命期往往较长，随着时间的推移，原来具有剩余生产能力的部门和企业，即使在没有该项目的情况下，它们的设备利用率也会有所变化，对项目寿命期内这种外部效果可能发生的变化要有足够的估计；其次，要考虑其他拟建项目是否也会产生同样效果。如果是它们共同作用致使相同部门的剩余生产能力得到利用，这些外部效益应在各拟建项目中分摊，不能完全归于某一项目，否则，对于项目自身来说，将高估其外部效益，对于项目总体来说，将造成外部效益的重复计算。

对于外部效果的处理还有一个好办法就是外部效果内部化。相互关联的多个项目，彼此之间常会相互作用，相互影响，因而相互之间常会出现难以识别和难以计量的外部效果问题。这种情况下，若有可能，最好把这些项目作为一个项目组合体进行总体考察，这样，项目之间的外部效果就变成了内部效果，从而消除了外部效果识别和计量上的困难，上述处理办法称之为外部效果内部化。例如，针对一个农田灌溉项目的产出，水不存在市场价格，因而难以直接计量其产出价值。如果把分析的范围扩大，把用水灌溉土地致使农产品增加的净效益作为灌溉项目的效益，就避免了对项目直接产出——水的估价上的困难，同时把项目的直接产出品以外的外部效果——农产品增加的效益作为内部效益处理。

此外，可编制项目国民经济报表。项目国民经济报表可以单独进行编制，也可以在财务评价的基础上通过调整来完成。项目国民经济评价的基本报表主要有：国民经济效益费用流量表（全部投资）、国民经济效益费用流量表（国内投资）、经济外汇流量表。

首先，国民经济效益费用流量表（全部投资）以全部投资为编制基础，用来计算国内投资经济内部收益率、经济净现值、经济净现值率指标，其栏目与财务现金流量表基本相同，其主要区别在于：① 表中效益流量和费用流量，均按影子价格计算，外币换算采用影子汇率；② 销售税金和资源税属于国民经济内部的转移支付，所以既不作为费用，也不作为效益；③ 由于是从国民经济角度考察项目的效益和费用，因此在效益流量和费用流量中分别增加了“项目间接效益”和“项目间接费用”；④ 财务现金流量表中作为现金流出的营业外净支出，由于内容较多，而且有些内容在国民经济评价中不属于费用，为简化计算起见，未做详细划分，均不列为费用。其次，国民经济效益费用流量表（自有资金）其栏目与财务现金流量表（国内投资）基本相同，其主要区别同上述 4 点。同时，涉及外汇收支的项目，需编制经济外汇流量表，以考察项目的净外汇效果。其栏目与财务外汇平衡表完全相同，只是替代进口产品在国民经济评价中可按货物类型划分的原则确定，而在财务评价中，需经有关部门确认，才能作为产品替代进口考虑。

12.4.2 国民经济评价与财务评价的关系

企业项目财务评价和国民经济评价各有其任务和作用，其主要区别是：

(1) 评价角度不同

企业项目财务评价是从财务角度考察企业项目的盈利状况及借款偿还能力,以确定投资行为的财务可行性。

企业国民经济评价是从国家整体的角度考察企业项目对国民经济的贡献以及需要国民经济付出的代价,以确定投资行为的经济合理性。

(2) 效益与费用的构成及范围不同

企业项目财务评价是根据企业项目的实际收支确定项目的效益和费用,补贴计为效益,税金和利息均计为费用。

企业项目国民经济评价是着眼于企业项目对社会提供的有用产品和服务及项目所耗费的全社会有用资源,来考察项目的效益和费用,故补贴不计为项目的效益,税金和国内借款利息均不计为项目的费用。

企业项目财务评价只计算企业项目直接发生的效益与费用,企业项目国民经济评价对企业项目引起的间接效益与费用即外部效果也要进行计算和分析。

(3) 评价采用的参数不同

企业项目财务评价对投入物和产出物采用财务价格,企业项目国民经济评价采用影子价格。

企业项目财务评价采用官方汇率和行业基准收益率,企业项目国民经济评价采用国家统一测定的影子汇率和社会折现率。

(4) 评价的方法不同

企业项目财务评价采用盈利分析法,而企业项目国民经济评价采用费用效益分析、多目标综合分析等方法。

由于上述区别,两种评价有时可能导致相反的结论。例如,某企业项目所用原料可以出口,其产品也可以出口。由于该原料的国内价格低于国际市场价格,其产品的国内价格又高于国际市场价格,从企业项目财务评价考虑,企业利润很高,项目是可行的;如果进行企业项目国民经济评价,采用以国际市场价格为基础的影子价格来计算,该项目就可能对国民经济没有那么大贡献。

因此,企业项目财务评价是站在企业立场上进行的,它关注企业项目财务生存能力和企业自身的利益,因而它是企业项目管理决策的基本方面,但是由于企业项目对整个国民经济的影响不仅表现在项目自身的财务效果上,也会对国民经济其他部门和单位产生影响,因而,从全社会合理配置资源角度而言,从项目局部利益出发的财务评价不能确保资源的合理配置和有效利用。具体地讲,主要原因有以下 3 个方面:第一,不同项目的财务评价包含了不尽相同的税收、补贴和贷款条件,使不同项目的财务盈利效果失去了公证比较的基础;第二,企业财务盈利仅是项目内部的直接经济效果,不包括项目以外的经济效果,即没有考虑项目的外部影响;第三,企业财务评价采用的价格是项目与外界的实际交易价格,这种价格往往严重背离社会资源的真实价值,从而使企业财务评价的结论有可能背离社会资源合理配置的要求。

综上所述,企业项目不仅要进行财务评价,而且应进行国民经济评价,并且一个企业项目的选择,最终应取决于企业国民经济评价的结果。

因此,企业财务评价与企业国民经济评价结论可能有 4 种情况:第一,企业财务评价与国民经济评价均可行的项目,应予通过;第二,企业财务评价与国民经济评价均不可行的项目,应予否定;第三,企业财务评价不可行、国民经济评价可行的项目,一般应采取经济优惠措施;第四,企业财务评价可行、国民经济评价不可行的项目,应予否定,必要时可重新考虑方案,进行“再设计”。

【思考题】

1. 什么是企业项目管理决策?
2. 企业项目管理的可行性研究内容主要有哪些?
3. 企业项目管理的可行性研究的程序是什么?
4. 企业项目管理的财务评价方法包括哪些?
5. 企业国民经济评价和财务评价有何区别?
6. 企业国民经济评价中效益和费用是如何识别的?

13 企业生产设备管理决策

【学习要求与目标】

1. 理解企业生产设备管理决策的概念；
2. 掌握企业生产设备磨损形式和补偿方式；
3. 掌握企业生产设备磨损的度量方法；
4. 掌握企业生产设备寿命的种类及经济寿命的计算；
5. 掌握企业生产设备折旧的方法；
6. 掌握原型生产设备更新决策方法；
7. 掌握新型生产设备更新决策方法；
8. 理解生产设备管理绩效评价方法。

2015 年 11 月 23 日，世界机器人大会在京开幕，大会以"协同融合共赢，引领智能社会"为主题，体现了各国协同创新、多学科融合共赢的发展趋势，体现了全球科技界、产业界的共识。习近平总书记指出，随着信息化、工业化不断融合，以机器人科技为代表的智能产业蓬勃兴起，成为现时代科技创新的一个重要标志。当前，我国已将机器人和智能制造纳入了国家科技创新的优先重点领域，正大力推动机器人科技研发和产业化进程，使机器人科技及其产品助力高质量发展、服务百姓生活。工业机器人成为制造业中不可或缺的角色。工业机器人技术涵盖了视觉识别、技能学习、利用人工智能进行故障预测、人机协作及简单编程等领域，可提高制造业的生产率，扩大机器人的应用领域。《中国机器人产业发展报告2019》显示，2014 年至 2019 年我国机器人市场规模的年平均增长率达 20.9%，相关产业正进入高速增长期。随着人工智能技术快速发展，各行各业"机器换人"的步伐将进一步加快。对于企业来说，企业生产设备管理是企业生产运作管理的重要组成部分，而企业生产运作管理是企业战略管理的主要职能之一。企业生产设备管理关键是提高企业生产设备管理决策能力，有效判别企业生产设备的磨损与折旧，加强企业生产设备的更新决策，进行企业生产设备管理综合评价。

13.1 企业生产设备管理决策概述

13.1.1 企业生产设备管理决策的概念

企业生产设备是现代企业生产的重要物质和技术基础。企业生产设备是企业可持续发展的重要资源，也是企业生产经营不可或缺的要素。企业生产设备管理是以企业生产设备为研究对象，追求生产设备综合效率，应用一系列理论方法，通过一系列技术、经济、组织措施，对生产过程中设备的物质动态状态管理，如设备选型、安装维护、改造报废等，同时也是对生产设备的价值运动状态管理，如生产设备投资、折旧、更新、保养等资金筹措支出。

在现代企业中，生产设备管理成了增强企业综合竞争力的有效手段。各种生产设备的质量和技术水平成为衡量一个国家工业化水平的重要标志，是判断一个企业技术能力、开发能力和创新能力的重要标准，也是影响企业和国家各项经济技术指标的重要因素。企业购置生产设备之后，从投入使用到最后报废，通常要经历一段较长的时间，在这段时间内，生产设备会逐渐磨损，当生产设备因物理损坏或陈旧落后不能继续使用或不宜继续使用时，就需要进行生产设备更新管理。由于技术进步的速度加快，生产设备更新的速度也相应加快，作为企业，为了促进技术进步和提高经济效益，需要对生产设备整个运行期间的技术经济状况进行分析和研究，以做出正确的决策，这就是企业生产设备管理决策。

13.1.2 企业生产设备管理决策的作用

企业生产设备管理决策的作用主要体现为 3 个方面：

第一，能够确保生产设备质量，以尽可能地降低生产设备质量因素影响企业生产效率，同时维持产品品质，塑造良好的市场形象。作为影响产品品质的关键要素，生产设备管理水平直接决定了产品的市场影响力与竞争力。

第二，缩短维护时间，确保生产设备维修质量。这就需要引进和使用现代化的管理方式、技术等，使企业生产设备处于最佳运行状态，以减少生产设备故障对工作进度等企业发展的影响。

第三，带动企业经济利益提升。维修后的生产设备使用期限得以延长，但生产设备维修成本高等问题不可忽视。

13.2 企业生产设备的磨损与折旧

13.2.1 生产设备磨损

企业生产设备在使用（或闲置）过程中会逐渐发生磨损，主要分有形磨损和无形磨损两种形式。企业生产设备在使用（或闲置）过程中所发生的实体的磨损称为有形磨损（物理磨损）。企业生产设备除遭受有形磨损之外，还遭受无形磨损（亦称经济磨损）。无形磨损不是由于在生产过程中的使用或自然力的作用造成的，所以它不表现为生产设备实体的变化，而表现为生产设备原始价值的贬值。

1. 生产设备磨损的成因

（1）生产设备有形磨损的成因

引起企业生产设备有形磨损的主要原因是再生产过程中对生产设备的使用。运转中的企业生产设备，在外力的作用下，其零件会发生摩擦和疲劳，以致企业生产设备的实体发生磨损。这种磨损叫作第Ⅰ种有形磨损。它通常表现为：

① 生产设备零部件的原始尺寸发生改变,甚至形状也会发生变化;

② 公差配合性质发生改变,精度降低;

③ 零部件损坏。

第Ⅰ种有形磨损可使企业生产设备精度降低,劳动生产率下降。当这种有形磨损达到一定程度时,整个企业生产设备的功能就会下降,发生故障,导致生产设备使用费用剧增,甚至难以继续正常工作,失去工作能力,丧失使用价值。

造成有形磨损的另一个原因是自然力的作用,因自然力的作用产生的磨损,称为第Ⅱ种有形磨损。这种磨损与生产过程中的使用无关,甚至在一定程度上还同使用程度成反比。因此,企业生产设备闲置或封存不用,同样也会产生有形磨损,如金属件生锈、腐蚀、橡胶件老化等。企业生产设备闲置时间长了,会自然丧失精度和工作能力,失去使用价值。

企业生产设备使用价值的降低或丧失,会使企业生产设备的原始价值贬值或基本丧失。要消除企业生产设备的有形磨损,使之局部恢复或完全恢复使用价值,必须支出相应的补偿费用,以抵偿相应贬值的部分。

(2) 生产设备无形磨损的成因

无形磨损形成的原因可分为 2 种:

第Ⅰ种无形磨损是由于企业生产设备制造工艺不断改进,成本不断降低,劳动生产率不断提高,生产同种生产设备所需的社会必要劳动减少,因而企业生产设备的市场价格降低,使原来购买的企业生产设备价值相应贬值。这种无形磨损的后果只是企业现有生产设备的原始价值部分贬值,企业生产设备本身的技术特性和功能,即使用价值并未发生变化,故不会影响企业现有生产设备的使用。

第Ⅱ种无形磨损是由于技术进步,社会上出现了结构更先进、技术更完善、生产效率更高、原材料和能源耗费更少的新型生产设备,而使企业原有生产设备在技术上显得陈旧落后造成的。它的后果不仅是使原有生产设备价值降低,而且会使原有生产设备局部或全部丧失其使用价值。这是因为,虽然原有生产设备的使用期还未达到其物理寿命,能够正常工作,但由于技术上更先进的新生产设备的发明和应用,使原有生产设备的生产率大大低于社会平均生产率,如果继续使用,就会使产品成本大大高于社会平均成本。在这种情况下,由于使用新生产设备比使用旧生产设备在经济上更合算,所以原有生产设备应该被淘汰。

第Ⅱ种无形磨损导致企业原有生产设备使用价值降低的程度与技术进步的具体形式有关。例如:当技术进步表现为不断出现性能更完善、效率更高的新生产设备,但加工方法没有原则变化时,将使企业原有生产设备的使用价值大幅度降低。如果这种技术进步的速度很快,则继续使用旧生产设备就可能不经济;当技术进步表现为采用新的加工对象如新材料时,则加工旧材料的生产设备必然要被淘汰;当技术进步表现为改变原有生产工艺,采用新的加工方法时,则为旧工艺服务的原有生产设备将失去使用价值。当技术进步表现为产品换代时,不能适用于新产品生产的原有生产设备也将被淘汰。

2. 生产设备磨损的度量

(1) 生产设备有形磨损的度量

度量企业生产设备的有形磨损程度的计算公式可表示为

$$a_p = \frac{R}{K_1} \tag{13-1}$$

式中：a_p 为生产设备有形磨损程度($0<a_p<1$)；R 为修复全部磨损零件所用的修理费用；K_1 为在确定磨损时该种生产设备的再生产价值。

(2) 生产设备无形磨损的度量

度量企业生产设备的无形磨损程度的计算公式可表示为

$$a_{\mathrm{I}} = \frac{K_0 - K_1}{K_0} = 1 - \frac{K_1}{K_0} \tag{13-2}$$

式中：a_{I} 为生产设备无形磨损程度；K_0 为生产设备的原始价值；K_1 为等效生产设备的再生产价值。

在计算无形磨损程度时，K_1 从两个方面反映技术进步：一是相同生产设备再生产价值的降低，二是具有较好功能和更高效率的新生产设备的出现对现有生产设备的影响。K_1 可用下式表示：

$$K_1 = K_n \left(\frac{q_0}{q_n}\right)^{\alpha} \cdot \left(\frac{C_n}{C_0}\right)^{\beta} \tag{13-3}$$

式中：K_n 为新生产设备的价值；q_0、q_n 分别为使用旧生产设备、新生产设备的年生产率；C_0、C_n 分别为使用旧生产设备、新生产设备的单位产品消耗；α、β 分别为设备生产率提高指数、成本降低指数($0<\alpha<1$，$0<\beta<1$)，其值可根据具体设备的实际数据确定。

在式(13-3)中，当 $q_0=q_n$，$C_0=C_n$，即新旧生产设备的劳动生产率与使用成本均相同时，$K_1=K_n$表示只发生了第Ⅰ种无形磨损。

若式(13-3)中出现了下述 3 种情况之一，即表示发生了第Ⅱ种无形磨损。

① $q_0>q_n$，$C_0=C_n$，此时，$K_1=K_n(q_0/q_n)^{\alpha}$；

② $q_0=q_n$，$C_0<C_n$，此时，$K_1=K_n(C_0/C_n)^{\beta}$；

③ $q_0>q_n$，$C_0<C_n$，此时，$K_1=K_n(q_0/q_n)^{\alpha}(C_0/C_n)^{\beta}$。

(3) 生产设备综合磨损的度量

企业生产设备在使用期内，既要遭受有形磨损，又要遭受无形磨损，因此企业生产设备所受的磨损是综合磨损。两种磨损都引起企业生产设备原始价值的贬值，这一点两者是相同的。不同的是，遭受有形磨损的生产设备，特别是有形磨损严重的企业生产设备，在修理之前，常常不能工作。而遭受无形磨损的生产设备，即使无形磨损很严重，仍可以使用，但继续使用是否经济，需要进行分析研究。

度量企业生产设备的综合磨损程度的计算公式可表示为

$$a = 1 - (1 - a_p)(1 - a_{\mathrm{I}}) \tag{13-4}$$

式中：a 为生产设备综合磨损程度；$1-a_p$为生产设备遭受有形磨损后剩余部分(用百分数表示)；$1-a_{\mathrm{I}}$ 为生产设备遭受无形磨损后剩余部分。

生产设备在任一时期遭受综合磨损后的净值 K 为

$$K = (1 - a)K_0 \tag{13-5}$$

展开并整理得

$$K=(1-a)K_0=[1-1+(1-a_p)(1-a_{\mathrm{I}})]K_0$$
$$=\left(1-\frac{R}{K_1}\right)\left(1-\frac{K_0-K_1}{K_0}\right)K_0=K_1-R \quad (13\text{-}6)$$

可以看出，生产设备遭受综合磨损后的净值等于等效生产设备的再生产价值减去修理费用。

3. 生产设备磨损的补偿方式

企业要维持正常生产，必须对企业生产设备的磨损进行补偿，由于企业生产设备遭受磨损的形式不同，因此，补偿企业生产设备磨损的方式也不一样。企业生产设备磨损的补偿方式主要分为实物补偿和价值补偿，其中，实物补偿包括局部补偿和完全补偿，价值补偿主要为折旧。企业生产设备有形磨损的局部补偿是修理，企业生产设备无形磨损的局部补偿是现代化改装。企业生产设备有形磨损和无形磨损的完全补偿是更换，见图 13-1。

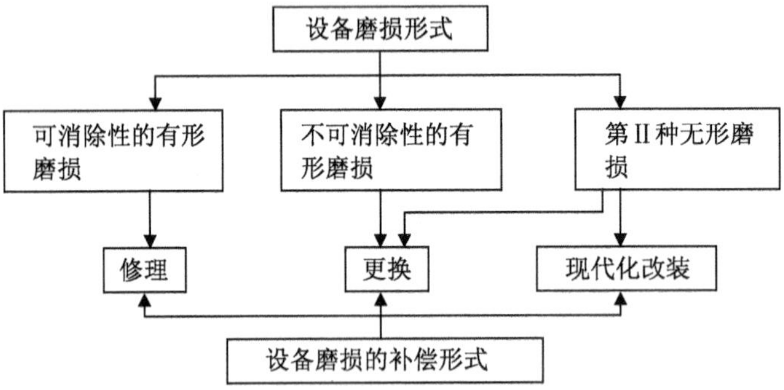

图 13-1　企业生产设备磨损的补偿方式

13.2.2　生产设备折旧

1. 生产设备折旧概述

企业生产设备在生产过程中逐渐遭到消耗（有形磨损和无形磨损），并将其价值转移到产品中去，构成产品成本的一部分。但是，产品生产过程中企业生产设备的消耗与材料、燃料、动力等的消耗不同，后者是一次性把价值全部转移到产品成本中。而企业生产设备则是逐渐将其价值转移到产品成本中。为了使企业生产持续进行，对磨损的企业生产设备要进行更新，企业生产设备更新需要的资金是在生产设备使用过程中以折旧的形式逐渐积累起来的。企业生产设备的折旧通常是指把企业生产设备逐渐转移到成本中并相等于其损耗的那部分价值。在经济工作中，通常用折旧率的形式来计算折旧费的大小。折旧率是指按年分摊的生产设备折旧费占生产设备价值的百分比。

企业生产设备折旧率的大小与企业生产设备的价值、现代化费用、残值和预计使用期限等因素相关。规定适当的折旧率不仅反映生产设备的有形磨损，也反映生产设备的无形磨损，应该与生产设备的实际消耗相符合。若折旧率规定得过低，则生产设备使用期满不足以抵偿生产设备的消耗，企业生产设备更新受到影响，导致企业无法正常发展，给企业带来的后果较为严重。若折旧率规定得过高，则造成企业产品成本增高，不仅削弱企业的市场竞争力，也会导致整个社会的物价上涨。因此，适当的折旧率对于企业生产设备的更新换代和促进新技术的应用和推广作用显著。

在计算企业生产设备折旧额时，应考虑3个因素：

第一，生产设备资产的原值。一般为购置生产设备一次性支付的费用，又称初始费用。生产设备资产的原值要与发生的时间一并考虑才有意义。

第二，生产设备净残值。即生产设备的残值减去其清理费用以后的余额。生产设备的残值是指生产设备报废清理时可供出售的残留部分的价值，它可以用作抵补生产设备原值的部分。生产设备资产的清理费用是指生产设备在清理报废时，因拆除、搬运、整理和办理手续等的各项费用支出。它是生产设备使用的一种必要的追加耗费。这里，应注意净残值与生产设备的账面价值的区别。生产设备的账面价值是依旧保留在企业账册中的未摊销的资本成本。因此，账面价值不是市场价值，即不是资产变为现金的价值，它只是会计账册上的“虚构”值。

第三，生产设备折旧年限。即按财政部规定的折旧率每年提取折旧，使企业生产设备的账面价值为零所需要的时间，它一般根据生产设备的材料质量和属性、每日开工时间、负荷大小、化学侵蚀程度、维护修理质量等工艺技术和使用条件，以及技术进步等无形损耗的因素和生产设备的自然寿命、技术寿命、经济寿命等因素确定。此外，还应考虑到正常的季节性停歇和大修理所需的时间等因素的影响。

2. 生产设备折旧的计算

在一定时期内，企业生产设备由于损耗而转移到成本、费用中的价值，很难通过技术方法进行测定。为了使生产设备值比较符合其实际损耗程度，可根据不同的理论使用不同的折旧计算方法。企业生产设备折旧的计算方法具体可表述为：

1）直线折旧法

直线折旧法，也称为使用年限法，是按使用年限平均计算折旧的方法。由于其折旧的积累呈直线上升的趋势，故称为直线折旧法。生产设备折旧额的计算公式可表示为

$$D=\frac{K_0-L}{T} \tag{13-7}$$

式中：D 为生产设备的年分类折旧额；K_0 为生产设备的原始价值；L 为预计的生产设备最终价值，即残值；T 为生产设备的预计使用年限。

生产设备折旧率的计算公式可表示为

$$d=\frac{D}{K_0}\times 100\% \tag{13-8}$$

式中：d 为生产设备的年折旧率。

使用直线折旧法计算生产设备的折旧，既考虑了企业生产设备的有形磨损，也考虑了现代科技的迅速发展导致的企业生产设备更新换代加速的无形损耗因素，基本上满足了生产设备加速折旧和资本迅速收回的实际需要。

2）加速折旧法

加速折旧法，也称为递减费用法。在折旧期间各年计提的折旧费呈逐渐减少的趋势，

即开始使用的年份计提折旧费较多，以后逐年减少。目前，西方国家的企业和我国部分企业采取加速折旧法，其理论依据是：

企业生产设备的生产能力，随其磨损程度而逐年降低，收益也将逐年减少，按照成本与收益相匹配的会计原则，折旧费也应该逐年递减。

使用企业生产设备的成本，应包括折旧费和维护修理费两部分。随着企业生产设备使用年数的增加，维护修理费也会逐年增加。为了保持各年使用企业生产设备的成本基本平衡，折旧费应逐年减少。

由于技术的进步和发展，企业生产设备的无形损耗越来越快。为了在短期内尽快地收回投资，以适应企业生产设备及时更新的需要，只有采用加速折旧法。其具体计算方法一般有下列几种：

(1) 年数总和法（变率递减法）

它是每期以不同的折旧率乘生产设备应计折旧总额（原价－估计残值）而求得本期折旧额的一种方法。折旧率以递减分数表示，即将企业生产设备预计使用年限的逐年年数的合计数作为分数的分母，将企业生产设备尚可使用年限作为分子。年折旧额的计算公式可表述为

$$D_t=\frac{T+1-t}{\sum_{j=1}^{T}j}(K_0-L)=\frac{2(T+1-t)}{T(T+1)}(K_0-L) \tag{13-9}$$

式中：D_t 为生产设备在最佳使用期限内第 t 年度的折旧额；t 为生产设备在最佳使用期限内的某一具体年度；T 为生产设备的最佳使用年限。

(2) 双倍余额递减法

这种方法的折旧率是按直线折旧法残值为零时折旧率的两倍计算的。逐年的折旧基数按生产设备的价值减去累积折旧额计算。为了便于折旧总额分摊完毕，因而在一定年度之后，要改用直线折旧法。改用直线折旧法的年度视生产设备最佳使用年限而定。当残值为零，生产设备最佳使用年限为单数时，改用直线折旧法的年度是$\frac{T}{2}+\frac{3}{2}$；当生产设备最佳使用年限为偶数时，改用直线折旧法的年度为$\frac{T}{2}+2$。

【课堂案例】

企业生产设备的价值为8万元，使用年限为10年，残值为零，折旧率为直线折旧法的两倍，即20%，用双倍余额递减法改为直线法年份为第7(＝10/2＋2)年，则各年的折旧费如表13-1所示。

表 13-1　用双倍余额递减法计算的生产设备逐年折旧费

年度	生产设备净值（元）	折旧费（元）
1	80 000	80 000×20%＝16 000
2	64 000	64 000×20%＝12 800
3	51 200	51 200×20%＝10 240

续表

年度	生产设备净值(元)	折旧费(元)
4	40 960	40 960×20%=8 190
5	31 770	31 770×20%=6 350
6	25 420	25 420×20%=5 080
7	20 340	$20\,340\times\frac{1}{4}=5\,080$
8	14 260	
9	9 180	
10	5 100	

13.3 企业生产设备的更新

13.3.1 生产设备更新概述

1. 生产设备更新的概念

企业生产设备更新是消除其有形磨损和无形磨损,特别是消除第Ⅱ种无形磨损的一个重要手段。狭义地讲,企业生产设备更新就是用新生产设备去替换由于各种原因不宜继续使用的旧生产设备。就实物形态而言,生产设备更新是用新的生产设备代替旧的生产设备;就价值形态而言,它使生产设备在运转中消耗掉的价值重新得到补偿。

企业生产设备更新,就其本质来说可分为两类:一类是用相同的生产设备去更新有形磨损严重、不能继续使用的旧生产设备,称为原型生产设备更新;另一类是用较经济和较完善的新生产设备,即用技术更先进、结构更完善、效率更高、性能更好、耗费能源和原材料更少的新型生产设备来更换那些技术上不能继续使用或经济上不宜继续使用的旧生产设备,称为新型生产设备更新。

企业生产设备更新对企业的经济效益有着重要的影响。过早的企业生产设备更新,将造成资金的浪费,失去其他的收益机会;过迟的企业生产设备重置,将造成生产成本的迅速上升,失去竞争的优势。因此,企业不失时机地做好生产设备更新,是生产发展和技术进步的客观需要。

2. 生产设备寿命期的种类

(1) 生产设备的自然寿命(物质寿命)

它是指企业生产设备从全新状态开始使用,直到不能再用而予以报废的全部时间。

(2) 生产设备的折旧寿命

它是指企业生产设备依照规定的折旧方法,折旧到账面价值为零的全部时间。

(3) 生产设备的技术寿命

它是指企业生产设备从开始使用,到因技术落后而被淘汰所经历的时间。因此,生产设备的技术寿命是从技术的角度看企业生产设备最合理的使用期限,它是由无形磨损决定的。

（4）生产设备的经济寿命

它是指生产设备年平均使用成本最低的年数。生产设备的使用成本由两部分组成：一是生产设备购置费的年分摊额；二是生产设备的年运行费用(操作费、维修费、材料费及能源消耗费等)，这部分费用是随着生产设备使用年限的延长而增加的(见图 13-2)。例如一辆汽车，随着使用时间的延长，每年分摊的购置投资会减少，但每年支出的汽车修理保养费和燃料费用都会增加，因此投资分摊额的减少会被使用费用的增高所抵消。这就是说，企业生产设备在整个使用过程中，其年平均使用总成本是随着使用时间变化的，在最适宜的使用年限内会出现年均总成本的最低值；而能使平均总成本最低的年数，就是生产设备的经济寿命。

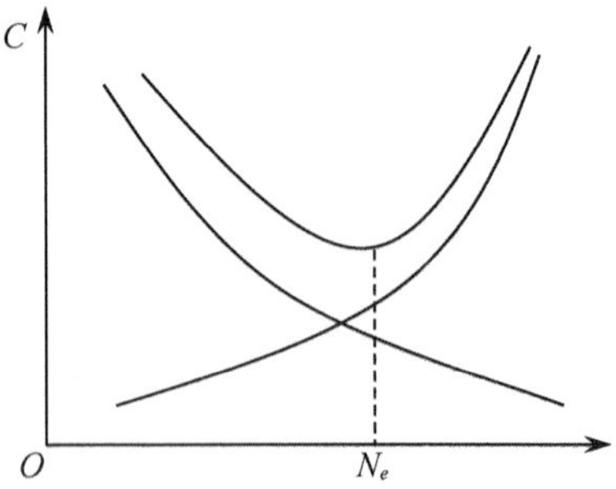

图 13-2　生产设备的年费用曲线

企业生产设备更新时机的选择取决于生产设备的技术寿命和经济寿命。

因此，企业生产设备的经济寿命是从经济角度看生产设备最合理的使用期限。它是由无形磨损和有形磨损共同决定的。

3．生产设备费用要素的确定

（1）生产设备投资的确定

针对企业新生产设备，投资就是购置费，它包括生产设备价格、运输费、安装及试运转费用。

针对企业旧生产设备价值的确定，投资体现为 4 种方式：原始价值；扣除历年折旧后的账面价值；出售或转让的实际价值；以旧换新的抵扣价值。

（2）生产设备维持费用的确定

企业生产设备维持正常运行，要支出营运费，它包括操作人员工资、燃料和动力费、保险费、税金等。旧生产设备和新生产设备相比较，有两点明显差异：一是产量下降；二是品质不良率上升。

企业旧生产设备不但影响产品销售收入，也使返工费用增加。因此，因产量和质量下降造成的损失，也应包含在企业生产设备维持费之中。

13.3.2　生产设备更新决策

1．原型生产设备的更新决策

企业有些生产设备在其整个使用期内没有更先进的生产设备出现，但企业生产设备在使用过程中，避免不了有形磨损的作用，结果将引起维修费用，特别是大修理费用以及其他运行费用不断增加，这时即使进行原型生产设备替换，也是经济合理的。这就是原型更新决策问题。在这种情况下，可通过分析生产设备的经济寿命进行更新决策。

（1）年值法

年值法的计算公式为

$$AAC = \frac{K - L_N}{N} + \sum_{j=1}^{N} C_j \Big/ N \tag{13-10}$$

式中：K 为生产设备的价值；L_N 为生产设备的残值；C_j 为第 j 年生产设备的运营成本；N 为使用年限。

【课堂练习】

某企业生产设备购置费 3 万元，各年数据如表 13-2，试计算该生产设备的经济寿命。

表 13-2 生产设备购置各年数据 单位：万元

生产设备使用年限	1	2	3	4	5	6	7
年末残值	2.00	1.33	1.00	0.75	0.50	0.30	0.30
年维持费	0.60	0.70	0.80	0.90	1.00	1.20	1.50

解：根据式(13-10)，计算结果见表 13-3。

表 13-3 计算结果 单位：万元

生产设备使用年限 N	1	2	3	4	5	6	7
维持费累计	0.60	1.30	2.10	3.00	4.00	5.20	6.70
折旧费	1.00	1.67	2.00	2.25	2.50	2.70	2.70
总成本	1.60	2.97	4.10	5.25	6.50	7.90	9.40
年平均使用成本	1.60	1.49	1.37	1.31	1.30	1.32	1.34

结论：经济寿命为 5 年。

如果考虑资金的时间价值，生产设备经济寿命估算方法的计算公式可表示为

$$AAC = [K - L_N(P/F,i,N) + \sum_{j=1}^{N} C_j(P/F,i,j)](A/P,i,N) \tag{13-11}$$

【课堂案例】

某企业用 30 000 元购置一台仪器，该企业同型号仪器的逐年运行费用及残值统计资料如表 13-4 所列，请动态计算该仪器的最佳更新期($i=10\%$)。

表 13-4 企业同型号仪器的逐年运行费用及残值统计资料 单位：万元

年份	1	2	3	4	5	6	7
运行费	3 000	3 500	4 500	5 500	6 500	8 000	10 000
设备净残值	18 000	7 000	5 500	4 500	3 500	2 500	2 000

解：$AAC = \left[30\,000 - L_N(P/F,10\%,N) + \sum_{j=1}^{N} C_j(P/F,10\%,j)\right](A/P,10\%,N)$

AAC(1)=18 000；AAC(2)=17 190

AAC(3)=14 020；AAC(4)=12 518

AAC(5)＝11 739;AAC(6)＝11 456

AAC(7)＝11 383,AAC(8)＝11 585

所以,生产设备的经济寿命为7年,应在第7年末更新。

(2) 低劣化数值法

企业生产设备在使用过程中发生的费用叫作运行成本,运行成本包括:能源费、保养费、修理费(包括大修理费)等。一般情况下,随着生产设备使用的增加,运行成本每年以某种速度在递增,这种运行成本的逐年递增称为生产设备的低劣化。为计算简单起见,假定每年运行成本的劣化增量是均等的,即运行成本呈线性增长。设每年运行成本增加额为λ,若生产设备使用T年,则第T年时的运行成本为

$$C_T = C_1 + (T-1)\lambda \tag{13-12}$$

式中:C_1为运行成本的初始值,即第一年的运行成本;T为生产设备使用年数。

生产设备年运行成本随生产设备使用年数变动的情况见图13-3。

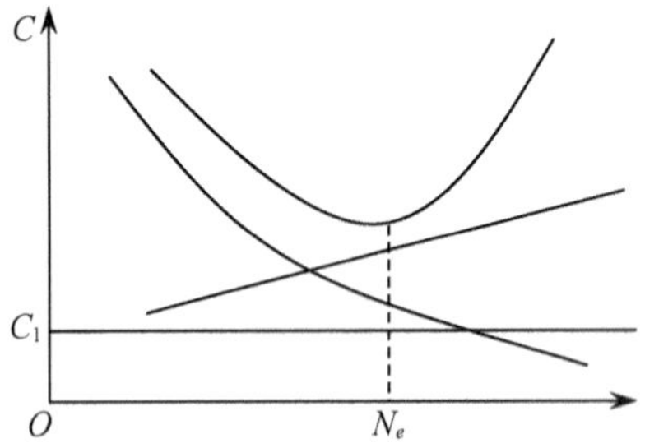

图13-3　年运行成本随生产设备使用年数的变动

那么,T年内运行成本的年平均值为

$$C_T = C_1 + \frac{T-1}{2}\lambda \tag{13-13}$$

除运行成本外,在使用生产设备的年总费用中还有每年分摊的生产设备购置费用,其金额为$\frac{K_0 - L}{T}$。

随着生产设备使用时间的延长,每年分摊的生产设备费用是逐年下降的,而年均运行成本却逐年线性上升。综合考虑这两个方面的因素,一般来说,随着使用时间的延长,生产设备使用的年均费用的变化规律是先降后升,呈"U"形曲线。年均总费用的计算公式为

$$AC = \frac{K_0 - L}{T} + C_1 + \frac{T-1}{2}\lambda \tag{13-14}$$

可用求极值的方法,求出生产设备的经济寿命,即生产设备原型更新的最佳时期。

设L为一常数,令 $$\frac{\mathrm{d}(AC)}{\mathrm{d}T} = 0$$

则经济寿命为

$$T_E = \sqrt{\frac{2(K_0 - L)}{\lambda}} \tag{13-15}$$

2. 新型生产设备的更新决策

原型生产设备的更新前提是企业生产设备在使用期内没有更好的新型生产设备出现。在技术不断进步的条件下，由于第Ⅱ种无形磨损的作用，很可能在生产设备运行成本尚未增至该原型生产设备替代之前，就已经出现工作效率更高和经济效果更好的新型生产设备。这时，就需要比较在继续使用旧生产设备和购置新型生产设备这2种方案中，哪一种方案在经济上更为有利？

在有新型生产设备出现的情况下，常用的生产设备更新决策方法是年费用比较法，计算步骤具体可表述为：

步骤1，计算新生产设备平均年总费用 AAC_N。

步骤2，计算旧生产设备平均年总费用 AAC_O。

步骤3，对新旧生产设备的平均总费用进行比较：若 $AAC_N > AAC_O$，继续使用旧生产设备，反之，进入步骤4，选择何时更新。

步骤4，比较旧生产设备再继续使用一年的总费用 $AAC_{O(N)}$ 和新生产设备平均年总费用 AAC_N，确定更新时机。

【课堂案例】

某企业生产设备目前的净残值为8 000元，还能继续使用4年，保留使用的情况如表13-5。新生产设备的原始费用为35 000元，经济寿命10年，10年末的净残值为4 000元，平均年使用费为500元，基准折现率是12%。问题：(1) 旧生产设备是否需要更换？(2) 何时更换为宜？

表13-5　某企业生产设备继续保留使用4年的情况　单位：元

保留使用年数	年末净残值	年使用费
1	6 500	3 000
2	5 000	4 000
3	3 500	5 000
4	2 000	6 000

解：设新生产设备、旧生产设备的平均年费用分别为 AAC_N 与 AAC_O，则

$AAC_N = [35\,000 - 4\,000 \times (P/F, 12\%, 10)] \times (A/P, 12\%, 10) + 500 = 6467$ 元

$AAC_O = [8\,000 - 2\,000 \times (P/F, 12\%, 4)] \times (A/P, 12\%, 4) + [3\,000(P/F, 12\%, 1) + 4\,000 (P/F, 12\%, 3) + 5\,000(P/F, 12\%, 3 + 6\,000(P/F, 12\%, 4)] \times (A/P, 12\%, 4) = 6\,503.27$（元）

$AAC_N < AAC_O$，所以旧生产设备应该更换。

旧生产设备保留1年：$AAC_O(1) = [8\,000 - 6\,500(P/F, 10\%, 1) + 3\,000(P/F, 10\%, 1)](A/P, 10\%, 1) = 5\,460 < 6\,467$ 元，应保留。

保留 2 年：$AAC_O(2)=[6\ 500-5\ 000(P/F,10\%,1)+4\ 000)(P/F,10\%,1)](A/P,10\%,1)=6\ 280<6\ 467$ 元，应保留。

保留 3 年：$AAC_O(3)=[5\ 000-3\ 500(P/F,10\%,1)+5\ 000(P/F,10\%,1)](A/P,10\%,1)=7\ 100>6\ 467$ 元，应更换。

所以旧生产设备应使用 2 年，于第 2 年年末更换。

课堂案例

某企业生产设备目前的价值为 9 000 元，如保留使用 3 年，各年年末残值及年运行成本如表 13-6。现有一种新生产设备，生产设备的价值为 15 000 元，使用过后的残值为 2 500 元，年运行成本 1 900 元，寿命为 5 年，资金利率为 10%，问：生产设备是否需要更新？如要更新，何时更新最好？

表 13-6 企业生产设备继续保留使用 3 年的情况 单位：元

保留使用年数	年末净残值	年使用费
1	6 000	3 000
2	3 000	5 000
3	0	7 000

解：设新生产设备、旧生产设备的平均年费用分别为 AAC_N 与 AAC_O，则

$$AAC_O=[9\ 000+3\ 000(P/F,10\%,1)+5\ 000(P/F,10,2)+7\ 000(P/F,10\%,3)](A/P,10\%,3)$$
$$=8\ 491.92$$

$$AAC_N=[15\ 000-2\ 500(P/F,10\%,5)](A/P,10\%,5)+1\ 900$$
$$=5\ 447.52$$

$$AAC_O(1)=[9\ 000-6\ 000(P/F,10\%,1)+3\ 000(P/F,10\%,1)](A/P,10\%,1)$$
$$=6\ 900$$

所以应立即更新。

13.4 企业生产设备管理综合评价

13.4.1 生产设备管理评价指标

随着企业管理的深化，对生产设备管理的考核、评价，包括自评、互评和上级对下级的评价变得越来越重要。由于生产设备管理工作与物资、财务、劳动组织、技术、经济和生产计划等诸方面紧密联系，要检验和衡量各个环节的管理水平和经济效益就必须建立和健全生产设备管理的技术经济指标和指标体系。指标体系由一系列具体的技术经济指标构成。这些指标设立的好坏与否，直接关系到最终评测的结果，所以十分关键。企业生产设备管理评价指标体系如图 13-4 所示。

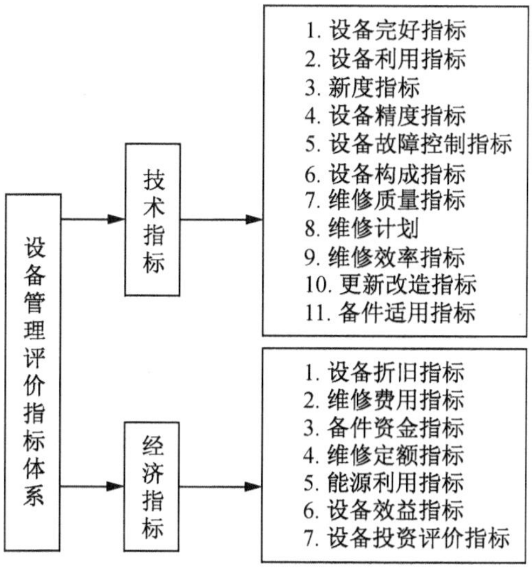

图 13-4　传统的生产设备管理评价指标体系

企业生产设备管理评价指标体系中的技术指标如表 13-7 所示。

表 13-7　企业生产设备管理评价指标体系中的技术指标

序号	名称	内涵
1	设备完好	生产设备完好率和设备泄漏率等
2	设备利用	设备利用率等
3	新度	设备综合磨损系数等
4	设备精度	设备精度指数等
5	设备故障控制	设备故障率、故障停机率及事故频率等
6	设备构成	设备数量构成百分数和设备价值构成百分数
7	维修质量	大修设备的返修率、新制备件废品率、一次交验合格品率及单位停修时间等
8	维修计划完成	设备大修理计划完成率、设备小修理任务完成率等
9	维修效率	钳工年修复杂系数等
10	更新改造	设备数量更新率等
11	备件适用	备件品种适用率等

企业生产设备管理评价指标体系中的经济指标如表 13-8 所示。

表 13-8　企业生产设备管理评价指标体系中的经济指标

序号	名称	内涵
1	设备折旧	设备折旧率等
2	维修费用	单位产品维修费用等

续表

序号	名称	内涵
3	备件资金	备件资金占用率等
4	维修定额	工时定额等
5	能源利用	产值耗能率等
6	设备效益	设备资产产值率等
7	设备投资评价	投资回收期等

企业生产设备管理评价指标的考核标准如表13-9所示。

表13-9　企业生产设备管理评价指标的考核标准

序号	名称	内涵
1	主要生产设备完好率	要求机械设备90%以上，动力设备95%以上
2	设备可利用率	要求达到95%以上
3	设备故障停机率	控制在1%以内
4	设备大修理成本	控制在300～350元/F(F为修理复杂系数)
5	万元产值维修费用	要求逐年下降，达到同行业先进水平
6	大修理停修天数	平均在3 d/F以内
7	大修理设备返修率	要求控制在1%以内
8	生产设备闲置率	控制在15%以下
9	设备大修理计划完成率	不得低于96%
10	上要生产设备事故频率	不得超过0.1%

13.4.2　生产设备管理绩效评价

1. 生产设备综合效率

(1) 生产设备综合效率的基本概念

生产设备综合效率(Over Equipment Effictiveness，OEE)，是一种测量生产设备实际与理论生产能力的比率的工具。通过它可以实现对一台生产设备或者一条生产线能力的衡量，OEE的提高也就意味着生产设备的可利用率会有所提高，与此同时，生产设备的产品合格率也会有所提高，这样就会大大地提升企业的利益，降低成本。OEE不仅仅是一个衡量方法，同时也是一个计算生产损耗的工具。使用OEE理论对正在工作中的生产设备进行分析，可以发现生产设备的效率损失，这样就可以根据发现的不同问题采取不同的处理措施，使生产设备得到改善，发挥其最大的性能，最终达到提升企业的生产效率的目的。生产设备的综合效率主要组成部分就是生产设备可利用的时间，生产设备的表现性以及生产设备自身的质量。

(2) 生产设备综合效率与六大损失

在OEE的衡量标准中，要想整体地提高生产设备综合效率，减少生产设备所带来的损失，就应要求负责分析工作的人员准确地了解生产设备的时间开动率会受哪些损失影响，生产设备的性能开动率会受哪些因素影响，生产设备的产品合格率会受哪些因素影响。生产设备综合效率与六大损失的关系如图 13-5 所示。

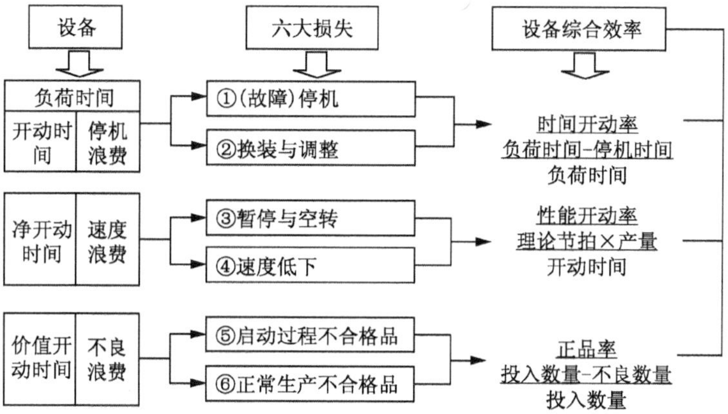

图 13-5 生产设备综合效率与六大损失的关系图

(3) 生产设备综合效率的计算方法

完全有效生产率(Total Effective Efficiency of Production，TEEP)反映的是对与生产设备有关和无关的因素都进行考虑的企业生产设备效率。

$$TEEP = 生产设备利用率 \times OEE \tag{13-16}$$

其生产设备利用率= 负荷时间 / 日历工作时间

=(日历工作时间－计划停机时间－非生产设备因素停机时间)/ 日历工作时间 (13-17)

企业 OEE 和 TEEP 时间折算如图 13-6 所示①。

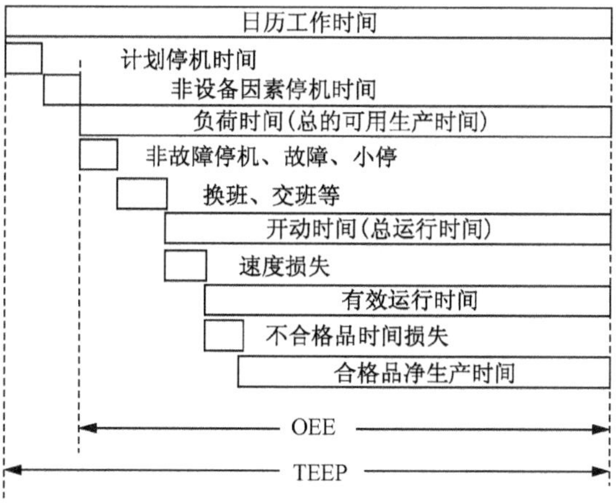

图 13-6 企业 OEE 和 TEEP 时间折算柱形图

① 张军杰. 设备管理与维修的国际发展潮流[C]//中国有色金属学会第七届学术年会论文集. 青海桥头铝电有限公司，2008：615-620.

在图 13-6 基础上增添计划停机和外部因素停机，形成 OEE 及 TEEP 的计算和特征时间-损失-效率的关系如图 13-7 所示。

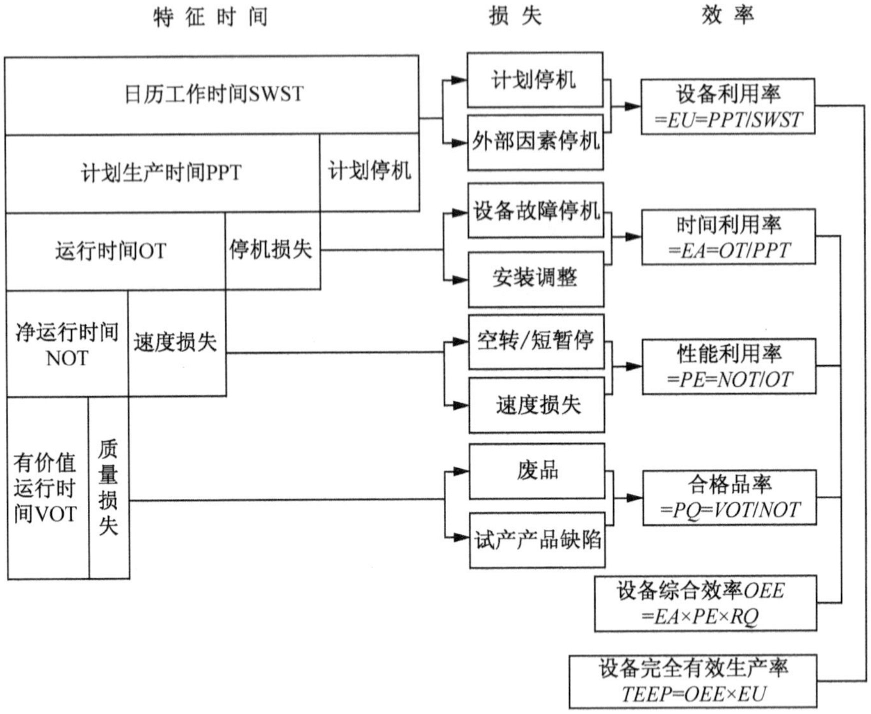

图 13-7　OEE 及 TEEP 的计算和特征时间-损失-效率的关系

2. 生产设备管理绩效评价法

模糊综合评价法是一种基于模糊数学的综合评标方法。该方法根据模糊数学的隶属度理论把定性评价转化为定量评价，针对多个待评价方案，综合各评价指标因素的作用，对各方案做出评价与决策。即用模糊数学对受到多项指标因素制约的评价方案做出一个总体的评价。模糊综合评价法能较好地解决模糊的、难以量化的问题，适合各种非确定性问题的解决。

模糊综合评价法的具体步骤为：

步骤 1，确定评价指标因素集。评价指标因素集为各个评价指标的集合，即 $U=\{u_1, u_2, \cdots, u_n\}$。

步骤 2，建立评价等级集。由多位专家组成评价小组，建立评价等级集 $V=\{v_1, v_2, \cdots, v_n\}$，每一个等级可对应一个模糊子集。

步骤 3，确定评价指标因素的权重。在模糊综合评价法中，确定评价指标因素的权重 $\boldsymbol{W}=\{\mu_1, \mu_2, \cdots, \mu_m\}$。权重反映各评价指标在综合评价中的重要性程度，由于评价指标因素具有明显的层次性，可采用层次分析法来确定评价指标间的相对重要性次序，从而确定权重，并且在合成之前归一化处理。即 $\sum_{j=1}^{m}\mu_j=1, \mu_j \geqslant 0 (j=1,2,\cdots,m)$。

步骤 4，建立模糊关系矩阵。在建立等级模糊子集后，确定被评方案中各项指标因素对等级模糊子集的隶属度 R，进而得到模糊关系矩阵：

$$\boldsymbol{R}=\begin{bmatrix} r_{11} & \cdots & r_{1n} \\ r_{21} & \cdots & r_{2n} \\ \vdots & & \vdots \\ r_{m1} & \cdots & r_{mn} \end{bmatrix}_{m\times n} \tag{13-18}$$

式中：矩阵 $\boldsymbol{R}$ 中第 i 行第 j 列元素 r_{ij} 表示某个被评方案从指标因素 u_i 来看对 v_j 等级模糊子集的隶属度。一个被评方案在某项指标因素 u_i 方面的表现，是通过模糊向量来刻画的，在其他评价方法中，多由指标实际值来刻画。因此，从这个角度来看，模糊综合评价法要求更多的信息。

步骤 5，合成模糊综合评价结果，进行综合评价。通过权系数矩阵 $\boldsymbol{W}$ 与评价矩阵 $\boldsymbol{R}$ 的模糊变换得到模糊评判集 $\boldsymbol{S}$。

设 $\boldsymbol{W}=(\mu_j)_{1\times m}$，$\boldsymbol{R}=(r_{ji})_{m\times n}$，那么

$$\boldsymbol{S}=\boldsymbol{W}\circ\boldsymbol{R}=(\mu_1,\mu_2,\cdots,\mu_m)\circ\begin{pmatrix} r_{11} & \cdots & r_{1n} \\ r_{21} & \cdots & r_{2n} \\ \vdots & & \vdots \\ r_{m1} & \cdots & r_{mn} \end{pmatrix}=(s_1,s_2,\cdots,s_n) \tag{13-19}$$

式中：“$\circ$”为模糊合成算子。

进行模糊变换时要选择适宜的模糊合成算子，模糊合成算子通常有 4 种：

(1) $M(\wedge,\vee)$算子

$$s_k=\bigvee_{j=1}^{m}(\mu_j\wedge r_{jk})=\max_{1\leqslant j\leqslant m}\{\min(\mu_j,r_{jk})\}\quad(k=1,2,\cdots,n) \tag{13-20}$$

式中：符号“$\wedge$”为取小，“$\vee$”为取大。

(2) $M(\cdot,\vee)$算子

$$s_k=\bigvee_{j=1}^{m}(\mu_j\cdot r_{jk})=\max_{1\leqslant j\leqslant m}\{\mu_j\cdot r_{jk}\}\quad(k=1,2,\cdots,n) \tag{13-21}$$

(3) $M(\wedge,\oplus)$算子

“$\oplus$”是有界和运算，即在有界限制下的普通加法运算。对 t 个实数 $x_1,x_2,\cdots,x_t$ 有

$$s_k=x_1\oplus x_2\oplus\cdots\oplus x_t=\min\left\{1,\sum_{i=1}^{t}x_i\right\} \tag{13-22}$$

(4) $M(\cdot,\oplus)$算子

$$s_k=\min\left(1,\sum_{j=1}^{m}\mu_j r_{jk}\right)\quad(k=1,2,\cdots,n) \tag{13-23}$$

以上 4 个算子在综合评价中的特点见表 13-10。

表 13-10　4 个算子在综合评价中的特点

特点	算子			
	$M(\wedge,\vee)$	$M(\cdot,\vee)$	$M(\wedge,\oplus)$	$M(\cdot,\oplus)$
体现权数作用	不明显	明显	不明显	明显
综合程度	弱	弱	强	强
利用 **R** 的信息	不充分	不充分	比较充分	充分
类型	主因素突出型	主因素突出型	加权平均型	加权平均型

$M(\wedge,\vee)$和$M(\cdot,\vee)$在运算中能突出对综合评判起作用的主要因素，在确定 **W** 时不一定要求其分量之和为 1，即不一定是权向量，故为主因素突出型。

$M(\wedge,\oplus)$和$M(\cdot,\oplus)$在运算时兼顾了各因素的作用，**W** 为名副其实的权向量，应满足各分量之和为 1，故为加权平均型。

步骤 6，最后通过对模糊评判向量 **S** 的分析做出综合结论。一般可以采用以下 3 种方法：

第一，最大隶属原则。

模糊评判集 $\boldsymbol{S}=(s_1,s_2,\cdots,s_n)$中 s_i 为等级 v_i 对模糊评判集 **S** 的隶属度，按最大隶属度原则做出综合结论，即

$$M=\max(s_1,s_2,\cdots,s_n) \tag{13-24}$$

式中：M 所对应的元素为综合评价结果。该方法虽简单易行，但只考虑隶属度最大的点，其他点没有考虑，损失的信息较多。

第二，加权平均原则。

加权平均原则是基于这样的思想：将等级看作一种相对位置，使其连续化。为了能定量处理，不妨用"1，2，…，n"依次表示各等级，并称其为各等级的秩。然后用 **S** 中对应分量将各等级的秩加权求和，得到被评事物的相对位置。这就是加权平均原则，可表示为

$$u^*=\frac{\sum_{i=1}^{n}\mu(\nu_i)\cdot s_i^k}{\sum_{i=1}^{n}s_i^k} \tag{13-25}$$

式中：k 为待定系数($k=1$ 或 $k=2$)，目的是控制较大的 s_i 所起的作用。可以证明，当 $k\to\infty$ 时，加权平均原则就是最大隶属原则。

第三，模糊向量单值化。

如果给等级赋予分值，然后用 **S** 中对应的隶属度将分值加权求平均就可以得到一个点值，便于比较排序。

设给 n 个等级依次赋予分值 $c_1,c_2,\cdots,c_n$，一般情况下(等级由高到低或由好到差)，$c_1>c_2>\cdots>c_n$，且间距相等，则模糊向量可单值化为

$$c=\frac{\sum_{i=1}^{n}c_i\cdot s_i^k}{\sum_{i=1}^{n}s_i^k} \tag{13-26}$$

以上 3 种方法可以依据评价目的来选用，如果需要等级序化，可选用后两种方法，如果只需给出某事物一个总体评价结论，则用第一种方法。

3. 综合案例

FOR 外星轮生产线所在企业拥有数名产品研发工程师，拥有一批国家级技术专家，与国内一些知名的研究院所和高等院校进行了广泛的技术合作。利用 *UG*、*Catia*、*ProE* 等先进软件，企业自主承担产品设计、模具设计及产品性能模拟分析。企业还拥有数名数控专业高级技术人员，全部来自全国各个汽车零件制造厂家。该企业自正式挂牌成立以来，奉行“努力超越、追求卓越”的企业精神，取得了显著的成绩，主要承担等速万向节传动轴、*FOR* 外星轮、*ICS* 实轴/空心轴、*TULIP* 三销轴叉和 *LVL* 移动节内星轮等关键零部件的机械加工以及总成装配。该企业的发展是以质量求生存、以信誉占市场、以技术创发展、以管理出效益，在生产运作上采用“精益生产”模式，旨在为客户提供质量最佳、价格最优、服务最好、交货准时的合格零部件产品。

该外星轮生产车间主要有 5 条生产线，分别为：等速万向节传动轴、*FOR* 外星轮、*ICS* 实轴/空心轴、*TULIP* 三销轴叉和总装，共有生产设备 90 余台，本文选取了 *FOR* 外星轮生产线上的 10 台关键生产设备进行分析，它们的型号分别为 *CKD*6140、*CKD*6150*M*、*CKD*61125*L*、*CK*5112、*CK*6180、*CKS*61、*CNC*-12、三菱-*a*54、*XK*6030、*XK*7126。对这些关键的生产设备研究分析计算，找到影响生产设备综合效率的问题生产设备。①

(1) 计算外星轮生产线设备综合效率(*OEE*)得分

由收集的相关数据计算 *FOR* 外星轮生产线上设备的计划运行时间，如表 13-11 所示。

表 13-11　计划运行时间　　单位：h

月份	1 月	2 月	3 月	4 月	5 月
工作时间	220	220	220	220	220
晨会时间	9	9	9	9	9
培训时间	2	2	2	2	2
设备点检时间	16.5	16.5	16.5	16.5	16.5
工间休息时间	11	11	11	11	11
其他	0	0	0	0	0
计划运行时间 *D*	181.5	181.5	181.5	181.5	181.5

① 案例来源：侯殿龙. 外星轮生产线设备管理评价指标体系与绩效评价研究[D]. 长春：吉林大学，2019.

计划运行时间 D=工作时间－晨会时间－培训时间－设备点检时间－工间休息时间－其他

根据设备显示数据得到设备实际的生产时间 M，如表 13-12 所示。

表 13-12　设备实际的生产时间　　单位：h

设备	编号	1 月	2 月	3 月	4 月	5 月
CKD6140	012-055	152.6	151.1	151.3	152.5	151.6
CKD6150M	012-066	152.1	149.3	150.9	151.1	152.2
CKD61125L	012-078	151.2	150.5	149.6	152.3	150.2
CK5112	012-080	143.7	143.3	141.8	144.2	142.4
CK6180	012-412	151.3	151.1	150.3	150.4	149.8
CKS61	012-440	151.9	150.5	152.3	152.5	149.3
CNC-12	012-459	150.1	151.7	152.7	150.6	150.2
三菱-a54	012-490	152.6	150.8	150.7	152.7	152.3
XK6030	012-495	151.7	153.1	151.2	152.8	152.8
XK7126	024-211-06	151.6	151.5	150.2	150.4	149.6

根据时间开动率 A=实际生产时间 M/计划运行时间 D，计算 FOR 外星轮生产线的设备时间开动率，如表 13-13 所示。

表 13-13　设备时间开动率 A　　单位：%

设备	编号	1 月	2 月	3 月	4 月	5 月
CKD6140	012-055	84.09	83.30	83.32	83.96	83.57
CKD6150M	012-066	83.81	82.27	83.10	83.26	83.90
CKD61125L	012-078	83.32	82.99	82.36	83.87	82.6
CK5112	012-080	79.16	78.89	78.17	79.38	78.41
CK6180	012-412	83.35	83.32	82.74	82.80	82.47
CKS61	012-440	83.68	82.97	83.87	84.09	82.21
CNC-12	012-459	82.71	83.63	84.07	82.93	82.80
三菱-a54	012-490	84.07	83.13	83.02	84.07	83.85
XK6030	012-495	83.57	84.40	83.26	84.23	84.12
XK7126	024-211-06	83.52	83.54	82.71	82.80	82.36

收集 FOR 外星轮生产线设备的辅助生产时间，如表 13-14 所示。

表 13-14　辅助生产时间　　单位:h

月份	1 月	2 月	3 月	4 月	5 月
辅助生产时间 K	13	13.5	12.5	12.5	13

计算 FOR 外星轮生产线设备实际的开动时间 J，如表 13-15 所示。

表 13-15　设备实际开动时间　　单位:h

设备	编号	1 月	2 月	3 月	4 月	5 月
CKD6140	012-055	139.7	137.6	138.8	140	138.8
CKD6150M	012-066	139.2	135.9	138.2	138.5	139.4
CKD61125L	012-078	138.3	137.2	137.1	139.6	137.2
CK5112	012-080	130.6	129.8	129.3	131.5	129.2
CK6180	012-412	138.2	137.6	137.6	137.7	136.8
CKS61	012-440	138.8	137.2	139.8	140.2	136.3
CNC-12	012-459	137.2	138.4	140	138.1	137.4
三菱-a54	012-490	139.5	137.5	138.3	140.2	139.3
XK6030	012-495	138.8	139.8	138.7	140.5	139.8
XK7126	024-211-06	138.5	138.2	137.5	137.7	136.4

由表 13-11 以及表 13-15 及公式：性能开动率 PE＝实际开动时间 J/实际生产时间 M，能够获得各个关键设备性能开动率，如表 13-16 所示。

表 13-16　设备性能开动率 PE　　单位:%

设备	编号	1 月	2 月	3 月	4 月	5 月
CKD6140	012-055	91.47	91.06	91.72	91.81	91.42
CKD6150M	012-066	91.46	90.95	91.70	91.72	91.47
CKD61125L	012-078	91.39	91.03	91.63	91.78	91.32
CK5112	012-080	90.94	90.58	91.20	91.34	90.85
CK6180	012-412	91.40	91.06	91.69	91.67	91.33
CKS61	012-440	91.43	91.03	91.78	91.82	91.28
CNC-12	012-459	91.35	91.12	91.82	91.68	91.36
三菱-a54	012-490	91.47	91.06	91.72	91.82	91.45
XK6030	012-495	91.42	91.18	91.74	91.83	91.48
XK7126	024-211-06	91.41	91.08	91.68	91.67	91.31

收集 FOR 外星轮生产线在 1 月到 5 月加工产品数量及合格率，如表 13-17 所示。

表 13-17 加工产品合格品率

时间	1月	2月	3月	4月	5月
目标加工数量(件)	170 000	170 000	170 000	150 000	160 000
实际加工数量(件)	161 869	172 267	162 594	153 783	160 068
合格品数量(件)	161 071	171 246	161 617	153 085	159 544
合格率(%)	99.51	99.41	99.40	99.55	99.67

由表 13-13、表 13-16、表 13-17 及公式:设备综合效率 *OEE*=时间开动率 *A*×设备性能开动率 *PE*×合格品率 *Q*① 可以算出 FOR 外星轮生产线设备综合效率 *OEE* 值,如表 13-18 所示。

表 13-18 FOR 外星轮生产线设备综合效率 *OEE* 值 单位:%

序号	设备或生产线	编号	1月	2月	3月	4月	5月
1	CKD6140	012-055	75.74	74.45	75.14	73.76	74.35
2	CKD6150M	012-066	75.46	73.43	74.92	73.08	74.65
3	CKD61125L	012-078	74.98	74.11	74.22	74.66	73.49
4	CK5112	012-080	69.65	69.18	68.03	68.32	68.72
5	CK6180	012-412	75.05	74.45	74.59	73.64	73.26
6	CKS61	012-440	75.37	74.11	75.66	72.87	73.01
7	CNC-12	012-459	74.40	74.78	75.88	73.75	73.58
8	三菱-a54	012-490	75.76	74.27	74.85	73.89	74.62
9	XK6030	012-495	75.27	75.54	75.06	72.04	74.87
10	XK7126	024-211-06	75.21	74.65	74.54	74.64	73.15
11	外星轮生产线	*OEE* 均值	74.69	73.90	74.39	73.07	73.37
12	外星轮生产线	经济效益指标等级	一般	一般	一般	一般	一般

根据表 13-18 设备综合效率能够看出,FOR 外星轮生产线 CK5112 设备的 *OEE* 值最小,因此 CK5112 设备存在很大问题,是瓶颈设备,应予以重点改善。

外星轮生产线设备综合效率(*OEE*)得分计算公式为

$$OEE\ 得分 = (OEE\ 计算值) \times 100 \tag{13-27}$$

设备综合效率能反映设备综合经济指标的好坏,给出对设备采取的管理维修措施提供

① 运筹学教材编写组. 运筹学[M]. 清华大学出版社,2012.

的判断依据，*OEE* 计算值与 *OEE* 得分关系如表 13-19 所示。

表 13-19 设备综合效率与维修措施之间的关系

序号	*OEE* 计算值	*OEE* 得分	设备管理维修措施	经济效益指标(等级)
1	100%～85%	100～85 分	平时应注意性能的保全	良好
2	85%～70%	85～70 分	预先维修措施予以提高	一般
3	70%～50%	70～50 分	大修或局部维修	持平
4	50%～0%	50～0 分	措施以改进 予以淘汰换代	较差

由式(13-27)及表 13-19 及可知，外星轮生产线设备综合效率计算值一般，设备运行状态一般，2017 年 1 月至 5 月设备综合效率得分依次为：1 月 74.69 分，2 月 73.90 分，3 月 74.39 分，4 月 73.07 分，5 月 73.37 分。

(2) 计算故障停机率得分

故障停机率数值与故障停机率得分之间的关系如公式 13-28 所示。预先对故障停机率得分设定评价标准，当故障停机率得分在[90,100]为优秀，[80,90]为良好，[70,80]一般，[60,70]为及格，[0,60]为较差。

$$\text{故障停机率得分值} = (1 - \text{故障停机率}) \times 100 \tag{13-28}$$

外星轮生产线故障停机率计算表如表 13-20 所示。

表 13-20 故障停机率计算表

	1 月	2 月	3 月	4 月	5 月
计划运行时间(h)	220	220	220	220	220
设备故障停机时间(h)	13.2	1.7	13	22.2	15
故障停机率(%)	6.00	0.77	5.91	10.09	6.82
故障停机率得分值	94.00	99.23	94.09	89.91	93.18
故障停机率得分等级	优秀	优秀	优秀	良好	优秀

由表 13-20 故障停机率计算表可知，外星轮生产线故障停机率较低，1 月至 5 月故障停机率评分对应为：94.00 分、99.23 分、94.09 分、89.91 分、93.18 分。故障停机率评价等级结果为：1 月份优秀，2 月份优秀，3 月份优秀，4 月份良好，5 月份优秀。可以得出 FOR 外星轮生产线中 4 月份的故障停机率得分值是最低的。

(3) 计算 6S 活动得分

通过发放问卷调查的形式，对外星轮生产线 2017 年 4 月份 6S 活动进行评价打分。此次调查问卷共发放 15 份，参与调查的专家包括：工业工程相关技术人员 4 人，车间主任 1 人，副主任 2 人，操作工人 3 人，车间设备科技术人员 3 人，外星轮生产线班长 1 人，副班长 1 人，收回有效调查问卷 13 份。对 6S 活动进行评分的评价指标是适用于外星轮生产线的现场检查指标，经过专家检查，所得评分统计平均后如表13-21～表13-26所示。

表13-21 6S生产现场检查表1

项目	实施操作	总分	分值
整理	1）是否有规律实行红标签	4	3
	2）是否需要不急用工具	3	2
	3）是否剩余材料等	4	4
	4）是否有多余隔间、妨碍观察	3	2
	5）工位现场是否有定置标志	3	2
	得分	17	13

表13-22 6S生产现场检查表2

项目	实施操作	总分	分值
整顿	1）是否有规定储藏室	3	2
	2）物品是否定点放置	4	3
	3）工具是否集中摆放	4	4
	4）工夹具是否归类存放	3	2
	5）工夹具等是否有规定放置地	4	3
	6）废料是否有规定存放点	3	3
	得分	21	17

表13-23 6S生产现场检查表3

项目	实施操作	总分	分值
清扫	1）工位现场是否有秩序	3	3
	2）工位台面是否杂乱	3	2
	3）生产设备是否有污秽	3	2
	4）区域线是否清晰	3	2
	5）下班前是否有清扫	3	3
	得分	15	12

表13-24 6S生产现场检查表4

项目	实施操作	总分	分值
清洁	1）3S有无规则化	3	2
	2）是否定期点检设备	2	2
	3）是否穿着规定工作服	3	3
	4）是否任意放置私人物品	3	2
	5）是否有规定吸烟场所	3	2
	得分	14	11

表 13-25 6S 生产现场检查表 5

项目	实施操作	总分	分值
安全	1）工位现场是否有易燃易爆品	3	3
	2）工位现场是否有漏电现象	3	3
	3）工人是否每次穿防电靴作业	3	3
安全	4）工人是否私接电线	2	2
	5）工位现场是否有漏水现象	3	3
	得分	14	14

表 13-26 6S 生产现场检查表 6

项目	实施操作	总分	分值
素养	1）是否有日程进度管理表	4	3
	2）是否有安全保护物品	4	3
	3）是否有规范工位说明书	4	3
	4）是否有紧急事件应对方法	3	2
	5）是否积极参加小组会议	3	3
	6）是否遵守上下班时间	2	2
	得分	20	16

6S 活动得分：整理＋整顿＋清扫＋清洁＋安全＋素养＝13＋17＋12＋11＋14＋16＝83 分。6S 得分评价等级为：(90，100]为优秀，(80，90]为良好，(70，80]为一般，(60，70]为及格，[0，60]为较差。此次 6S 得分为 83 分，故评价等级为良好。

（4）规范化作业评分

组织专家对产线全部设备随机抽查，按规范化作业标准对需要工人规范作业的设备操作部位进行评价，给出优秀(90，100]、良好(80，90]、中等(60，80]、差[0，60]共 4 个评价等级。归纳专家小组的评价分数，求其算数平均值即得到被评价生产线的最终得分，进而得出外星轮生产线 2017 年 4 月份规范化作业得分，如表 13-27 所示。

表 13-27 规范化作业评分

作业工序号	作业点部位	作业内容	对照标准文件编号	得分	等级	总得分（各工位得分均值）
G2	粗车左端面外圆	1）横向退刀 2）粗车左端面	CCML-WI-MD-3016	90 分	良	(90＋88＋86＋93＋83)/5＝88 分
G3	粗车右端面外圆内孔	1）粗车左端面 2）钻外圆内孔	CCML-WI-MD-5032	88 分	良	
G4	精车右端面内孔	1）先退刀再换 2）钻右端面内孔	CCML-WI-MD-9038	86 分	良	
G5	精车左端面外圆内孔	1）精车左端面 2）钻外圆内孔	CCML-WI-MD-9048	93 分	优	
G6	钻孔	1）钻孔机钻孔	CCML-WI-MD-9051	83 分	中	

由表 7-26 得出，规范化作业总评分为 88 分，故 FOR 外星轮生产线规范化作业评分等级为良好。

（5）评价指标权重确定

通过专家调查法，收集外星轮生产线设备管理经验丰富的评价人给出的意见和指标权重。此次调查问卷共发放 15 份，参与调查的专家包括：工业工程相关技术人员 4 人，车间主任 1 人，副主任 2 人，操作工人 3 人，车间设备科技术人员 3 人，外星轮生产线班长 1 人，副班长 1 人，收回有效调查问卷 14 份。通过整理调查问卷，得出评价指标 OEE、故障停机率、6S 活动、规范化作业的权重分别为 0.467、0.278、0.160、0.095。

（6）运用模糊综合评价法对外星轮生产线设备管理进行绩效评价

FOR 外星轮生产线因素集里 E1（设备综合效率）得 73.07 分，E2（故障停机率）得 89.91 分，E3（6S 活动）得 83 分，E4（规范化作业评价）得 88 分。已知权重集里，A1（设备综合效率 OEE）、A2（故障停机率）、A3（6S 活动）、A4（规范化作业）的权重分别为：0.467、0.278、0.160、0.095。对外星轮生产线 2017 年 4 月份设备管理工作进行绩效评价：

$$E=(A1E1+A2E2+A3E3+A4E4)/(A1+A2+A3+A4)$$ ①

$$=(0.467\times 73.07+0.278\times 89.91+0.160\times 83+0.095\times 88)/(0.467+0.278+0.160+0.095)=80.76(\text{分})$$

FOR 外星轮生产线的设备管理绩效评价得分为 80.76 分，设备管理绩效评价得分在(80,90]的区间内。因此，FOR 外星轮生产线设备管理绩效评价为良好，能够满足日常生产的顺利进行。

【思考题】

1. 什么是企业生产设备管理决策？
2. 企业生产设备磨损有哪几种主要形式？
3. 企业生产设备磨损的度量方法是什么？
4. 企业生产设备磨损的补偿方式有哪些？
5. 如何理解企业生产设备的寿命？
6. 企业生产设备折旧的计算方法有哪些？
7. 企业生产设备更新决策的原则是什么？
8. 原型生产设备更新决策方法有哪些？
9. 新型生产设备更新决策方法有哪些？
10. 企业生产设备管理综合评价指标有哪些？

---

① [1] 李葆文. 简明现代设备管理手册：现代设备管理手册[M]. 北京：机械工业出版社，2004.
[2] 李葆文. 现代设备资产管理[M]. 北京：机械工业出版社，2006.

14 企业价值管理决策

【学习要求与目标】

1. 理解企业价值管理决策的概念；
2. 掌握价值工程的基本概念；
3. 理解价值工程的基本原理；
4. 掌握价值工程的工作程序；
5. 掌握企业价值工程的工作方法；
6. 掌握企业价值管理的工作方法。

2018年5月28日，习近平总书记在中国科学院第十九次院士大会、中国工程院第十四次院士大会上的讲话中指出："要以智能制造为主攻方向推动产业技术变革和优化升级，推动制造业产业模式和企业形态根本性转变，以'鼎新'带动'革故'，以增量带动存量，促进我国产业迈向全球价值链中高端。"改革开放前，我国的出口以农产品为主；在改革开放初期，出口以工业品为主，这些工业品主要集中在一些大宗的初级产品上；到了20世纪80年代，逐渐提升为以轻纺为主的制造业产品；而到了90年代，中国的出口主体进化成为机电产品，不过当时出口的机电产品都属于中低端产品；直到21世纪以后，中国的外贸才开始逐渐地提升到以出口高技术含量和高附加值的"双高"产品为主，比较典型的例子有高铁、核电等大型成套设备。总的来说，我国产业技术整体水平较低，导致我国很多产业处于价值链的中低端，而在产业的中高端领域，发达国家牢牢把控重点行业和领域的关键核心技术，以品牌质量稳占竞争高地，并在创新设计、关键技术创新、国际标准制定等方面掌握着话语权。进入21世纪以来，全球科技创新进入空前密集活跃的时期，新一轮科技革命和产业变革正在重构全球创新版图、重塑全球经济结构。以人工智能、量子信息、移动通信、物联网、区块链为代表的新一代信息技术加速突破应用，以合成生物学、基因编辑、脑科学、再生医学等为代表的生命科学领域孕育新的变革，融合机器人、数字化、新材料的先进制造技术正在加速推进制造业向智能化、服务化、绿色化转型，以清洁高效可持续为目标的能源技术加速发展将引发全球能源变革，空间和海洋技术正在拓展人类生存发展新疆域。对于企业来说，企业价值管理是企业战略管理的重要组成部分。要抓住新一轮的科技革命和产业变革带来的机遇，关键是提高企业价值管理决策能力，促进产业迈向全球价值链中高端。

14.1 企业价值管理决策概述

14.1.1 价值管理决策的概念

价值一直是自18世纪以来哲学、社会、经济等领域密切关注和积极研究的问题。价值本质并非单纯的交换劳动关系，而是人类相互交换财富的利益关系。货币作为价值实体的表现形式既是抽象的一般社会使用价值的代表，又是衡量不同使用价值大小的共同标准。价值作为一个系统，需要经过价值创造、价值使用、价值管理等不同阶段。由于价值稀缺，因此不仅要创造提高价值，而且要科学合理使用维持价值，严格有序控制管理价值。

1958年创立的美国价值工程师协会(Society of American Value Engineers, SAVE)对价值工程的定义为："价值工程是一种系统化的应用技术，通过对产品或服务的功能分析，建立功能的货币价值模型，以最低的总费用可靠地实现必要的功能。"价值工程的定义包含了4个方面的思想内涵：第一，价值工程是一种系统的、有组织的研究方法，其系统性、组织性体现在价值工程研究需要由一个组织完成，而且要按照一定的程序和步骤进行；第二，价值工程研究的重要特征是对功能进行分析，通过功能分析，找出并剔除不合理的功能要求和过剩的功能，从而降低成本，提高价值；第三，价值工程研究的目的是提高研究对象的价值，而不是简单地降低成本，不同的研究对象，其价值的体现和提高价值的方法可能不同；第四，价值工程研究要从降低项目全寿命周期成本的角度来提高研究对象的价值。全寿命周期的成本(费用)包括项目建设成本和使用成本。

企业价值管理是在价值工程的基础上发展起来的一种系统的管理思想和方法，是一种对某个系统进行系统地价值分析的思想和方法。价值管理与价值工程的定义类似，即价值管理是一种系统化的、多专业的研究活动，通过企业项目管理的功能分析，用最低的全寿命成本实现企业项目管理的价值。1974年，美国联邦勤务总署首先应用了价值管理的思想和方法。企业价值管理在欧洲也已标准化，澳大利亚、比利时、捷克、丹麦、芬兰、法国、德国、希腊、冰岛、爱尔兰、意大利、卢森堡、荷兰、挪威、葡萄牙、西班牙、瑞典、瑞士、英国等20余个国家将价值管理编入了国家标准。

企业价值管理决策是企业对由一系列对象所组成的某个系统进行系统地价值分析，并追求整个系统的价值的提高所进行的管理决策。企业价值管理决策可理解为一种有组织的、系统的创造性活动的管理决策，其目标是提高作为价值管理对象的系统的价值，或使对系统的单位投入取得更好的效果。

企业价值管理决策一般用于一个较复杂的系统，例如一个工程项目或一套成套设备的开发或管理，包括对系统的整个寿命周期进行管理决策。它要求综合应用系统工程、价值工程、质量工程等，对系统的各个方面和系统寿命周期的各个阶段进行系统分析，从而达到整体最优。在进行企业价值管理决策的全过程中，要加强财务管理和定期进行经济效益审计，以确保企业项目管理的目标的实现。因此，企业价值管理决策是一种系统的、全方位的、全过程的管理决策。

14.1.2 价值管理决策的内容

企业价值管理决策，就是应用企业价值工程的原理和方法，以提高企业系统的价值为目标来进行价值创造。以价值为基础的企业管理决策，把企业项目管理的目标提高到了企业生命价值的层次，把企业的管理水平提高到了总揽企业价值体系的全局。企业价值管理决策强调对企业项目管理目标的分析论证，以及对实现企业项目管理目标的方法进行分析论证，从而可以保证企业投资效益的实现。

1. 价值管理决策的研究时间

企业在建设项目的决策、实施以及运营的全寿命过程中，都可以进行企业价值管理决策的研究。由于项目后期的工作一般都是在前期决策的基础上进行的，项目前期或实施初期的任何一个决策都直接或间接地影响后续每一个阶段的工作。因此，企业价值管理决策的研究时间越早越好。早期进行企业价值管理决策的研究，有利于企业管理者进行正确地决策。由于前期的决策对企业项目经济性的影响大于后期的决策，即越是前期的决策对企业项目投资的影响程度越大。同时由于决策在早期进行，企业项目的投入少，按照企业价值管理提案变更目标或进行设计修改的成本就很低。因此，企业价值管理决策的研究越早进行越是有利和有效的，即决策阶段比设计阶段更有利、有效，方案设计阶段比设计阶段更有效，施工图阶段比施工阶段更有效，越到项目后期，节约的可能性和节约额度就越小。

2. 价值管理决策的研究范围

决策阶段企业价值管理的研究范围宽，不仅要分析研究企业项目的总体功能要求和目标，而且要研究实现功能和目标的方法。在前期的企业项目构思和可行性研究阶段，通常企业项目参与各方、利益相关的各方很少有机会在一起畅谈其各自的要求和想法，而企业价值管理决策的研究创造了这样一种机会，使得企业项目利益各方和设计者能够充分交流、理解各自的目标和功能需求。

企业价值管理与价值工程的思想和方法是一致的，但价值管理在时间范围和研究内容的范围上拓宽了，即由设计、施工阶段向前延伸到项目决策阶段，向后延伸到项目的运营阶段，研究内容包括对企业项目功能和目标的分析、评价和论证。企业价值管理是对价值工程的发展，而且这一发展对提高企业项目的投资效益和投资价值是非常重要和有效的。因此，企业价值管理决策的提出具有重要的意义，为提高企业项目的投资效益和投资价值提供了有力的保障。

无论从世界各国还是从中国的实践来看，企业价值管理决策服务于社会经济发展和科技进步的成效显著，在于其具有以技术、经济与管理紧密结合，用户、企业与市场密不可分，功能、成本与价值融为一体为特征的一套基本理论和可操作的方法。

14.2 企业价值工程的原理

14.2.1 价值工程的起源与发展

1. 价值工程的起源

价值工程又称价值分析，是一种新兴的技术经济分析方法和现代化管理技术。自 20 世纪40年代产生至今，其理论和方法、规范和标准都得到了不断的发展和完善，其应用范围不仅包括设计、生产领域，而且包括施工、组织、预算、服务、管理等领域。国内外大量事实证明，采用价值工程能取得十分明显的经济效益。

价值工程1947年起源于美国，创造人为美国通用电气公司的采购工程师L. D. 麦尔斯。早在第二次世界大战期间，美国军事工业由于战争发展很快，因而出现了物资短缺而供应紧张的局面，当时美国所需的100种主要战略物资中有88种需要进口。承担着包括B-29轰炸机在内的军工生产的通用电气公司，也常因采购不到所需要的原料而影响生产。飞机上使用的石板棉就是一例。为什么要采用石棉板，它的功能是什么？麦尔斯经过研究发现，石棉板既能保持清洁，又能够防火。鉴于此目的，麦尔斯认为只要能实现上述功能，使用代用材料是可行的。但根据当时的消防法这是不允许的，几经周折，消防法被修改，使用一种不燃烧的纸代替石棉板才成为可能。这不但解决了原材料奇缺问题，而且在保持原功能的前提下，降低了产品的成本。这就是在美国轰动一时的颇有影响的“石棉事件”。

后来，麦尔斯又进一步从功能的角度来分析产品，并把它运用到电气产品的设计上去。麦尔斯认为，用户需要的不是产品本身，而是它的功能，并按照功能的必要程度来支付相应的费用。因此，设计物美价廉的产品，就变成了以最低的费用提供用户所要求的功能的问题。对于麦尔斯等人通过实践所总结的在保证同样功能的前提下降低成本的科学方法，通用电气公司副经理文纳(Winne)建议取名为“价值分析”。1947年，麦尔斯以“价值分析程序”为题，分享了这种独特的把技术设计和成本结合起来的方法和经验。1954年价值分析被改名为价值工程。

2. 价值工程的发展

自“价值工程”提出之后，麦尔斯不断地把这种理念运用到设计和生产过程的实践中，该方法被广泛应用于新产品开发、老产品改进、材料选用和工程建设等许多领域，取得了显著效果。1959年成立美国价值工程协会(SAVE)，由“价值工程之父”麦尔斯出任第一任会长。1961年麦尔斯出版了《价值工程——价值分析技术》一书，奠定了现代价值工程的基础。麦尔斯的价值工程理论在美国很快就被众多企业所采用，得到迅速推广和应用，同时又在应用的过程中，得到不断完善和发展。美国通用电气公司在推行价值工程的最初17年中耗费资金80万美元，创造的价值则高达2亿美元。自此，价值工程在美国得到长足的发展，取得显著效果。20世纪60和70年代，全世界工业化国家积极引进和推广价值工程方法。日本于1960年推行价值工程方法，1965年成立价值工程师协会。之后，日本在企业将价值工程(VE)、工业工程(IE)、质量管理(QC)结合起来组成VIQ推进室，取得了显著的经济效益。

1978年下半年中国开始推广价值工程活动，1981年原第一机械工业部发布积极推行价值工程通知，1984年国家经贸委将它作为18种现代管理方法之一，向全国推广，1987年国家标准局颁布了《价值工程基本术语和一般工作程序》。价值工程自被引入我国，在很多行业得到推广和使用，取得了显著的经济效果。

经过几十年的应用实践，现在价值工程已被公认为是一种相当成熟的提高功能、降低成本的方法。据统计，在开展价值工程活动中，工人提出的改善方案，一般降低成本5%；技术人员提出的改善方案，降低成本20%～25%；而有组织地开展价值工程活动，则可降低成本30%以上。国外一般统计数字表明，在价值工程上花费1元钱可以得到的效益是10～20元。应用价值工程并付诸实施，一般可提高产品功能并降低成本5%～30%，技术经济效果是十分显著的。

此外，价值工程的研究对象也从产品设计、生产、设备改进等方面发展到工艺研究、工程项目、服务等领域，可见这一科学方法有巨大发展空间。

14.2.2 价值工程的概念

根据《价值工程基本术语和一般工作程序》中的定义：价值工程是指通过各相关领域的协作，对所研究对象的功能与费用进行系统分析，不断创新，旨在提高所研究对象价值的思想方法和管理技术。

价值工程，也称为价值分析，即着重于功能分析，力求用最低的寿命周期成本可靠地实现必要功能的有组织的创造性活动。

这个定义概括地表述了价值工程的目的、重点、性质。目的是"用最低的寿命周期成本可靠地实现必要功能"，重点是"功能分析"，性质是"有组织的创造性活动"。

价值工程的研究对象是一切为实现功能而发生费用的事物，如产品、工艺、工程、服务或它们的组成部分等。

1. 价值

价值工程中价值的概念不同于政治经济学中价值的概念。价值工程中的"价值"可定义为：评价某一事物与实现它的耗费相比合理程度的尺度。即指对象具有的必要功能与取得该功能的总成本的比值，价值公式可表示为

$$V = F/C \tag{14-1}$$

式中：V 为价值；F 为功能；C 为成本。

式(14-1)表明，价值取决于功能和费用。在成本不变的情况下，价值与功能成正比，即功能越大，价值就越大；反之亦然。在功能不变的情况下，价值与成本成反比，即成本越低，价值就越大；反之亦然。

价值的定义和经济效果定义是相吻合的。价值工程的目的是要提供价值，也就是要提高经济效果。

一般情况下，提高产品价值包括5条基本途径，具体可表述为：

途径1，功能不变，用降低成本的方法来提高价值；

途径2，成本不变，通过提高功能的方法来提高价值；

途径3，提高功能，降低成本，从而获得更高的价值；

途径4，产品成本略有提高，而产品功能得到较大改善，进而提高价值；

途径5，产品功能稍有下降，而随之而来的是产品成本大大下降，因而价值仍有提高。

2. 功能

功能是指产品或作业的性能或用途，即产品或作业所承担的职能。产品的功能实质上是指产品的使用价值。价值工程的研究对象往往会有几种不同的功能。为了便于功能分析，可以从不同角度对功能加以分类。

（1）从性质角度，可将功能分为使用功能和美学功能

使用功能是对象所具有的、与技术经济用途直接相关的功能。使用功能不仅要求产品的可用性，还要求产品的可靠性、安全性、易维修性。例如，一辆汽车，不仅要能开动，而且要故障少、转弯灵活、制动可靠、操作方便，保证乘客安全、舒适，出了故障或机件磨损后要便于维修。

美学功能是与使用者的精神感觉、主观意识有关的功能。美学功能包括造型、色彩、图案、包装装潢等方面内容。随着生活水平的提高，人们要求产品多样化，对美学功能日益重视。在市场上，造型新颖、色彩宜人、图案精美、包装装潢美观、能体现时代气息的产品外观首先给人以深刻的印象，在性能、价格相当的条件下，这样的产品更具竞争力。

不同的产品，对使用和美学功能有不同的侧重。有些产品，如原料、燃料、地下管道、潜水泵、潜油泵等只有使用功能。有些产品，如工艺品、国画、书法作品等只有美学功能。多数产品则要求二者兼备，不仅电冰箱、洗衣机、家具等家庭生活用品是如此，载重汽车、机床等生产设备也要求在性能优越的同时有好的外观。

（2）从功能重要程度，可将功能分为基本功能和辅助功能

基本功能是产品的主要功能，也是用户购买的原因、生产的依据。辅助功能则是次要功能或者为了辅助基本功能更好地实现或由于设计、制造的需要附加的功能。例如，小轿车的基本功能是提供乘坐舒适的快速交通工具，而车的尾部设有一行李箱，为乘客存放行李提供方便，这就是辅助功能。基本功能是设计、制造者的注意力之所在，但不等于可以忽视辅助功能。

（3）从功能的有用性，可将功能分为必要功能和不必要功能

必要功能是为满足使用者的要求而必须具备的功能；不必要功能是对象（产品）所具有的、与满足使用者的需求无关的功能。使用功能、美学功能、基本功能、辅助功能都是必要功能。此外，不足功能也是对象尚未满足使用者需求的必要功能。但不必要功能也并不少见，其表现有三：

第一，多余功能。有些功能纯属画蛇添足，不但无用，有时甚至有害。例如，初期的洗衣机上曾设计有脸盆，并无必要。又如，在电风扇的扇叶保护罩上，有人设计了许多图案，似乎增加了美学功能，其实不仅无用，而且挡风。

第二，重复功能。两个或两个以上功能重复，可以去掉。例如，越野吉普车相当多的是在城市使用，只要单桥驱动就足够了，双桥驱动就是重复，这样提高了成本，增加了自重，油耗也增加。

第三，过剩功能。有些功能虽是必要的，但满足需要有余，这是最常见的一种不必要功能。如过高的安全系数，过大的拖动动力、结构寿命不匹配等，造成产品结构笨重、大马拉小车，浪费原材料和能源。这在我国机械产品中相当普遍，在其他产品中也不少见。例如，某机床厂生产的铣床主电机功率为 7.5 kW，而实际 4.5 kW 就足够了，结果生产厂家多花了成本，用户多耗了电力。又如，某橡胶厂生产的胶鞋，鞋底比鞋帮寿命高 50%，未穿坏的鞋底最后只能变成废品或垃圾。

价值工程通过对功能进行分门别类地分析，可以区分研究对象的使用功能和美学功能、基本功能和辅助功能、必要功能和不必要功能，从而保证必要功能和基本功能，取消不

必要功能和过剩功能，补充不足功能和辅助功能等。严格按照用户的需求来设计产品，可提高对象（产品）的功能价值。

3. 寿命周期成本

寿命周期成本是指产品设计、制造、使用全过程的耗费，也即价值工程的研究对象从研究、形成、使用到退出使用所需的全部费用。它包含两部分：设计、生产产品所需费用——生产成本 C_1 和用户在使用该产品过程中所支付的使用费用——使用成本 C_2 之和，即：$C=C_1+C_2$。寿命周期与寿命周期成本的关系图，见图 14-1。

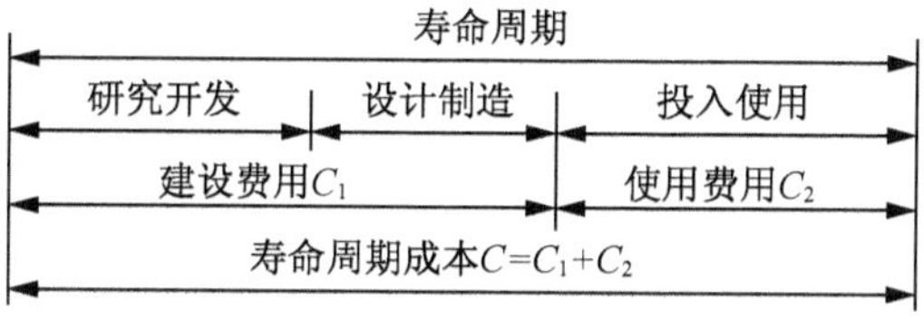

图 14-1　寿命周期与寿命周期成本的关系图

整个社会的经济效益只有在总成本降低的前提下才能体现出来。产品制造成本由于集中体现在售价中，也容易被人们重视，而使用中的人工、能源、维修等耗费常常是制造费用的好多倍，但由于分散支出，容易被人们忽视。价值工程要求综合考虑制造、使用费用，兼顾生产者和用户的利益，求得社会的节约。

价值工程一般以经济寿命来计算和确定对象的寿命周期。在一定的技术条件下，随着产品功能的提高，生产成本上升，使用成本下降，寿命周期成本呈"U"形变化，事实上它存在一个最低点，它表示最适宜的功能水平和最低的总成本 C_{min}。开展价值工程活动的目的是对产品进行功能分析，以最低的总成本来实现产品的必要功能。

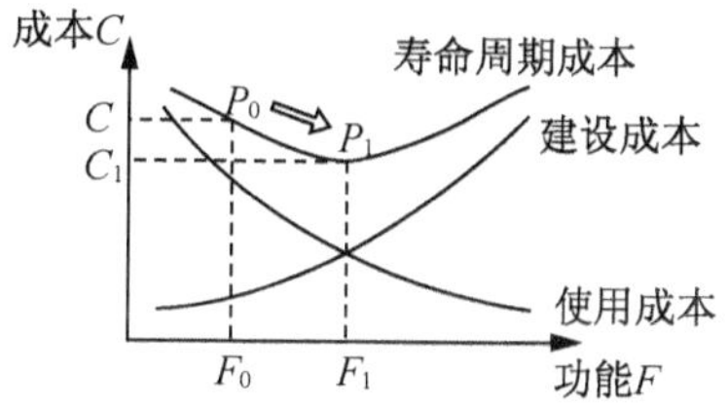

图 14-2　寿命周期成本与功能的关系图

寿命周期成本与功能的关系图见图 14-2。

根据图 14-2，通过价值工程的实施，实现由 P_0 到 P_1，功能 $F\uparrow$，成本 $C\downarrow$，从而提高对象的价值。价值的提高取决于功能和成本两个因素，提高价值的途径可归纳为：

① $F\uparrow$，$C\downarrow$，则 $V\uparrow\uparrow$；

② $F\rightarrow$，$C\downarrow$，则 $V\uparrow$；

③ $F\uparrow$，$C\rightarrow$，则 $V\uparrow$；

④ $F\uparrow\uparrow$，$C\uparrow$，则 $V\uparrow$；

⑤ $F\downarrow$，$C\downarrow\downarrow$，则 $V\uparrow$。

价值工程强调有组织的活动，这是因为它不同于一般的合理化建议，需要进行系统的研究、分析。产品价值工程，涉及设计、工艺、采购、销售、生产、财务等各个方面，需要各方面提供信息、共同协助、发挥集体智慧。价值工程中降低成本是要综合考虑生产成本和使用成本，要兼顾生产者和用户的利益，以最低的寿命周期成本，可靠地实现所研究对象的功能，来获取最佳的综合经济效益。我国部分企业并没有按照价值工程进行决策，主要表现形式有 2 种：一种是片面追求功能的完善，很少考虑这些功能的必要性及实现这些功能所花的代价；另一种是过多考虑购置产品时一次性支付的费用，不重视产品使用过程中的经常性开支。

14.2.3 价值工程的作用与特点

1. 价值工程的作用

价值工程的基本目标是以最低总成本使某种产品或某种作业达到它所必须具备的功能，换言之，在保证获得适宜功能水平的条件下，使产品的寿命周期成本为最低。

第一，通过价值工程活动可以消除产品中零件的过剩功能和不必要的成本。价值工程活动就是要消除零件过剩功能和不必要的成本，使产品确定在最适宜的功能水平及最低成本上。

第二，开展价值工程活动可以延长产品的生命期。在市场竞争的条件下，延长产品的生命期对于产品占领市场有重要意义。为此要开展价值工程活动或改进产品的式样、品种，提高功能等。

第三，开展价值工程活动是降低产品成本、提高企业竞争力的可靠手段。众所周知，降低成本的管理技术由多种，例如通过改进加工方法来降低成本，通过对质量的控制减少废品即返修品来降低成本。然而它们降低成本的能力是有限度的。这个界线就是材料费用。而价值工程是通过改进设计或重新设计的办法来降低成本，因而在理论上其降低成本的能力是无限的。根据资料，每进行一次价值工程活动，在提高原功能和维持原功能的条件下，可以降低成本 10%～20%。

第四，价值工程活动可以弥补设计工作的不足。在设计工作中往往存在以下问题：

① 一种新产品设计，考虑的重点是早日完成设计、早日投产、早日占领市场，重快而忽略成本因素，甚至不惜工本。

② 缺少全盘考虑的观点。设计人员在选用材料和结构方面注意了经济问题，但可能忽视了用户在使用中的保养和维修。因而可能设计用料便宜，但用户的维修费用增多，其结果是总成本并未下降。

③ 设计人员虽然有大量的专门知识，但不能在各方面都精通。例如销售人员了解用户的要求，采购人员熟悉供应情况，情报人员熟悉同类产品的发展趋向，装配人员熟悉产品装配，测试人员熟悉测试性能，科研人员熟悉试验、分析，美术工作者熟悉产品的外观造型等等，他们都各有专长。只有把他们组织起来，才可以发挥巨大的知识力量，才可以促成产品功能的提高和成本的降低。

2. 价值工程的特点

(1) 以功能分析为核心

麦尔斯发现用户对物品要求实质上是对其功能的要求，因而他主张一切从产品的功能出发进行本质思考。或者以某个产品、零部件或某个系统为对象，分析它的功能是什么，成本有多高，价值多大，存在什么问题，是否有其他方案能更好地实现这一对象承担的功能。因此，确定产品的功能及其水平，只能以用户的需要为依据，而不能以设计者的主观愿望为依据。那种脱离用户的实际需求，盲目追求功能越多越好、功能水平越高越好、使用寿命越长越好、安全系数越大越好的想法是不符合价值工程原理的，势必造成成本的增加和价值的降低。离开了功能分析，就不会有价值工程，功能分析是价值工程的核心。

（2）以提高价值为目的

提高价值，也就是提高经济效益，合理利用资源，以最小的劳动消耗取得最大的社会效果。价值工程不同于传统的质量管理，单纯地改进功能，提高质量；也不同于传统的成本管理，单方面地控制消耗，降低成本。它是把功能的提高和成本的降低有机地结合起来，致力于功能和成本的匹配、价值的提高。只有两方面有机结合，才能真正实现合理地提高质量，有效地降低成本，达到企业经济效益提高的目的。

（3）坚持三个结合

价值工程是一种典型的技术与经济相结合的分析方法。功能是技术的一面，成本是经济的一面，研究功能时应考虑成本，研究成本时要分析功能，使技术与经济有机结合，技术人员与经济管理人员紧密结合，努力提高产品价值。

一个产品既满足用户物美价廉的要求，又满足企业本小利大的愿望，这个产品才是具有生产价值的产品。价值工程强调降低寿命周期成本，力图以最低的寿命周期成本可靠地实现用户要求的功能，坚持企业利益与用户利益相结合。

价值工程作为一门提出问题、分析问题和解决问题的系统理论方法，只有同质量管理、成本管理、目标管理等各种管理方法结合运用，才能达到有效提高价值的目的。

（4）开展有组织的活动

价值工程工作涉及企业内外部各个环节，需广泛收集企业内外各种有关的情报信息，要求技术人员、经济管理人员、有经验的工作人员共同研究，集思广益。整个过程庞大、复杂，需要有领导、有计划、有步骤、有组织地进行，通常是组建价值工程小组，积极开展有组织的价值工程活动。

（5）强调创造性思考

价值工程有许多创造性思考原则和方法，这些方法不仅被用于方案创造阶段，而且被用于现状分析过程中。一个最基本的创造性思考原则是麦尔斯提出的“突破、创新、求精”原则。麦尔斯认为，运用这一原则在分析问题和解决问题时，可产生极大的效力。

14.2.4 价值工程的工作程序

应用价值工程的过程，就是不断发现问题、分析问题和解决问题的过程。这一过程可以概括为 3 个阶段，即分析、综合、评价。分析阶段，就是确定问题；综合阶段，就是为已经确定的问题制定解决方案；评价阶段，就是对提出的解决方案进行选优，以确定最满意的解决方案。

价值工程活动的开展过程实质上就是一个发现问题、分析问题和解决问题的过程。价值工程的工作程序是根据价值工程的理论体系和方法特点，围绕 7 个问题进行。即：① 这是什么？ ② 它是干什么用的？ ③ 它的成本是多少？ ④ 它的价值是多少？ ⑤ 有其他方法能实现这个功能吗？ ⑥ 新的方案成本是多少？ ⑦ 新的方案能满足功能要求吗？这 7 个问题有着紧密的逻辑联系，它们是按照功能分析和方案创造的思路逐步深入的，是与价值工程的工作程序相对应的。在实际工作中，一般可按 6 个阶段 12 个步骤开展价值工程活动，如表 14-1 所示。

表 14-1　价值工程工作程序和问题

问题的确定和解决	构思的一般过程	价值工程工作程序		价值工程问题
		基本步骤	详细步骤	
确定问题	分析	确定对象	1. 选择对象 2. 收集信息	1. 它是什么?
		功能分析	3. 功能定义 4. 功能整理	2. 它是干什么用的?
		功能评价	5. 功能评价	3. 它的成本是多少? 4. 它的价值是多少?
解决问题	综合评价	方案创新	6. 方案创造	5. 有其他方法能实现这个功能吗?
		方案评价	7. 概略评价 8. 方案具体制订 9. 详细评价	6. 新的方案成本是多少?
		方案实施	10. 实验研究 11. 方案审批、实施 12. 成果总评	7. 新的方案能满足功能要求吗?

根据表 14-1,价值工程的实施步骤见图 14-3。

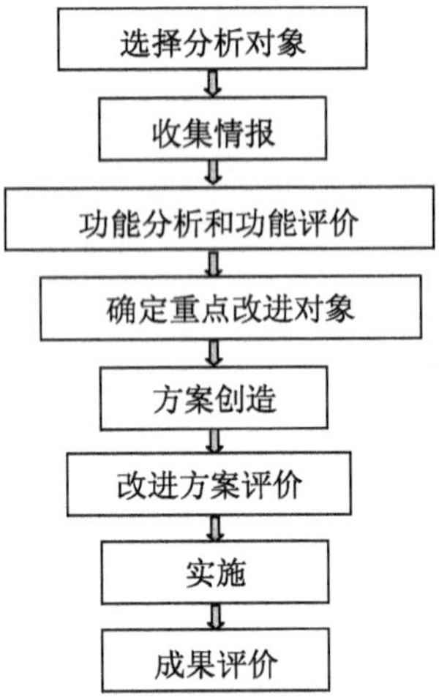

图 14-3　价值工程的实施步骤

14.3　企业价值工程的方法

14.3.1　对象选择和情报收集

1. 对象选择

价值工程分析对象选择的总的原则是:优先选择改进潜力大、效益高、容易实施的产品和零部件。选择价值工程对象的方法很多,下面介绍几种常用的方法。

（1）经验分析法

对象选择最简单、实用的方法是根据企业的经验，分析生产、经营和价值等方面的因素，对那些各方面或某几方面问题比较突出的对象予以优先选择。主要考虑因素如图 14-4。

- 价值工程对象选择
  - 市场角度
    - 对企业利润有重大影响的主导产品
    - 用户意见大，意见多的产品
    - 返修率高的产品
    - 已进入衰退期，销售量大幅下降的产品
  - 设计角度
    - 结构复杂的产品
    - 性能差、技术落后、急待更新换代的产品
    - 设计存在严重缺陷的产品
  - 生产角度
    - 产量大的产品
    - 价格高的产品
    - 工艺复杂或工艺落后的产品
    - 重量大、体积大、能耗高的产品
    - 次品、废品率高的产品
  - 实施角度
    - 情报资料易收集齐全的产品
    - 在技术、人才方面有优势的产品
    - 改进牵涉面不大的产品
    - 易于成功的产品

图 14-4　价值工程对象选择主要考虑的因素

图 14-4 所列出的因素主要是针对刚开始进行价值分析工作而言的。随着价值分析的进展和经验的积累，对象选择会由易到难，由简单到复杂，逐步深入。

对于复杂的产品，一开始由于精力、经验的限制，如果不能进行全面分析，可以重点选择一部分零部件先进行分析。不过要注意，这种选择应当在总体设计分析的指导下进行，以免在总体设计改动后零部件也将改动。

（2）ABC 分类法

ABC 分类法又称巴雷特分析法，它是按各构配件制造费用占产品总制造费用的比重大小进行分类，把所有研究对象分成主次有别的 A、B、C 三类的方法。

ABC 分类法是根据巴雷特对西方社会财富的分配规律研究而得来的。巴雷特是意大利经济学家，他在研究资本主义社会财富的占有状况时，发现这样一个规律：占人口比例不大的少数人，占有社会财富的大部分；而占人口比例很大的多数人，却占据社会财富的小部分。在产品成本分配方面，具有非常类似的规律。

大量分析表明，产品零部件成本分布是不均匀的，往往少数零部件的成本要占整个产品成本的一半以上。根据这一特点，可以把零部件分成 A、B、C 三类。一般说来，A 类零件占总数的 5%～10%，成本占总成本的 70%～75%；B 类零件占总数的 20%左右，成本占总成本的 20%左右；C 类零件占总数的 70%～75%，成本占总成本的 5%～10%。

ABC 分类法可层层反复运用，比如可先用以找出 A 类部件，再从 A 类部件找出 A 类零件，进而找出 A 类零件中的 A 类费用。在产品品种多，或零件种类多的情况下使用主次因素图，更迅速、醒目、省事。

ABC 分类法的应用范围不限于产品分析，在物资管理、编制生产作业计划等方面运用此法，同样能找出重点，便于分类控制。

ABC 分类法的优点是：抓住重点，突出主要矛盾，取得较大成果，简便易行；ABC 分类法的缺点是：在实际工作中，由于成本分配不合理，常会出现有的构配件功能比较重要但成本低，导致不能被选为价值工程的对象，提高其功能水平。

（3）功能成本比较法

这种方法是先对产品所包含的功能进行粗略分析，再计算出所对应的成本。

将产品功能按大小顺序排列，再将功能成本按大小顺序排列，将对应的功能和成本用箭头连起来。不难判断：箭头朝上的功能其价值较低，应优先进行分析（图 14-5）。

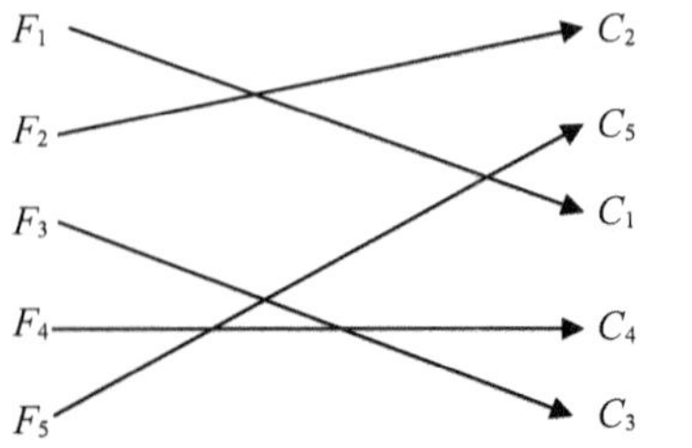

图 14-5　功能成本比较图

2. 情报收集

情报是指价值工程活动中所需要的有关技术和经济方面的信息和知识，它是进行价值工程活动的信息基础，贯穿价值工程活动的全过程。情报资料从范围上来说，有企业内外资料和国内外资料；从内容上分，有技术情报和经济情报。

1）收集原则

① 目的性。以价值工程的对象为目标，将与其有关的信息资料尽量收集齐全。

② 计划性。收集信息资料不能漫无边际，要有明确的范围和内容，编制好计划，并有步骤地逐步实施。

③ 可靠性。指要对信息资料的真伪加以辨别，做到去伪存真。

④ 适时性。只有在需要信息资料的时候保证得到所需要的信息资料有价值，才能适应决策的需要。

2）收集内容

（1）使用及销售方面

收集这方面的信息资料是为了充分理解用户对对象产品的期待、要求。例如用户对产品规格、使用环境、使用条件、耐用寿命、价格、性能、美观等方面的要求。

（2）技术方面

收集这方面的信息资料是为了明白如何进行产品的设计改进才能更好地满足用户的要求，以及根据用户的要求内容如何进行设计和改进。例如有关专利、国内外同类产品的发展趋势和技术资料。具体内容可表述为：

① 设计新原理：新原理会导致一代全新产品的产生，对技术和经济都会产生重大影响。例如，将微电子技术运用于计时仪表，时钟表设计产生了重大变革。

② 新工艺、新设备：新工艺的出现可能导致加工方法的重要变化，对设计、设备也提出了新要求。例如，精锻、精铸工艺可使金属零件减少切削，甚至免除切削加工，对铸、锻设备、模具要求也更高了。

③ 新材料：新材料的应用对产品性能、成本有很大影响，同时要求工艺、设备做相应改变。例如，用塑料代替铁皮制造洗衣机内桶和外壳，可提高耐蚀性，减轻重量，生产效率大

幅度提高，工艺、设备也完全不同了。

④ 改善环境和劳动条件：减少粉尘、有害液（气）体外泄，减少噪声污染、减轻劳动强度、保障人身安全的技术越来越受到重视，这也对产品的设计、生产产生影响。

(3) 经济方面

在广泛占有经济资料的基础上，通过成本的实际与标准的比较，不同企业间比较，揭露矛盾，分析差距，降低成本，提高产品价值，这方面的信息资料是必不可少的。具体内容可表述为：

① 用户要求，消费倾向，市场需求量：这是产品设计和生产的前提。

② 用户对产品的意见反馈：这是产品改进的依据，是一种宝贵的信息资源。

③ 同类产品和零部件的生产成本：这是明确差距、找准改进对象的重要信息。

④ 竞争对手的经济分析资料、生产资料、质量统计等资料。

(4) 企业生产经营方面

掌握这方面的资料是为了明白价值工程活动的客观制约条件，使创造出的方案既先进又切实可行。包括企业设计研究能力，施工生产能力，质量保证能力，采购、供应、运输能力等。

(5) 国家和社会方面（诸如政策、方针、规定等）

了解这方面的内容是为了使企业的生产经营活动，包括开展价值工程活动与国民经济的发展方向协调一致。

外部情报资料必须尽快收集，企业内部的资料也不可忽视，例如，产品设计、工艺文件、图纸、测试、试验报告要力求齐全，零部件和各工序成本要尽量准确、完备。

14.3.2 功能分析

功能分析是价值工程的核心。它是对价值工程研究对象系统地分析其功能，科学地评价其重要性，通过功能和成本匹配关系定量计算对象价值大小，确定改进对象的过程。功能分析一般分为功能定义、功能整理、功能评价 3 个步骤进行。功能分析通过对功能下定义，对功能进行整理，对功能进行评价这一系列活动，来达到用最少的成本去实现必要功能的目的。功能分析的全过程可以用图 14-6 所示的框图表示。

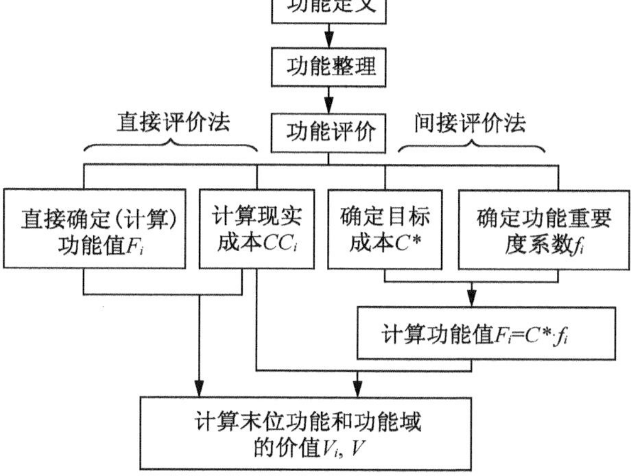

图 14-6 功能分析

1. 功能定义

(1) 功能定义的目的

功能定义，就是对价值工程的改进对象所具有的功能进行语句表达，限定功能的内容和水平。

功能定义是价值工程的特殊方法，它要达到以下目的：

第一，明确产品和零部件的功能。

第二，便于功能评价。评价是针对功能进行的，所定义的功能要方便定性和定量评价。

第三，有利于开阔思路。功能定义要摆脱现有结构框框的束缚，以利于改进。

因此，功能定义要确切，同时又要适当概括和抽象。

(2) 功能定义的方法

功能定义要求用动词和名词宾语把功能简捷地表达出来，主语是被定义的对象。例如：

给"点灯"的功能定义是"提供照明"；

给"热水瓶"的功能定义是"保持温度"；

给"手表"的功能定义是"显示时间"；

给"电视机"的功能定义是"显示图像和发出声音"。

(3) 功能定义的注意事项

第一，名词要尽量用可测量的词汇，以利定量化。例如，将"电线"功能定义为"传电"就不如"传递电流"好。

第二，动词要采用扩大思路的词汇，以利开阔思路。例如，定义一种在零件上做孔的工艺的功能，可以定义为"钻孔"，人们自然联系到用钻床；如果定义为"打孔"，人们会想到除了钻床以外，还可用冲床、电加工、激光等方法；如果定义为"做孔"，人们不仅会想到以上方法，还会想到在零件上直接铸出或锻造出孔来。"钻""打""做"一字之差，但一个比一个抽象，同时也确切，容易开阔思路。

第三，要站在物的立场上。例如将"花瓶"功能定义为"插花"就不好。

第四，一个功能下一个定义。一个物品有几个功能就要下几个定义。

功能定义不仅是对产品整体，更重要的是对产品的各组成部分(如部件、组件、零件)下定义。

2. 功能整理

1) 功能整理的逻辑体系

经过定义的功能可能很多，它们之间不是孤立的，而是有内在联系的，为了把这种内在联系表现出来就必须将其系统化。这种将各部分功能按一定逻辑排列起来，使之系统化的工作就叫功能整理。其结果是形成"功能图值"——功能系统图。它的一般模式如图 14-7 所示。

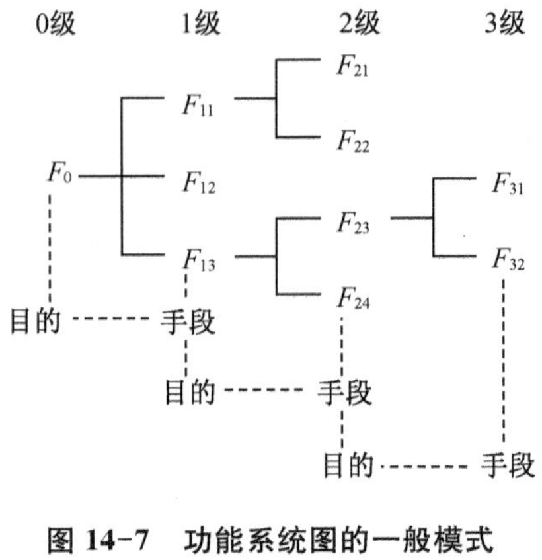

图 14-7　功能系统图的一般模式

功能系统图中有关术语如下：

"级"：每一分枝形成一级；

"功能域"或"功能范围"：某功能和它的分枝全体。例如 F_{11} 和 F_{21}、F_{22} 是一个功能域；F_{23} 和 F_{31}、F_{32} 构成一

个功能域；F_{13}和F_{23}以及F_{31}、F_{32}也构成一个功能域。

"位"：同一功能域中的级别用位表示，高一级功能称为"上位"，低一级功能称为"下位"，同级功能称为"同位"。例如，F_{11}是F_{21}、F_{22}的上位功能；F_{21}、F_{22}是F_{11}的下位功能；F_{21}、F_{22}之间则是同位关系。功能系统图中不再细分的功能称为"末位"功能，如F_{21}、F_{31}、F_{24}等。

功能整理采取的逻辑是：目的—手段。上位功能是目的，下位功能是手段。因此，上位功能也称为"目的功能"，下位功能也称为"手段功能"。

功能系统图表明了整个功能系统的内部联系，更进一步地阐明了分析对象的"功能是什么"的问题，它反映了设计意图和构思。功能系统图为功能评价和改进创新提供了基础，使功能评价得以按功能域逐级进行；也给改进创新提供了可供选择的全部功能域。

2）功能整理的方法

功能整理也是按"目的—手段"关系进行的。方法之一则是由目的寻找手段，将所有手段功能排列起来；方法之二是由手段寻找目的，从而把所有手段功能联系起来。

（1）由目的寻找手段

由手段寻找目的的功能整理方法适用于不太复杂的现有产品。复杂产品有成千上万个零件，从零件功能开始进行功能整理实际上是不可能的。对设计中的产品，由于设计尚未定型，从零件功能开始整理也是不现实的。在这两种情况下，可以采取另一种整理方法："目的—手段"。

这种方法是从零级功能开始，逐级向下追问手段功能。例如，载重汽车的功能为"运载货物"。从原理上看，运载货物至少应有两个手段：提供货箱、移动货箱，对于"提供货箱"这一功能可暂不细分。现在研究"移动货箱"的手段。要想"移动货箱"，必须有行走机构（具体实物是车轮），还要有驱动机构（用动力机和传动机构实现），并且要把行走机构和驱动机构相连成整体，如图 14-8 所示。再往下，重点是分析"驱动行走机构"这一功能。逐级往下，就可以大致勾画出载重汽车的功能系统图。

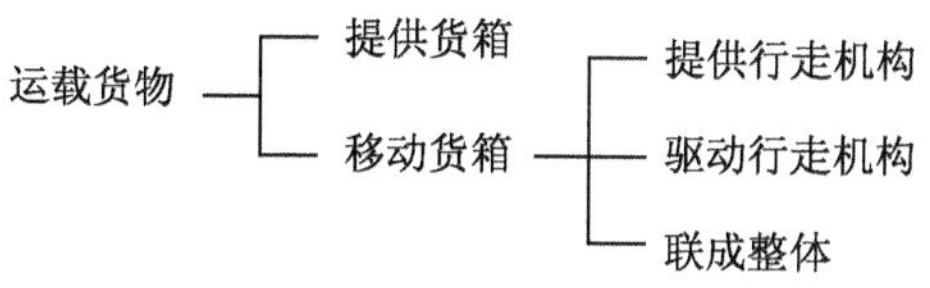

图 14-8　载重汽车的功能系统图

功能系统图复杂程度和粗细程度可根据需要而定。粗的大到大部件，如发动机，细的小到小零件，甚至将一个零件的功能再细分到工艺结构。在同一个系统中，细化程度也有差别，必要时可将某些功能单独抽出，另画更细的图。

（2）由手段寻找目的

零部件功能均属手段功能，不具有目的功能的性质。因此，只要定义得当，功能系统图上的末位功能必与零部件功能相对应。就是说，从零部件功能开始向目的功能追寻，就能建立全部系统图。

由于要定义的功能较多，为防止遗漏、重复和混乱，可以把所有功能一一制成卡片，一张卡片代表一种功能（卡片格式如图 14-9 所示）。将写有相同功能的卡片集中在一起，得到一组卡片，这就是一个末位功能。为便于下一步整理，可将各组卡片分别用口袋装好，并在口袋上注明功能。

种则不成函数关系。对于前者，可以列出函数关系用数学的方法解决；对于后者，则可以用列表的方法进行分析。

(3) 对系统的功能成本进行分析，确定研究对象

对于系统功能成本的分析，可以将各功能和反映功能成本的指标列成表格(见表 14-4)，然后进行汇总，最后用技术经济的分析方法、数据比较、经验等方法，发现成本偏高的领域，作为重点研究对象。

表 14-4 系统功能成本分析表

功能	功能水平指标				总计(元)
	面积(元/m^2)	设备(元/台)	能耗[元/(kW·h)]	…	
A					
B					
C					
…					
总计(元)					

2) 选择个别的、具体的对象作为研究对象

选择个别的、具体的对象作为研究对象，一般按照以下原则确定研究对象：价值提高最大化原则；选择最大面广的建筑产品或构配件；选择成本高的、结构复杂的建筑产品或构配件；选择关键的结构与构配件；选择维修费用高、耗能大、或使用期总费用较大的建筑产品或构配件；价值提高易于实现原则等。常用的选择方法有经验分析法、ABC 分类法、功能成本比较法等(见本章第三节企业价值工程的方法)。

2. 信息资料的收集

当确定了 VM 的研究对象之后，接着就需要进行调查研究，收集相关的信息资料，弄清楚研究对象的状况。通过信息资料的收集，可以获得 VM 研究所需要的依据、标准和对比对象，同时 VM 是一种创造性很强的工作，VM 所需的信息是相当广泛的，且与具体问题有很大关系，一般信息内容分为市场信息、技术信息、成本费用信息以及相关的其他信息。资料的来源主要有规划、设计、施工、用户和市场等方面。通过资料的收集，集技术、知识、经验、智慧、信息等于一体，才能找出提高功能、降低成本的途径。

3. 功能分析

在建设项目的全部功能中，业主所要求的功能以及与实现业主所需求功能有关的功能为必要功能；而业主不需要的功能为不必要功能，不必要功能又包括三类：多余功能、重复功能、过剩功能。功能分析就是对建设项目的功能与成本进行权衡优化，先对功能进行定性分析，然后定量评价功能的价值，从而在保证业主所需要的必要功能的前提下，剔除建设项目中的不必要功能，找出功能值低的功能领域，指明改进的方向，并以此为基础实现寿命周期的最低成本，进而达到技术与经济的完美结合。功能分析包括：功能定义、功能整理、功能评价(见本章第三节企业价值工程的方法)。

4. 方案创造与评价

1）方案创造

根据功能分析与评价，创造出能满足功能的几个方案，再通过对每个方案的分析与评价，选择最优方案。如在基础设计中，人工地基与天然地基的选择，虽然人工地基能使功能得到提高，但同时也提高了成本，因此如果选择天然地基也能满足其必要功能的话，天然地基就是首选。方案创造是根据业主功能要求，在对改进对象进行功能分析评价的基础上，通过创造性思维活动，寻找和构思能够可靠地实现必要功能的新方案。方案创造阶段的创造性思维活动可以说是一种艺术形式，它由 VM 研究参与人员运用有创造力的技巧和合适的创意方法，列出能实现研究对象必要功能的构想，进而得到更好的替代方案。方案创造不仅仅是对原方案的修修补补，而是要创造性地寻求更加合理地实现功能的替代方案。它是一项创造（创新）性工作，需要运用集体的智慧、发挥人的头脑思维能力，提出的方案构成越多，择优的余地就越大。在方案创造阶段的创造性思维活动中，不应对别人的构思做任何判断和评价，防止有潜力的好构想在未进行前就被否定；在创造中还要考虑所有构想，尤其包括那些可能并不实际的构想，鼓励提出创新的构想。方案创造常用的方法是头脑风暴法、哥顿法、专家意见法、专家检查法等。VM 的方案创造和 VE 看起来大体相同，但也有其特色之处：首先，它不局限于对某一具体对象进行创造，而要求对整个系统进行全面系统的分析、优化和创造。因而涉及面较为广泛，也更复杂、要求更高；要全方位、多层次地开展创造活动。其次，VM 的周期一般较长，只集中在某一阶段开展方案创造是远远不能满足要求的，它要求不断地开展创造活动。为能收到较好的效果，可以在整个寿命周期的各个主要阶段中，根据需要集中一段时间开展创造活动。

2）方案评价

方案的评价是对提出的构思和方案进行经济、技术、社会等方面的评价，在评价过程中对有希望的方案进一步完善。其中，技术评价是围绕功能进行，看方案能否实现所需要功能及实现程度；经济评价是经济效果的评价，主要看成本的经济可行性。VM 的周期一般为若干年甚至十几年，且涉及的资金额也较大，在经济评价上也有其特色之处：一是除进行静态评价外还要考虑资金的时间价值，进行动态评价；二是在评价指标上也要复杂些，至少要考虑投资回收期，还要考虑投资利润率、净现值、内部收益率等；三是如果方案的风险比较大，应进行风险评价。

5. 方案实施阶段和运转使用阶段的价值管理

有了好的方案不能认为就万事大吉了。因为寿命周期费用的大部分发生在方案实施阶段和运转使用阶段，后天因素也有很大影响，功能实施的影响也是如此。因此，在方案实施阶段和运转使用阶段仍要精心推行价值管理。在方案实施过程中，应该对方案的实施情况进行检查，发现问题及时解决；方案实施后，还要进行总结评价和验收。例如，以方案实施阶段和运转使用阶段的采购活动为例，应在深入市场调查和分析的基础上，决定在什么时候和向谁购买最为有利。根据政策等因素预测材料价格变动趋势及市场供求状况，对于降低趋势的材料，可以采用即时采购方式，减少库存费用，消除降价风险；对于涨价趋势的材料，应及早采购，制定仓储保管方案。要彻底弄清楚所需物资的功能，分析是否有功能相同、价格更便宜的其他物资代替；处理好采购批量，以在节省总费用（采购、运输、仓储费用

[29] 佚名. 企业战略管理[M]. 北京:北京交通大学出版社,2010.
[30] 金占明. 战略管理——超竞争环境下的选择[M]. 3 版. 北京:清华大学出版社,2010.
[31] [美]弗雷德・R. 戴维. 战略管理[M]. 李克宁,译. 8 版. 北京:经济科学出版社,2005.
[32] 刘冀生. 企业战略管理[M]. 2 版. 北京:清华大学出版社,2003.
[33] [美]德克. 变革之魂:波士顿咨询公司组织变革理念[M]. 王胜利,译. 北京:机械工业出版社,2002.
[34] [美]亨利・明茨伯格,布鲁斯・阿尔斯特兰德. 战略历程:纵览战略管理学派[M]. 刘瑞红,译. 北京:机械工业出版社,2001.
[35] 池永明. 中・小・微企业目标管理实务[M]. 北京:中国铁道出版社,2016.
[36] 陈伟. 目标管理法[M]. 苏州:古吴轩出版社,2019.
[37] 刘振武,高旭东,胡健. 企业技术创新管理[M]. 北京:石油工业出版社,2010.
[38] 刘振武,刘炳义,董秀成,等. 企业技术创新与管理[M]. 北京:石油工业出版社,2004.
[39] 张奇. 企业投资战略管理与决策[M]. 北京:企业管理出版社,2019.
[40] 刘娥平. 企业财务管理[M]. 2 版. 北京:北京大学出版社,2021.
[41] 马钧. 企业投融资评价方法与参数[M]. 北京:中国经济出版社,2014.
[42] 欧立雄. 企业项目管理[M]. 北京:中国电力出版社,2018.
[43] 陈荣秋,马士华. 生产与运作管理[M]. 5 版. 北京:高等教育出版社,2021.
[44] 张大成,殷延海,张一祯. 生产与运作管理[M]. 北京:清华大学出版社,2019.
[45] 刘炜光. 企业设备管理创新[M]. 北京:中国石化出版社,2015.
[46] 王乃静. 价值工程概论[M]. 北京:经济科学出版社,2006.
[47] 罗伯特・B. 斯图尔特,邱菀华. 价值工程方法基础[M]. 北京:机械工业出版社,2007.
[48] 陈立文,陈敬武. 技术经济学概论[M]. 北京:高等教育出版社,2016.
[49] 张铁山,吴永林,李纯波,等. 技术经济学:原理・方法・应用[M]. 北京:清华大学出版社,2009.
[50] 刘晓君,李玲燕. 技术经济学[M]. 3 版. 北京:科学出版社,2017.
[51] 冀晨辉,吴丹. 技术经济学[M]. 南京:河海大学出版社,2018.
[52] 郑宁,郑彩云,韩星. 技术经济学[M]. 2 版. 北京:清华大学出版社,2016.
[53] 祝爱民. 技术经济学[M]. 2 版. 北京:机械工业出版社,2017.
[54] 杨青,胡艳,兰飞. 技术经济学[M]. 3 版. 武汉:武汉理工大学出版社,2016.
[55] 巩艳芬,李丽萍,崔明欣. 技术经济学[M]. 大连:东北财经大学出版社,2017.